"十四五"時期國家重點出版物出版專項規劃項目
江蘇省"十四五"時期重點出版物出版專項規劃項目
江蘇省一流學科建設經費支持項目

南京大學圖書館 編

程章燦 史梅 主編

南京大學古籍善本圖錄

上冊

南京大學出版社

編委名單

主　編

程章燦　史　梅

副主編

李　丹　時文甲

編委

李軼倫　周　艷　周　慧　李　文　魏美強　黃　靜　馮　慧

編務

王慶樂　張百慧　陳　婧　楊　括　王治洋　吳欽根

序 一

南京大學校長 吕建

  典籍是文化賴以存在和傳承的重要基石。中國古代典籍是中華文化綿延數千載的歷史見證,蕴含着中華民族的歷史記憶、思想智慧和知識體系,是中華傳統文化的重要組成部分。
  大學是人類文化傳承的重要載體和思想文化創新的重要源泉。在120年的辦學歷程中,南京大學及其前身始終與時代同呼吸、與民族共命運,謀國家之强盛、求科學之進步,爲國家的富强和民族的振興做出了重要的貢獻。學校在辦學過程中積累了一大批珍貴的文化典籍,古籍綫裝書收藏量近40萬册,其中善本圖書3000餘種30000餘册,四部皆備,尤以古代地方志、目録學文獻、邊疆圖籍、明清别集、叢書的收藏爲特色,無論數量還是品質,在海内外古籍界均有相當的影響。
  這批珍貴的古籍與南京大學一起經歷了動盪時期的顛沛流離以及中華人民共和國成立以後的繁榮發展。抗戰時期,古籍歷經兵燹,幸得南大前輩不畏艱辛、冒死守護,才得以完整留存。中華人民共和國成立之後,經過1952年院系調整,南京大學調整出工學、農學、師範等部分院系後與創辦於1888年的金陵大學文、理學院等合并,這兩所大學收藏的古籍全部集中在南京大學。曾擔任南京大學圖書館館長的胡小石、副館長的李小緣,原中文系的陳鐘凡、羅根澤、戚法仁、程千帆,原歷史系的繆鳳林、胡允恭,原生物系的歐陽翥,原化學系的倪則塤等諸多教授,以及曾任教或求學於南京大學及其前身的福開森、鍾泰、潘重規等先生,都先後把自己收藏的古籍捐贈給母校,使得南京大學的古籍不斷豐富。
  改革開放後,特别是2008年以來,在國家"中華古籍保護計劃"的推動下,南京大學的古籍保護事業得到進一步發展,成爲國務院首批公布的全國古籍重點保護單位之一。我們的古籍保存條件位列全國高校前茅,建設了擁有一流現代化設施的文獻修復中心,而珍貴古籍影像數字化文獻服務以及整理出版《南京大學圖書館藏稀見方志叢刊》(70册)、《南京大學圖書館藏古籍珍本叢刊·稿鈔本卷》(40册)等工作,更是讓原來藏身書庫的珍本秘笈化身千百、嘉惠學林。
  習近平總書記多次强調要在新的時代條件下推動中華優秀傳統文化創造性轉化、創新性發展,"讓收藏在禁宫裏的文物、陳列在廣闊大地上的遺産、書寫在古籍裏的文字都活起來"。今年是南京大學建校120周年,在以往工作的基礎上,學校圖書館聯合博物館、文學院、歷史學院等古籍收藏單位,全面整理南京大學的善本古籍,遴選出280餘種珍貴且極具特色的古代文獻,通過圖録的形式結集出版。我們期望通過整理出版《南京大學古籍善本圖録》,讓古籍焕發新的活力,向爲守護這批珍貴文化遺産做出突出貢獻的南大先賢致敬,向學術界和全社會全面展現南京大學的珍本收藏,讓更多南大師生熟知典籍、鑒古知今,不斷增强文化自覺、堅定文化自信,以强烈的歷史主動精神,爲建設"第一個南大"接續奮鬥,爲中華民族偉大復興和人類文明進步做出新的更大貢獻。

序 二

程章燦

  南京大學圖書館歷史悠久，館藏豐富，其最令人驕傲的大宗館藏之一，就是古籍善本。優化善本存藏環境，揭示館藏古籍資源，努力爲學術界參考利用提供更多方便，一直是南京大學圖書館首要的工作職責。除了提供日常閱覽服務，近年來，圖書館十分重視整理出版館藏古籍善本，使這些珍貴的館藏文獻資源化身千萬，公之於衆。2014年，南大圖書館與國家圖書館出版社合作，編纂出版了《南京大學圖書館藏稀見方志叢刊》。這套《叢刊》皇皇70册，所收多有稿本、鈔本及稀見品種，甫面世，即引人注目。實際上，這還只是南京大學圖書館所藏約4300多種、40000多册（其中包括善本300多種）各類方志的一部分。2017年，南大館又與南京大學出版社合作，編纂出版了《南京大學圖書館藏古籍珍本叢刊·稿鈔本卷》40册。這套《叢刊》從館藏古籍珍本中精選具有較高文獻價值、版本價值與學術價值的稿鈔本44種，涵蓋經史子集四部，精心鑒定，釐清源流，撰寫提要，考辨版本，揭示特色，傳承學術文化。顧名思義，這套叢書只是館藏古籍珍本中的稿鈔本部分，還有很多古籍珍本有待揭示、編輯和出版。

  與此同時，南大館也在不斷探索，尋求保護、傳承、揭示和利用古籍善本的新途徑和新媒介。舉辦公開展覽，將館藏古籍珍本資源面向廣大讀者和傳統文化愛好者進行定向推送，同時結合融媒體方式，進行廣泛傳播，就是一個新的嘗試。2021年11月22日，"册府千華·南雍擷珍——南京大學藏古籍菁華展"在南京大學仙林校區星雲樓一樓開幕。這是南京大學歷史上第一次古籍大展，其豐富的古籍品種、衆多的版本類型、廣泛的内容範圍、精心策劃的展陳方式，皆可謂盛況空前，轟動一時。其間組織的多場"跟着教授看展覽"的導覽活動，也吸引了衆多讀者和觀衆，影響持續擴散。很多讀者和觀衆都感歎道，這不僅是一場視覺和知識的盛宴，更是大學校園文化生活中難得的審美亮點。在觀展多次之後，他們仍有意猶未盡之感，慨歎爲期一個月的展覽時間太短。可惜的是，由於新冠疫情常態化防控的需要，很多校外尤其是外地的傳統文化愛好者無法進校觀展，不免有緣慳一面之憾。展覽期間以及閉幕之後，很多讀者和觀衆垂詢有無圖錄發布，希望能够購買一册，置諸案頭，以備隨時觀覽、玩賞。現在，我們終於可以欣慰地告訴他們：《南京大學古籍善本圖錄》出版了。嚴格説來，這部《圖錄》中所選錄的古籍善本品目,並不能與古籍大展上的展品一一對應,但整體來看,《圖錄》不僅涵蓋了古籍大展的絕大多數展品,而且總數更多,一書在手,觀賞更爲方便。從時間上看,這部《圖錄》可以說是古籍大展的延續,是遲到的大展圖錄,有如冬盡春來,春暖花開;從物質形式上看,這部《圖錄》可以說是古籍大展的變身和衍生,有如水到渠成,瓜熟蒂落。對於喜歡、懷念或者錯失那場古籍大展的所有讀者和觀眾朋友,應該說,這個消息是值得奔走相告的,這部《圖錄》也是絕對值得收藏的。

這部《圖錄》的編撰與出版,可以用三"精"來概括,而此書的意義與價值,則可以用四"史"來描述。

所謂三"精",就是精選書目、精華呈現、精印出版。《圖錄》中的古籍善本書目,是從南大館藏3000多種善本中精挑細選而得,合計282部,可謂百裏挑一。全書分成四個部分:一爲唐代寫本,計3部;二爲宋元古槧,計7部;三爲明清佳刻,計193部;四爲稿鈔校本,計79部。此所謂精選書目,與古籍大展標題中所謂"南雍擷珍""古籍菁華"之意略同。這些善本,從唐寫本、宋元刻本到明清刻本,從官刻、坊刻到家刻,從活字本、套印本到插圖本,從目錄學文獻、地方文獻到稀見珍本、名家鈔校批本,既反映了中國古籍傳寫刻印傳播的歷史,也彰顯了南京大學館藏古籍的特色,此之謂精華呈現。《圖錄》分裝上、下兩冊,用紙考究,圖像高清,舉凡書眉書根、藏書印章、名家題籤、藏家題跋以及蠅頭小楷的批校文字,莫不清晰呈現,粲然可觀,撫摩觀賞,令人賞心悦目。此之謂精印出版,僅下真蹟一等。

所謂四"史",指的是書史、國史、校史與館史。近年來,隨着對中華優秀傳統文化和中國文化傳統的重視,中國書史研究也方興未艾,成爲學界關注的熱點。衆所周知,在中國文化傳承中,書籍肩負着特殊的重任,中國文化能夠數千年綿延不絕,與書史一脈相傳密不可分。在中國古代四大發明中,造紙術與印刷術兩項皆與書史密切相關。這部《古籍善本圖錄》所展示的各種書籍形式及其物質形態,對於書史研究,無論是書籍的生產技術,還是其典藏傳承歷程,或是書籍的物質文化研究,都有重要的史學價值、文化價值和藝術價值。借用乾嘉時代著名學者兼藏書家阮元在《重刻宋本太平御覽敘》中說過的一段話,這部《圖錄》的出版,足以"使藝林偁快,後世委心,古籍古人,皆藉是更垂不朽矣"。

另一方面,《圖錄》中的每一部古籍善本,都是經歷數百年流播,輾轉曲折,才成爲南京大學圖書館的珍藏。南京大學圖書館的古籍收藏,主要來源於原中央大學圖書館、金陵大學圖書館、金陵大學中國文化研究所的藏書,此外還有賴幾代南大人的無私捐贈。自唐以來一千多年書史流轉的滄桑,二十世紀以來一百多年南雍風雲的變換,都在書頁之間留下了痕跡。校史上許多著名學者,如福開森、汪辟疆、胡小石、陳鐘凡、李小緣、歐陽翥、繆鳳林、羅根澤、吳白匋、潘重規、程千帆等,或辛勤搜集,或無私捐贈,或精勤批校,或全心護持,手澤留存,功德不朽。中華人民共和國成立之後,特別是改革開放以來,隨着條件的日益改善,古籍得到了更好的保護與利用,煥發活力,重獲新生。從《館藏稀見方志叢刊》和《館藏古籍珍本叢刊》的編印,到古籍大展的舉辦,再到這部《圖錄》的面世,都是古籍善本重逢盛世的證明。從這個角度來看,這部《圖錄》不僅簡要勾勒了中國書史的形貌,也是特殊視角下的國史、校史和館史的縮影。

　　道啓南雍會千聖,天開教澤願無窮。今年恰逢南京大學建校120周年,謹以此書祝賀母校的120歲華誕!

凡 例

一、收録原則：南京大学的古籍包括南京大學圖書館、博物館、文學院、歷史學院的收藏，主要來源於其前身中央大學和金陵大學，以及著名教授的捐贈，數量接近四十萬册，其中善本三千餘種三萬餘册。本書收録範圍包括：

1、唐代寫本及宋元刻本；

2、明代具有版本代表性或稀見的刻本、稿本、鈔本；

3、清代流傳較少且具有較高文獻價值與藝術價值的刻本、稿本、鈔本。

二、編排原則：本書分唐代寫本、宋元古槧、明清佳刻、稿鈔校本四大類。大類内均按經史子集四部排列，四部之内按版本年代排列。

三、題名原則：著録書名、卷數（存卷）、著者、版本、册數五項。如"貂璫史鑑四卷［明］張世則纂 明萬曆刻本 二册"。

四、選圖原則：每種古籍選圖最少一幀，遇有版刻、插圖、藏印等精美者，酌情選擇多幀。具體原則爲：

（一）題名葉。單行本原則上選取正文首卷卷端葉，如原葉缺失（非原刻原印、補鈔均視作缺失），則另選其他卷卷端葉。叢書原則上選取全書的題名葉，缺失該葉者則選擇其他可以反映全書客觀情況的書葉。

（二）責任者葉。選取正文首卷卷端或序跋等提供責任者信息的書葉。

（三）出版者、出版時間葉。選取提供此信息的牌記、序跋等書葉。

（四）彩色套印、插圖葉。原則上選取色彩最多、圖畫最精美清晰的書葉。

（五）版印方式葉。選取該書中具有版印方式（如活字本等）特徵或有相關序跋的書葉。

（六）特色葉。選取該書中具有著名藏書家印章、圈點、批校、題跋的書葉。

（七）裝幀特色。選取可以反映該書裝幀特色（如蝴蝶裝、包背裝等）的圖片。

五、著録原則：主要涉及書籍的客觀狀況，包括裝幀形式（綫裝形式者不著録）、版匡規格、行款、版式、藏印。版匡規格著録作"匡高×釐米，廣×釐米"，稿鈔本無版匡、界欄者則著録開本規格，格式同刻本。行款著録作"半葉×行，行×字，小字雙行×字"形式。版式主要著録書口、邊欄、魚尾，版心有刻工姓名者酌情著録。藏印盡可能著録，但因俱係本校藏書，南京大學及其前身之館藏印章無須重複著録。

目　錄

[上册]

一、唐代寫本（3部）

1. 楷書大方便佛報恩經卷三殘卷　朱書　唐寫經 …… 4
2. 楷書大方便佛報恩經卷三殘卷　血書　唐寫經 …… 6
3. 楷書大般若波羅蜜多經卷三八一　墨書　唐寫經 …… 8

二、宋元古槧（7部）

4. 大觀帖卷六　北宋大觀三年（1109）刻石　宋拓本 …… 14
5. 魏書一百一十四卷存卷四十一　宋刻宋元遞修公文紙印本 …… 19
6. 通鑑紀事本末四十二卷存卷四（第一至十一葉、第十六至四十八葉）、卷十（第四十五至八十九葉）　宋寶祐五年（1257）刻元遞修本 …… 20
7. 名公增修標註南史詳節二十五卷存卷一、六、二十二至二十五　宋刻本 …… 23
8. 通鑑總類二十卷存卷十一理財門四葉、聚斂門七葉　元至正二十三年（1363）平江路儒學下吳郡庠刻本 …… 24
9. ［至正］金陵新志十五卷存卷一至三、五至十三　元至正四年（1344）集慶路儒學溧陽州學溧水州學明道書院刻明正德十五年（1520）南京國子監重修本 …… 26
10. 漢藝文志考證十卷　元刻明遞修附《玉海》本 …… 28

三、明清佳刻（193部）【上】

經部（23部）

11. 詩緝三十六卷　明嘉靖趙府味經堂刻本 …… 32
12. 孔門兩弟子言詩翼六卷首列子貢言詩　明崇禎三年（1630）古吳季泰刻本 …… 33
13. 周禮全經十二卷首一卷　明隆慶四年（1570）刻清鈔配本 …… 34
14. 考工記二卷檀弓二卷　明萬曆閔齊伋刻套印本 …… 35
15. 考工記述註二卷首一卷附林虞齋圖　明萬曆三十一年（1603）刻本 …… 36
16. 禮記集註十卷　明書林劉氏安正堂刻本 …… 38
17. 春秋公羊傳十二卷　明天啓元年（1621）烏程閔氏三色套印本 …… 40
18. 春秋私考三十六卷　明嘉靖刻本 …… 42
19. 春秋衡庫三十卷備録一卷附録三卷　明天啓五年（1625）刻本 …… 44
20. 春秋賞析二卷　明天啓元年（1621）古吳章鑣刻本 …… 47
21. 四書集註三十一卷存二十八卷（論語集註十卷孟子集註十四卷大學章句一卷大學或問一卷中庸章句一卷中庸或問一卷）　明成化十六年（1480）吉府刻本 …… 49
22. 重訂四書輯釋通義大成四十三卷　明正統五年（1440）詹氏進德書堂刻正統八年（1443）補修本 …… 50

23. 四書人物考四十卷　明嘉靖三十七年(1558)刻本 …………………………… 52
24. 樂經元義八卷　明嘉靖刻本 …………………………………………………… 54
25. 樂律全書四十九卷　明萬曆三十四年(1606)鄭藩刻本 ……………………… 55
26. 爾雅註疏十一卷　明嘉靖李元陽福建刻《十三經註疏》本 …………………… 56
27. 五雅七十二卷存七十卷(廣雅十卷爾雅翼三十二卷釋名八卷埤雅二十卷)　明嘉靖
    新安畢氏刻本 …………………………………………………………………… 58
28. 六書精蘊六卷音釋舉要一卷　明嘉靖十九年(1540)魏希明刻本 …………… 60
29. 廣金石韻府五卷首字略一卷　清康熙九年(1670)大業堂朱墨套印本 ……… 62
30. 大明成化庚寅重刊改併五音集韻十五卷　明成化三年至六年(1467—1470)北京隆福寺文
    儒重刊本 ………………………………………………………………………… 63
31. 大明正德乙亥重刊改併五音集韻十五卷　明正德十年(1515)刻本 ………… 65
32. 洪武正韻十六卷　明萬曆三年(1575)司禮監刻本 …………………………… 66
33. 韻略類釋四卷　明隆慶二年(1568)刻本 ……………………………………… 67

史部(63部)

34. 史記一百三十卷　明崇禎十四年至清順治十三年(1641—1656)常熟毛氏汲古閣刻《十七史》本
    …………………………………………………………………………………… 68
35. 二十四史三千二百一十三卷(缺新五代史七十四卷)　清乾隆四年至四十九年
    (1739—1784)武英殿刻本 ……………………………………………………… 70
36. 資治通鑑二百九十四卷釋文辨誤十二卷　明萬曆二十年(1592)吳勉學刻本 …… 71
37. 資治通鑑全書四百零五卷存三百八十五卷(資治通鑑目錄三十卷資治通鑑二百
    九十四卷缺卷九十三至一百一十二宋元資治通鑑六十四卷甲子會紀五卷通鑑釋
    文辯誤十二卷)　明天啓崇禎間長洲陳仁錫刻金閶大觀堂印本 …………… 73
38. 續資治通鑑綱目二十七卷　明弘治十七年(1504)慎獨齋刻本 ……………… 75
39. 資治通鑑節要續編三十卷　明正德九年(1514)司禮監刻本 ………………… 76
40. 宋元通鑑一百五十七卷　明末吳門大觀堂刻本 ……………………………… 78
41. 皇明二祖十四宗增補標題評斷通紀二十七卷　明末五車樓刻本 …………… 80
42. 皇明從信錄四十卷　明崇禎刻本 ……………………………………………… 82
43. 兩朝從信錄三十五卷　明崇禎刻本 …………………………………………… 84
44. 鴻猷錄十六卷　明嘉靖四十四年(1565)京山高思誠刻本 …………………… 85
45. 宋史新編二百卷　明嘉靖三十六年(1557)刻本 ……………………………… 86
46. 國語九卷　明萬曆四十七年(1619)閔齊伋刻三色套印本 …………………… 87
47. 貞觀政要十卷　明成化元年(1465)內府刻本 ………………………………… 88
48. 建文朝野彙編二十卷　明末刻本 ……………………………………………… 90
49. 吾學編六十九卷　明隆慶元年(1567)海鹽鄭氏刻本 ………………………… 92
50. 吾學編六十九卷　明隆慶坊刻本 ……………………………………………… 94
51. 少保于公奏議十卷附錄一卷　明萬曆四十一年(1613)仁和吳邦相等刻本 … 95
52. 皇明名臣經濟錄十八卷　明嘉靖二十八年(1549)常熟令羅鴻刻本 ………… 96
53. 垣中疏議八卷附詩集一卷書稿一卷雜著一卷　清初沈宜等刻本 …………… 98
54. 歷朝茶馬奏議五卷　明萬曆二十一年(1593)刻本 …………………………… 100
55. 修政曆法奏疏不分卷　清初刻本 ……………………………………………… 102

56. 皇明名臣言行錄新編三十四卷 明嘉靖三十二年(1553)常熟沈應魁刻本 …… 104
57. 新刊皇明名臣言行錄二卷續二卷 明嘉靖十一年(1532)濠梁崔鼎刻本 …… 106
58. 貂璫史鑑四卷 明萬曆刻本 …… 108
59. 程朱闕里志八卷首一卷彙增一卷 清雍正三年(1725)刻本 …… 110
60. 鍥兩狀元編次皇明要考六卷首附一二考一卷 明萬曆閩建書林葉貴刻本 …… 112
61. 遜國忠紀十八卷 明崇禎刻本 …… 113
62. 蘇長公外紀十二卷 明萬曆二十二年(1594)璩氏燕石齋刻萬曆二十三年(1595)重修本 …… 114
63. 崇禎十二年應天府鄉試錄不分卷 明崇禎刻本 …… 116
64. 新安休寧名族志四卷 明天啓六年(1626)休寧汪高元刻本 …… 118
65. 于氏家乘不分卷 清光緒六年(1880)于氏福謙堂木活字本 …… 120
66. 段氏家乘十卷首一卷 清光緒七年(1881)金壇段氏木活字本 …… 122
67. 前漢書抄八卷後漢書抄八卷 明嘉靖四十三年(1564)錢之選刻本 …… 124
68. 歷代史纂左編一百四十二卷 明嘉靖四十年(1561)胡宗憲刻本 …… 126
69. 大明一統志九十卷 明嘉靖三十八年(1559)歸仁齋刻本 …… 128
70. 新刻大明一統志集略不分卷 明萬曆刻本 …… 130
71. 地圖綜要不分卷 清順治二年(1645)刻本 …… 132
72. [嘉靖]山東通志四十卷 明嘉靖十二年(1533)刻本 …… 134
73. [正德]姑蘇志六十卷 明正德元年(1506)刻嘉靖增修本 …… 136
74. [弘治]重修無錫縣志三十六卷存卷十八至三十六 明弘治七年(1494)刻本 …… 138
75. [嘉靖]徽州府志二十二卷 明嘉靖四十五年(1566)刻本 …… 139
76. [成化]中都志十卷 明弘治元年(1488)刻嘉靖三十年(1551)補修隆慶遞修本 …… 141
77. [嘉靖]嘉興府圖記二十卷 明嘉靖二十八年(1549)刻本 …… 142
78. [嘉靖]寧波府志四十二卷 明嘉靖三十九年(1560)刻本 …… 144
79. [嘉靖]定海縣志十三卷 明嘉靖四十二年(1563)刻本 …… 146
80. [嘉靖]安吉州志八卷 明嘉靖三十六年(1557)刻萬曆張養蒙增修本 …… 148
81. 廬山紀事十二卷 明嘉靖刻本 …… 150
82. 泰山道里記一卷 清乾隆二十七年(1762)聶氏杏雨山堂刻本 …… 152
83. 采風類記十卷 清康熙四十九年(1710)長洲張氏慶藻堂刻本 …… 154
84. 古今游名山記十七卷總錄一卷 明嘉靖四十四年(1565)括蒼何氏自刻本 …… 156
85. 大唐六典三十卷 明正德十年(1515)席書、李承勛刻本 …… 158
86. 南京刑部志四卷首一卷 明嘉靖三十五年(1556)山東清吏司刻本 …… 160
87. 南雍志二十四卷 明嘉靖二十三年(1544)南京國子監本 …… 162
88. 文獻通考三百四十八卷 明嘉靖三年(1524)司禮監刻本 …… 164
89. 皇明泳化類編一百三十六卷 明隆慶刻清補鈔本 …… 166
90. 大明集禮五十三卷 明嘉靖九年(1530)內府刻本 …… 168
91. 蕪關榷誌二卷 明萬曆刻清增修本 …… 170
92. 籌海圖編十三卷 清康熙三十二年(1693)鄭起泓刻本 …… 172
93. 泊如齋重修宣和博古圖錄三十卷 明萬曆十六年(1588)泊如齋刻本 …… 174
94. 西清古鑑四十卷附錢錄十六卷 清乾隆二十年(1755)內府刻本 …… 176
95. 重定金石契不分卷 清乾隆四十三年(1778)紅印本 …… 178
96. 狂狷裁中十卷 明天啓六年(1626)刻本 …… 180

子部（55部）

97. 六子書六種六十卷　明嘉靖十二年(1533)吳郡顧氏世德堂刻本	182
98. 劉向說苑二十卷　明洪武內府刻本	184
99. 賈誼新書十卷　明刻本	186
100. 讀書錄十卷　明正德十五年(1520)刻本	188
101. 性理大全書七十卷　明嘉靖十二年(1533)葉氏作德堂重刻本	190
102. 聖學格物通一百卷　明嘉靖十二年(1533)揚州刻本	192
103. 唐荊川先生纂輯武編前編六卷後編六卷　明萬曆徐象橒曼山館刻本	194
104. 武備志二百四十卷　明天啟元年(1621)刻本	196
105. 管子二十四卷　明萬曆四十八年(1620)凌汝亨刻套印本	198
106. 管韓合刻四十四卷　明萬曆十年(1582)趙用賢刻本	199
107. 農政全書六十卷　明崇禎平露堂刻本	202
108. 本草綱目五十二卷附脈學一卷奇經八脈考一卷　明萬曆三十一年(1603)江西按察司長洲張鼎思刻本	204
109. 古今律曆考七十二卷　明萬曆三十六年(1608)張崇禮刻本	206
110. 皇極經世書傳八卷　明嘉靖黃佐刻本	207
111. 鼎鍥卜筮啟蒙便讀通玄斷易大全三卷首一卷　明刻本	208
112. 十竹齋書畫譜八卷　清嘉慶二十二年(1817)芥子園彩色套印本	210
113. 太古遺音不分卷附伯牙心法不分卷　明萬曆刻本	212
114. 古今印則不分卷　明萬曆項氏宛委堂鈐印本	214
115. 古今名印不分卷　明鈐印本	216
116. 茶乘六卷拾遺一卷　明天啟刻本	218
117. 異魚圖贊四卷　明萬曆三十二年(1604)楊宗吾刻本	219
118. 蔣氏蘁經十四卷　明天啟六年(1626)重刻本	220
119. 鶺鵒論一卷　清康熙刻巾箱本	222
120. 虹孫鑑三卷　清乾隆四十一年(1776)茸城林氏補刊本	224
121. 古言二卷今言四卷　明嘉靖四十四年(1565)項篤壽刻本	226
122. 林子全集七十九種一百一十八卷　明萬曆刻本	228
123. 震澤長語二卷震澤紀聞二卷　明嘉靖三十年(1551)刻本	230
124. 古今考三十八卷　明崇禎謝三賓刻本	232
125. 丹鉛總錄二十七卷　明嘉靖三十三年(1554)滇南梁佐刻藍印本	234
126. 見聞雜紀十一卷　明萬曆刻本	236
127. 孤樹裒談十卷　明嘉靖刻本	238
128. 焦氏說楛七卷　清初周氏懷德堂刻本	240
129. 學圃蕘蘇六卷　明萬曆五年(1577)東萊刻本	242
130. 警語類抄八卷　明萬曆二十五年(1597)刻本	244
131. 琅邪代醉編四十卷　明萬曆二十五年(1597)刻本	246
132. 治開錄不分卷　清順治七年(1650)刻本	248
133. 藝文類聚一百卷　明嘉靖二十八年(1549)張松刻本	249

一　唐代寫本

（3部）

1 楷書大方便佛報恩經卷三殘卷 朱書
[漢]失譯人名 唐寫經 一卷

高 25.2 釐米，廣 290.7 釐米。存六紙，行十七至十九字，偶見墨筆補字。有廉泉、吳芝瑛、段祺瑞、鄭孝胥等人的題簽、題耑、題跋。有"紫英""孝胥""小萬柳堂""吳芝瑛""鞠翁之女""暫止便去""墨林星鳳""唐經閣""段祺瑞""廉泉長壽印信"等印。

於佛六師問言佛者是誰菩言一切智人復言
一切智人為是誰善言夫燕慈父欲不知耶白淨
王種豪淳弟一從初初已來婍焔相承作轉
輪王近來二世不作轉輪王雖不作轉輪王而作
閻浮提王兄弟三人其嫁長者号曰淨飯王其
次弟名曰斛飯王至其嫁小者名曰甘露飯王其
王生二子長者名志達小者名阿難陁斛飯王
二子長者名提婆達小者名阿那律甘露飯王生
一子名甘露味介将大兄志達太子出城观看
見老病死患憂患不食悲念人當有此患无
有免者厭有形之類无免此兔斯出宫城菩
提樹下苦行六年坐後得成一切智故号曰一切
人獨悟成佛具足十力四无所畏十八不共法乃
至一切種智具足十日却後一七當是閻浮提介
說法狂九十日毋便命終天為毋
聞是諸巳心生嫉妬憂惱即將六師徒眾
集眾六論議言曇沙門若遠閻浮提者令一切
人民皆當捨我供養體暴我等孤窮恣當不
海介時六師復作是念我等令當速徃彼人民
知此則建安之言所以然者阿青達王未諸當
兒迠出釋氏官甚挺樹下自言得一切種智當
唱知是言諸人當知曇沙門實无所知黄口小
逗中何以多鳥為甚阿難言眾有許食涅生二
七其毋命終以是事故當知是薄相人求是无恩分
我曰在阿難言餘有七曰並渡次問於阿難狐
人所以然者生已長其母故又非長蒼孝非供養
暴所胞供養唯是馬麦艷暴不知為惡而使受
諸當知非一切智也復次問於阿難受者餘有
目下朝夜為納隉儱而又損菓以长淡山亦是无恩
人又既為納隉儱亦竟不作婦人之礼令儱暴

因名波羅奈具波羅奈大王號叙仁賢帝以
正法治國不枉人民王主六十小國八百聚落
王子无子王自供養奉事山神樹神一切
神祇經十二年不懈不息求索有子第一
夫人便覺有身十月滿之生一易兒其子端
正人相具足已告諸大臣諸小國王有六大
臣於諸眾生慈心其年長大好若有聲明仁
慈於諸眾生其年長大好者時太子有六大
臣其性暴惡新寫倭諂柱橫无道人民悅愛
余介時大王身甚重病苦惱頷領頓惑
厭太子佳者諸臣父王因萬念當奈何諸臣
聞已心生嫉惡報太子言不久亡何以故
谏求妙葉不可得故是以當知命去不遠太
子聞已心生苦惱問絕辭地時六大臣即入静
室共謀議言恐厭太子不除去者我等經
不得發讓使以方便除去太子
牛无事可除一臣復言我有方便除去之即
八百歎落中求見葉草了不俅得太子
佳太子所報太子言求六十小國
問言所求葉草為是何物太子報言求六盾
知求葉草者正是徒爾至於不瞑精反
其人體若得此葉俅命全主令云不俅者命
憂惱即報大臣令我身亡不若者似是共人何以
在不久作諸國立无有此人太子聞巳心生
故我德生已来未甞有娘太臣言太子者
是其人者此事示难何以故天下所種
若巳身太子言不如諸臣所言也但侠父王
當尋慎者故灾儉百千周亦不為雜浼我

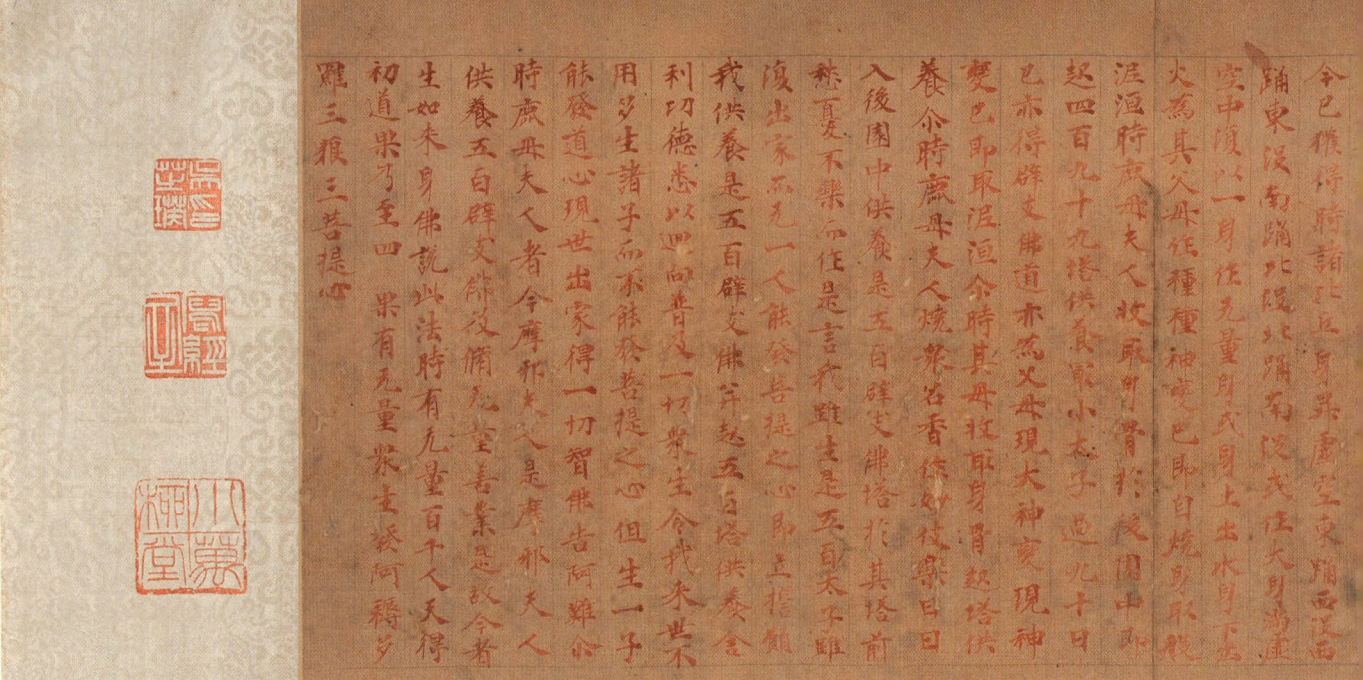

2 楷書大方便佛報恩經卷三殘卷 血書
[漢]失譯人名 唐寫經 一卷

高25.2釐米，廣311.8釐米。存七紙，行十六至十八字，偶見墨筆補脱漏字句。有吳芝瑛、王揖唐、鄭孝胥等人的題簽、題耑、題跋。有"逸盦""孝胥""吳芝瑛""寫經室""小萬柳堂"等印。

善聽吾當應汝分別解說佛言乃往過去久
遠不可計劫有佛出世号眈樂尸如來應供
正遍知明行足善逝世間解無上士調御丈
夫天人師佛世尊出現於世為至正法漂住
滅乃尒時有國号波羅柰去波羅柰不遠有
一聖所遊居以時佛住此山中故
曰聖所遊居吾山遊名山中以号仙聖以住
中故号聖其山中𡵲有一仙人住在南岳
頂有一仙住名北山二山中間有一泉水其
泉水邊有一平石尒時南岳仙人在此石上
浣衣洗足已便還所止去後不久有一雌鹿
來飲泉水次來舐浣衣處即飲是石上浣
衣汁飲此舐衣垢汁已𢌞頭反顧自猒小便處
尒時雌鹿尋便懷妊日滿產生盲產生產小便處
衆向本所得胎處即還水邊住本石處
充時產生一女尒時仙人聞此鹿悲鳴聲心生憐憫
時南窟仙人悉聞是鹿大悲鳴聲心生憐憫
出往看見此雌鹿產生一女尒時鹿母究悷
即以草衣裹持還林棲隨時將養
漸長大至年十四長大尒定常宿大尒不
斷絕如於一日心不謹慎便使火滅見是
見形體端正人相具足是衣已來心生愕
責默女已詭其女言我長身巳未宵便火炎
滅汝今日𥬇何念哉北巖有火汝可往取介
時哉女即隨父教往詣北巖步步舉足之處
蓮華隨其蹤跡行伍次第尒如𢖍陌往至
北巖從彼仙人乞火尒仙人見此女
人福德從是之下生於蓮華報言欲得火者
女汝右遶我七下而行五火束了𠮷

3 楷書大般若波羅蜜多經卷三八一 墨書
[唐]玄奘等奉詔譯 唐寫經 一卷

高 26.0 釐米，廣 811.0 釐米。存十七紙，其中第十三至十五紙滿行十六字，個別爲十七或十八字；餘紙滿行爲十七字，個別爲十六或十八字。首尾完整，卷首及各紙接縫處鈐有"鐵翹""惜陰主人""歐陽燾""悟得便是道""學然後知不足"等印。

大乘中心師子吼辯大梵輪一門沙門若婆
羅門若天魔梵若餘世間決定無能如法轉
者是為第三一切如來應正等覺自稱我為
諸弟子眾說出離道諸聖僧習決定出離決
之通達正盡眾苦邊除故有沙門若婆
羅門若天魔梵若餘世間依法立難立令憶
念有情此道非正出離非正通達非正盡苦
非作苦邊我作彼非正見無緣以於彼非正
見無緣得安隱往無怖無畏自稱我處大仙
尊位於大眾中正師子吼轉大梵輪一切沙
門若婆羅門若天魔梵若餘世間所不能轉
如法轉者是為第四無畏所言善現云何名
現云何名為四無礙解善現無礙解法無礙
解詞無礙解辯無礙智善現云何名四無
礙解詞無礙解辯無礙智善現云何
云何法無礙解謂緣法無礙智善現云何
解善現云何義無礙解謂緣義無礙智善現
來應正等覺終無謬失是為第一佛不共法
一切如來應正等覺無卒暴音是為第二佛
不共法一切如來應正等覺無忘失念是為
第三佛不共法一切如來應正等覺無不定
心是為第四佛不共法一切如來應正等覺
無種種想是為第五佛不共法一切如來應
無不擇捨是為第六佛不共法一切如來應
正等覺志欲無退是為第七佛不共法一切
如來應正等覺精進無退是為第八佛不共
法一切如來應正等覺憶念無退是為
佛不共法一切如來應正等覺般若

九世尊陰相勢峯藏密其猶龍馬亦如為王
是為第十世尊毛孔各一毛生柔潤紺青石
旋宛轉是第十一世尊跌足端皆上靡石旋
宛轉柔潤紺青臙金色身甚可愛樂是第十
二世尊身皮細薄潤滑塵垢水等所不住
是第十三世尊身皮甘真金色光潔見瞻如
妙金臺眾寶莊嚴眾所樂見是第十四世尊
兩足二手掌中頸及雙肩七處充滿是第十
五世尊肩項圓滿殊妙是第十六世尊膊腋
悉皆充實是第十七世尊容儀洪滿端直是
第十八世尊身相俯廣端嚴是第十九世尊
體相縱廣量等周匝圓滿如諾瞿陀樹是二
十世尊額臆并身上半威容廣大如師子王
是二十一世尊常光面各一尋是二十二世
尊齒相四十齊平淨密根深白踰珂雪是二
十三世尊四牙鮮白鋒利是二十四世尊常
得味中上味喉脉直故能引身中諸支節脉
所有上味風熱淡病不能為雜由放不雜
諸洗淨之鑪壞損擁曲等過能正吞咽津液
通流故身心適得常上味是二十五世尊舌
相薄淨廣長能覆面輪至耳髮際是二十六
世尊梵音詞韻弘雅隨眾多少無不等聞其
聲洪震猶如天鼓發言婉約如頻迦音是二
十七世尊眼睫猶如牛王紺青齊整不相雜
亂是二十八世尊眼睛紺青鮮白紅環間飾
皎潔分明是二十九世尊面輪其猶滿月眉
相皎淨如天帝弓是第三十世尊眉間有白
毫相右旋柔軟如覩羅綿鮮白光淨踰珂雪
等是三十一世尊頂上烏瑟膩沙高顯周圓
猶如天蓋是三十二善現是名三十二大士

施設無一切智無一切智施設無道相
智無道相智一切相智施設無預流
果無預流果施設無一来不還阿羅漢果
獨覺菩提無一来乃至獨覺菩提施設
無一切菩薩摩訶薩行無一切菩薩摩訶薩行
施設無諸佛無上正等菩提無諸佛無上正
等菩提施設無三十二大士相无三十二大士
相施設無八十随好無八十随好無所
世尊一切有情法及施設既不可得都無所
有云何菩薩摩訶薩行深般若波羅蜜多
時為諸有情宣説諸法世尊句諸菩薩摩
訶薩自安住不正法為諸有情就不正法
勸諸有情住不正法以顛倒法安立有情
何以故世尊菩薩摩訶薩行深般若波羅
蜜多時尚不得菩提況有菩薩摩訶
薩法而可得菩薩摩訶薩況有菩薩摩訶
得者高不得佛告善現如是如是如汝
所説一切有情皆不可得一切法施設亦不
不可得由不可得都無所有故當
可得一切法無所有故當
知內空當知外空當知內外空當知大空勝義
空有為空無為空畢竟空無際空散空無
變異空本性空自相空共相空一切法空
不可得空無性空自性空無性自性空當
知真如空當知法界法性不盡委性不變
異性平等性離生性法定法住實際虚空
不思議界空當知苦聖諦空當知集滅道
聖諦空當知色空當知受想行識空當知
眼處空當知耳鼻舌身意處空當知
耳鼻舌身意界空當知色界空當知聲香味

發老地焔慧地極難勝地現前地遠行地不
動地善慧地法雲地空當知五眼空當知六
神通空當知佛十力空當知四无所畏四无礙
解十八佛不共法空當知大慈空當知大悲
大喜大捨空當知无忘失法空當知恒住捨
性空當知一切智空當知道相智一切相智
空當知預流果空當知一来不還阿羅漢果
獨覺菩提空當知菩薩摩訶薩行空當知諸佛无
正等菩提空當知諸菩薩摩訶薩行空當知諸佛無上
正等菩提空當知三十二大士相空當知八十随好有
情空當知三十二大士相空當知成熟有
空善現善薩摩訶薩行深般若波羅蜜多
時見一切法皆空已為諸有情宣說諸法令
離顛倒雖為有情宣說諸法而於有情都无
所得於一切法亦無所得由是因緣雖說諸
減無取無捨於一切法而不增不
菩薩是善薩摩訶薩於一切法如是觀時於
一切法得無障智由此智故不壞諸法無二
分別為諸有情如實宣說令離妄想顛倒
執著隨其所應趣三乘果

大般若波羅蜜多經卷第三百十一

般若波羅蜜多布施波羅蜜多等施設無方便
蜜多施設無淨戒安忍精進靜慮般若波羅
羅蜜多施設無淨戒乃至般若波羅蜜多施設
無四靜慮無四靜慮施設無四無量四
無四靜慮無四無量四無色定施設無四念
色定無四無色定施設無四念住無四正
無四念住施設無四正斷四神足五根五
力七等覺支八聖道支施設無四正斷乃至八聖
道支施設無空解脫門無空解脫門施設
無無相無願解脫門無無相無願解脫門
施設無內空無內空施設無外空無外空
施設無大空勝義空有為空無為空畢竟空
無際空散空無變異空本性空自相空共
相空一切法空不可得空無性空自性空
無性自性空無外空乃至無性自性空施設
無真如無真如施設無法界法性不虛妄
性不變異性平等性離生性法定法住實際
虛空界不思議界無法界乃至不思議界施
設無苦聖諦無苦聖諦施設無集滅道聖
諦無集滅道聖諦施設無八解脫無八
勝處九次第定十遍處無八解脫無八
勝處九次第定十遍處施設無四念住
門無陀羅尼門施設無三摩地門無三摩地
門施設無極喜地無極喜地施設無離垢
地發光地焰慧地極難勝地現前地遠行
地不動地善慧地法雲地無離垢地乃至
法雲地施設無五眼無五眼施設無六
神通無六神通施設無佛十力無佛十
施設無四無所畏四無礙解十八佛不共
法無四無所畏四無礙解十八佛不共
施設無大慈無大慈施設無大悲大喜大

空有為空無為空畢竟空無際空散空無
變異空本性空自相空共相空一切法空
不可得空無性空自性空無性自性空
知真如空當知法界法性不虛妄性不
變異性平等性離生性法定法住實際
不思議界空當知苦聖諦空當知集滅道
聖諦空當知色空當知受想行識空當知
眼空當知耳鼻舌身意空當知色聲香味
觸法空當知眼界空當知耳鼻舌身意
界空當知色界空當知聲香味觸法界
空當知眼識界空當知耳鼻舌身意
識界空當知眼觸空當知耳鼻舌身意
觸空當知眼觸為緣所生諸受空當知地界
火風空識界空當知無明空當知行識
所緣等無間緣增上緣空當知從緣所生
諸法空當知我空當知有情
命者生者養者士夫補特伽羅意生儒童作
者使作者起者使起者受者使受者知者見
者空當知布施波羅蜜多空當知淨戒安忍
精進靜慮般若波羅蜜多空當知四念住空
當知四正斷四神足五根五力七等覺支八聖
道支空當知解脫門空當知無相無願解
脫門空當知八解脫空當知八勝處九次第

二　宋元古槧

（7部）

4 大觀帖卷六
北宋大觀三年(1109)刻石 宋拓本 存一册

高30.5釐米,廣16.0釐米。存二十七帖,九百七十三字,分裱成十一開。有董其昌、王穉登、王世貞、祁寯藻、翁方綱、張謇等人的題跋、劄記、題尚等。

宋元古搨　15

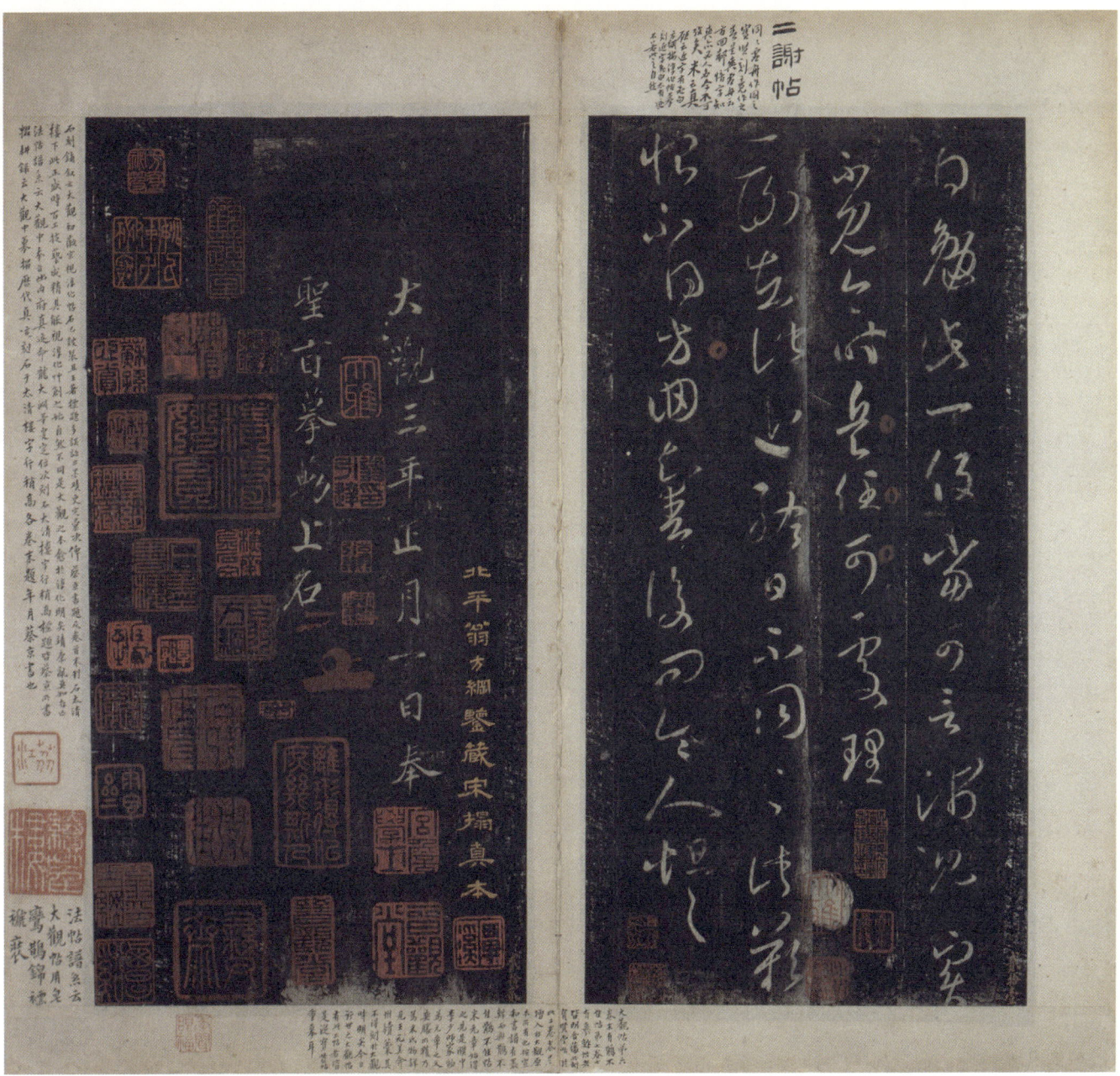

此行成帖玉二行
是唐賈曾張長
說趙明誠序黃長
睿皆以為虞永
魯公書而集古錄
云永興少年時書

予浮是帖時張
說已誤駭則古
作談朝舌帖
誤也吾家此帖
石公秘搖松秦
恨不能一石公
來訪也此帖宋
雲永興少年
來

近得書帖
米海岳
云是右
軍真

禮 可 以 生 宅 斷 門 書 諸 望 冢
哀 開 祖
廿二日羲之報近得書問二旦又得
於興書甚望意在差二可耳
吾弦故京沉滯夏惊解

晉右將軍王羲之書標題八字是徽宗御書所謂瘦金書也卷末
大觀三年二行絕不類蔡元常當是鑑到官所題蓋元常字多殘
側鋒此帖運鋒與覃溪先生所跋不合聊存鄙見云爾 石公

貳

適得書帖

晉右將軍王羲之書

御府畢士安本淳化閣帖王羲之適得書帖眠字尾畫出鋒蕭刻則無鋒矣此本正與畢士安淳化原本相合項子長家藏南宋覆本點然而外間有曰王著摹字者則不然旦知其妄也恨字已迴折處尚微見直畫之端倪非若蕭刻振轉也點與畢士安本合

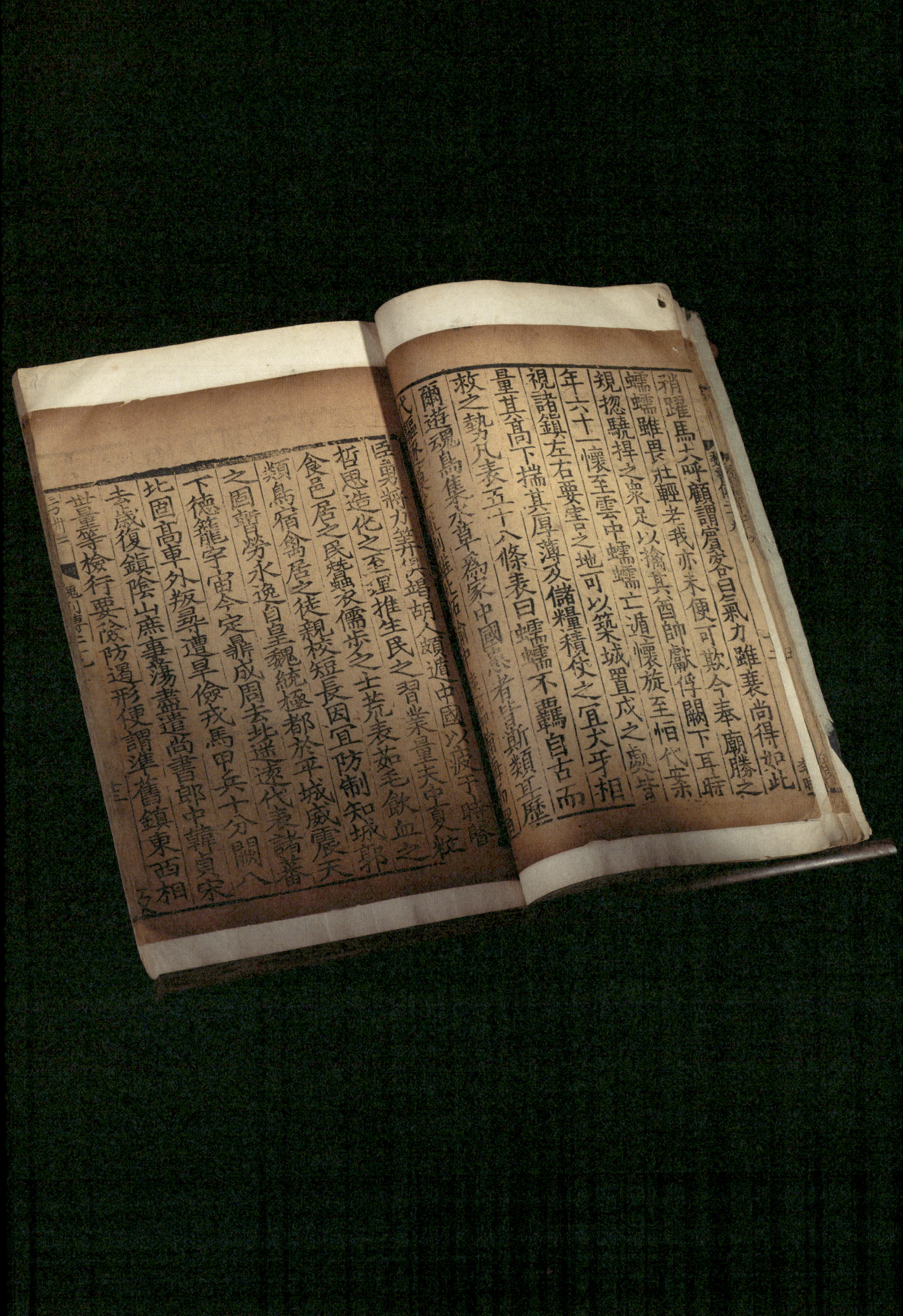

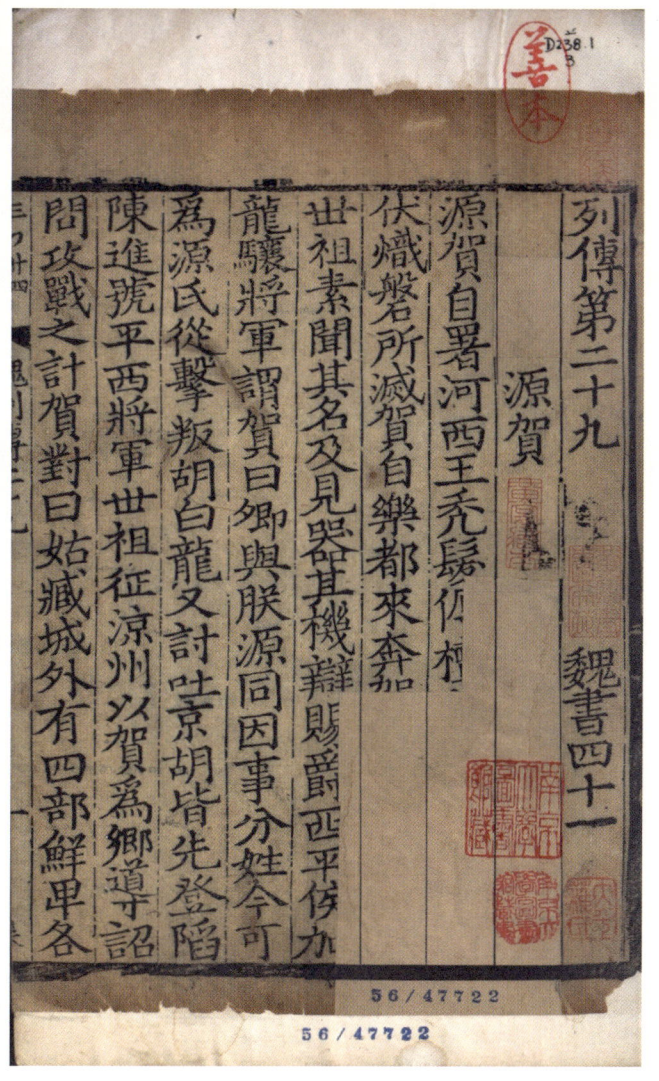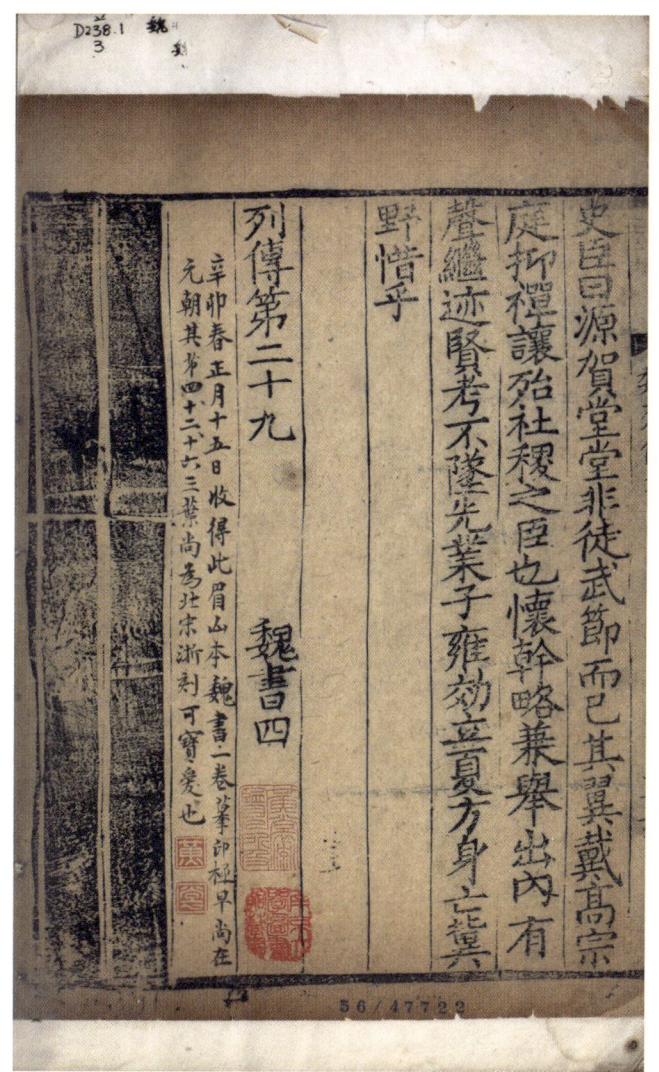

5　魏書一百一十四卷存卷四十一
[北齊]魏收撰　宋刻宋元遞修公文紙印本　存一冊

匡高23.3釐米，廣18.8釐米。半葉九行，行十八字。小黑口，左右雙邊，單黑魚尾。版心有刻工。有黃裳題跋。有"黃裳藏本""黃裳青囊文苑""太平蘇氏"等印。

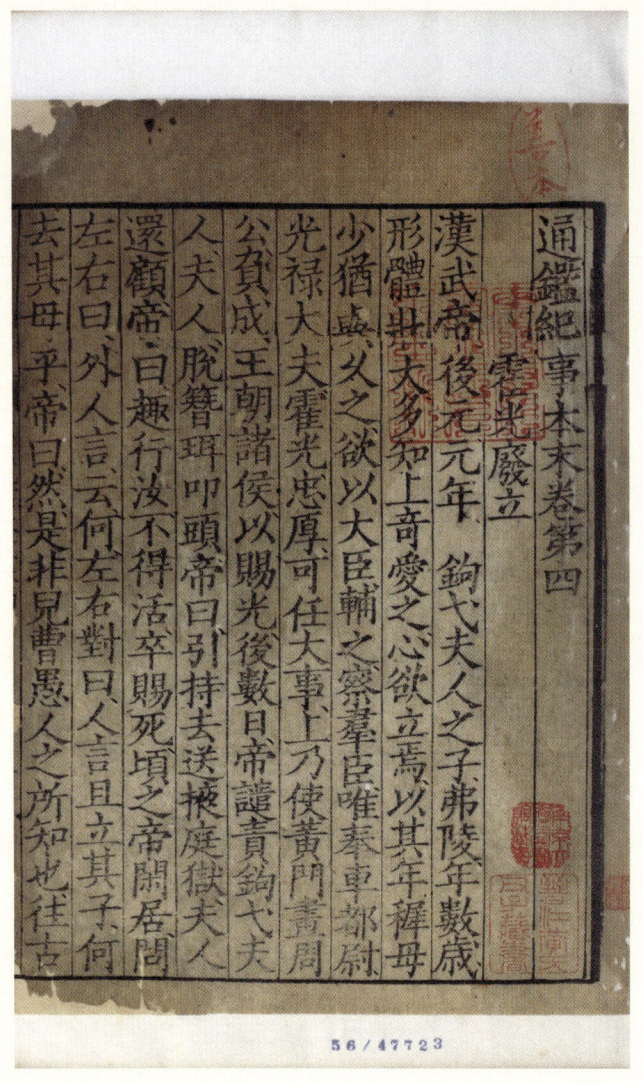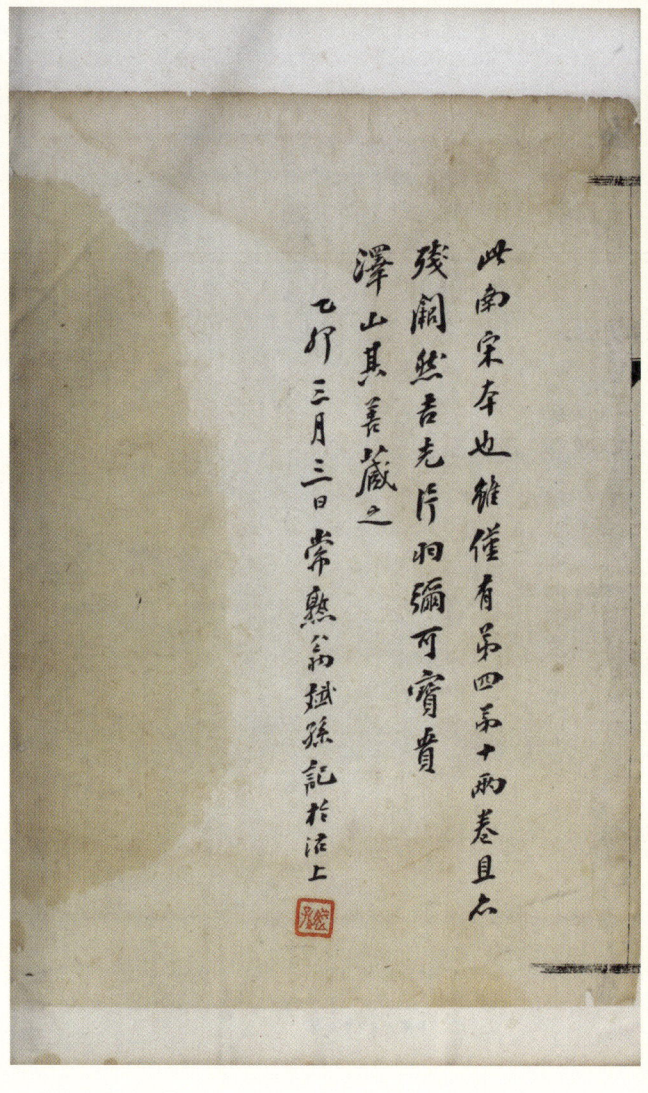

6 通鑑紀事本末四十二卷存卷四(第一至十一葉、第十六至四十八葉)、卷十(第四十五至八十九葉)
[宋]袁樞撰 宋寶祐五年(1257)刻元遞修本 存二册

匡高25.4釐米,廣19.8釐米。半葉十一行,行十九字。白口,左右雙邊,單黑魚尾。版心有刻工。有翁斌孫題記。有"康(或秦)府寶藏之記""翁斌孫印""晉江黃氏父子藏書""斌孫"等印。

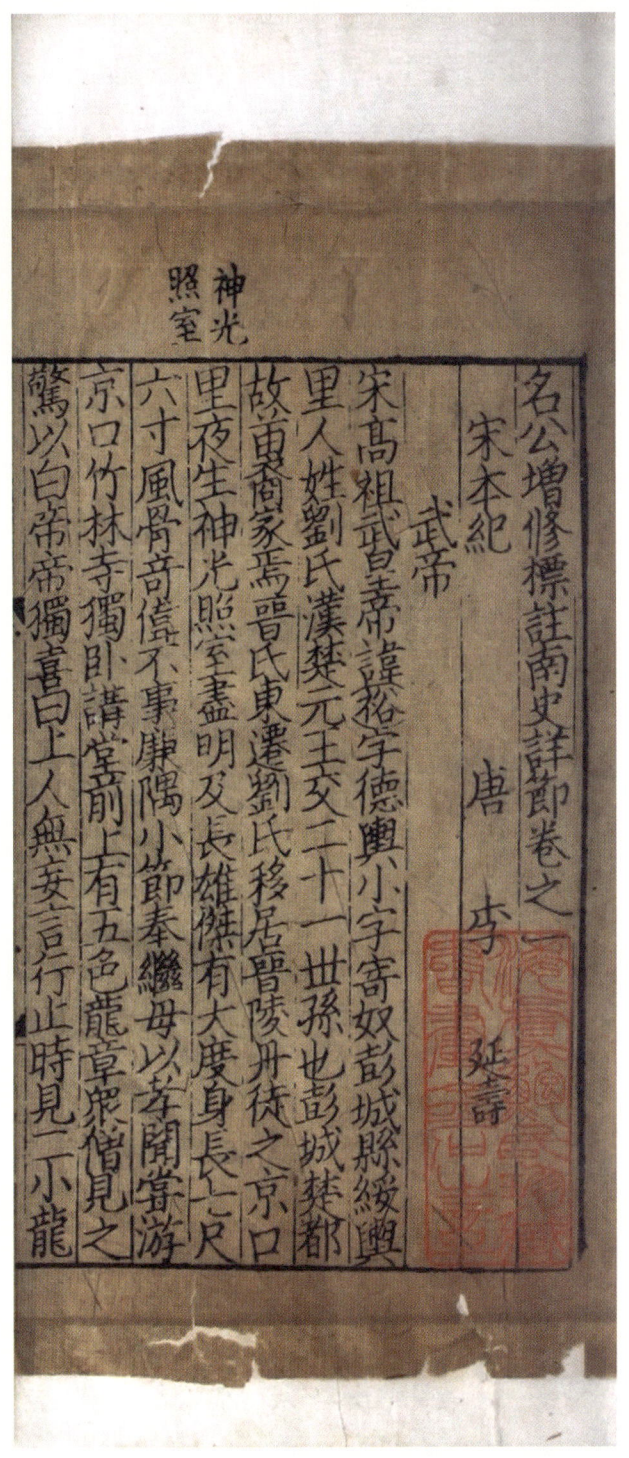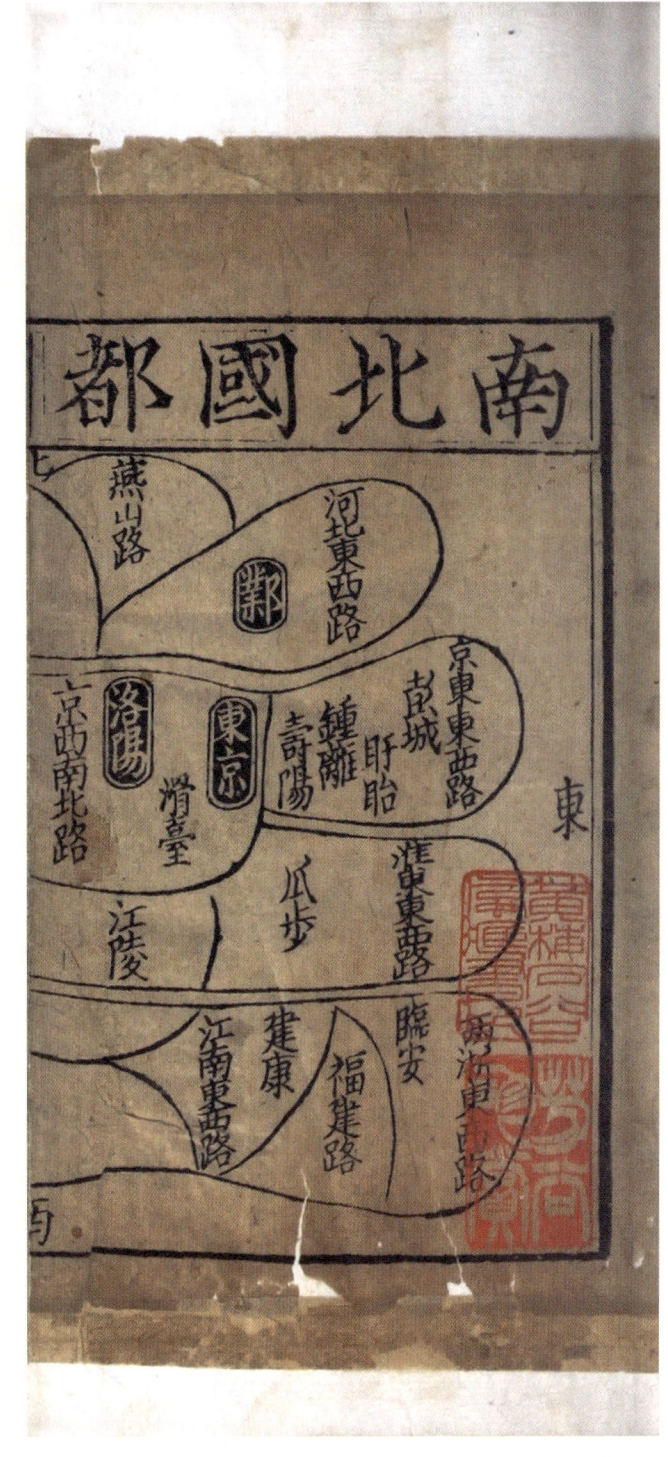

7 名公增修標註南史詳節二十五卷存卷一、六、二十二至二十五
[宋]呂祖謙編 宋刻本 存四冊

金鑲玉裝。匡高10.4釐米,廣6.7釐米。半葉十行,行二十字。細黑口,四周單邊,雙黑魚尾。卷二十五有鈔配。有"季振宜印""滄葦""芳谷珍賞""海虞鮑氏珍藏書畫金石之章""虞陽鮑叔衡過眼""黃梅石谷風藏書印"等印。

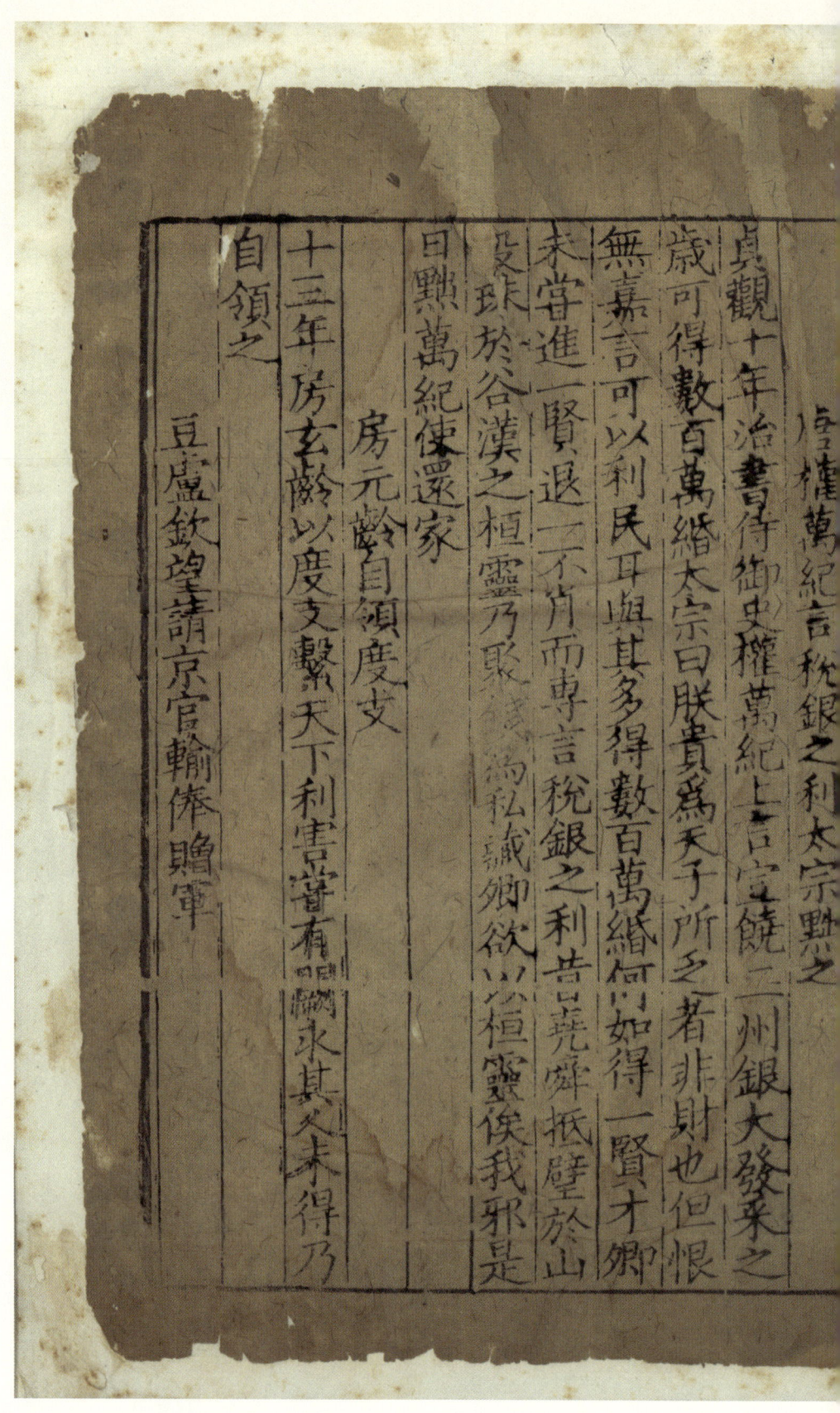

8 通鑑總類二十卷存卷十一理財門四葉、聚斂門七葉
　　［宋］沈樞撰　元至正二十三年(1363)平江路儒學下吳郡庠刻本　存一冊

蝴蝶裝。匡高24.8釐米，廣17.4釐米。半葉十一行，行二十三字。細黑口，左右雙邊，單黑魚尾。版心下有刻工。有"繼卿"等印。

理財門

晉杜預上疏

咸寧四年司冀兗豫荊揚州大水螟傷稼䛇問主者何以佐百姓度支尚書杜預上疏以為今者水災東南尤劇宜敕兗豫等諸州留漢氏舊陂繕以蓄水外餘皆決瀝令饑者盡得魚菜螺蠩之饒此目下日給之益也水去之後填淤之田畝收數鍾此又明年之益也典牧種牛有四萬五千餘頭不供耕駕至有老不穿鼻者可分以給民使及春耕穀登之後責税此又數年以後之益也武帝從之民賴其利預在尚書損益庶政不可勝數時人謂之杜武庫言其無所不

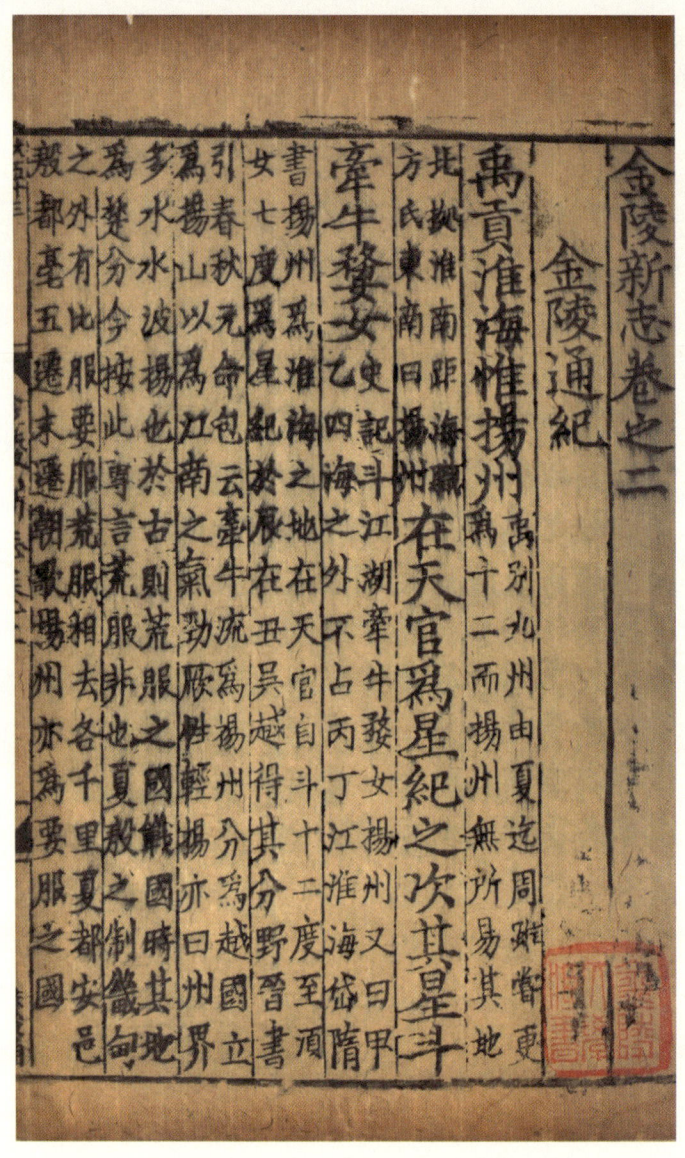

9 [至正]金陵新志十五卷存卷一至三、五至十三

[元]張鉉纂修 元至正四年(1344)集慶路儒學溧陽州學溧水州學明道書院刻明正德十五年(1520)南京國子監重修本 存十六册

匡高24.4釐米,廣17.5釐米。半葉九行,行十八字,小字雙行同。白口,左右雙邊,雙黑魚尾。有"孔繼涵印""葒谷"等印。

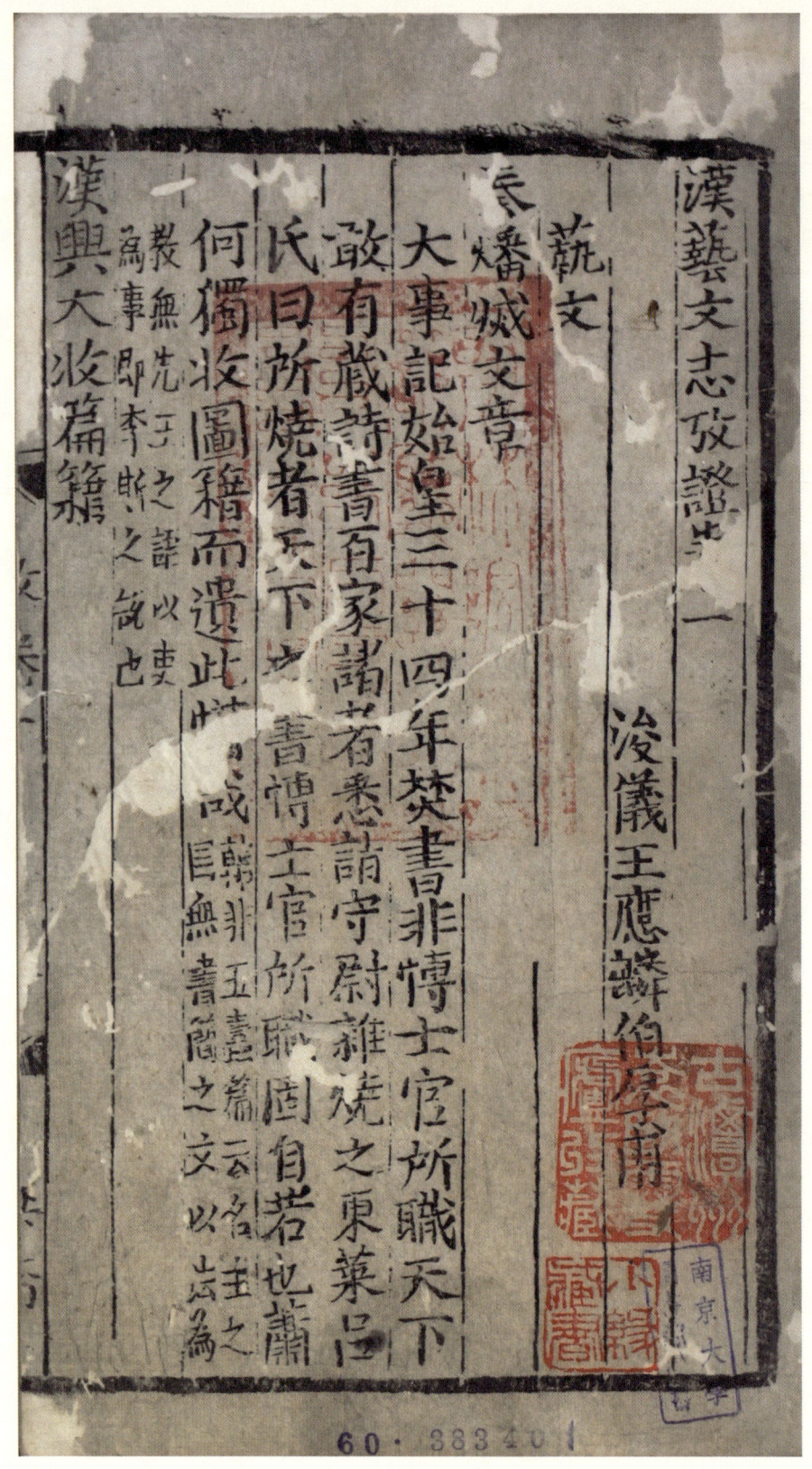

10 漢藝文志考證十卷

[宋]王應麟撰 元刻明遞修附《玉海》本 四册

元版葉匡高22.5釐米,廣13.8釐米。半葉十行,行二十字,小字雙行同。白口,左右雙邊,雙黑魚尾。版心下有字數。明版葉匡高21.1釐米,廣13.6釐米。半葉十行,行二十字,小字雙行同。白口,四周雙邊,雙黑魚尾。版心下鎸"監生項德純刊"及字數。有"古潭州袁氏臥雪廬收藏""紹廉經眼""小緣藏書"等印。

於是建藏書之策注劉歆七畧目外則有太史
博士之藏內則有延閣廣內祕室之府
通典漢氏圖籍所在有石渠延閣廣內貯之於外
府又御史中丞居殿中掌蘭臺祕書及麒麟天祿
二閣藏之於內禁 百官表御史中丞在殿 劉向
受詔校書毋一書竟表上輒言臣向 長水校尉
臣參書太常博士書中外書合若干本以相比校
然後殺青 向傳云領校
中五經祕書
霍山坐寫祕書 蘇昌為太常坐藉霍山書洩祕
監生項德純刊

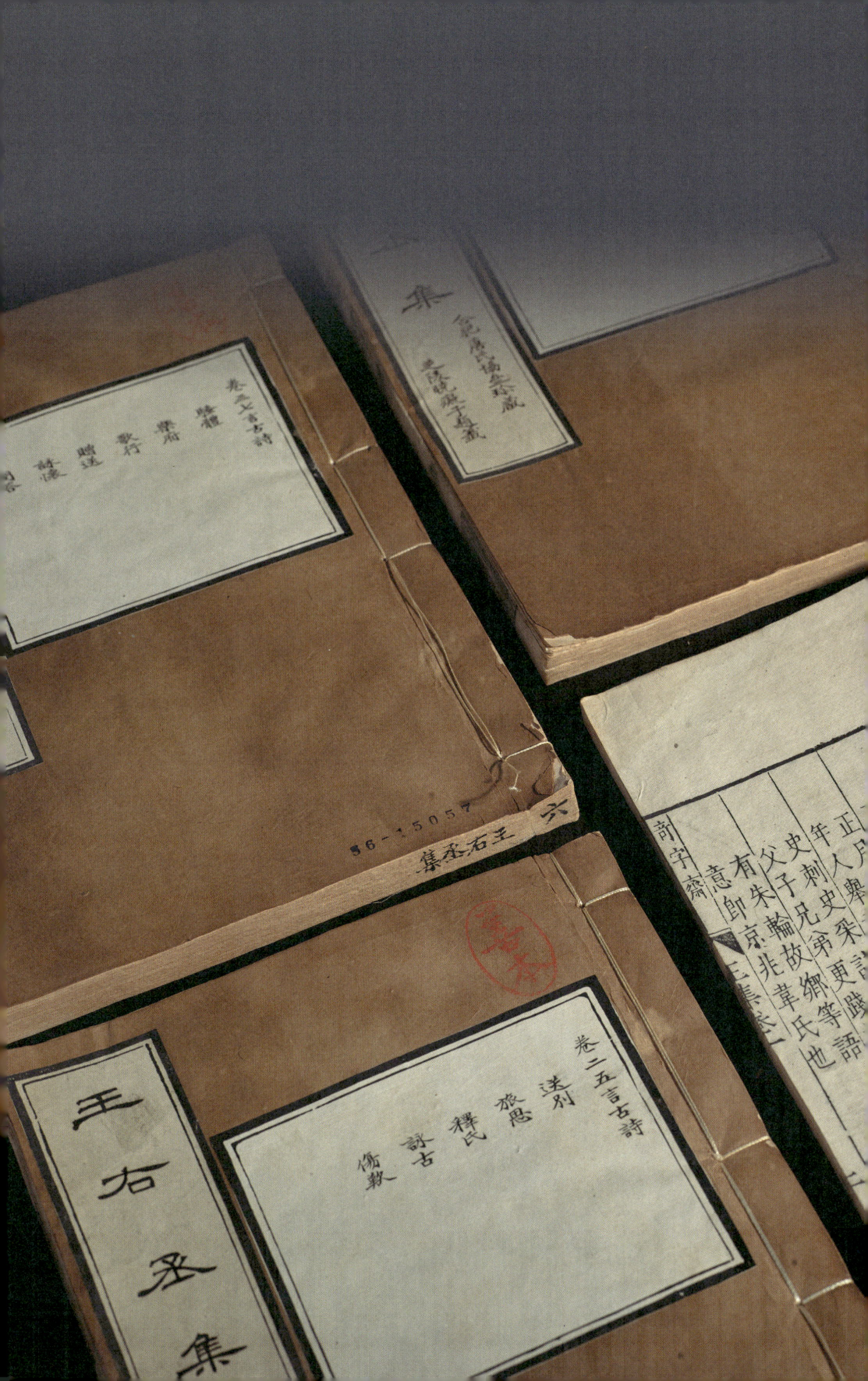

三　明清佳刻

（193部）

上

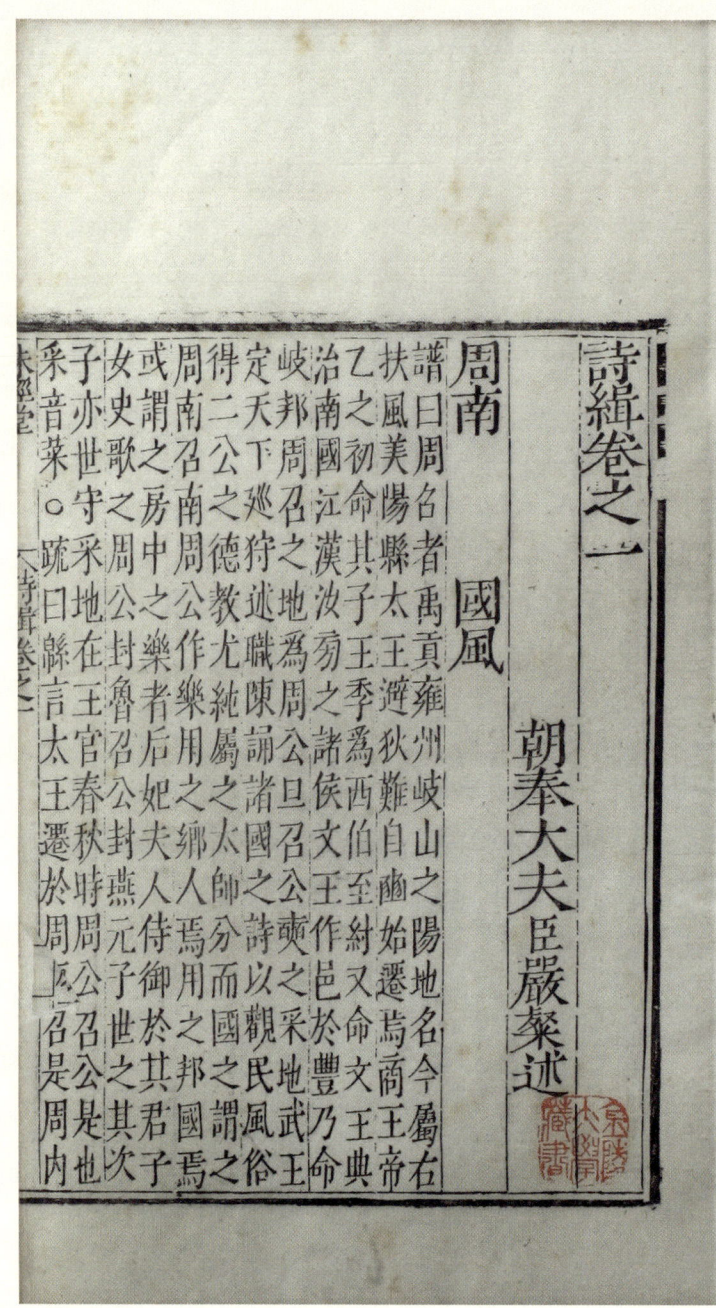

11 詩緝三十六卷

［宋］嚴粲撰 明嘉靖趙府味經堂刻本 三十二册

匡高19.9釐米,廣14.3釐米。半葉九行,行十八字,小字雙行同。白口,四周雙邊,單白魚尾。版心有"味經堂"字樣。

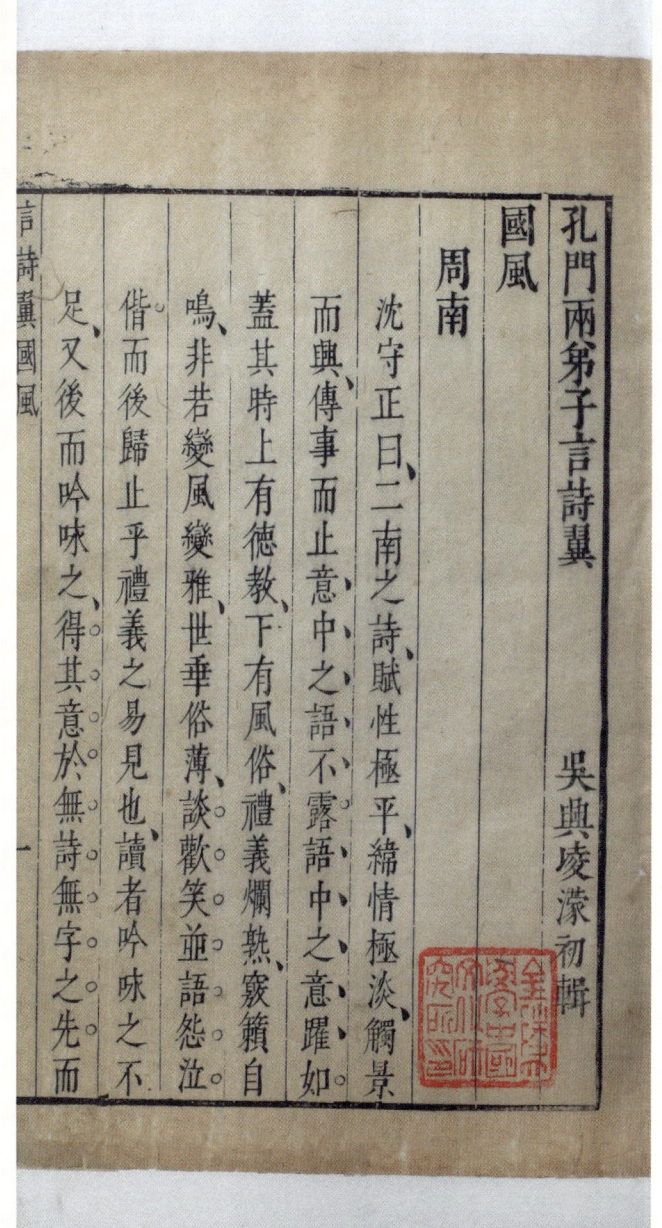
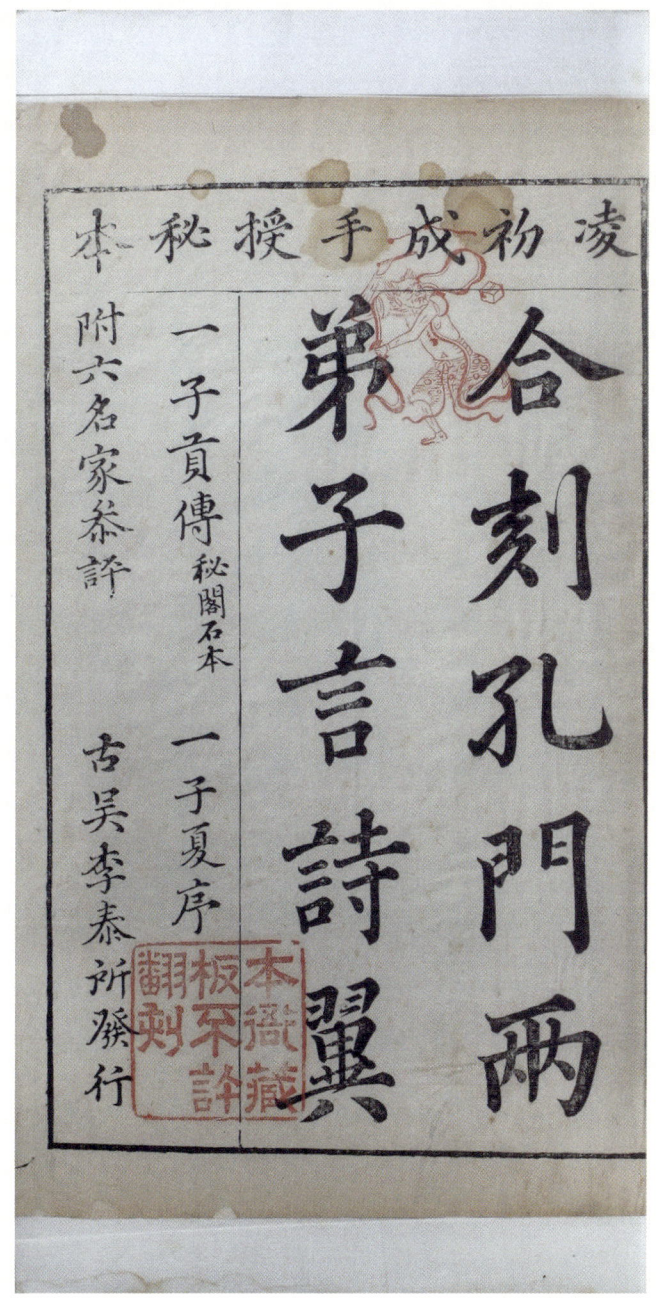

12 孔門兩弟子言詩翼六卷首列子貢言詩

[明]凌濛初輯 明崇禎三年(1630)古吳季泰刻本 十冊

匡高 21.7 釐米,廣 14.2 釐米。半葉九行,行二十字。白口,四周單邊,無魚尾。

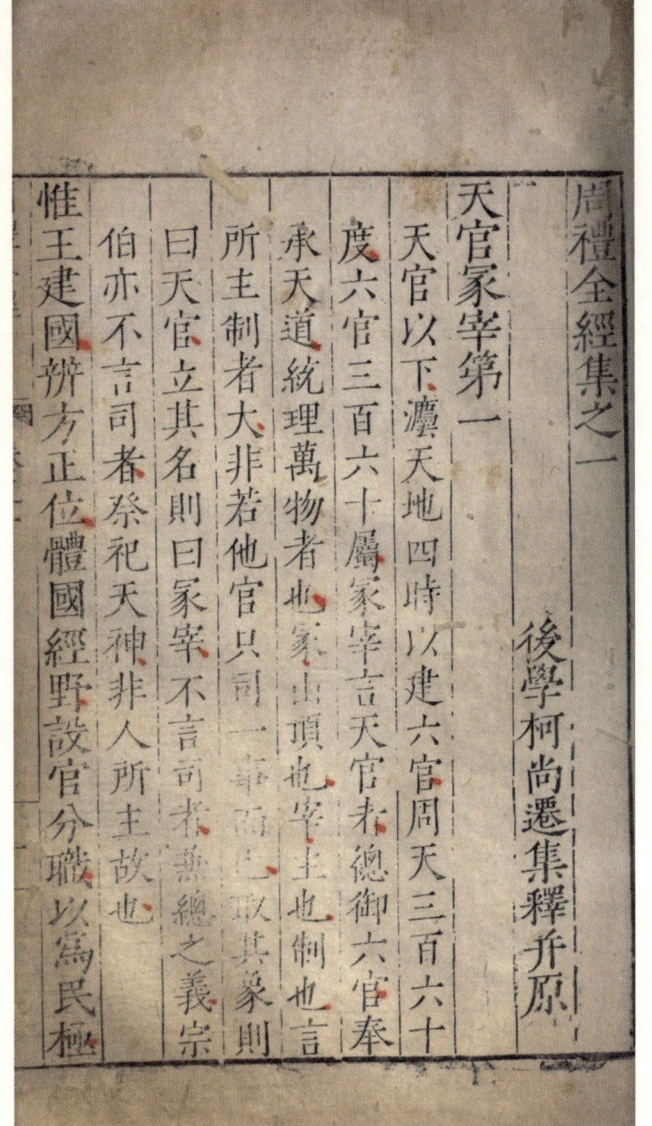

13　周禮全經十二卷首一卷
[明]柯尚遷集釋　明隆慶四年(1570)刻清鈔配本　十二册

匡高17.6釐米，廣14.1釐米。半葉十行，行二十字。白口，四周單邊，單黑魚尾。卷二至三爲鈔配。有"南海康氏萬木艸堂藏""御賜天斿堂"等印。

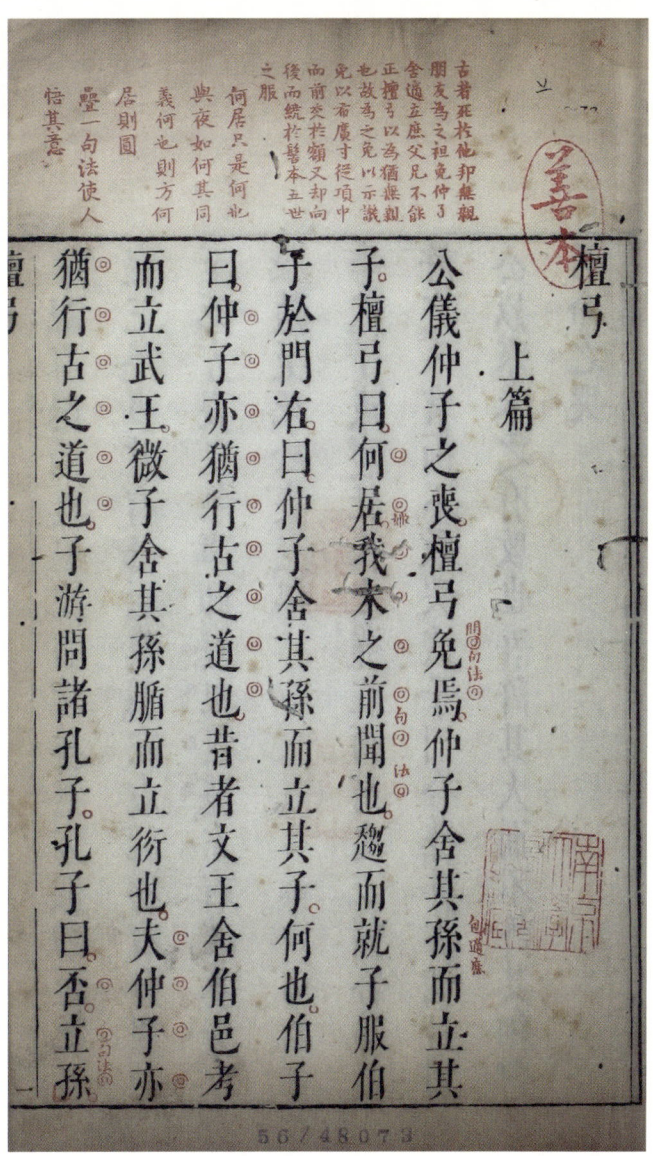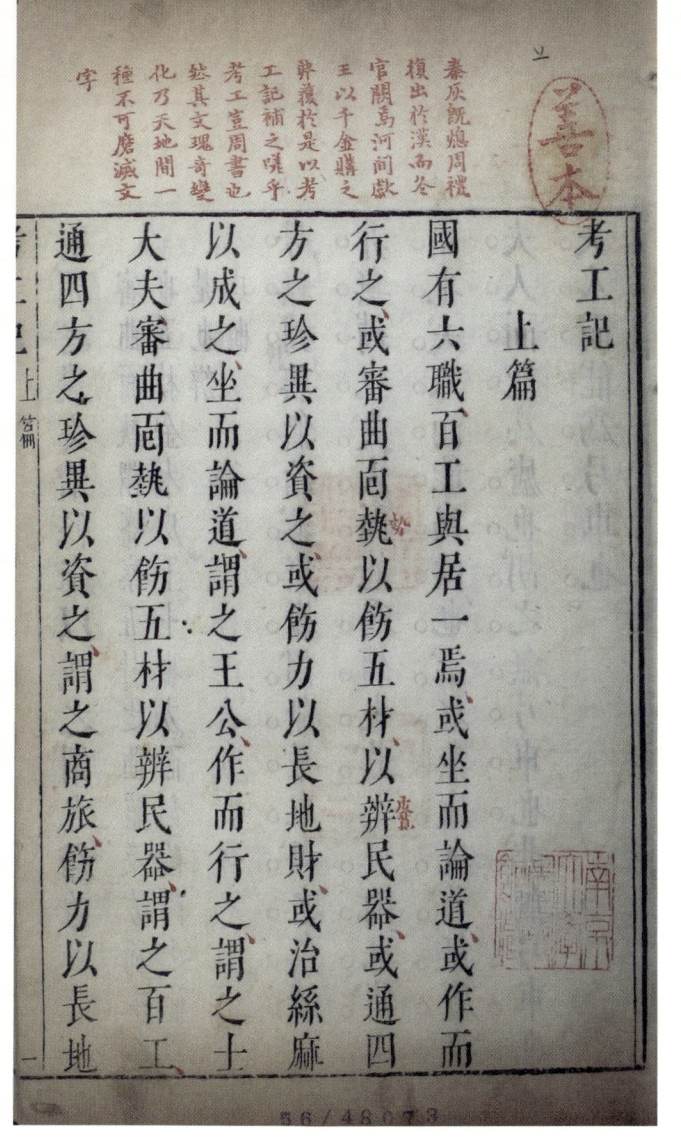

14 考工記二卷檀弓二卷

[明]郭正域批點 明萬曆閔齊伋刻套印本 二冊

匡高20.4釐米,廣15.1釐米。半葉八行,行十八字,小字雙行同。白口,左右雙邊,無魚尾。有"茶陵譚氏賜書堂珍藏"等印。

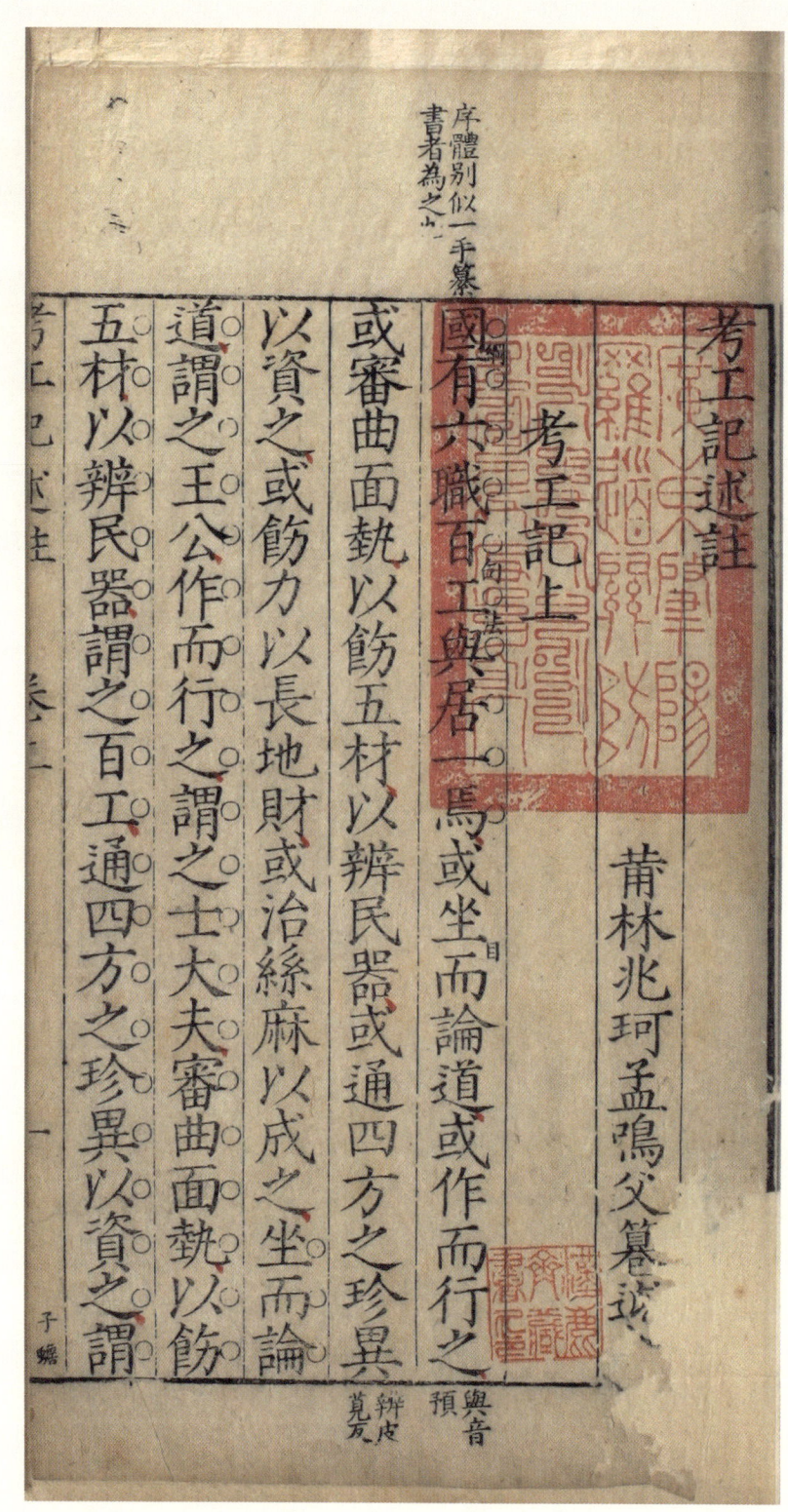

15　考工記述註二卷首一卷附林虙齋圖
[明]林兆珂撰　明萬曆三十一年(1603)刻本　二册

匡高20.3釐米，廣14.2釐米。半葉八行，行二十字。白口，四周單邊，無魚尾。有"廣東肇陽羅道關防"滿漢文印、"漢鹿齋藏書印"、"佐名室"、"退一步齋藏書圖記"等印。

車上雜名尺寸
輪兵車輪崇六尺
六寸乘車同田車
減三寸
軹乘車軹崇三尺
三寸
軫與轂共七寸
轂圖尺一寸
輪圖尺一寸
轂長三尺二寸徑
一尺三寸二分之
一
轂徑三分寸之二
之五深三寸十八
分寸之一
賢大穿徑六寸五
分寸之二除金內
實得徑四寸五分
軹小穿徑四寸十
五分寸之四除金
內實得徑二寸十
五分寸之四圖三
寸二十七分之一
七大小穿謂金也

林慮齋圖 附

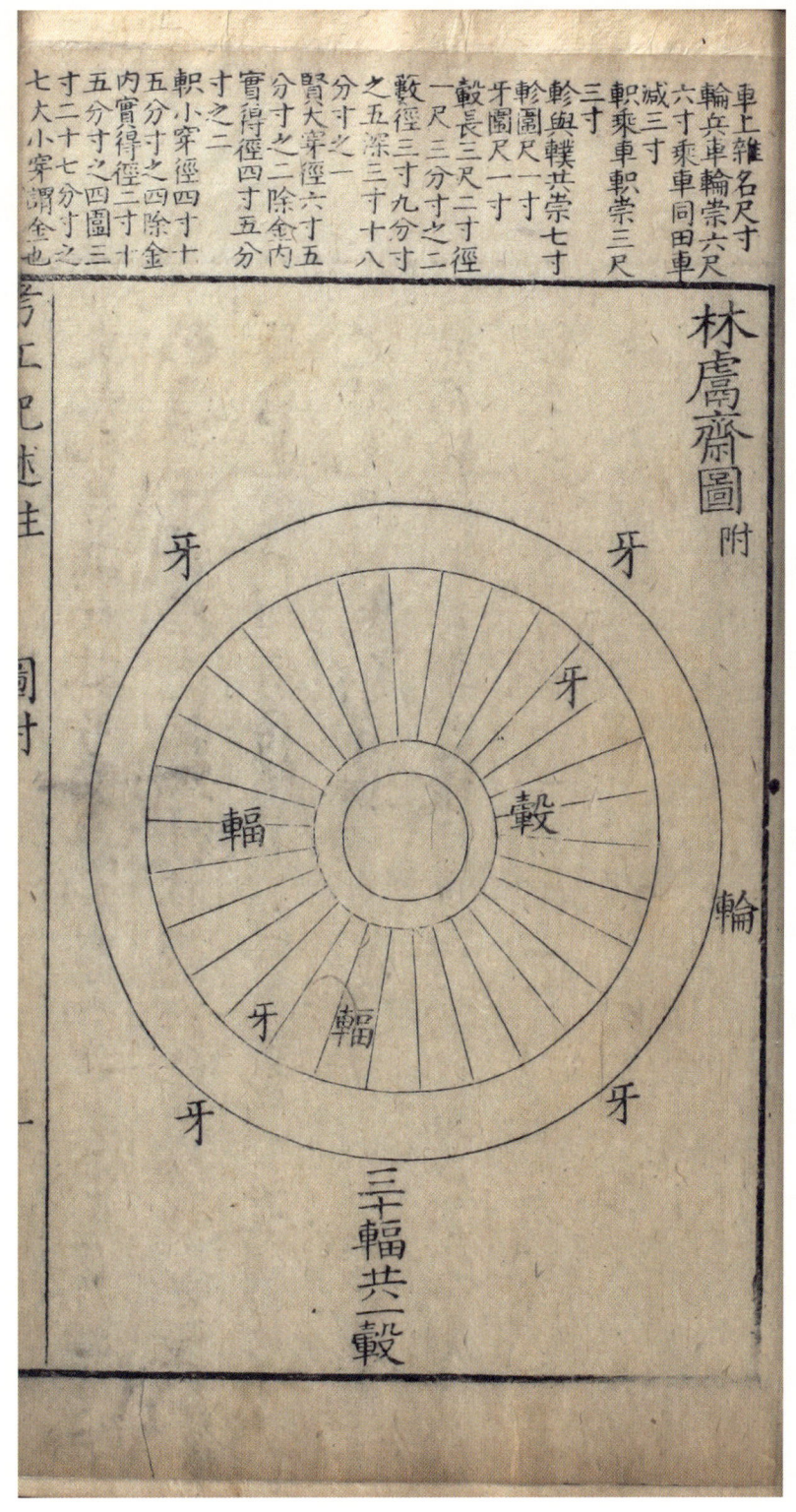

牙　　牙
　牙
輻　轂
　輻
牙　　牙

三十輻共一轂

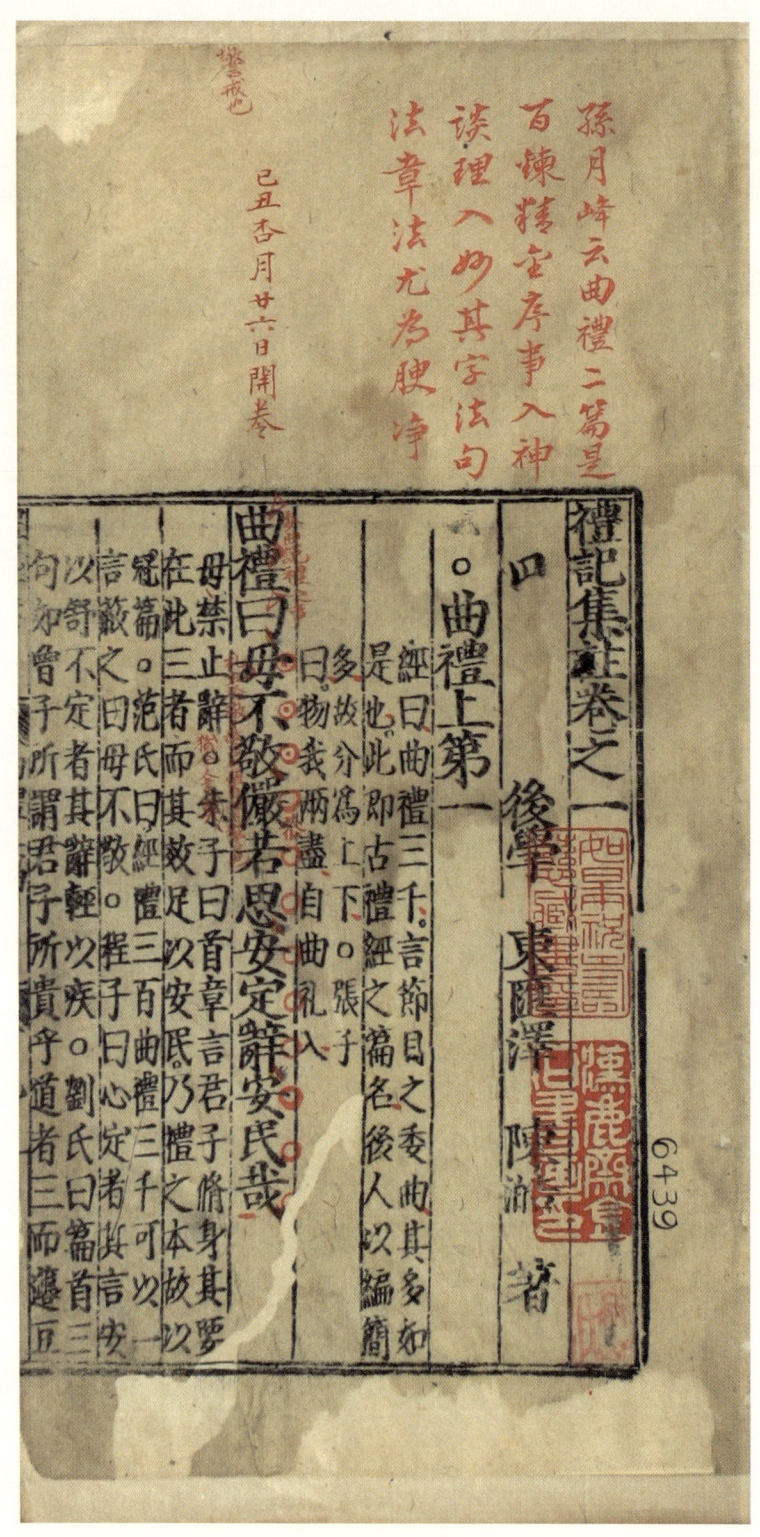

16 禮記集註十卷

[元]陳澔撰 明書林劉氏安正堂刻本 二十册

匡高15.3釐米,廣11.2釐米。半葉九行,行十八字,小字雙行同。白口,四周雙邊,雙黑魚尾。卷六末鐫"書林劉氏安正堂校正重刊"牌記。卷十末鐫"按京本音釋校正重刊"。有"稺農祝氏圖書""如皋祝壽慈印""盱眙王氏十四間樓藏書記""如皋祝壽慈藏書印""漢鹿齋金石書畫印"等印。書中多有朱筆批注與圈點。

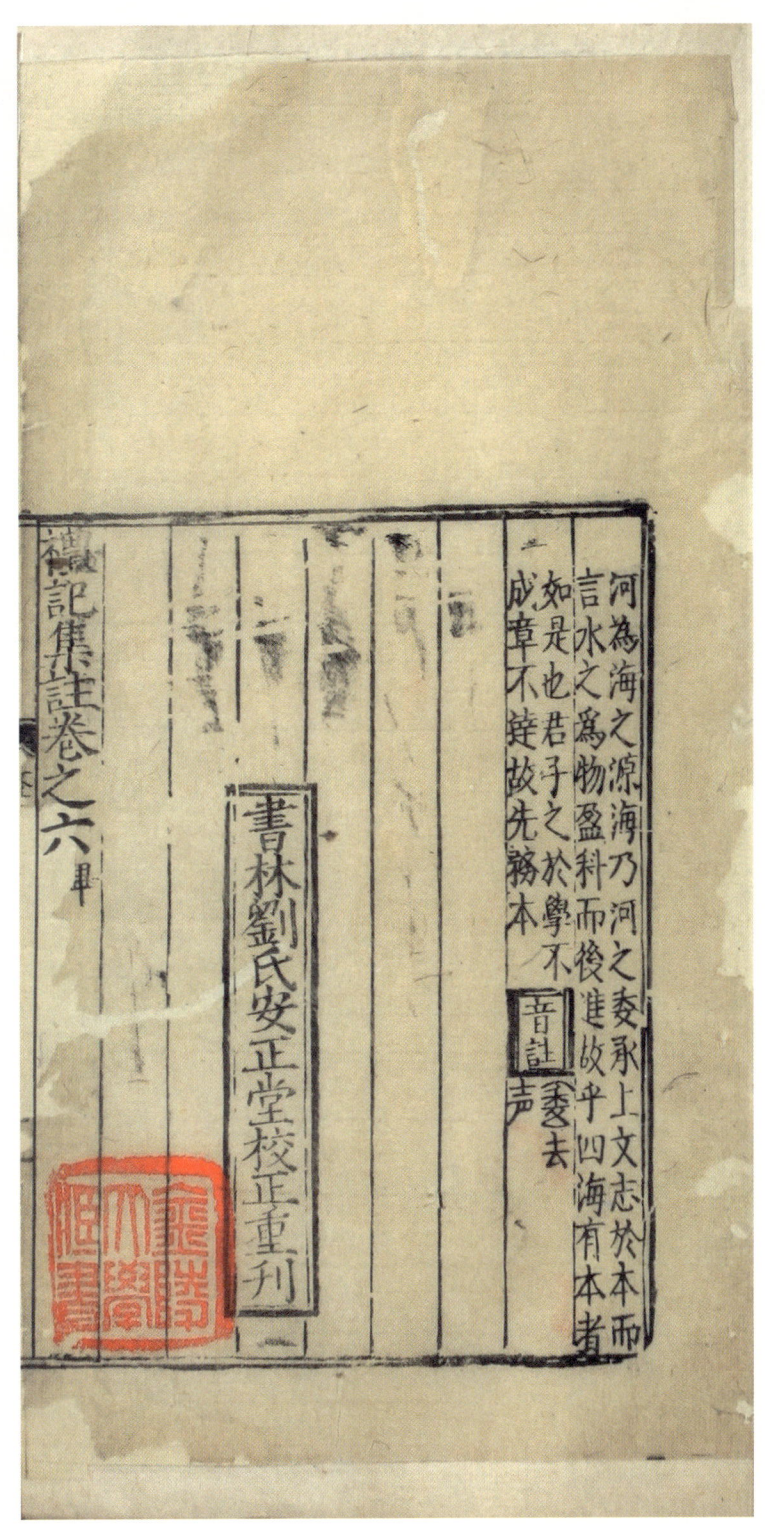

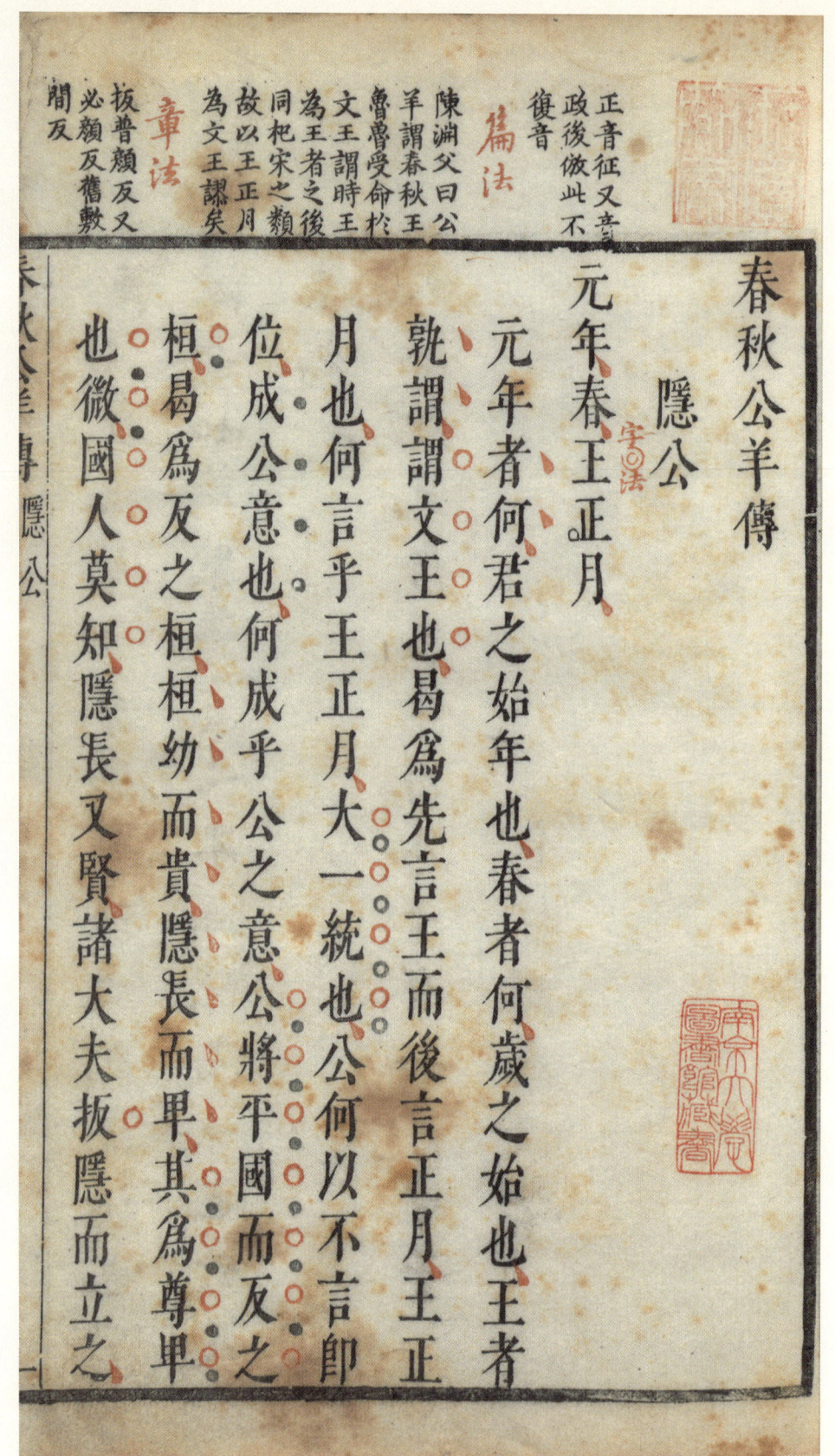

17 春秋公羊傳十二卷

[明]閔齊伋裁注 明天啓元年(1621)烏程閔氏三色套印本 八册

匡高 21.1 釐米，廣 15.1 釐米。半葉九行，行十九字。白口，四周單邊，無魚尾。

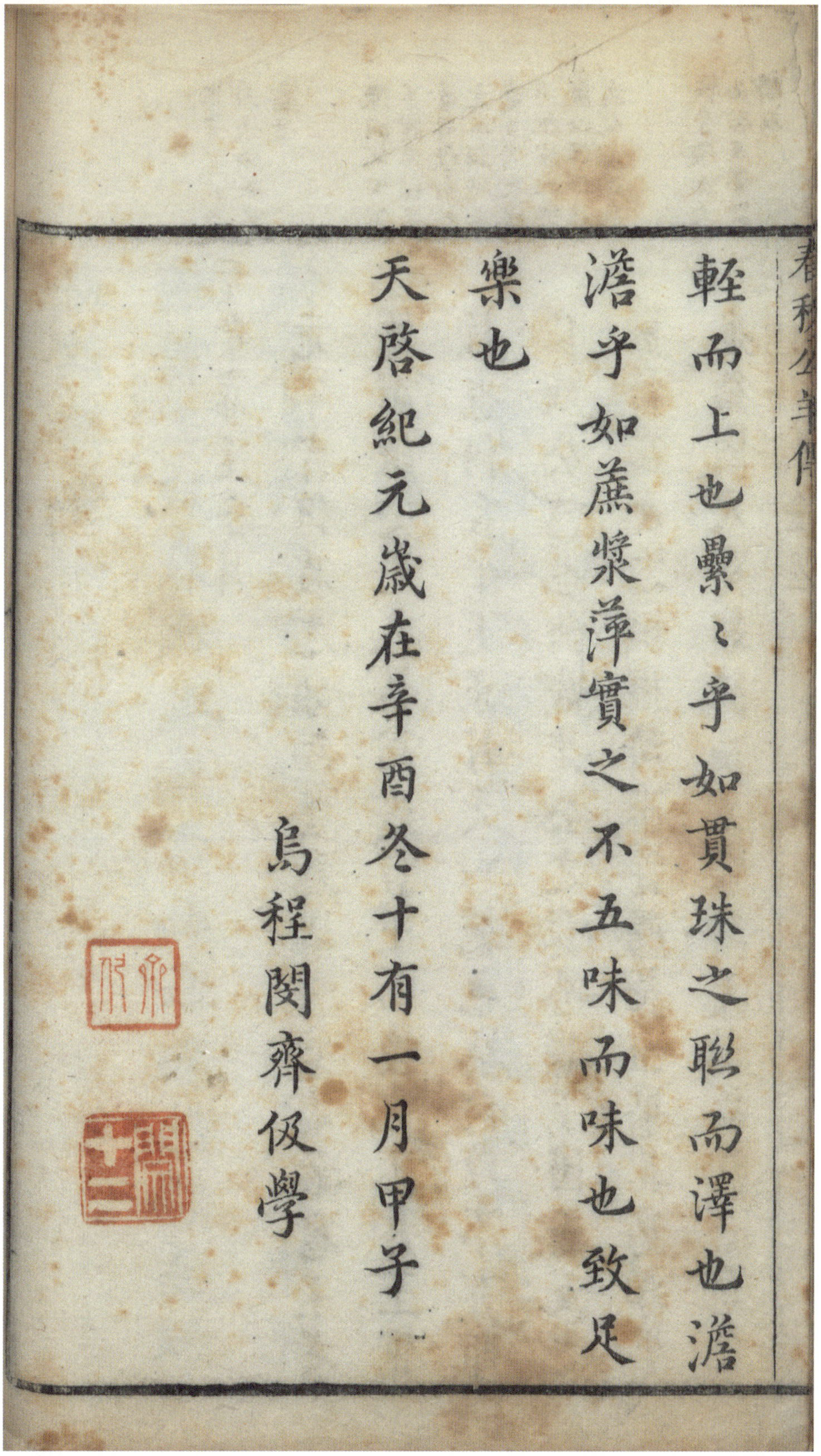

輕而上也灑灑乎如貫珠之聯而澤也溍溍乎如蔗漿蔗實之不五味而味也致足樂也

天啓紀元歲在辛酉冬十有一月甲子

烏程閔齊伋學

春秋私考卷之一

起己未隱公元年

盡庚申隱公二年

會稽季本考義

隱公

魯國姬姓侯爵出自文王第四子周公旦有大功於王室成王封於魯本奄故地今山東兖州府曲阜縣也周公留周相天子使其長子伯禽之國是為魯公伯禽子考公酋卒弟煬公熙立六傳而至武公敖又再傳而至孝公稱孝公生惠公弗皇隱公者惠公之

春秋私考　卷之一　一　隱元

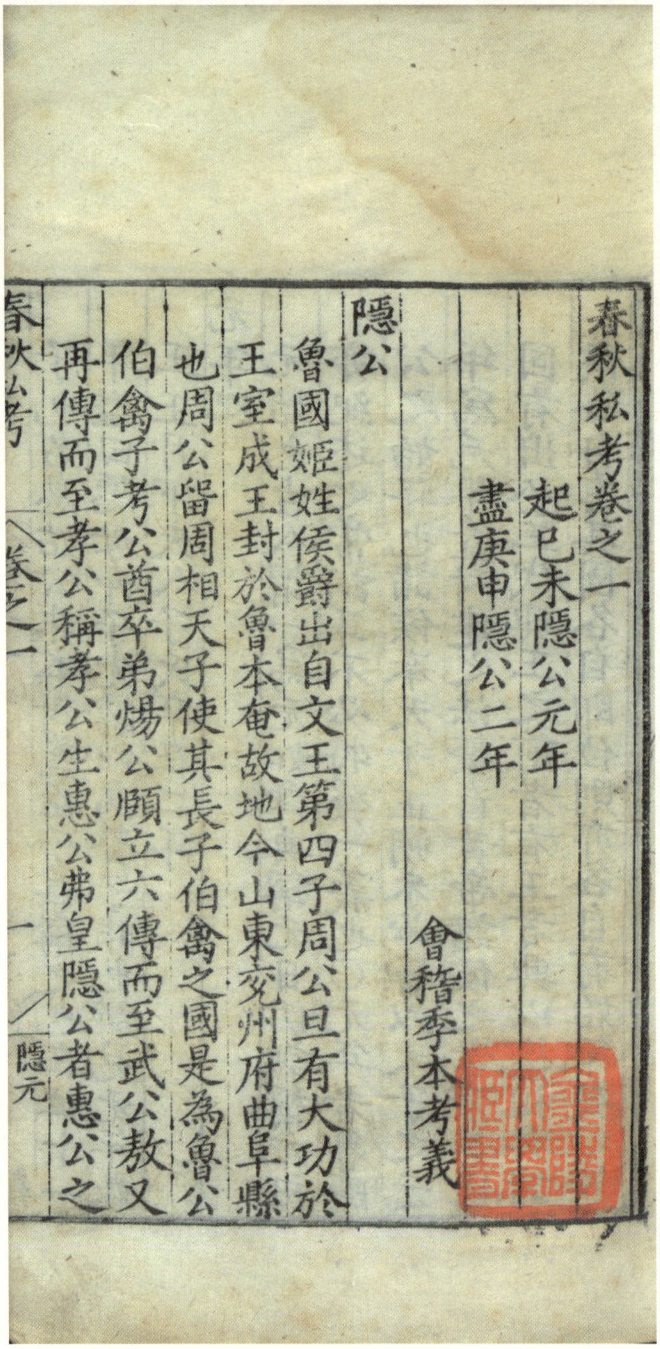

18　春秋私考三十六卷

[明]季本考義　明嘉靖刻本　八册

匡高18.8釐米，廣13.1釐米。半葉十行，行二十一字。白口，左右雙邊，雙白魚尾。

猶或未信故史臣謂其撫訓三家憑私臆決徒令後生穿鑿詭辯自為紛紛而啖趙苦心終將湮晦吁可嘆矣夫聖人作經本以明是非之心其所刪削莫重於文奸感世之言乃撫異聞以為遺事惟誇誕不論是此傳之所以畔經也而舊習相沿卒莫能挽邪說惑人可謂深矣禾亦重可懼乎予考斯義亦豈好紛紛哉不過以經正傳發孔子明王道之本意耳然恐未合於天下之公也故以私名而折衷濟亂使學歸大同則有俟於君子焉

嘉靖乙巳歲冬十月朔會稽後學彭山季本序

春秋私考目錄

〈子〉

卷之一
　起己未隱公元年
　盡庚申隱公二年

卷之二
　起辛酉隱公三年
　盡甲子隱公六年

卷之三
　起乙丑隱公七年
　盡己巳隱公十一年

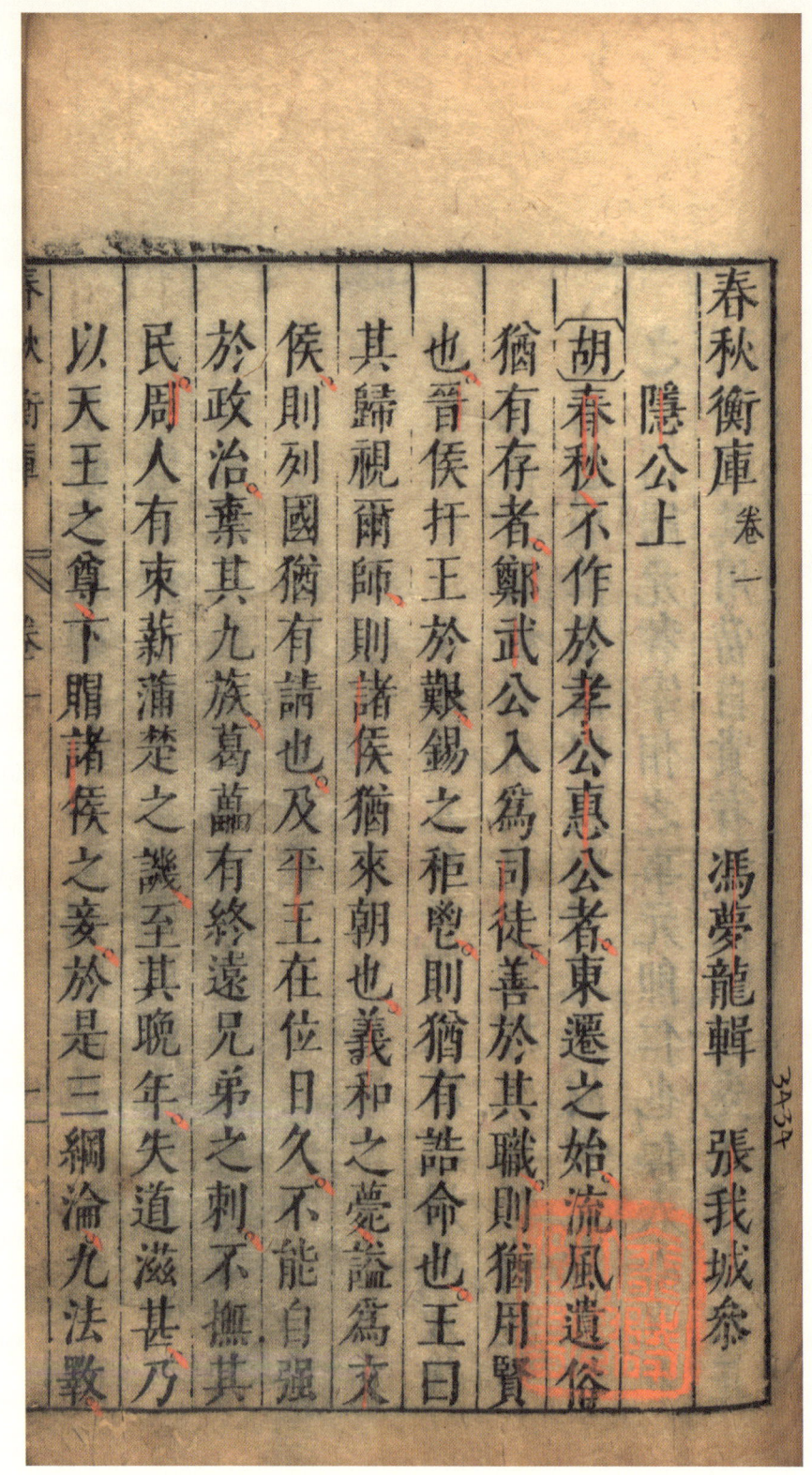

19 春秋衡庫三十卷備錄一卷附錄三卷

[明]馮夢龍輯 明天啟五年(1625)刻本 十二冊

匡高19.8釐米,廣13.3釐米。半葉十行,行二十字,小字雙行同。白口,四周單邊,單白魚尾。有"廣東肇陽羅道關防"滿漢文印、"佐伯文庫"、"漢鹿齋藏書印"、"能遠居"、"金元達印"、"退一步齋藏書圖記"等印。

馮猶龍先生春秋衡庫

自指月既出海內麟經家人人誦法猶龍先生矣衡庫一書則先生篋藏以便記誦者也先生嘗謂春秋該五經貫了史不止三傳、諸儒註疏而已而纂述家非繁則簡鮮得其要求其文質具備、繁簡得宜無若茲編此先生二十年來若心當與指月相輔而行者直以嘉惠海內於無窮矣豈惟本坊之賜 閶門葉昆池

春秋衡庫附錄前一

各傳序畧

馮夢龍輯　張我城叅

胡傳序畧

胡安國著

古者列國各有史官掌記時事春秋魯史爾仲尼䟽
加筆削乃史外傳心之要典也而孟氏發明宗旨曰
爲天子之事者周道衰微乾綱解紐亂臣賊子接迹
當世人欲肆而天理滅矣仲尼天理之所在不以爲
已任而誰可五典弗惇已所當叙五禮弗庸已所當
秩五服弗章已所當命五刑弗用已所當討是故假
魯史以寓王法撥亂世反之正叙先後之倫而典自

春秋衡庫序

余邑春秋其世業也習是
經者十人而九余離諸生
業三十餘年見譚者怳隔

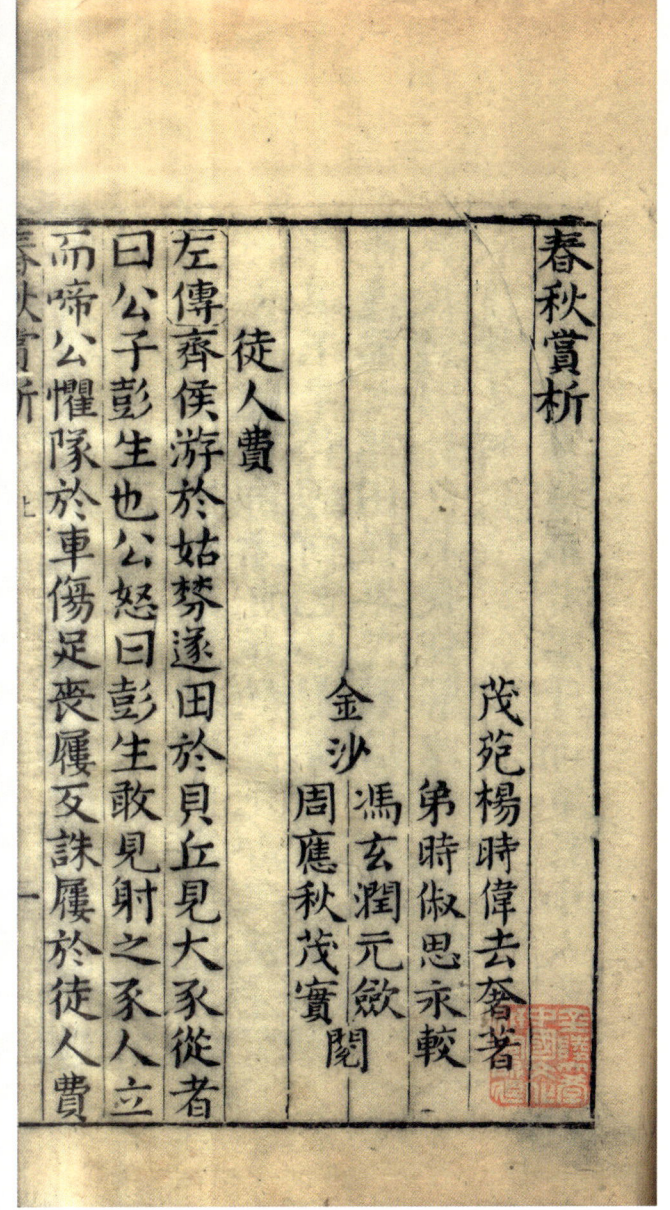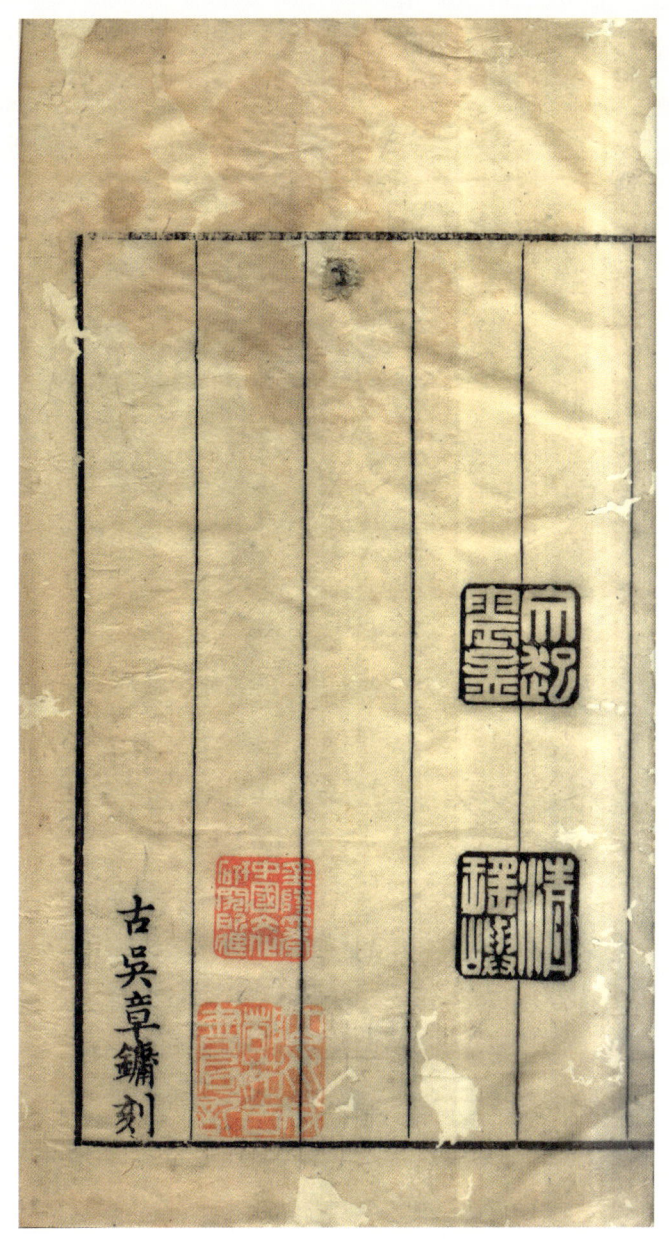

20 春秋賞析二卷

[明]楊時偉撰　明天啓元年(1621)古吳章鏞刻本　二冊

匡高 19.4 釐米，廣 12.8 釐米。半葉九行，行十八字。白口，四周單邊，無魚尾。有"洪氏雙橋珍藏""四川成都茹古書局記"等印。

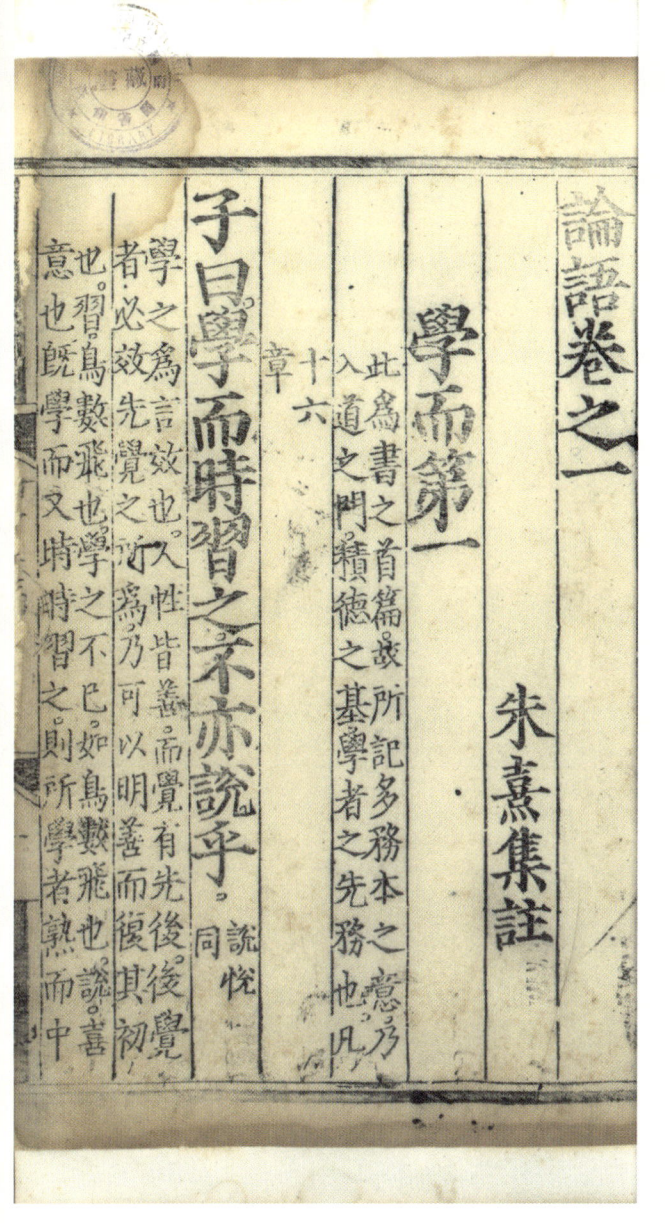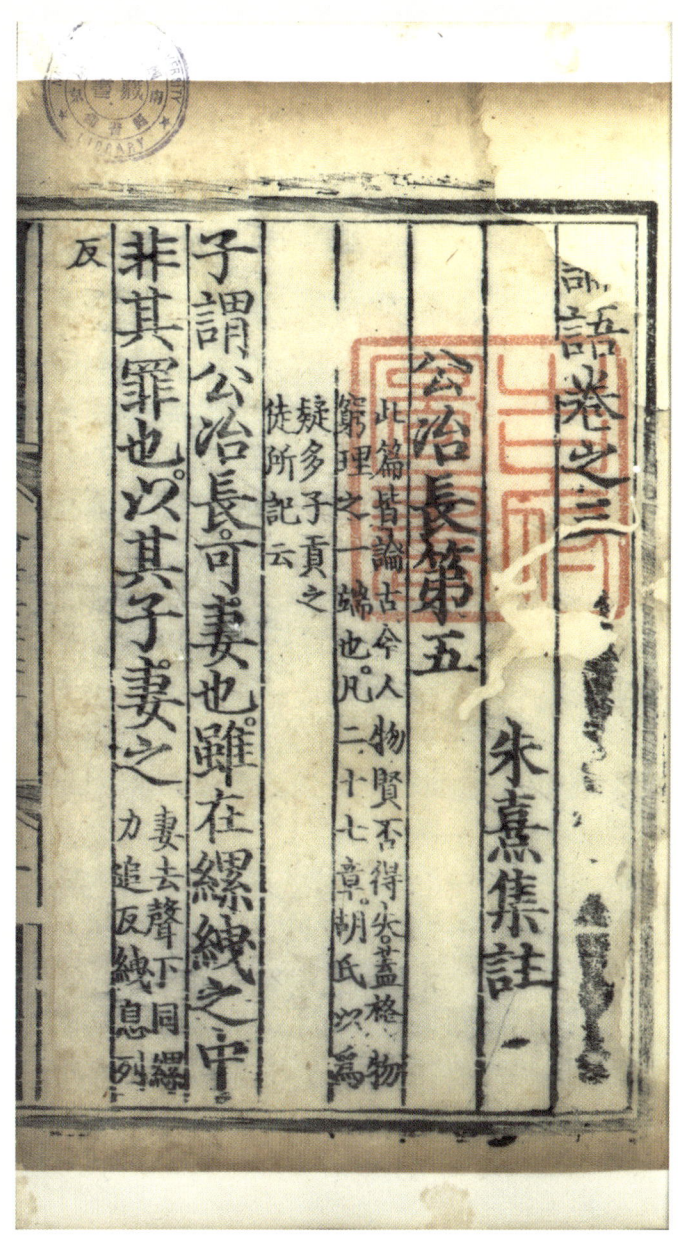

21 四書集註三十一卷存二十八卷（論語集註十卷孟子集註十四卷大學章句一卷大學或問一卷中庸章句一卷中庸或問一卷）

［宋］朱熹集註　明成化十六年（1480）吉府刻本　存三十册

匡高23.2釐米，廣16.6釐米。半葉八行，行十四字，小字雙行，行十八字。粗黑口，四周雙邊，雙黑魚尾。有"吉府圖書"印章。

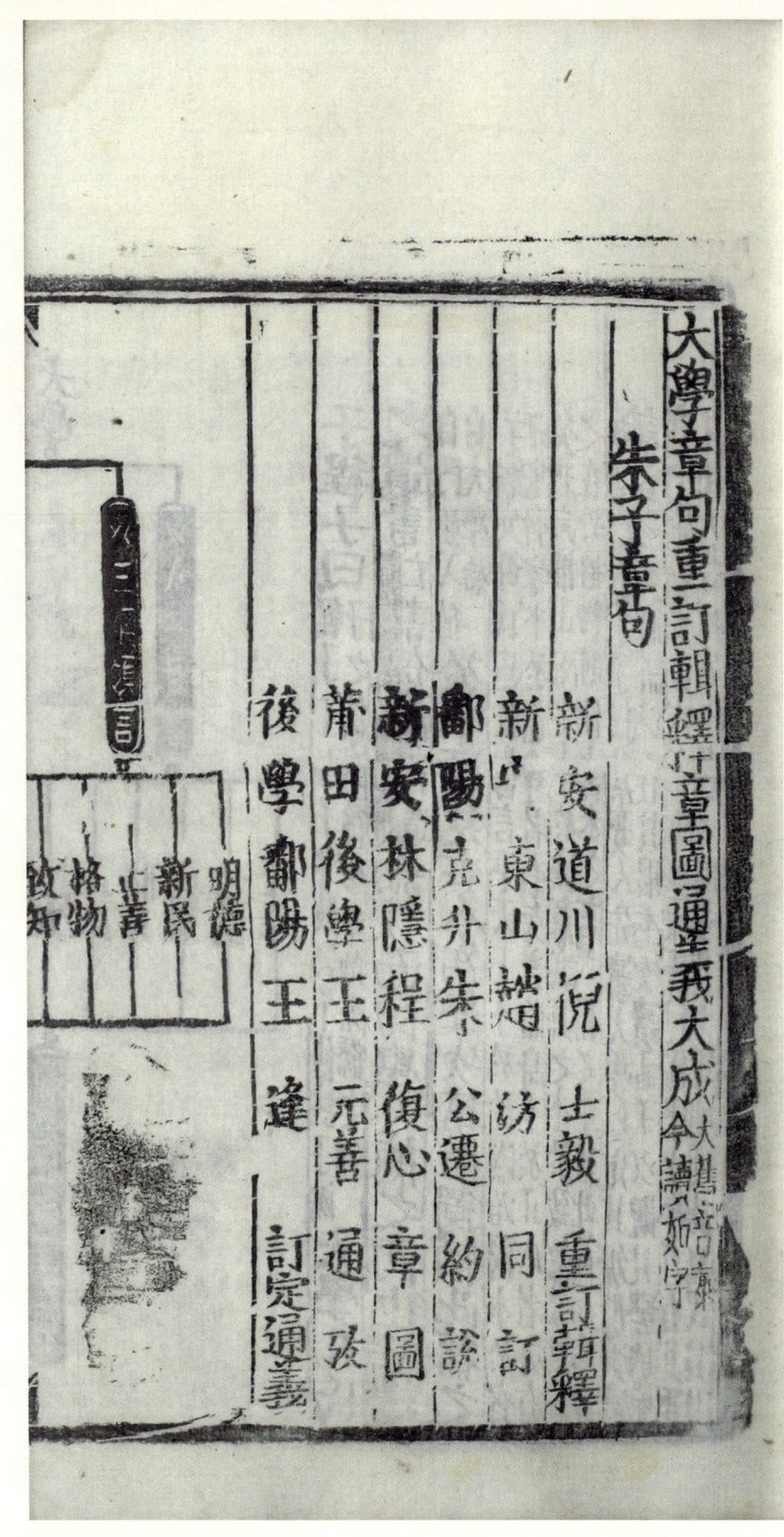

22 重訂四書輯釋通義大成四十三卷

[元]倪士毅撰 [明]王逢、劉剡重訂 明正統五年(1440)詹氏進德書堂刻正統八年(1443)補修本 二十冊

匡高21.3釐米，廣13.4釐米。半葉十二行，行二十四字。細黑口，四周雙邊，雙黑魚尾。第四冊有牌記"正統庚申詹氏進德書堂新刊"。有"涉園""黃岡劉氏紹炎過眼""黃岡劉氏校書堂藏書記""蔣光煦印""生沐""則下齋藏書""張載堃印""芷齋圖籍"等印。

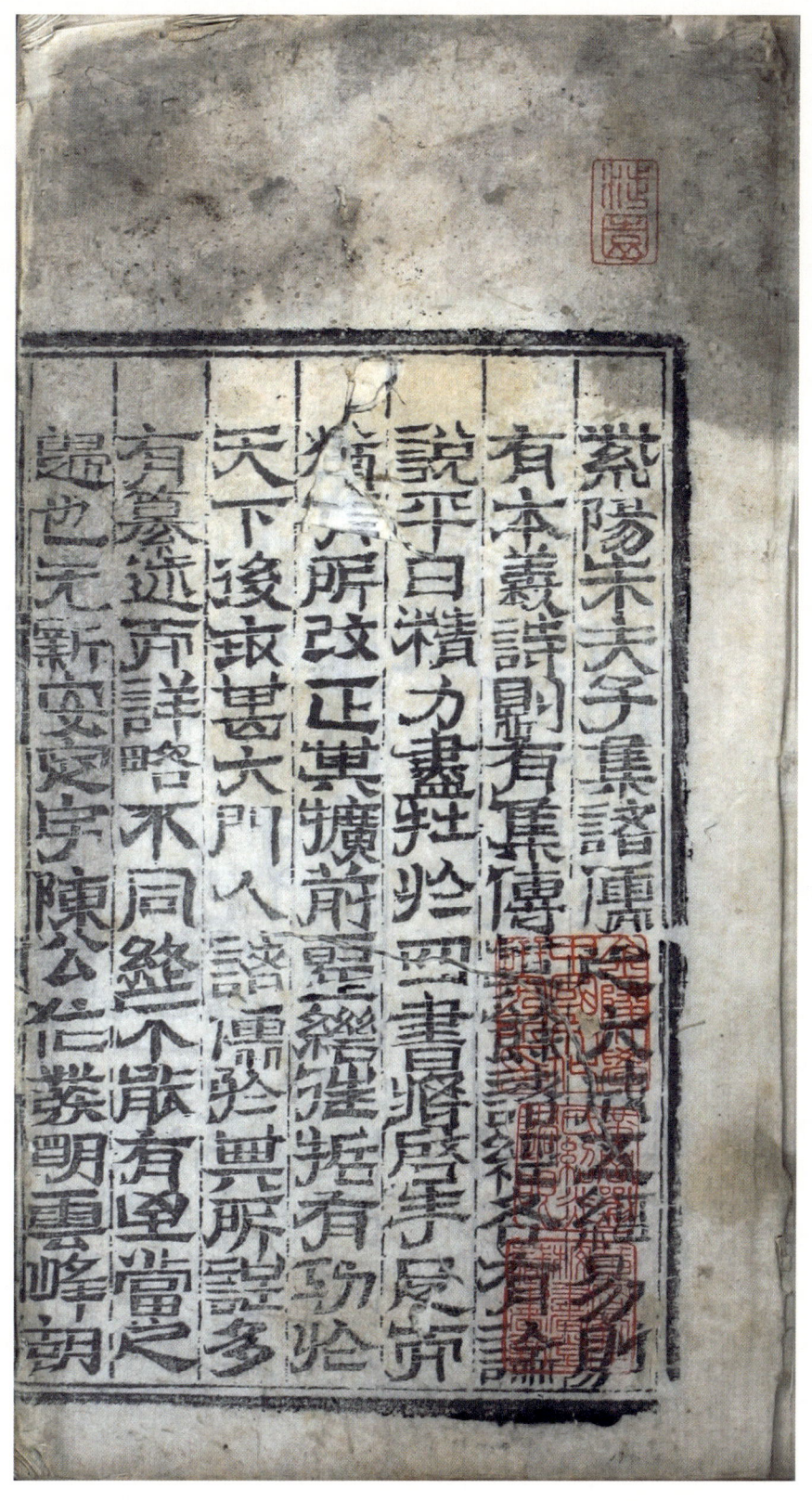

熒陽朱夫子集諸傳
有本義詩則有集傳
說平日精力盡粹於四書其啓蒙所
以所改正葢擴前輩經注掊有功於
天下後來甚六門人諸傳於與所說多
有牴迕所詳略不同終不能有望當人
題也元新安變字陳公於癸卯雲峰胡

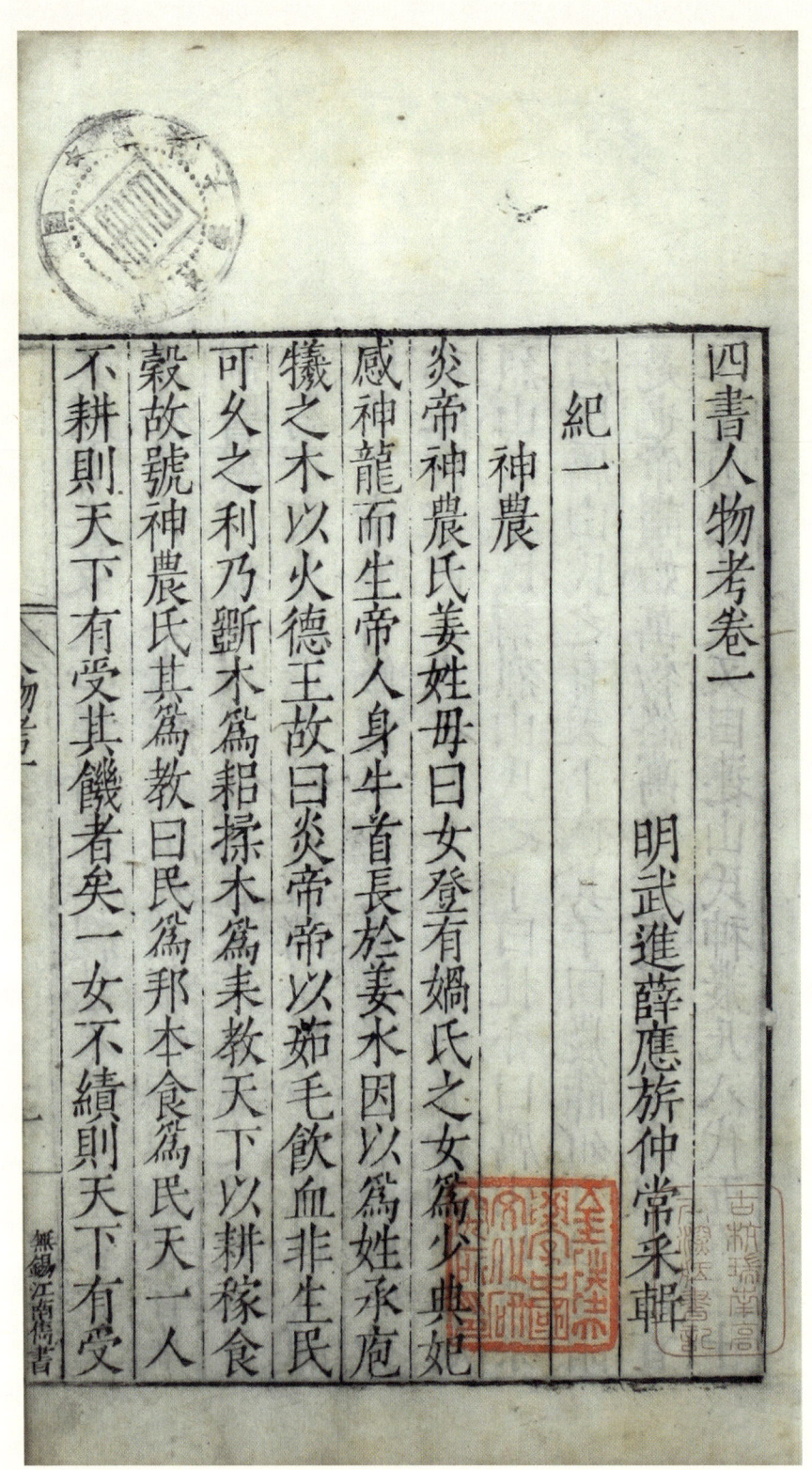

23　四書人物考四十卷
[明]薛應旂輯　明嘉靖三十七年(1558)刻本　八册

匡高19.8釐米，廣14.4釐米。半葉十行，行二十字。白口，四周單邊，單白魚尾。版心下方偶有刻工。有"无竟先生獨志堂物""古杭瑞南高士深藏書記"等印。

四書人物考序

明武進薛應旂仲常撰

四書人物考者考學庸論孟所載之人物也夫既載之考何為哉孟氏曰誦其詩讀其書不知其人可乎是以考之也古人之載於籍者多矣不為徧考而獨於四書者何以四書表裏六經經緯宇宙經綸講學校設官首是焉先也邇來命世之英固多而馳騖場屋者唯事速化豈直子史束閣雖四書所載名氏已大都不省其為何如人矣夫見定者斯可以法古鑒往者斯可以善今平居罔知所嚮雖欲侪身體

24 樂經元義八卷

[明]劉濂撰 明嘉靖刻本 六册

匡高19.3釐米,廣13.4釐米。半葉十行,行二十一字。白口,四周單邊,無魚尾。

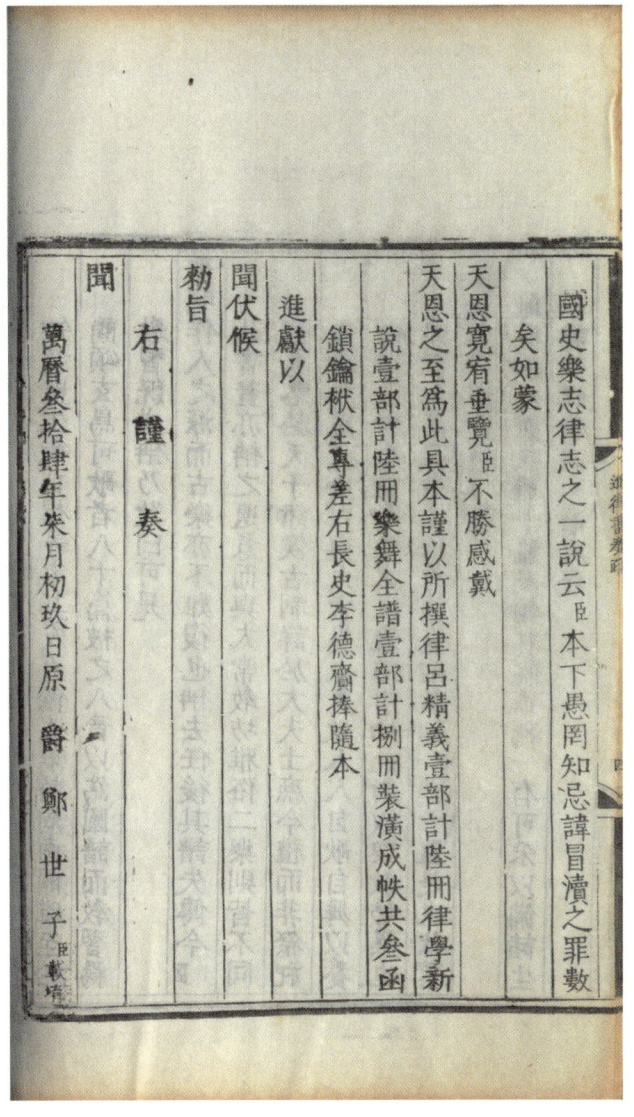

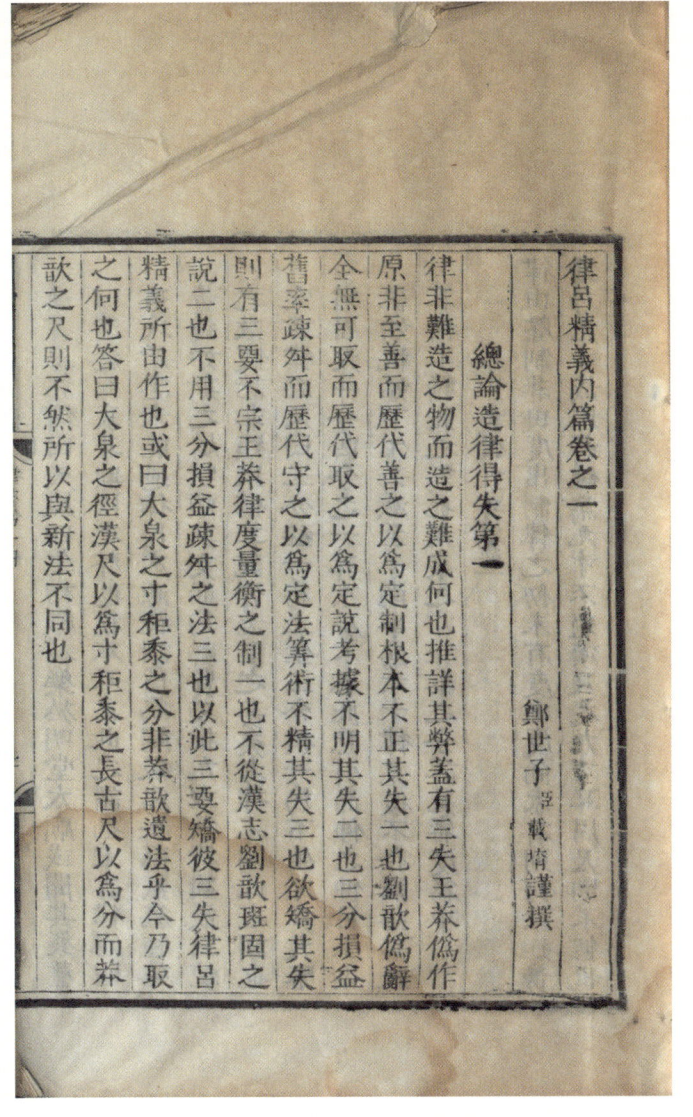

25　樂律全書四十九卷

[明]朱載堉撰　明萬曆三十四年(1606)鄭藩刻本　十八冊

匡高25.1釐米,廣20.1釐米。半葉十二行,行二十五字,小字雙行同。黑口,四周雙邊,雙黑魚尾。

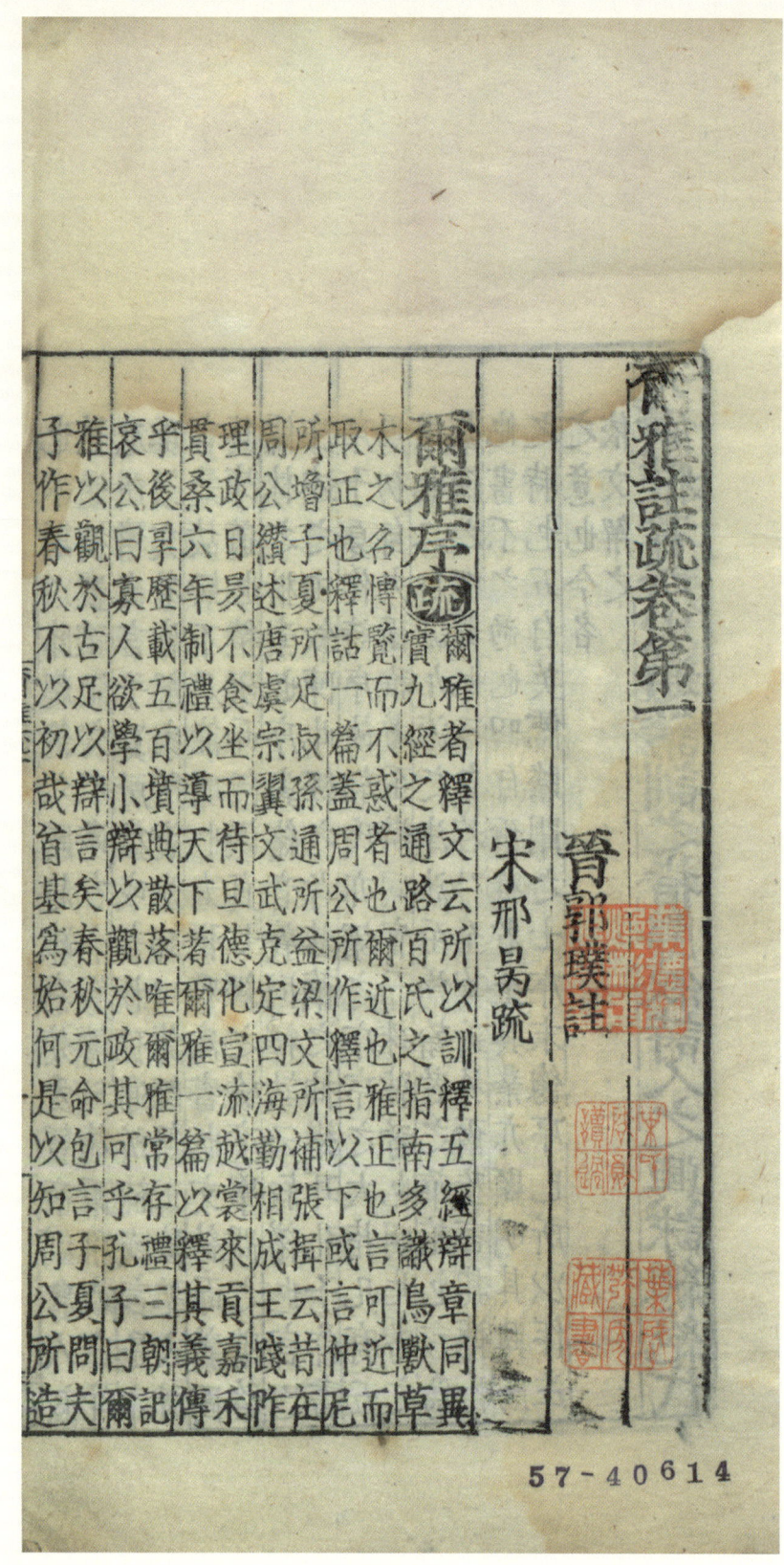

26 爾雅註疏十一卷

[晉]郭璞註 [宋]邢昺疏 明嘉靖李元陽福建刻《十三經註疏》本 四册

匡高20.0釐米,廣13.2釐米。半葉九行,行二十一字,小字雙行同。白口,四周單邊,無魚尾。有"觀古堂""郋園""葉氏啟勛讀過""葉啟發家藏書""葉德輝""葉德輝煥彬甫藏閱書"等印。

爾雅註疏序

翰林侍講學士朝請大夫守國賜祭酒上柱國賜紫金魚袋臣邢昺奉勅校定

夫爾雅者先儒授教之術後進索隱之方誠傳註之濫觴為經籍之樞要者也夫混元闢而三才肇位聖人作而六藝斯興本乎發德於衷將以納民於善洎夫醇醨既異步驟不同一物多名繫方俗之語片言殊訓滯今古之情將使後生若為鑽仰繇是聖賢間出詁訓遞陳周公倡之於前子夏和之於後蟲魚草木爰自爾以昭彰禮樂詩書盡由斯而紛郁然又時經

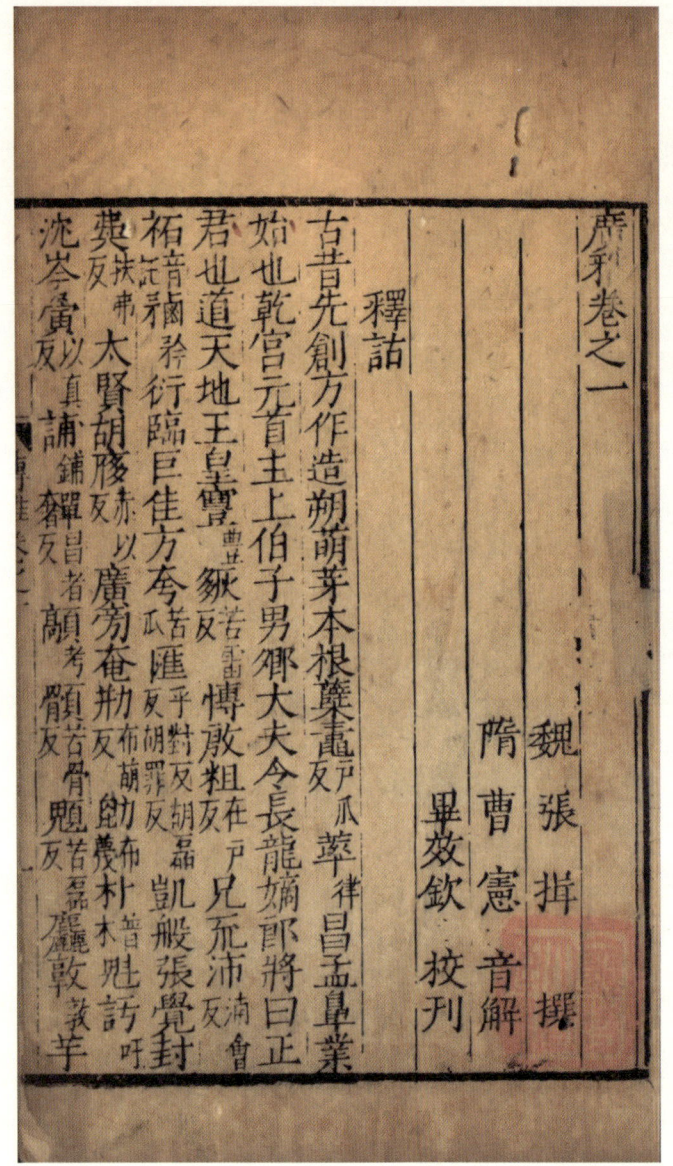

27 五雅七十二卷存七十卷（廣雅十卷爾雅翼三十二卷釋名八卷埤雅二十卷）

[明]畢效欽輯　明嘉靖新安畢氏刻本　存三十册

匡高19.3釐米，廣14.5釐米。半葉十一行，行二十二字。白口，左右雙邊，單黑魚尾。有"長白敷槎氏董齋昌齡圖書印""楝亭曹氏藏書"等印。

新刊埤雅卷之一

中大夫守尚書左丞上柱國吳郡開國公賜紫金魚袋陸佃撰

釋魚

龍　鯉　魴　鱧　鱣　鱒　鰷　魦　鰋　鰂　鰓　鯊　鮫　鮒　鮠　蛟

龍八十一鱗具九九陽也鯉三十六鱗具六六之數六陰也龍亦卵生思抱雄鳴上風雌鳴下風而化有鱗曰蛟龍有翼曰應龍有角曰虯龍蓋蟲莫智於龍龍之

新刻釋名卷之一

漢　劉熙　成國撰
畢　效欽　校刊

釋天　釋地　釋山　釋水　釋丘　釋道

釋天

天豫司兖冀以舌腹言之天顯也在上高顯也青徐以舌頭言之天垣也垣嵩高而遠也春曰蒼天陽氣始發色蒼蒼也夏曰昊天其氣布散皓皓也秋曰旻天旻閔也物就枯落可閔傷也冬曰上天其氣上騰與地絕也故月令曰天氣上騰地氣下降易謂之乾乾健也健行不息也又謂

28 六書精蘊六卷音釋舉要一卷
[明]魏校撰 明嘉靖十九年(1540)魏希明刻本 十二册

匡高18.6釐米,廣14.0釐米。半葉五行,行首大字一,小字雙行十七,書眉小字十行,行二字。白口,左右雙邊,單白魚尾。有"曹聲範印""吳翌鳳枚庵氏珍藏""曹家駿印""江都曹氏家駿祕笈""枚庵流覽所及"等印。

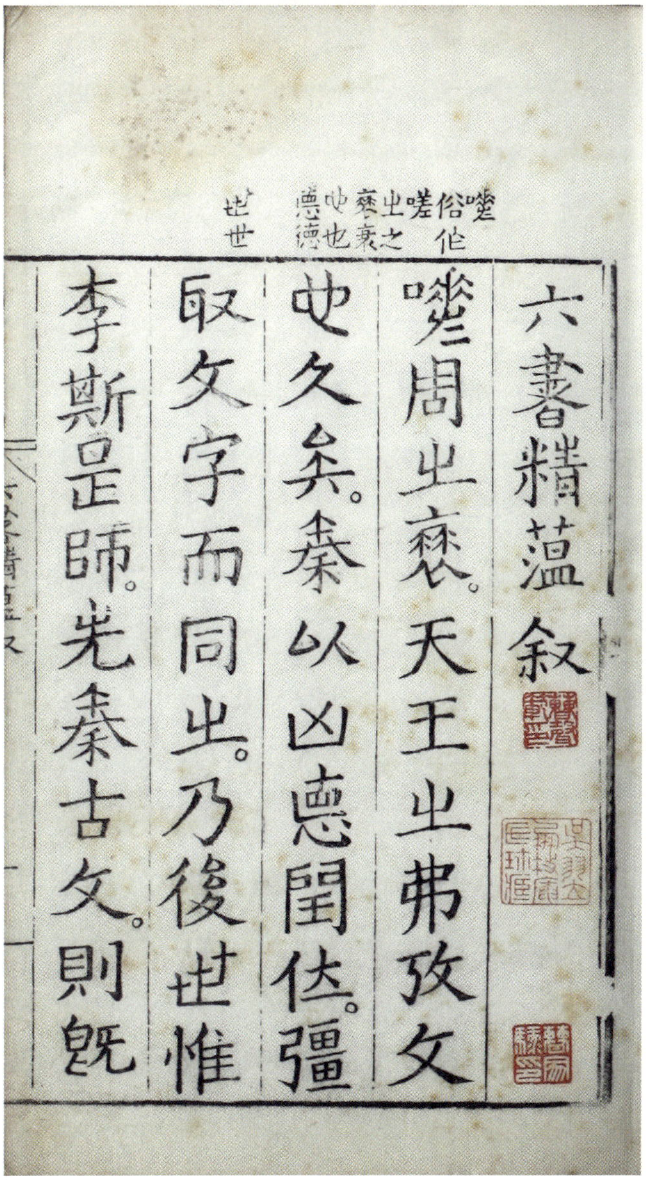

六書精蘊敘

噬嗟周㞢裒天王㞢弗改乂
也久矣。秦以凶德闖伏彊
取乂字而同㞢乃後世惟
李斯是師先秦古乂則既

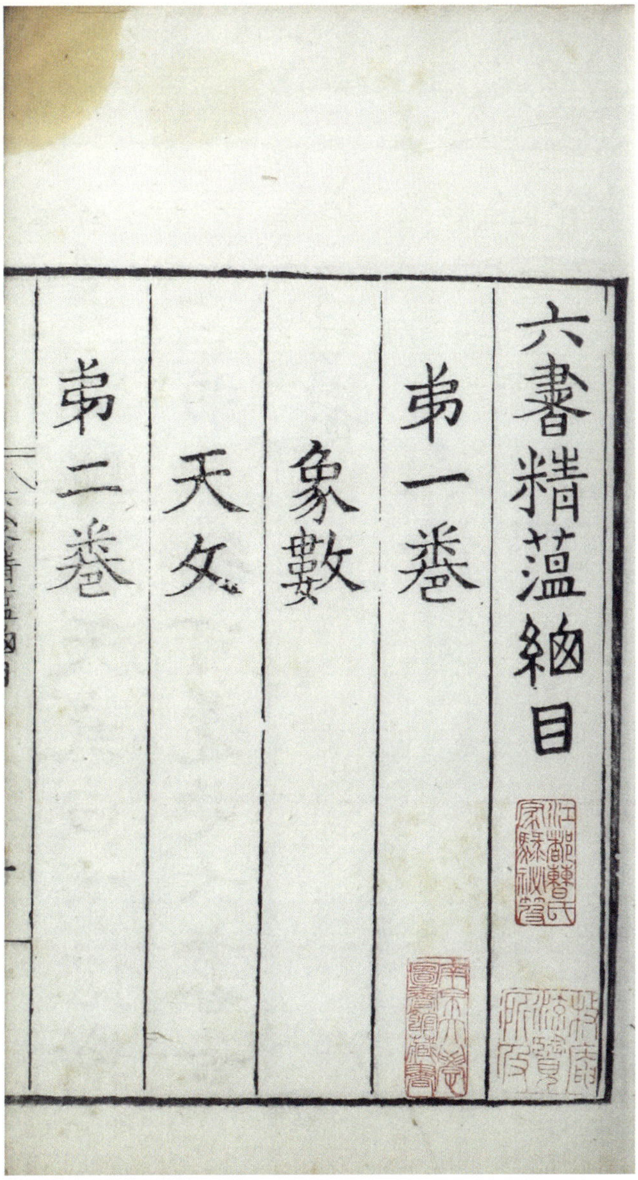

六書精蘊綱目

弟一卷
　象數
　天乂

弟二卷

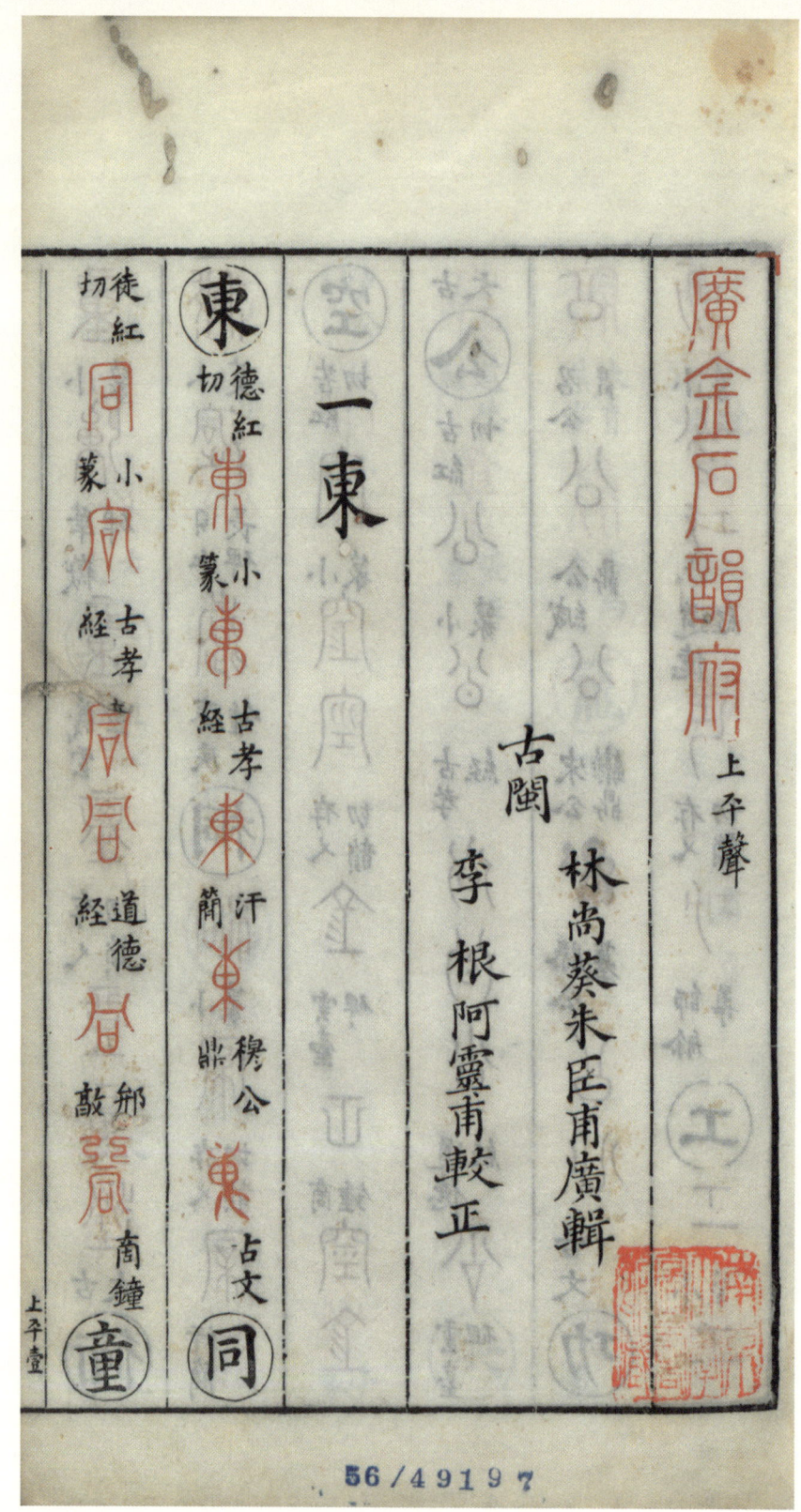

29　廣金石韻府五卷首字略一卷
[清]林尚葵輯　清康熙九年(1670)大業堂朱墨套印本　五册

匡高 22.0 釐米，廣 15.0 釐米。半葉六行。白口，四周單邊，無魚尾。

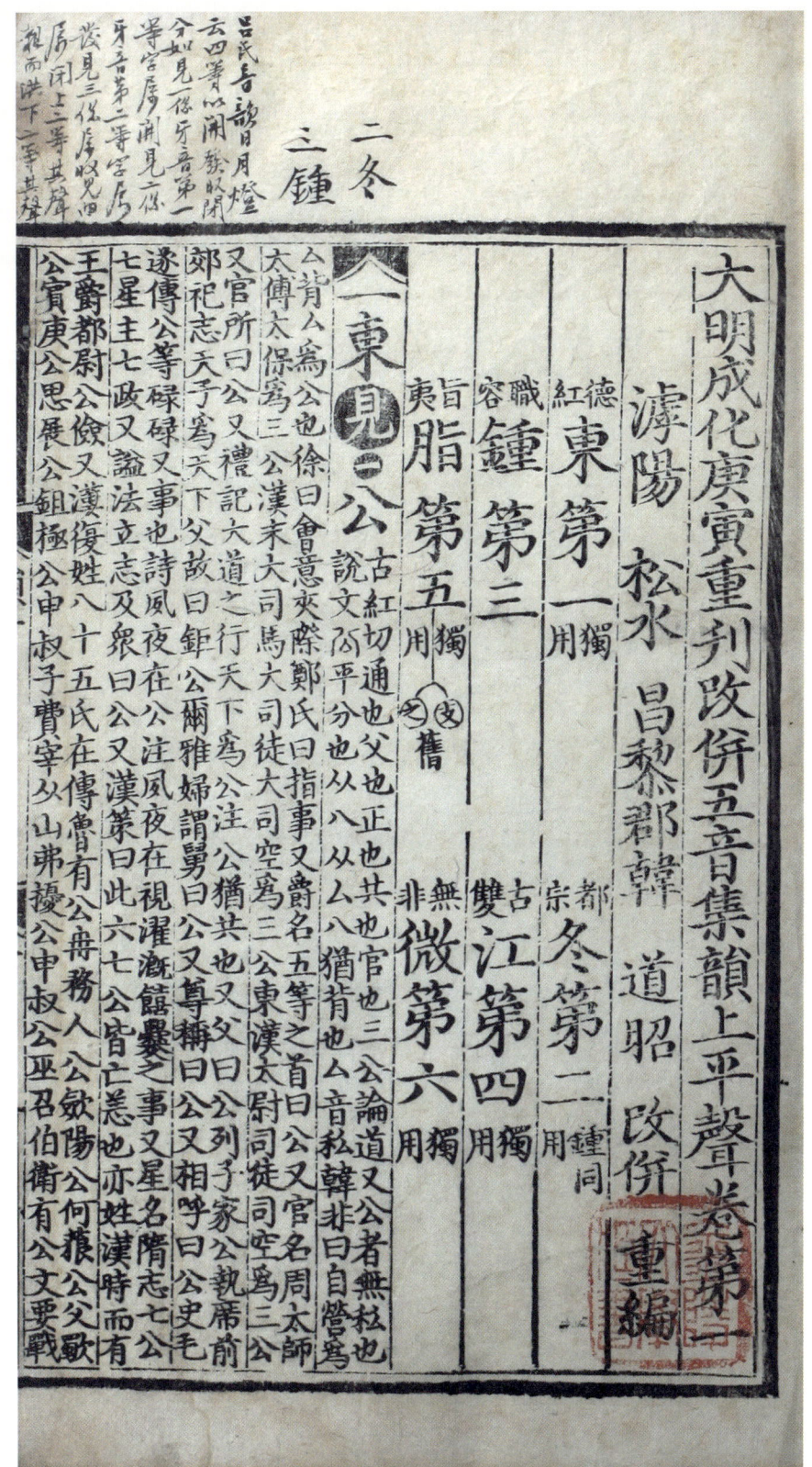

30 大明成化庚寅重刊改併五音集韻十五卷
[金]韓道昭改併重編 明成化三年至六年(1467—1470)北京隆福寺文儒重刊本 三十二冊

匡高23.1釐米，廣15.7釐米。半葉十行，行十六字，小字雙行三十二字。粗黑口，四周雙邊，雙黑魚尾。書頭偶有墨筆批注。

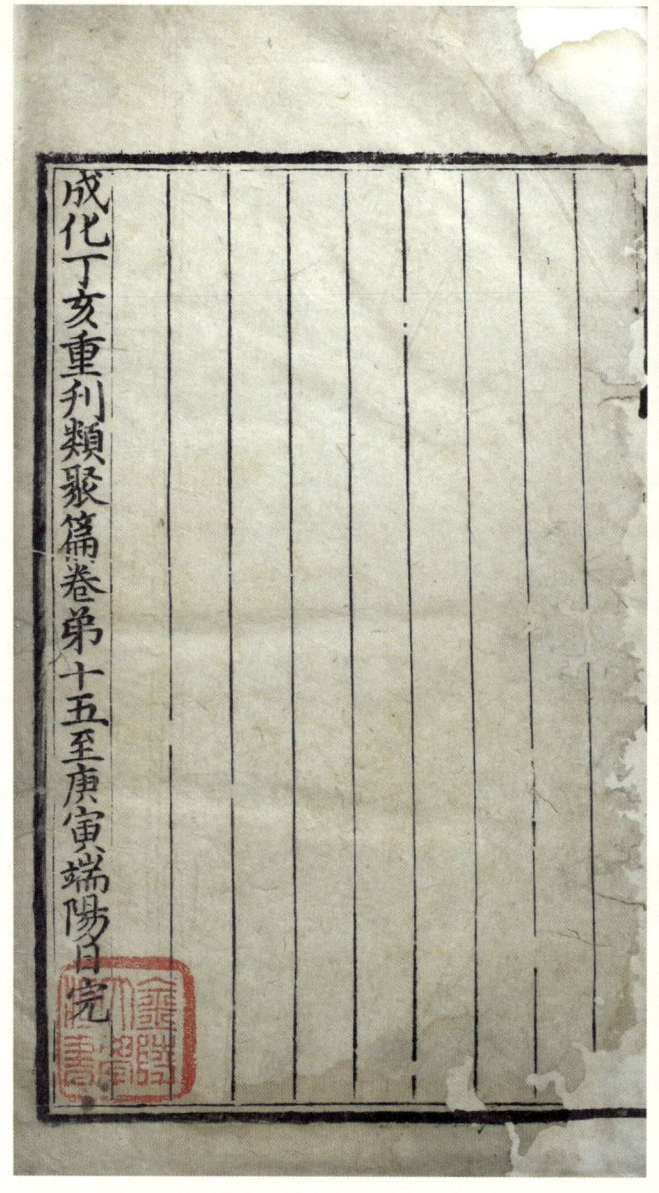
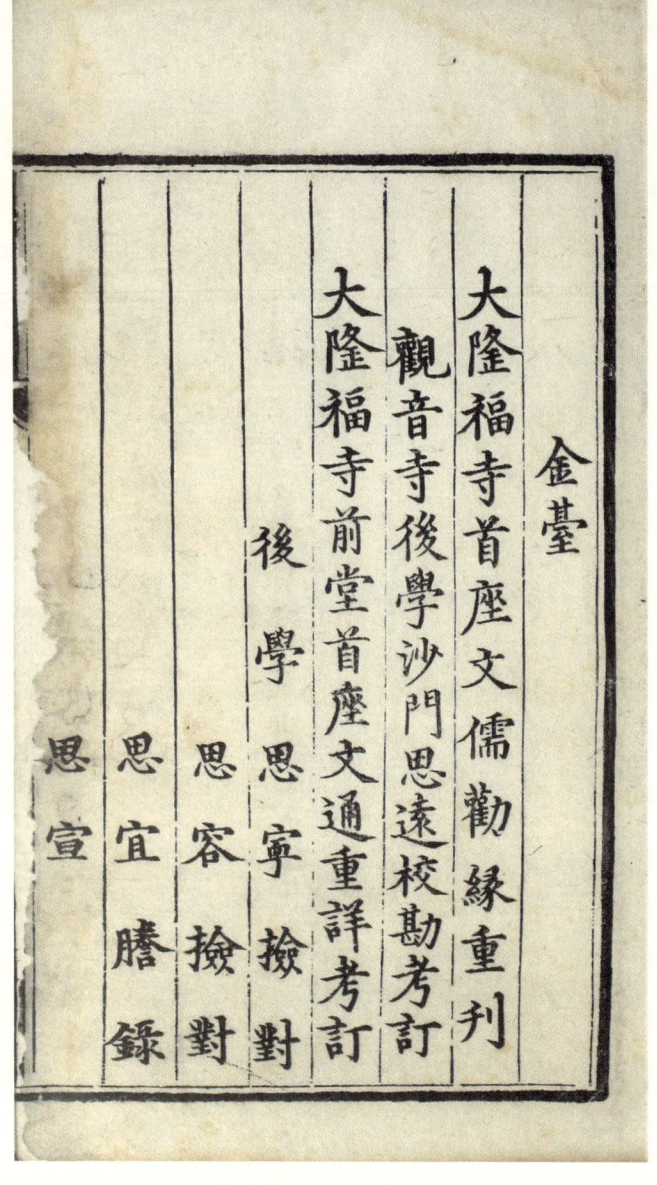

31　大明正德乙亥重刊改併五音集韻十五卷
[金]韓道昭改併重編　明正德十年(1515)刻本　十冊

匡高29.0釐米，廣19.5釐米。半葉十行，行二十字，小字雙行，行四十字。黑口，四周雙邊，三黑魚尾。有"葉氏願恭齋珍藏印""德輝印""夏廬所藏金石書畫圖籍"等印。

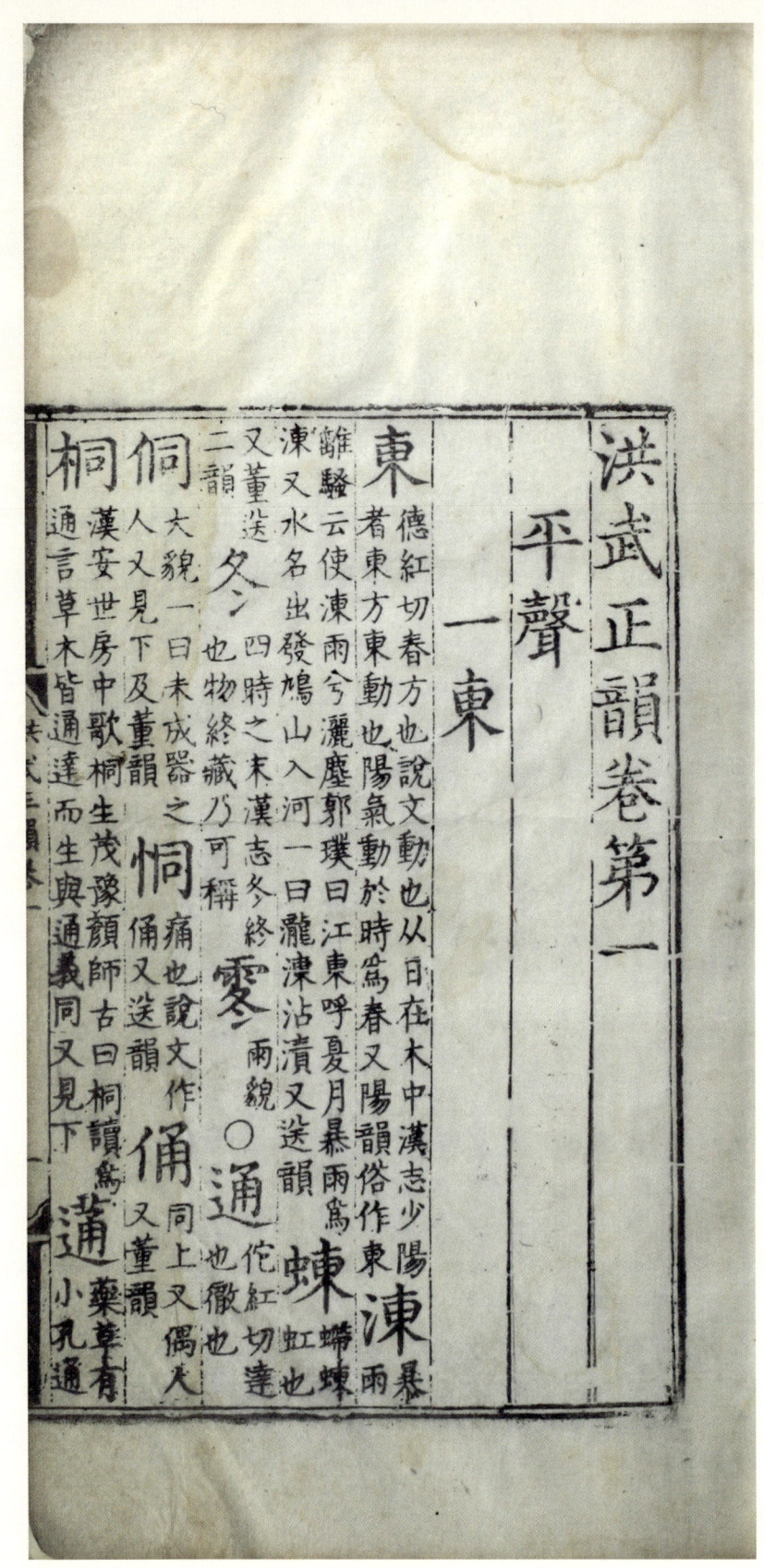

32 洪武正韻十六卷

[明]樂韶鳳撰　明萬曆三年(1575)司禮監刻本　五册

匡高22.1釐米，廣14.9釐米。半葉八行，行十二字，小字雙行二十四字。粗黑口，四周雙邊，雙黑魚尾。有"仲符藏書之印"。

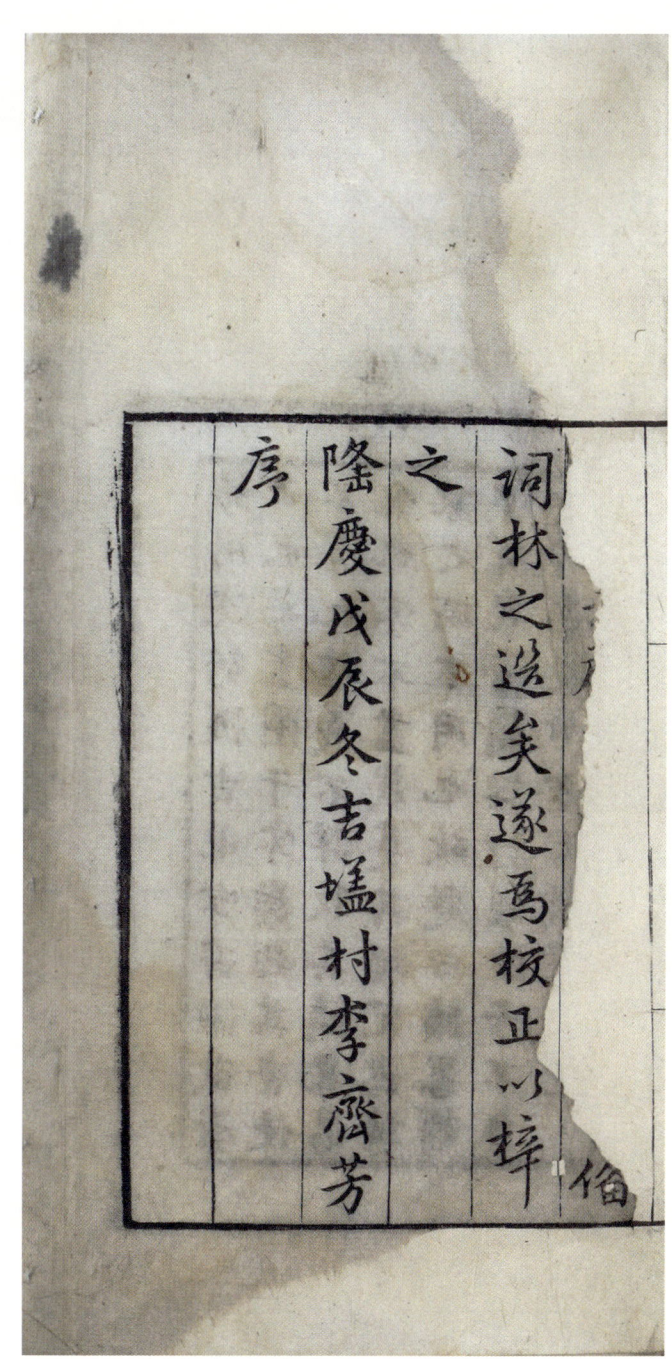

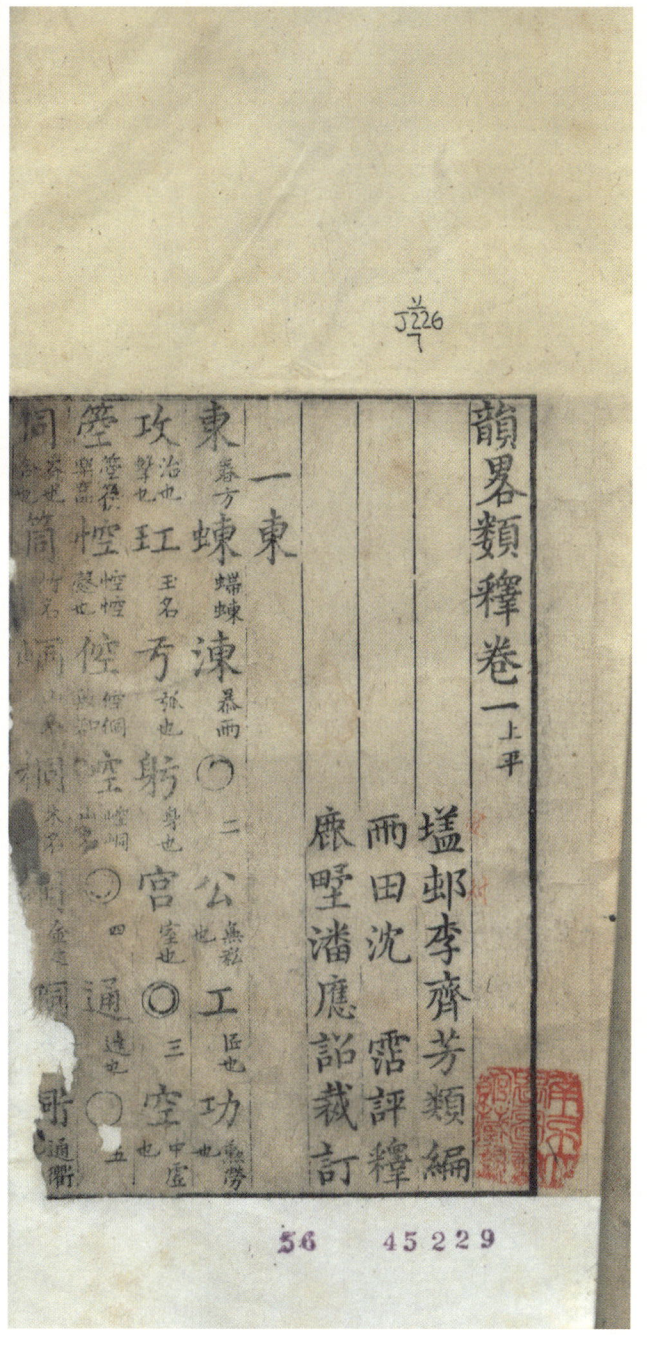

33　韻略類釋四卷
[明]李齊芳類編　[明]沈霑評釋　[明]潘應詔裁訂　明隆慶二年(1568)刻本　二册

匡高14.6釐米，廣10.0釐米。半葉九行，每行字數不定。白口，四周單邊，無魚尾。

34 史記一百三十卷

[漢]司馬遷撰 明崇禎十四年至清順治十三年(1641—1656)常熟毛氏汲古閣刻《十七史》本 二十册

匡高 21.5 釐米，廣 15.2 釐米。半葉十二行，行二十五字。白口，左右雙邊，單黑魚尾。有"辟疆讀過""汪辟疆所藏金石書畫""彭澤汪辟疆藏書印""四川分巡川東兵備道之關防""光緒四年陞任湖北按察使川東道姚覲元購藏東川書院不准借出""辟疆校讀"等印。

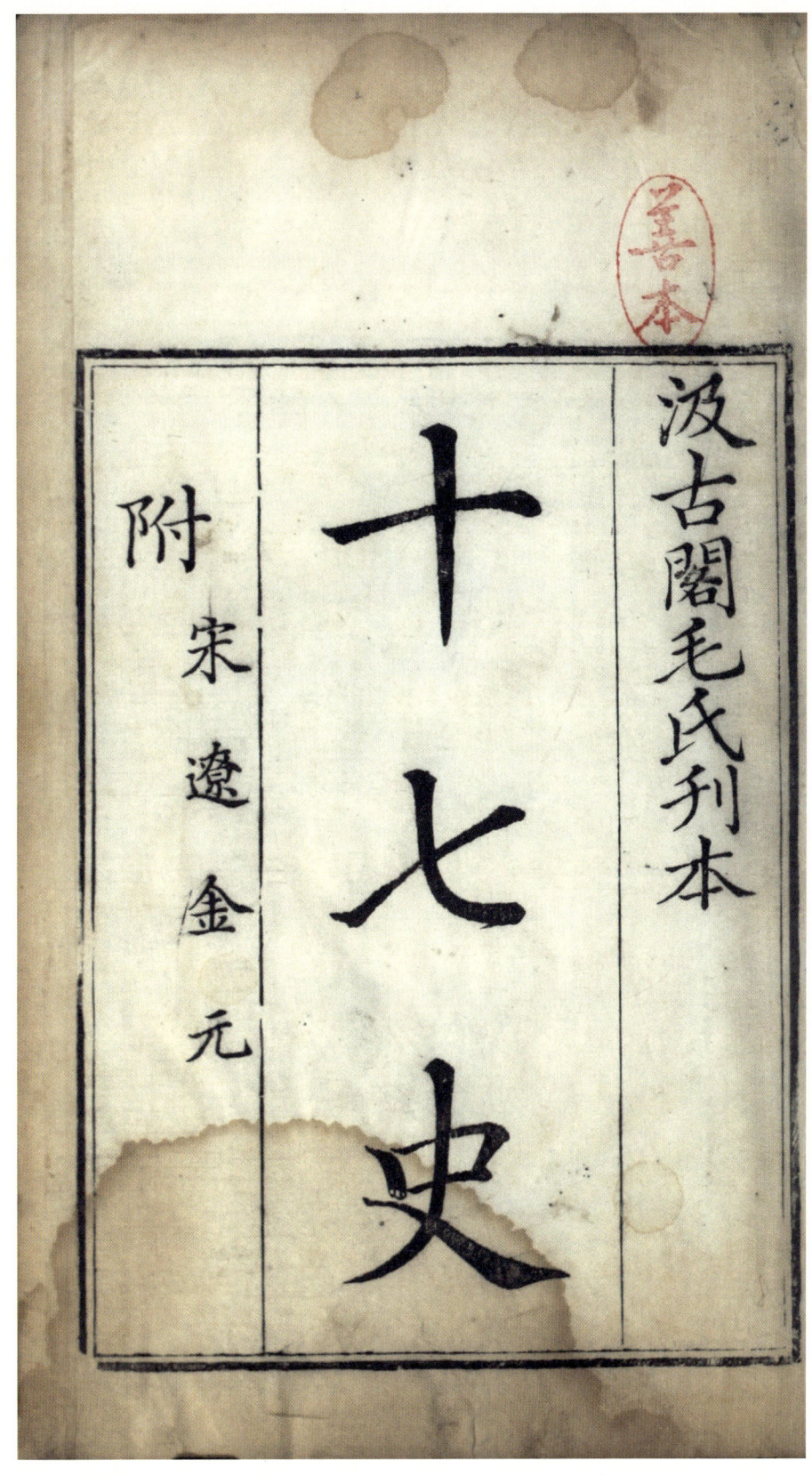

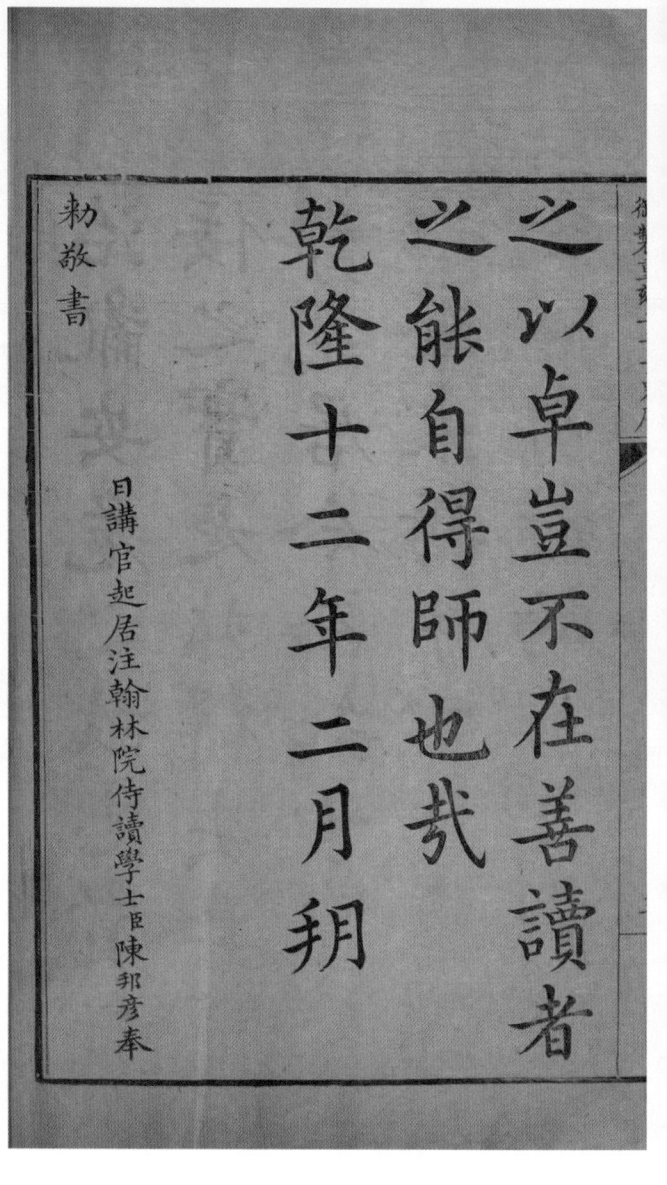

35 二十四史三千二百一十三卷（缺新五代史七十四卷）

[漢]司馬遷等撰　清乾隆四年至四十九年（1739—1784）武英殿刻本　存七百十二冊

匡高22.4釐米，廣15.3釐米。半葉十行，行二十一字。白口，左右雙邊，單黑魚尾。

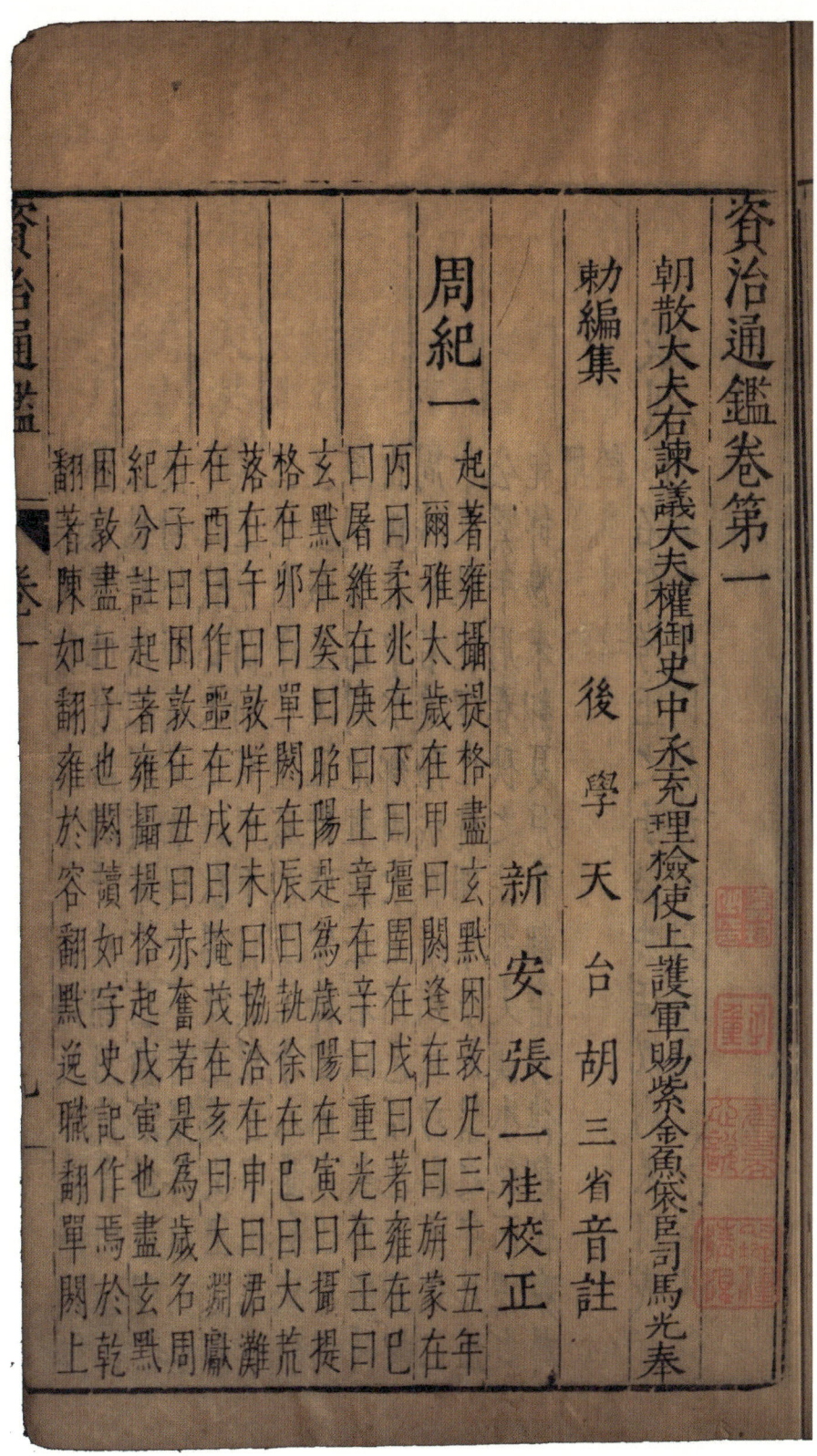

36 資治通鑑二百九十四卷釋文辨誤十二卷
[宋]司馬光撰 [宋]胡三省音註 明萬曆二十年(1592)吳勉學刻本 一百冊

匡高 21.7 釐米,廣 14.1 釐米。半葉十行,行二十字,小字雙行同。白口,左右雙邊,單黑魚尾。有"潁川汪氏所藏圖書""汪元范印""心地種情恨""無言而心説""子重""嘉珍之印""明生氏"等印。

也懿疾曰不可殺魏君暴也割地而退貪也不如兩
分之魏分爲兩不彊於宋衛則我終無魏患矣趙人
不聽懿疾不悅以其兵夜去趙成疾亦去營遂殺公
中緩而立仲讀是爲惠王太史公曰魏惠王所以身
不死國不分者二國之謀不和也若從一家之謀魏
必分矣故曰君終無適子其國可破也 索隱曰蓋古人之言及俗
說故云故曰
適讀曰嫡

大明萬曆二十年　新安　吳勉學　覆校

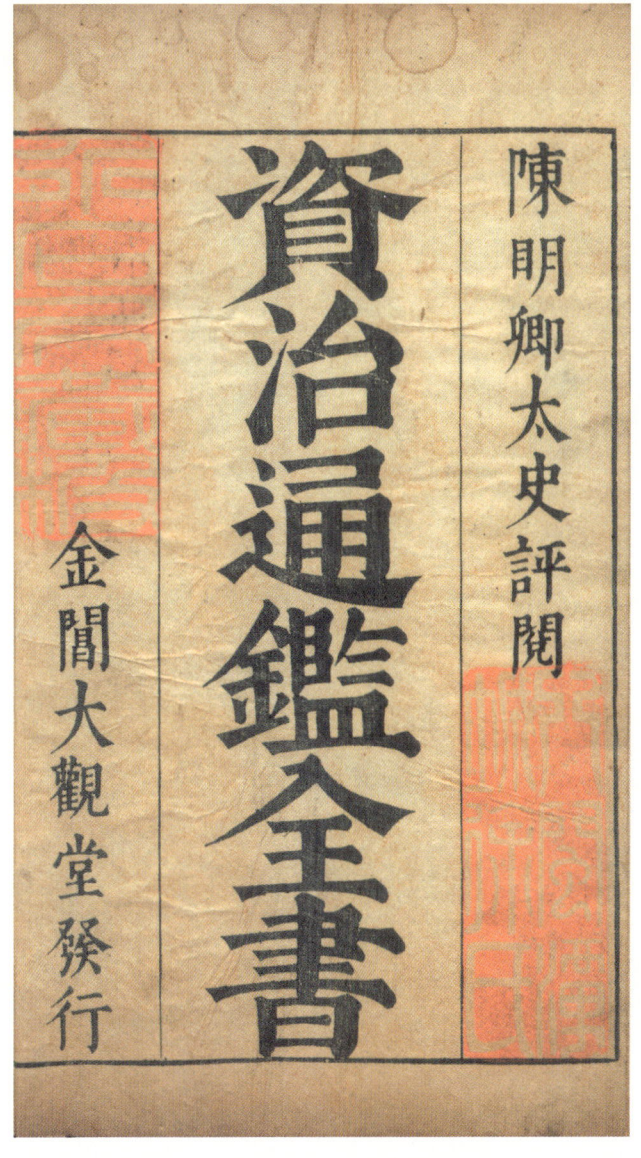

37　資治通鑑全書四百零五卷存三百八十五卷（資治通鑑目錄三十卷資治通鑑二百九十四卷缺卷九十三至一百一十二宋元資治通鑑六十四卷甲子會紀五卷通鑑釋文辯誤十二卷）
[明]陳仁錫輯　明天啓崇禎間長洲陳仁錫刻金閶大觀堂印本　存一百零八冊

匡高21.4釐米，廣15.2釐米。半葉十行，行二十字，小字雙行同。白口，四周單邊，單魚尾。有朱、墨眉批。

是也何謂名公侯卿大夫是也夫以四海之廣兆民之眾受制於一人雖有絕倫之力高世之智莫不奔走而服役者豈非以禮為之紀綱哉是故天子統三公三公率諸侯諸侯制卿大夫卿大夫治士庶人貴以臨賤賤以承貴上之使下猶心腹之運手足根本之制支葉下之事上猶手足之衛心腹支葉之庇本根然後能上下相保而國家治安故曰天子之職莫大於禮也文王序易以乾坤為首孔子繫之曰天尊地卑乾坤定矣卑高以陳貴賤位矣言君臣之位猶天地之不可易也春秋抑諸侯尊王室王人雖微序於諸侯之上以是見聖人於君臣之際未嘗不惓惓也非有桀紂之暴湯武之仁人歸之天命之君臣之分當守節伏死而已矣是故以微子而代紂則成湯配天矣以史記商帝乙生三子長曰微子紂之母為妾未立為后次曰中衍欲立啓為太子太史據法爭之曰有妻之子不可立妾之子乃立紂辛以暴虐亡國孔子玄孫孔鮒曰物之大者莫若於天人之本乎祖此所謂萬物本乎天人本乎祖故王者配上帝蓋以推其祖之所自出崇之也嚴配之禮莫大於此天與祖俱為其配殊尊其祖則配天配地以相配也先有此號周人遂翻引以為恤法分扶問翻長知

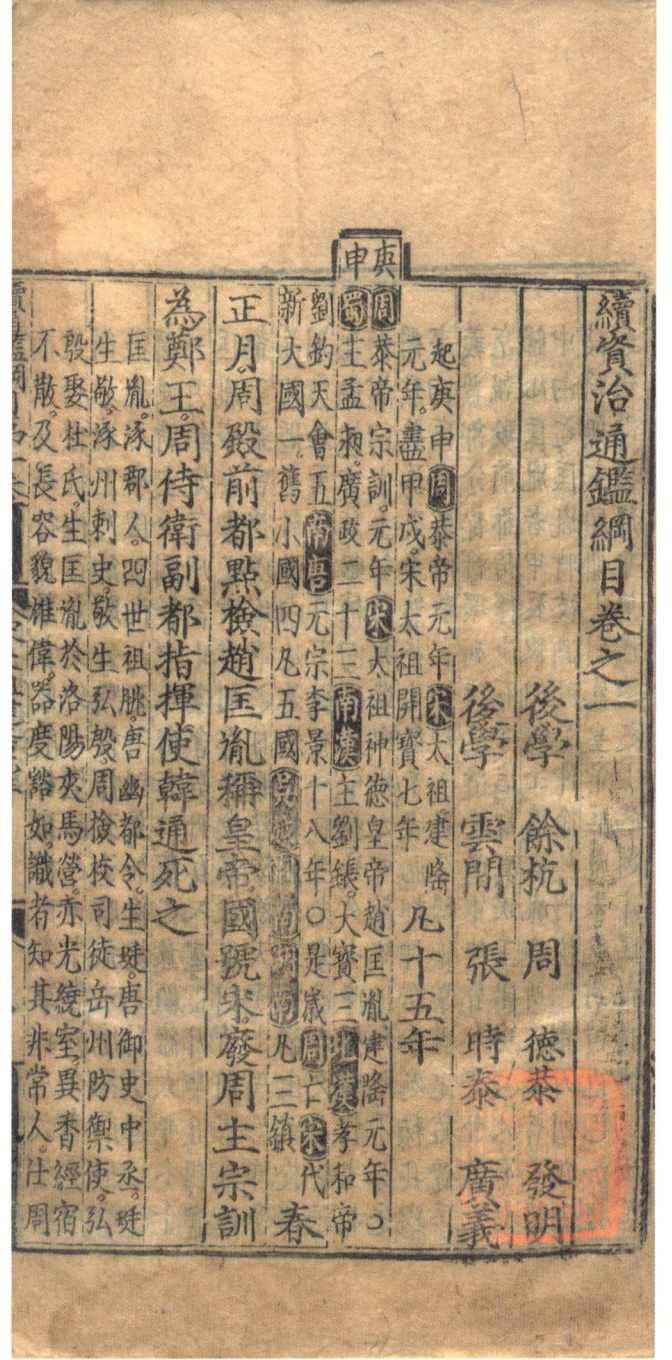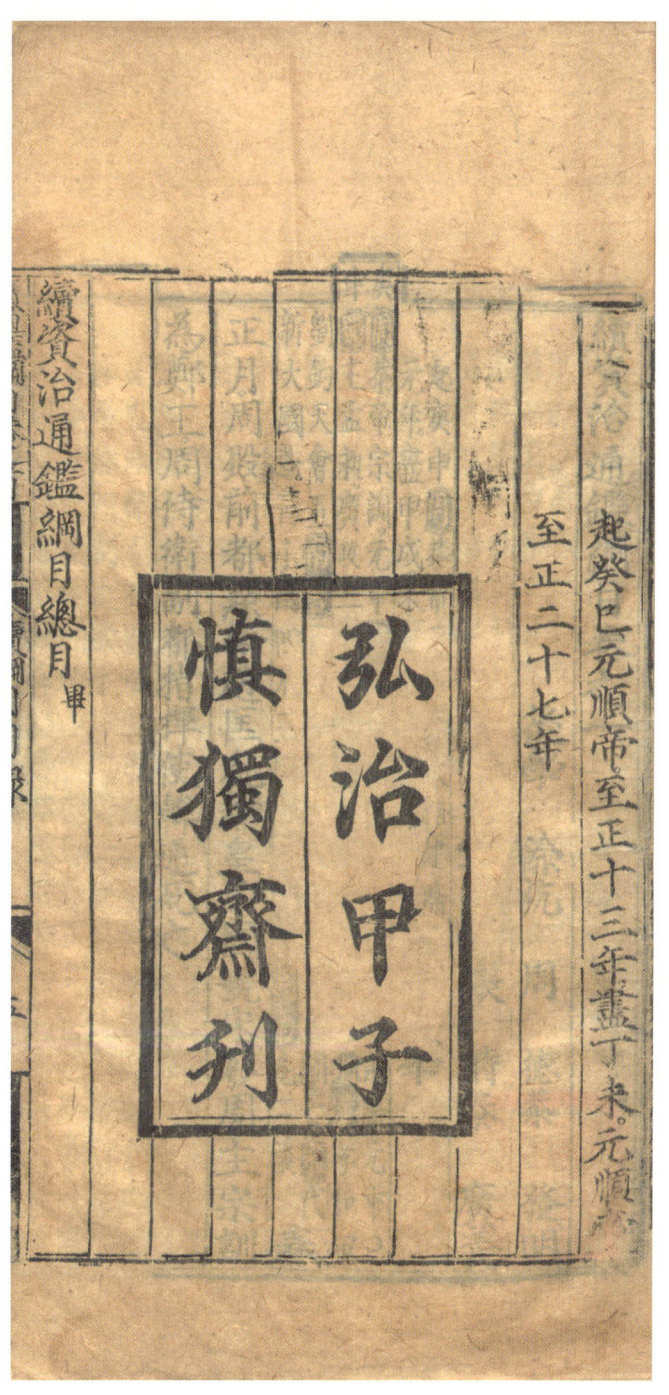

38　續資治通鑑綱目二十七卷
［明］商輅等輯　［明］周德恭發明　［明］張時泰廣義　明弘治十七年（1504）慎獨齋刻本　十冊

匡高19.5釐米，廣13.3釐米。半葉十行，行二十二字，小字雙行同。黑口，四周雙邊，雙黑魚尾。有"弘治甲子慎獨齋刊"牌記。

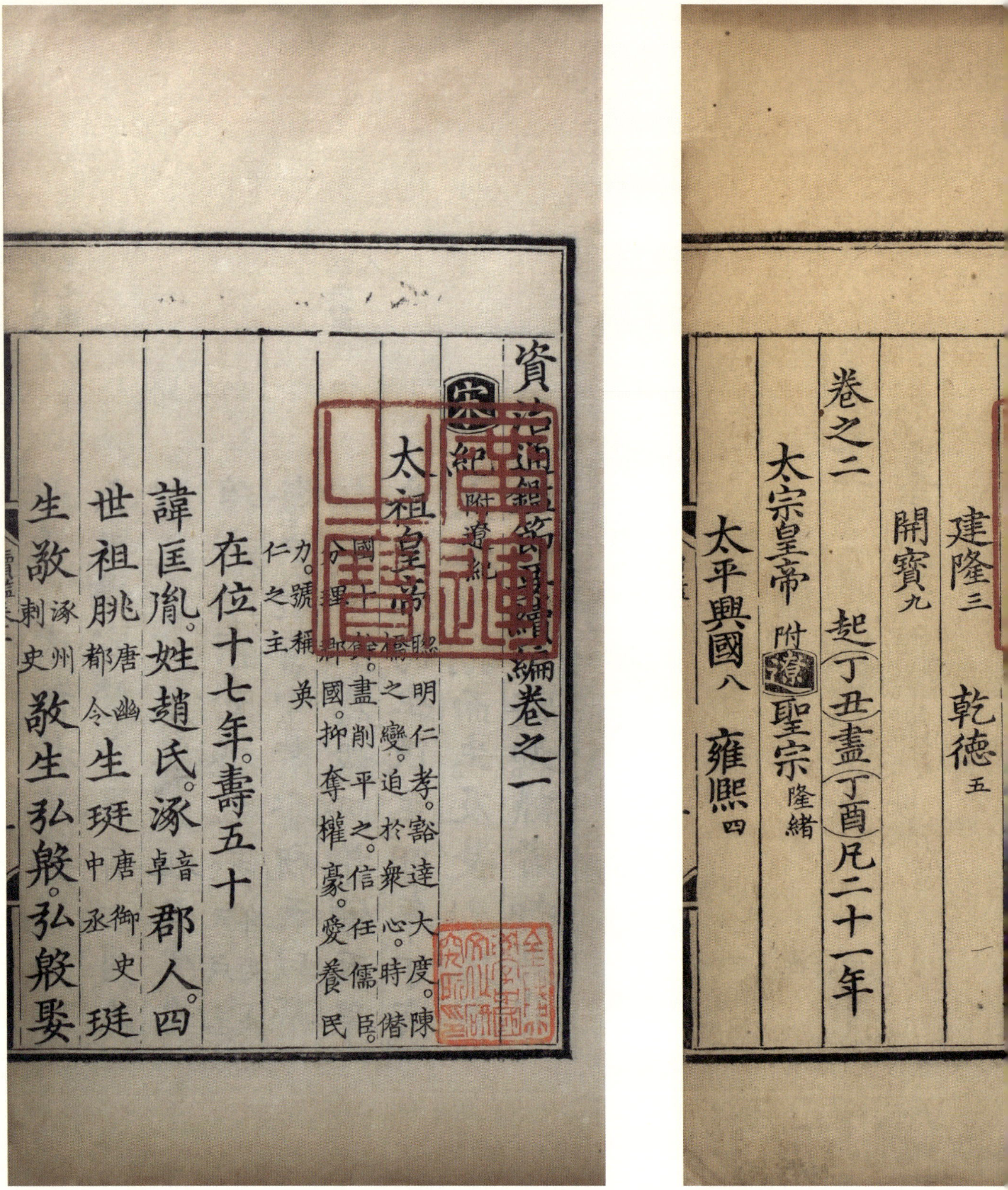

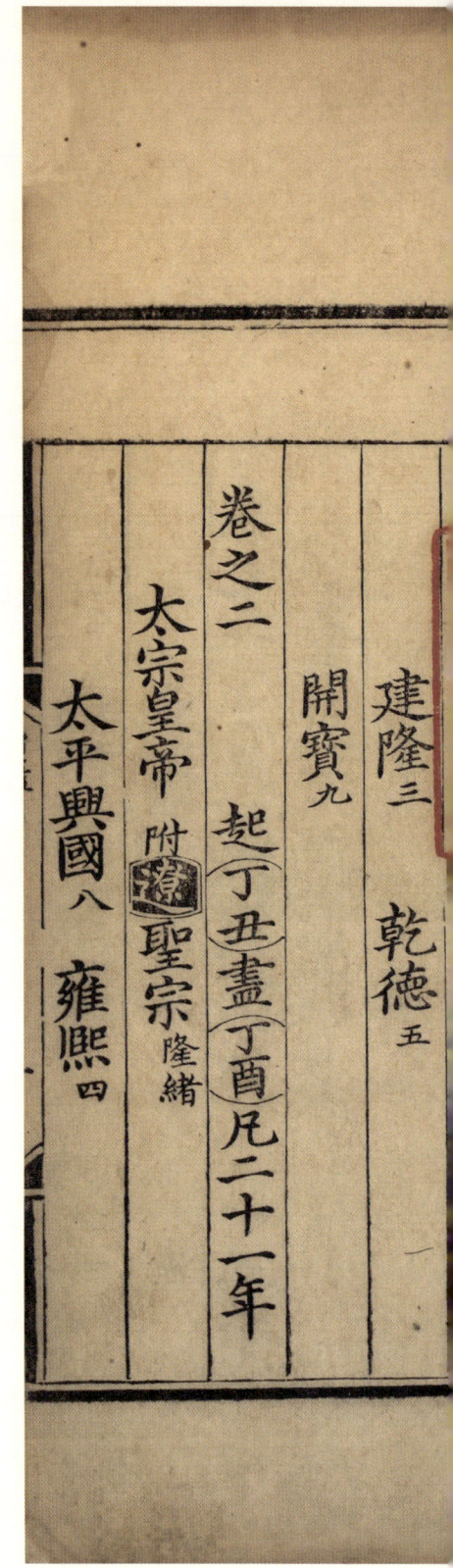

39　資治通鑑節要續編三十卷
[明]張光啟撰　明正德九年(1514)司禮監刻本　二十冊

明內府原裝。匡高22.2釐米,廣15.7釐米。半葉九行,行十五字,小字雙行同。粗黑口,四周雙邊,雙黑魚尾。有"廣運之寶"等印。

明清佳刻

資治通鑑節要續編卷之三

第二卷 宋仁宗 附遼聖宗
第三卷 宋真宗 附遼聖宗

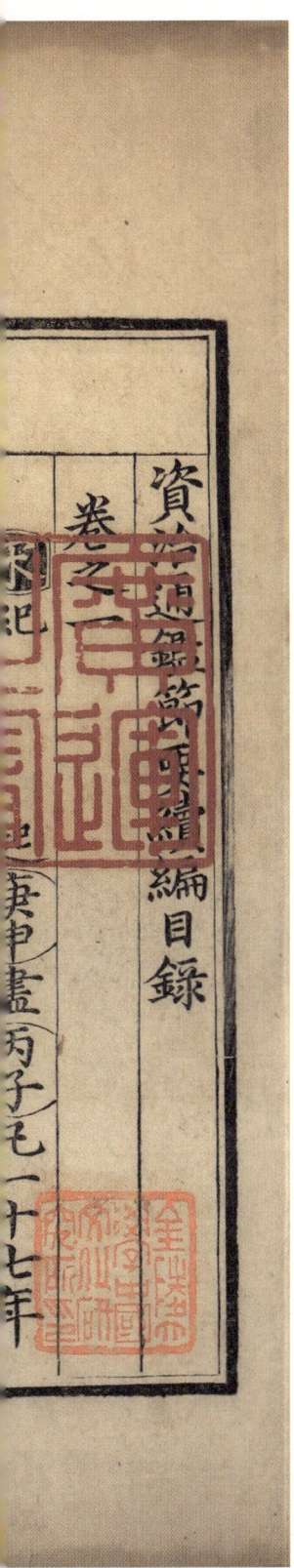

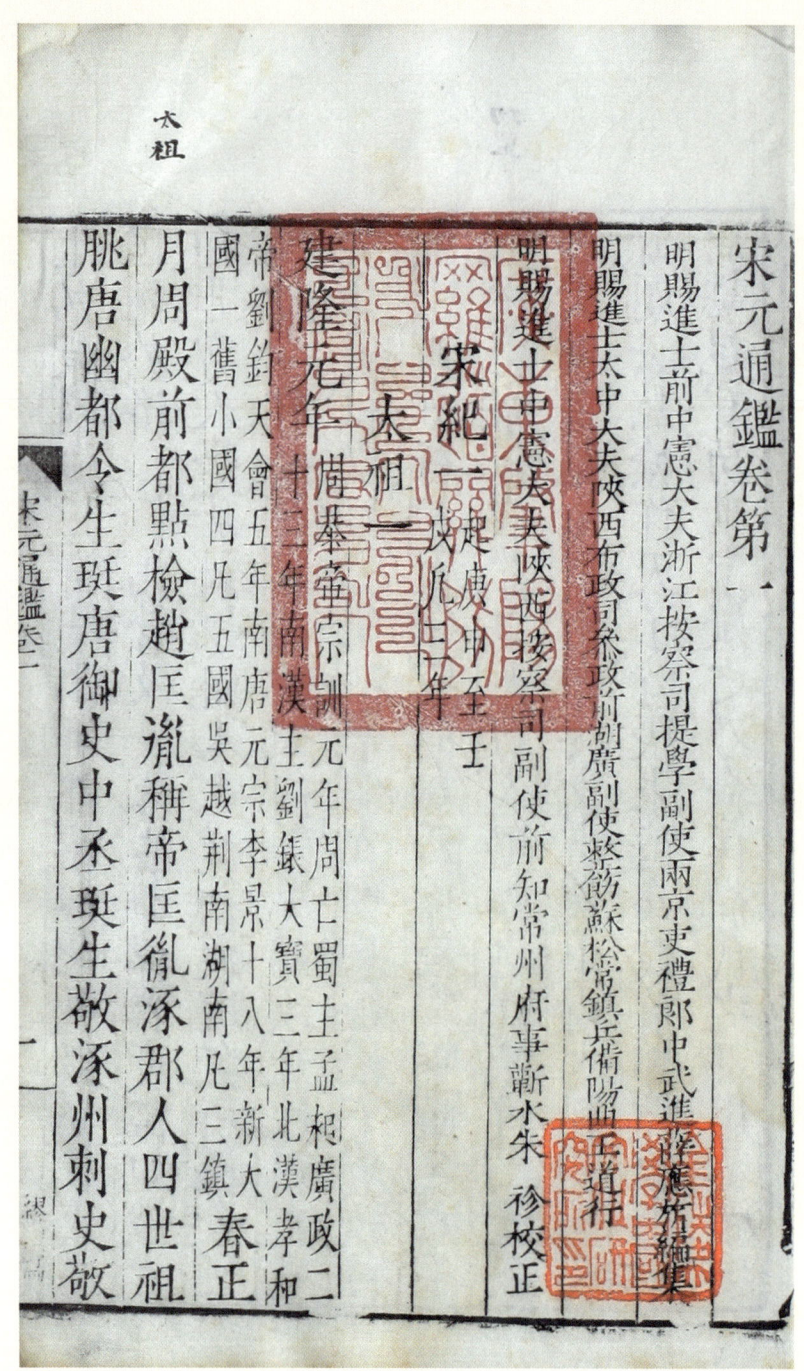

40　宋元通鑑一百五十七卷
[明]薛應旂編　明末吳門大觀堂刻本　三十二冊

匡高20.0釐米，廣14.5釐米。半葉十行，行二十字，小字雙行同。白口，四周單邊，單黑魚尾。有"廣東肇陽羅道關防"滿漢文印。書中天頭偶有墨筆批注，版心下方有刻工姓名。

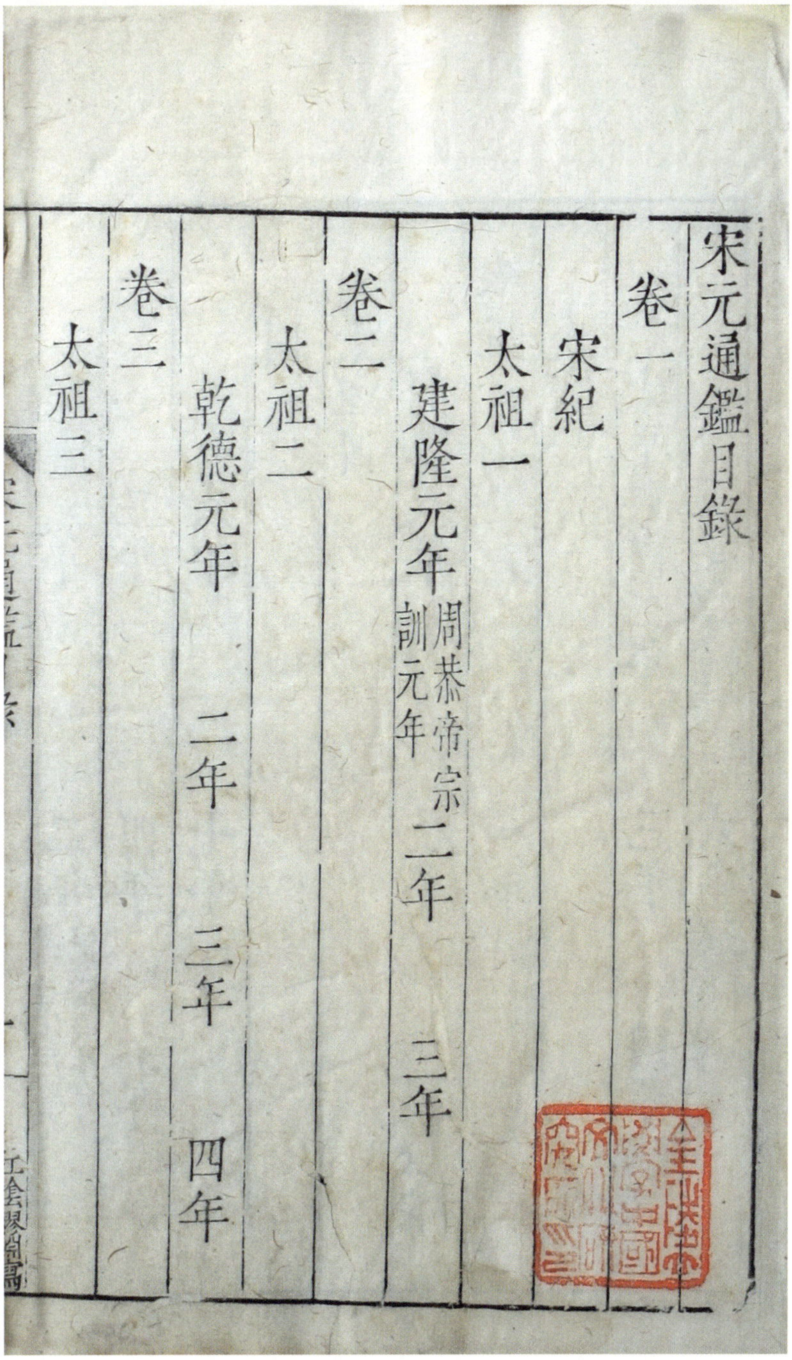

宋元通鑑目錄

卷一
　宋紀
　　太祖一
　　　建隆元年　周恭帝宗訓元年　二年　三年
卷二
　　太祖二
　　　乾德元年　二年　三年　四年
卷三
　　太祖三

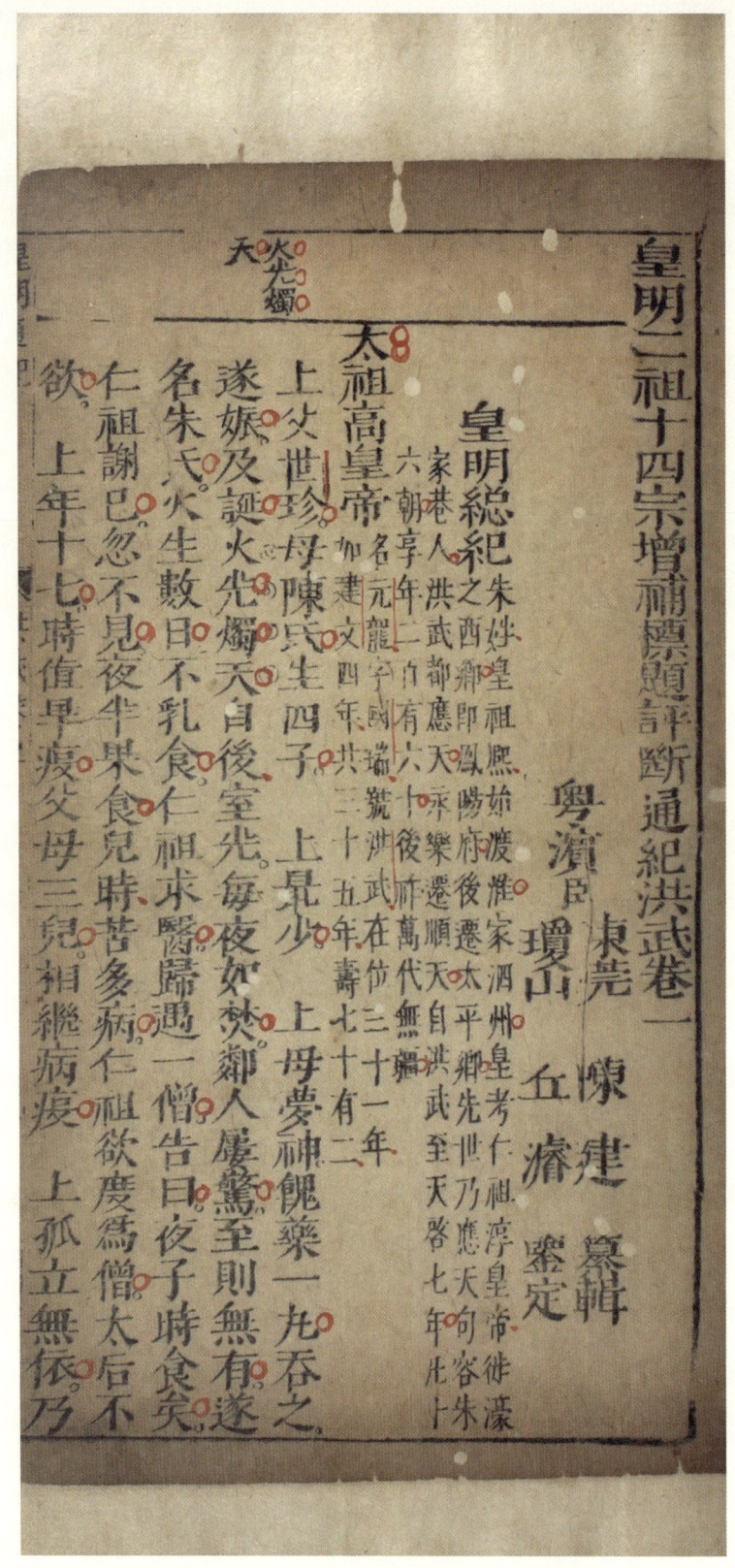

41 皇明二祖十四宗增補標題評斷通紀二十七卷
[明]陳建纂輯 [明]丘濬鑒定 明末五車樓刻本 二十四冊

匡高 21.7 釐米，廣 12.5 釐米。半葉十一行，行二十六字，小字雙行同。白口，四周單邊，單黑魚尾。有"讀書樂""百城樓珍賞"等印。書中有朱筆圈點。

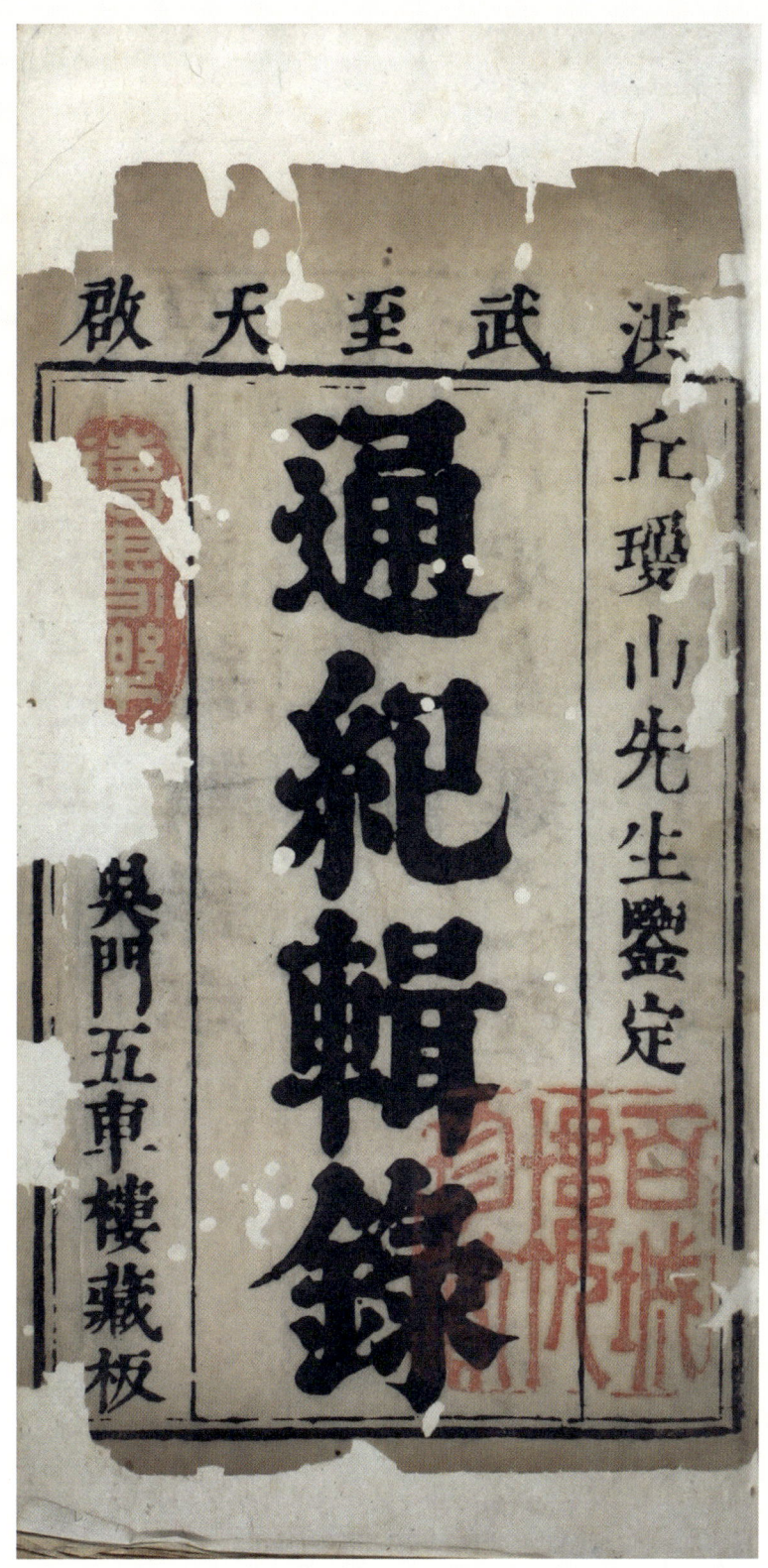

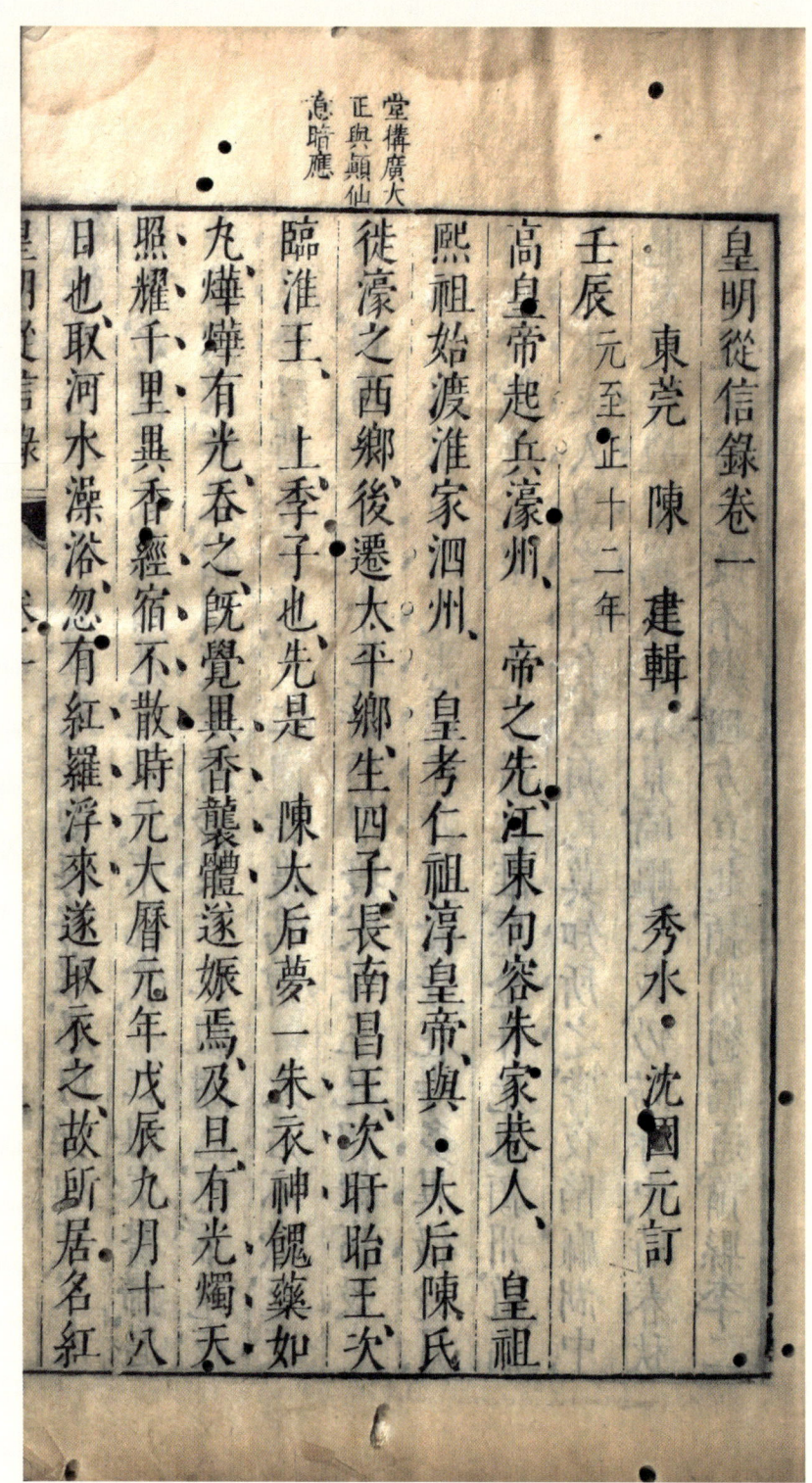

42　皇明從信錄四十卷

[明]陳建輯　[明]沈國元訂　明崇禎刻本　十六册

匡高21.7釐米，廣14.5釐米。半葉十行，行二十二字。白口，四周單邊，單黑魚尾。有"曹溶私印""潔躬""安樂堂藏書記""明善堂覽書畫印記"等印。

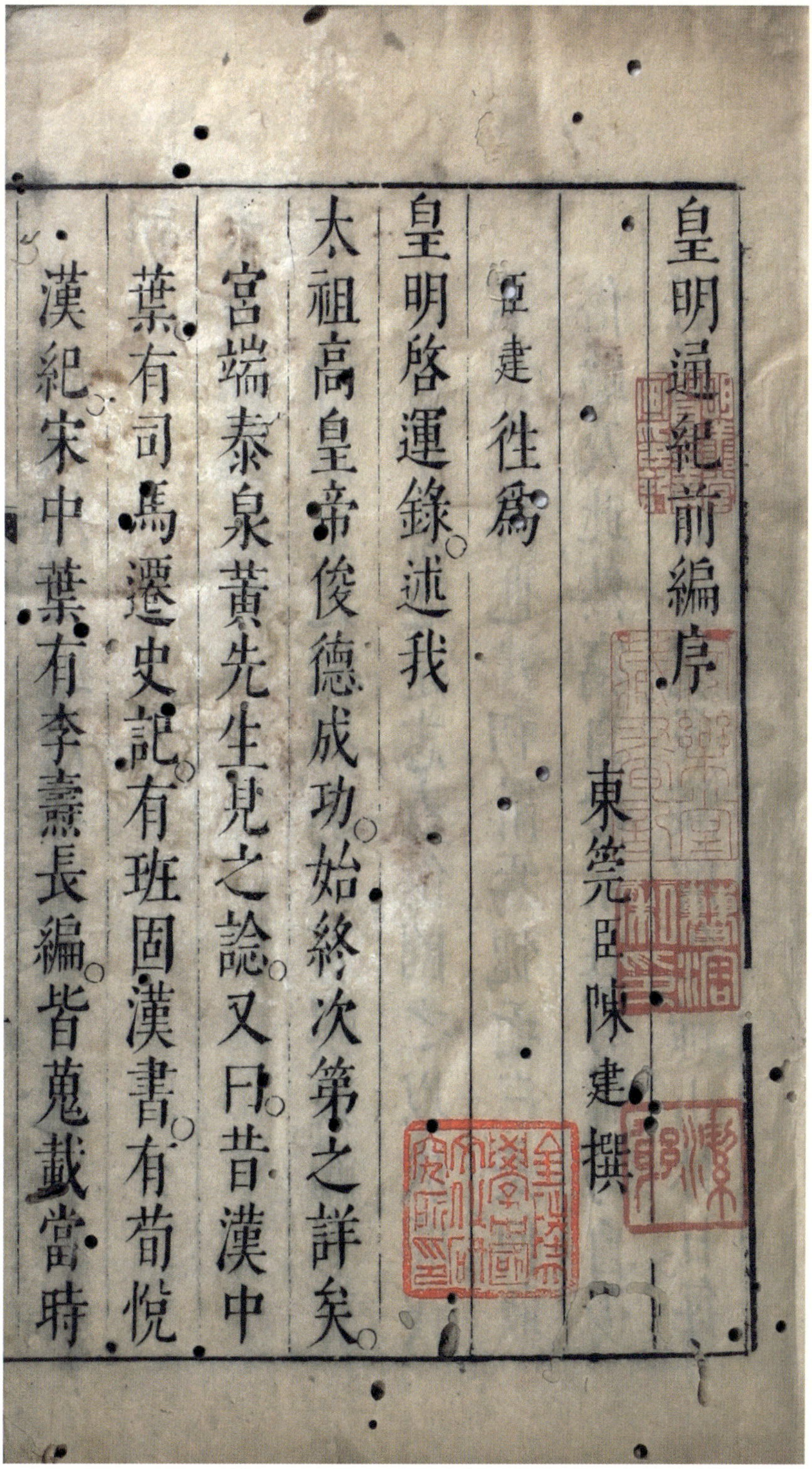

皇明通紀前編序

東莞臣陳建撰

皇明啓運錄述我

太祖高皇帝俊德成功始終次第之詳矣

宮端泰泉黃先生見之諗又曰昔漢中葉有司馬遷史記有班固漢書有荀悅漢紀宋中葉有李燾長編皆蒐載當時

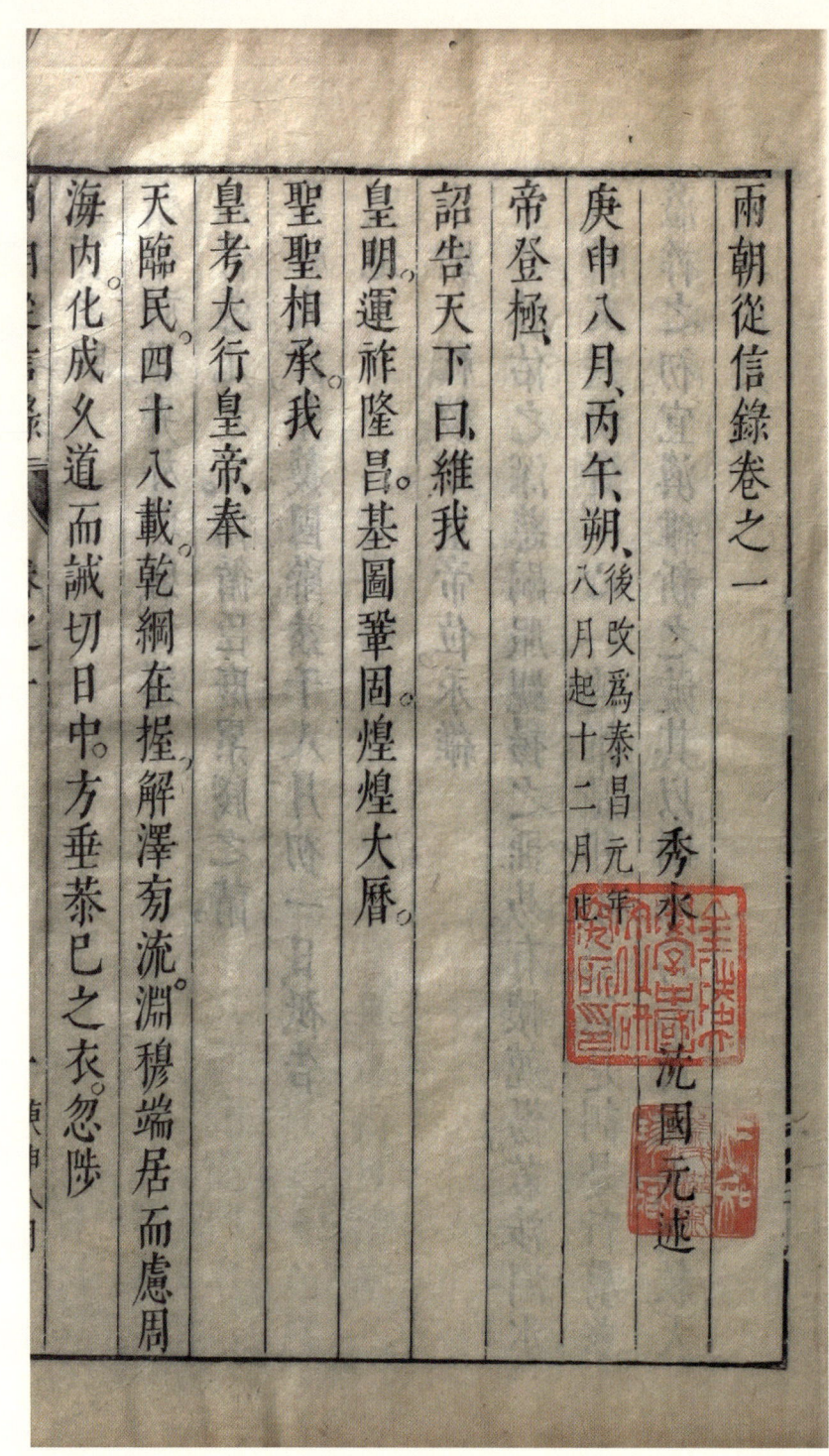

43　兩朝從信錄三十五卷
[明]沈國元述　明崇禎刻本　十二册

匡高21.9釐米，廣14.4釐米。半葉十行，行二十二字。白口，四周單邊，單黑魚尾。有"明善堂覽書畫印記""仁和蔡氏滋齋珍藏"等印。

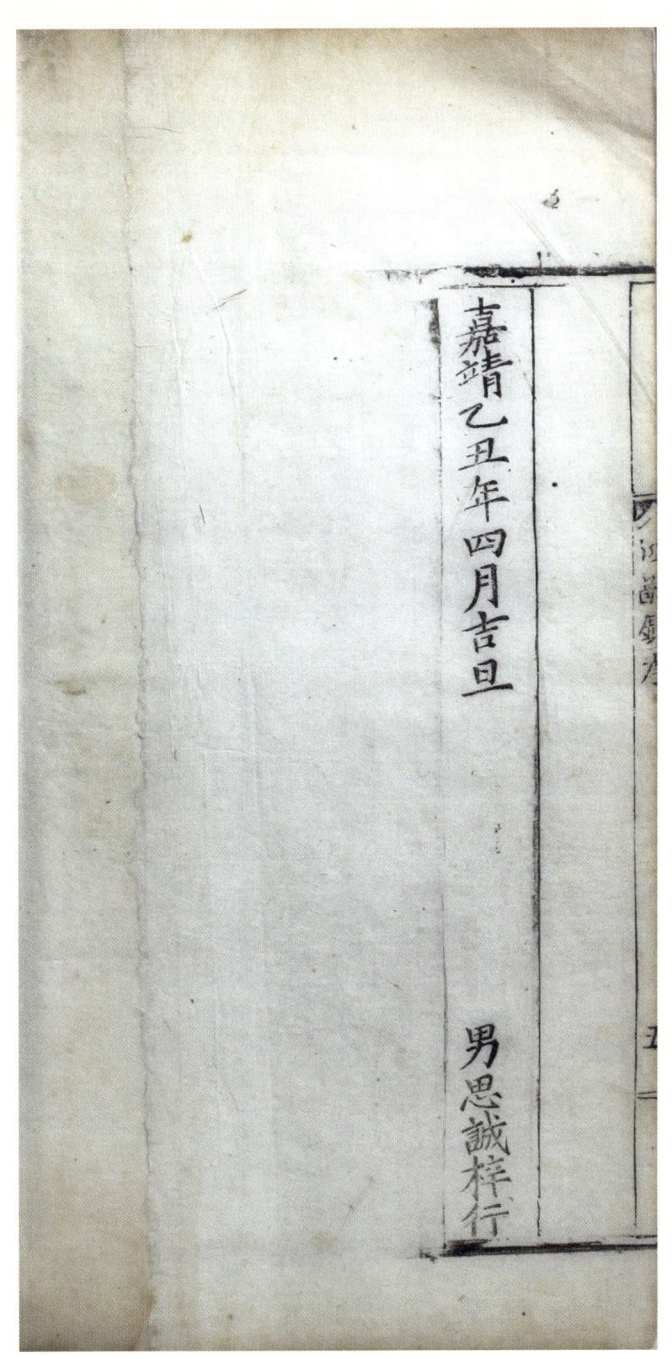
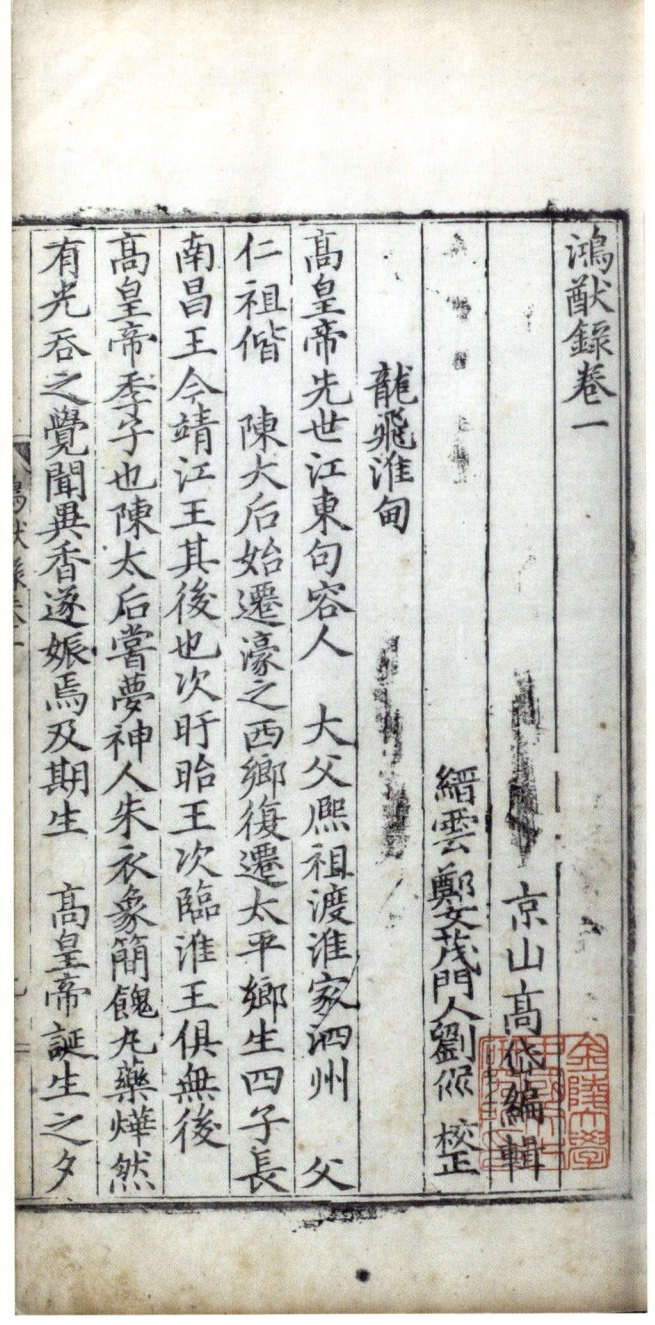

44　鴻猷錄十六卷

[明]高岱撰　明嘉靖四十四年(1565)京山高思誠刻本　十二冊

匡高22.3釐米，廣14.3釐米。半葉九行，行二十二字。白口，四周雙邊，單黑魚尾。版心下方有刻工。

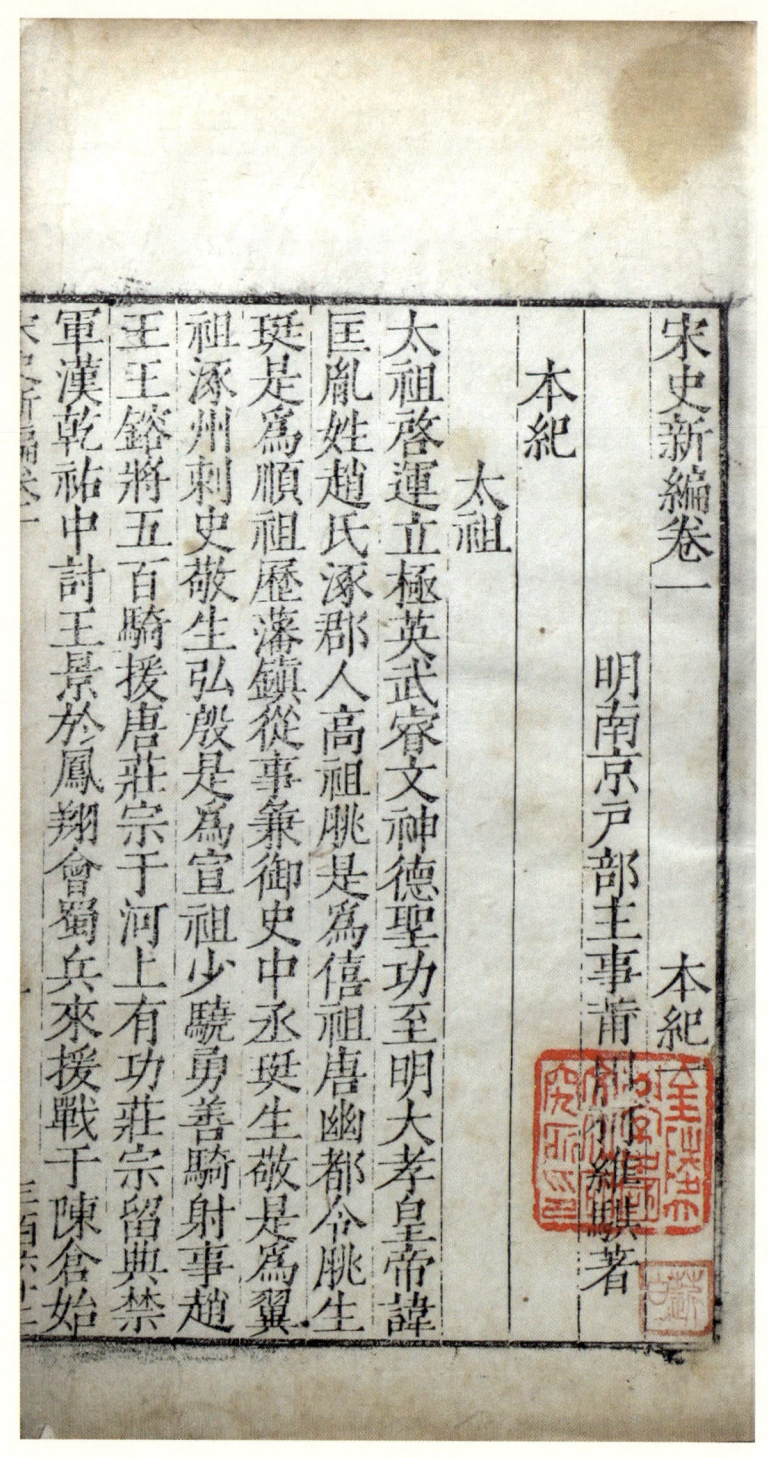

45　宋史新編二百卷
[明]柯維騏撰　明嘉靖三十六年(1557)刻本　九十六册

匡高19.0釐米，廣13.2釐米。半葉十行，行二十一字。白口，四周單邊，無魚尾。版心有字數與刻工。有"莐白"等印。

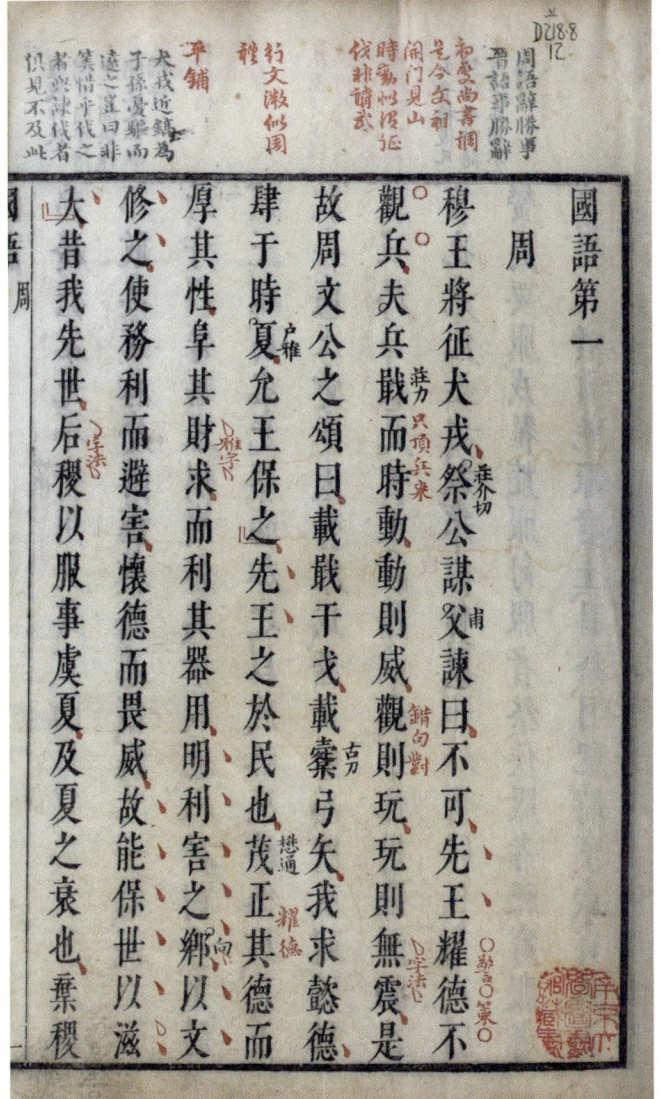

46 國語九卷

[明]閔齊伋注 明萬曆四十七年(1619)閔齊伋刻三色套印本 五册

匡高 21.1 釐米,廣 15.1 釐米。半葉九行,行十九字,小字雙行同。白口,四周單邊,無魚尾。朱、墨、藍三色套印。有眉批及校注。

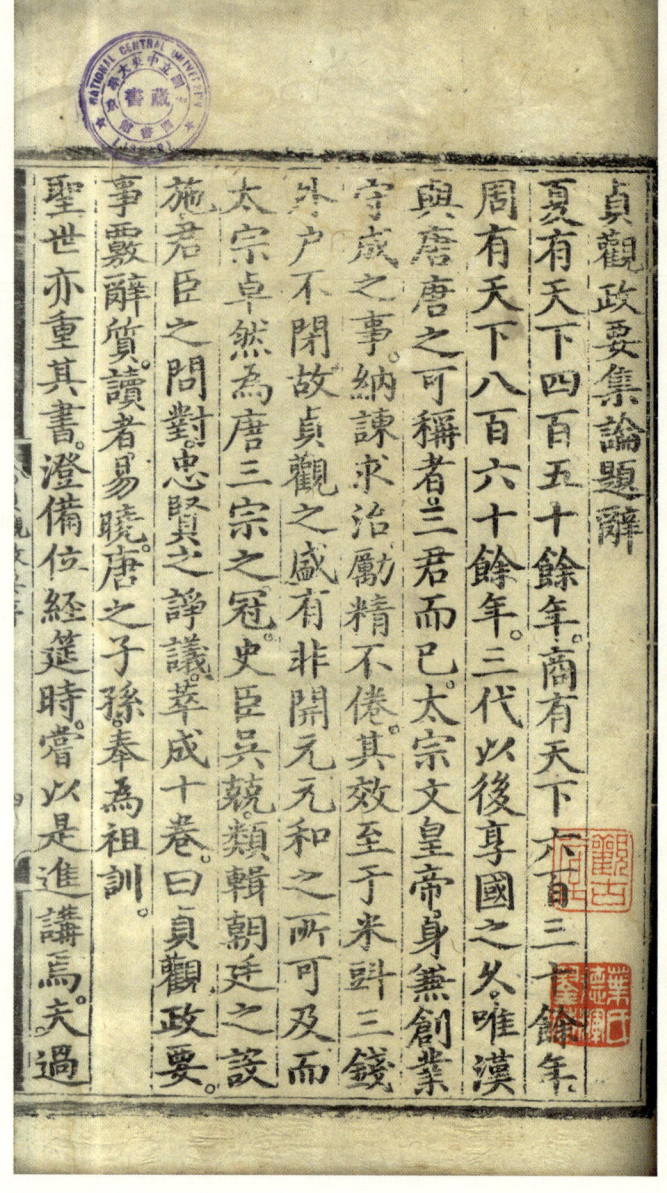
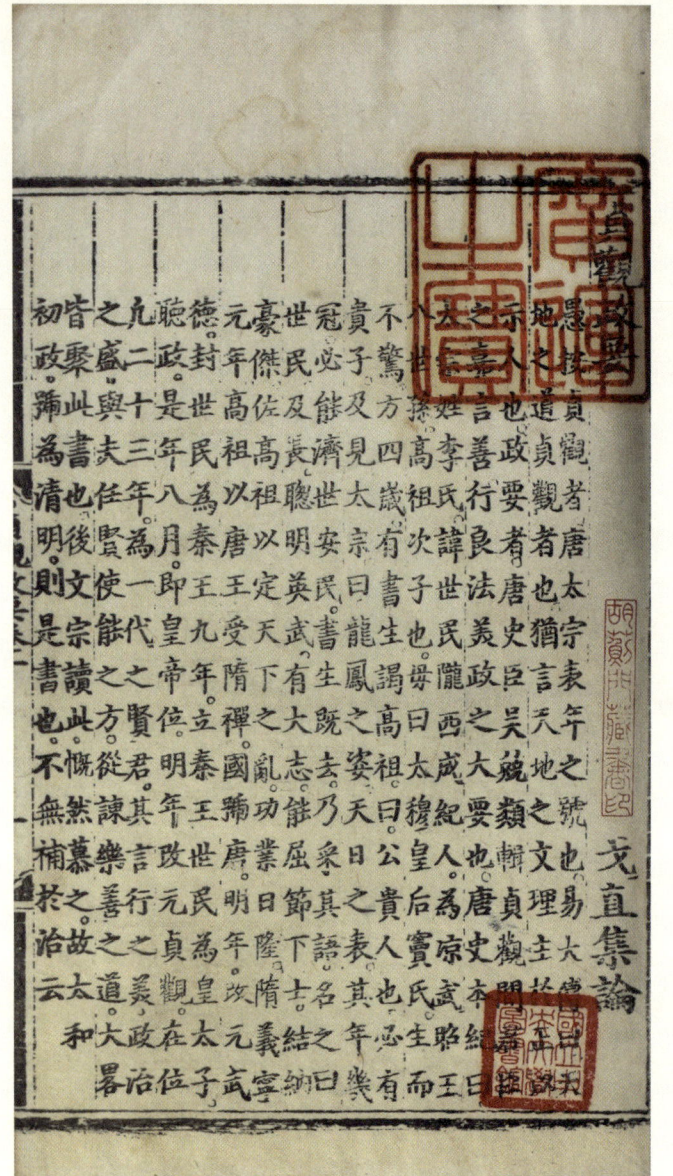

47 貞觀政要十卷

[唐]吳兢撰 [元]戈直集論 明成化元年(1465)内府刻本 六册

匡高26.4釐米,廣19.1釐米。半葉十行,行二十字,小字雙行同。黑口,四周雙邊,雙黑魚尾。版心有字數。有"廣運之寶""葉德輝之章""胡薊門藏書印"等印。

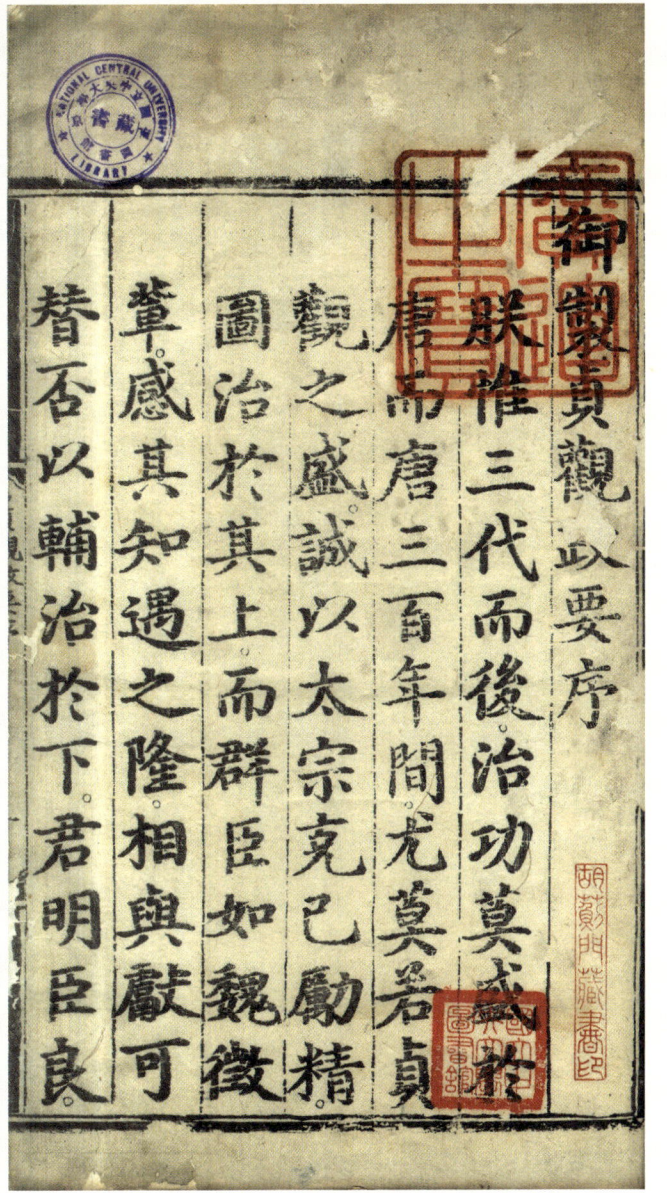

御製貞觀政要序

朕惟三代而後治功莫盛於
唐而唐三百年間尤莫若貞
觀之盛誠以太宗克己勵精
圖治於其上而群臣如魏徵
輩感其知遇之隆相與獻可
替否以輔治於下君明臣良

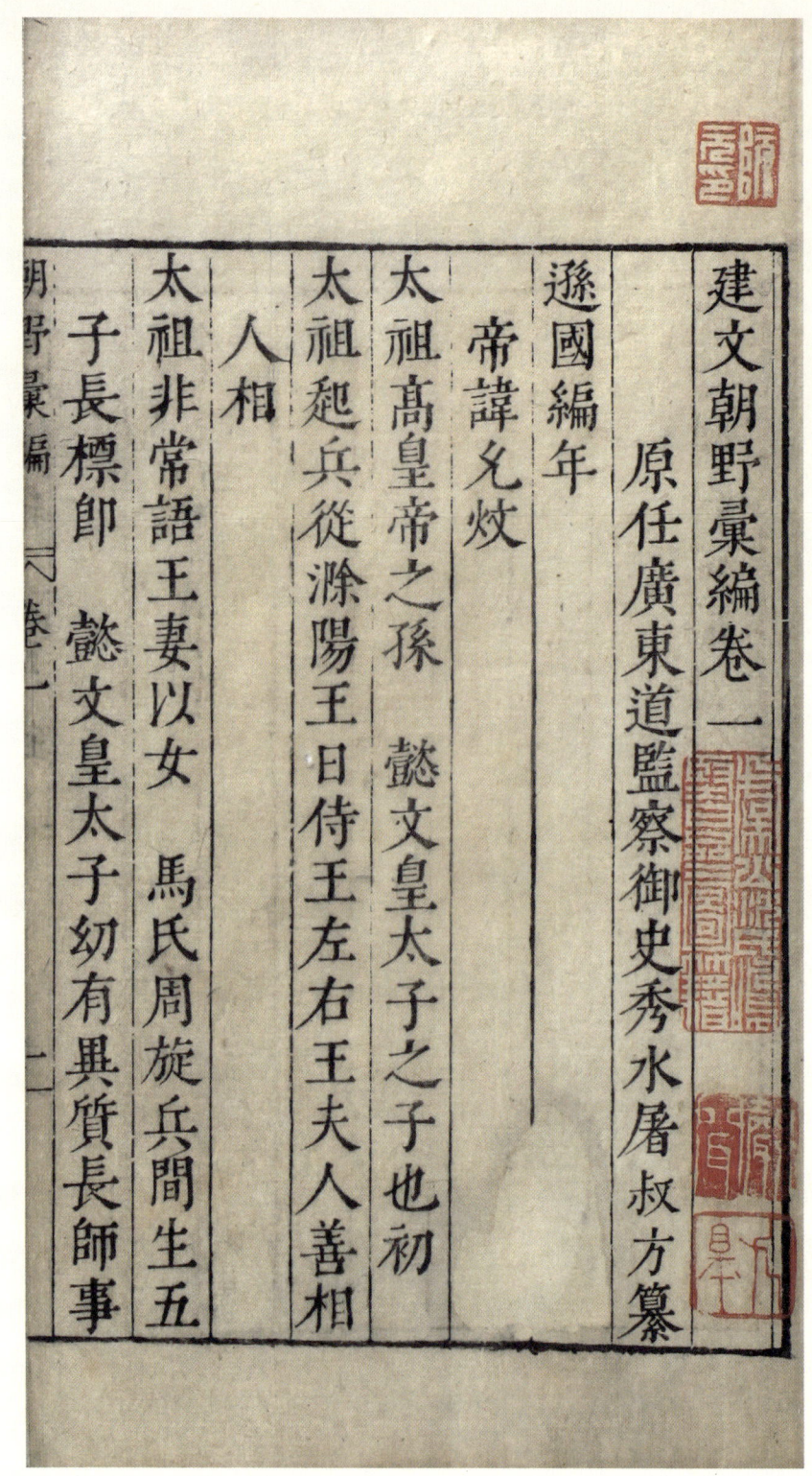

48　建文朝野彙編二十卷

[明]屠叔方纂　明末刻本　二十册

匡高20.9釐米,廣14.8釐米。半葉九行,行十八字,小字雙行同。白口,左右雙邊,單白魚尾。版心有字數。書前有墨筆題記兩篇,其中第一篇鈐"泰崖"印。書後有沈石友朱筆跋。有"阮元印""沈石友""聲聞""九皋""沈汝瑾""聲山一字叟若""虞山沈氏鳴堅白盦圖籍"等印。

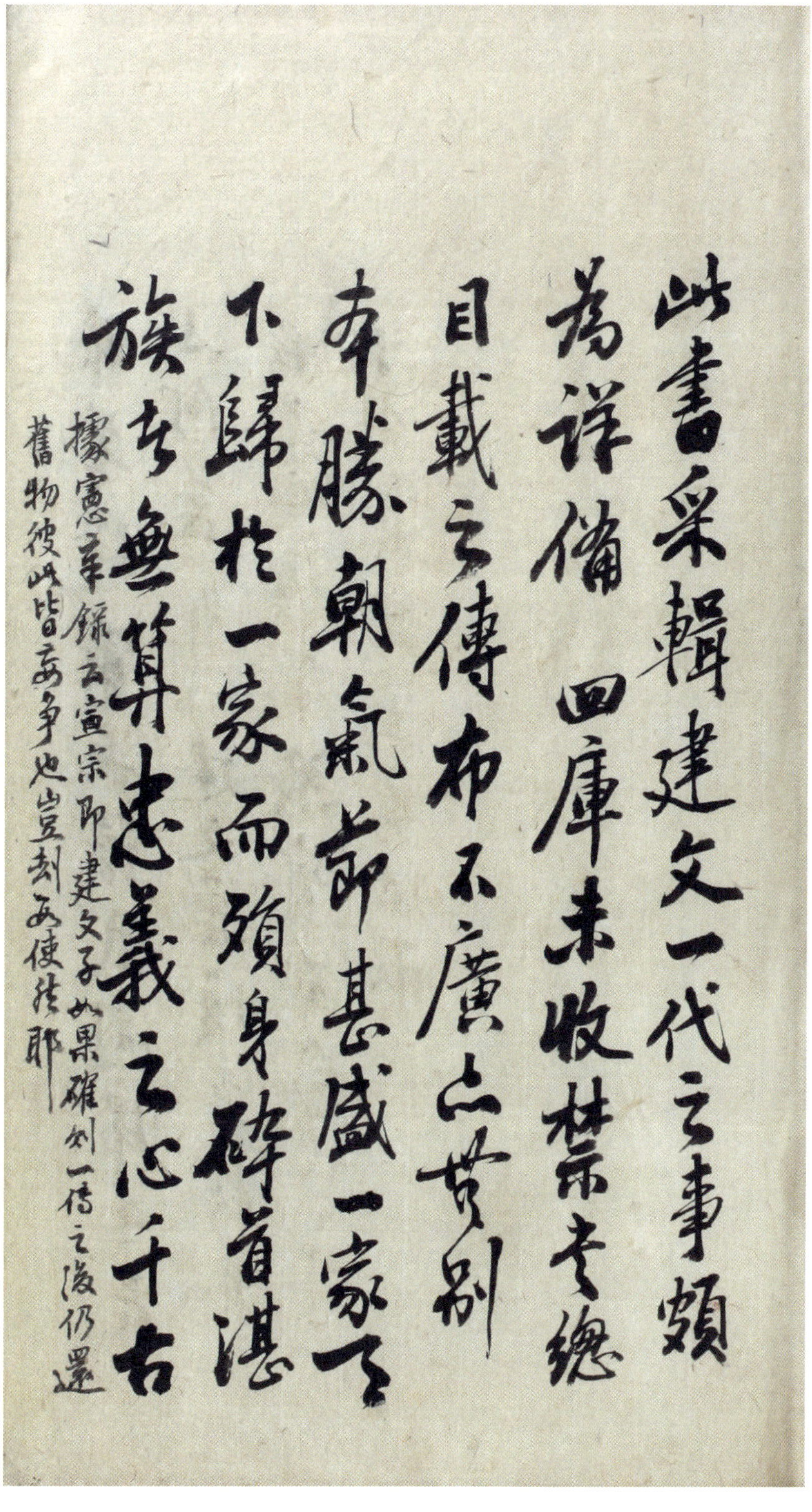

此書采輯建文一代之事頗
為詳備 四庫未收襟考總
目載之傳布不廣尤甚別
奔勝朝氣節甚盛一家之
不歸於一家而殞身碎首湛
族者無算忠義之心千古
攘憲辛錄云宣宗即建文子而果確刻一傳之後仍還
舊物彼此皆為爭也豈刻而便然耶

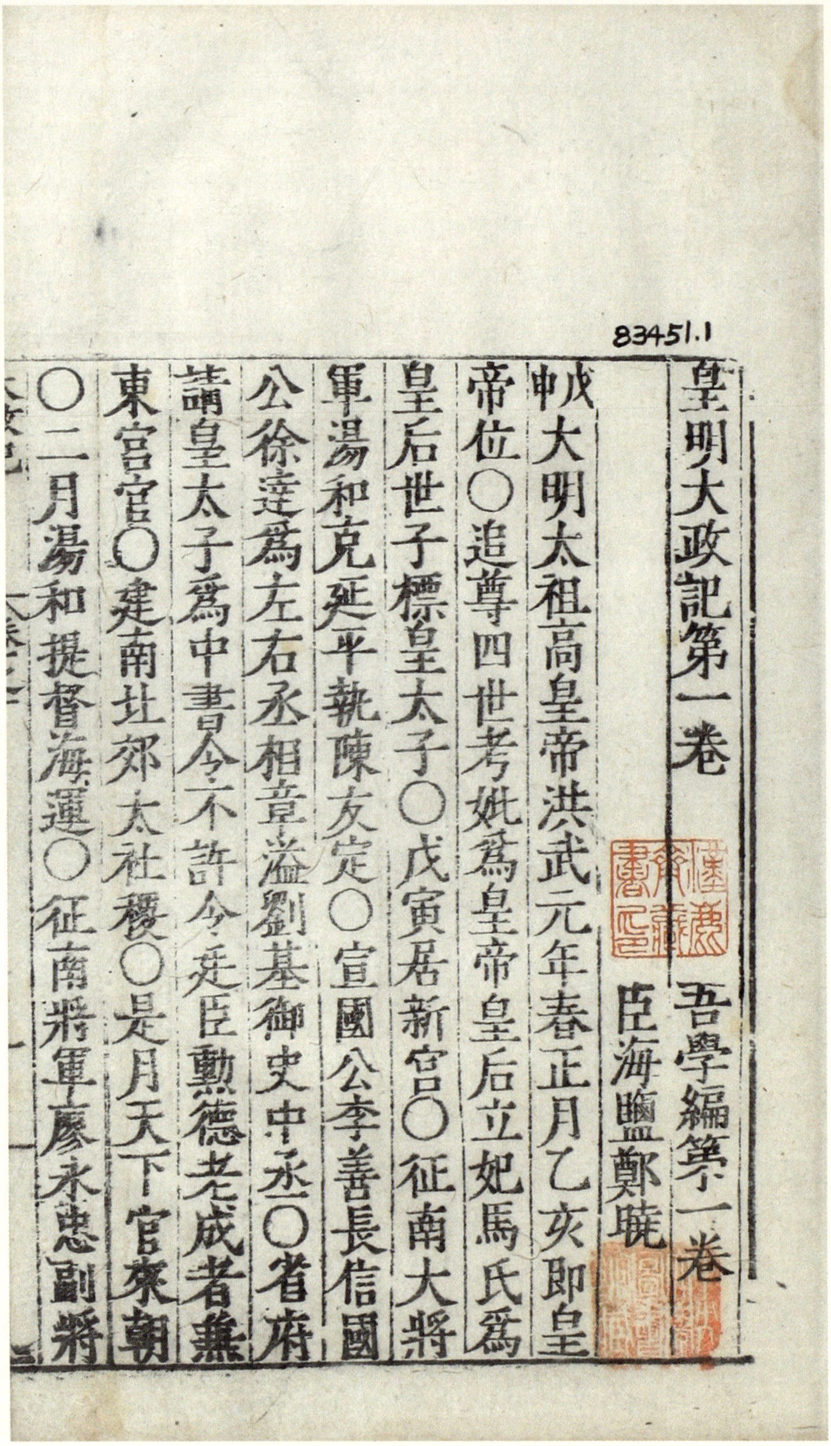

49 吾學編六十九卷

[明]鄭曉撰 明隆慶元年(1567)海鹽鄭氏刻本 三十二冊

匡高18.4釐米,廣13.9釐米。半葉十行,行十九字。白口,左右雙邊,單白魚尾。有"漢鹿齋藏書印""邱氏鏡人"印。

補公袞萬一矣乎

隆慶元年季春吉旦

賜進士第光祿大夫柱國

少傅兼太子太傅工部尚

書前都察院右都御史豐

城雷禮序

海鹽夏儒刻

吾學編序

自昔人第立言與立德立

功爲三不朽於是言法孔

子者知所以修詞矣然言

不足以明性道紀典故兀

兀窮年取楚騷漢文唐律

50 吾學編六十九卷

[明]鄭曉撰　明隆慶坊刻本　二十册

匡高20.1釐米，廣13.8釐米。半葉十二行，行二十四字。白口，四周單邊，單黑魚尾。有"實受堂印""仰高鄭氏""仰高鄭喬遷印""真州吳氏有福讀書堂藏書""王氏君仲"等印。

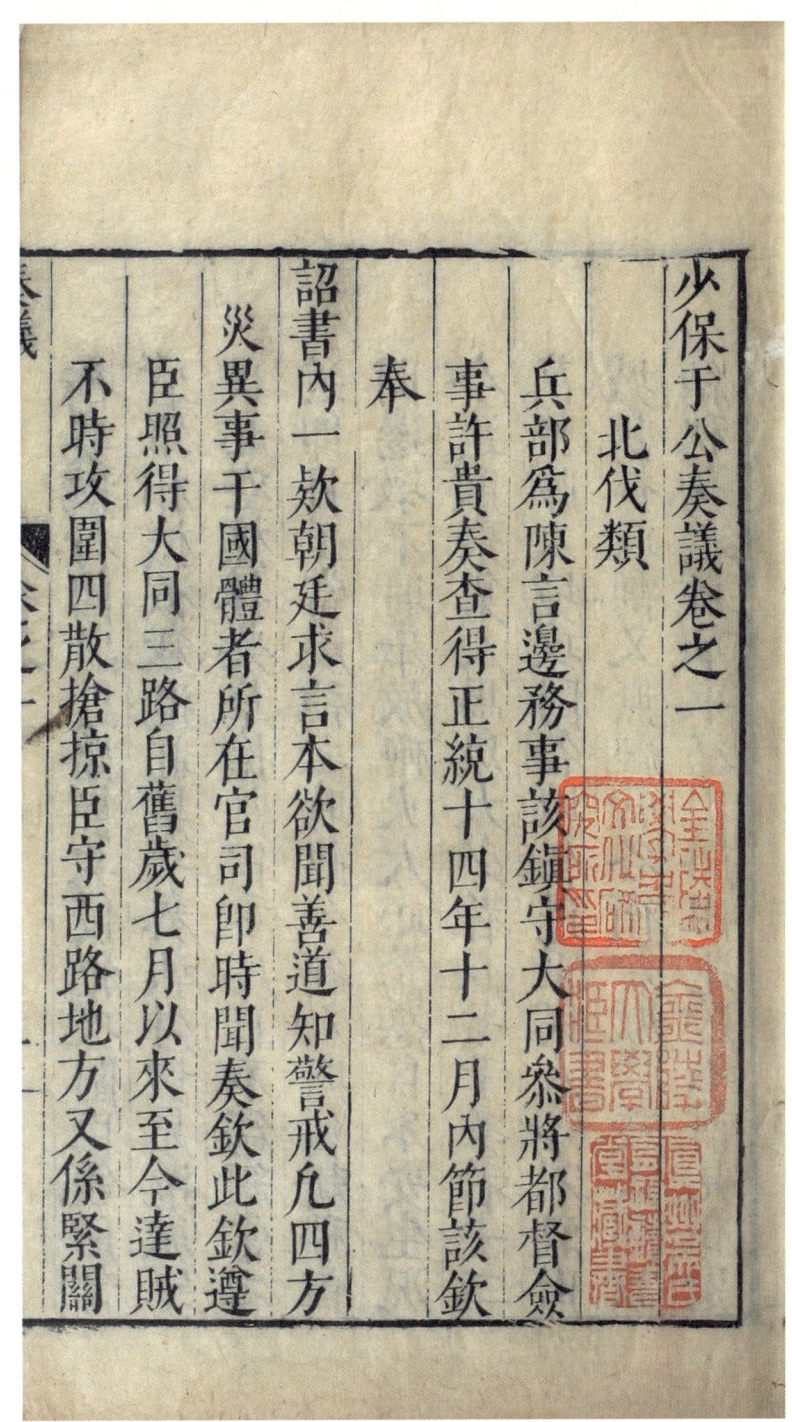

51 少保于公奏議十卷附錄一卷
[明]于謙撰 [明]吳邦相重編 明萬曆四十一年(1613)仁和吳邦相等刻本 十册

匡高21.5釐米,廣14.6釐米。半葉九行,行二十字,小字雙行同。白口,四周單邊,單黑魚尾。有"真州吳氏有福讀書堂藏書""子孫永寶"等印。

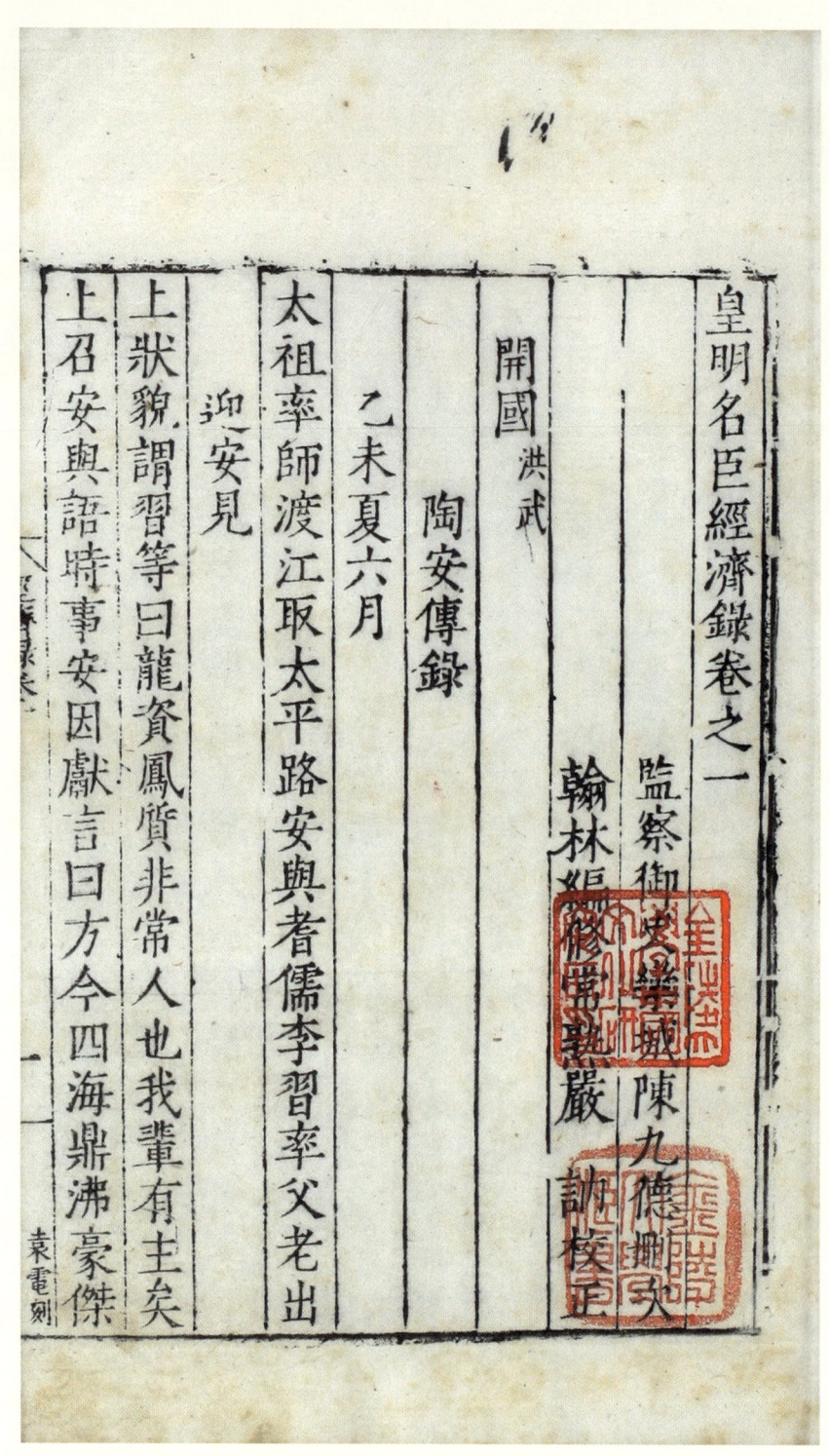

52 皇明名臣經濟錄十八卷
[明]陳九德刪次 [明]嚴訥校正 明嘉靖二十八年(1549)常熟令羅鴻刻本 十八册

匡高19.8釐米,廣14.4釐米。半葉十行,行二十字。白口,左右雙邊,單白魚尾。版心題刻工姓名。有"真州吳氏有福讀書堂藏書""學史堂印"等印。

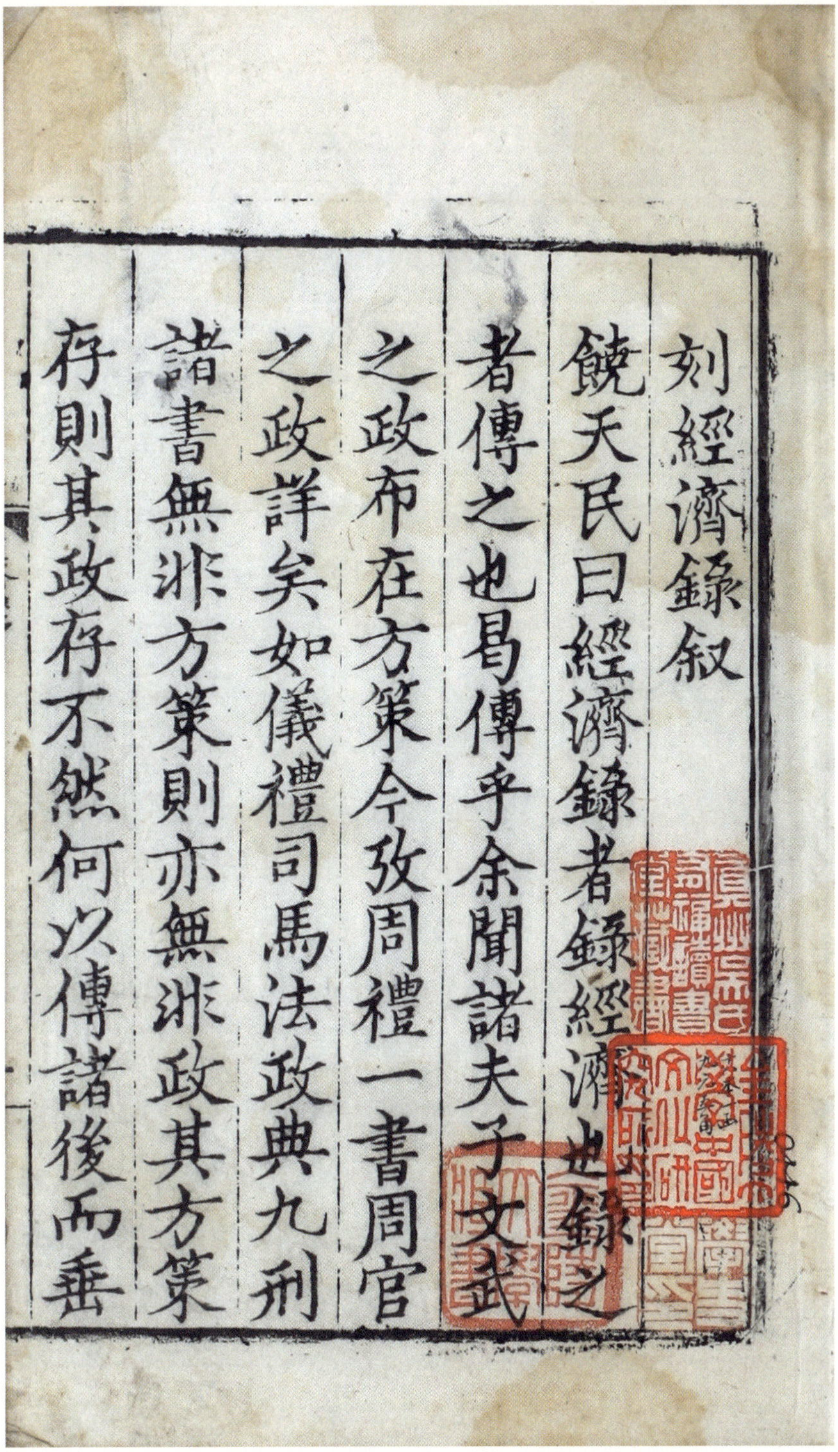

刻經濟錄叙

饒天民曰經濟錄者錄經濟
者傳之也昌傳乎余聞諸夫子文武
之政布在方策今攷周禮一書周官
之政詳矣如儀禮司馬法政典九刑
諸書無非方策則亦無非政其方策
存則其政存不然何以傳諸後而垂

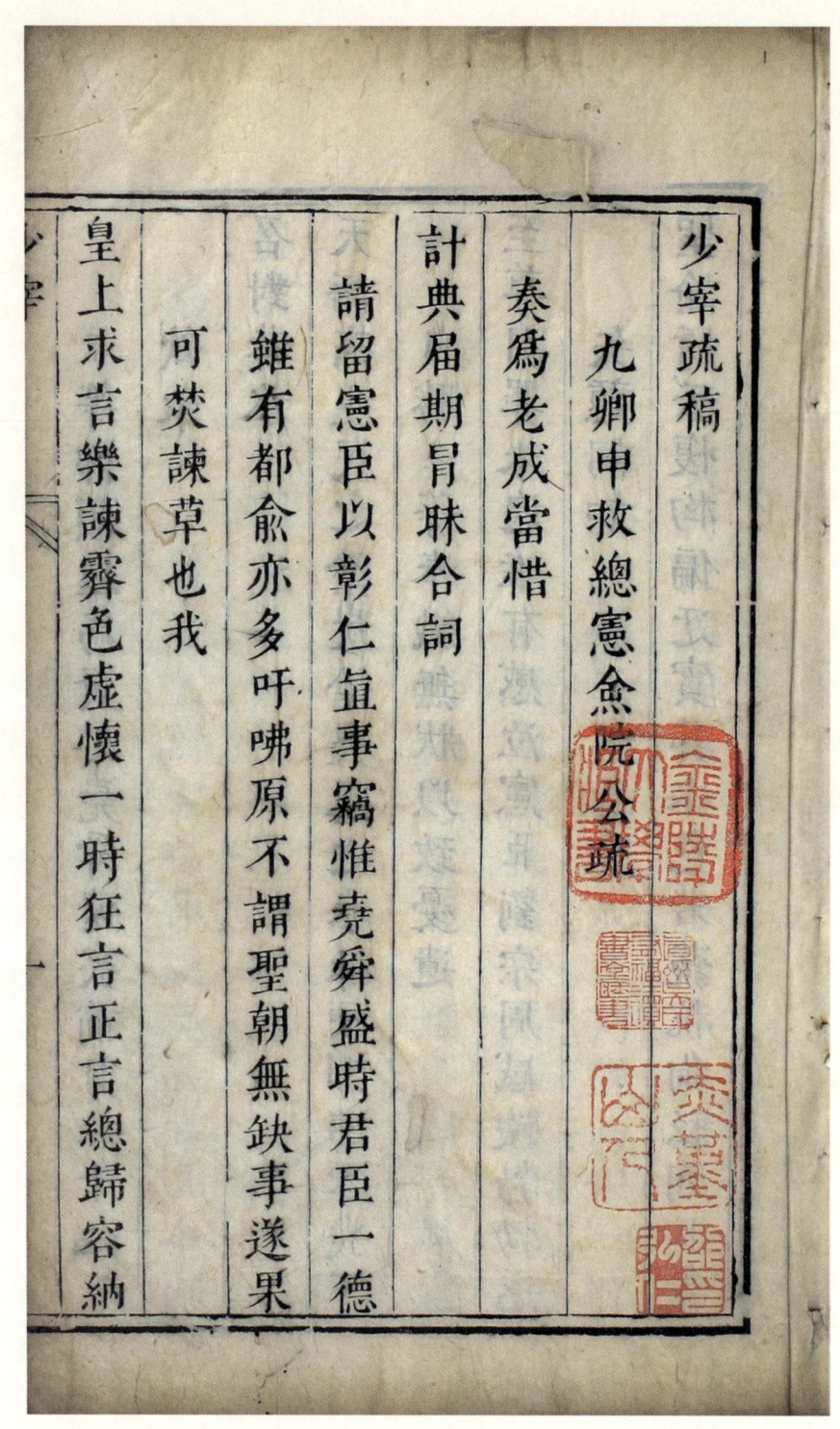

53　垣中疏議八卷附詩集一卷書稿一卷雜著一卷
[明]沈惟炳撰　清初沈宜等刻本　四冊

匡高 22.0 釐米，廣 14.0 釐米。半葉八行，行二十字。白口，四周雙邊，單白魚尾。有"真州吳氏有福讀書堂藏書""邵弘仁印""赤堇山人"等印。

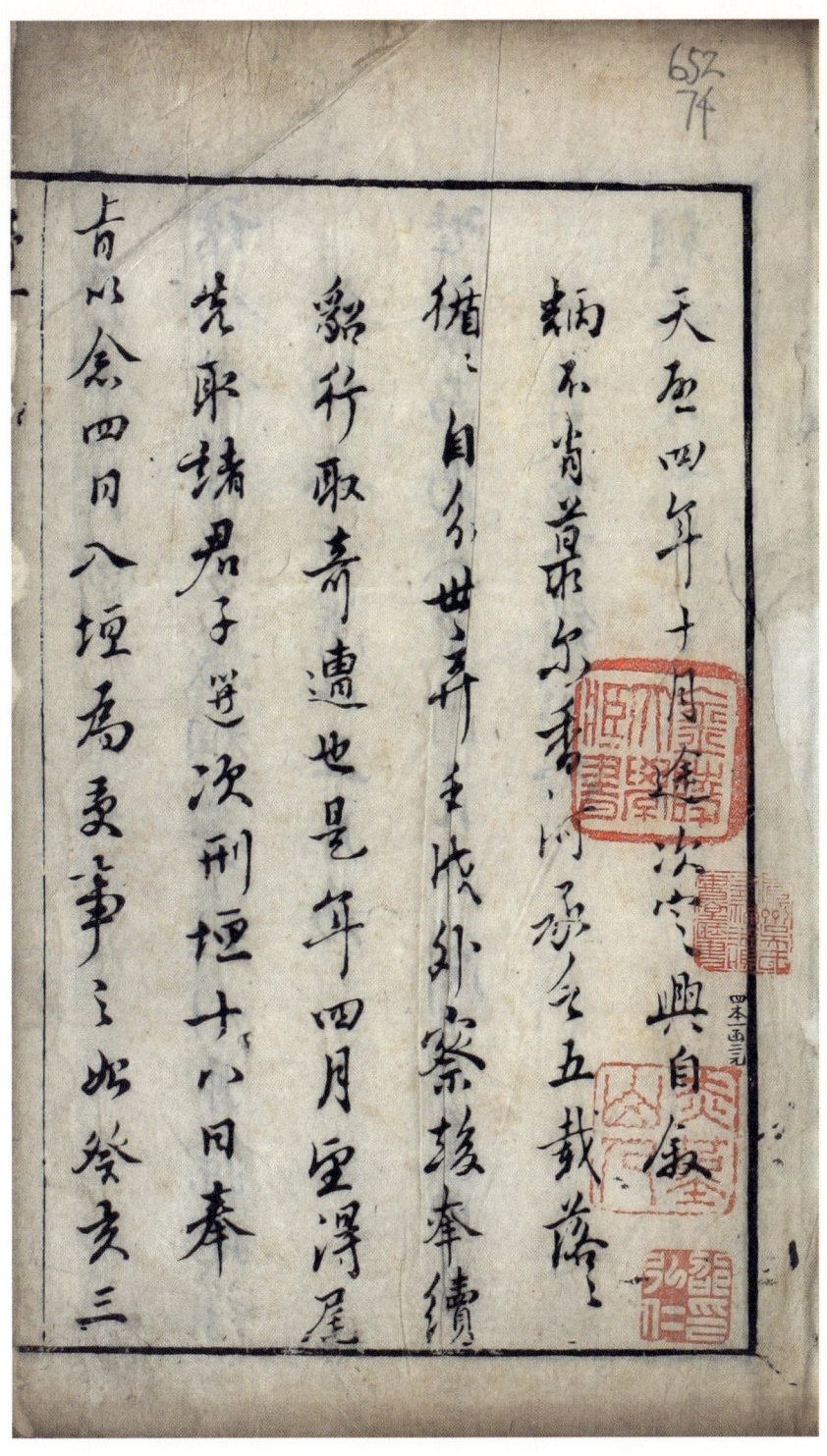

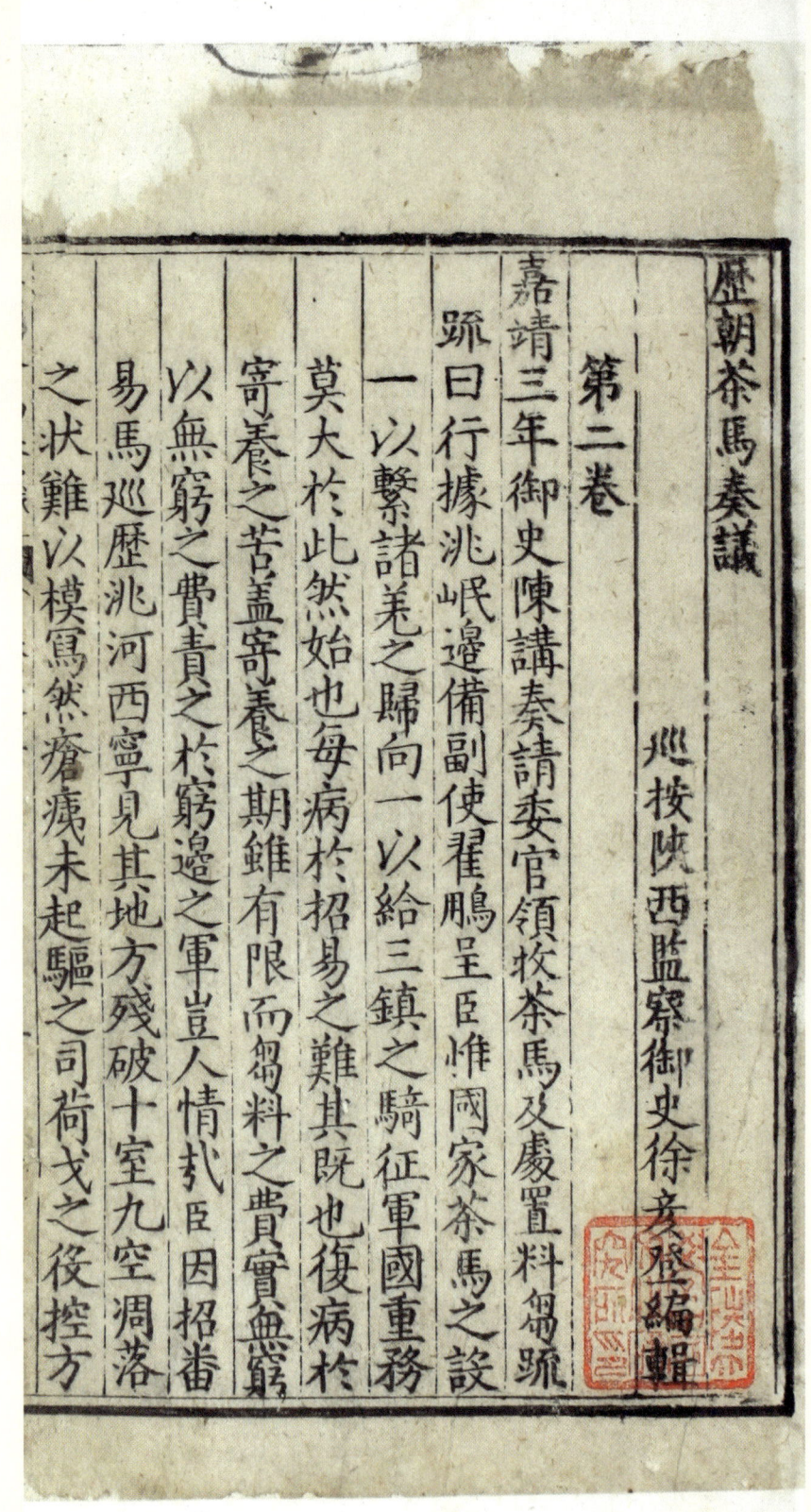

54 歷朝茶馬奏議五卷
[明]徐彥登編輯 明萬曆二十一年(1593)刻本 十二冊

匡高22.3釐米,廣15.1釐米。半葉十一行,行二十二字。白口,四周雙邊,單黑魚尾。

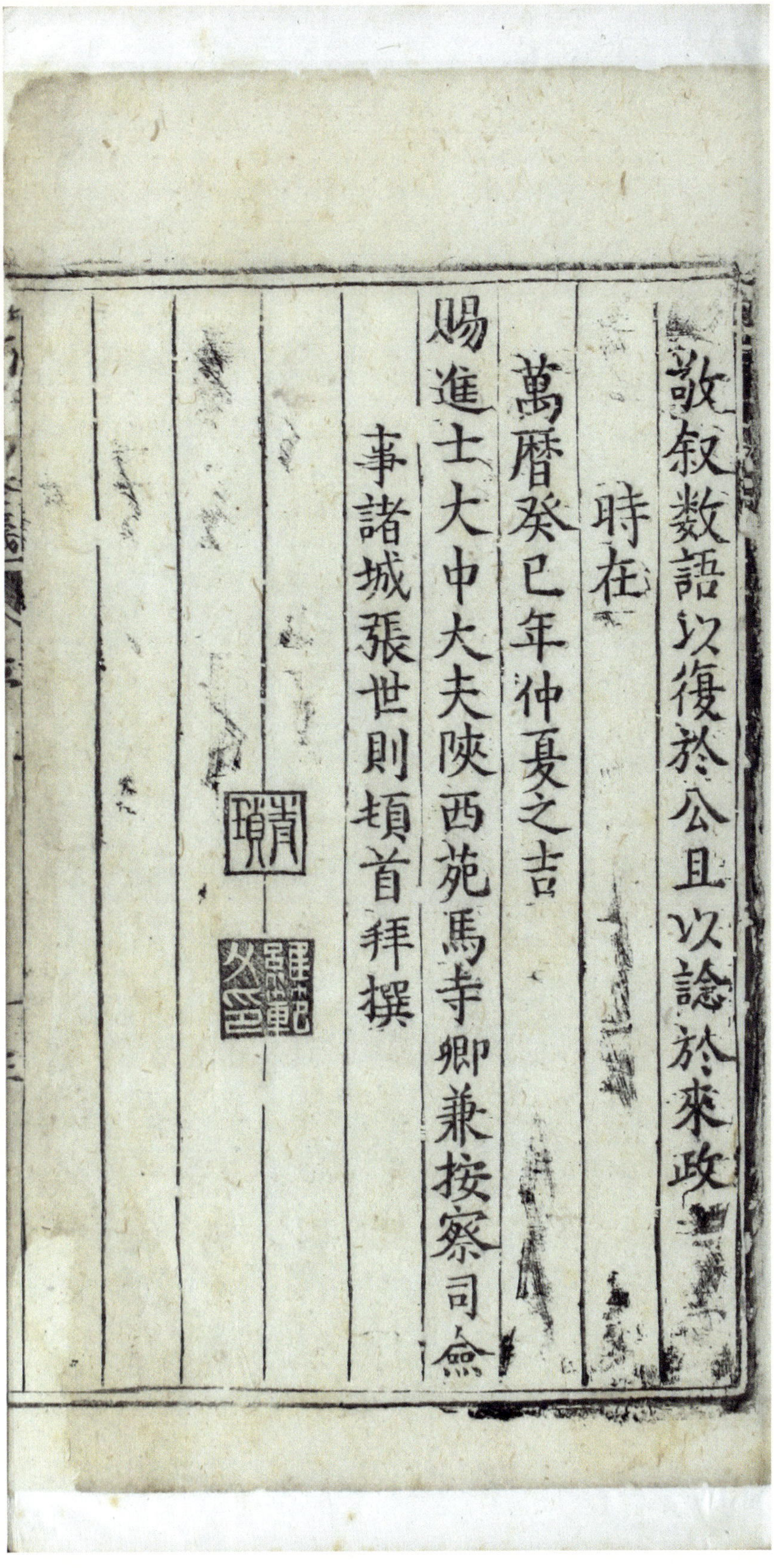

敬叙數語以復於公且以諗於來政

時在

萬曆癸巳年仲夏之吉

賜進士大中大夫陝西苑馬寺卿兼按察司僉事諸城張世則頓首拜撰

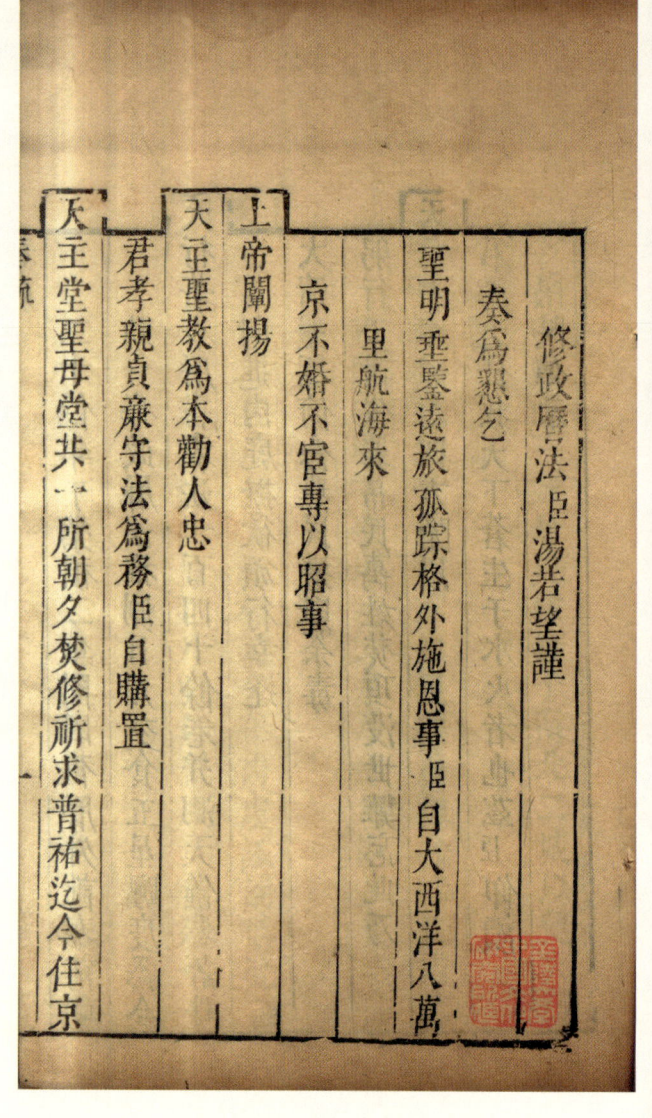 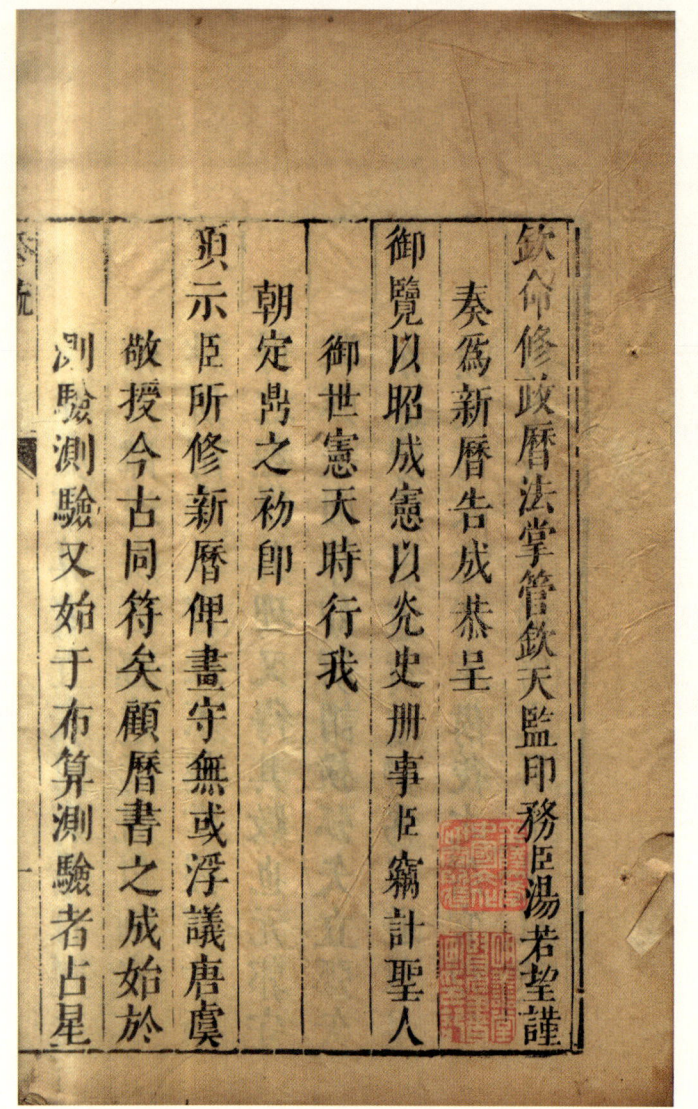

55　修政曆法奏疏不分卷
[德]湯若望撰　清初刻本　二冊

匡高20.0釐米，廣14.0釐米。半葉八行，行二十字。白口，四周單邊或左右雙邊，上冊無魚尾，下冊單黑魚尾。有"明善堂覽書畫印記"等印。

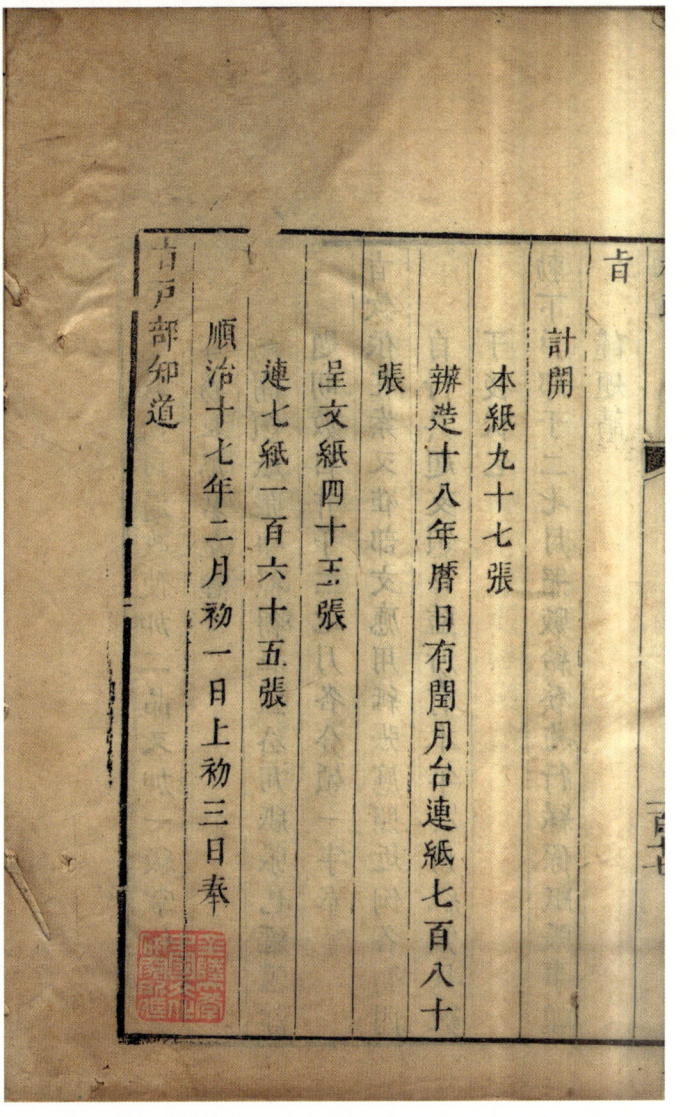

計開

本紙九十七張

辦造十八年曆日有閏月合連紙七百八十張

呈文紙四十五張

連七紙一百六十五張

順治十七年二月初一日上初三日奉

旨戶部知道

欽天監賀通政使司經歷管曆法事仍管曆法事朱光大

欽天監博士在局仍管曆法事宋 朱廷樞

曆局 供 事 生員宋可成 李祖白

儒 士 掌 乘 焦應旭

掌有篆 宋可立

徐彥聞 孫有本

李 華 已上共十二員

順治元年五月二十三日修政曆法湯若望

本日批候 題開狀

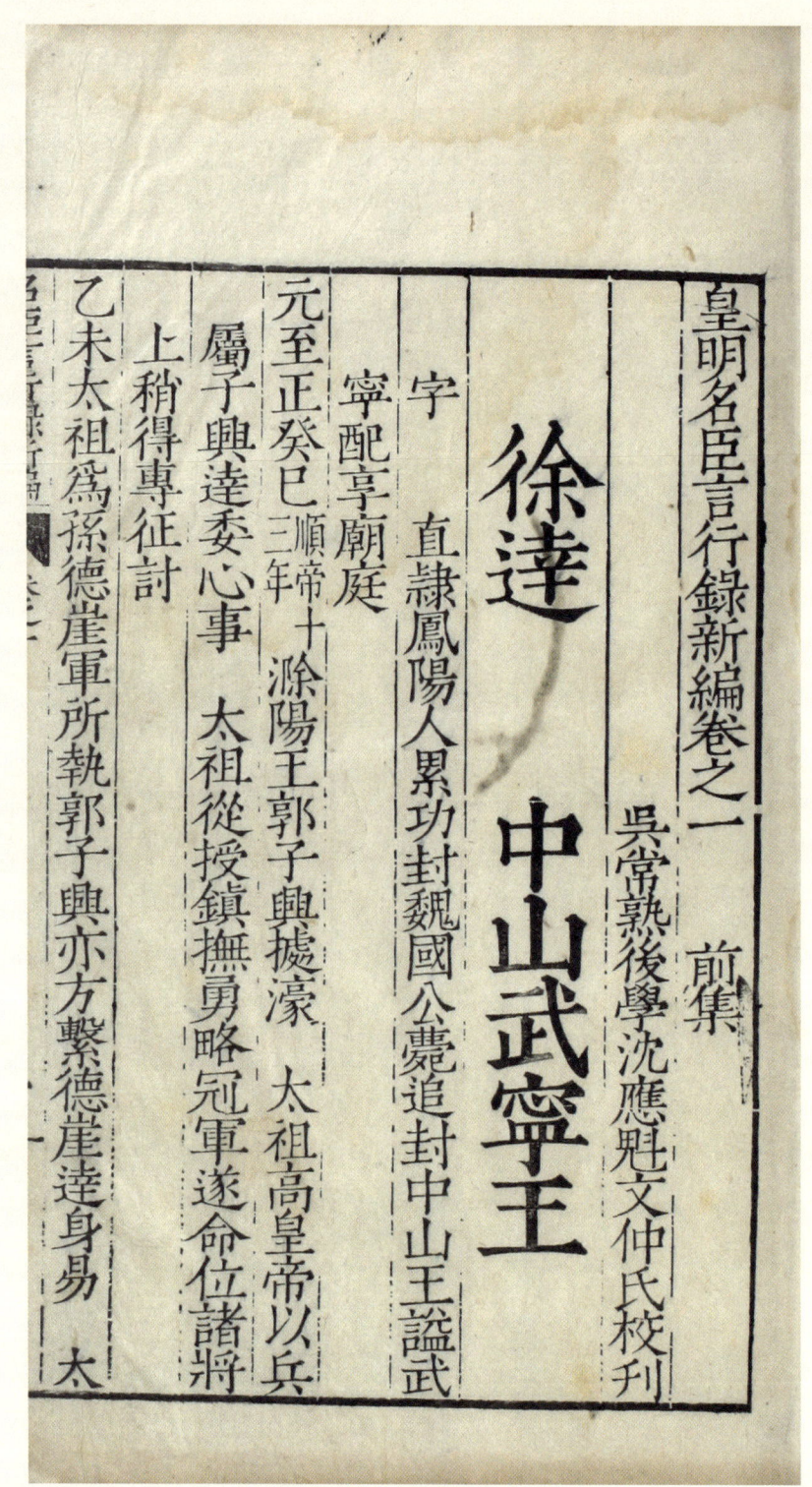

56 皇明名臣言行錄新編三十四卷
[明]沈應魁編 明嘉靖三十二年(1553)常熟沈應魁刻本 八册

匡高20.8釐米,廣13.8釐米。半葉十行,行二十四字。白口,四周單邊,單黑魚尾。有"中山""貢山"等印。

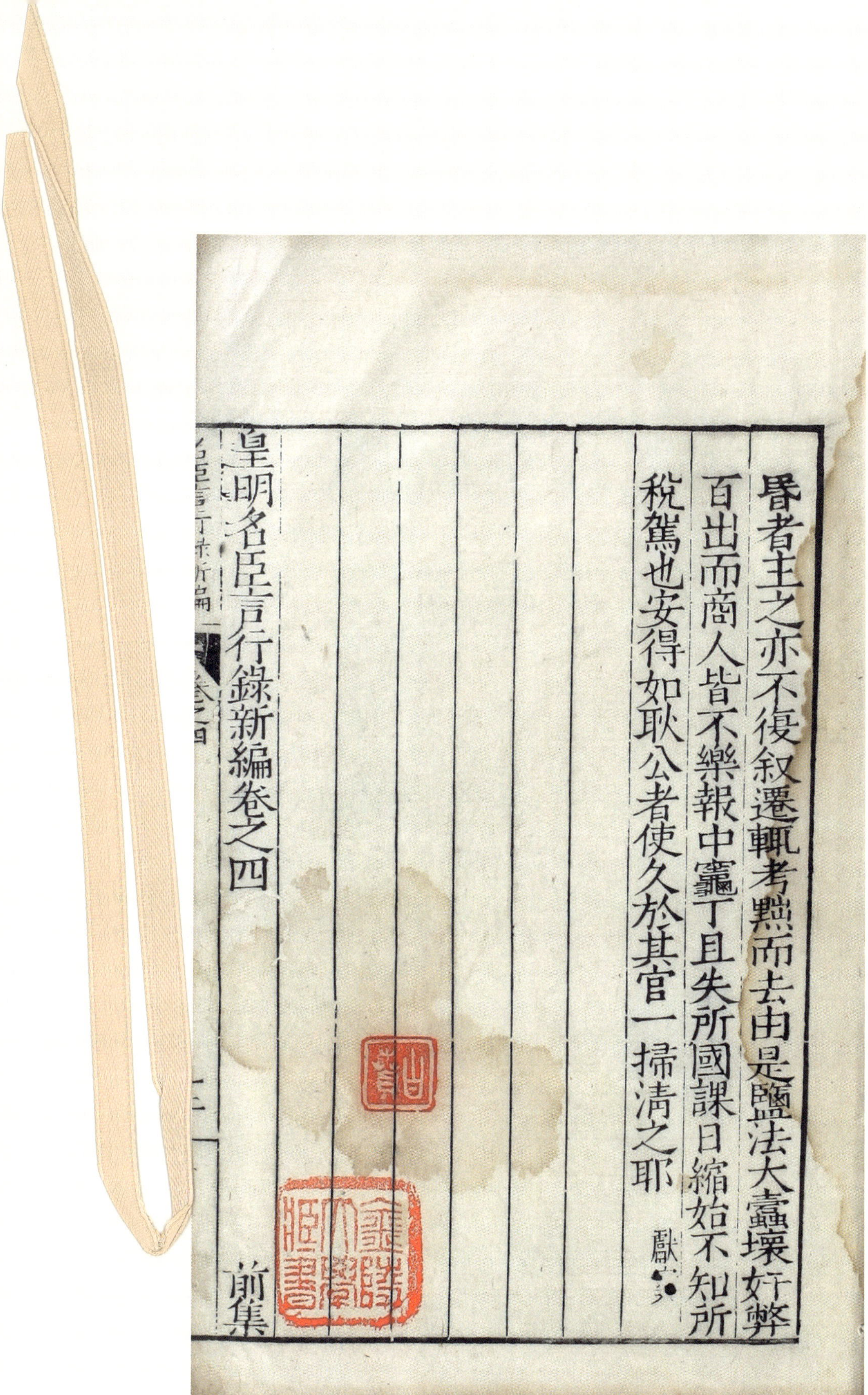

瞀者主之亦不復叙遷輒考黜而去由是鹽法大壞姦弊百出而商人皆不樂報中竈丁且失所國課日縮始不知稅駕也安得如耿公者使久於其官一掃清之耶

獻六

皇明名臣言行錄新編卷之四

前集

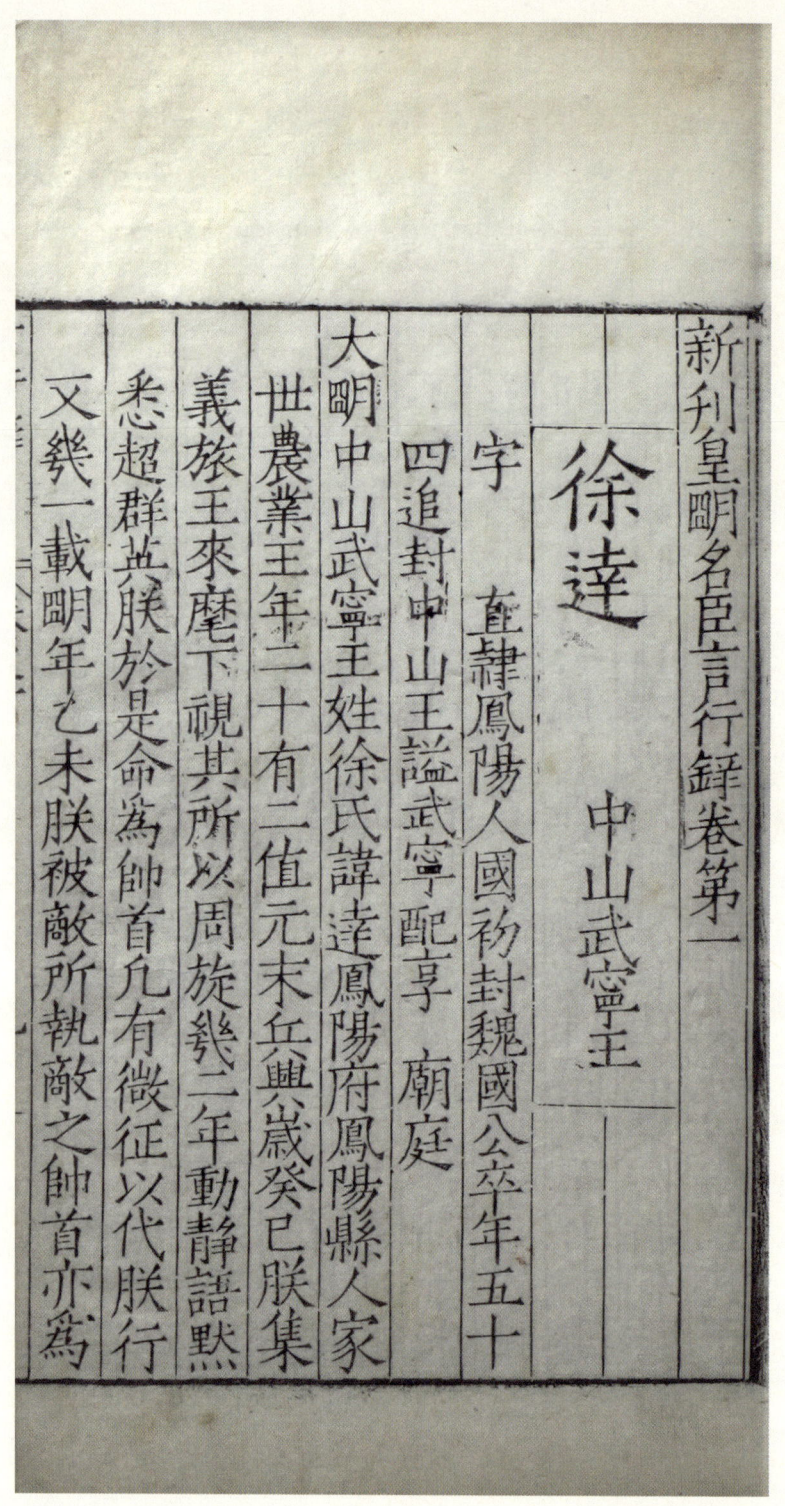

57　新刊皇明名臣言行錄二卷續二卷
[明]楊廉輯　明嘉靖十一年(1532)濠梁崔鼎刻本　八冊

匡高19.7釐米，廣14.0釐米。半葉十行，行二十字。白口，左右雙邊，單白魚尾。有"蔡氏子木""白石山人""澂齋收藏書畫""丹臣""高陽葵園藏書""臣李慎印""李琴伯""中華讀書男子"等印。

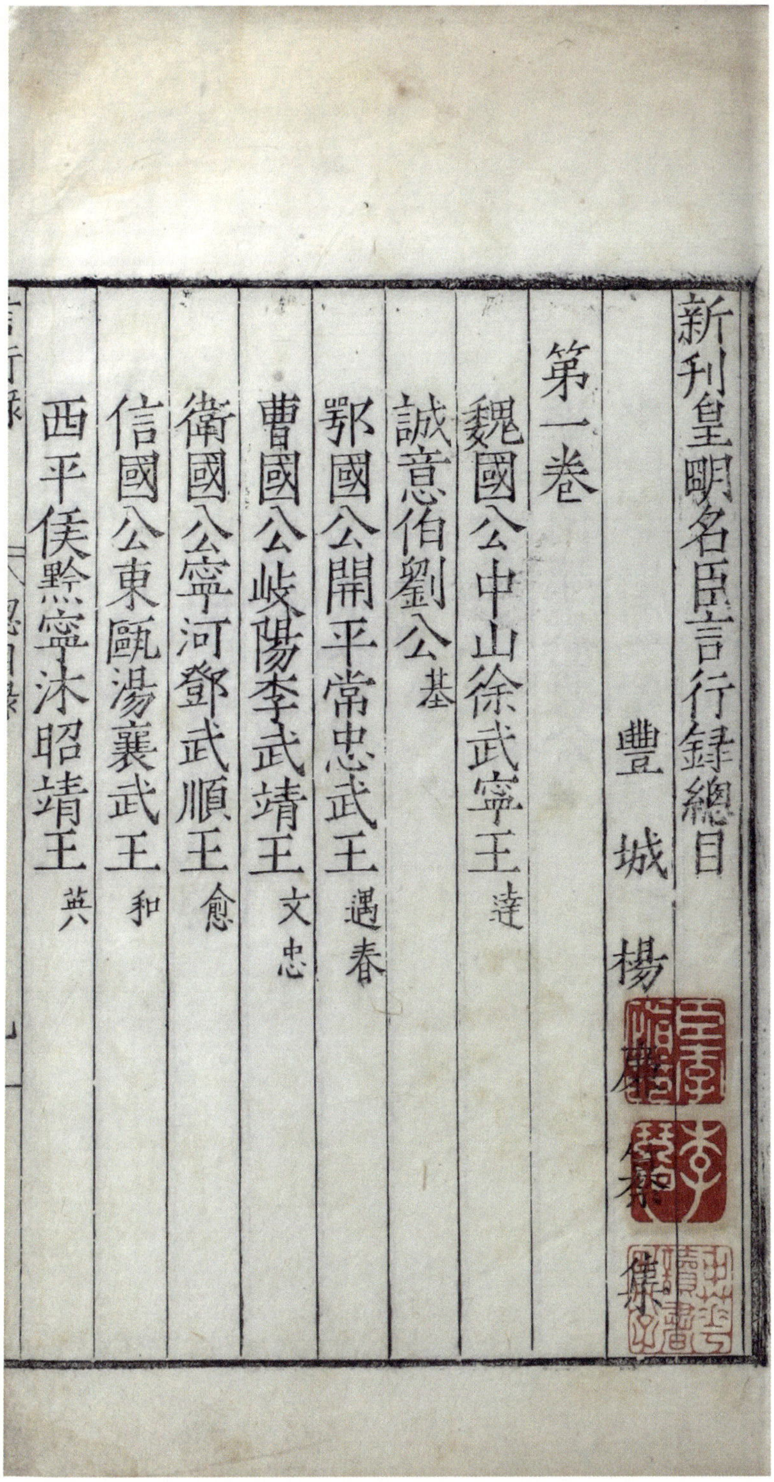

新刊皇明名臣言行錄總目

豐城楊

第一卷

魏國公中山徐武寧王 達
誠意伯劉公 基
鄂國公開平常忠武王 遇春
曹國公岐陽李武靖王 文忠
衛國公寧河鄧武順王 愈
信國公東甌湯襄武王 和
西平侯黔寧沐昭靖王 英

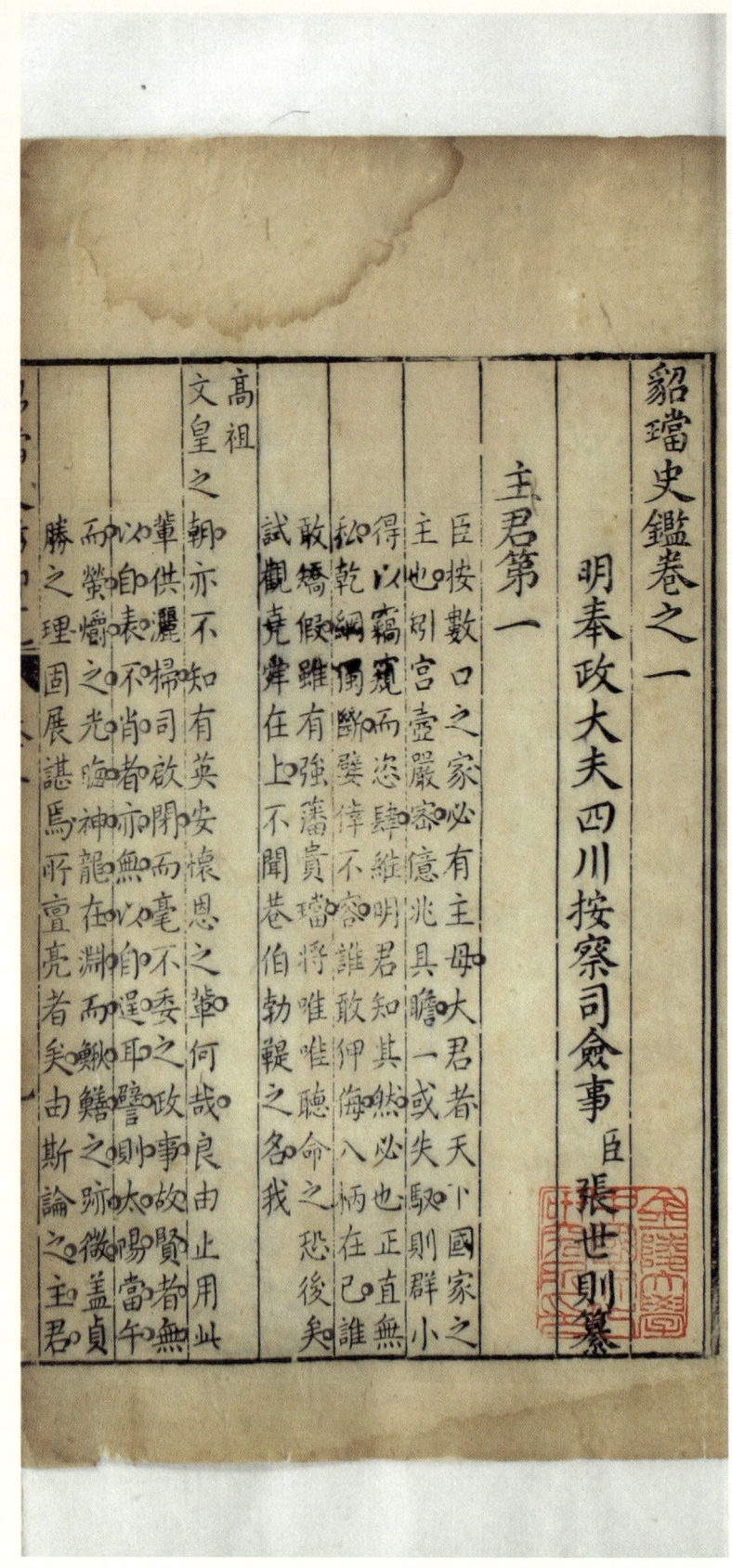

58　貂璫史鑑四卷

[明]張世則纂　明萬曆刻本　二册

匡高 20.0 釐米，廣 14.3 釐米。半葉九行，行二十一字，小字雙行同。白口，左右雙邊，單黑魚尾。

禮部　題為感
恩傾藿述事效忠恭　進所篹貂璫史鑑上塵
御覽以清內治以杜邪萌事儀制清吏司案呈奉本部
送禮科抄出四川等處提刑按察司整飭安綿兵
備僉事張世則奏等因奉
聖旨禮部知道欽此欽遵抄出到部送司案呈到部臣
等竊惟
人主所與朝夕　起居者惟左右近習其伺察意指也
甚微而竊弄威權也甚鉅所貴任之得人則教之

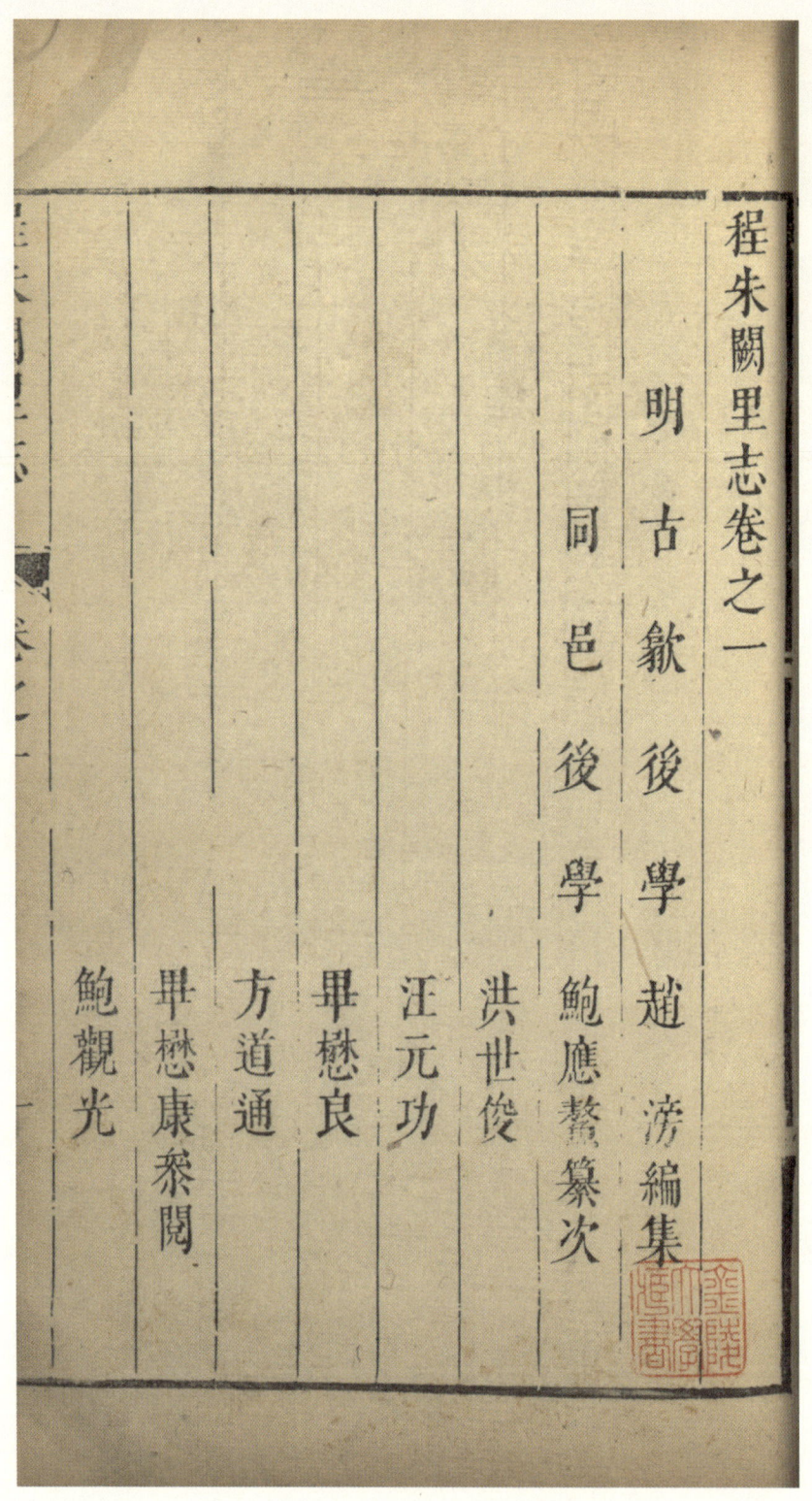

59 程朱闕里志八卷首一卷彙增一卷
[明]趙汸編集 [明]鮑應鰲纂次 清雍正三年(1725)刻本 十六册

匡高 21.2 釐米，廣 14.1 釐米。半葉九行，行二十字。白口，四周單邊，單黑魚尾。

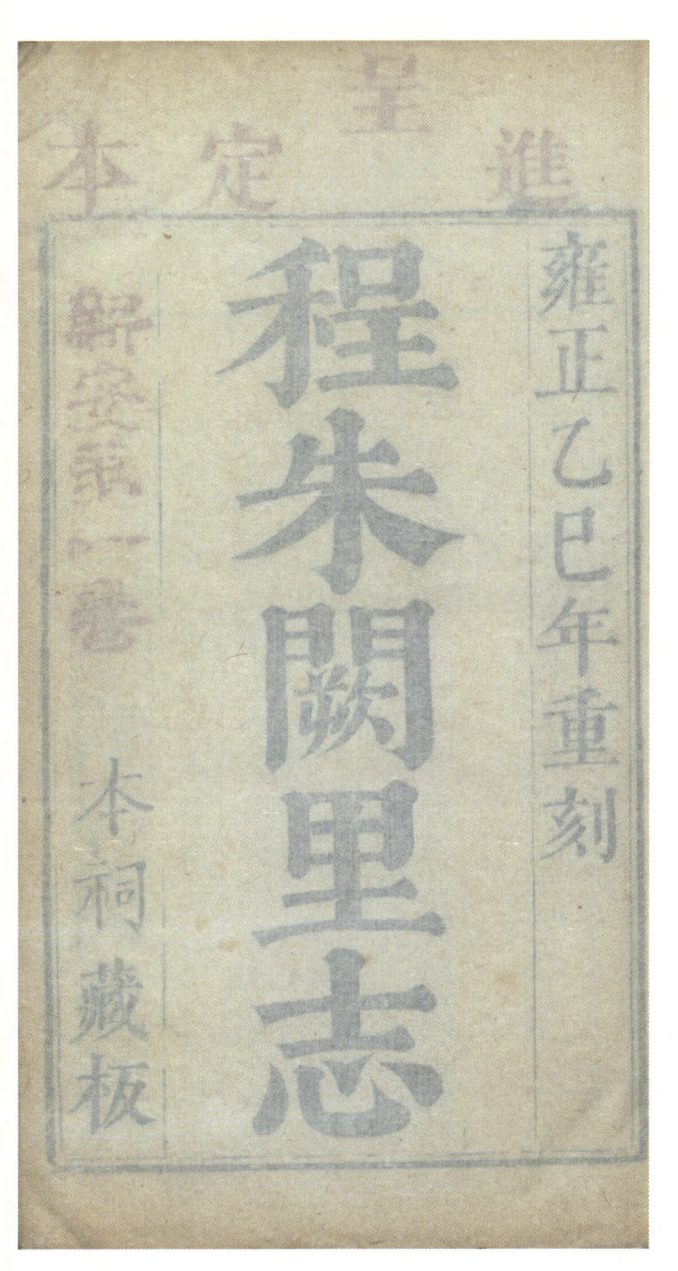
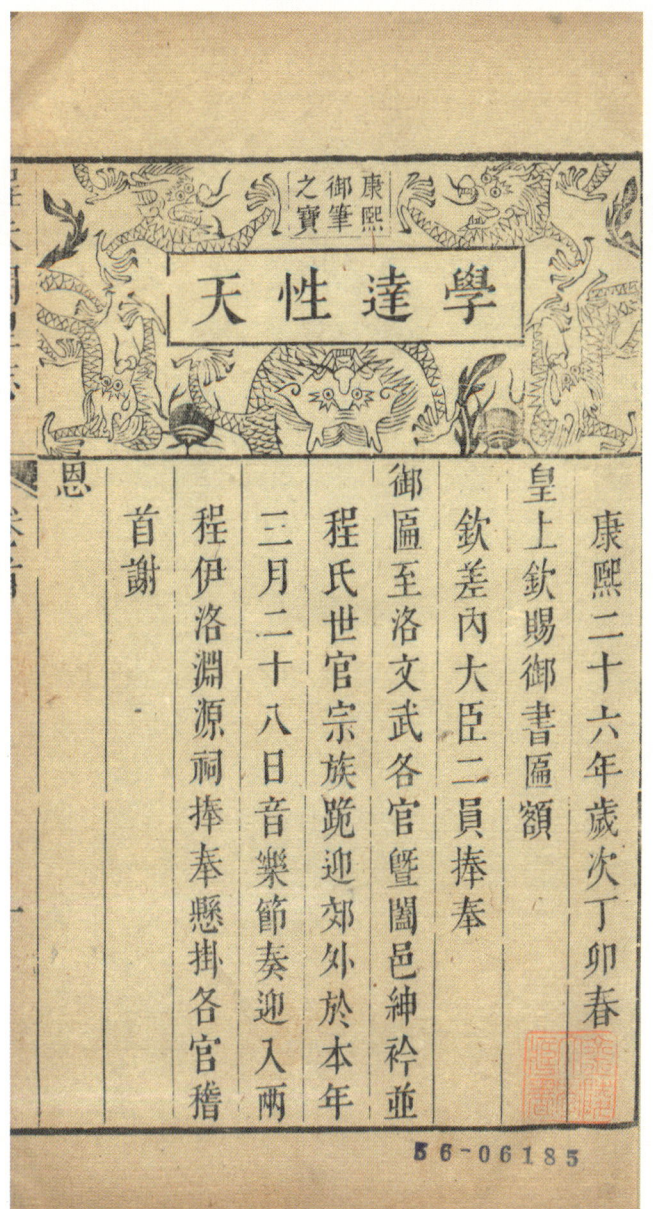

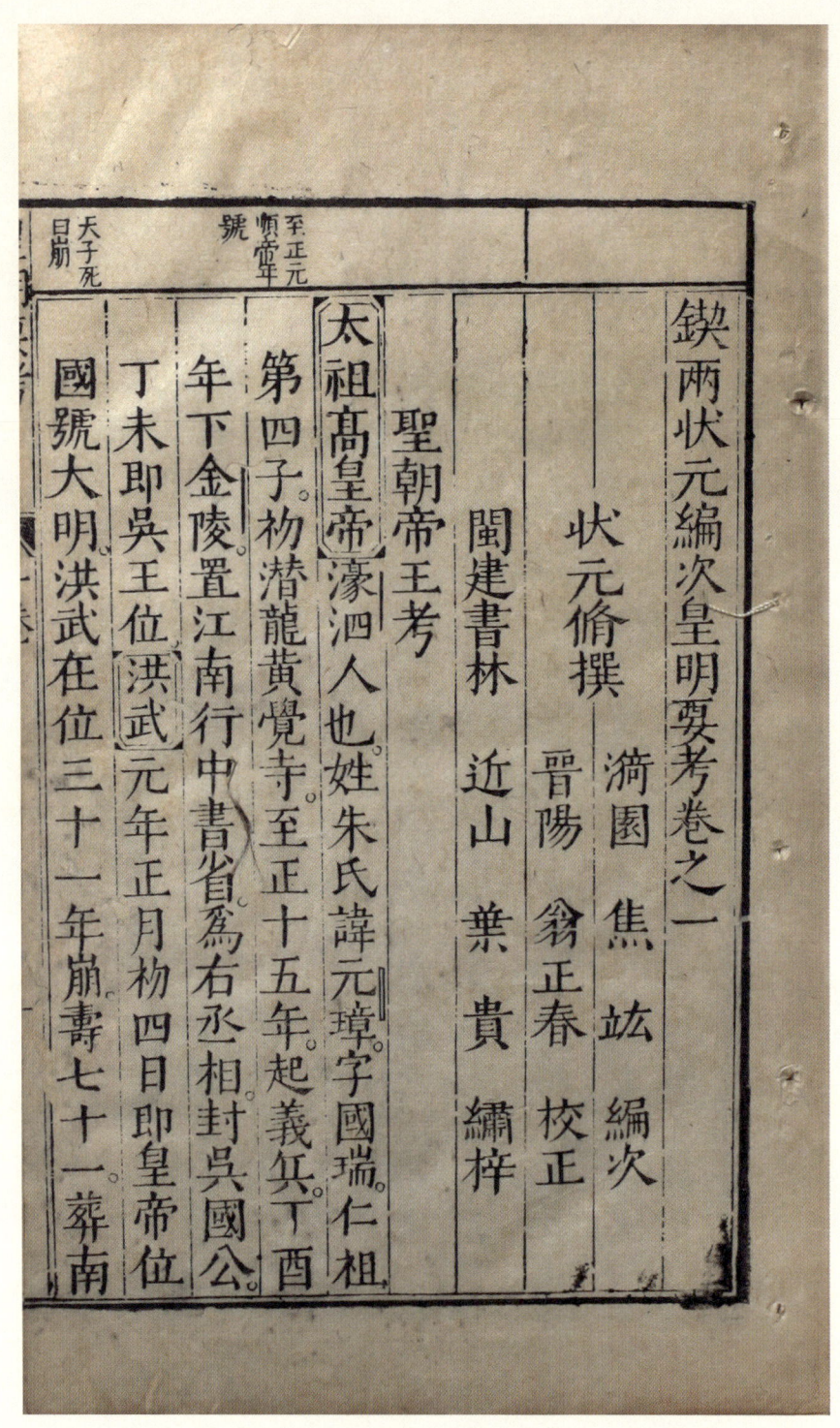

60 鍥兩狀元編次皇明要考六卷首附一二考一卷
[明]焦竑編次 [明]翁正春校正 [明]張復撰 明萬曆閩建書林葉貴刻本 六册

匡高21.2釐米,廣14.3釐米。書分上、下欄,下欄半葉十行,行二十字。白口,下欄四周雙邊,單黑魚尾。有"天尺樓"等印。

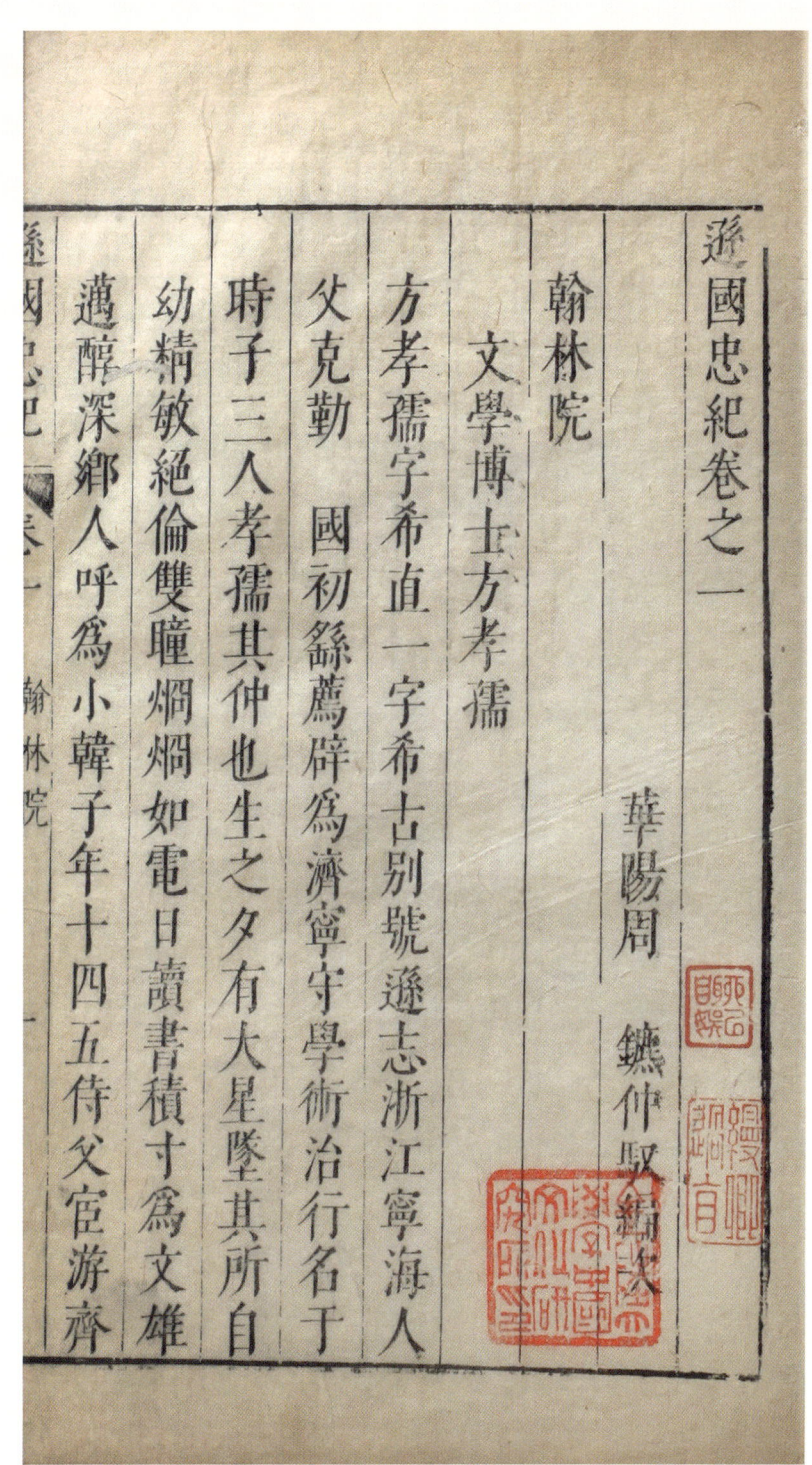

61　遜國忠紀十八卷
[明]周鑣編次　明崇禎刻本　八冊

匡高 22.0 釐米，廣 14.4 釐米。半葉九行，行二十字。白口，四周單邊，單黑魚尾。有"縵卿珍藏""縵卿過目""聊以自娛""足玩齋主人藏書畫章""愒棠藏書畫章"等印。

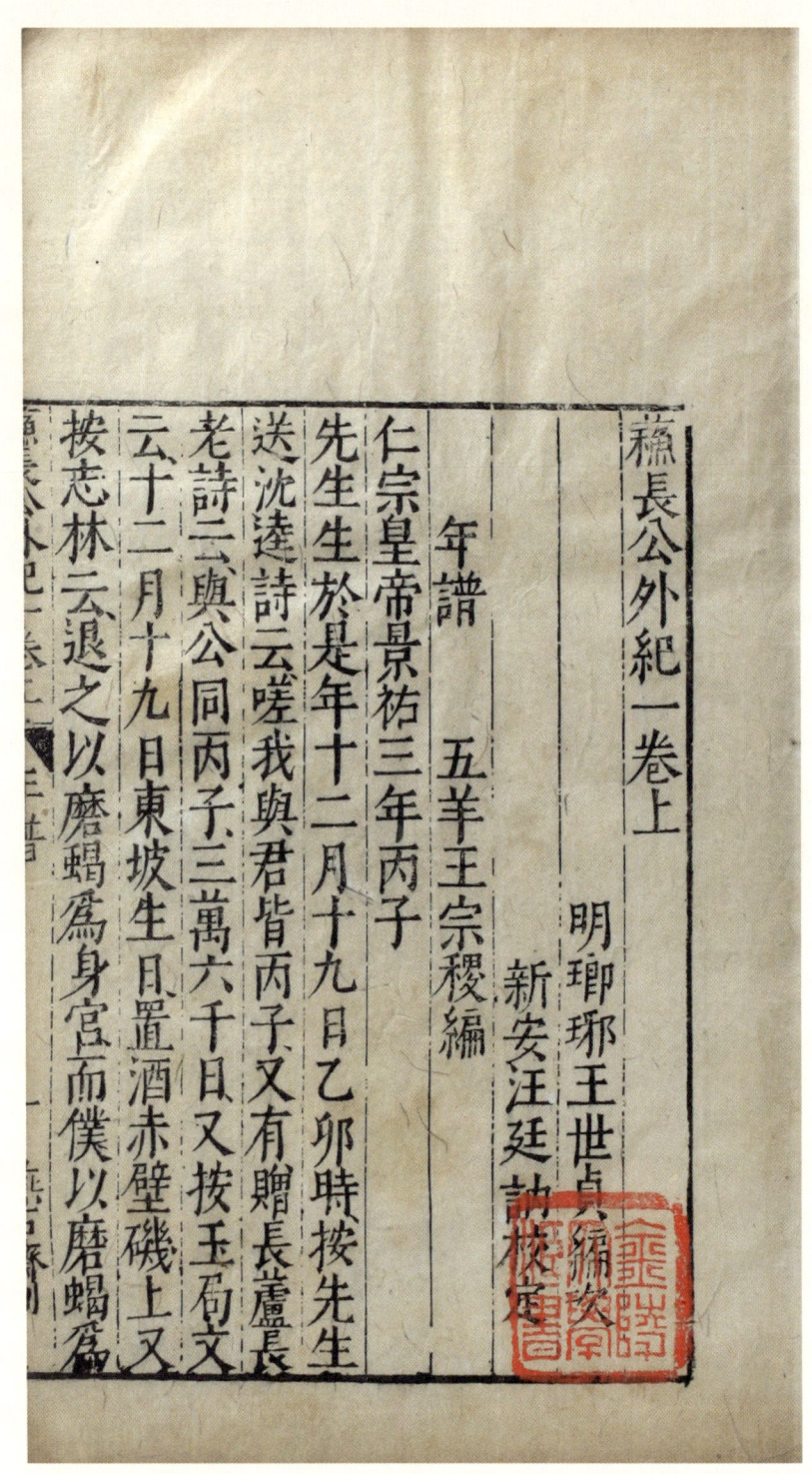

62 蘇長公外紀十二卷

[明]王世貞編次 [明]汪廷訥校定 [明]璩之璞校補 明萬曆二十二年(1594)璩氏燕石齋刻萬曆二十三年(1595)重修本 十册

匡高18.9釐米,廣13.7釐米。半葉十行,行十八字。白口,四周單邊,單黑魚尾。版心偶題"燕石齋刊"及刻工姓氏。

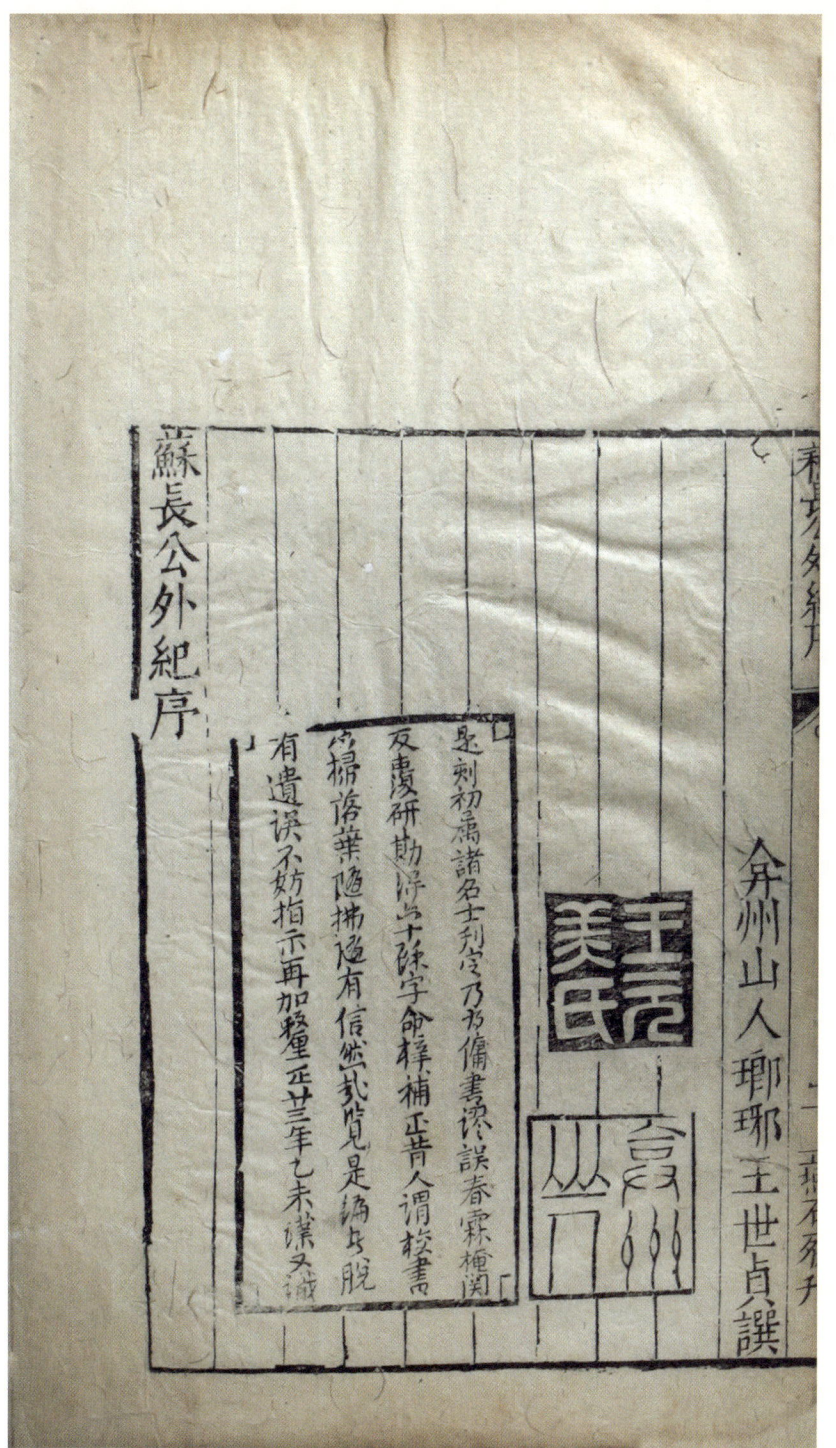

蘇長公外紀序

弇州山人琅琊王世貞譔

是刻初爲諸名士列定乃爲備書譌誤奉霖植閣
友專覆研勘浮出十餘字命梓補正晉人謂校書
如掃落葉隨拂過有信然乾覽是編尚脫
有遺誤不妨指示再加整正芸三年乙未漢文識

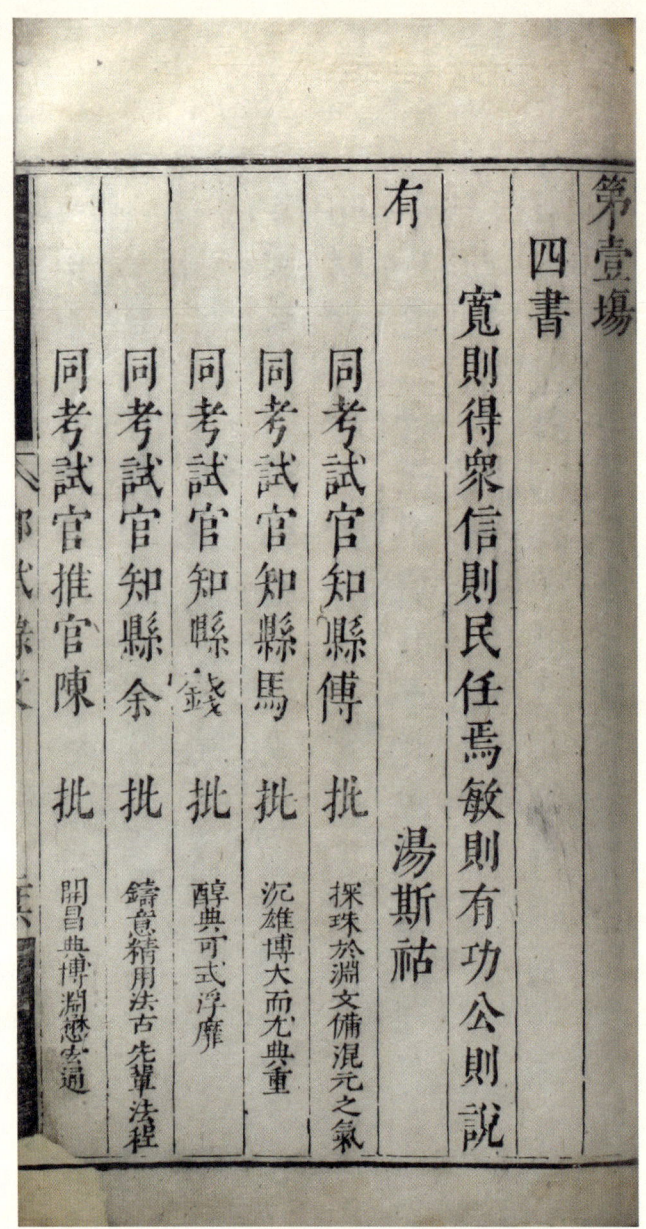

63 崇禎十二年應天府鄉試錄不分卷

[明]佚名輯 明崇禎刻本 一册

匡高24.0釐米,廣15.5釐米。半葉九行,行十八字。粗黑口,四周雙邊,單白魚尾。

中式舉人一百四十八名

第一名 湯斯祐 宜城縣學生 易
第二名 周景濂 應天府學生 詩
第三名 李用楫 宜興縣學生 書
第四名 秦汧 無錫縣學生 禮記
第五名 周鍾 金壇縣監生 春秋
第六名 阮士鵬 宣城縣增廣生 易
第七名 束四箴 舒城縣附學生 詩

應天府鄉試錄後序

崇禎十二年己卯比天下
士
上命右贊善臣觀光副右諭德臣
維機典應天事
上命右贊善臣觀光副右諭德臣
上重

高皇帝湯沐區辰奏夂

64 新安休寧名族志四卷

[明]曹叔明編 明天啓六年(1626)休寧汪高元刻本 十六册

匡高23.2釐米，廣14.9釐米。書分上、下欄。上欄無行格，行字數不等；下欄半葉十一行，行二十三字。白口，四周單邊，單白魚尾。

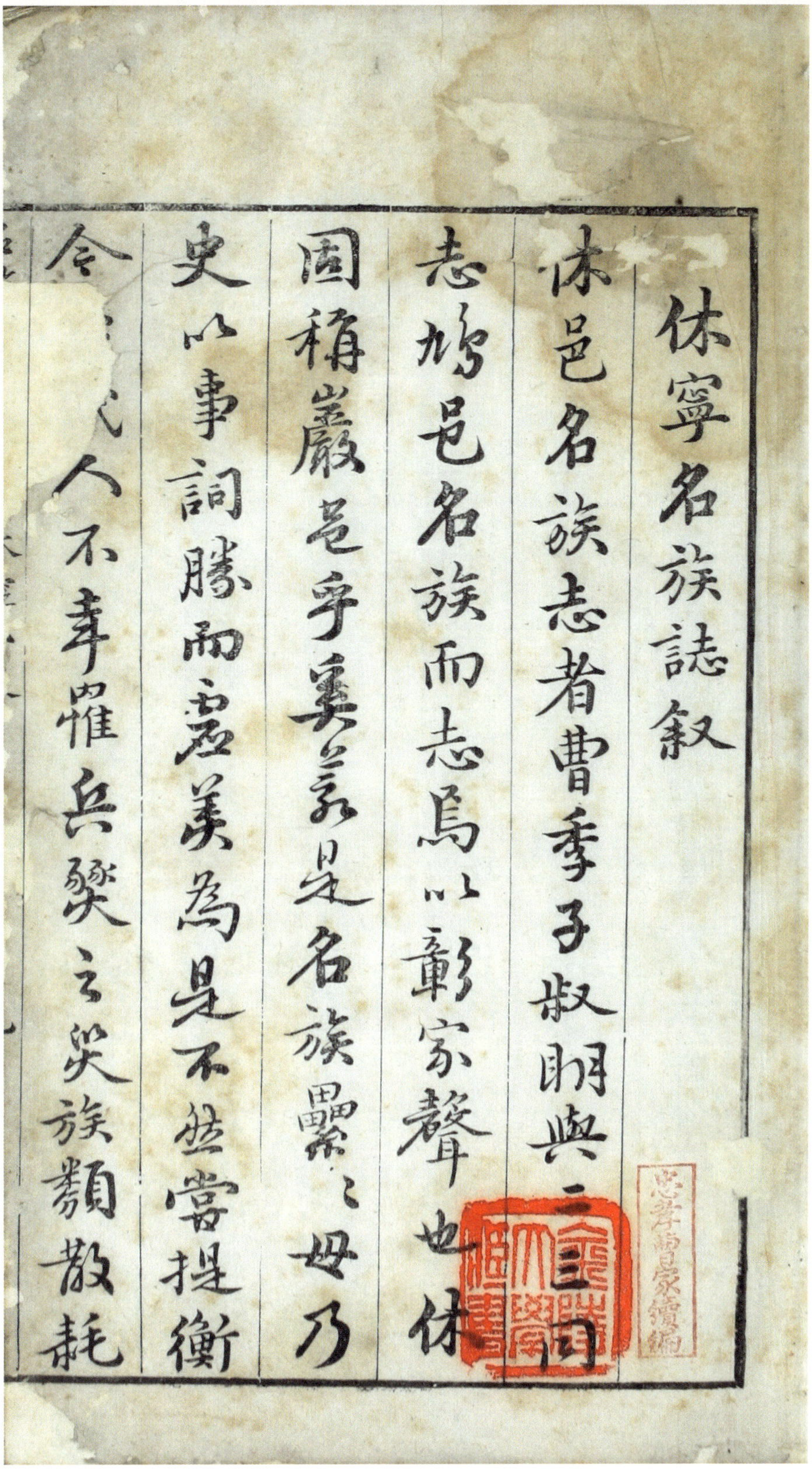

休寧名族誌叙

休邑名族志者曹季子叔明與
志鳩邑名族而志焉以彰家聲也休
固稱巖邑乎裏三譽是名族繫之毋乃
史以事詞勝而嘉美為是不然嘗捏衡
今□□人不幸罹兵燹之災族類散耗

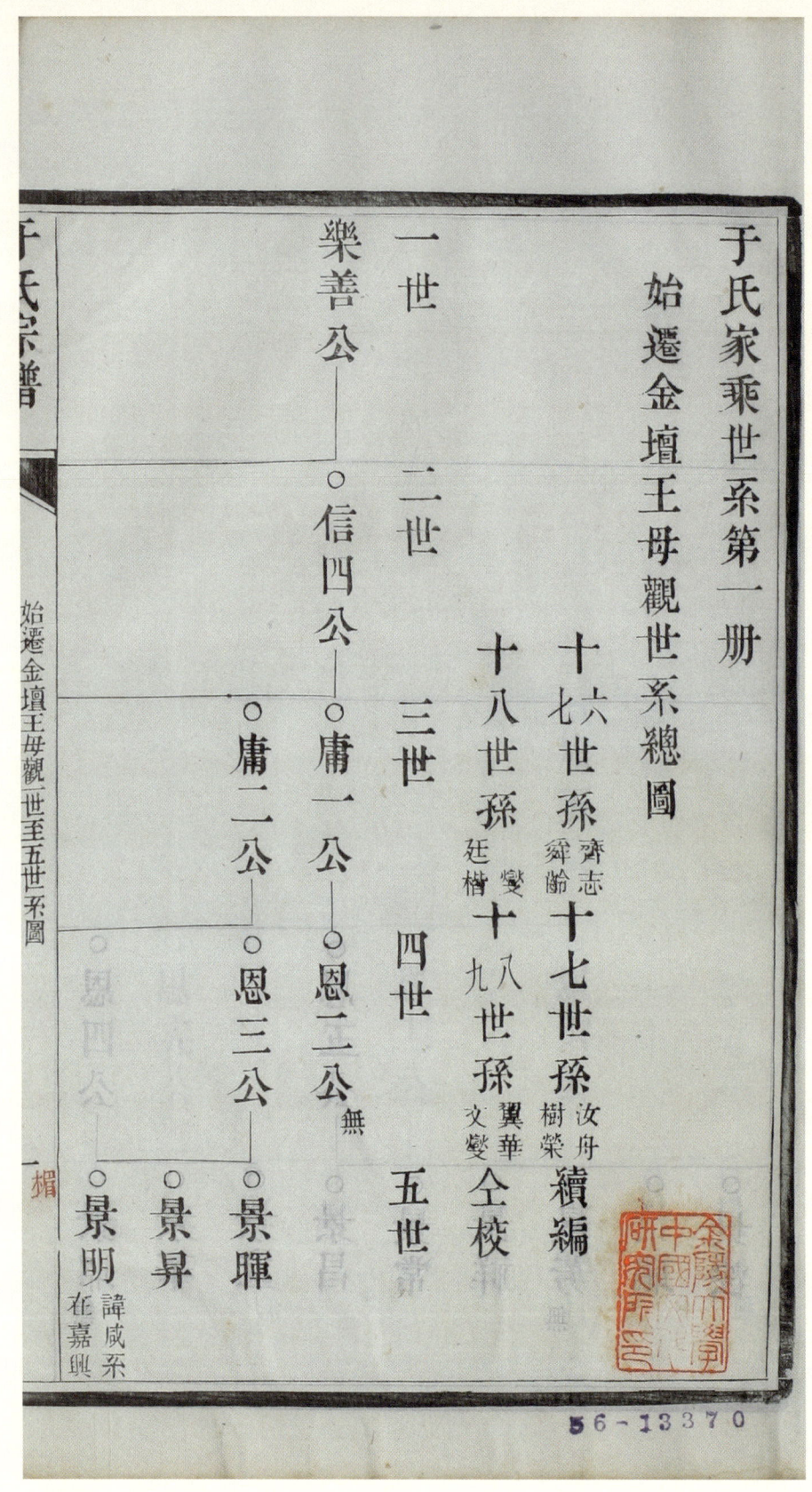

65　于氏家乘不分卷

[清]于嘉樹修　清光緒六年(1880)于氏福謙堂木活字本　二十八册

匡高24.3釐米,廣16.1釐米。半葉八行,行二十二字。白口,四周雙邊,單黑魚尾。

光緒庚辰重修

于氏家乘

福謙堂梓

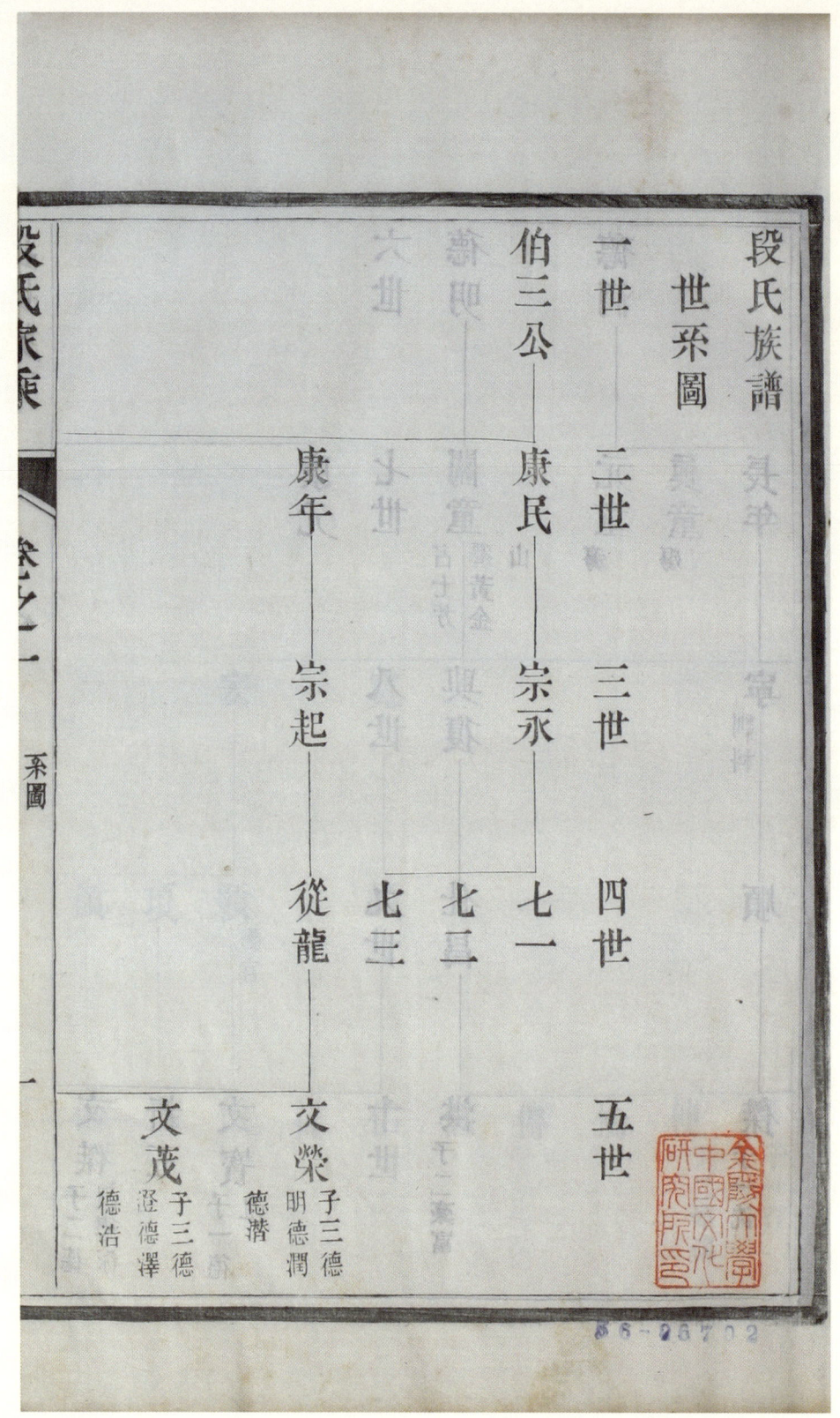

66　段氏家乘十卷首一卷

[清]段濬源纂　清光緒七年(1881)金壇段氏木活字本　九册

匡高24.1釐米,廣17.9釐米。半葉十行,行二十二字。白口,四周雙邊,單黑魚尾。

明清佳刻 123

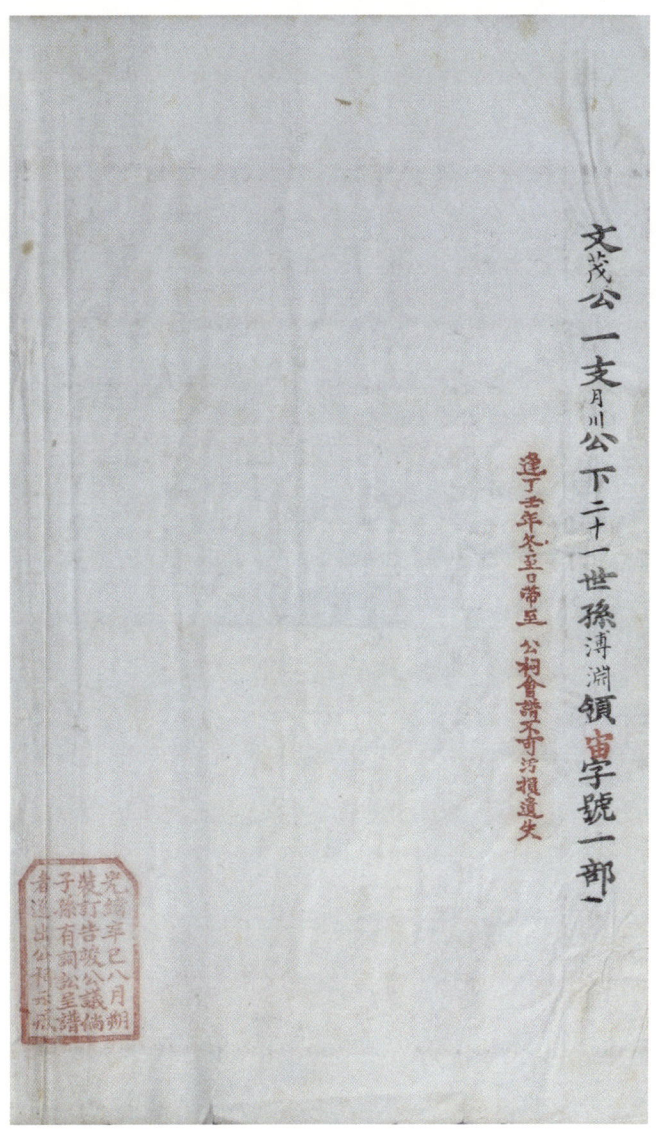

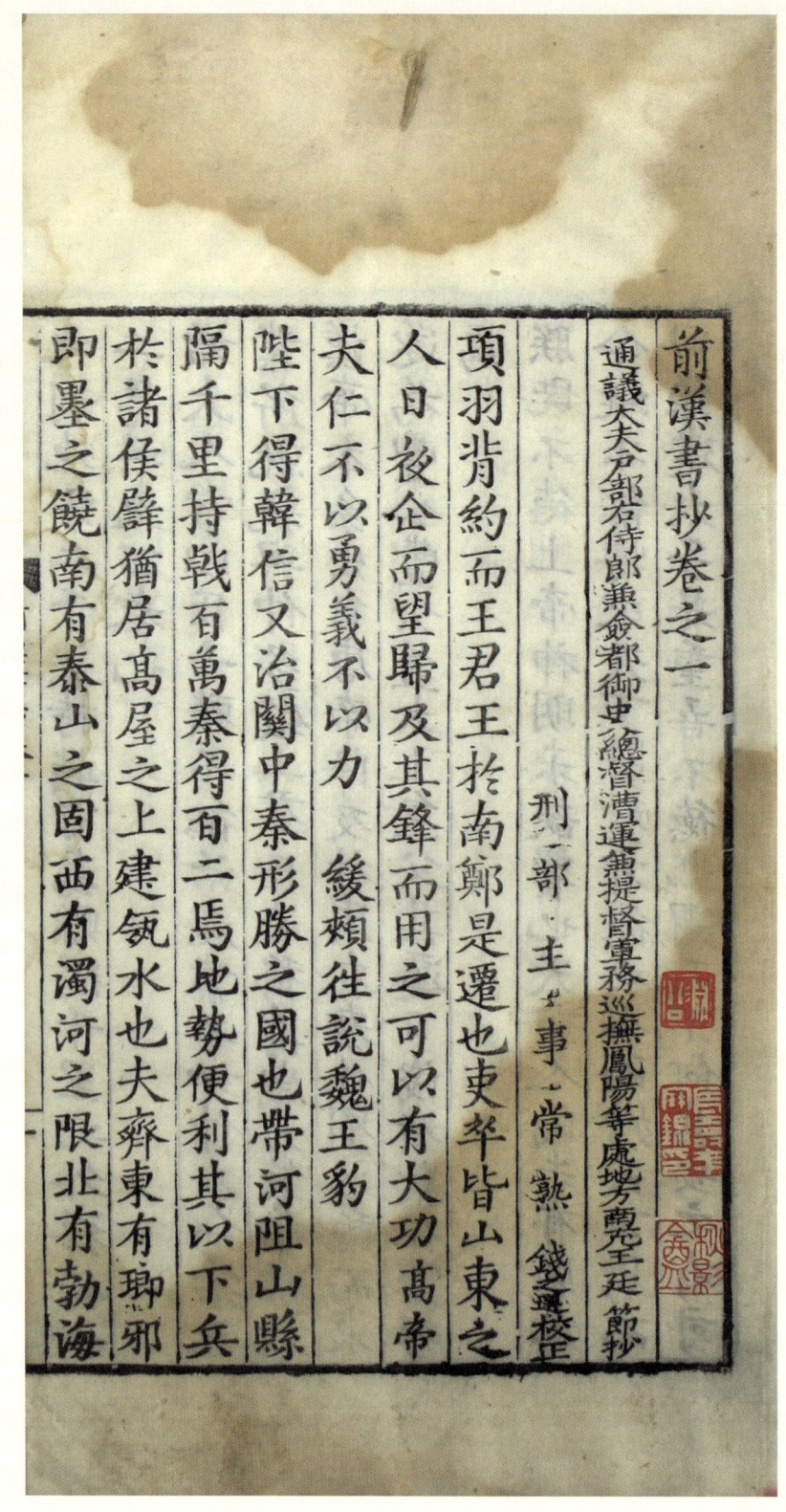

67 前漢書抄八卷後漢書抄八卷
[明]王廷節抄 [明]錢之選校正 明嘉靖四十三年(1564)錢之選刻本 八册

匡高20.4釐米,廣13.9釐米。半葉十行,行二十字。白口,四周單邊,單黑魚尾。有"盱眙吳氏藏書""協甫""荼半香初之館珍藏書畫圖章""敦本堂""翼""翊臣氏""淵公""長壽年寶錕印""秋影盫"等印。

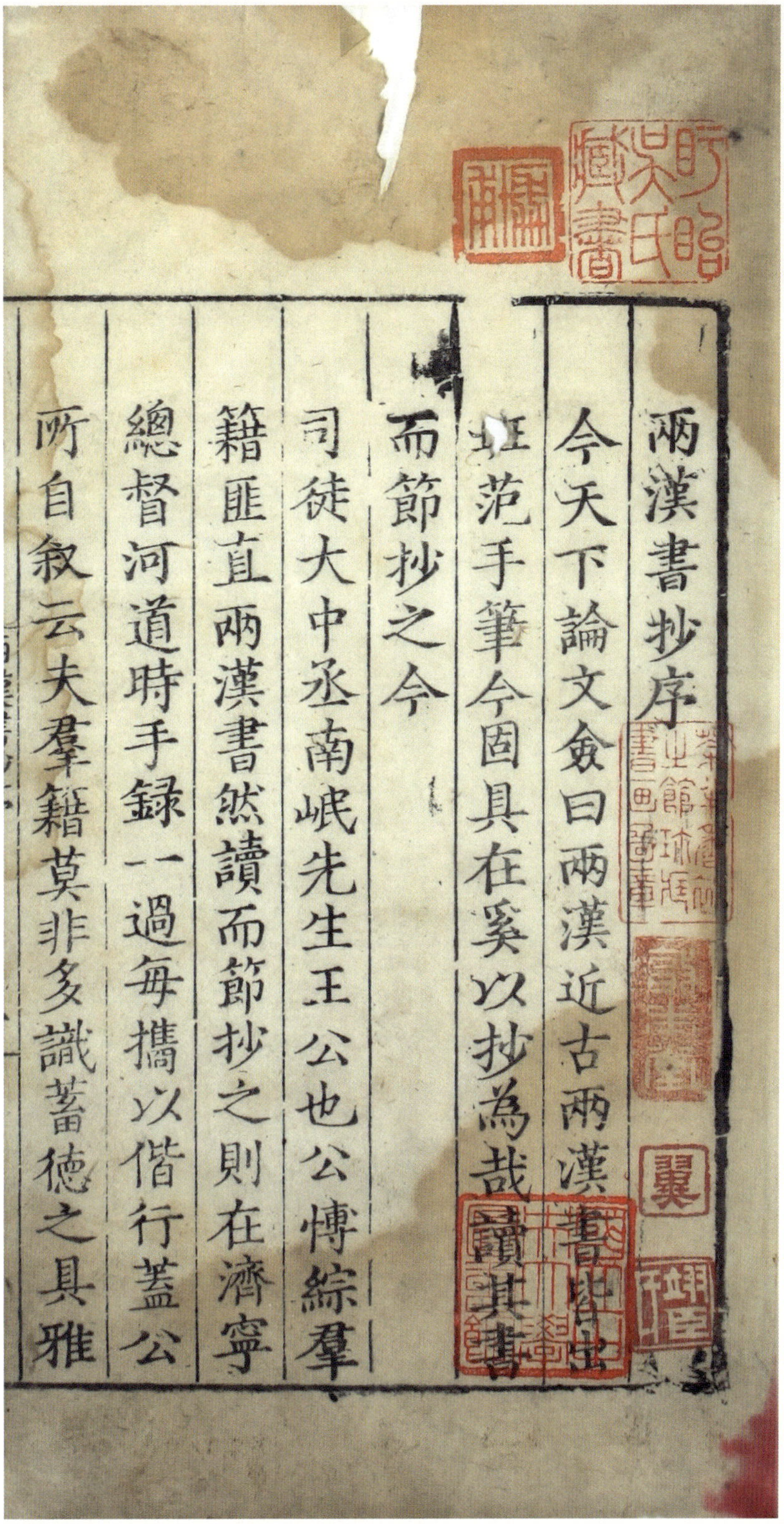

兩漢書抄序

今天下論文僉曰兩漢近古兩漢書
班范手筆今固具在奚以抄為哉
而節抄之今
司徒大中丞南岷先生王公也公博綜羣
籍匪直兩漢書然讀而節抄之則在濟寧
總督河道時手錄一過每攜以偕行蓋公
所自叙云夫羣籍莫非多識蓄德之具雅

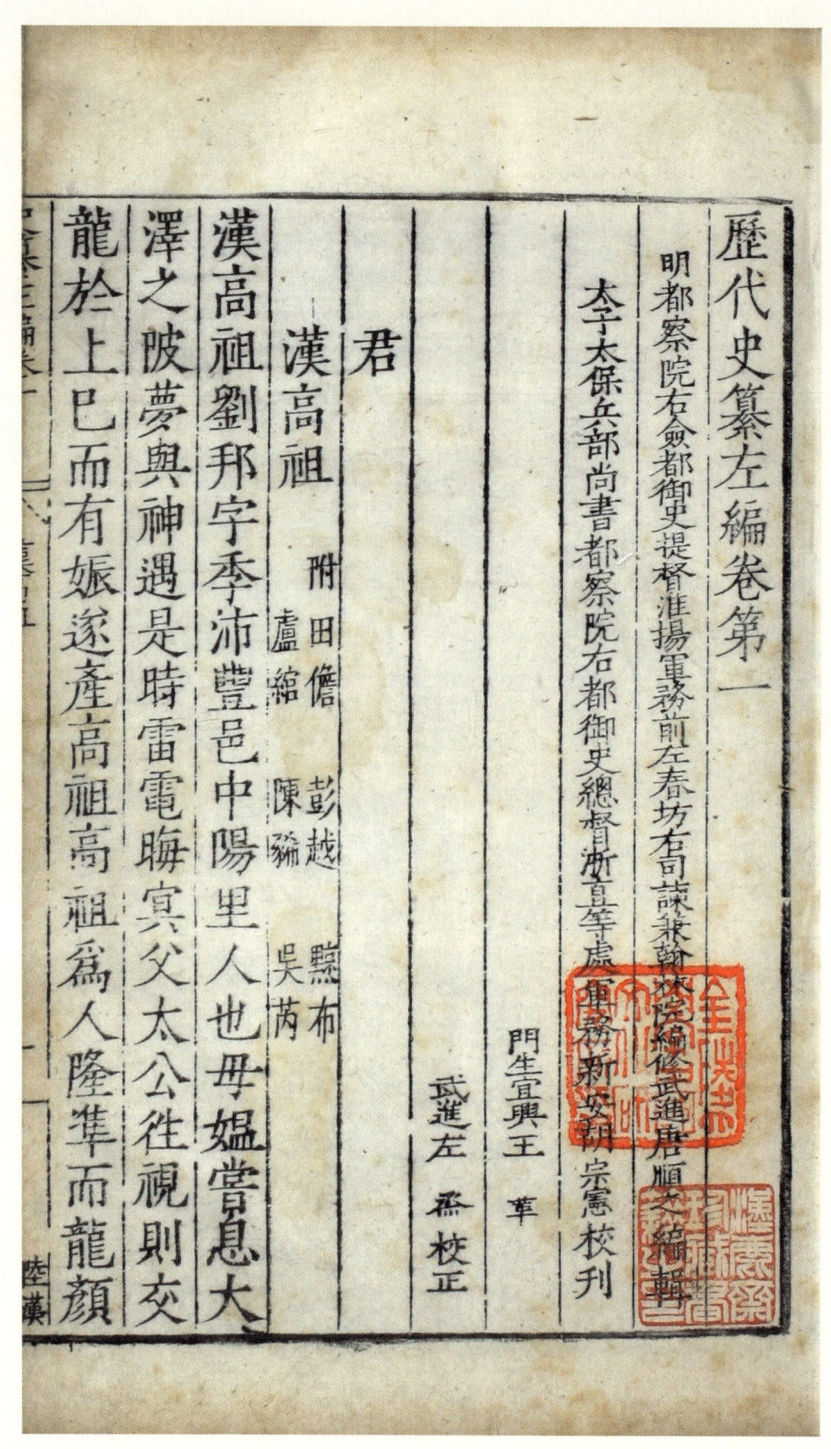

68 歷代史纂左編一百四十二卷

[明]唐順之編輯 明嘉靖四十年(1561)胡宗憲刻本 一百六十冊

匡高20.7釐米,廣14.4釐米。半葉十行,行二十字。白口,四周單邊,單白魚尾。有"漢鹿齋珍藏書籍之印"。版心下方偶有刻工姓名與字數。

荊川先生自序

左編者為治法而纂也非關於作治者也關於治者則妃后外戚儲宗宦偉奸纂之君亦去備矣然周官治典所職曰師曰儒師儒何與於治典也君與相與將行之方鎮夷狄草莽之亂而總之將與相而總師儒講而明之故去師道立則善人多而儒師儒之故去師道立則善人多而朝廷正言師儒之係乎治者重也故纂前

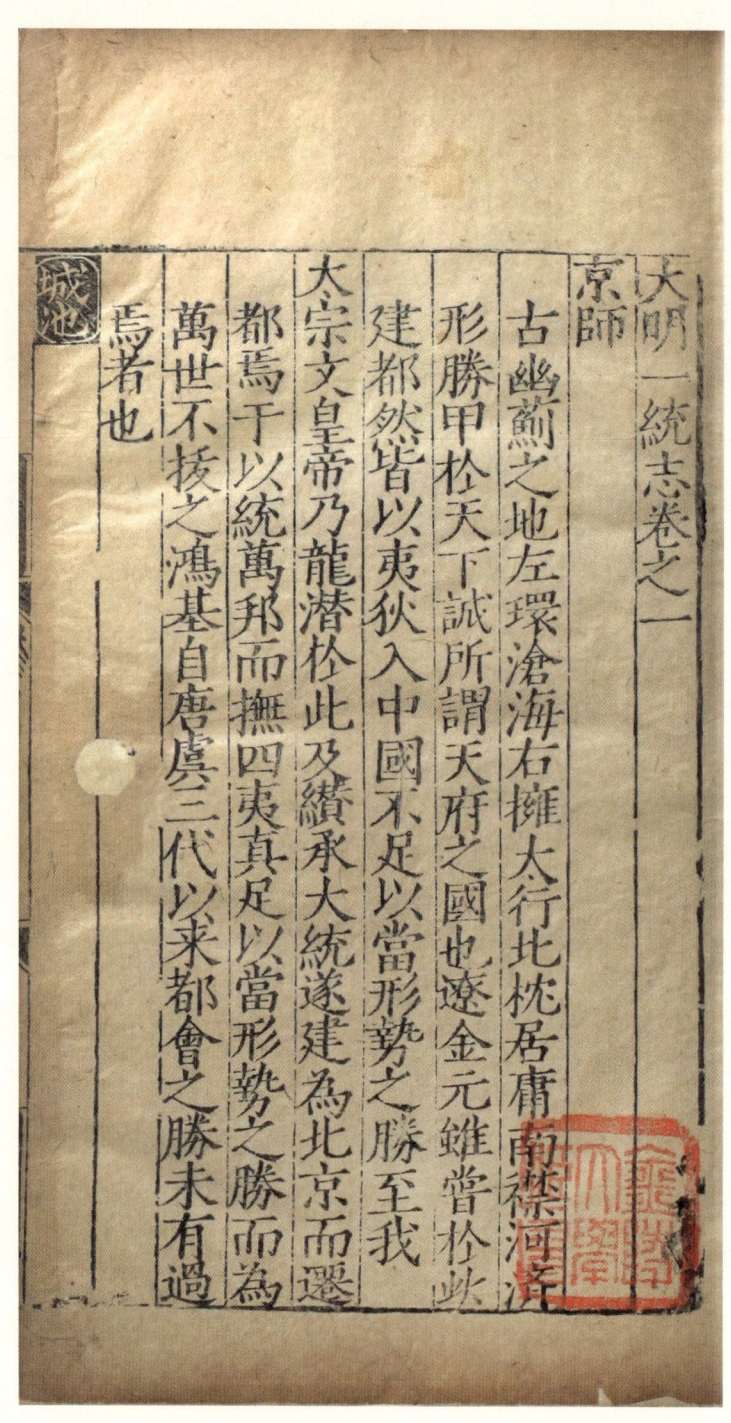

69　大明一統志九十卷

[明]李賢等撰　明嘉靖三十八年(1559)歸仁齋刻本　六十四冊

匡高19.2釐米，廣13.0釐米。半葉十行，行二十二字，小字雙行同。黑口，四周單邊，雙黑魚尾。有"皇明嘉靖己未歸仁齋重刊行"牌記。

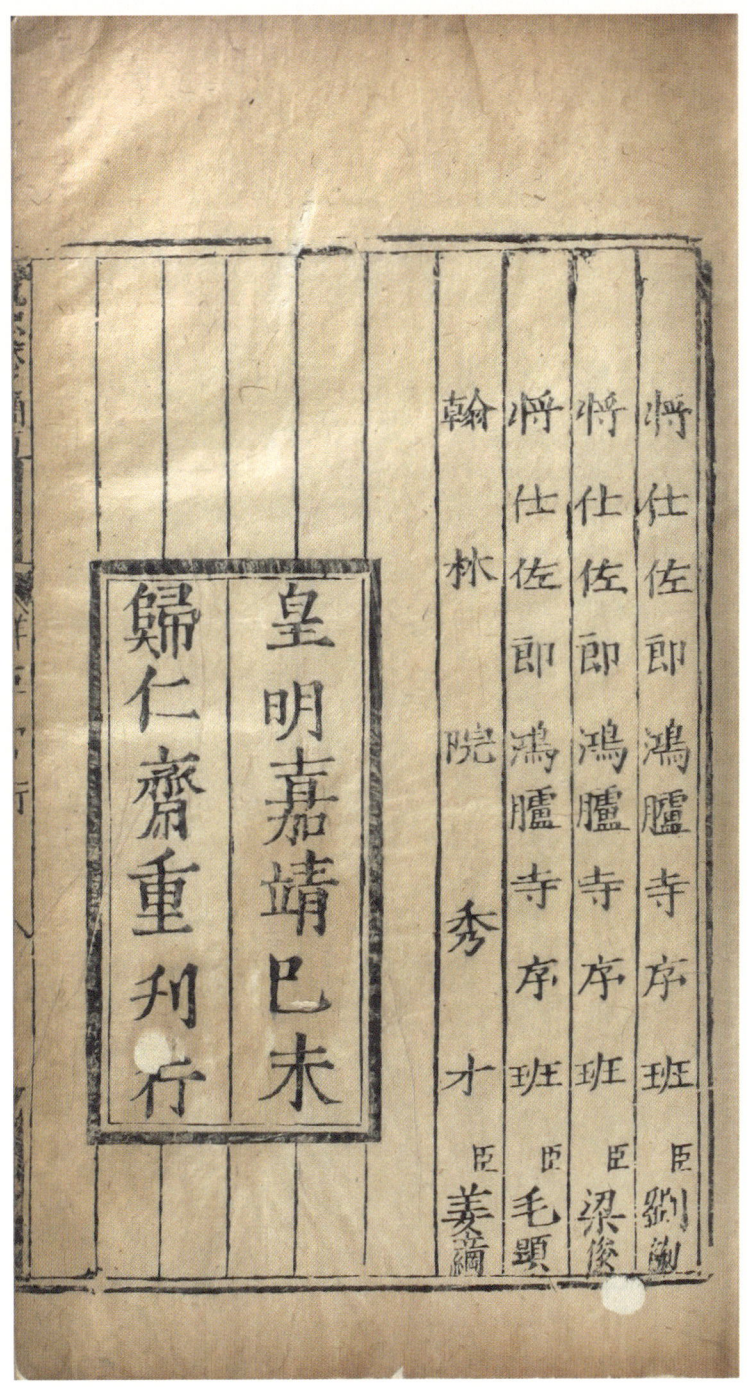

皇明嘉靖巳未
歸仁齋重刊行

將仕佐郎鴻臚寺序班臣劉衜
將仕佐郎鴻臚寺序班臣梁俊
將仕佐郎鴻臚寺序班臣毛顯
翰林院秀才臣姜鏑

70 新刻大明一統志集略不分卷

[明]孫麟纂輯 明萬曆刻本 二册

匡高 19.3 釐米，廣 14.0 釐米。半葉十一行，行二十四字，小字雙行同。白口，四周單邊，無魚尾。書中鐫"黃德時刻"。有"歐陽燾印"等印。

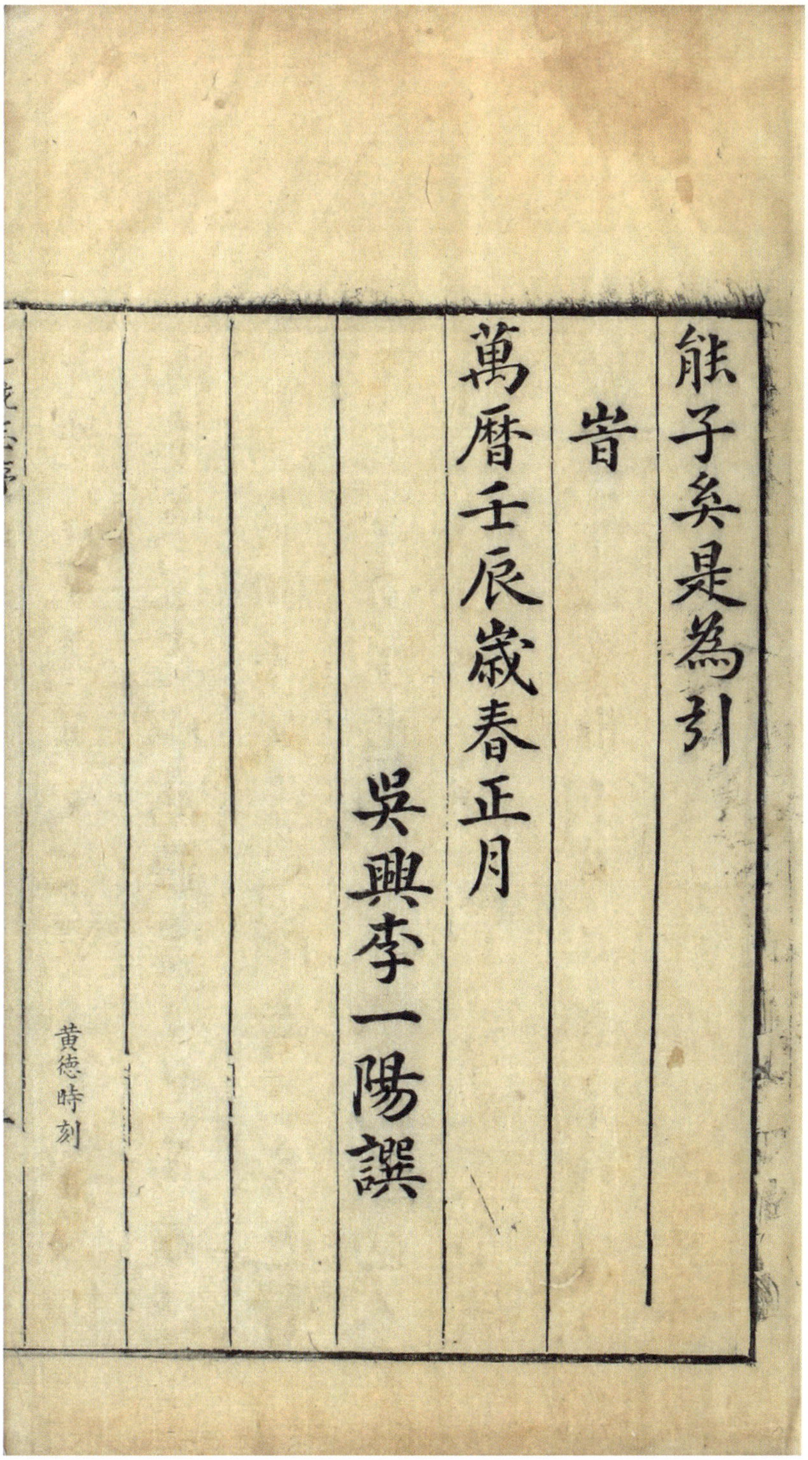

熊子夒是為引

旹

萬曆壬辰歲春正月

吳興李一陽譔

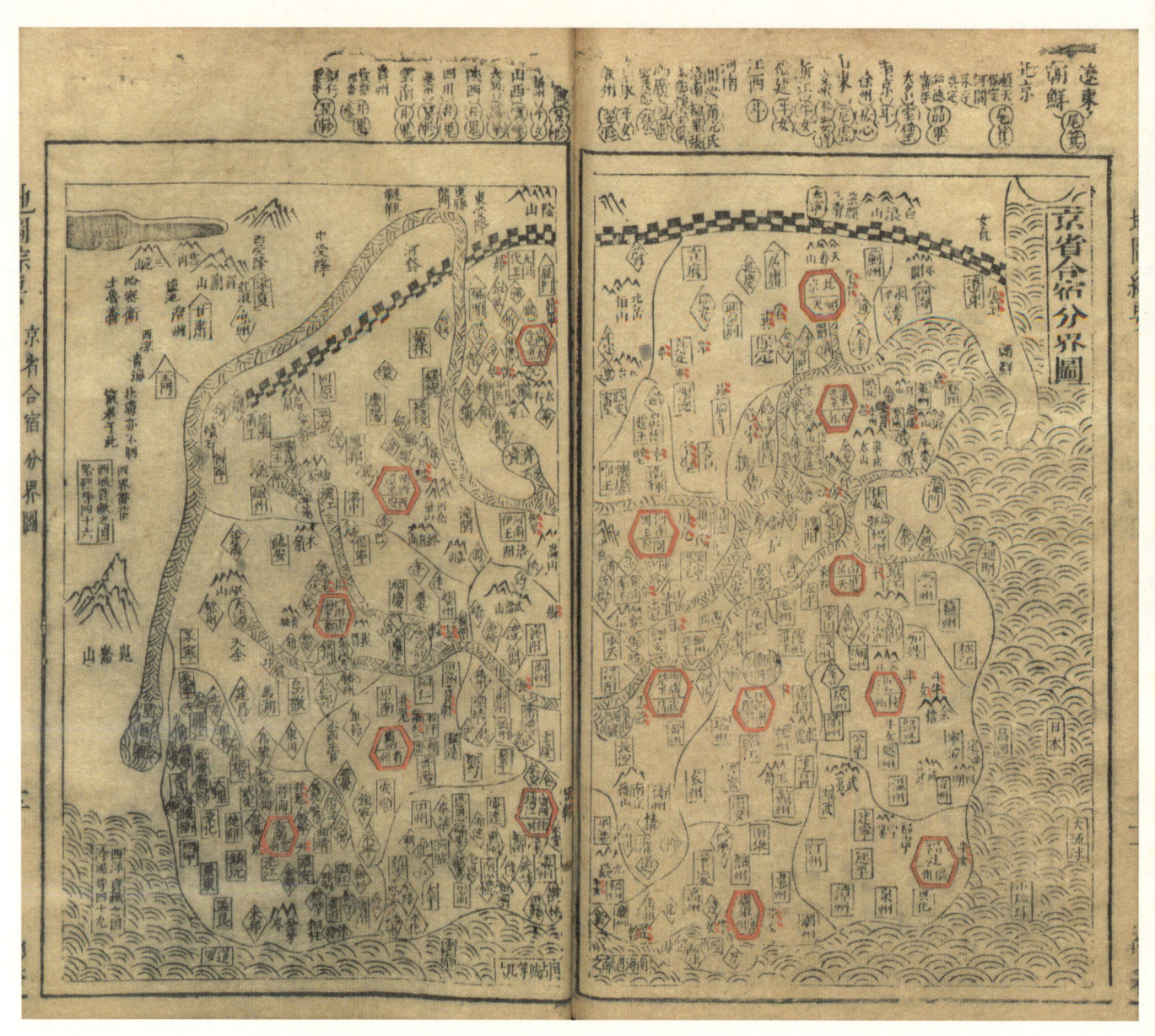

71　地圖綜要不分卷

[明]吳學儼等撰　清順治二年(1645)刻本　十册

匡高21.1釐米,廣15.0釐米。半葉十行,行二十七字。白口,四周單邊,無魚尾。版心有刻工。有"孔紹之印""竹然"等印。

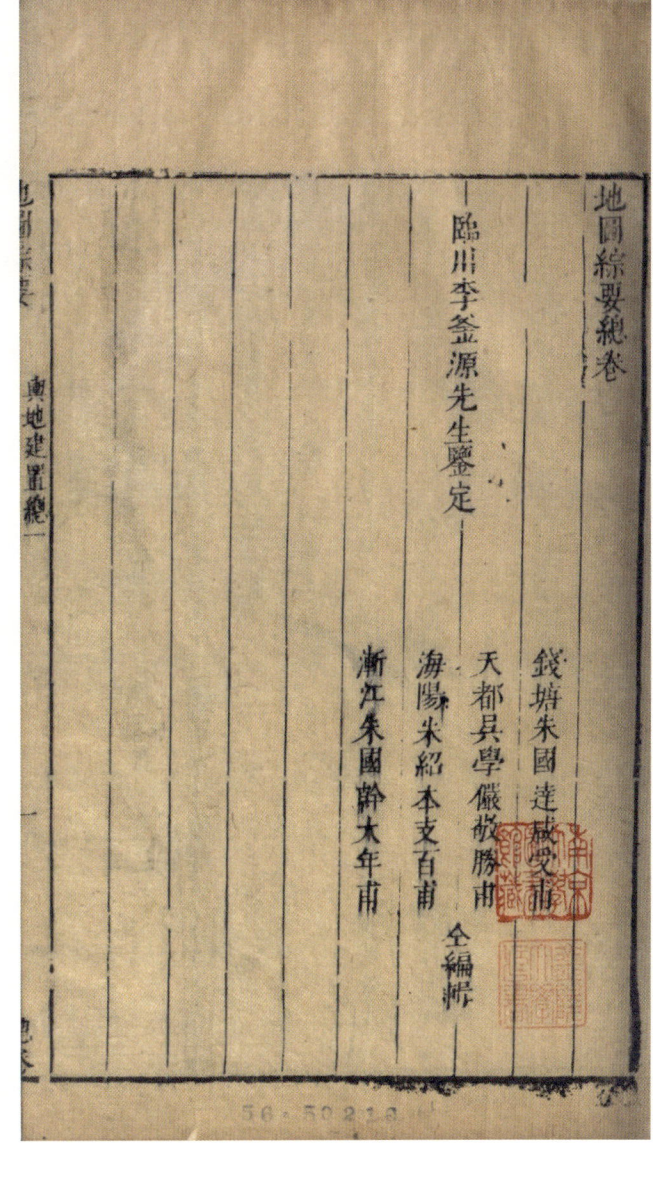

序

天下之大奚若乎自章亥步而後知廣狹自神禹平而後知險易之名主治者立都邑分治者設關梁擾擾不靜矣然立都邑則有爭都邑者設關梁則有窺關梁者更

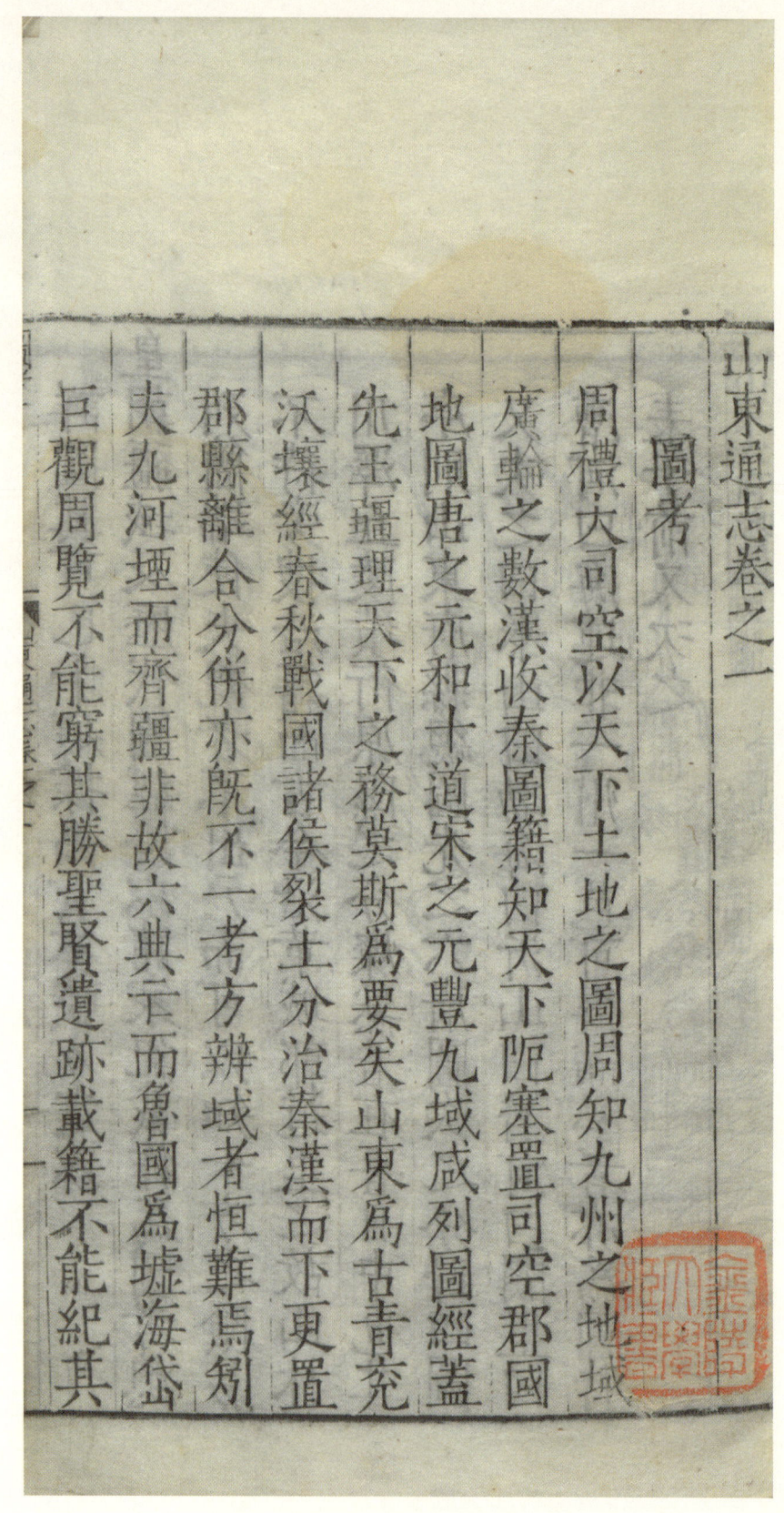

72 [嘉靖]山東通志四十卷

[明]陸鈛等纂修 明嘉靖十二年(1533)刻本 十二冊

匡高22.9釐米,廣16.9釐米。半葉十行,行二十字。白口,左右雙邊,單黑魚尾。有府縣圖多幅。有"真州吳氏有福讀書堂藏書"等印。

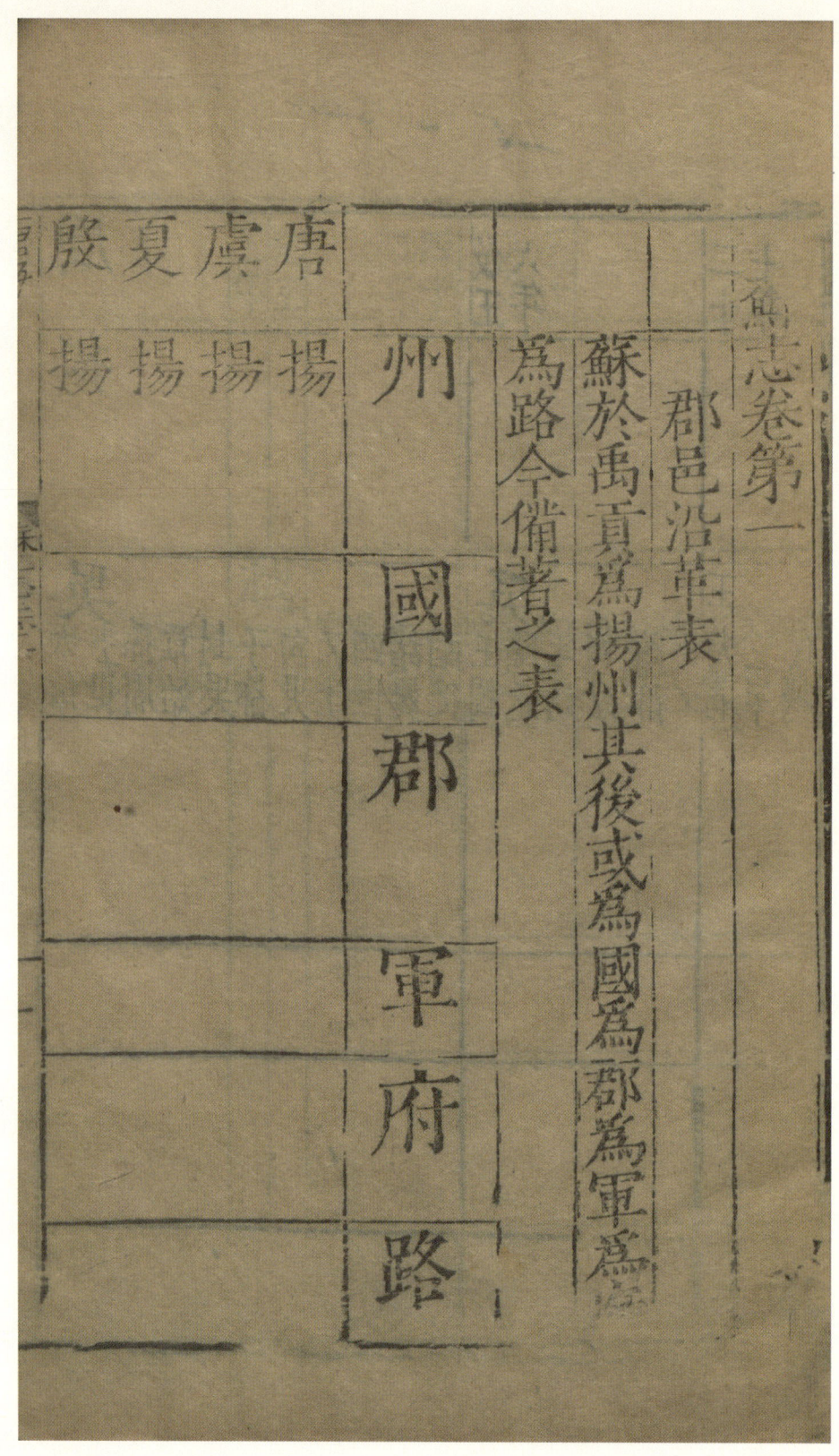

73　[正德]姑蘇志六十卷
[明]林世遠修　[明]王鏊等纂　明正德元年(1506)刻嘉靖增修本　二十册

匡高22.2釐米，廣16.6釐米。半葉十行，行二十字。白口，左右雙邊，單黑魚尾。版心有字數。書口下方有喬、祥、李清等刻工姓名。有"蓮六所藏書印"。

重修姑蘇志序

夫志何為者也紀載郡之封域山川戶口物產人才風俗以至城池廨宇井邑第宅前賢遺跡下至老之廬皆類次族分使四境之內可按籍而知而一代之文獻不至無徵焉如斯而已者也姑蘇為東

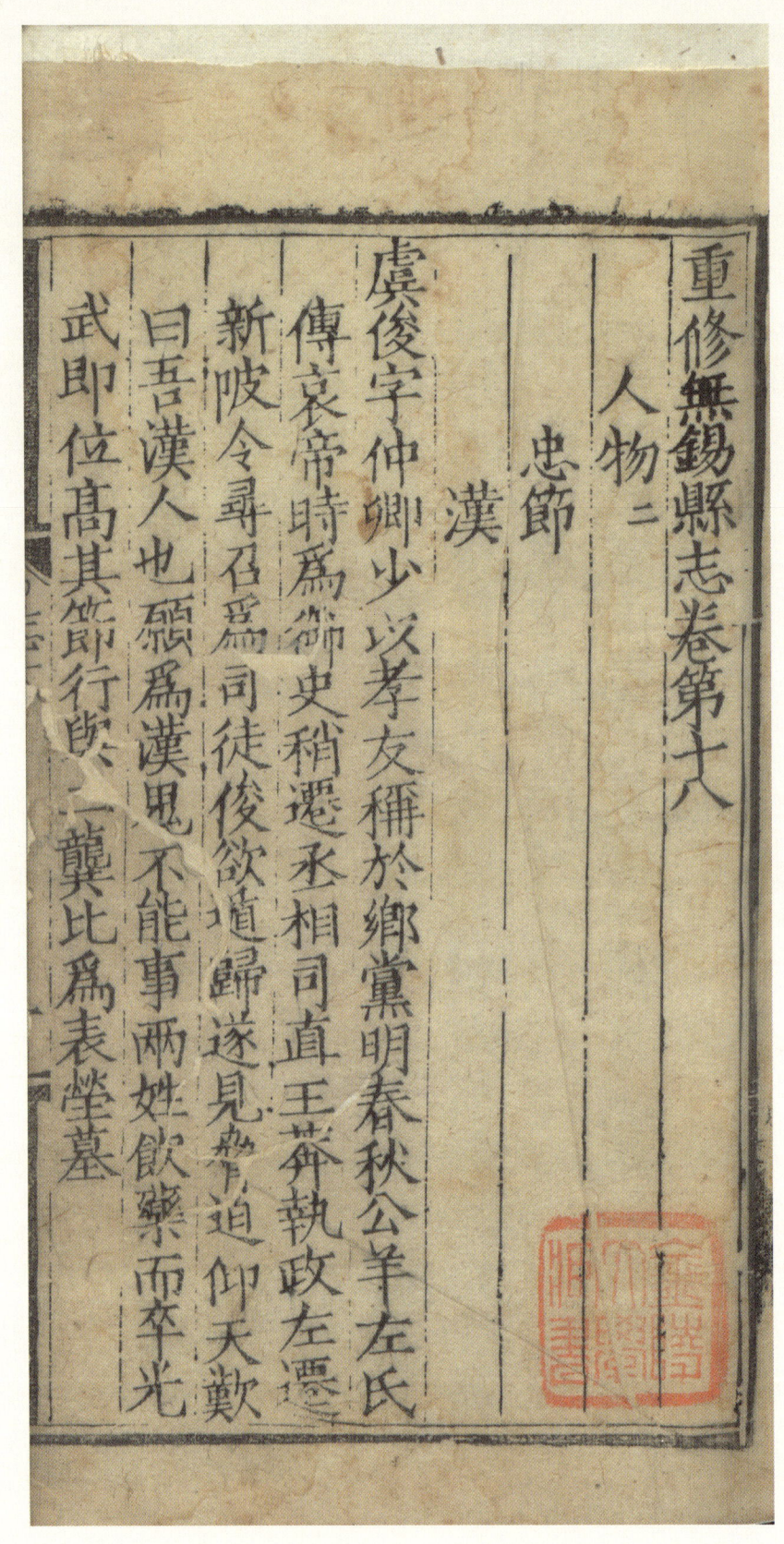

74 [弘治]重修無錫縣志三十六卷存卷十八至三十六
[明]吳珫修 [明]李庶纂 明弘治七年(1494)刻本 存四冊

匡高22.0釐米,廣13.7釐米。半葉九行,行二十字。黑口,四周雙邊,單黑魚尾。有"稽瑞樓"等印。

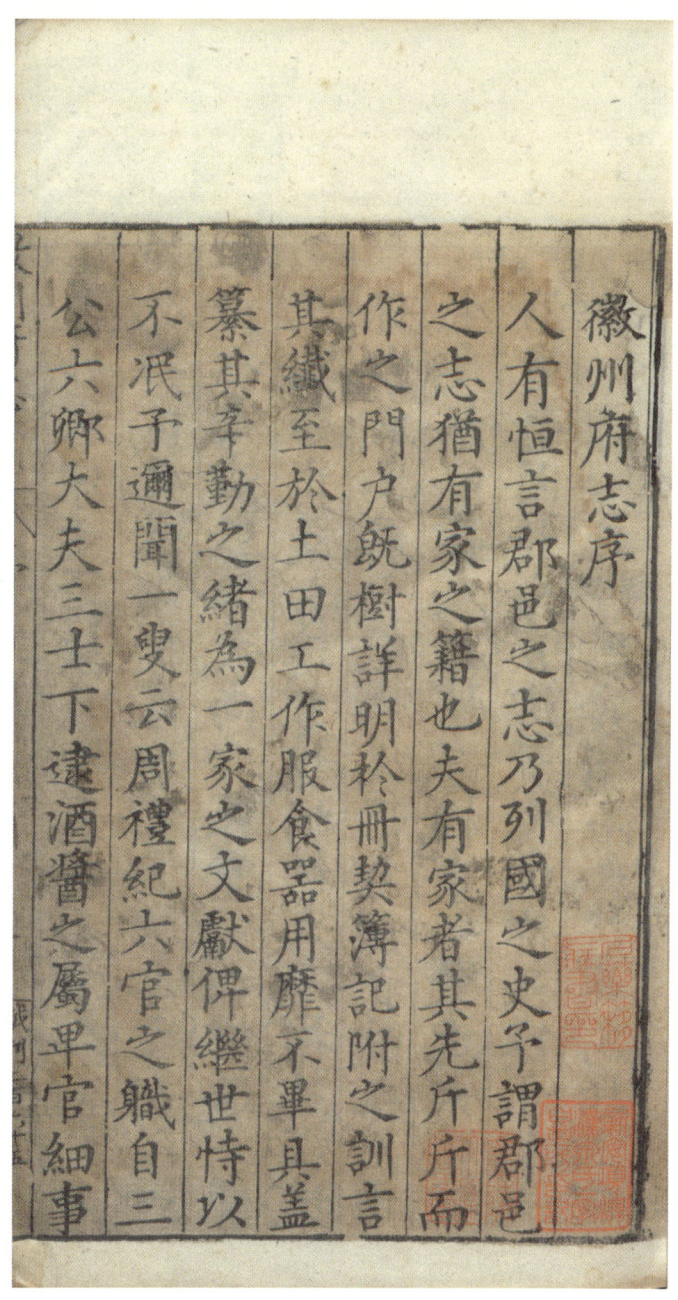
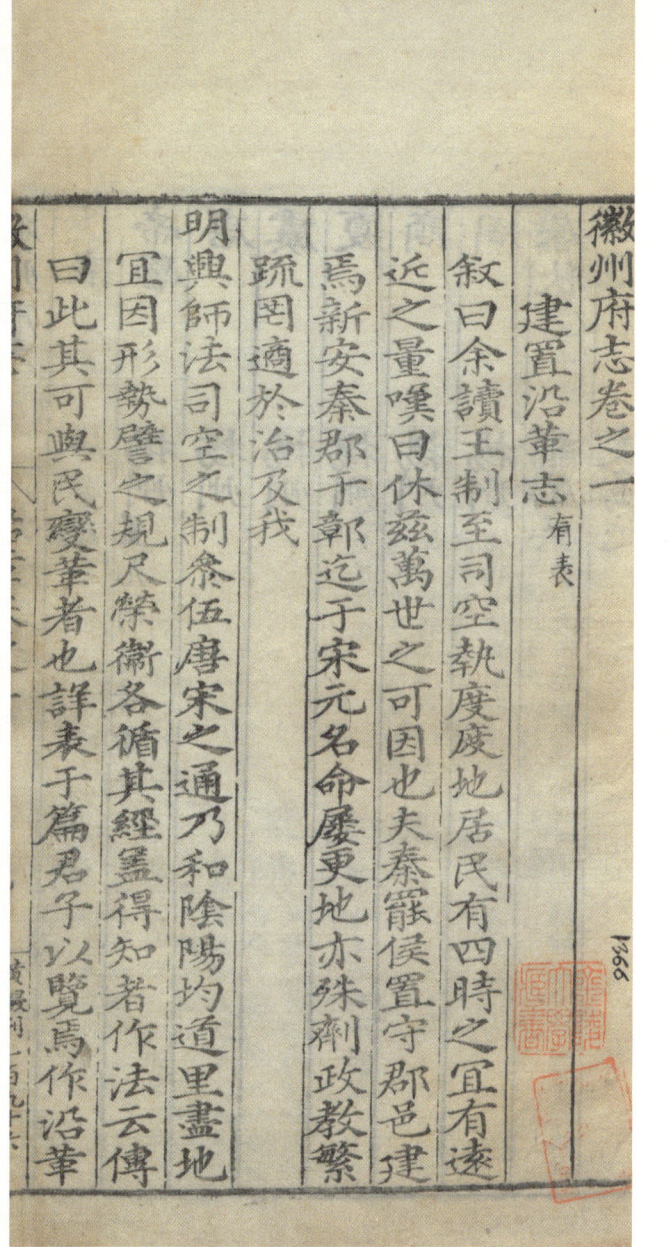

75 [嘉靖]徽州府志二十二卷
[明]汪尚寧等纂修　明嘉靖四十五年(1566)刻本　六册

匡高21.9釐米，廣14.8釐米。半葉九行，行二十三字。白口，左右雙邊，單白魚尾。版心下有刻工與字數。卷首附圖十九幅。有"石藥簃藏書印""新安項源漢泉氏一字曰芝房印記"等印。

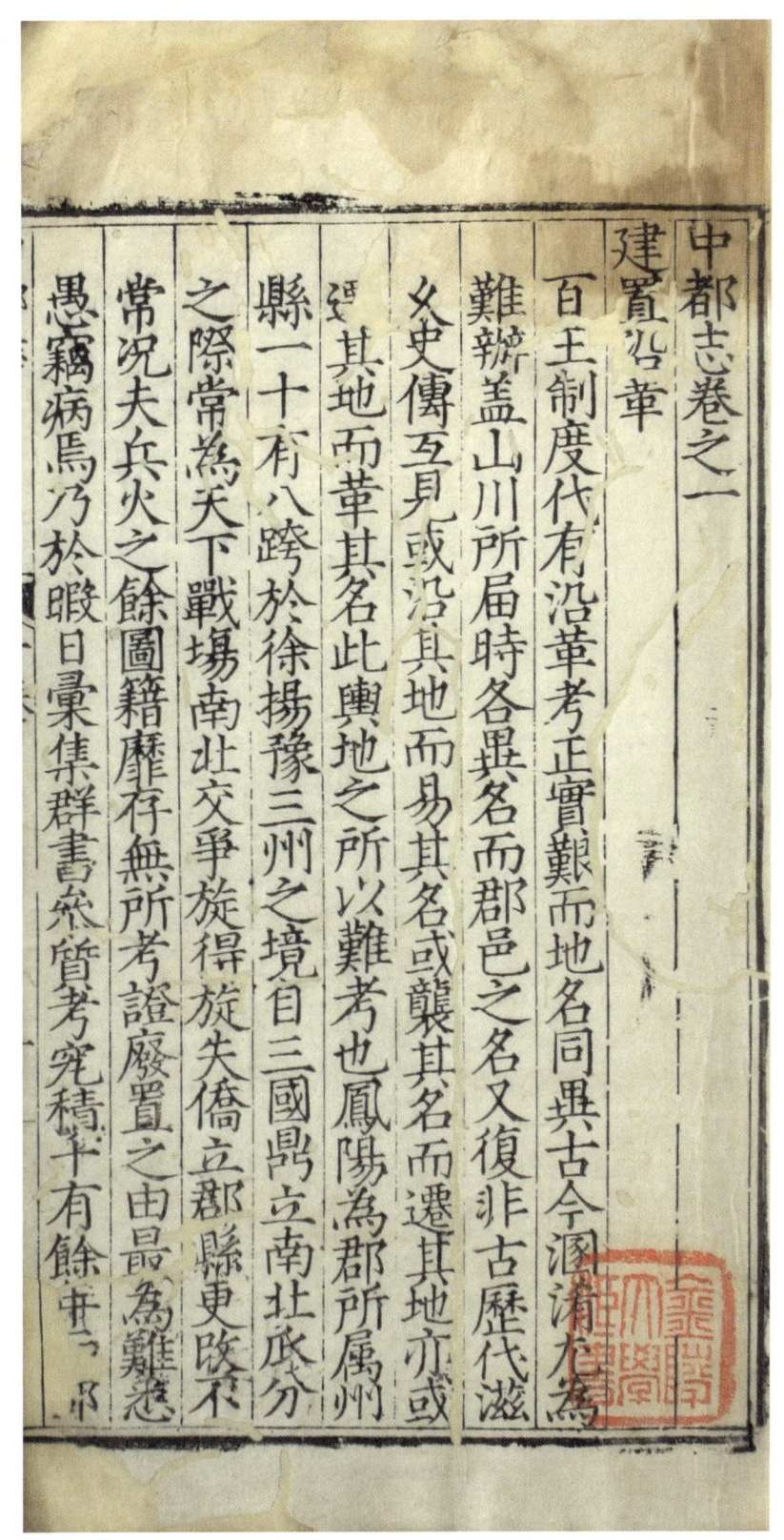

76　[成化]中都志十卷
[明]柳瑛纂修　明弘治元年(1488)刻嘉靖三十年(1551)補修隆慶遞修本　十二冊

匡高34.2釐米，廣15.0釐米。每半葉十行，行二十四字。白口，四周雙邊，單黑魚尾。

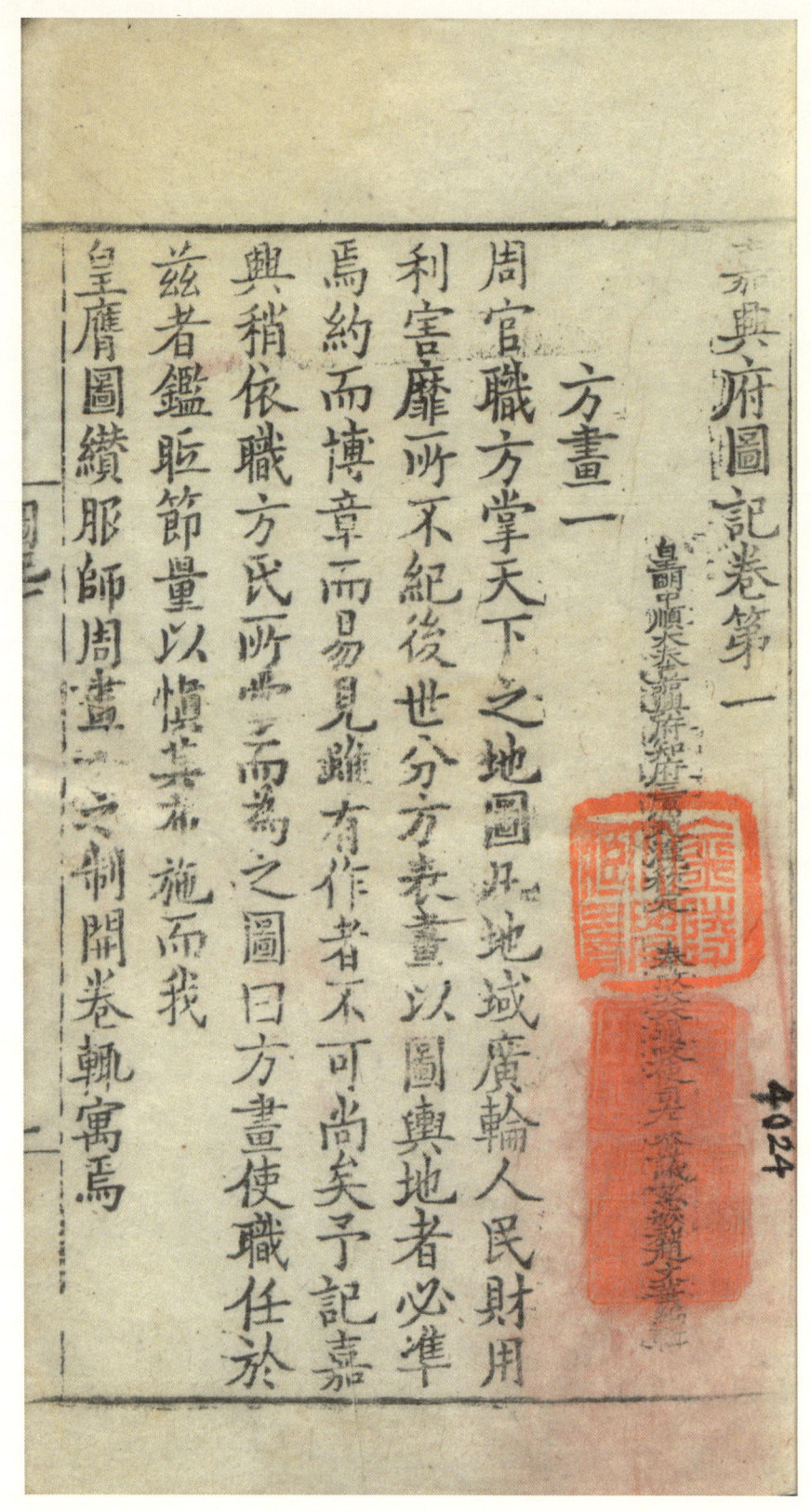

77 [嘉靖]嘉興府圖記二十卷
[明]趙瀛修 [明]趙文華纂 明嘉靖二十八年(1549)刻本 十二册

匡高20.4釐米,廣14.2釐米。半葉九行,行十九字,小字雙行同。白口,左右雙邊,無魚尾。有"溫陵黄俞邵氏藏書印"等印。

78 [嘉靖]寧波府志四十二卷
[明]張時徹纂修　明嘉靖三十九年(1560)刻本　二十冊

匡高20.7釐米，廣14.9釐米。半葉九行，行十九字，小字雙行同。白口，左右雙邊，單黑魚尾。版心下有字數。有"真州吳氏有福讀書堂藏書"等印。

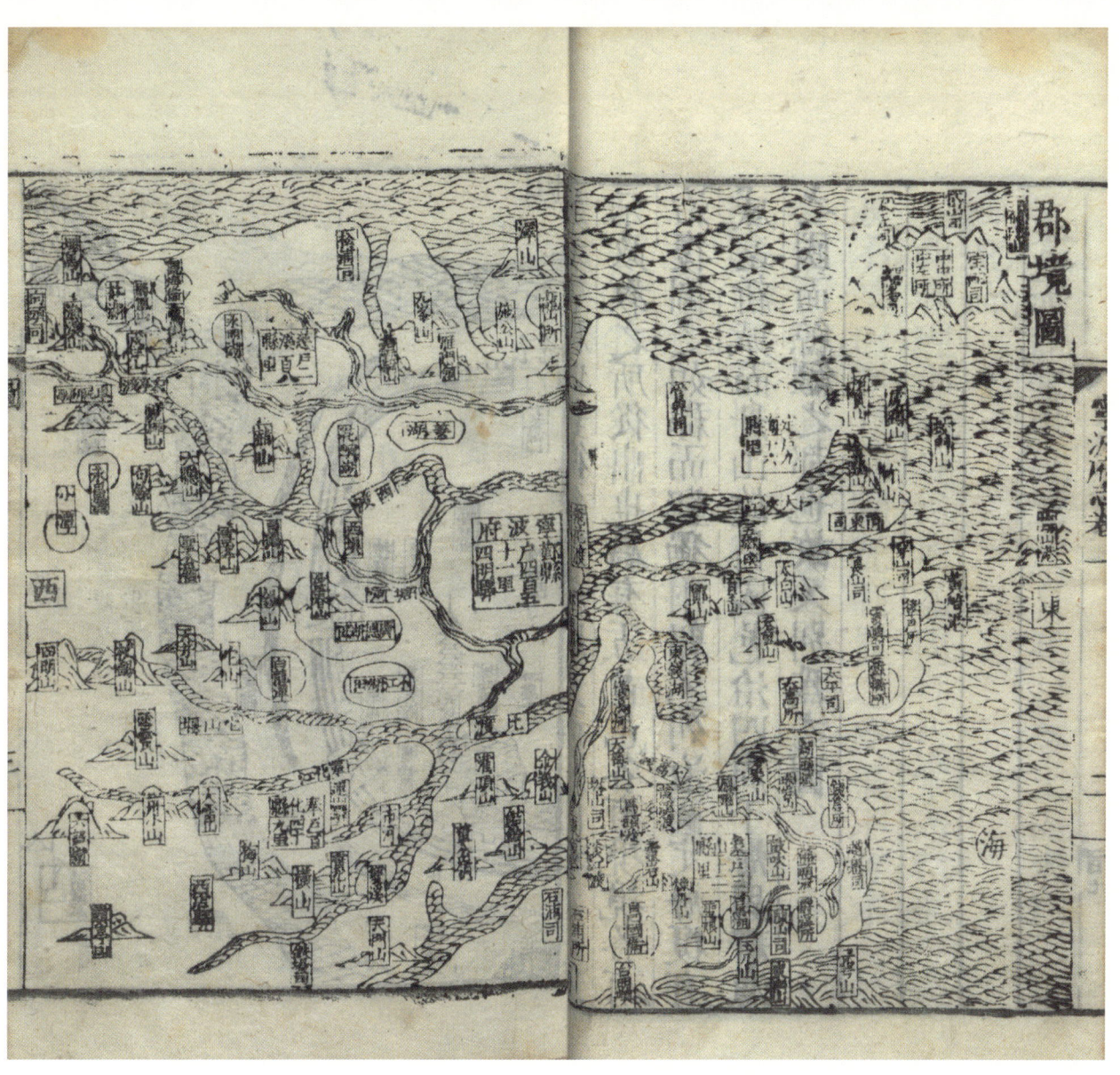

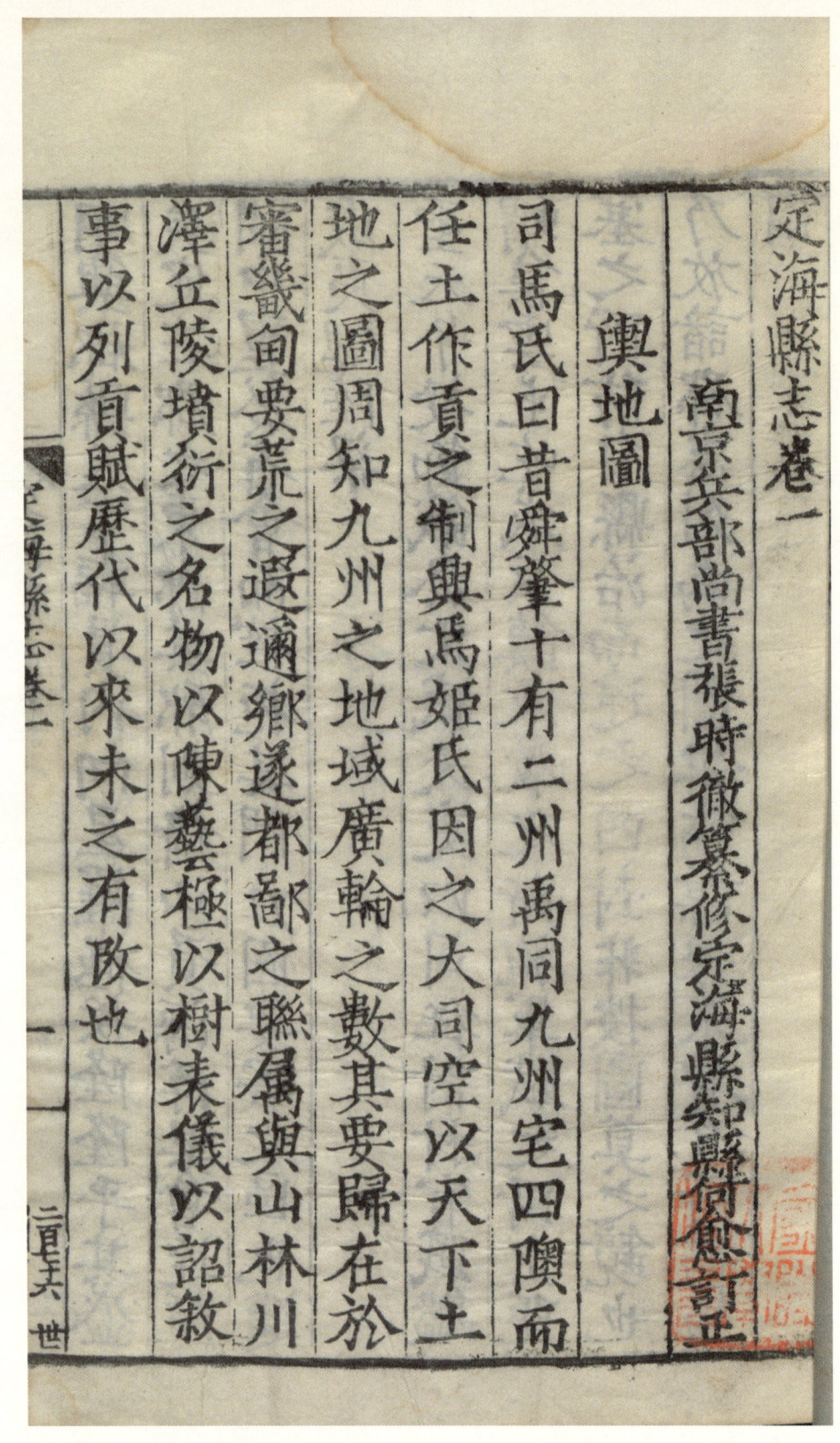

79　[嘉靖]定海縣志十三卷
[明]張時徹纂修　明嘉靖四十二年(1563)刻本　四册

匡高 20.6 釐米，廣 15.0 釐米。半葉九行，行十九字，小字雙行同。白口，左右雙邊，單黑魚尾。版心下有刻工與字數。

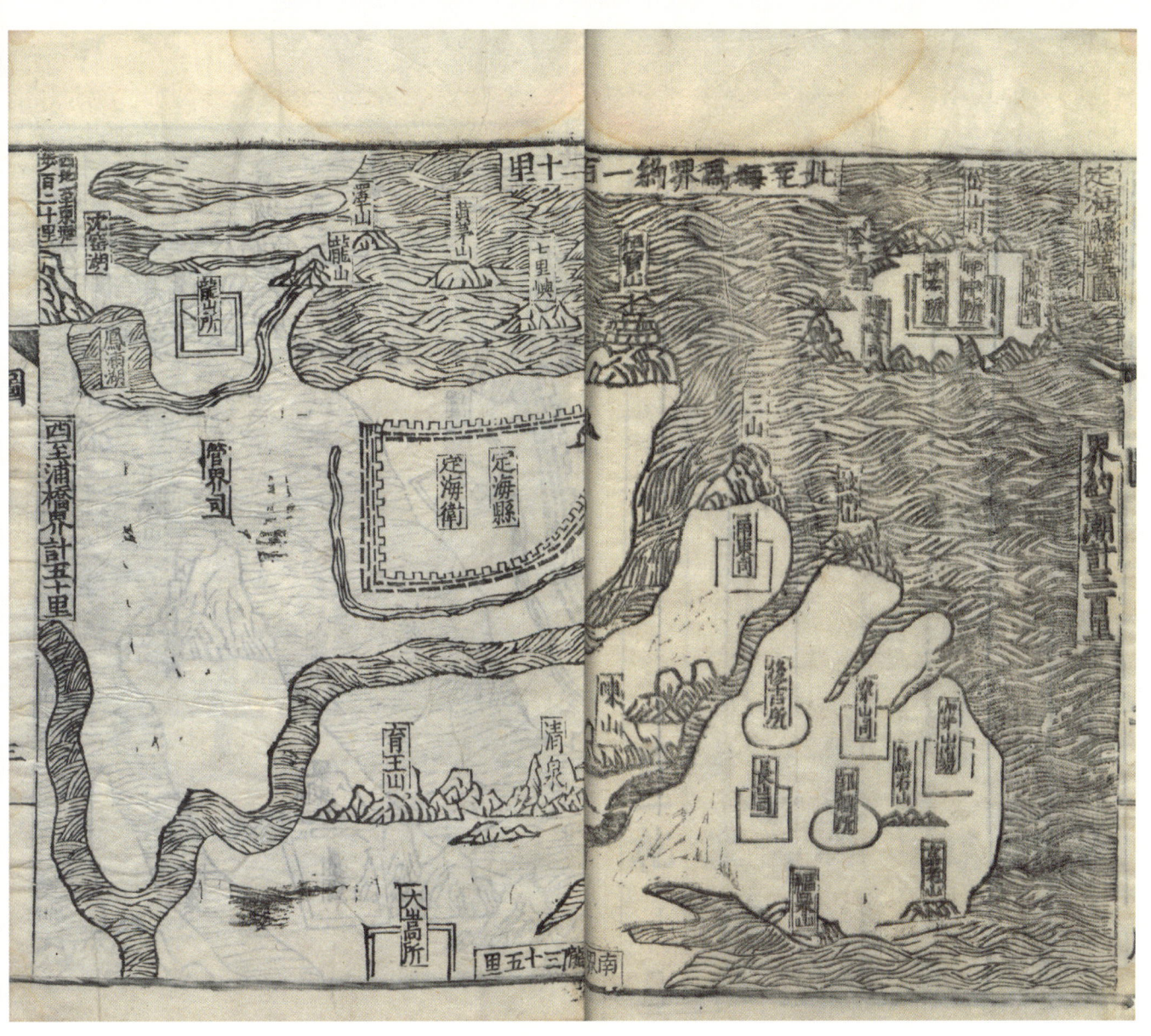

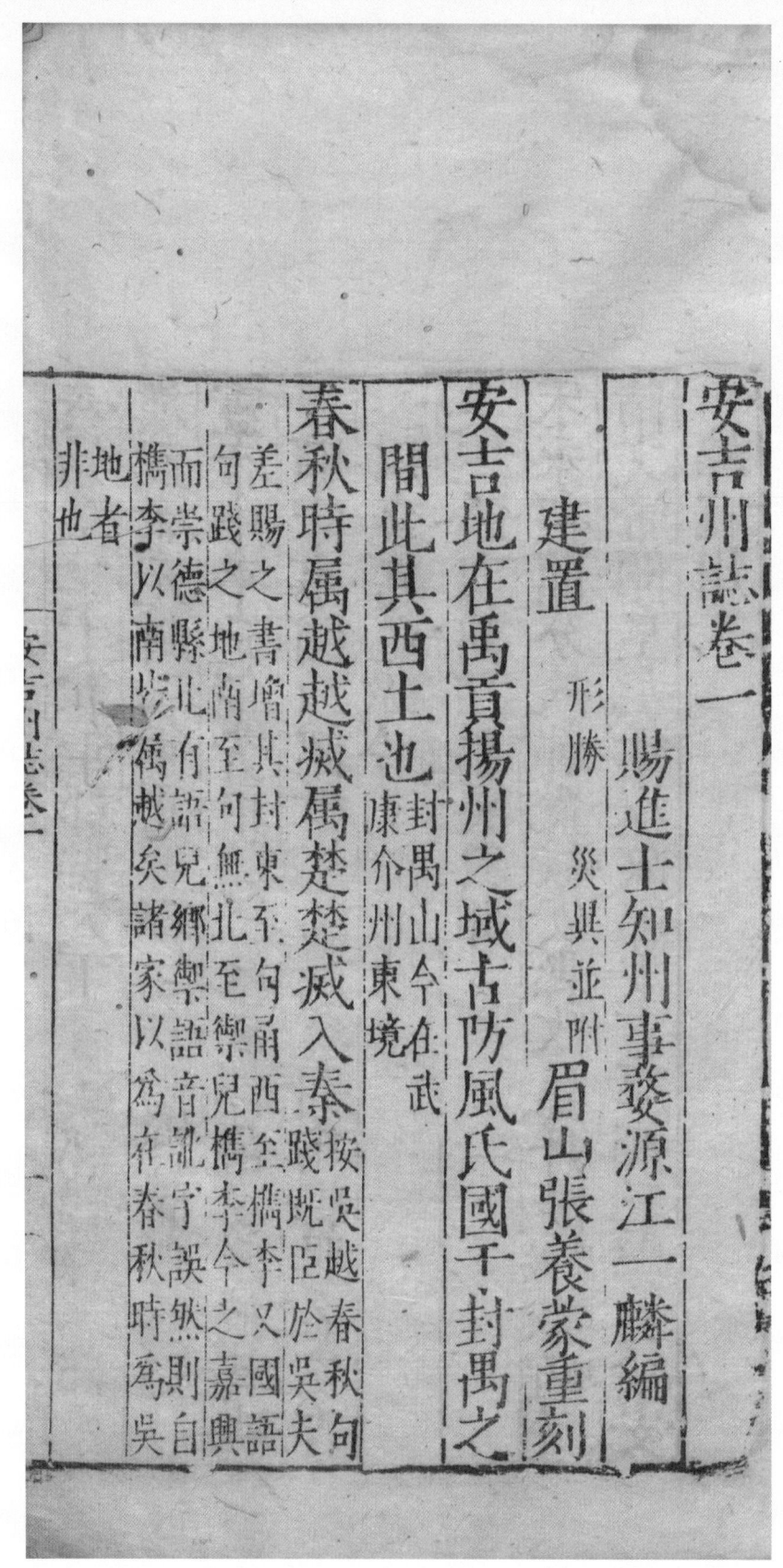

安吉州志卷一

賜進士知州事婺源江一麟編
眉山張養蒙重刻

建置

形勝 災異並附

安吉地在禹貢揚州之域古防風氏國千封禺之間此其西土也康介州東境封禺山今在武

春秋時屬越越滅屬楚楚滅入秦按吳越春秋句踐既臣於吳夫差賜之書增其封東至句甬西至檇李今之嘉興南至姑蔑語兒鄉禦兒為守誤然則自檇而崇德縣北有語兒鄉家以為在春秋時為吳地李以南縣北為越矣諸

非地者

安吉州誌序

仕於州縣而謀世於下譽達於上莫不晏然得相安無事則一時蒙考最而稱能不幸而值時之艱稍失於周防則不免以釀禍而速謗豈不幸之間豈誠無係乎人哉自肇有列郡州縣以來建官以知為名非曰能之已也故取辦

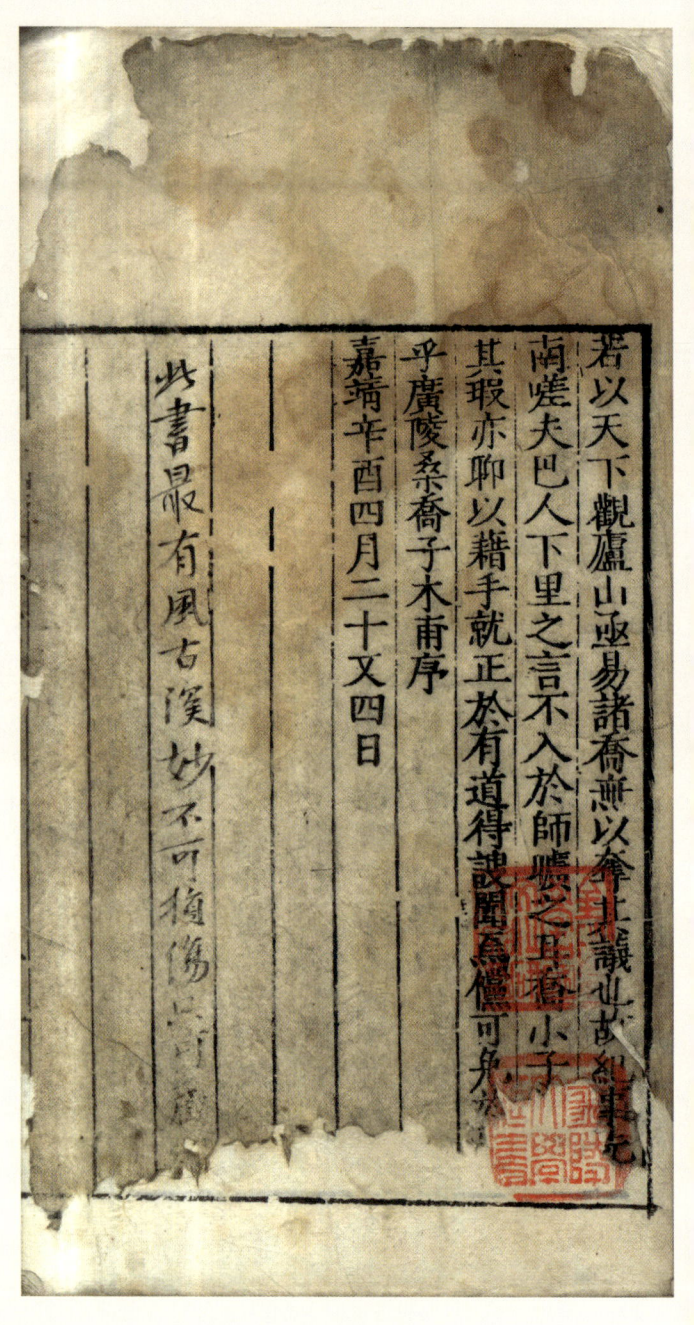
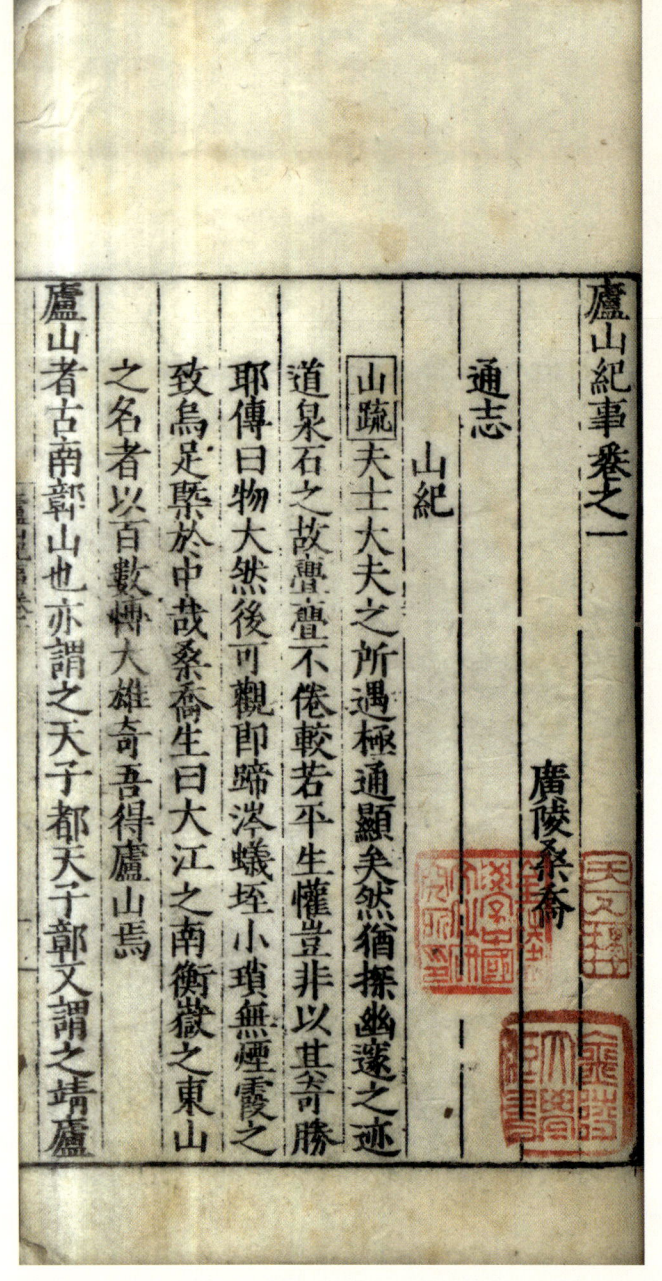

81　廬山紀事十二卷

[明]桑喬撰　明嘉靖刻本　十二册

匡高20.7釐米，廣15.2釐米。半葉十行，行二十二字。白口，四周單邊，無魚尾。有"天尺樓"等印。

泰山道里記

泰山虞書謂之岱宗風俗通義曰岱者長也萬物之始
陰陽交代白虎通德論曰東嶽爲岱宗者言萬物之相
代於東方也又嶽之爲言桷也桷考功德定黜陟也禹
貢謂之岱周禮謂之岱爾雅論語謂之泰山是泰山
之名後於岱也

泰山結體惟曾頌巖巖二語冠以形容氣象後人謂泰
山如坐者言一山之體也又曰泰山爲龍者言衆山之
奔赴也舊說皆謂山脈自西而東鄭樵通志謂濟南諸
山其北麓兗州諸山其南麓青齊海上諸山其左翼
東諸山其右翼終不言其脈之所起李光地禹貢注導

82 泰山道里記一卷
[清]聶鈫撰　清乾隆二十七年(1762)聶氏杏雨山堂刻本　一册

匡高17.7釐米，廣14.8釐米。半葉十一行，行二十一字。白口，左右雙邊，單黑魚尾。書口有"雨山堂"字樣。有"夏廬所藏金石書畫圖籍"印。

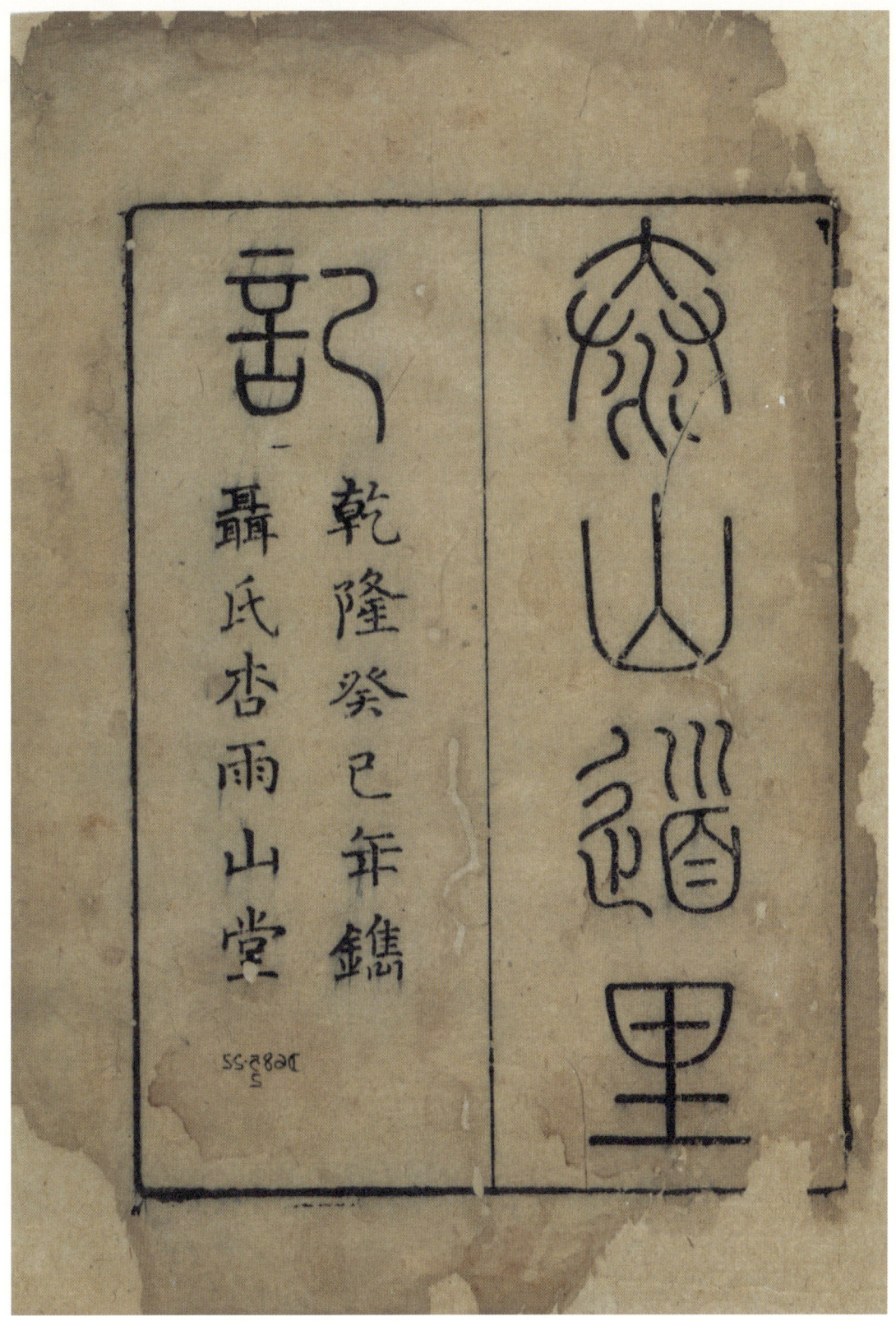

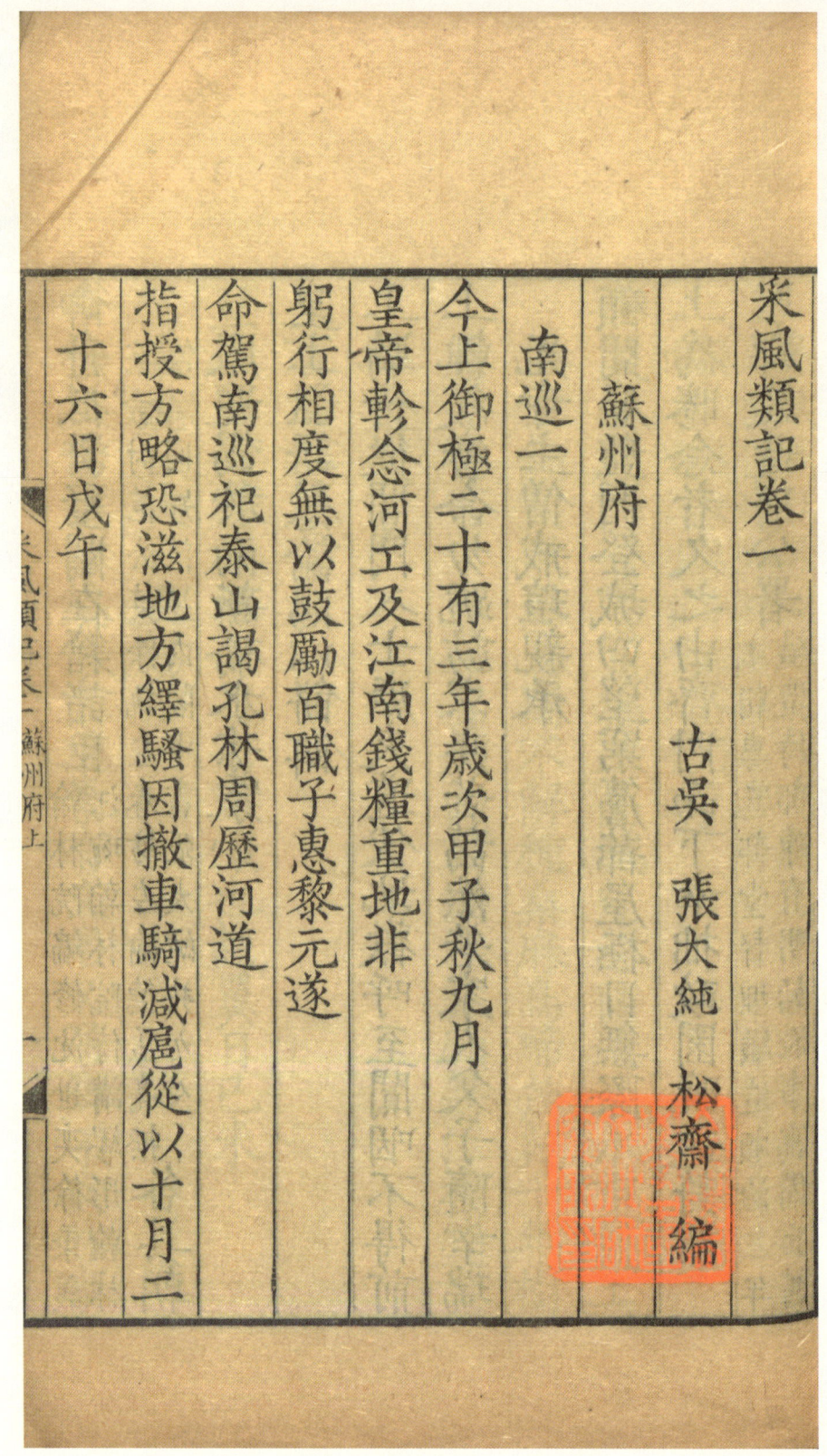

83 采風類記十卷

[清]張大純編 清康熙四十九年(1710)長洲張氏慶藻堂刻本 八册

匡高18.6釐米,廣14.6釐米。半葉十行,行二十一字,小字雙行同。黑口,左右雙邊,雙黑魚尾。

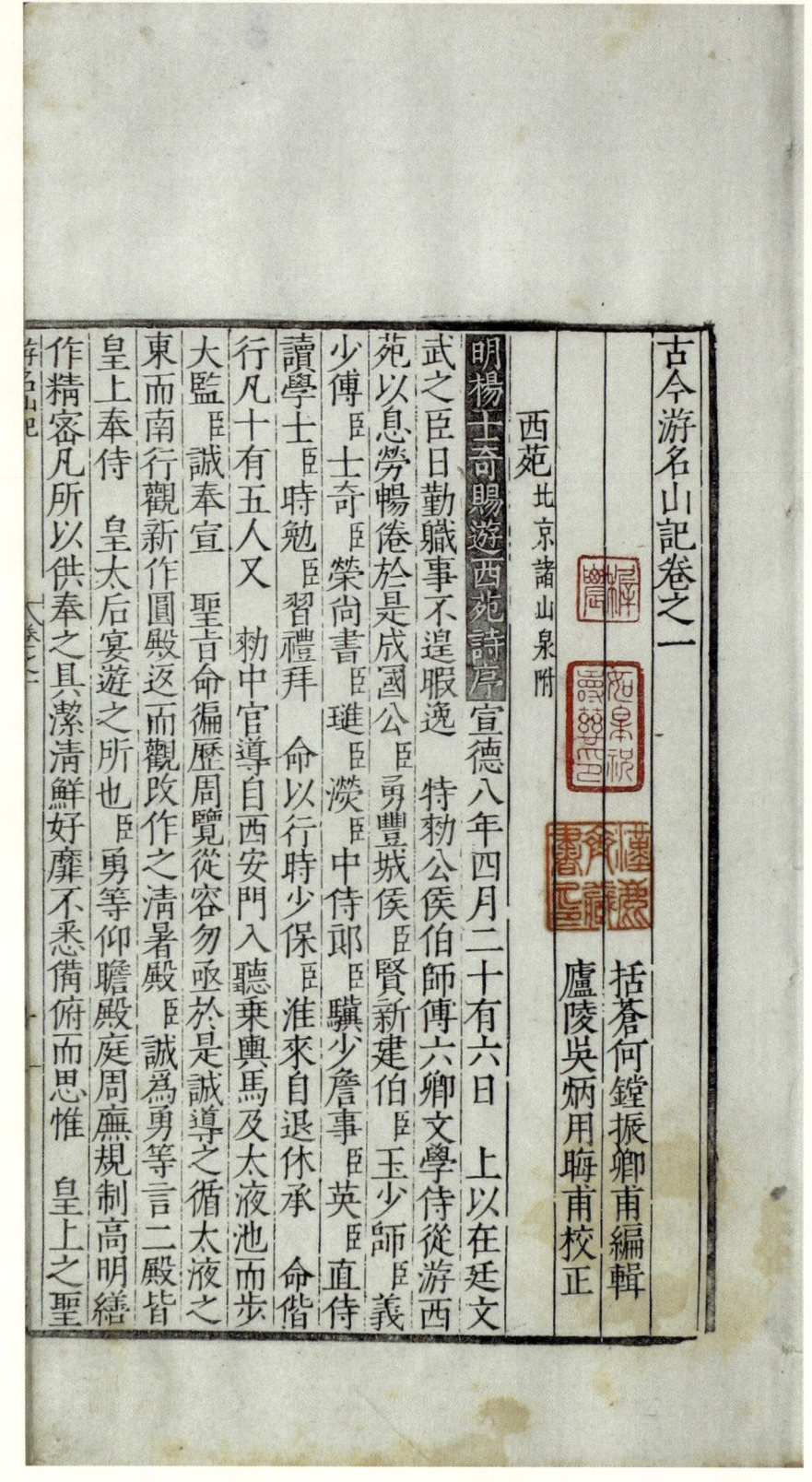

84　古今游名山記十七卷總錄一卷
[明]何鏜編輯　[明]吳炳校正　明嘉靖四十四年(1565)括蒼何氏自刻本　二十冊

匡高20.0釐米，廣14.0釐米。半葉十四行，行二十七字。白口，左右雙邊，單白魚尾。有"穉農""如皋祝壽慈藏書印""穉農過眼""漢鹿齋藏書印""李氏敦好堂藏書記"等印。

游名山記序

天下之文繁矣必精擇而後行猶名山焉先知其夷險乃可登也履夷避險而不遺曲折其見道之明者乎升高自卑而不由旁徑其遵路之正者乎尋繹光景萬象呈新觴詠真率威儀惟謹斯善遊者矣惟學亦然故曰致廣大而盡精微極高明而道中庸溫故而知新敦厚以崇禮未有尊德性而遺道問學者也朱子曰沉酣文藝反蔽良心陸子曰束書不觀浮談無根數言

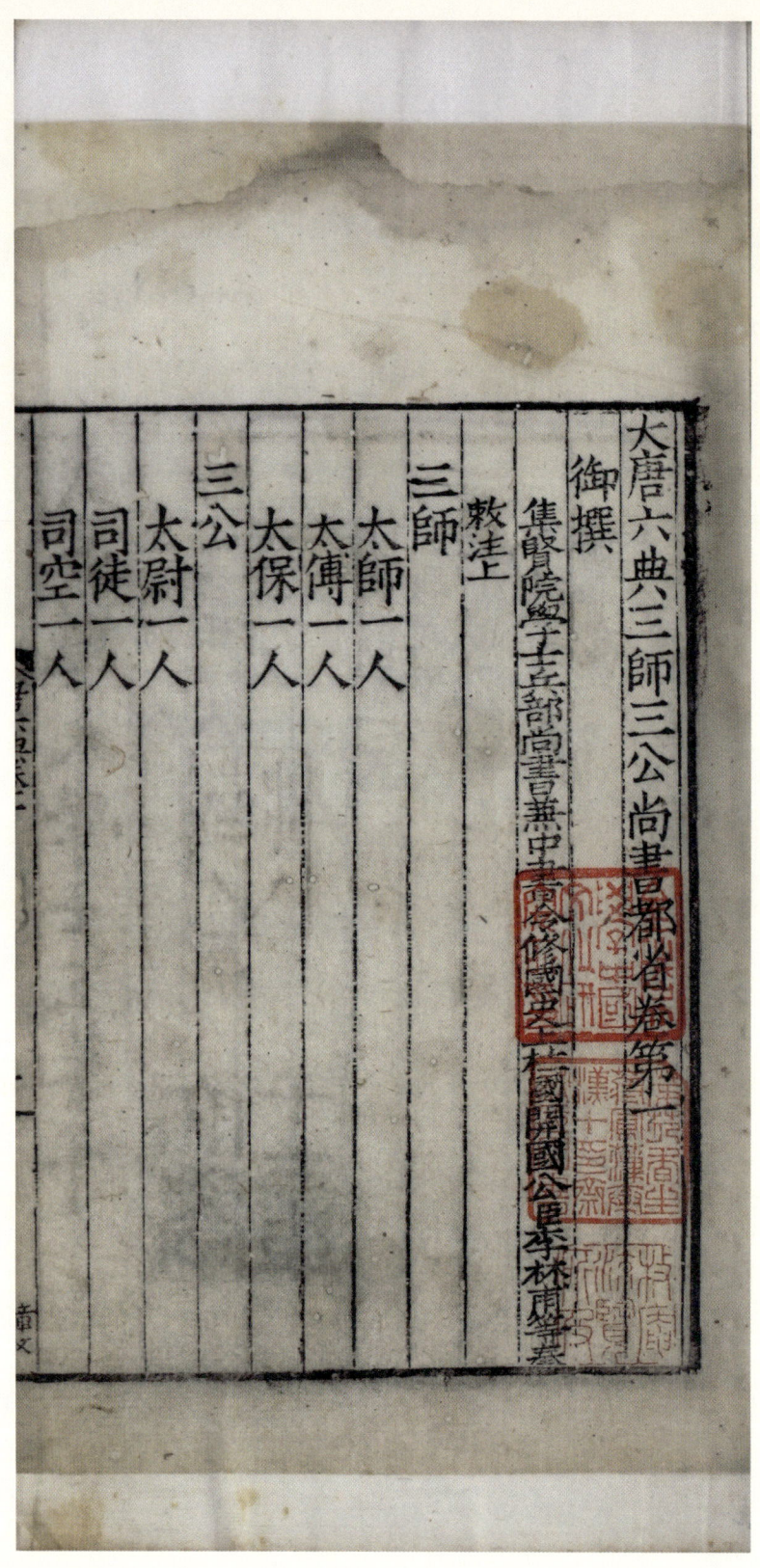

85 大唐六典三十卷

[唐]李隆基撰 [唐]李林甫等注 明正德十年(1515)席書、李承勛刻本 八册

匡高18.7釐米,廣13.6釐米。半葉十二行,行二十字,小字雙行同。白口,左右雙邊,單黑魚尾。有"吴翌鳳枚庵氏珍藏""枚庵流覽所及""茂苑香生蔣鳳藻秦漢十印齋祕篋圖書"等印。

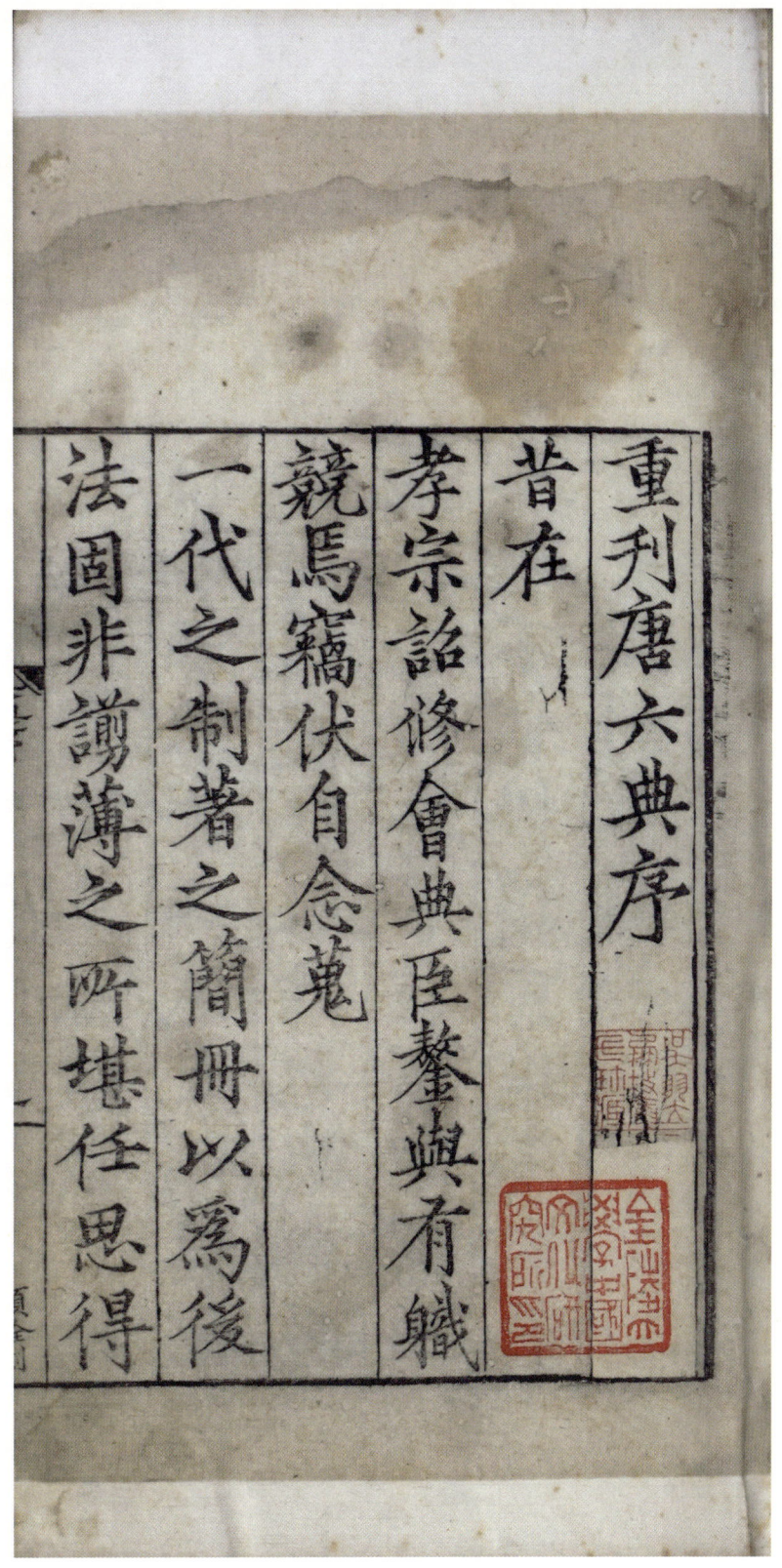

重刊唐六典序

昔在

孝宗詔修會典臣鰲與有職

競焉竊伏自念蒐

一代之制著之簡冊以為後

法固非謭薄之所堪任思得

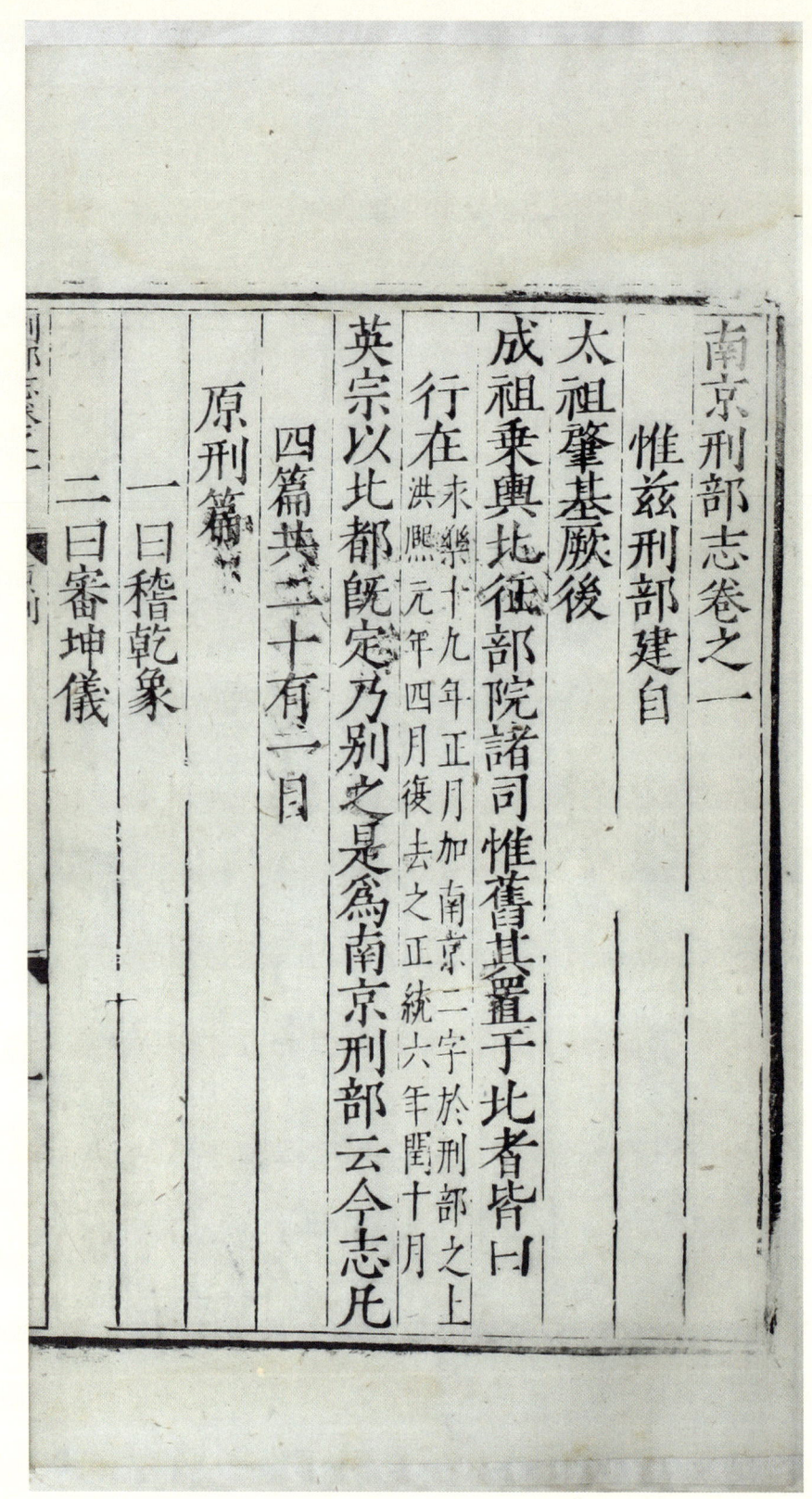

86　南京刑部志四卷首一卷

[明]龐嵩等纂　明嘉靖三十五年(1556)山東清吏司刻本　八册

匡高21.5釐米,廣15.6釐米。各卷行款不一。卷一半葉十行,行二十字,小字雙行同。卷三半葉十行,行二十四字,小字雙行同。卷首、卷四爲表,上下三至四欄。白口,四周雙邊,雙黑魚尾。

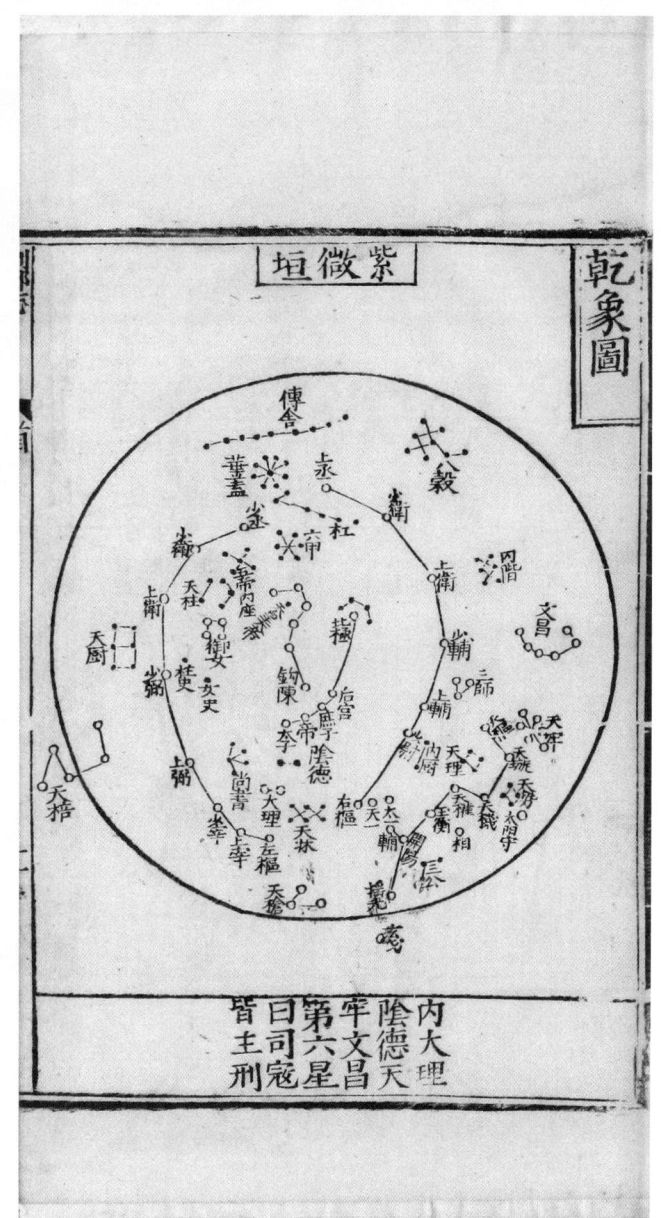

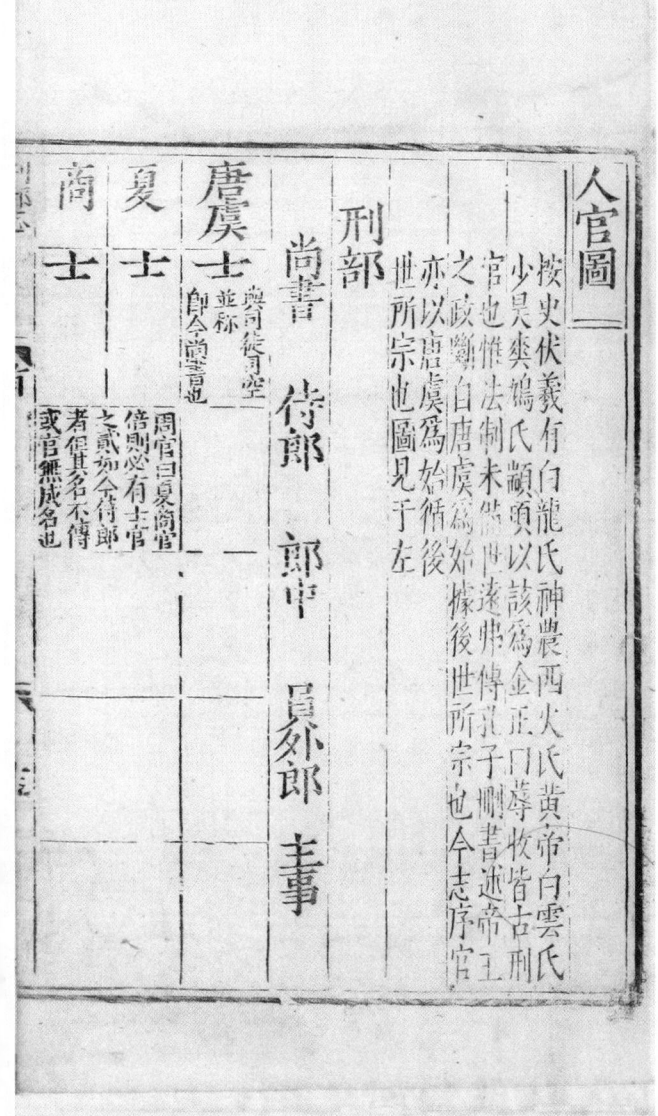

87 南雍志二十四卷

[明]黃佐纂 明嘉靖二十三年(1544)南京國子監刻本 六冊

匡高 21.7 釐米，廣 14.7 釐米。半葉十行，行二十字，小字雙行同。白口，四周雙邊，單黑魚尾。

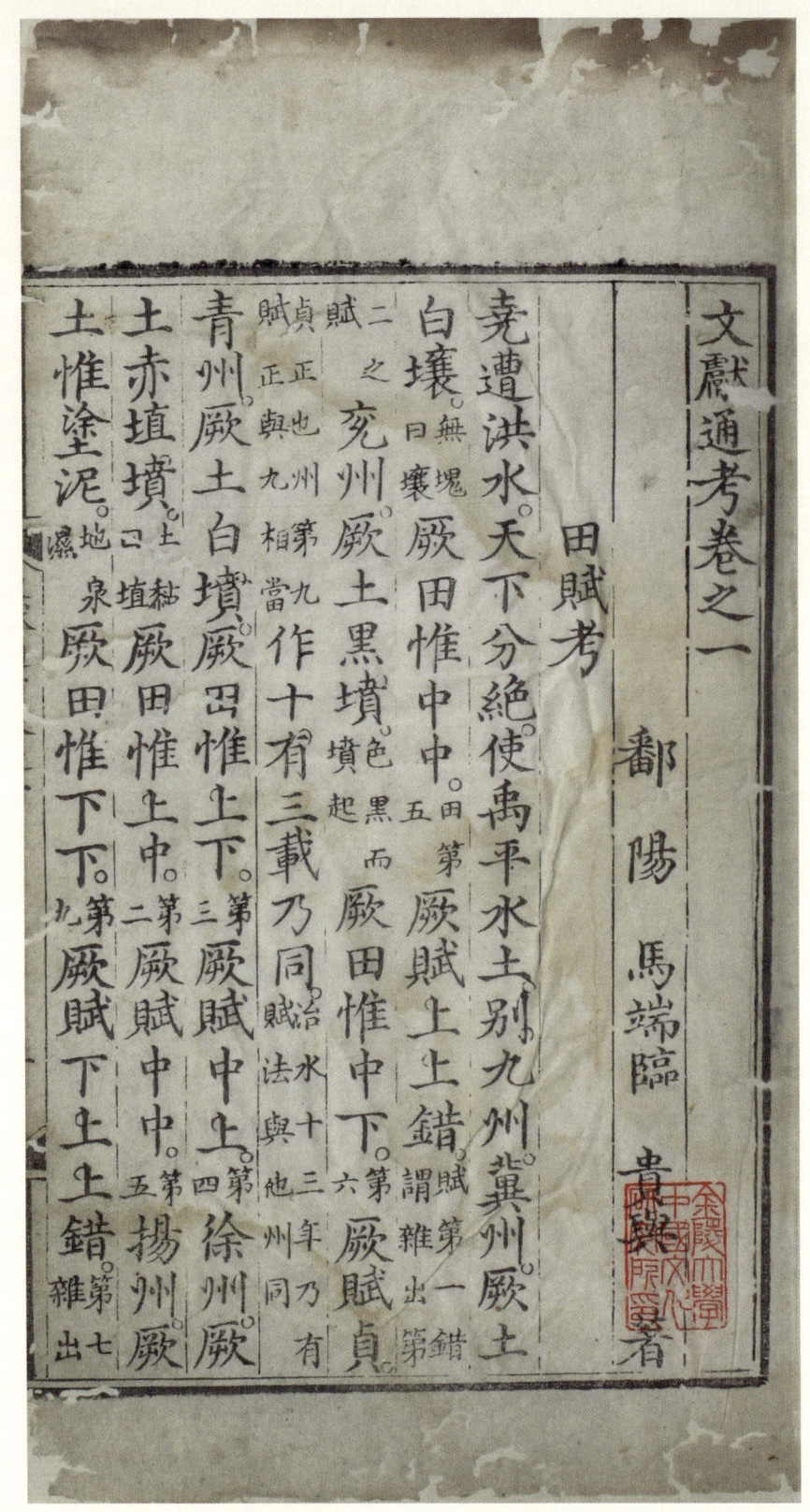

88　文獻通考三百四十八卷
[元]馬端臨撰　明嘉靖三年(1524)司禮監刻本　一百冊

匡高25.4釐米，廣17.3釐米。半葉十行，行二十字，小字雙行同。大黑口，四周雙邊，雙黑魚尾。有"廣運之寶""周氏家藏圖書"等印。

御製重刊文獻通考序

孔子有言夏禮吾能言之。杞不足徵也。殷禮吾能言之。宋不足徵也。文獻不足故也。夫三代之法制大備於成周。孔子蓋深致意焉。

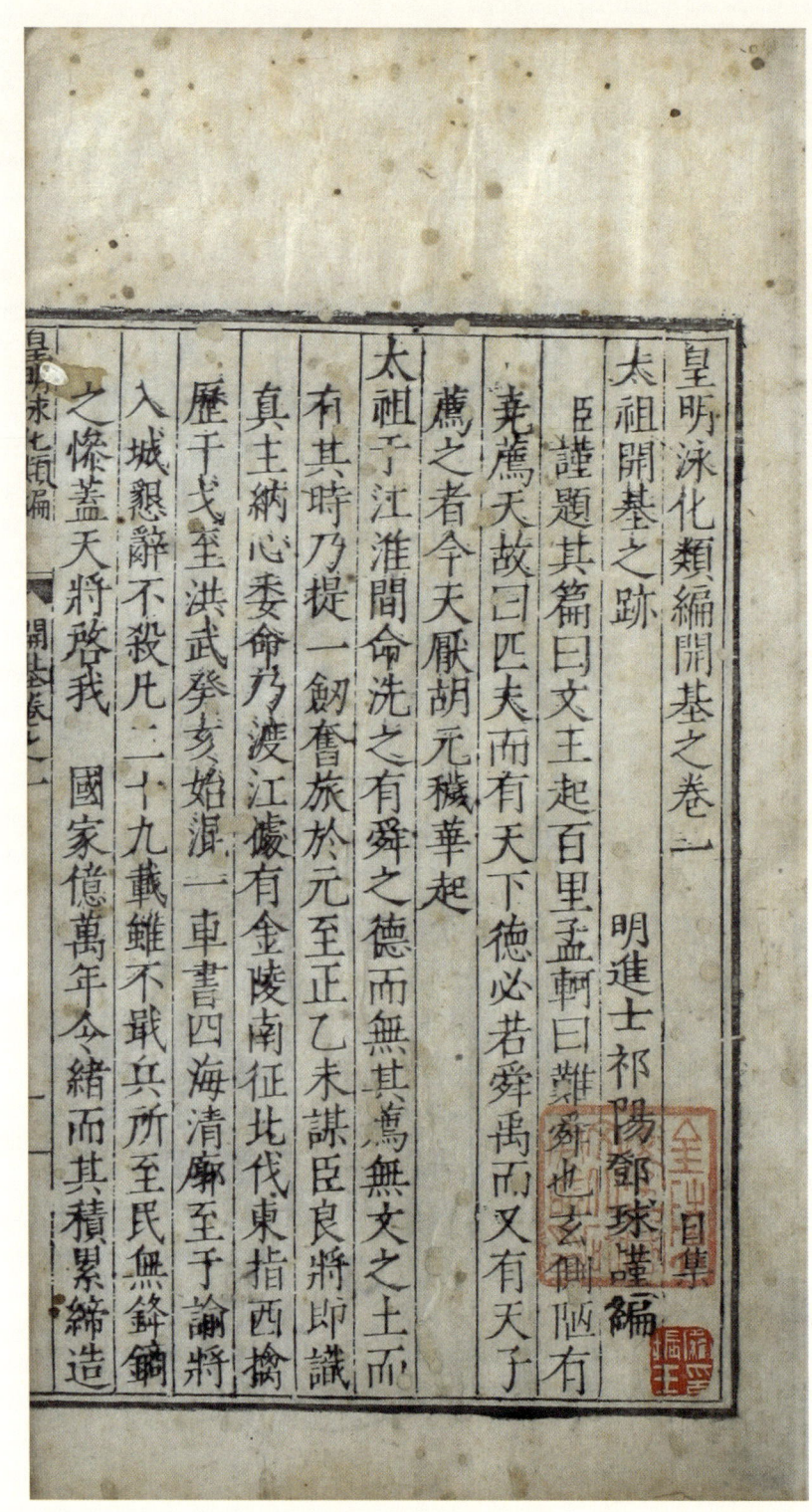

89 皇明泳化類編一百三十六卷
[明]鄧球編 明隆慶刻清補鈔本 四十册

匡高20.0釐米,廣13.4釐米。半葉十一行,行二十二字,小字雙行同。白口,四周雙邊,單黑魚尾。有"明善堂覽書畫印記""安樂堂藏書記""羅振玉印""唐風樓"等印。書前有羅振玉題記。

殊域週編 一百三十六卷　明嚴從簡撰隆慶庚午刊本

明史藝文志邢玠殊域週編一百三十二卷禮化三卷
天啟甲子跋球上倭即從簡週十七卷此本列至二十卷以日本
倭山河北亭郭居卷太平正亞氏郡所上萬年書二十卷編說不歎
玉夫紅番一百三十六卷出日字至辛字一百三十二卷為二十場書字四卷
為劉步而子祖祀万緬編或出時別行此紀載當贅書關上
當紀事目聯視見凌戶堂書目載此書低一百卷張不足本
此本有明黃塋堂書畫印記及安樂堂藏書三印光緒甲戌
得上南海孔氏戌申三月上雲罷據壬題記
　　　　　　　　　[印]

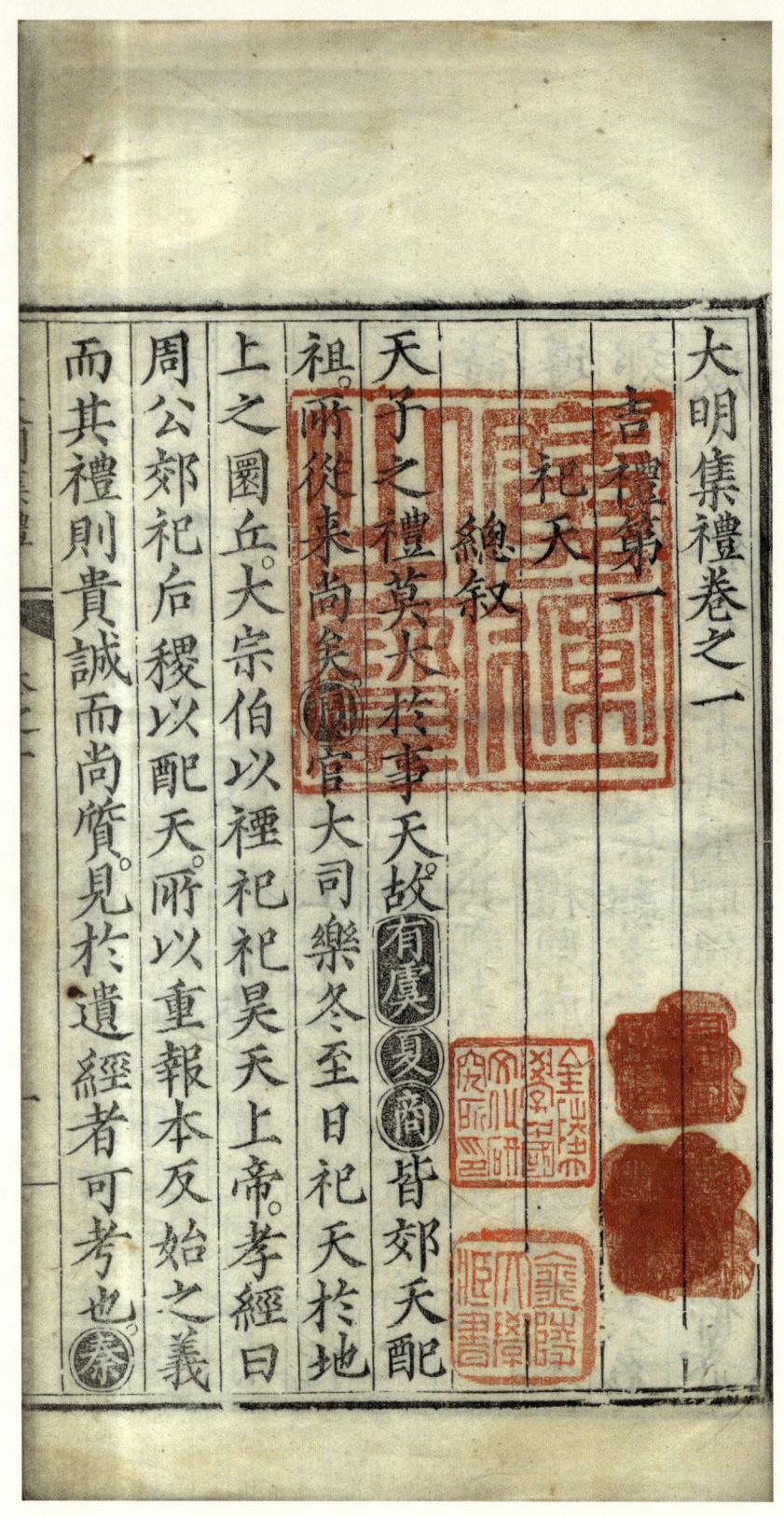

90 大明集禮五十三卷
[明]徐一夔、梁寅等纂修 明嘉靖九年(1530)内府刻本 三十六册

匡高24.5釐米,廣17.3釐米。半葉九行,行十八字,小字雙行同。白口,四周雙邊,單黑魚尾。版心有字數。有"廣運之寶""文淵閣校理翰林院編修吳省蘭印"等印。

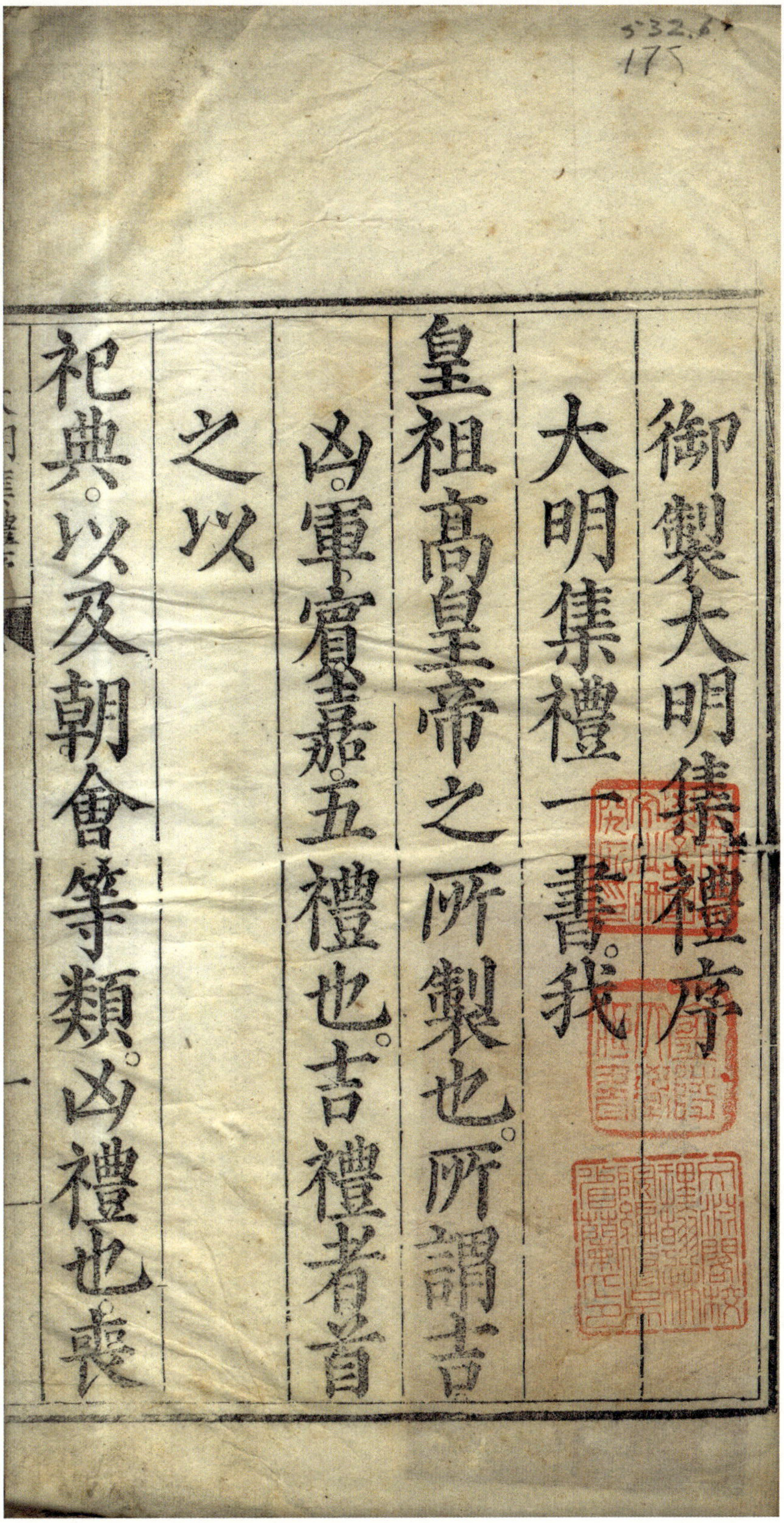

御製大明集禮序

大明集禮一書。我

皇祖高皇帝之所製也。所謂吉

凶軍賓嘉五禮也。吉禮者首

之以

祀典。以及朝會等類。凶禮也。喪

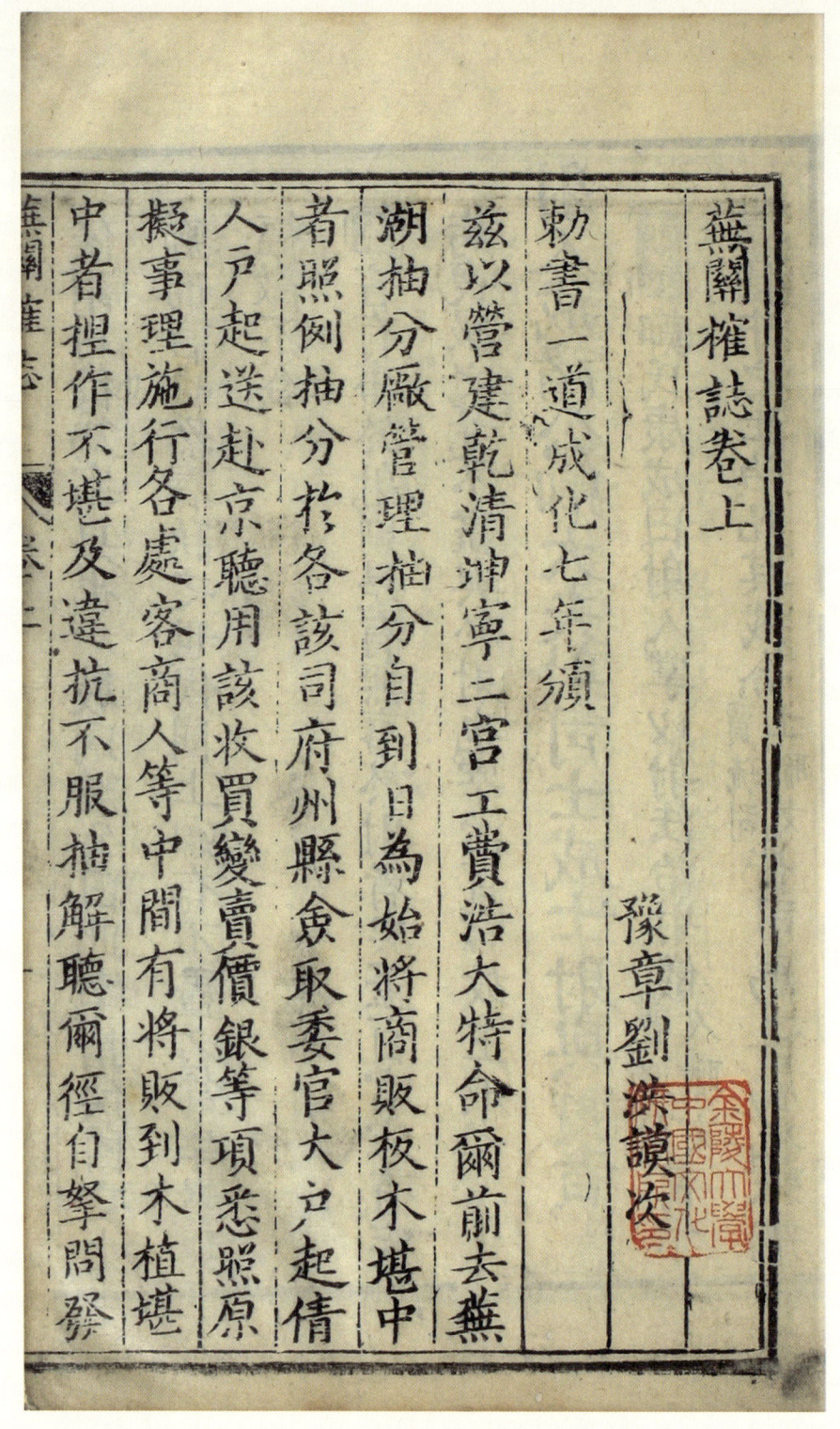

91　蕪關榷誌二卷
　　[明]劉洪謨撰　明萬曆刻清增修本　四冊

匡高 23.2 釐米，廣 14.8 釐米。半葉九行，行二十字。白口，四周雙邊，單黑魚尾。

蕪關榷誌序

壬寅秋仲不佞承乏蕪關首閱關誌稅則蓋
郭豫和所訂徐四明續刻成帙者顧亦稅則耳沿
革無考也待罪一年或註誤而改絃或蹟跋而稽
牒甚或逃稅反噬請誌無憑著繕近卷詢諸商
應之而巳私心竊慨焉因搜舊誌得王義烏全帙
鄭金陵殘帙語各雜沓剡嘉隆時故事耳由今視
昔若燕越蒼素然昌稽乎夫文獻無徵夏商禮替
剡責稅於商迹奇心隱可無據與可無據與余再三

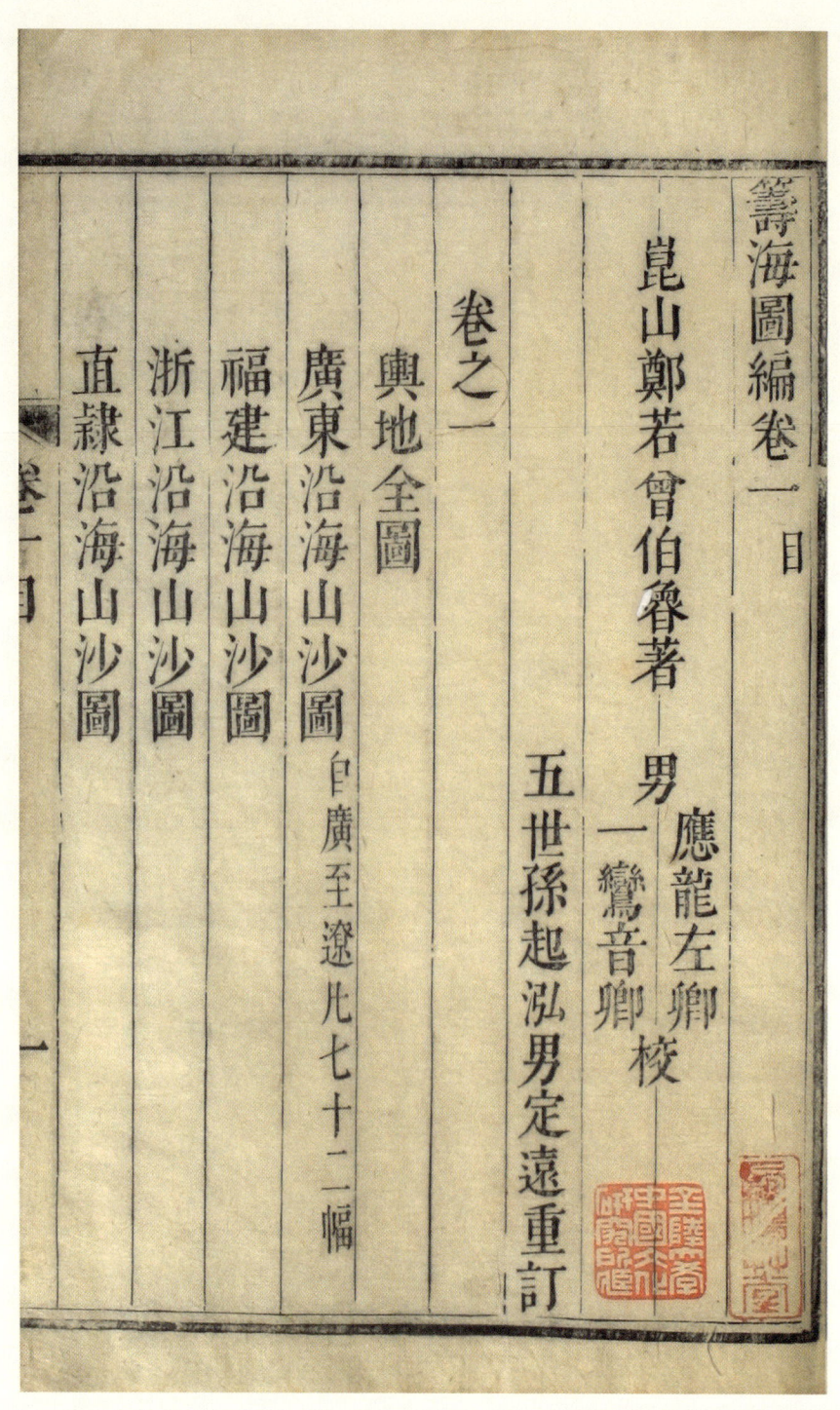

92 籌海圖編十三卷

[明]鄭若曾撰 [清]鄭起泓、鄭定遠重訂 清康熙三十二年(1693)鄭起泓刻本 二十四册

匡高22.0釐米，廣15.7釐米。半葉十行，行二十字，小字雙行同。白口，四周雙邊，單黑魚尾。有"西疇艸堂""天章""棟"等印。

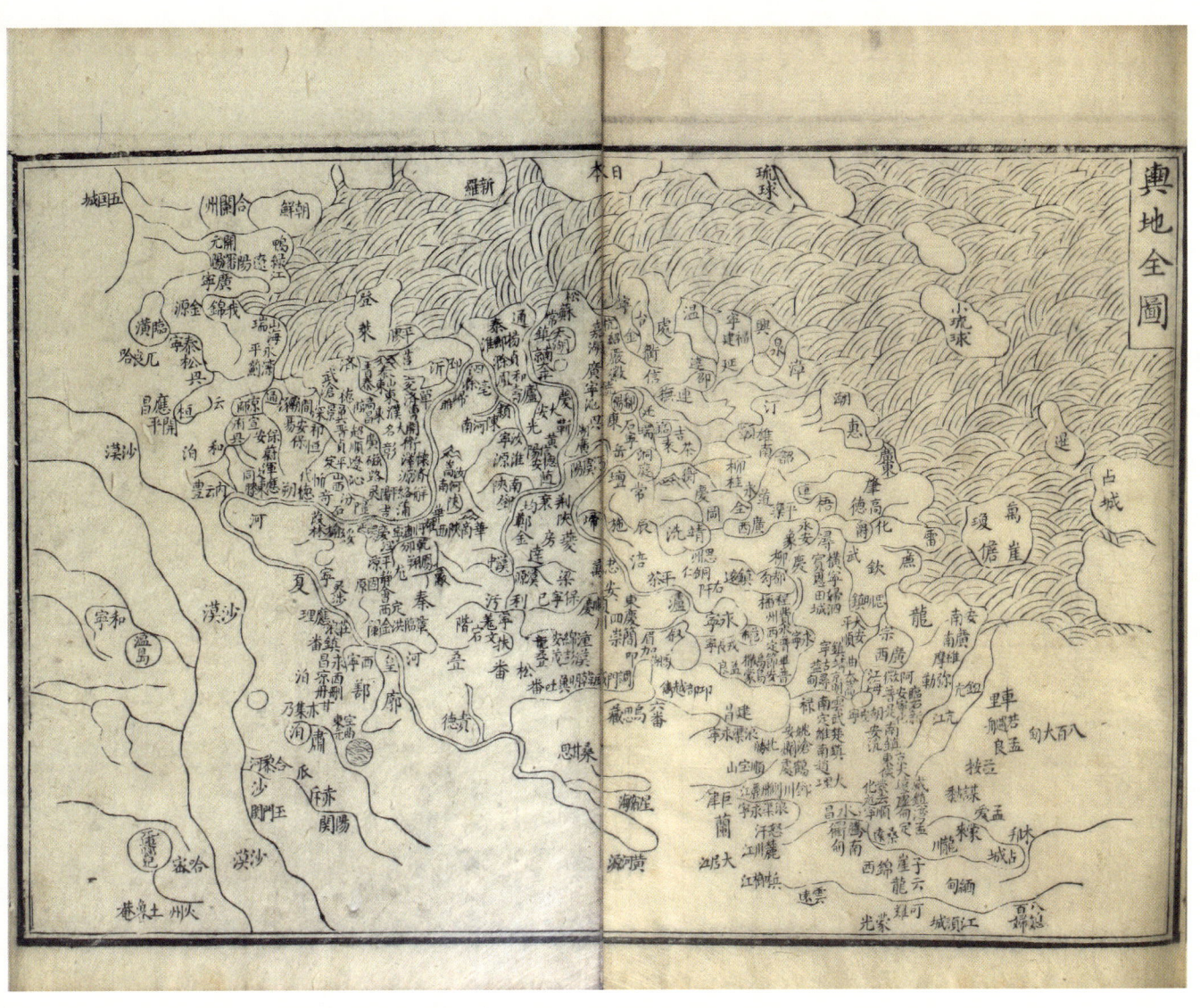

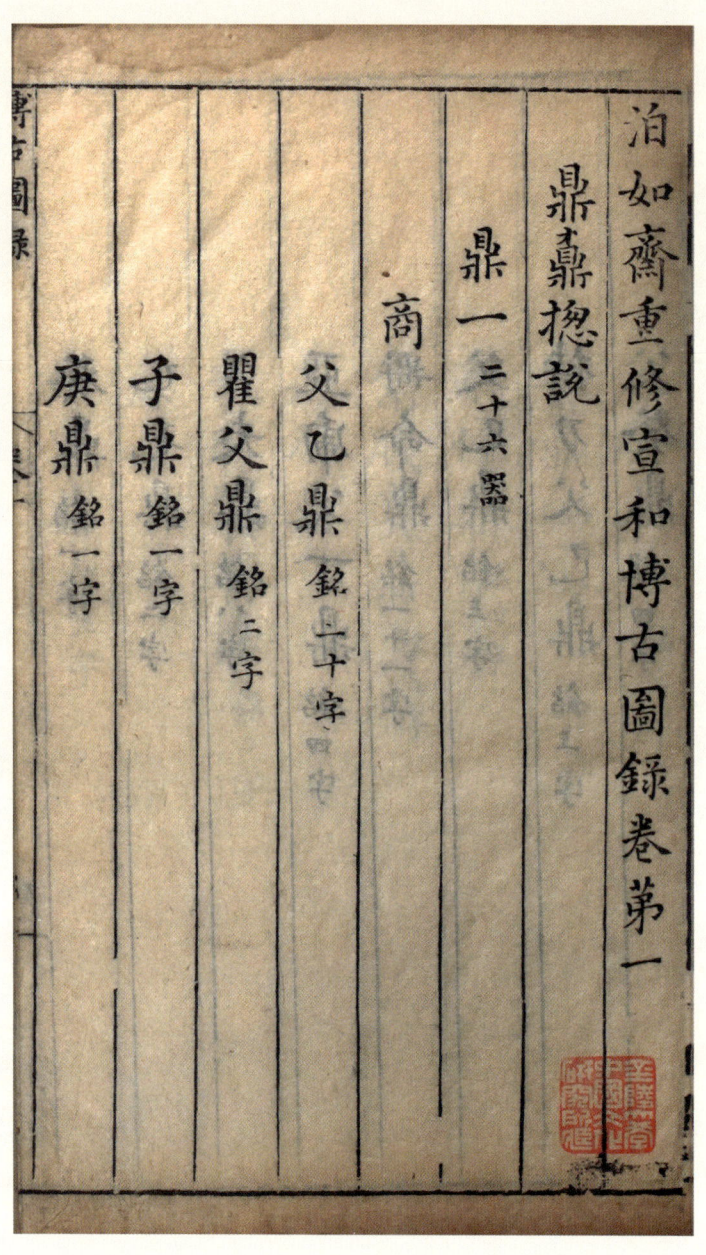

93 泊如齋重修宣和博古圖録三十卷
［宋］王黼等奉敕編 ［明］劉然書録 ［明］丁雲鵬、吳羽繪圖 明萬曆十六年（1588）泊如齋刻本 十六册

匡高24.6釐米，廣15.6釐米。半葉八行，行十七字。白口，四周單邊，單白魚尾。書中鐫"黃德時刻"。有"夏廬所藏金石書畫圖籍"印。

商父乙鼎

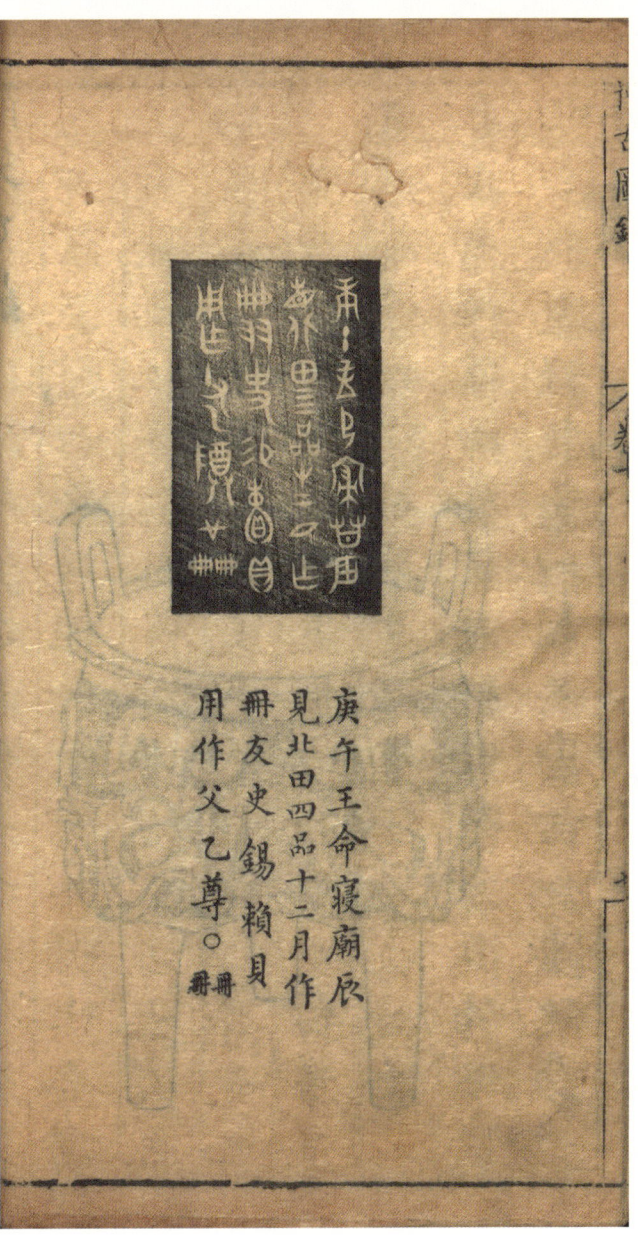

庚午王命寢廟辰
見北田四品十二月作
冊友史錫賚貝
用作父乙尊。
冊冊

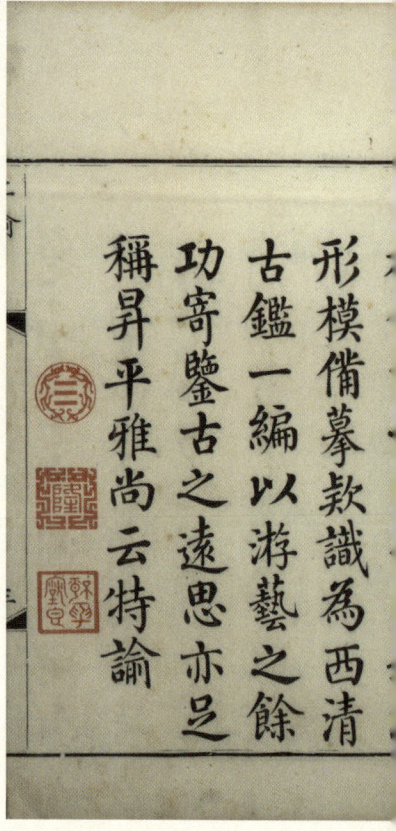

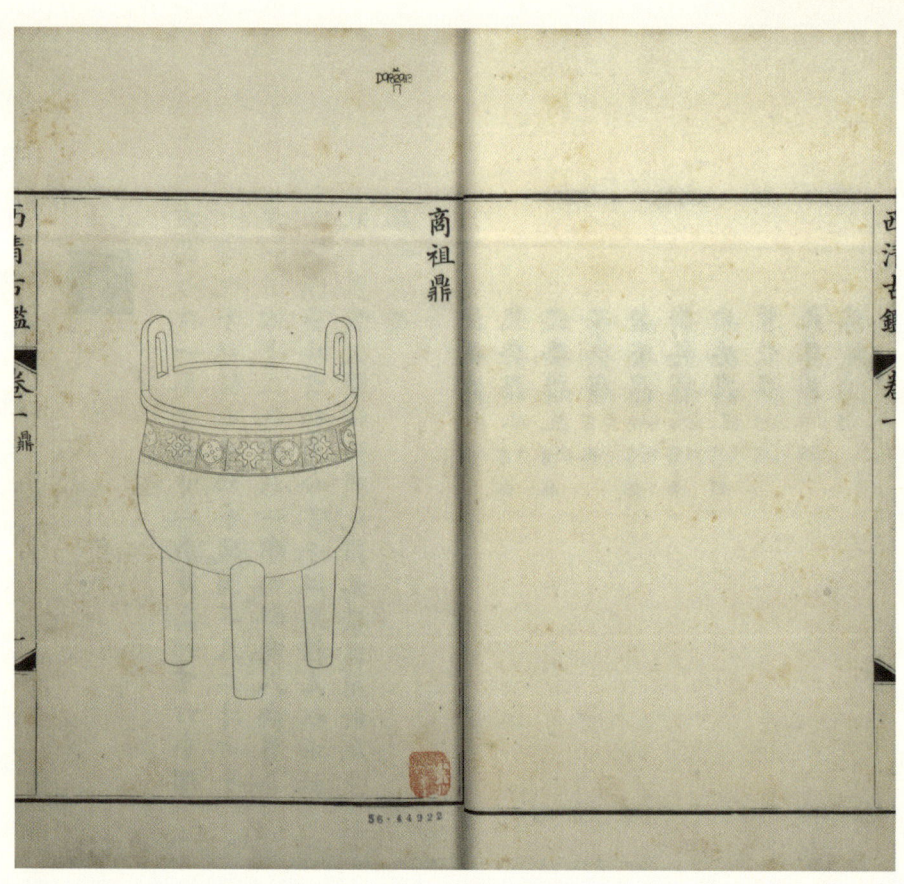

94 西清古鑑四十卷附錢錄十六卷
[清]梁詩正等纂修 清乾隆二十年(1755)內府刻本 四十四冊

匡高29.5釐米,廣22.6釐米。半葉十行,行十八字。白口,四周雙邊,雙黑魚尾,無行格。

題品夷考舊圖多所未載因思古器顯晦有時及今不為之表章載之簡牘考索者其奚取徵焉爰命尚書梁詩正蔣

右高七寸一分深四寸八分耳高一寸六分濶一寸九分口徑七寸四分腹圍二尺二寸七分重一百四十三兩銘凡一字曰祖商人尚質其詞固應爾按書稱用命賞于祖周禮左祖右社故許慎說文謂祖始廟也鼎為祭器用於廟中銘祖宜矣

商父乙鼎一

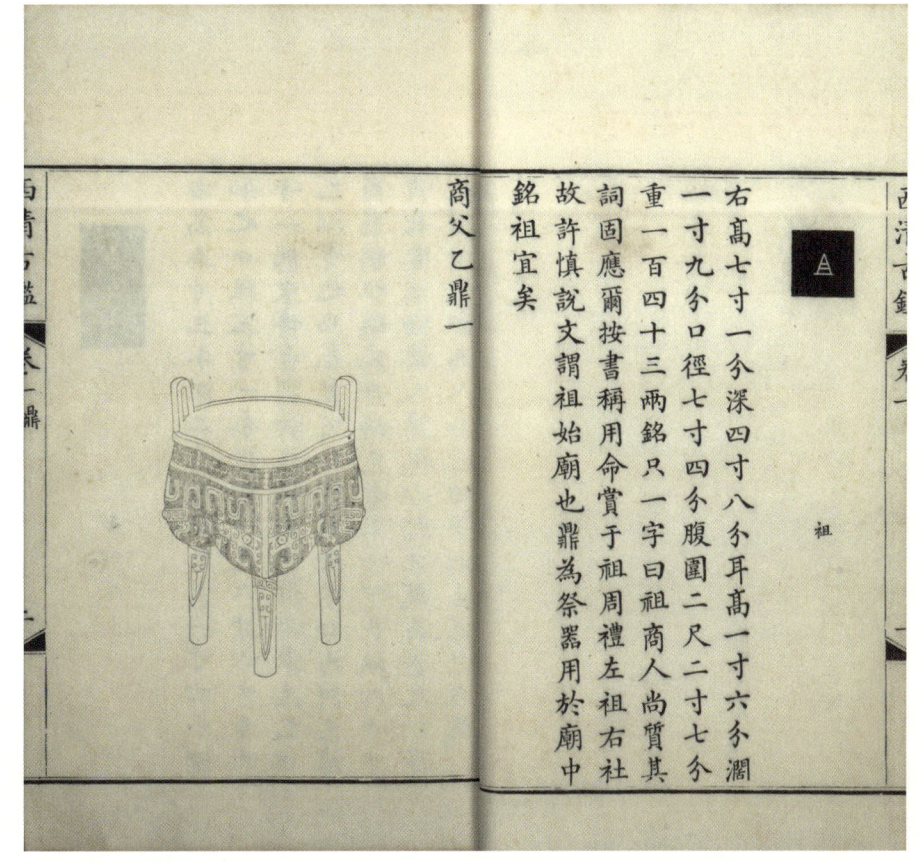

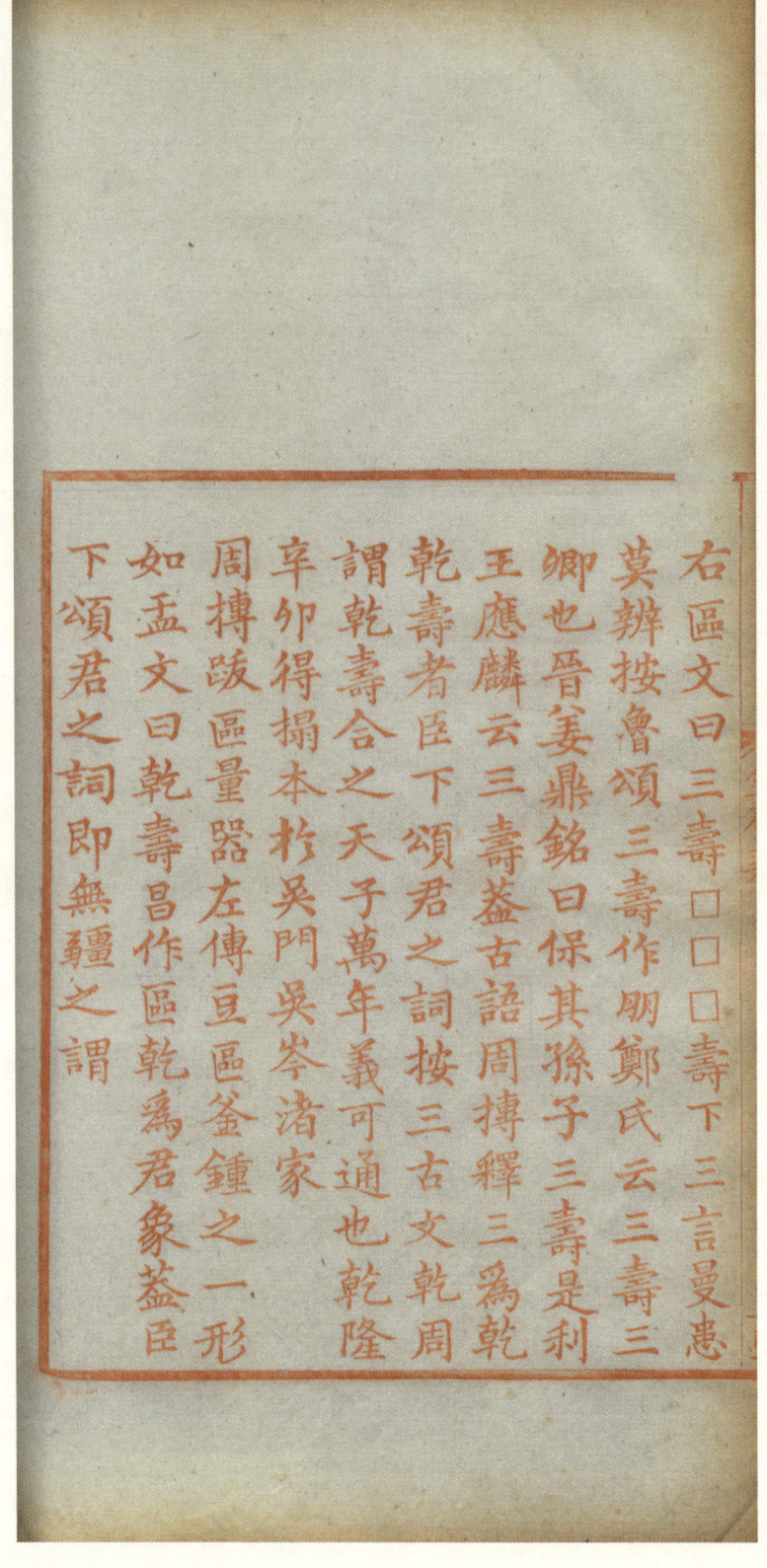

95 重定金石契不分卷

[清]張燕昌撰 清乾隆四十三年(1778)紅印本 三册

匡高17.2釐米,廣14.1釐米。半葉十行,行十五字,小字雙行同。白口,四周單邊,單魚尾。

重定金石契

區一
乾壽

海鹽張燕昌過眼

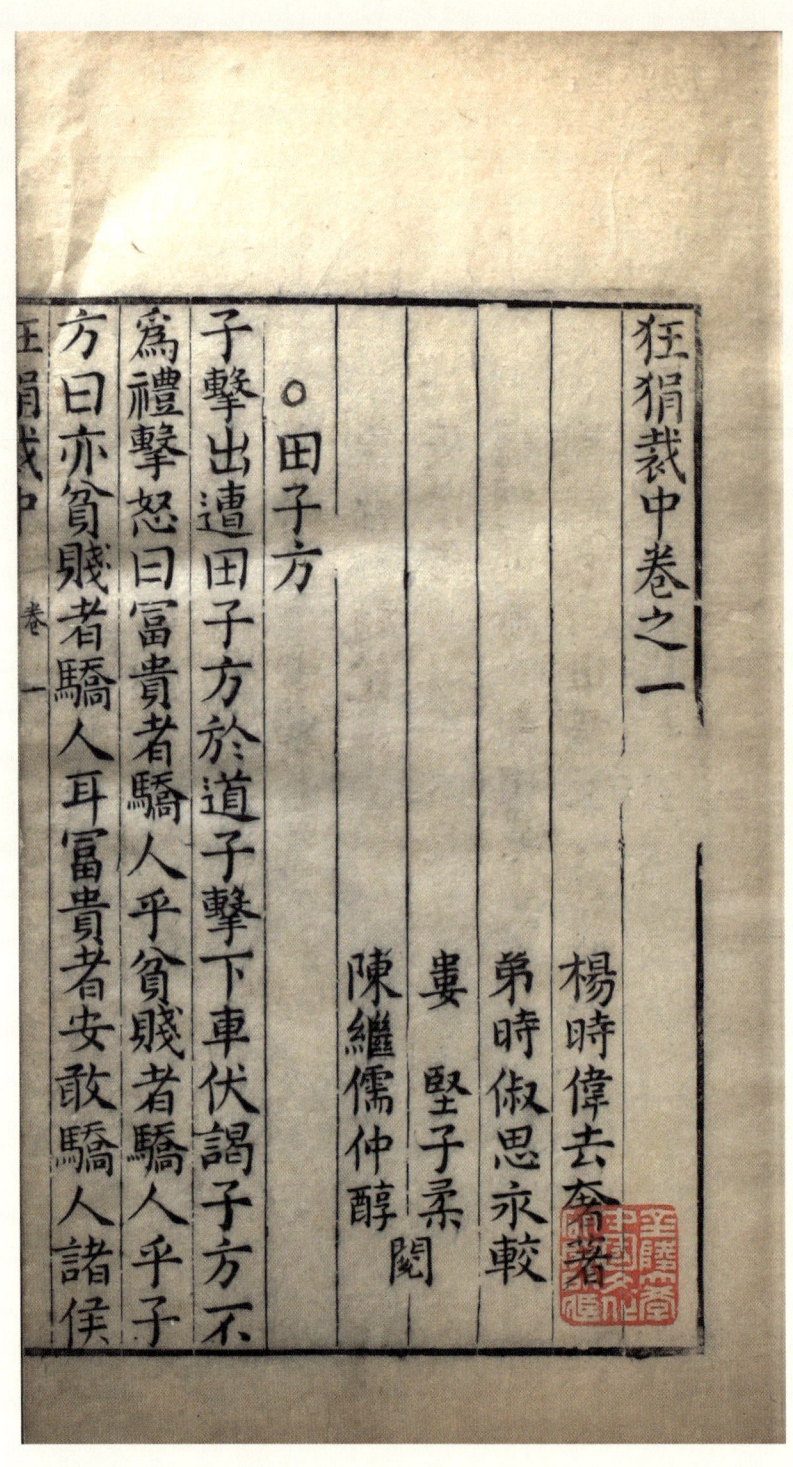

96 狂狷裁中十卷
[明]楊時偉著 [明]楊時儆校 明天啓六年(1626)刻本 十册

匡高19.1釐米，廣12.8釐米。半葉九行，行十八字。白口，四周單邊，無魚尾。有"洪氏雙橋珍藏""四川成都茹古書局記"等印。

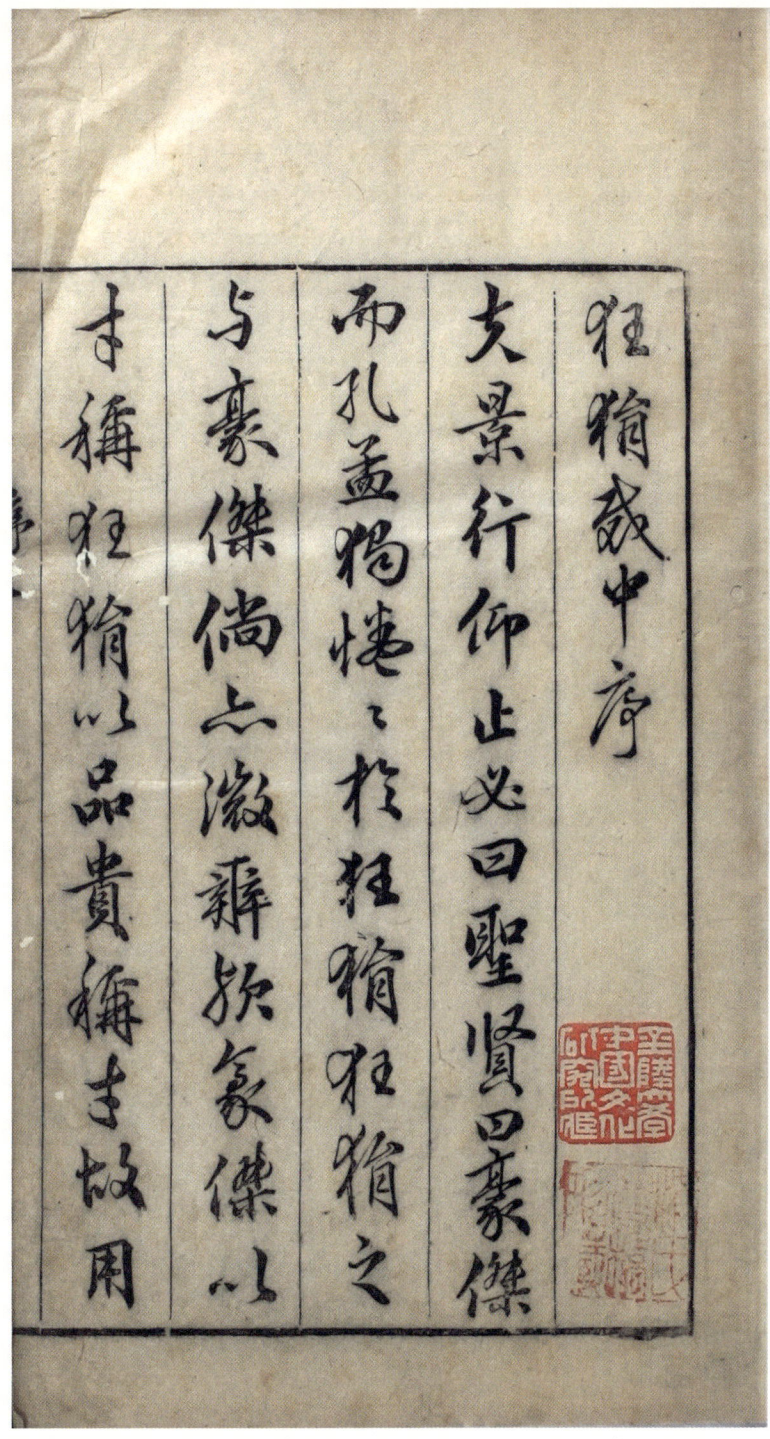

狂狷歲中序

夫景行仰止必曰聖賢曰豪傑
而孔孟獨惓惓於狂狷狂狷之
与豪傑倘去激薄欣豪傑以
才擅狂狷以品貴梅子故用

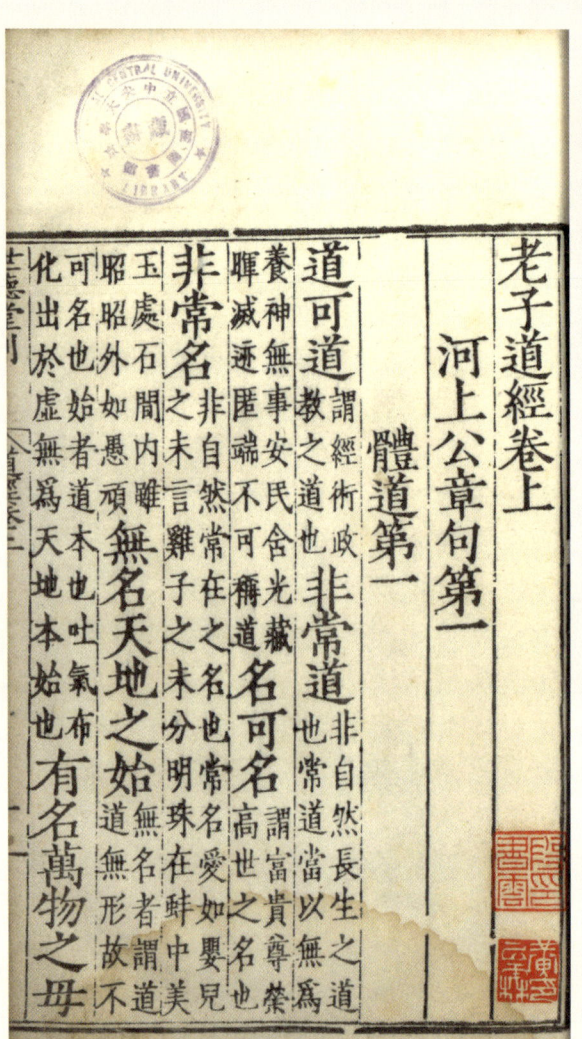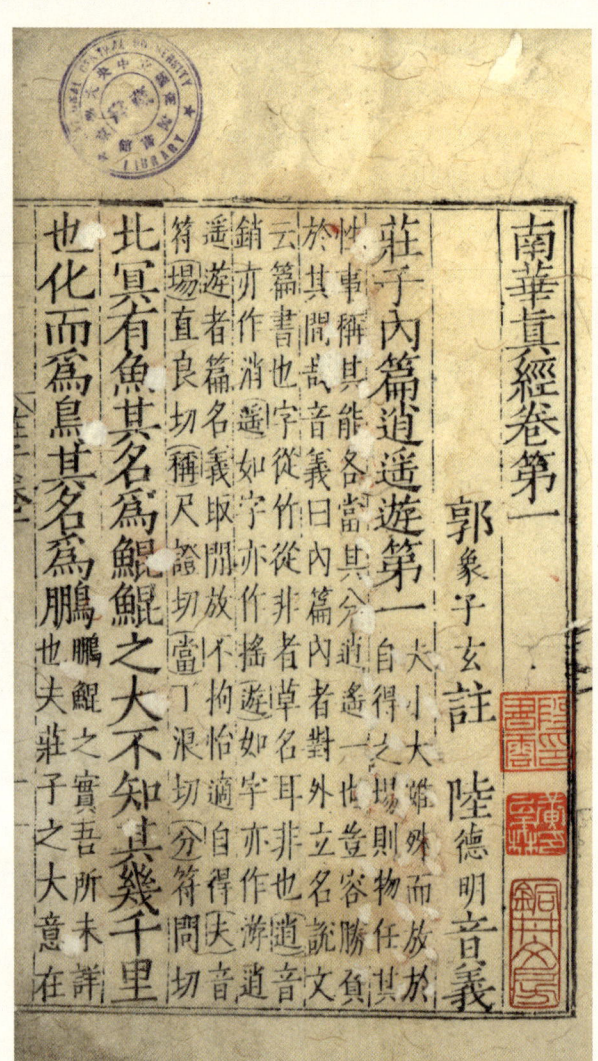

97　六子書六種六十卷

[明]顧春輯　明嘉靖十二年(1533)吳郡顧氏世德堂刻本　四十冊

匡高 19.5 釐米，廣 14.2 釐米。半葉八行，行十七字，小字雙行同。白口，四周雙邊，單白魚尾。有"段書雲印""黃以霖印""莫棠之印""楚生""銅井文房""天外""顧章都廣"等印。

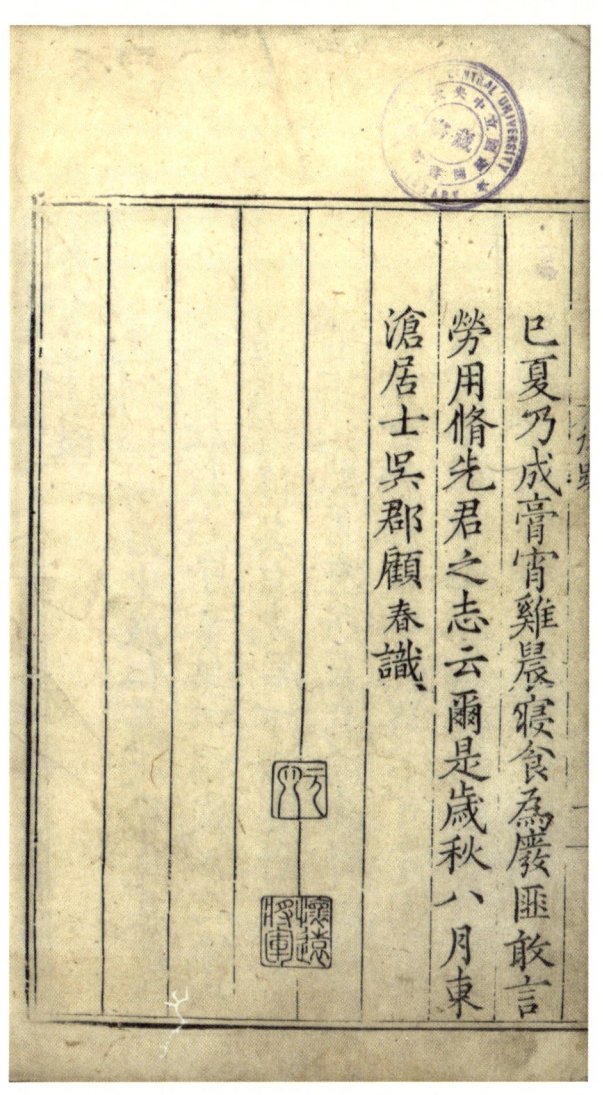

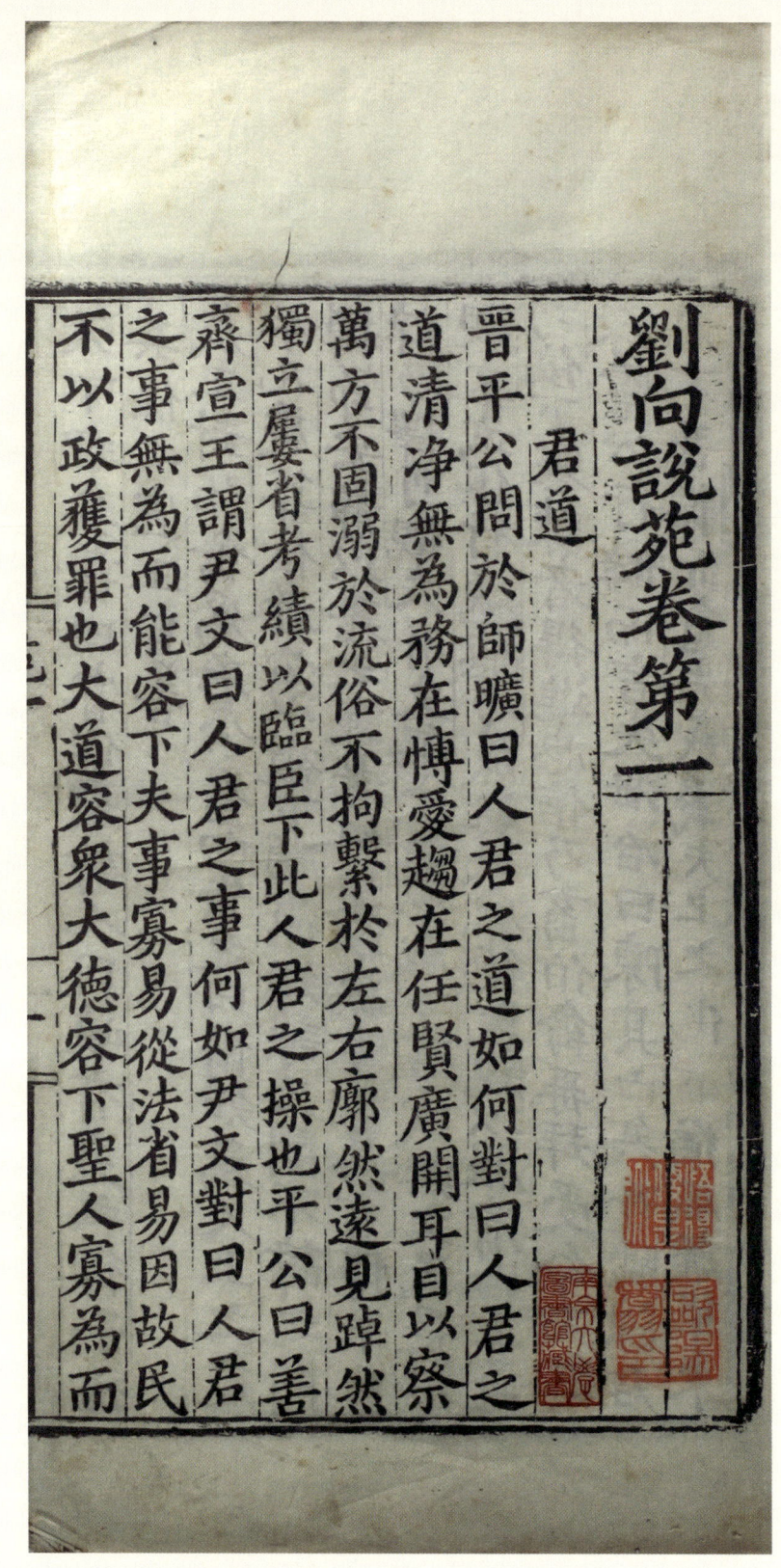

98 劉向說苑二十卷

[漢]劉向撰 明洪武內府刻本 三冊

匡高26.0釐米,廣17.3釐米。半葉十行,行十九字。粗黑口,四周雙邊,無魚尾。有"謙牧堂書畫記""謙牧堂藏書記""无竟先生獨志堂物""海曲馬氏""暫得于己""歐陽燾印""悟得便是道""學然後不知足"等印。

劉向說苑序

南豐曾鞏

劉向所序說苑二十篇崇文總目云今存者五篇餘皆亡臣從士大夫間得之者十有五篇與舊為二十五篇正其脫謬疑者闕之而敘其目曰向采傳記百家所載行事之迹以為此書奏之欲以為法戒然其所取或有不當於理故不得而不論也夫學者之於道非知其大略之難也知其精微之際固難矣孔子之徒三千其顯

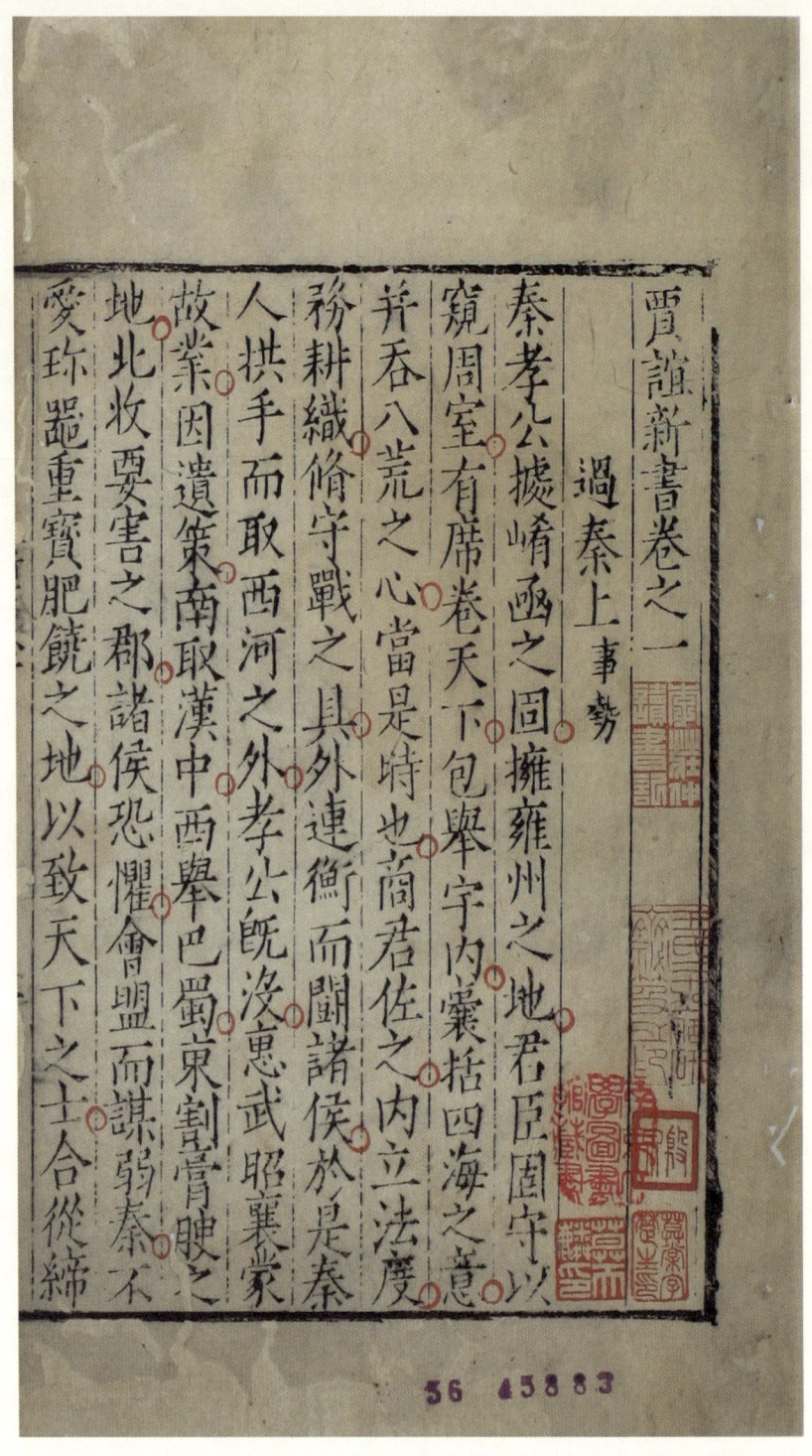

99 賈誼新書十卷

[漢]賈誼撰 明刻本 四册

匡高17.2釐米，廣13.3釐米。半葉十行，行十八字。白口，左右雙邊，無魚尾。有"王氏二十八宿硯齋藏書之印""秀州王氏珍藏之印""王氏二十八宿研齋祕籍之印""獨山莫氏所藏""獨山莫氏銅井文房藏書印""莫棠字楚生印""莫天麟印""海虞朝棟莊仲寶藏""李莊仲讀書記""殷泉"等印。書前有獨山莫棠朱筆題記。

抱經堂引校各本賈誼新書　建本　宋刻至年月目錄後有建寧陳八郎書　潭本　宋淳
　　　　　　　　　　　　　　　　　　　　　　　　　　　　　　　　　　熙
年長沙刻即從淳熙槧漕使　　　　　　　　　　　　　　　　　　　　　　　鋪印行二行　陸心源云乃麻沙本
本重刊題賈子　　吳郡沈頡本明宏治十六年刊　李空同本正德八年刻　　　　　　　　　　　　　　　　　　　一宋本皆
　　　　　　　　　　　　　　缺問讒篇　　　　　　　　重刻長本亦有李序二題
賈子蓋李本　　陸相本正德九年為長沙守刻有黃寶序即補刻唐熙　程榮本　何允中本
原出潭本也　　　　　　繕刻版　陸心源云原板當係元四同刻非宋槧　　　　　原陸本
　　　　　　成化癸卯喬繕本　當即李空同序所謂部穆得于樂平喬公刻之京師已復有　吉府本正德十
　　　　　　　繕刻者繕刻題即指宏治沈頡本　　　　　　　　　　　　　　　　　　五年刊題柳騙何孟春校注抱經云何本于文義不
有楊士即該或謂即陸相補　　　　　　　　何孟春本正德十五年刊題柳騙何孟春校注抱經云何本于文義不
刊本為吉府所得乎　　　　　　　　　　　　　　　　　　　　　　　　　　　
順者多竄改入于過秦論後補審取二篇　　胡維新本兩京遺編內　　
乃大戴記禮察篇文陸心源云何本最下　　　　　　　　　　　　後三本盧所未列
余得此舊刊新書于吳下以抱經所繫諸本校之與建本八九合陳本三四合舊鬻廠本有
前人搜成化喬繕本朱筆校艮革其所記行欵並同皆與正符毘則七即喬本或李空同所
謂之繕刻兩題為元刊者非也卷六卷七既譌頗有必其所授宋本缺頁之故其他實勝明代
尋常諸刻且為盧所未見之見流傳不多矣戌戌四月望夕裝畢題記

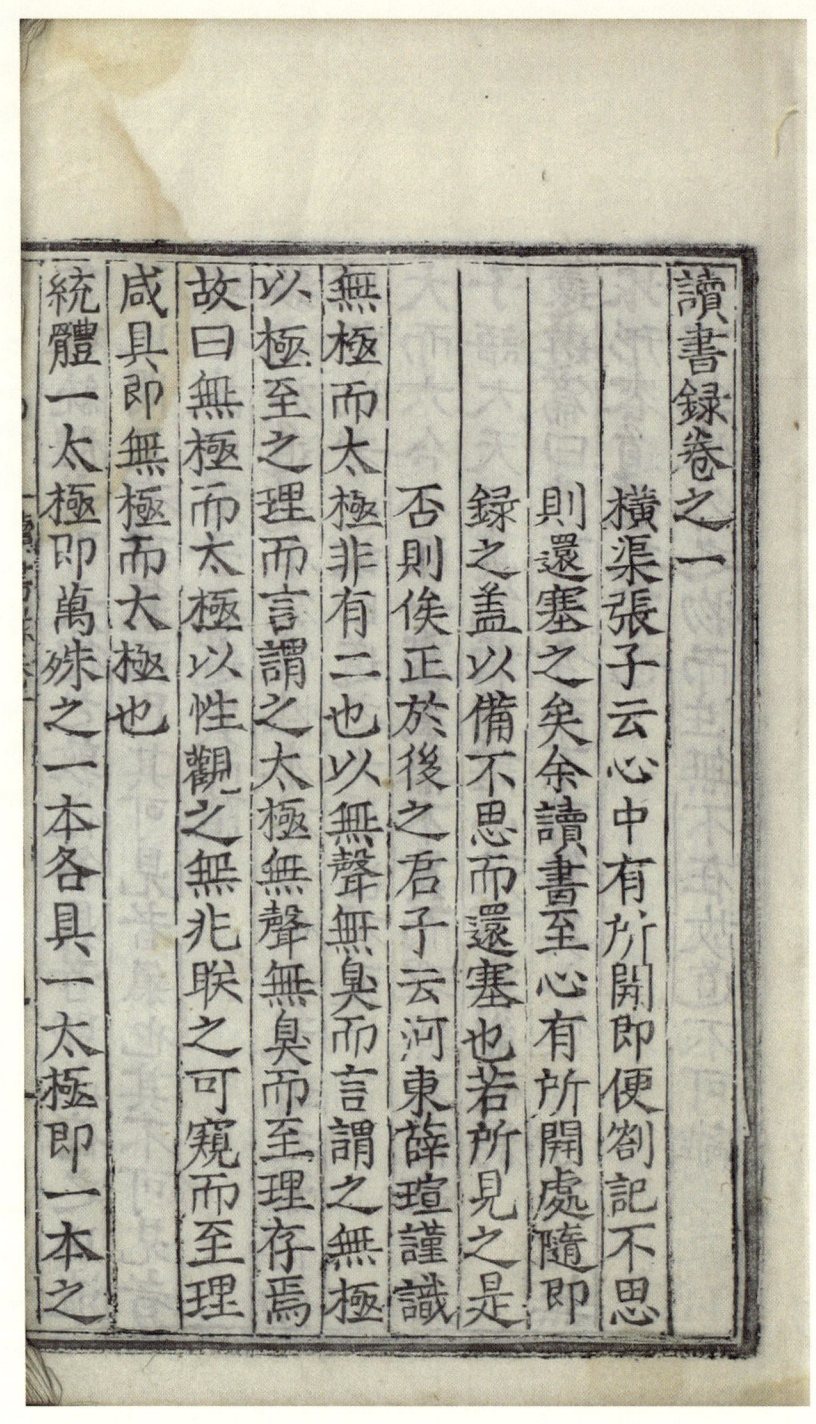

100 讀書錄十卷

[明]薛瑄撰　明正德十五年(1520)刻本　五册

匡高20.3釐米,廣13.9釐米。半葉十行,行二十字。白口,四周雙邊,無魚尾。

重刻讀書錄序

此敬軒薛先生讀書錄也先生博綜墳典究極
要領嘗慕橫渠之爲學精思不舍晝夜驗之於
心體之於身有得則筆之於紙日積月累以就
此編其言近其指遠其論事核而有中其教人
約而有序誠療饑之菽粟伐病之藥石也慨自
科舉之法既興而詞章之習寖盛世之所謂讀
書者競逐末而遺其本買櫝還珠之弊譬諸江
河日趨日下滔滔乎而不反也是故古之讀書
也以明心今之讀書也以喪忘古之學書也以

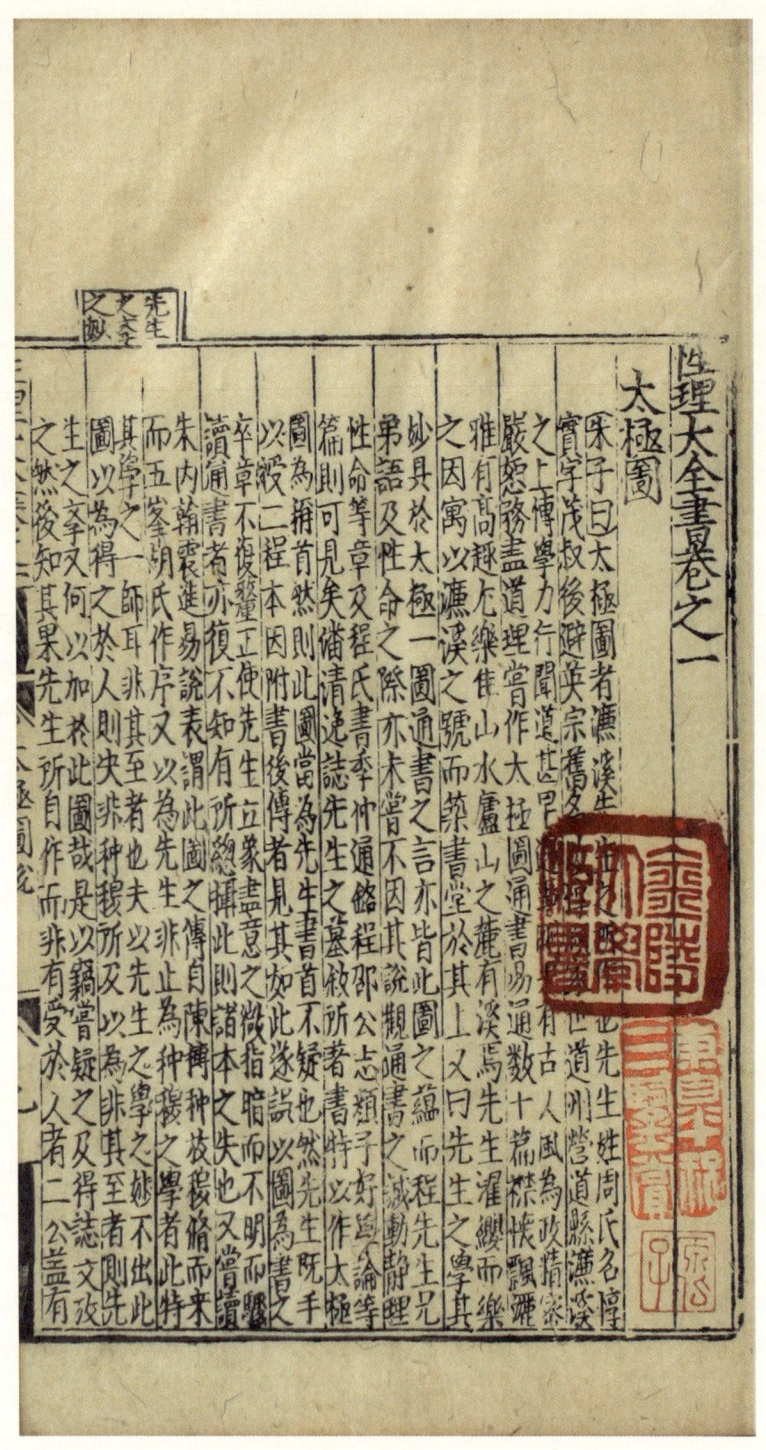

101 性理大全書七十卷
[明]胡廣、楊榮等纂 明嘉靖十二年(1533)葉氏作德堂重刻本 三十二册

匡高17.5釐米,廣13.1釐米。半葉十二行,行二十四字,小字雙行同。粗黑口,四周雙邊,雙黑魚尾。有"嘉靖十二年葉氏作德堂校正重刊"牌記。有"漢鹿齋藏書印""東皋祝三鑒賞""原化子"等印。

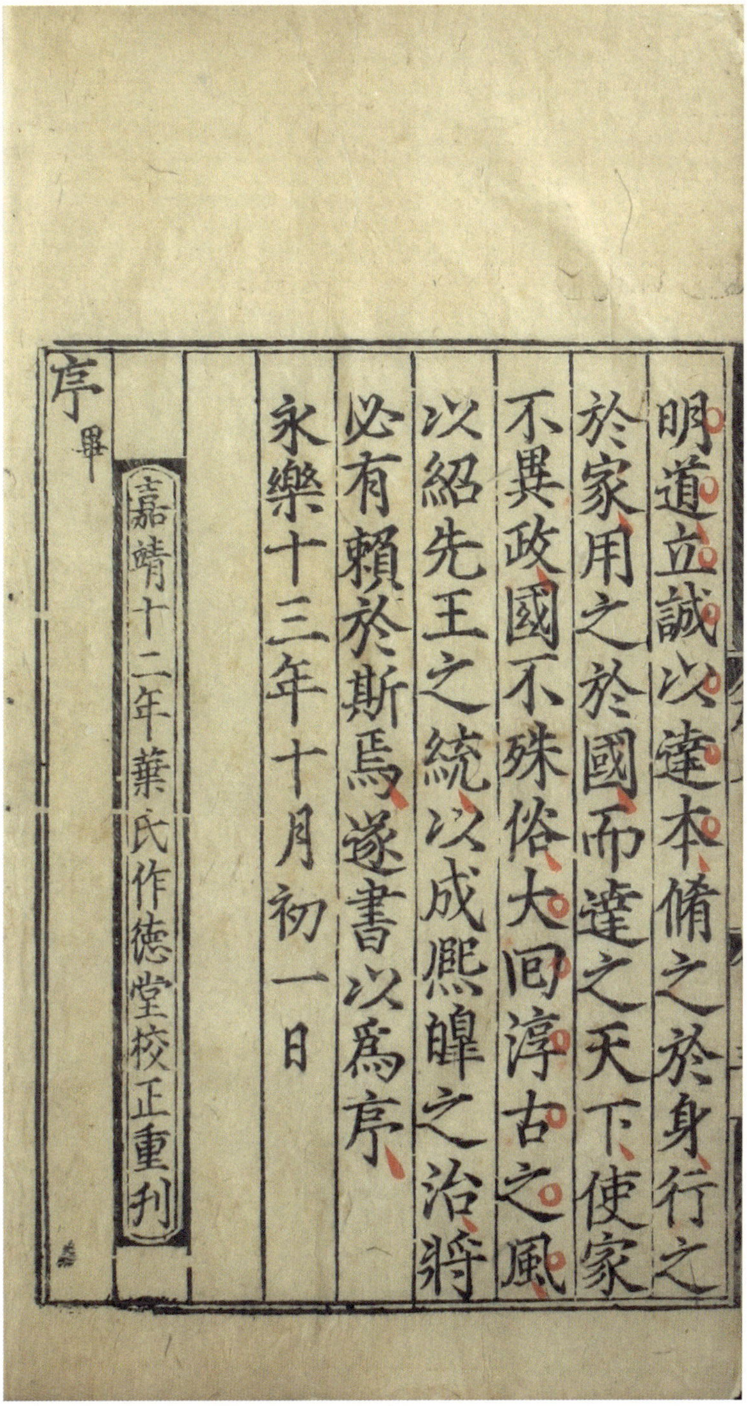

明道立誠以達本備之於身行之
於家用之於國而達之天下使家
不異政國不殊俗大囘淳古之風
以紹先王之統以成熙皞之治將
必有賴於斯焉遂書以爲序
永樂十三年十月初一日

序畢

（嘉靖十二年葉氏作德堂校正重刊）

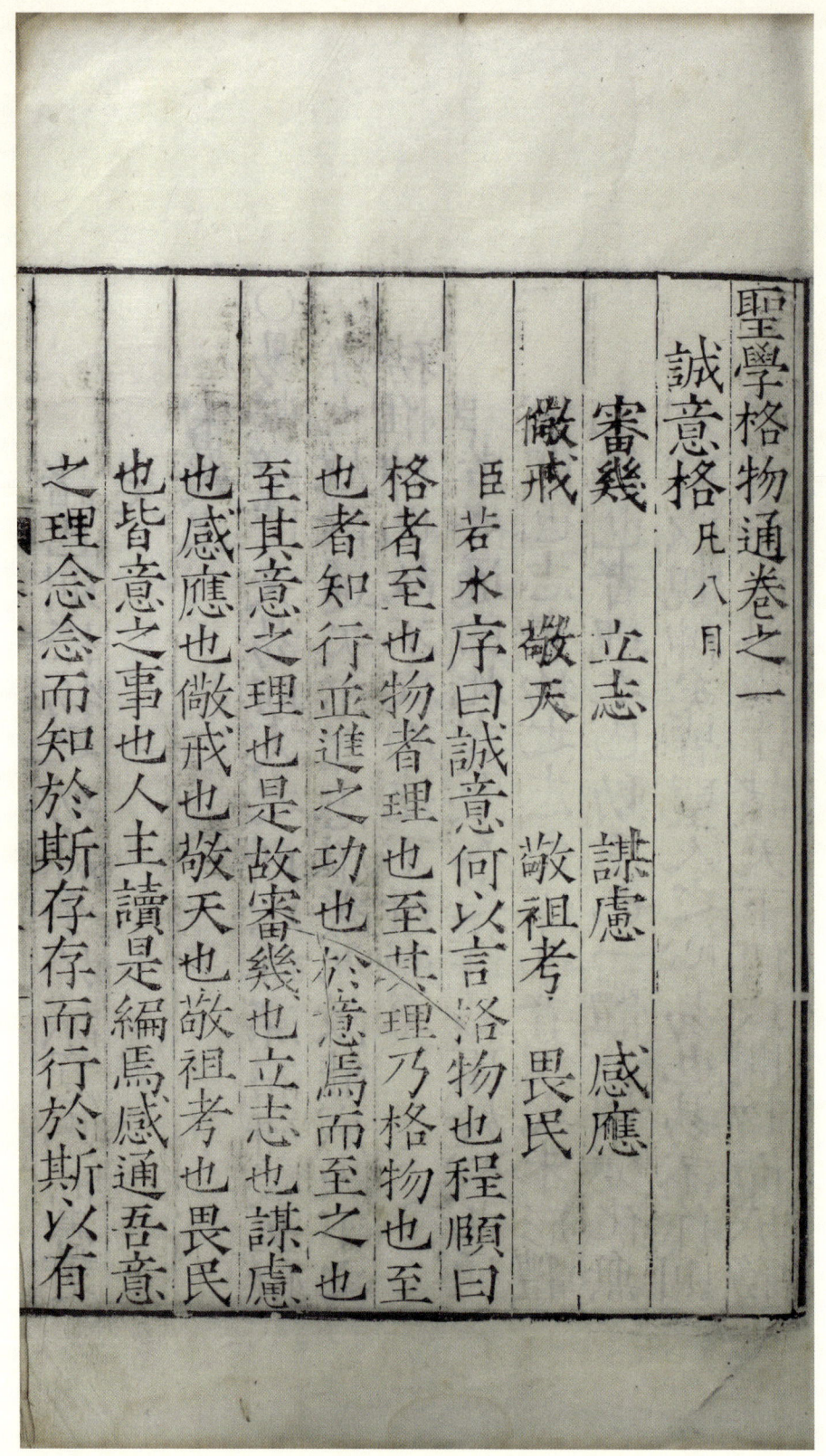

102 聖學格物通一百卷
[明]湛若水撰 明嘉靖十二年(1533)揚州刻本 十八冊

匡高25.4釐米,廣19.8釐米。半葉十一行,行十九字。白口,左右雙邊,單黑魚尾。

刻格物通序

聖學格物通凡百卷今少宗伯甘泉先生
公所編著壺嘉靖四年七月
皇上勑侍從文臣直解經史進
覽是時先生以翰林侍讀為南祭酒曰若水不
可以身在遠忘不在
皇躬也乃於作士之暇纂著此書以為
學之助蓋大學之道惟在於明德以止至善止
至善之道莫先於格物物皆關於意心身及
家國天下而格之為功惟欲其誠正修以齊
治平也乃自誠意以下類其物之繁簡列以

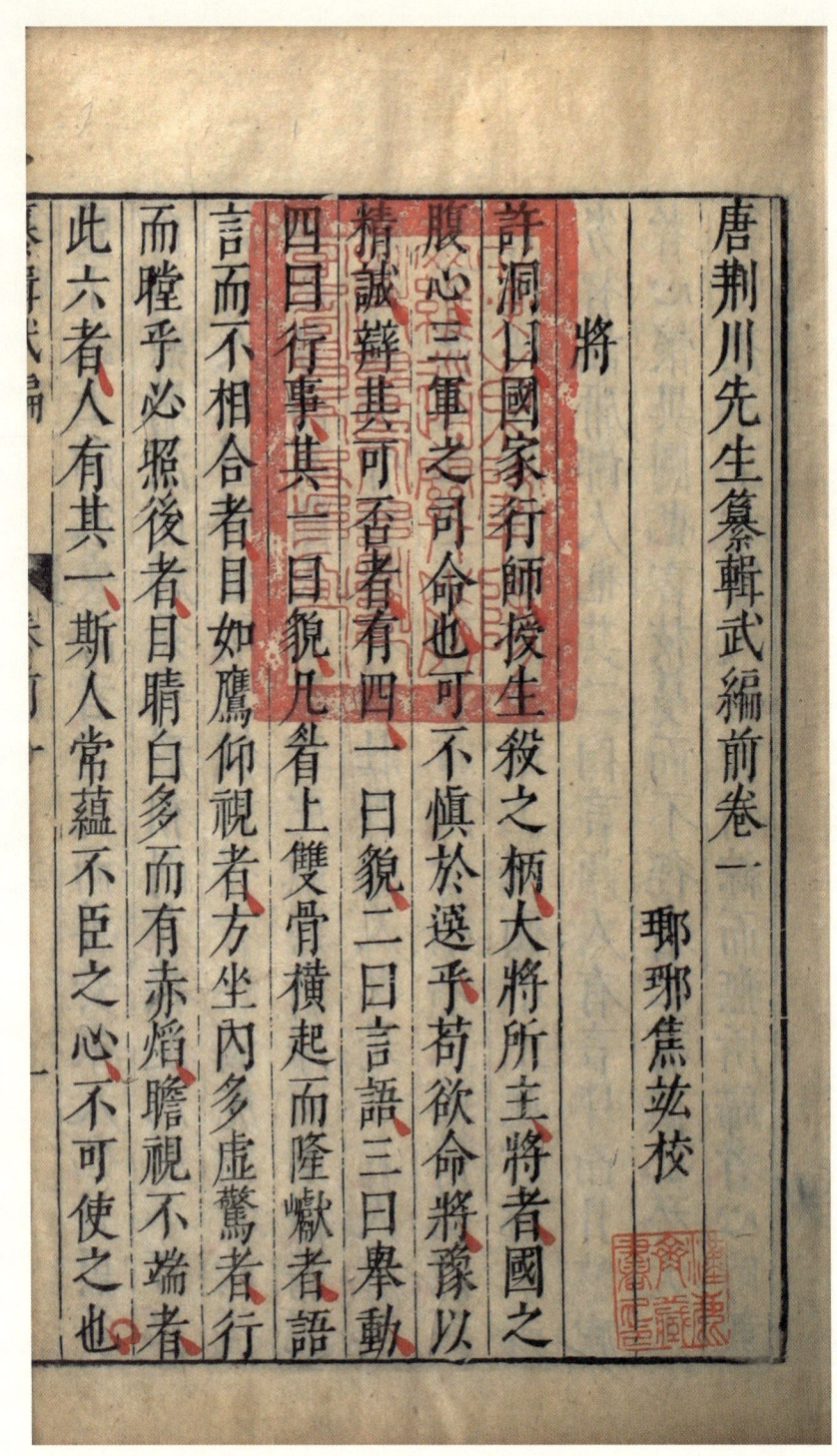

103 唐荆川先生纂輯武編前編六卷後編六卷
[明]唐順之輯 明萬曆徐象橒曼山館刻本 十二冊

匡高21.4釐米,廣14.4釐米。半葉十行,行二十字,小字雙行同。白口,左右雙邊,單黑魚尾。有"漢鹿齋藏書印"、"廣東肇陽羅道關防"滿漢文印、"佐伯文庫"等印。

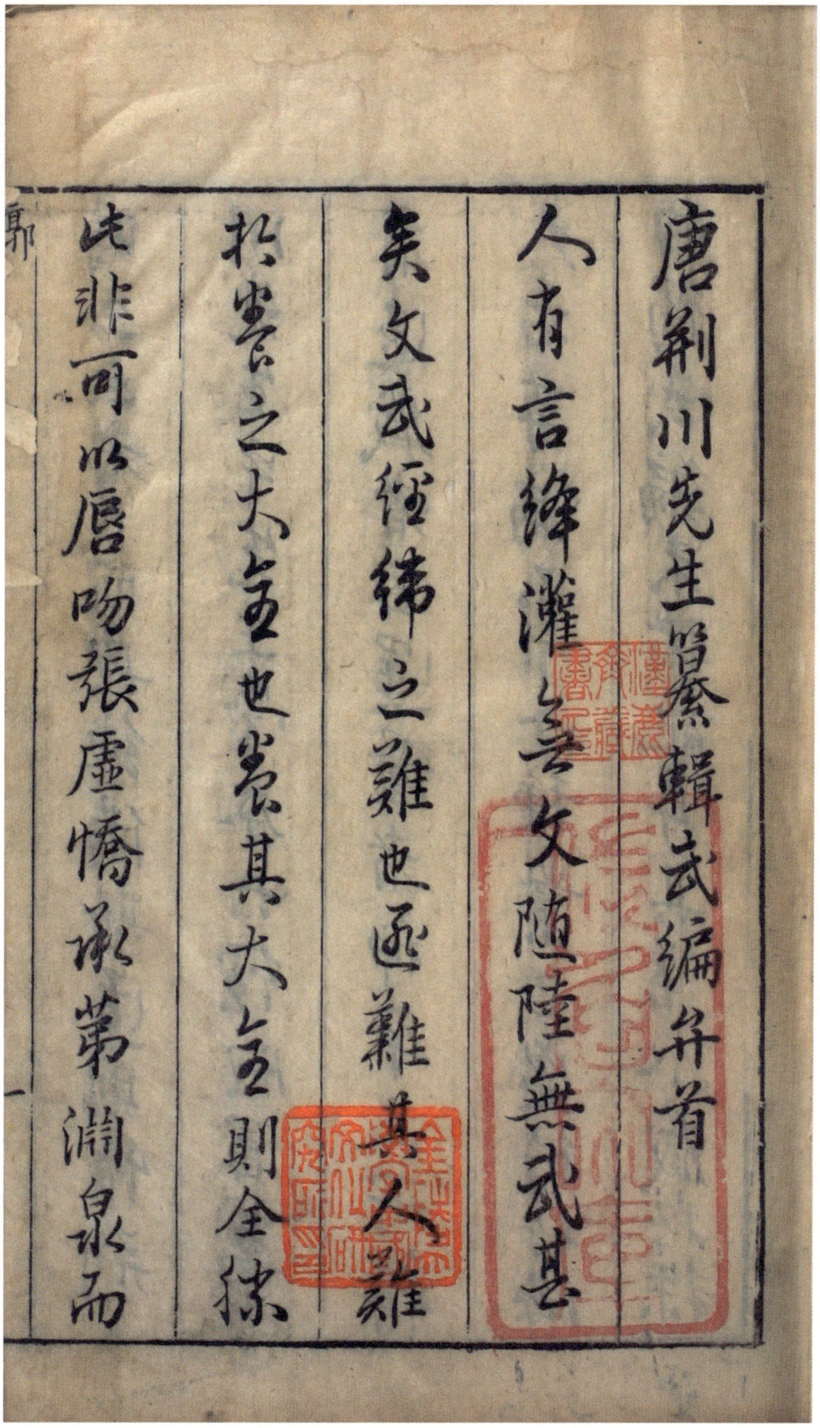

唐荊川先生纂輯武編弁首

人有言緯濉無文随陸無武甚

夫文武經緯之難也逐難其人則難

扵當之大旨也當其大旨則全徐

此非可以唇吻張虛憍承蕞淵泉而

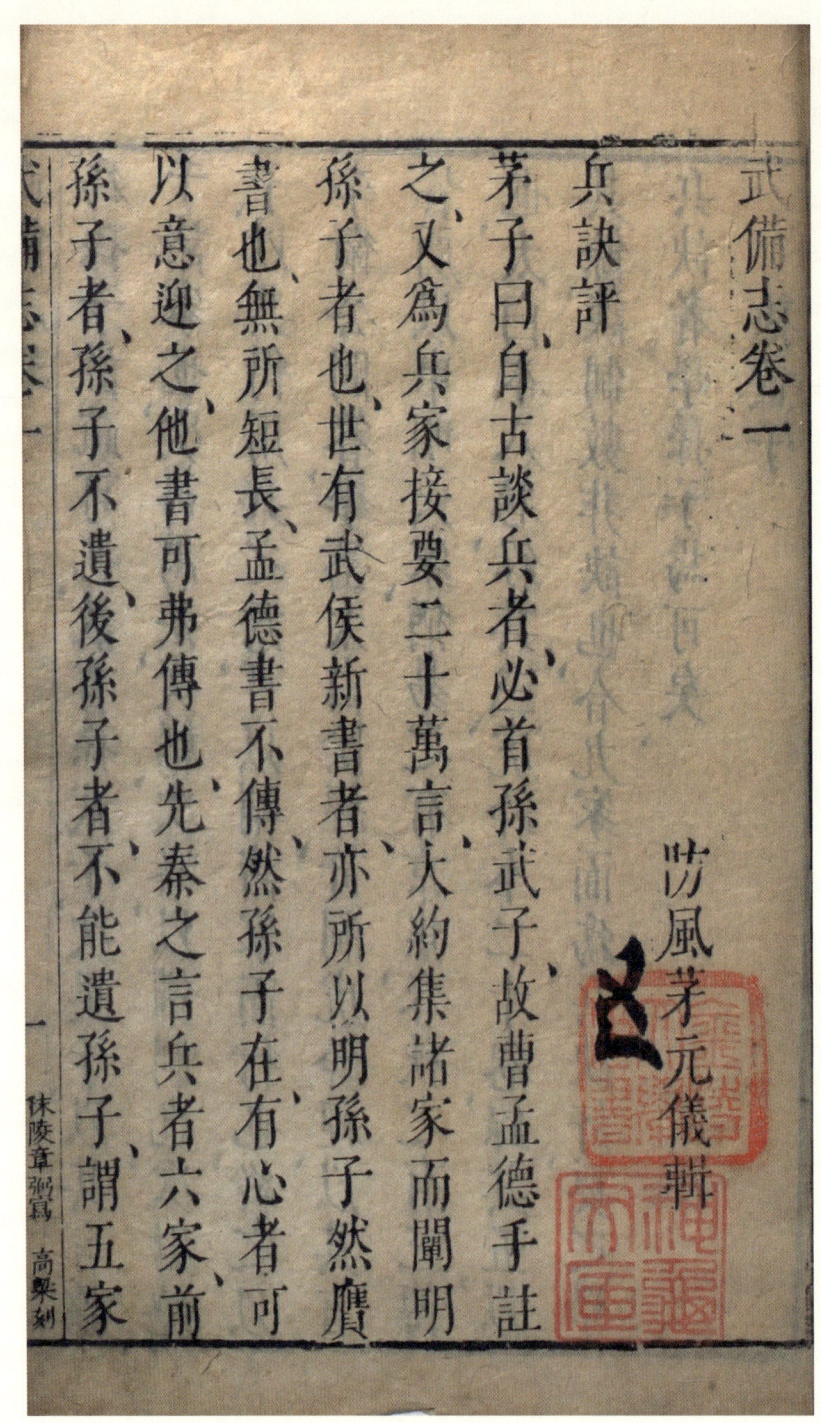

104 武備志二百四十卷
[明]茅元儀輯 明天啓元年(1621)刻本 五十八册

匡高21.2釐米，廣14.1釐米。半葉九行，行十九字，小字雙行同。白口，四周單邊，無魚尾。版心下方有刻工，天頭有批點。有圖七百三十八幅。有"神龜文庫"等印。

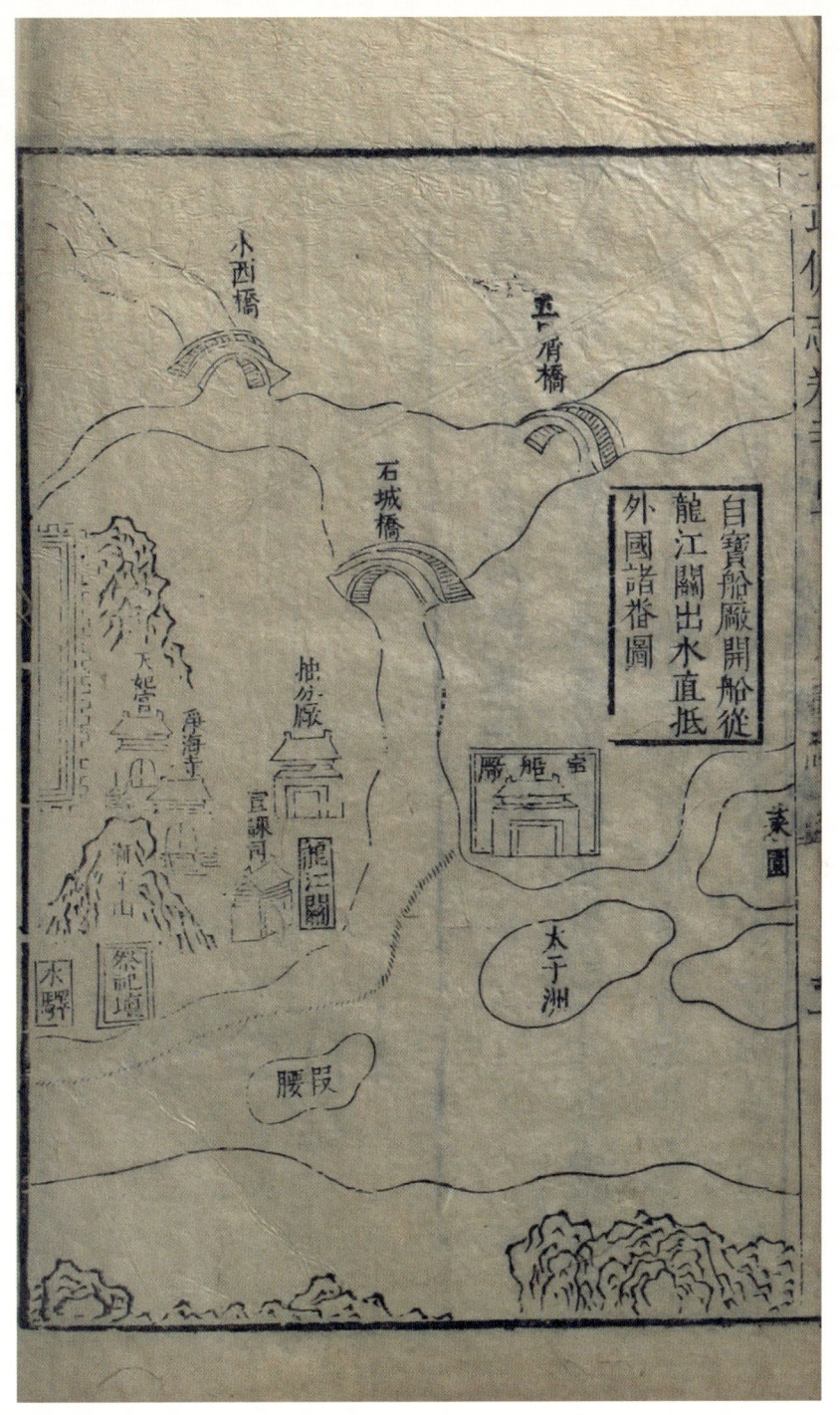

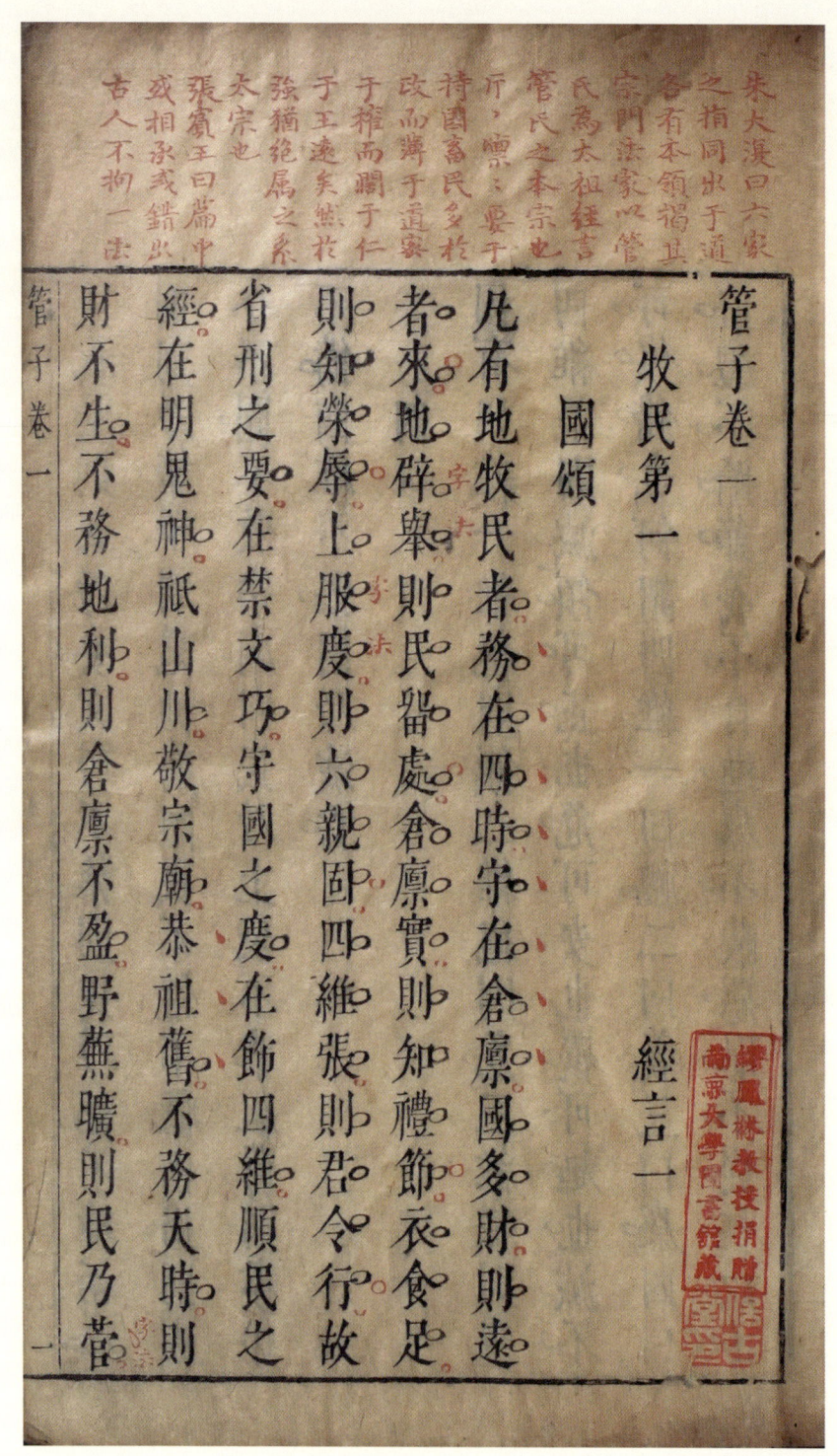

105　管子二十四卷

[春秋]管仲撰　明萬曆四十八年(1620)凌汝亨刻套印本　十冊

匡高20.6釐米，廣14.5釐米。半葉九行，行十九字。白口，四周單邊，無魚尾。有"信古堂印""繆鳳林教授捐贈南京大學圖書館藏"等印。

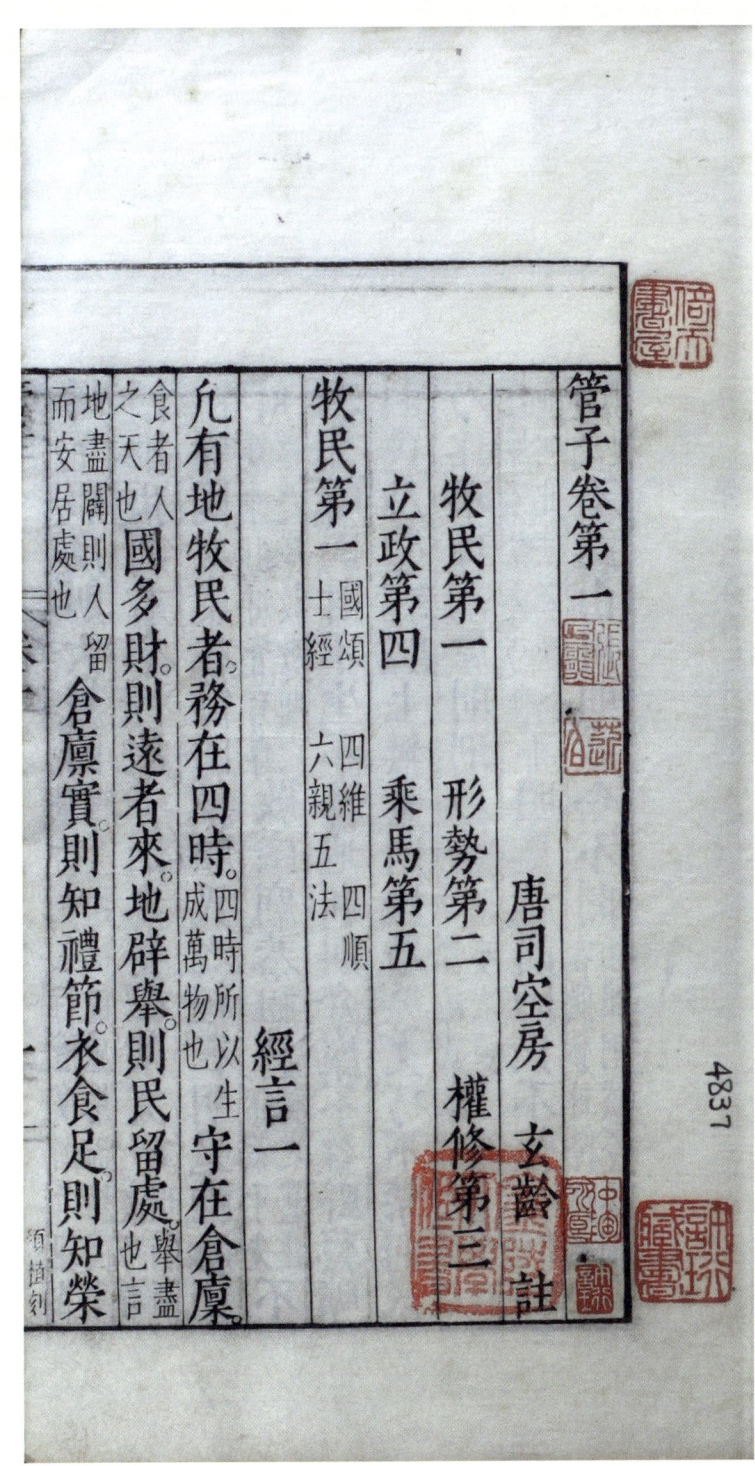

106　管韓合刻四十四卷
[明]趙用賢編　明萬曆十年(1582)趙用賢刻本　十四冊

匡高21.9釐米,廣12.8釐米。半葉九行,行十九字,小字雙行同。白口,四周單邊,單白魚尾。版心下方有刻工。分上、下兩欄,上欄刻有評點。有"閒喜堂藏書""莐伯""倚天書屋""許玶藏書"等印。

韓非子卷第一

初見秦第一
存韓第二
難言第三
愛臣第四
主道第五

初見秦第一

臣聞不知而言不智。知而不言不忠。為人臣不忠當必言，不言而不當亦當必言。雖然臣願悉言所聞，唯大王裁其罪。臣聞天下陰燕陽魏，燕魏南故曰陰連荆固齊收韓而成從將西面以與秦彊為難臣竊笑

此篇與國策所載大略相同見秦文之極佳者

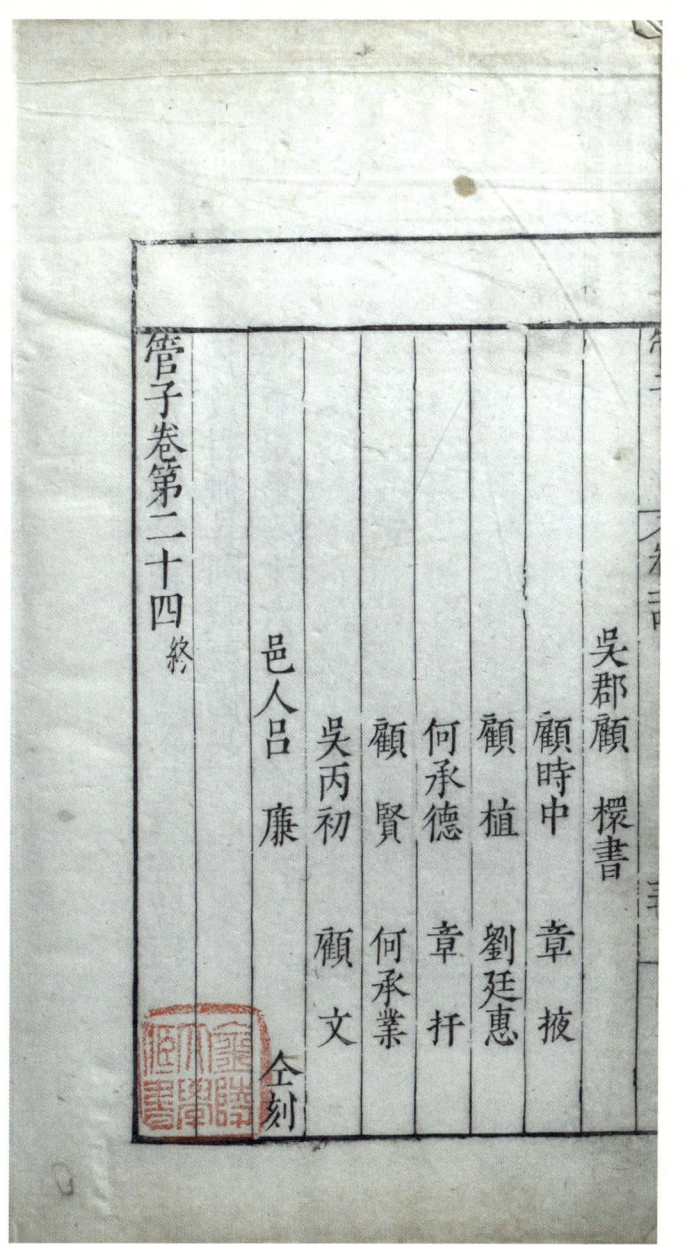

合刻管子韓非子序

汝師之為諸子推道好莊周列禦寇
好管子韓非子謂其文辭之論高妙而
結撰之大方遠者出人意表而通者能犂
人之所欲叢柁所不能發顧獨管子韓非
子不甚行世即行而其傳者多遺脫謬誤

管子卷第二十四終

吳郡顧　　　　標書
顧時中　　章披
顧植　　劉廷惠
何承德　　章扡
顧賢　　何承業
吳丙初　　顧文
邑人呂　廉　　仝刻

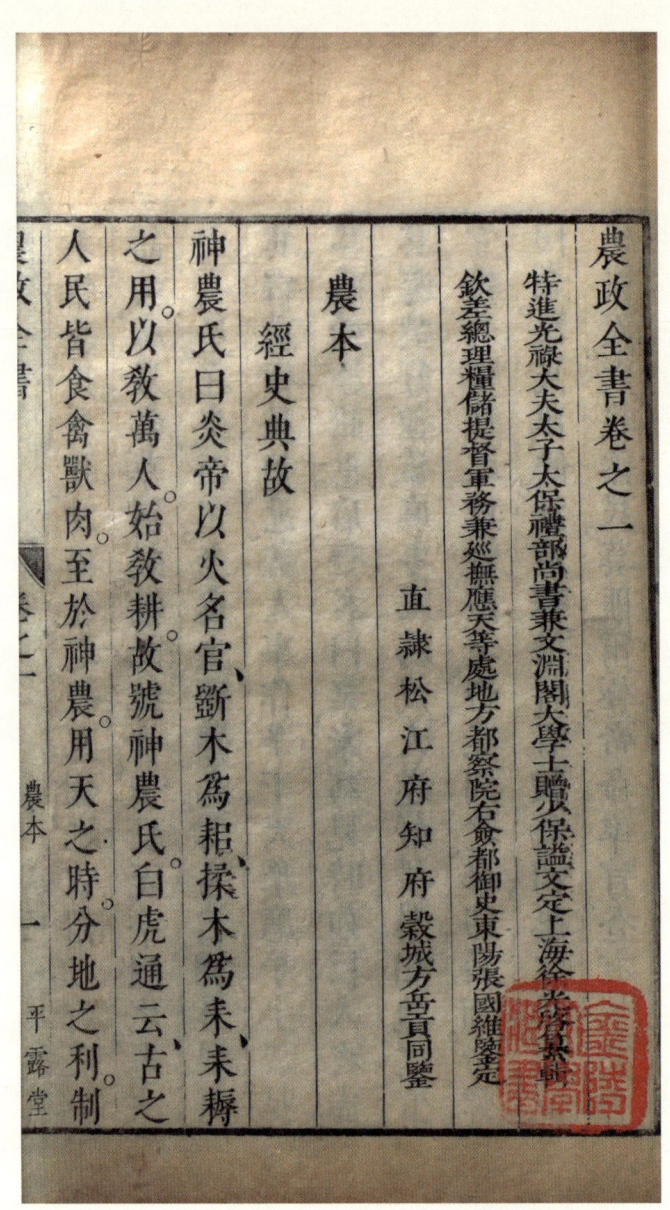

107 農政全書六十卷
[明]徐光啓纂輯 明崇禎平露堂刻本 十二册

匡高20.8釐米,廣14.2釐米。半葉九行,行二十字,小字雙行同,白口,四周單邊,單黑魚尾。版心有"平露堂"三字。有"无竟先生獨志堂物"等印。

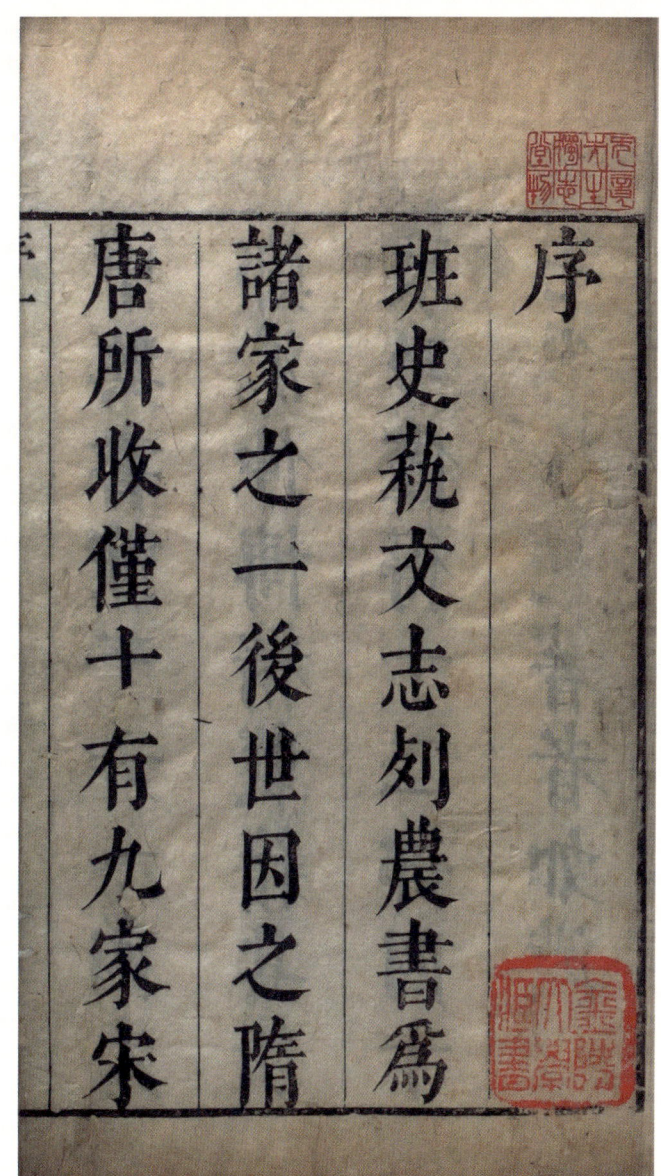

序

班史蓺文志列農書為諸家之一後世因之隋唐所收僅十有九家宋

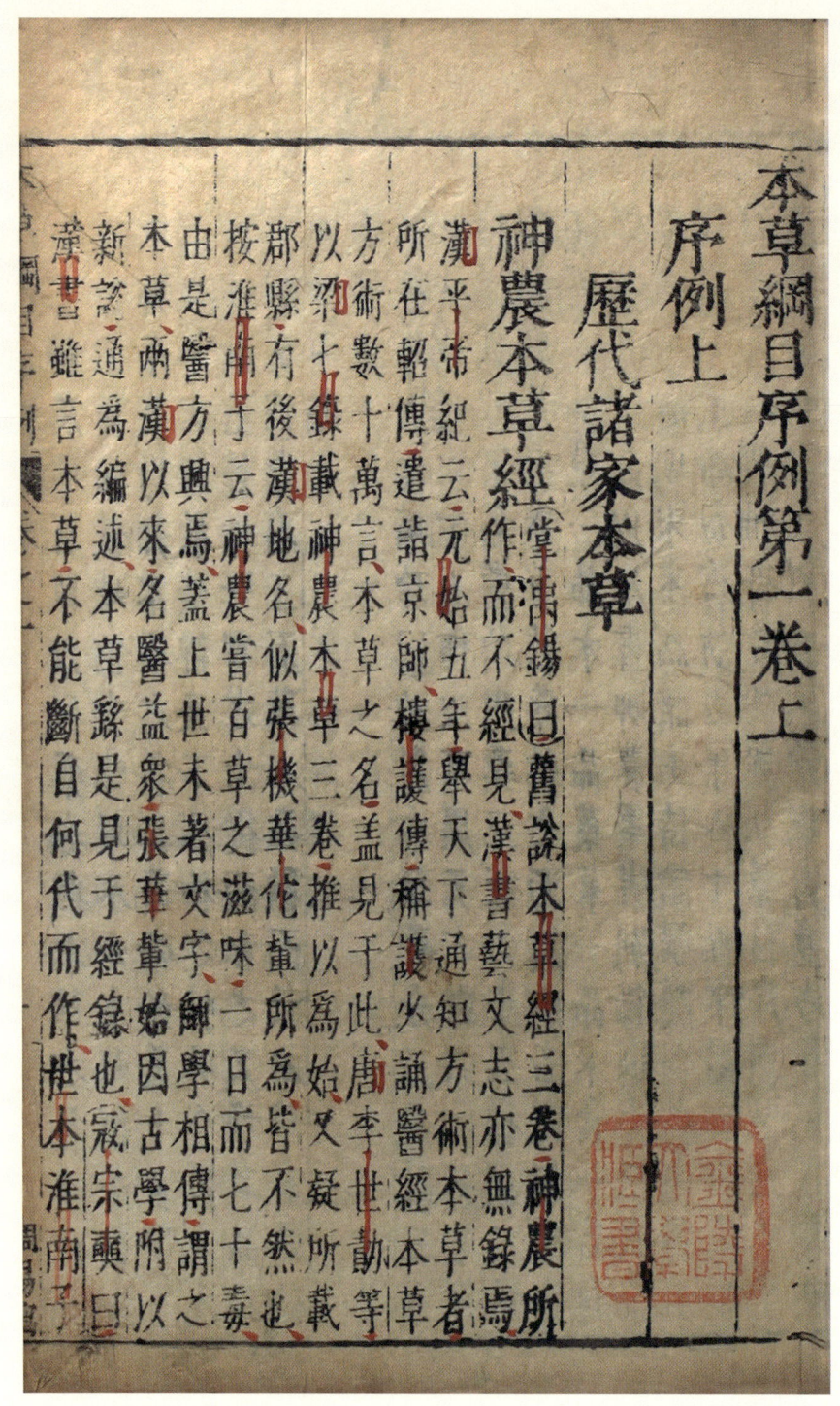

108 本草綱目五十二卷附脈學一卷奇經八脈考一卷
[明]李時珍撰 明萬曆三十一年(1603)江西按察司長洲張鼎思刻本 二十四冊

匡高22.5釐米，廣15.4釐米。半葉九行，行二十字，小字雙行同。白口，四周單邊，單黑魚尾。版心有刻工姓名與字數。

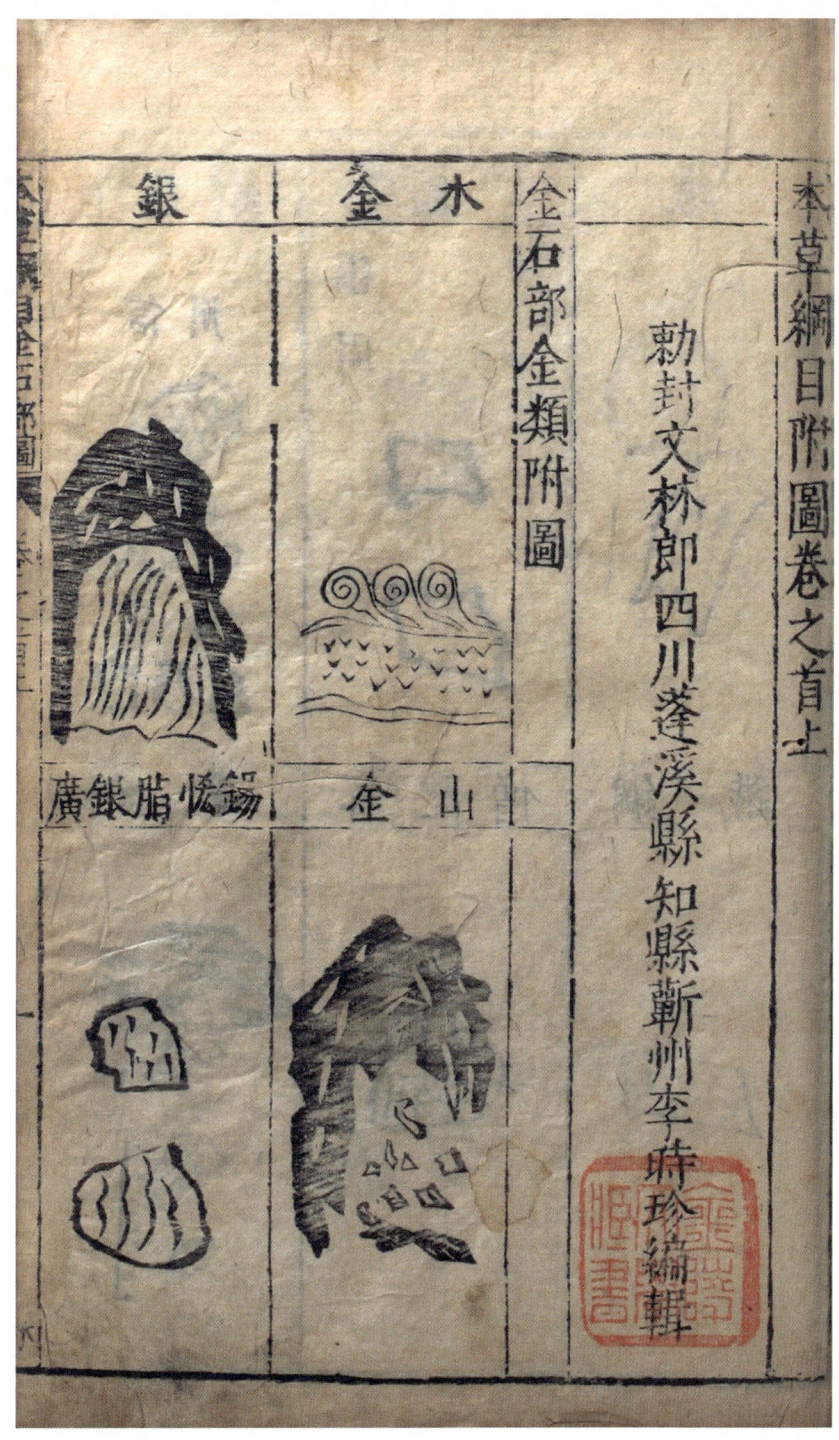

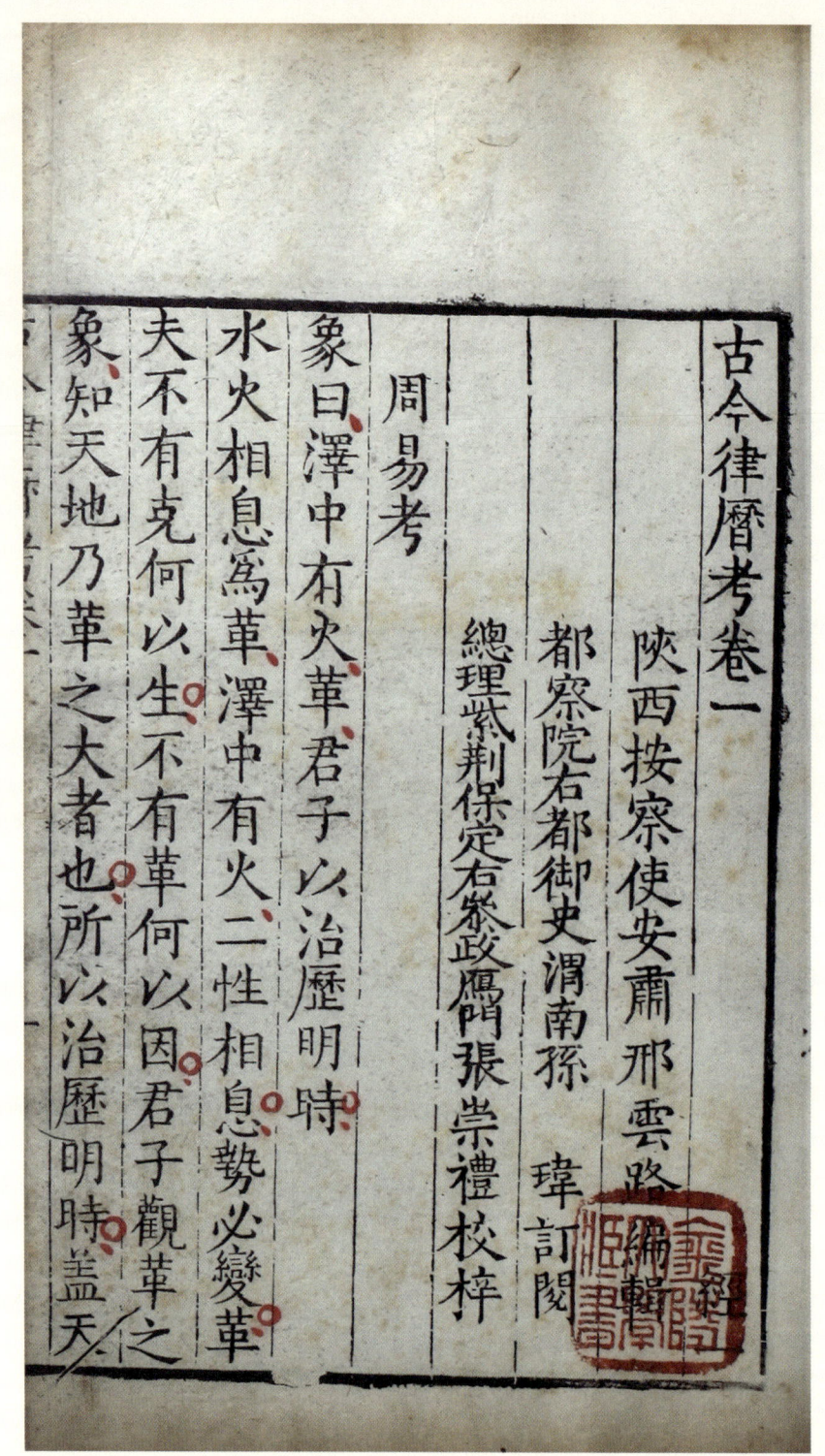

109 古今律曆考七十二卷

[明]邢雲路編 明萬曆三十六年(1608)張崇禮刻本 四十冊

匡高 20.3 釐米,廣 14.2 釐米。半葉九行,行十八字。白口,四周單邊,無魚尾。

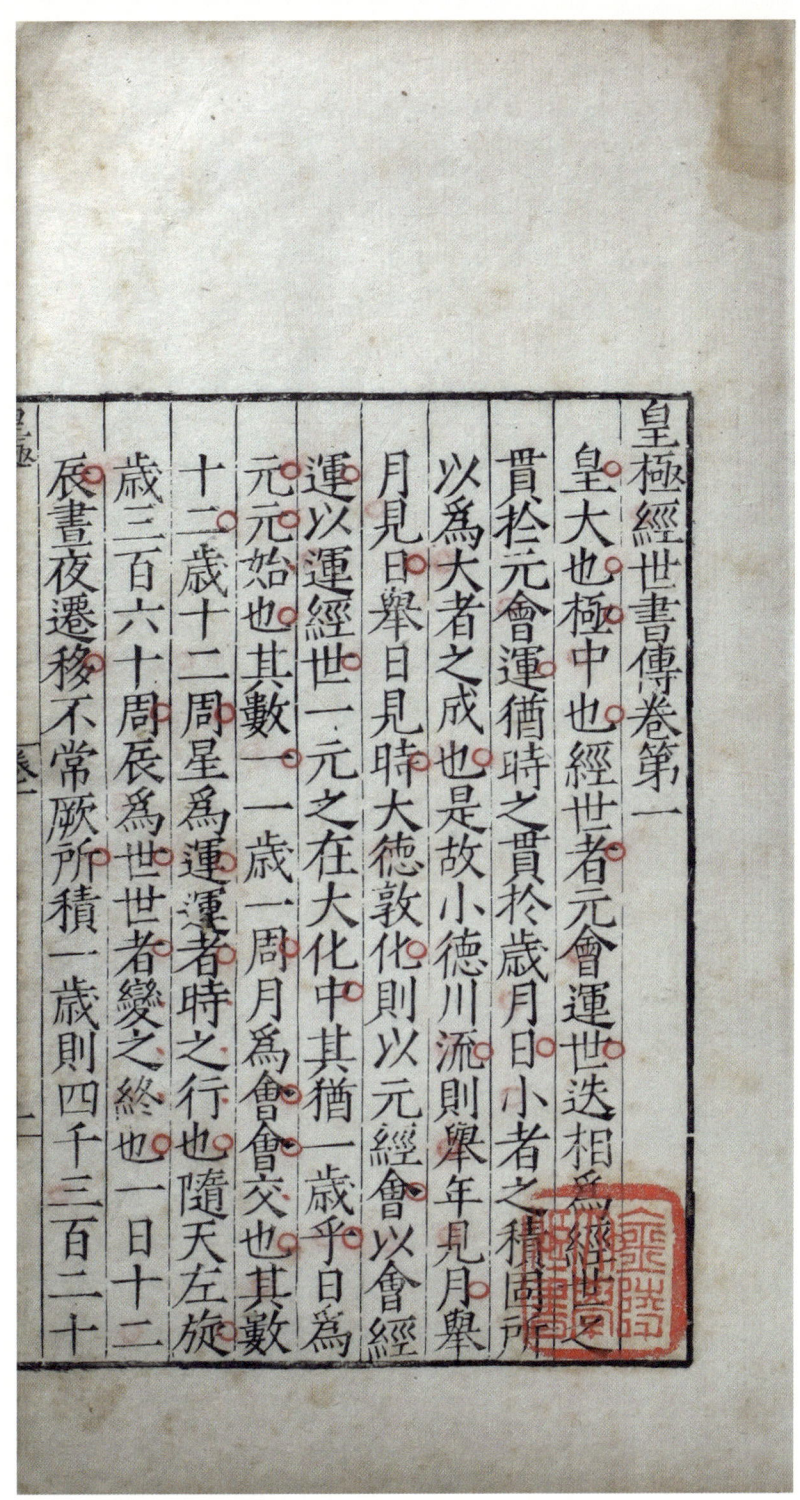

110 皇極經世書傳八卷

[宋]邵雍撰 [明]黃畿傳 明嘉靖黃佐刻本 十六册

匡高19.1釐米，廣13.6釐米。半葉十行，行二十字，小字雙行同。白口，四周單邊，無魚尾。

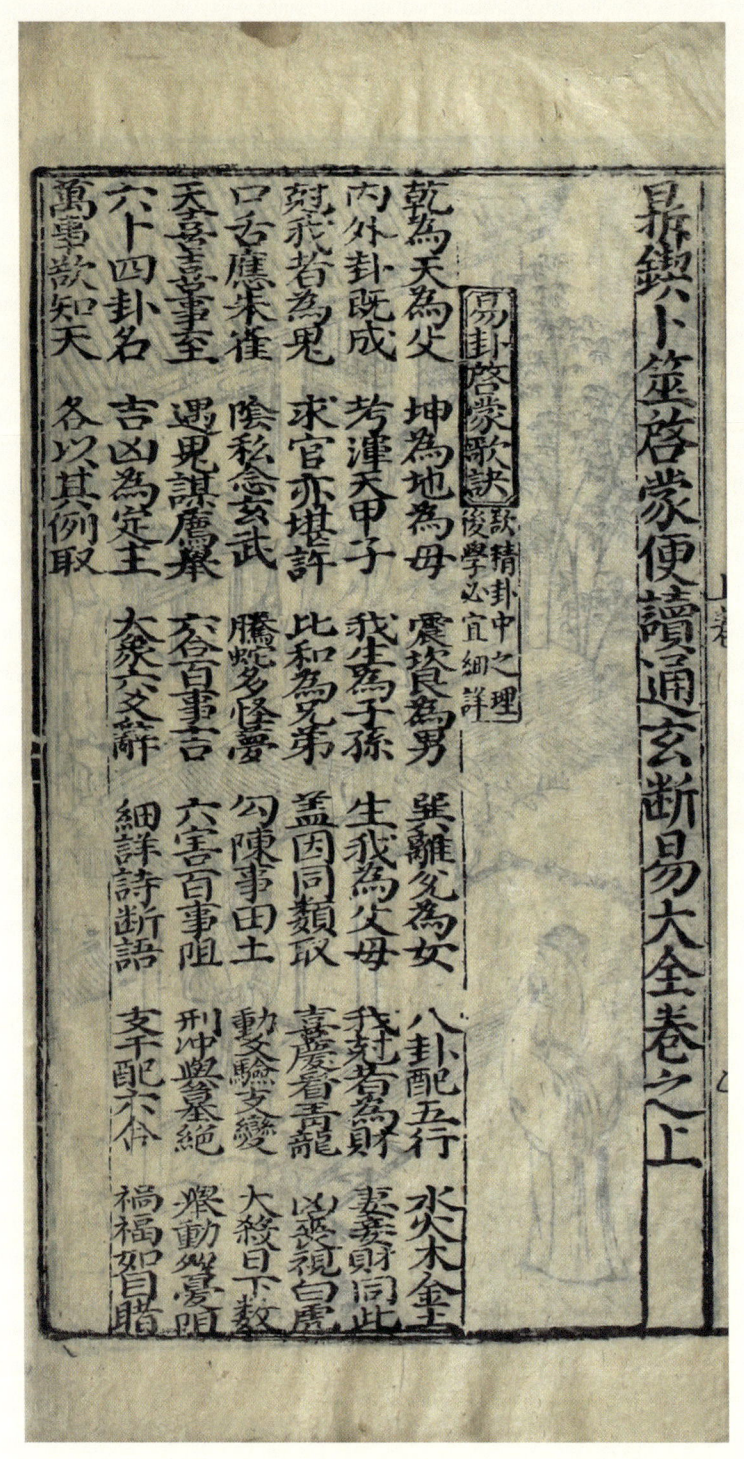

111 鼎鍥卜筮啓蒙便讀通玄斷易大全三卷首一卷

不著撰人 明刻本 一冊

匡高20.9釐米，廣12.3釐米。半葉十一行，行三十二字，小字雙行同。白口，四周雙邊，無魚尾。有圖多幅。有"朱壽山印"。

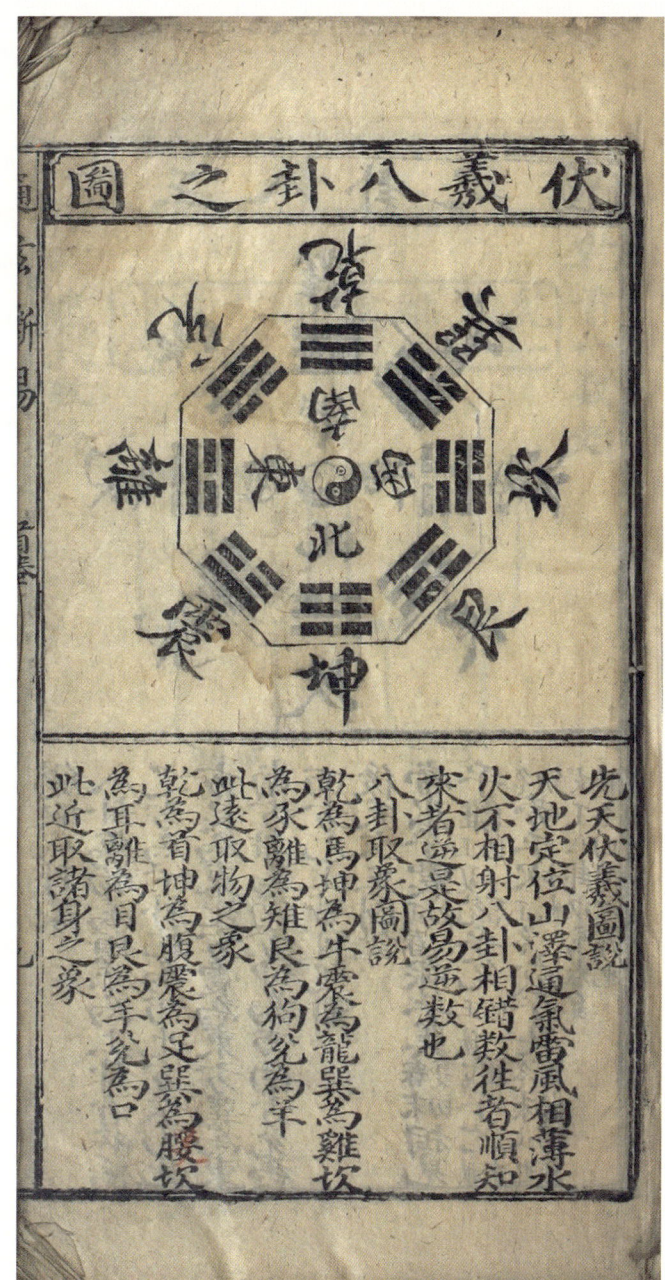

112 十竹齋書畫譜八卷

[明]胡正言輯 清嘉慶二十二年(1817)芥子園彩色套印本 十六冊

無匡。開本高24.2釐米,廣14.5釐米。有"芥子園珍藏""芥子園""李氏圖章"等印。

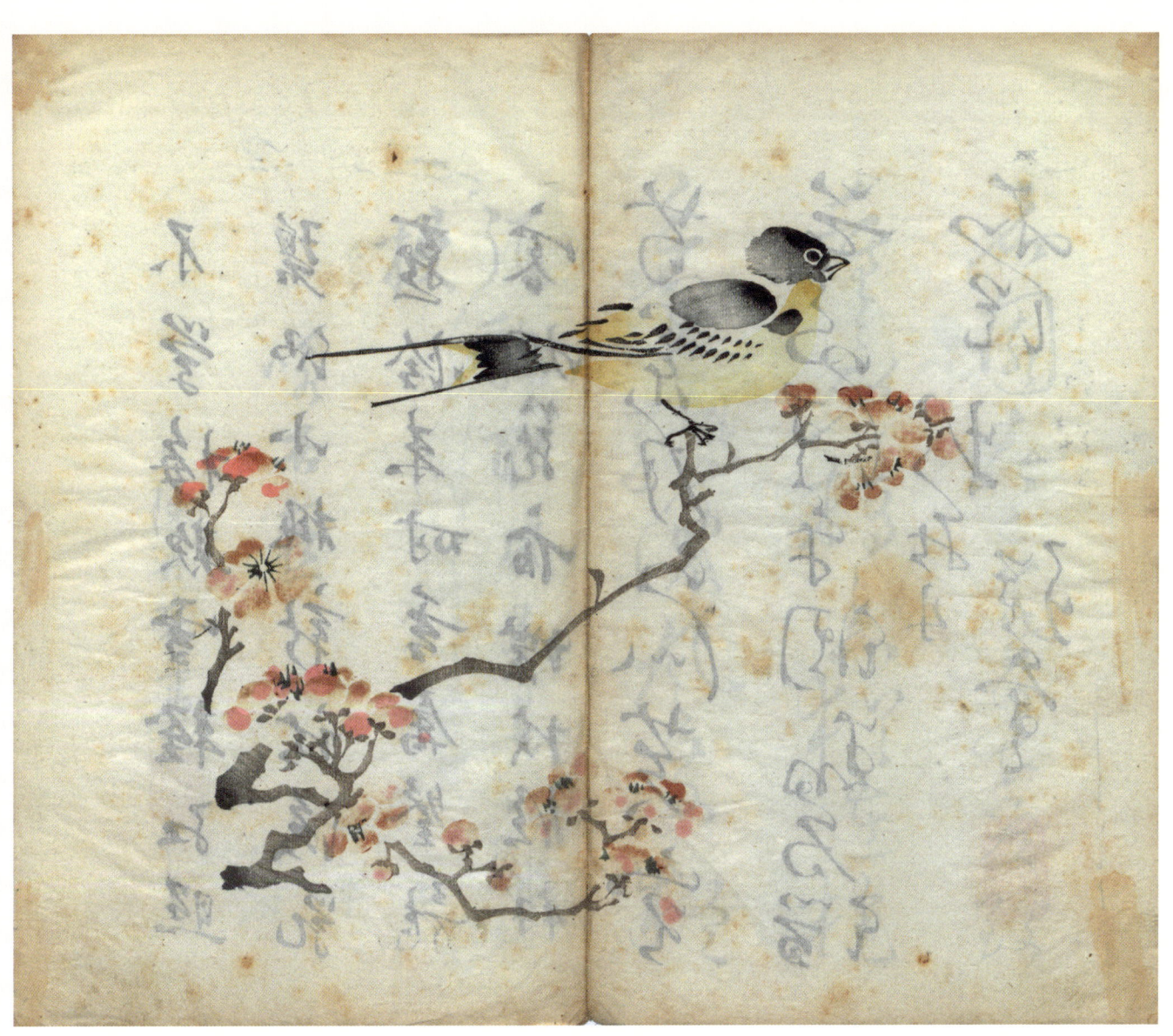

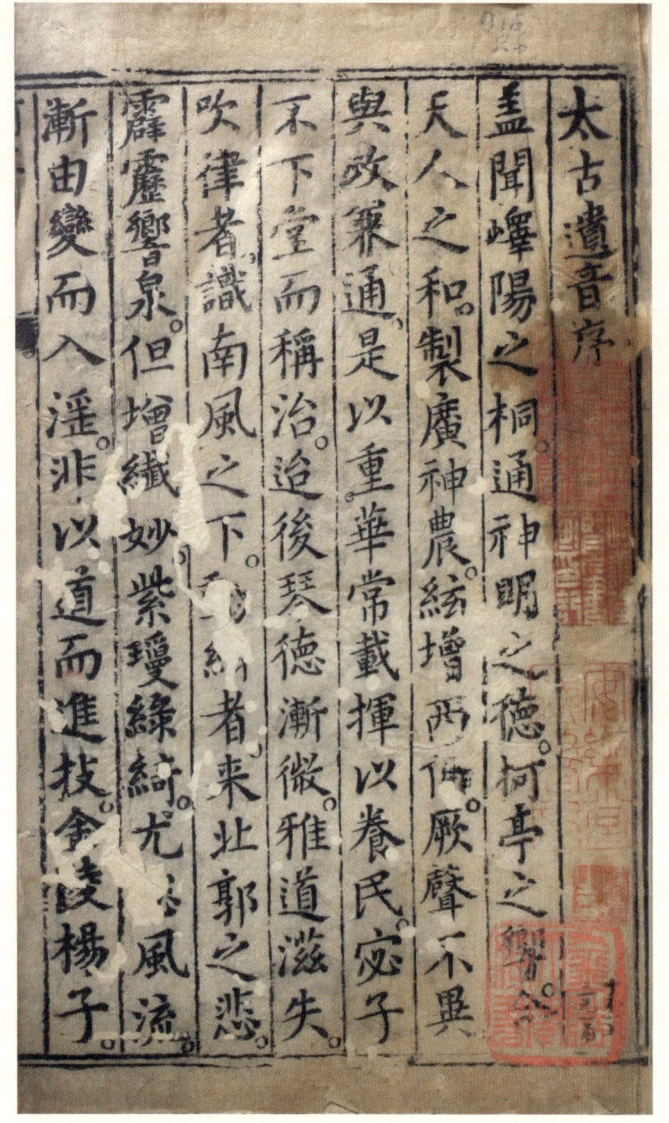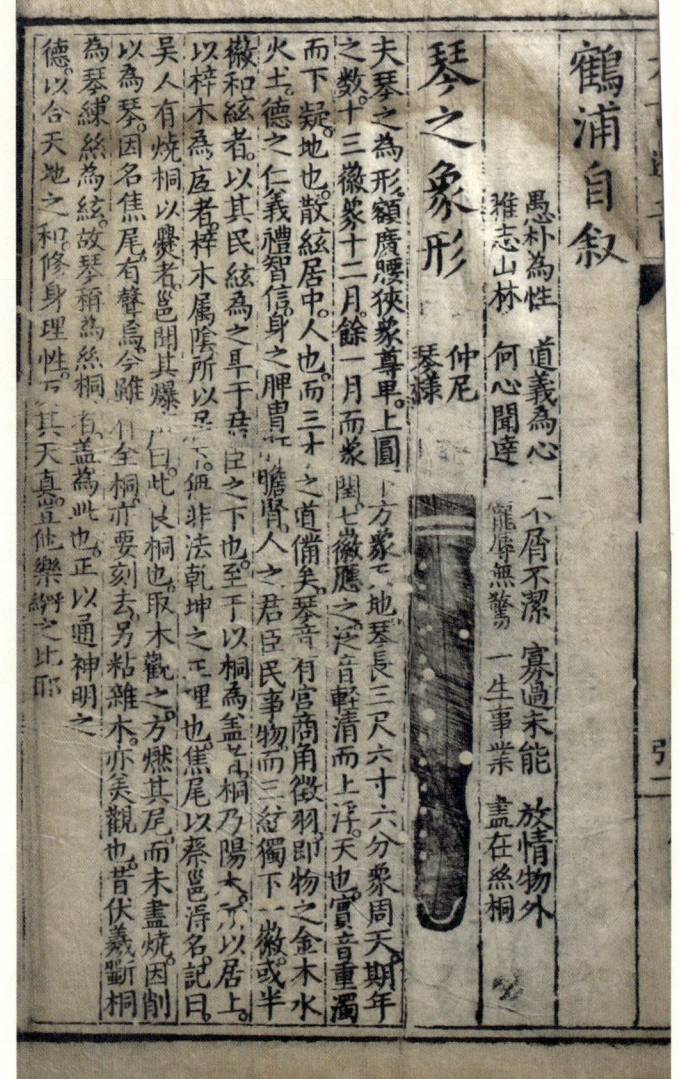

113 太古遺音不分卷附伯牙心法不分卷
[明]楊掄輯 明萬曆刻本 十册

匡高23.4釐米，廣14.9釐米。半葉八行，行十六字，小字雙行同。白口，四周雙邊，單黑魚尾。有"明善堂覽書畫印記""安樂堂藏書記""真州吳氏有福讀書堂藏書"等印。

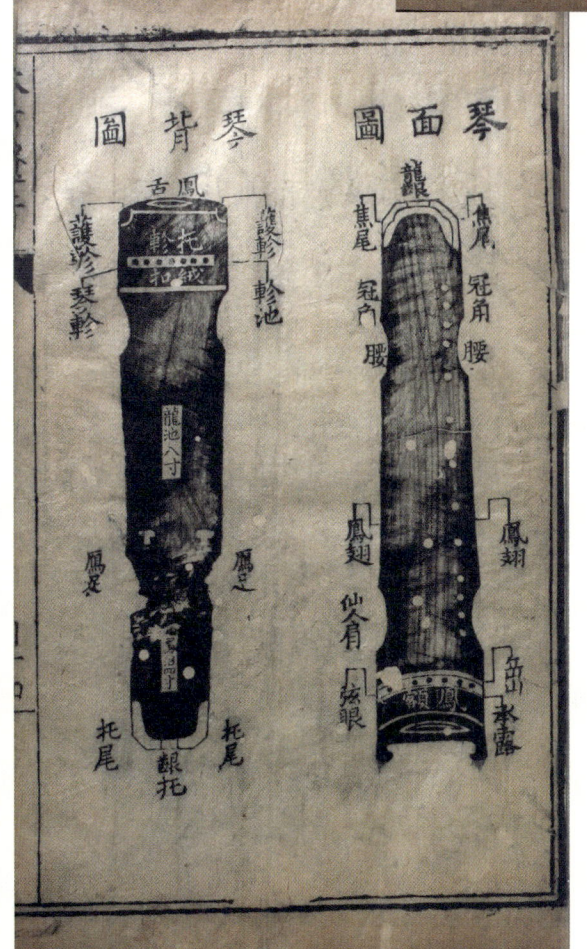

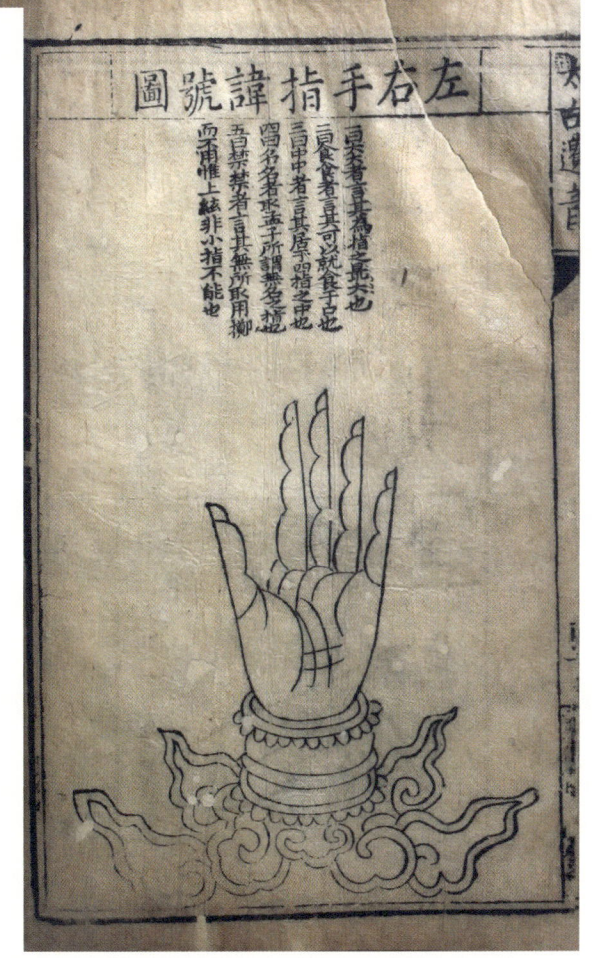

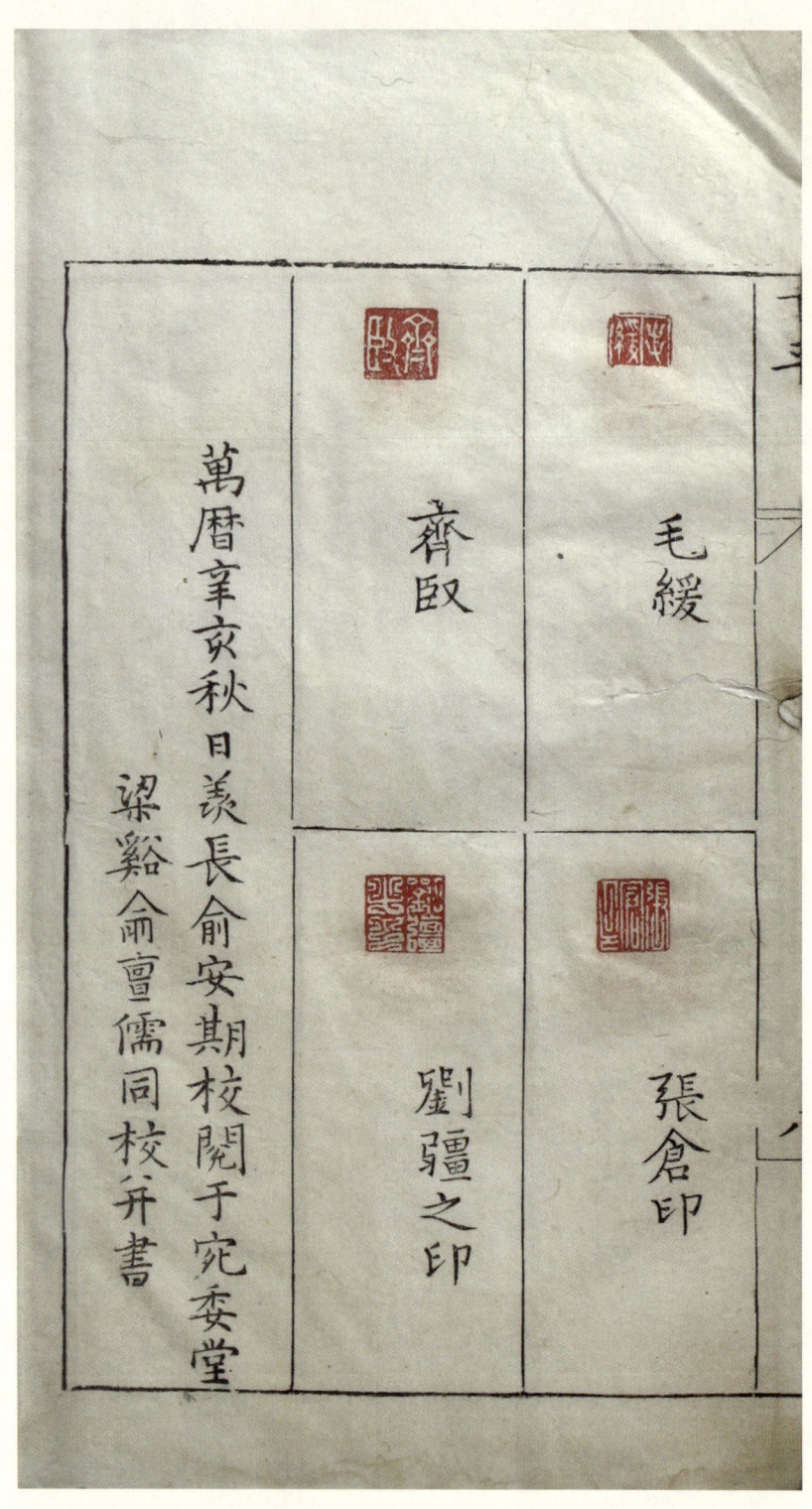

114 古今印則不分卷

[明]程遠摹選 明萬曆項氏宛委堂鈐印本 二册

匡高 22.0 釐米，廣 13.4 釐米。白口，四周單邊，單白魚尾。

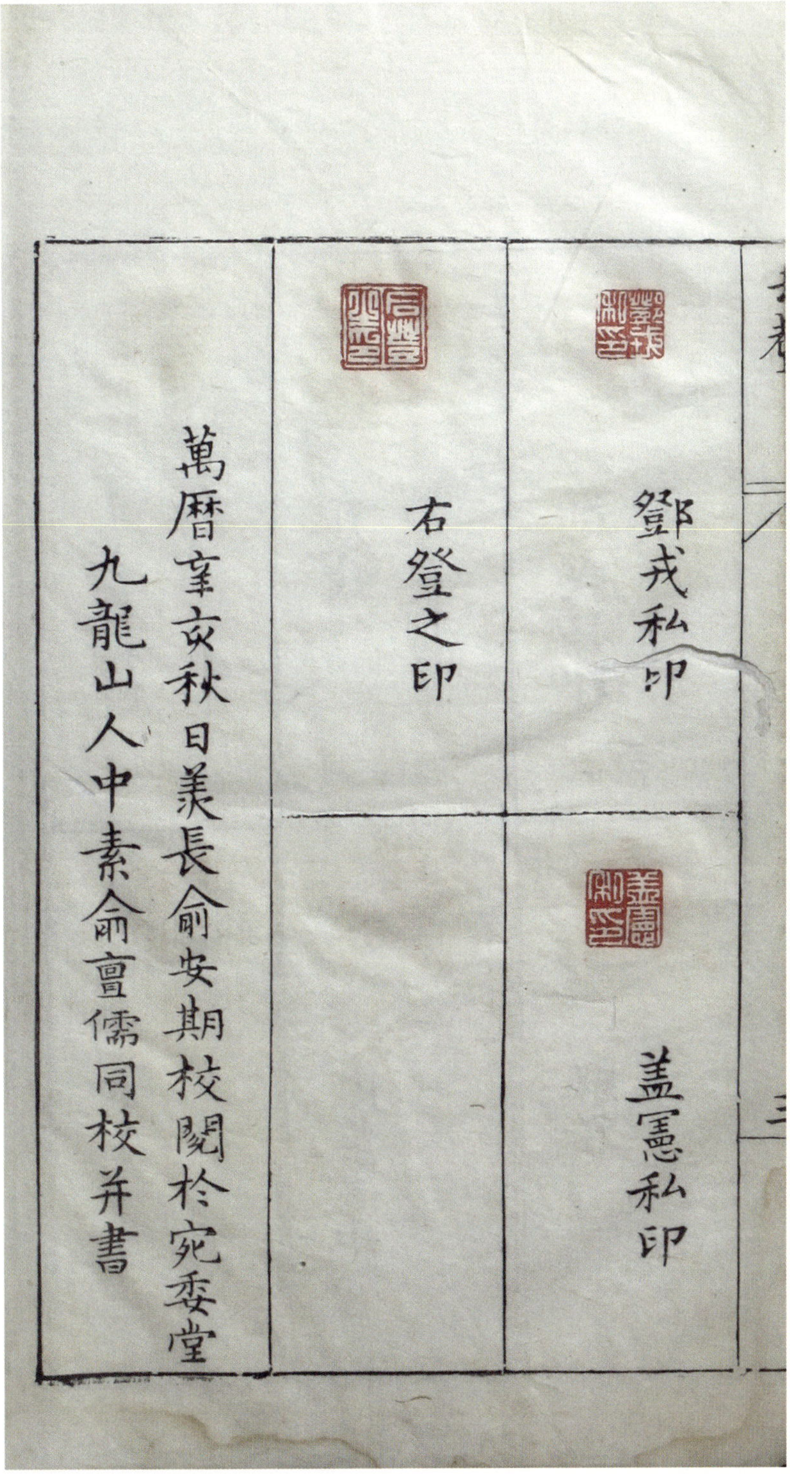

鄧戎私印

右登之印

蓋憲私印

萬曆辛亥秋日羨長俞安期校閱於宛委堂
九龍山人中素俞賣儒同校并書

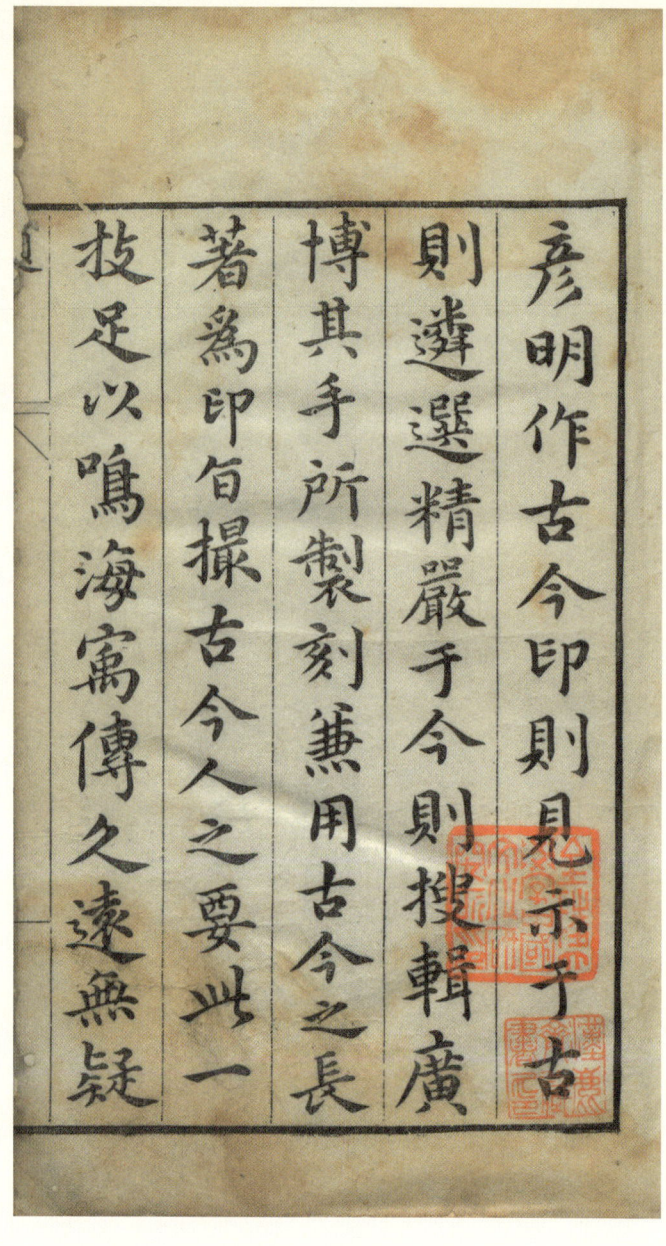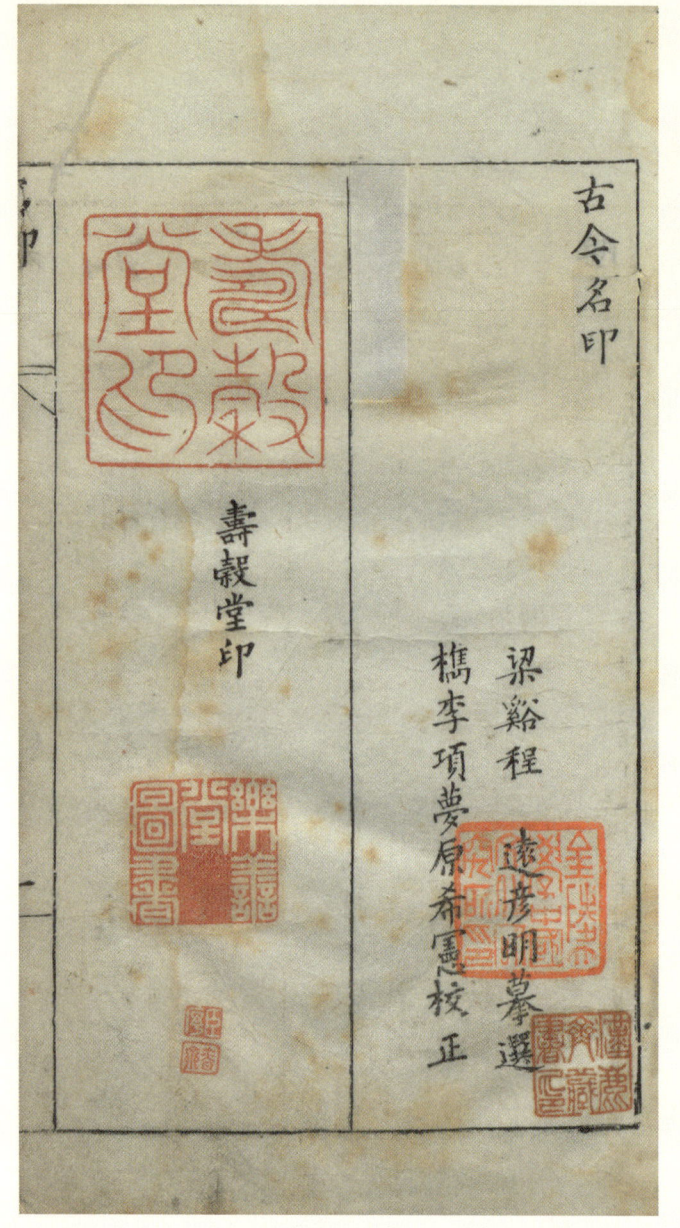

115 古今名印不分卷
[明]程遠摹選 明鈐印本 一册

匡高20.6釐米,廣13.6釐米。白口,四周單邊,單白魚尾。有"漢鹿齋藏書印"等印。

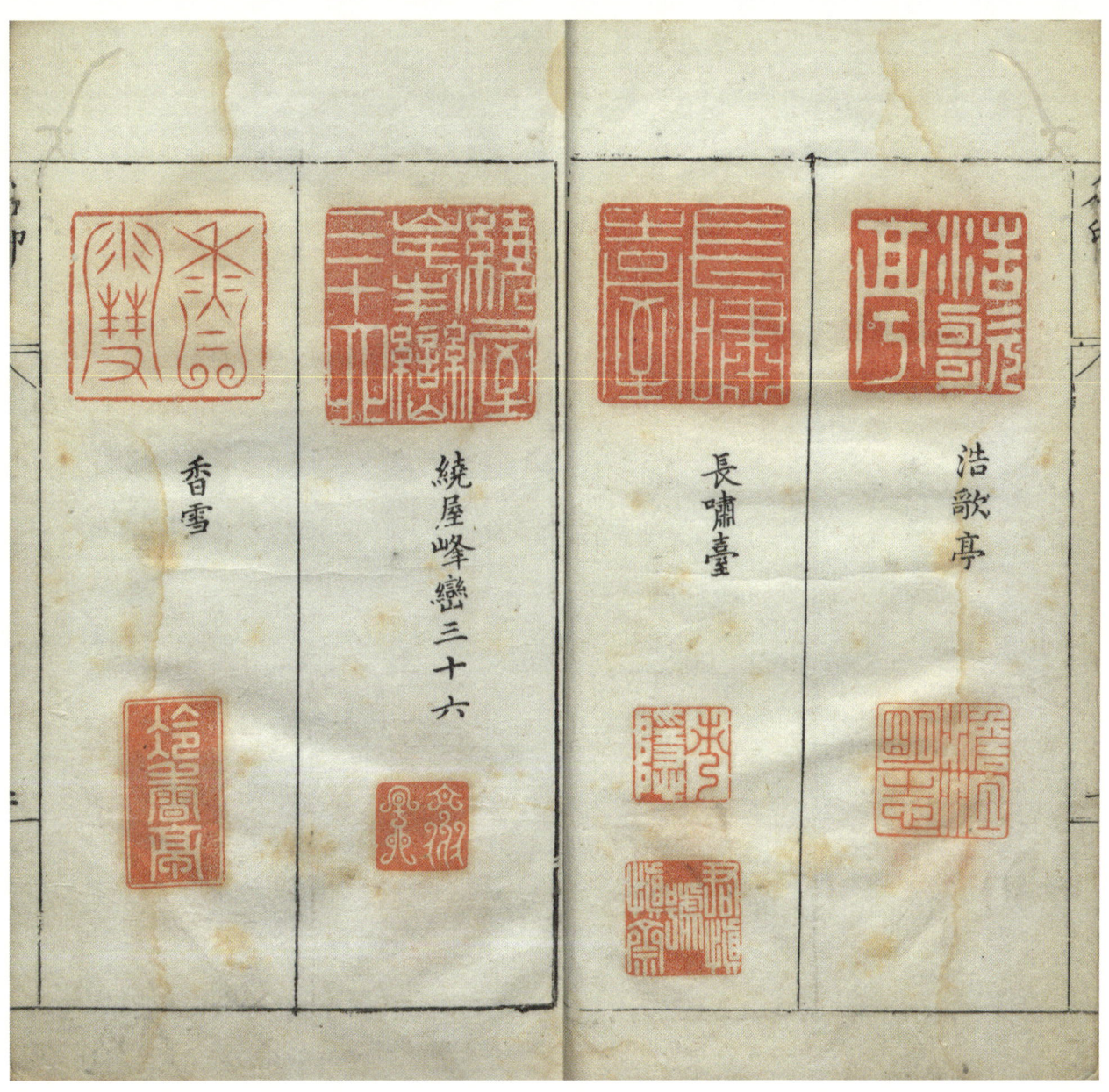

浩歌亭　長嘯臺　繞屋峰巒三十六　香雪

茶乘品藻

品一

張燮

嗜茶非自茶博士始也王仲祖不先登乎彼日與賓
朋窮吸啜之致但無復撰述以行故陸氏之艸艸癖
獨顯當是以經得名耳宋以茶著者無如吾閩蔡君
謨今龍鳳團法且求糜而茶錄尚播傳誦信乎文之
行遠也余向見友人屠田叔作茗笈而樂之高君鼎
復合諸家刪纂而作茶乘古來茗竈間之點綴可謂
備嘗矣每讀一過使人瀹盡塵土腸胃後世有嗜茶

116　茶乘六卷拾遺一卷

[明]高元濬輯　明天啓刻本　四册

匡高21.8釐米，廣14.0釐米。半葉九行，行二十字，小字雙行同。白口，四周單邊，單黑魚尾。有"丁菡生家藏書籍印"等印。

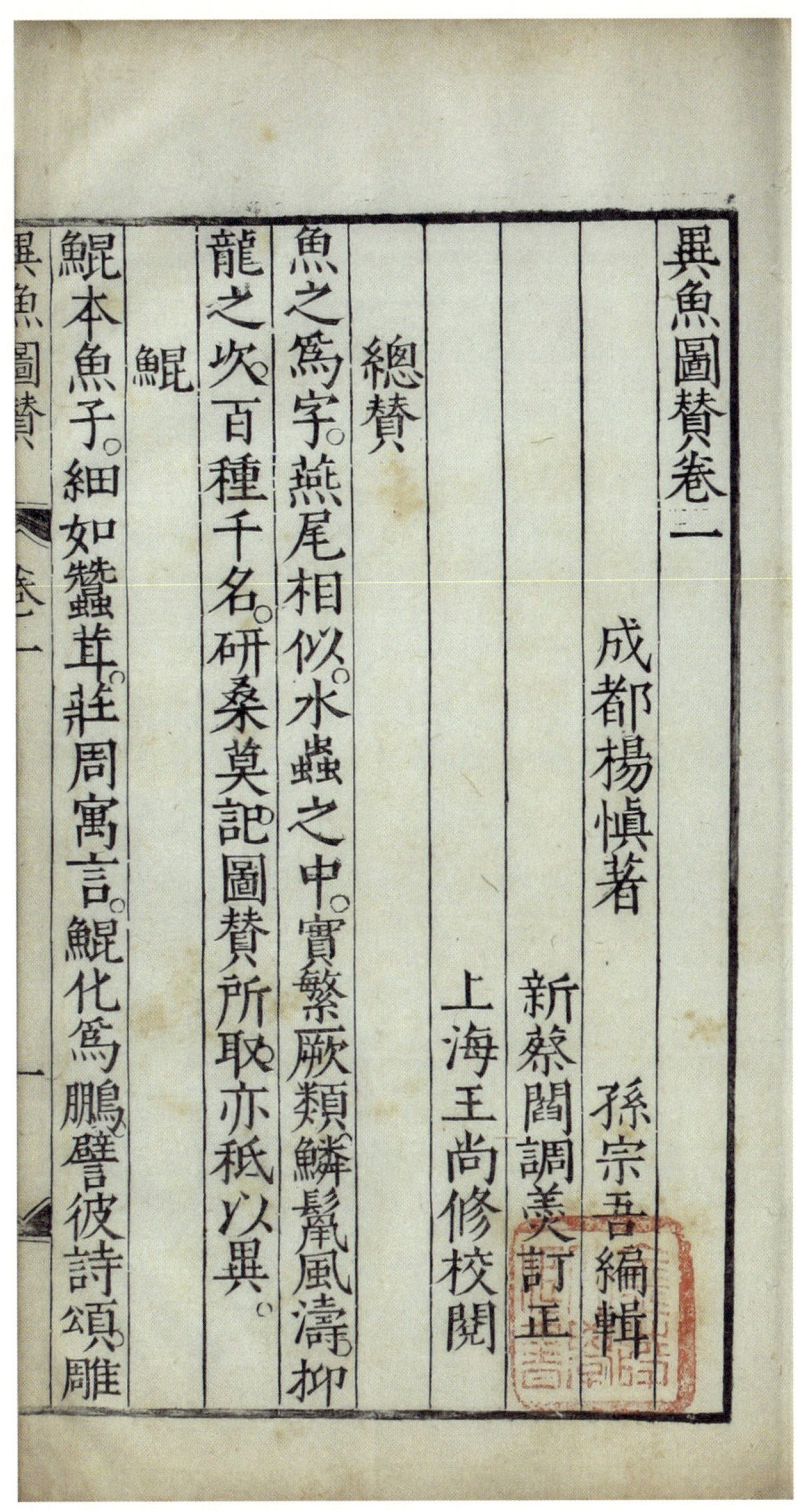

117 異魚圖贊四卷
[明]楊慎撰 明萬曆三十二年(1604)楊宗吾刻本 二冊

匡高 21.5 釐米,廣 13.0 釐米。半葉九行,行二十一字,小字雙行同。白口,四周單邊,雙黑魚尾。有"臣慧""胥浦"等印。

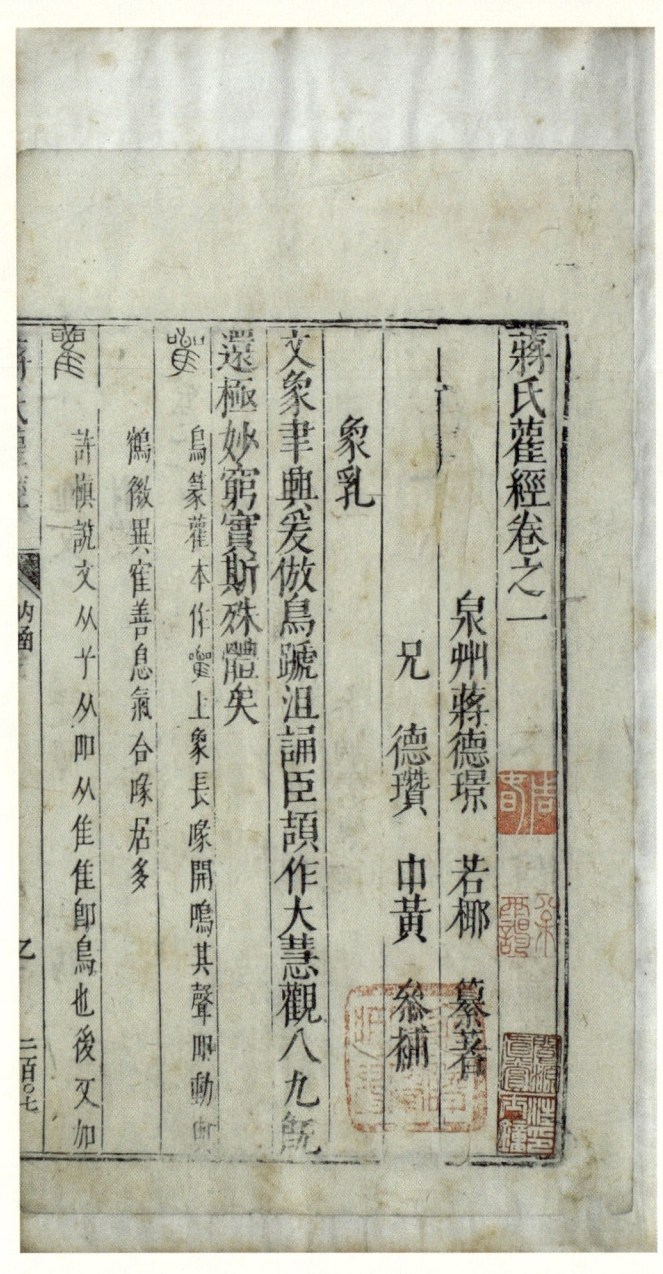

118 蔣氏藋經十四卷
[明]蔣德璟纂 [明]蔣德瓚參補 明天啓六年(1626)重刻本 四册

匡高19.6釐米,廣13.3釐米。半葉九行,行十九字,小字雙行同。白口,四周雙邊,單黑魚尾。版心有字數。有"修永堂洪""周春""松靄""閬源真賞""汪士鐘印"等印。

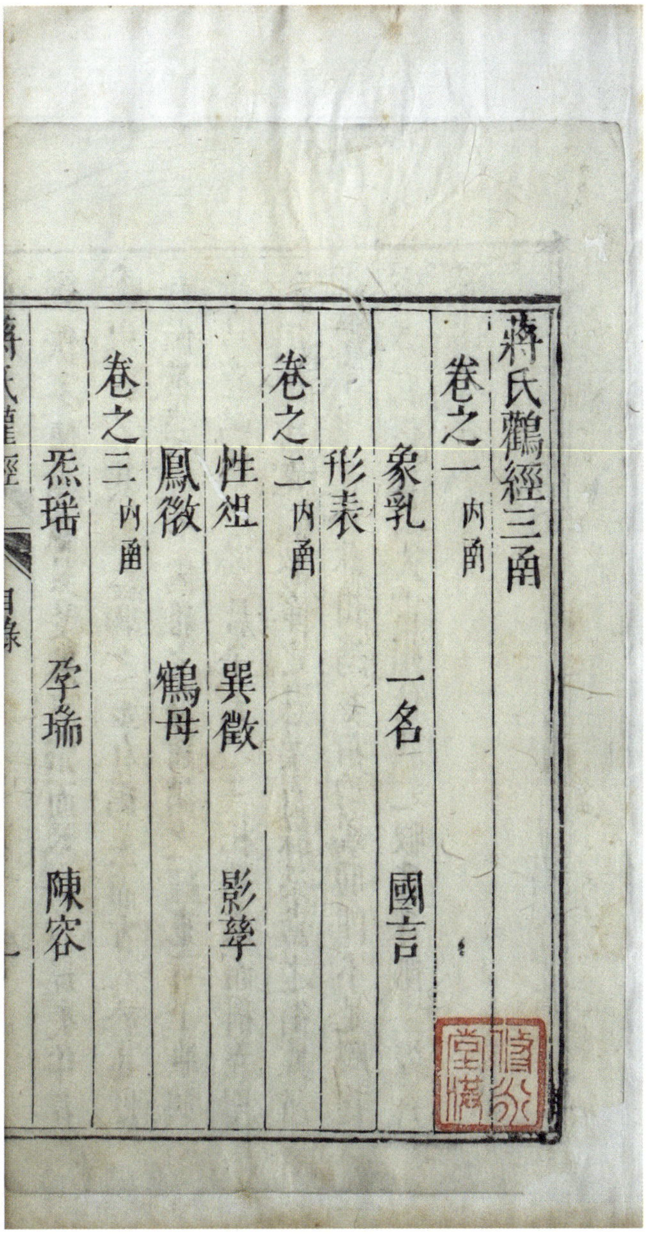

蔣氏鶹經目

卷之一 內角
　象乳　一名　國言
卷之二 內角
　形表
　性烈　巽徵　影萃
　鳳徵　鸘母
卷之三 內角
　烝瑤　孕瑜　陳容

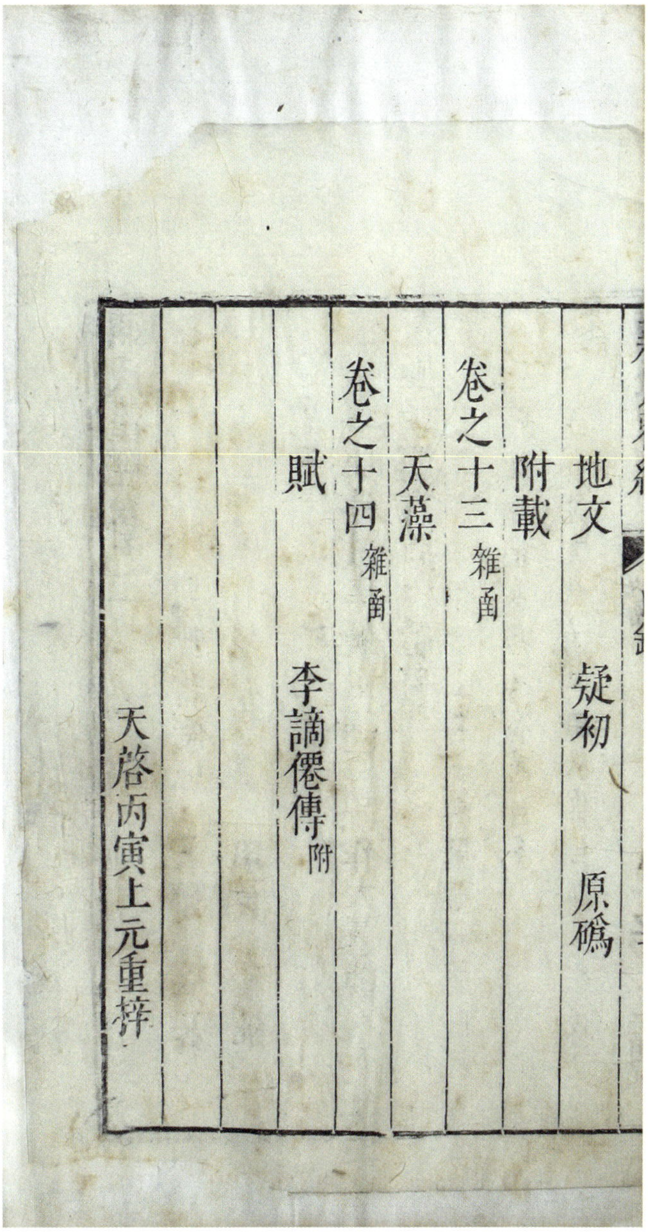

地文　疑初　原磶
附載
卷之十三 雜角
　天藻
卷之十四 雜角
　賦　李謫僊傳附

天啓丙寅上元重梓

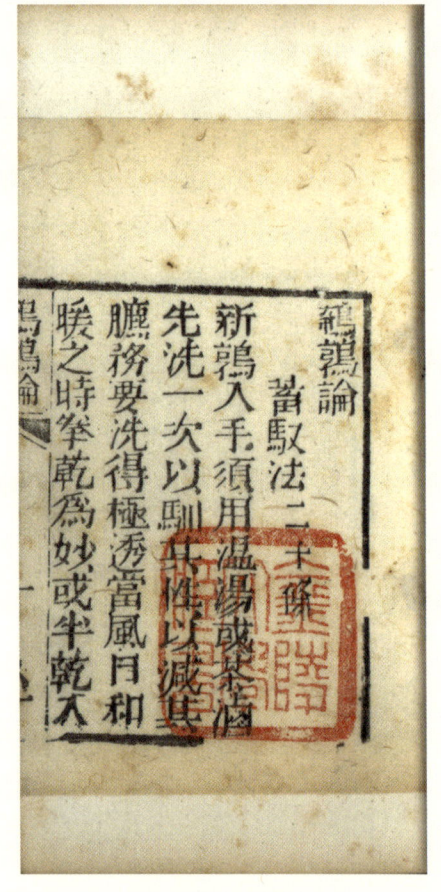
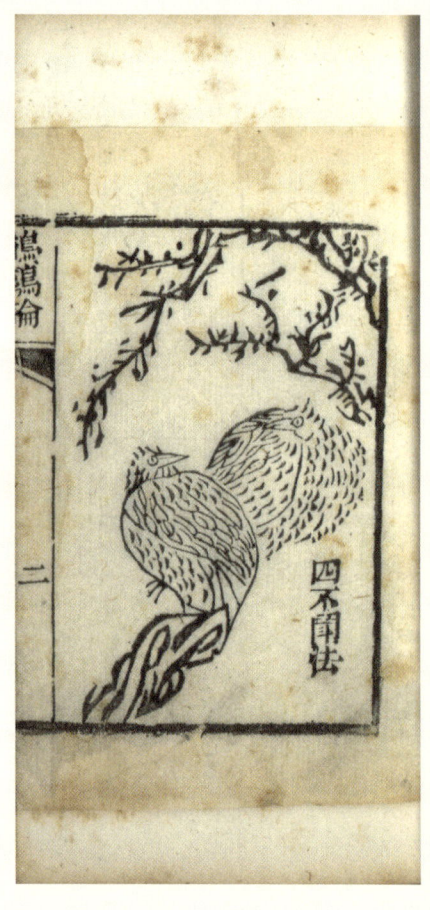

119 鵪鶉論一卷
佚名輯 清康熙刻巾箱本 一册

匡高 7.4 釐米，廣 6.3 釐米。半葉六行，行十一字，小字雙行同。無界欄，白口，單黑魚尾，四周單邊。

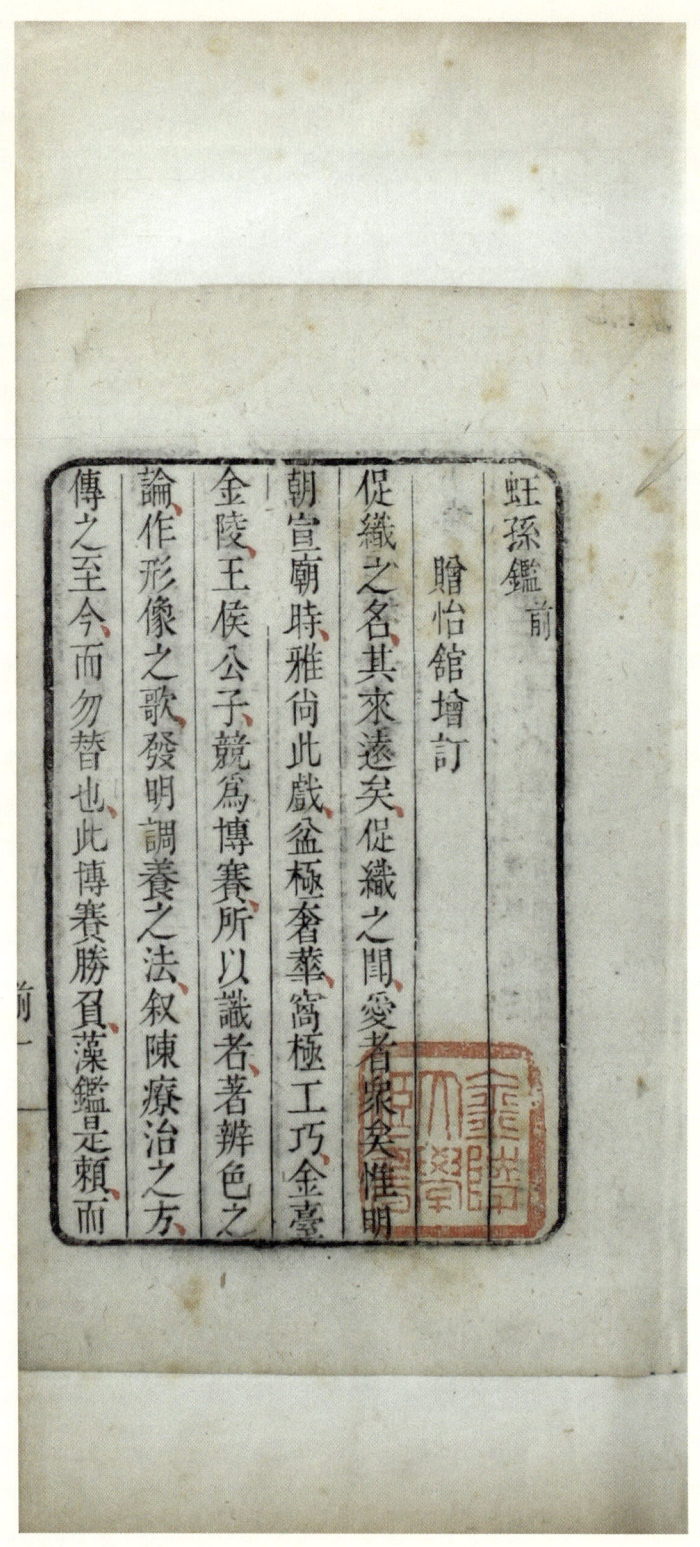

120 蚟孫鑑三卷
[清]朱從延編 [清]林德垓、莊樂耕重訂 清乾隆四十一年(1776)茸城林氏補刊本 六册

匡高14.3釐米,廣9.5釐米。半葉七行,行十八字。四周單邊。

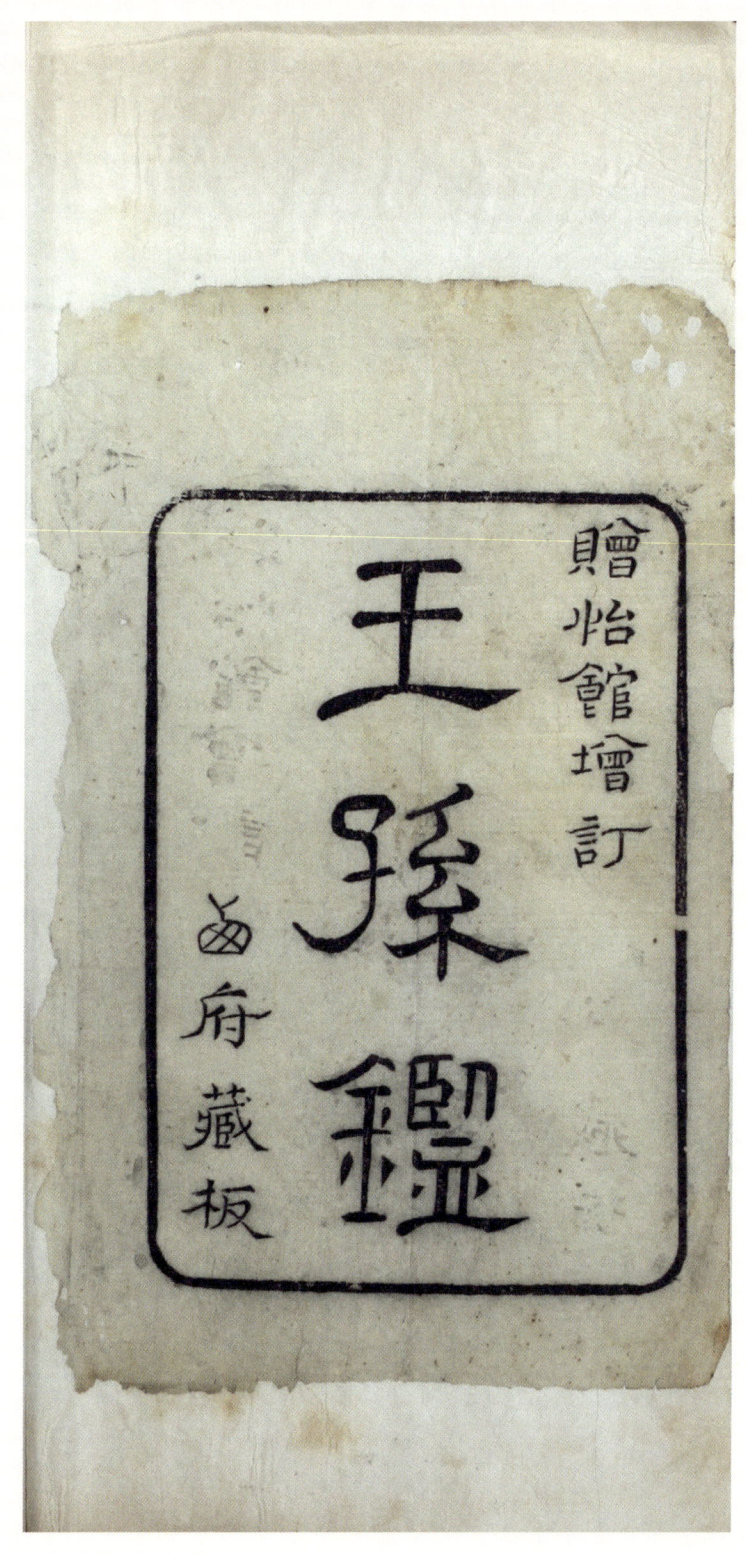

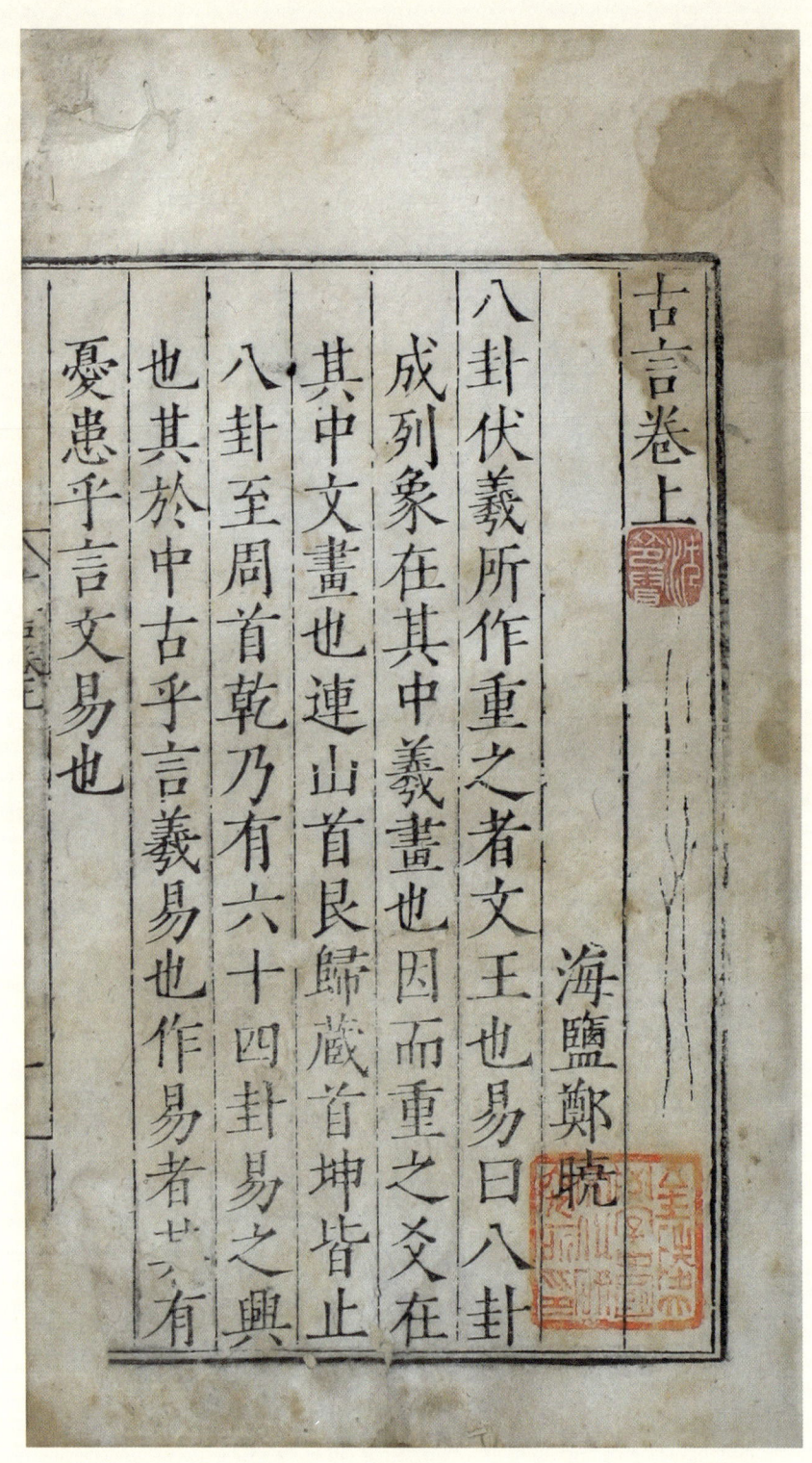

121　古言二卷今言四卷

[明]鄭曉撰　明嘉靖四十四年(1565)項篤壽刻本　六册

匡高 21.0 釐米，廣 13.6 釐米。半葉八行，行十六字。白口，四周雙邊(《今言》板匡爲左右雙邊)，單白魚尾。版心下方有刻工。有"沈令聞"等印。

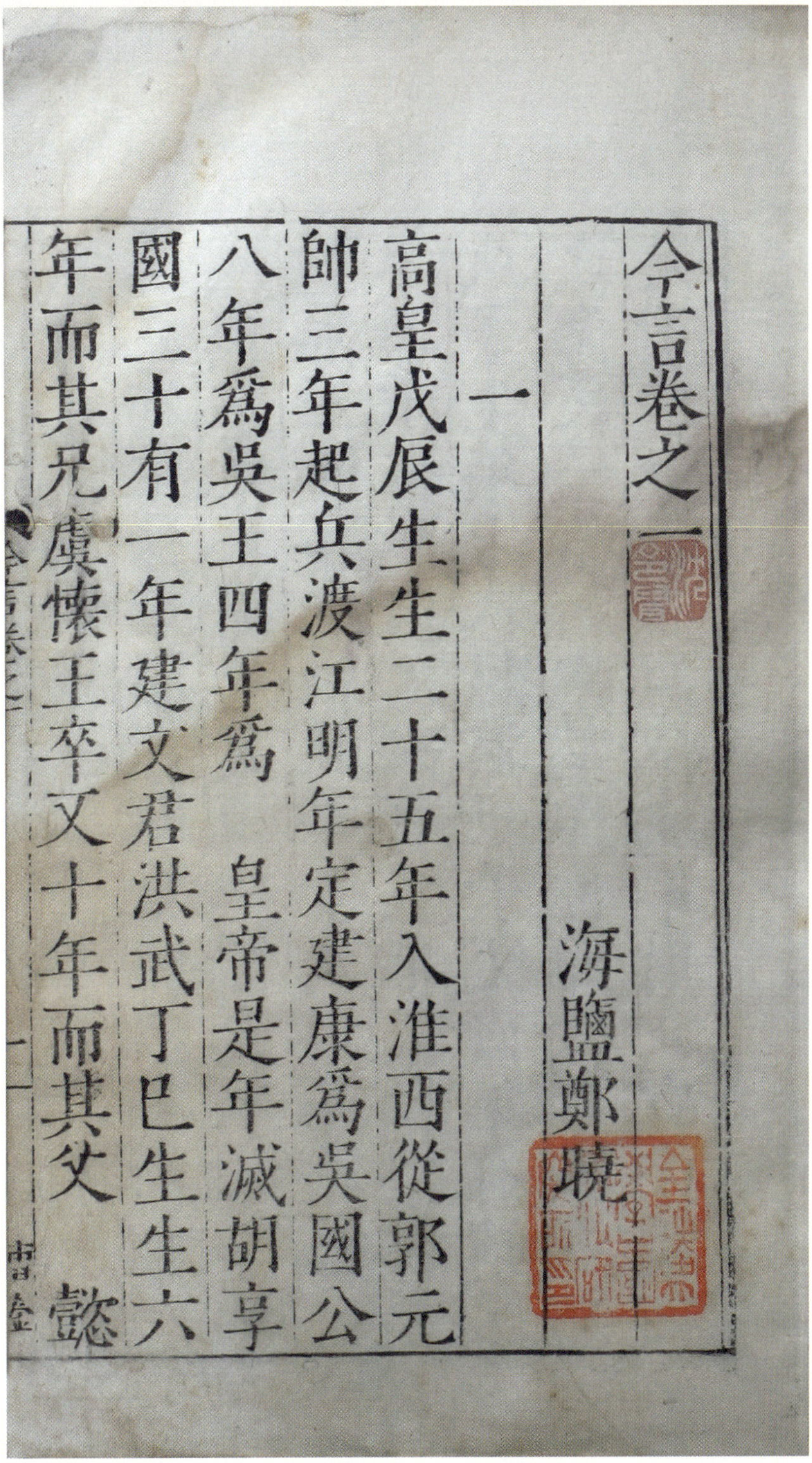

今言卷之一

海鹽鄭曉

一

高皇戊辰生生三十五年入淮西從郭元帥三年起兵渡江明年定建康爲吳國公八年爲吳王四年爲皇帝是年滅胡享國三十有一年建文君洪武丁巳生生六年而其兄虞懷王卒又十年而其父懿

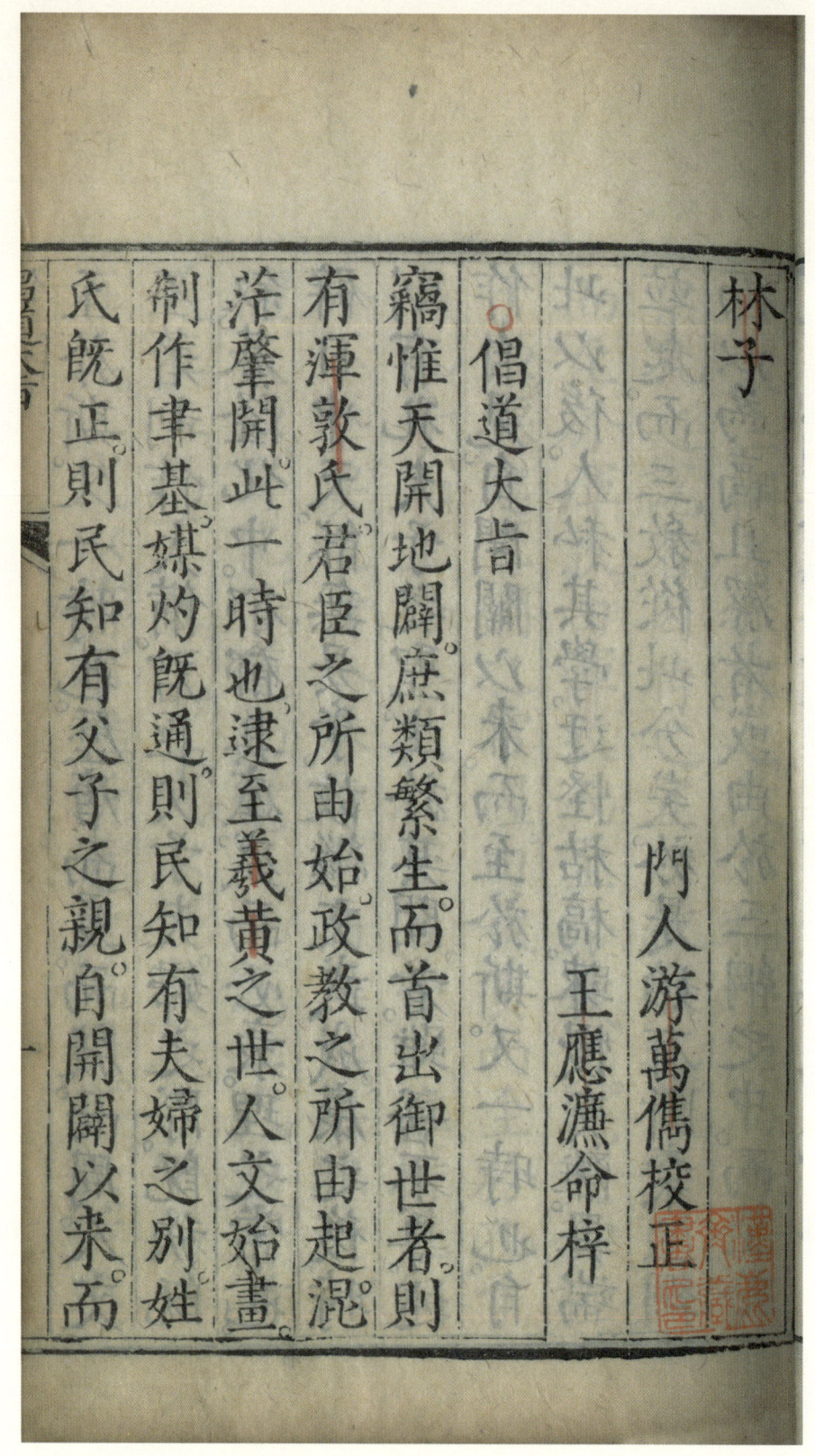

122 林子全集七十九種一百一十八卷

[明]林兆恩撰　明萬曆刻本　三十冊

匡高19.6釐米,廣14.2釐米。半葉九行,行十七字,小字雙行同。白口(七至十冊大黑口),四周雙邊,單黑魚尾。版心有刻工。有"廣東肇陽羅道關防"滿漢文印、"漢鹿齋藏書印"、"退一步齋"、"子嚴"等印。有清同治十三年(1874)方濬師題跋。

林子存初揽集序

不肖弟皖城守兆珂谨撰

性无生复体果有言耶其未尝
有言耶夫龟浮马负造物直开其
秘岂其断元后而不煽以文也
乎即孔欲无言老贵希言释氏妙
义非关文字然三十篇五千言四十二

谨案 四库提要云林全子集四十卷 明林兆恩撰兆恩字懋勋号龙江又号
子谷子又号三教先生莆田人生平立说欲合三教为一始犹弥不足与辨医衫
梦中见孔子授心鲁论微旨尤为诞妄是编乃其门人涂元辅裳刻分元亨利
贞四集每集十册皆狂怪无忌之谈谢肇淛五杂俎曰君润莆阳林兆恩首
倡学杂文绌佛氓之法治病焚符人侍之亦不下数十辈依上言降魔托鬼为了偈
药巫笑乡曰建卅崖测为兆恩乡人女言如此西顾大韶炳烛斋有林三教集序乃或
刻讹先乾俊俊有陆标故称三教集有九十好卷兆恩另令门人分摘编次今阁其书并
岳俨目似不止此四十卷之数二 此编为林兆珂及蒋孟芳序兆珂称为三山王真剖矢手寿

同治甲戌六月望前四日炎热挥汗书于崇西道署之退一步斋

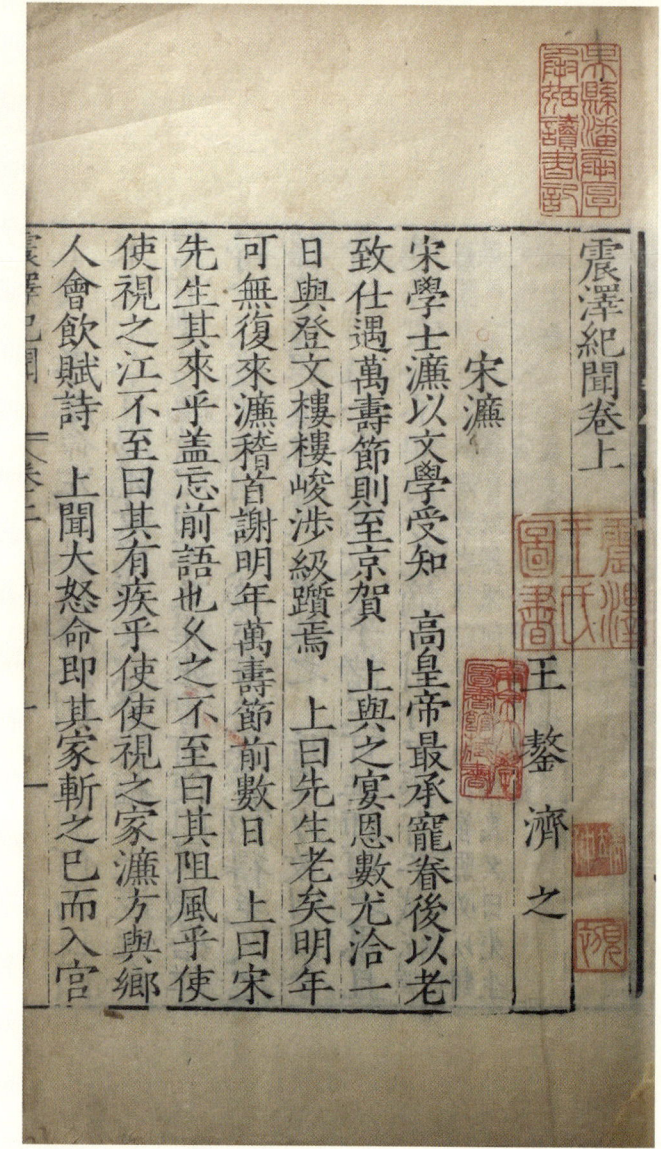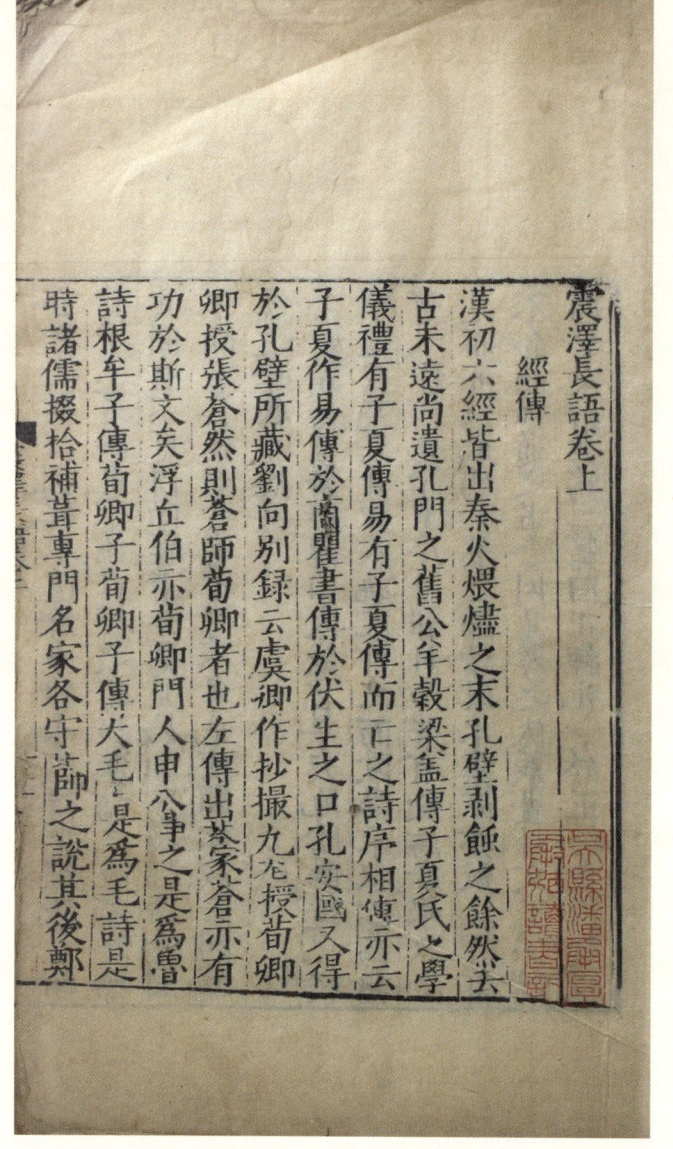

123 震澤長語二卷震澤紀聞二卷
[明]王鏊撰 明嘉靖三十年(1551)刻本 二册

匡高16.6釐米,廣14.2釐米。半葉十一行,行二十字,小字雙行同。白口,左右雙邊,單黑或白魚尾。有"震澤王氏圖書""端仲""見初""吳縣潘承厚承弼讀書記"等印。

序震澤紀聞後

中憲大夫山東按察司副使前進士新建魏良貴撰

古之國史隨事直書善惡無隱惟其所見所聞而信焉則傳之此之謂信以傳信也然而人或見其所見而不見其所不見是故所見則異辭焉人或聞其所聞而不聞其所不聞是故所聞則異辭焉人或傳其所傳而不

震澤長語序

余久居山林不能嘿嘿閱載籍有得則錄之觀物理有得則舒之有關治體則錄之有稗聞見則錄之久而成帙名曰震澤長語云吳郡王鏊濟之

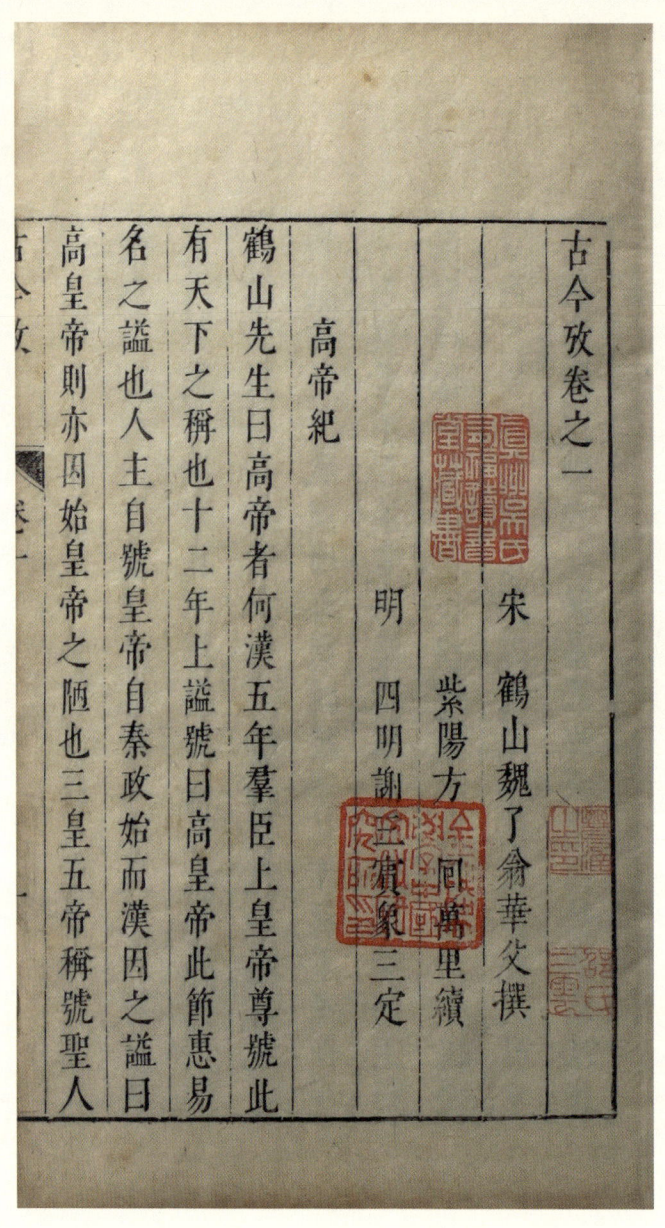

124　古今考三十八卷

[宋]魏了翁撰　[元]方回續　明崇禎謝三賓刻本　二十八册

匡高20.2釐米，廣14.0釐米。半葉九行，行二十字，小字雙行同。白口，四周單邊，單黑魚尾。有"文淵閣校理""臣晉涵印""晉涵之印""邵氏二雲""真州吳氏有福讀書堂藏書""秋浦書屋"等印。

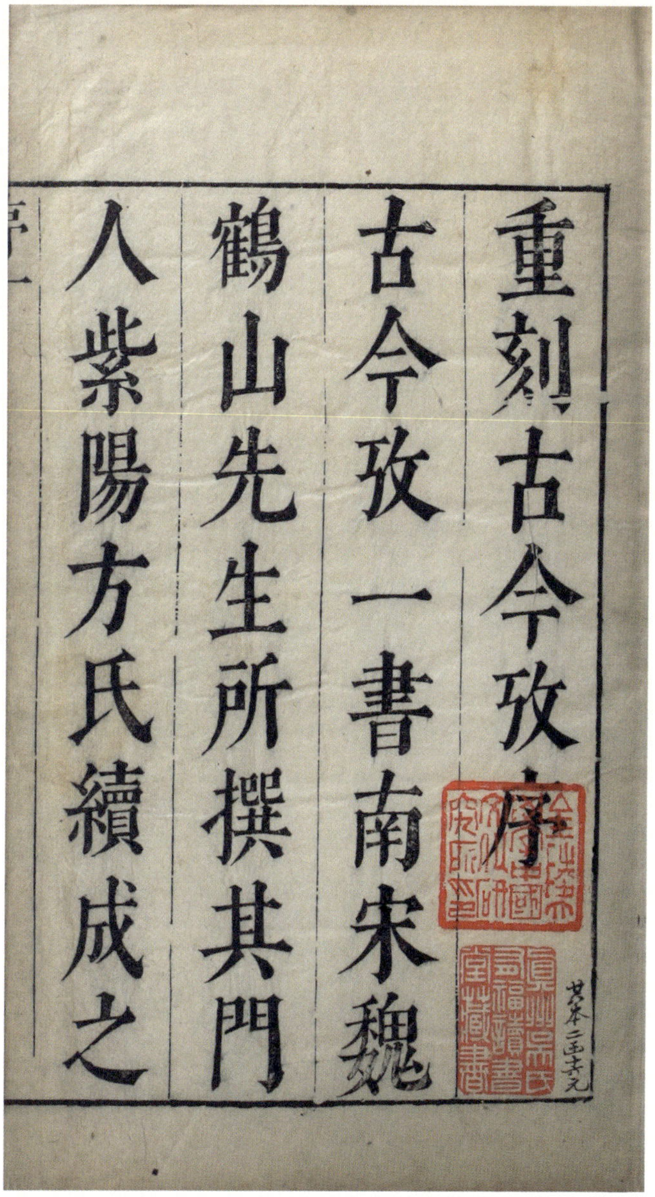

重刻古今姓氏書辯證序

古今姓氏一書，南宋魏鶴山先生所撰，其門人紫陽方氏續成之

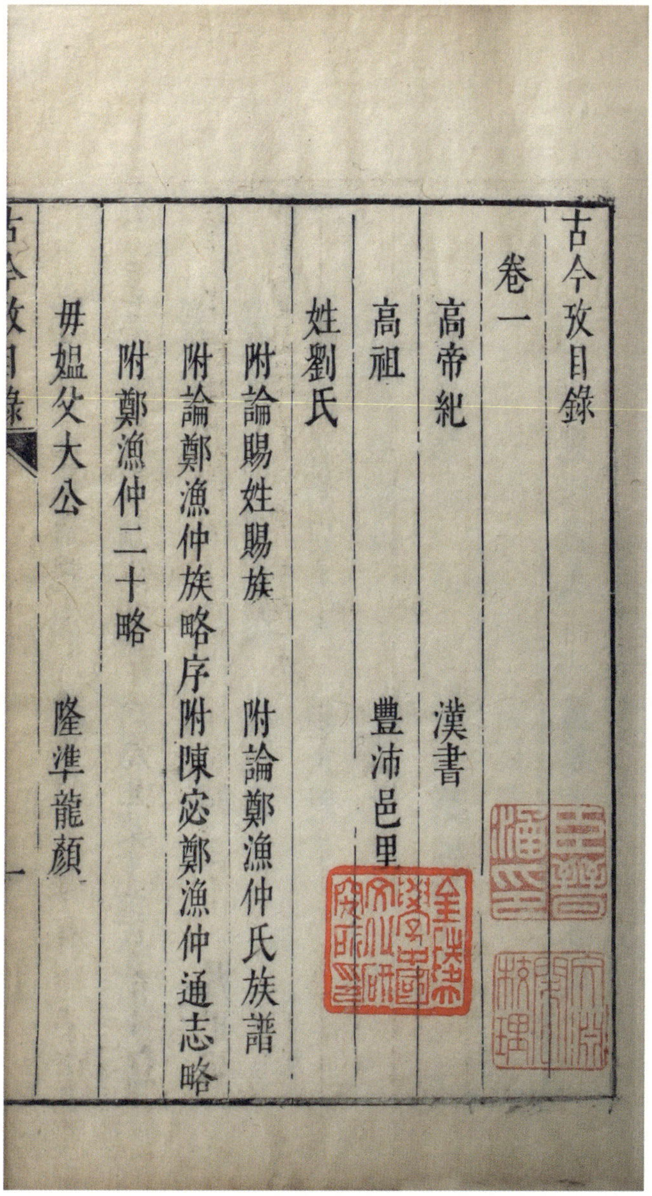

古今姓氏目錄

卷一

高帝紀　　漢書
高祖
姓劉氏　　豐沛邑里
附論賜姓賜族
附論鄭漁仲氏族譜
附論鄭漁仲族略序附陳宓鄭漁仲通志略
附鄭漁仲二十略
毋媼父大公　隆準龍顏

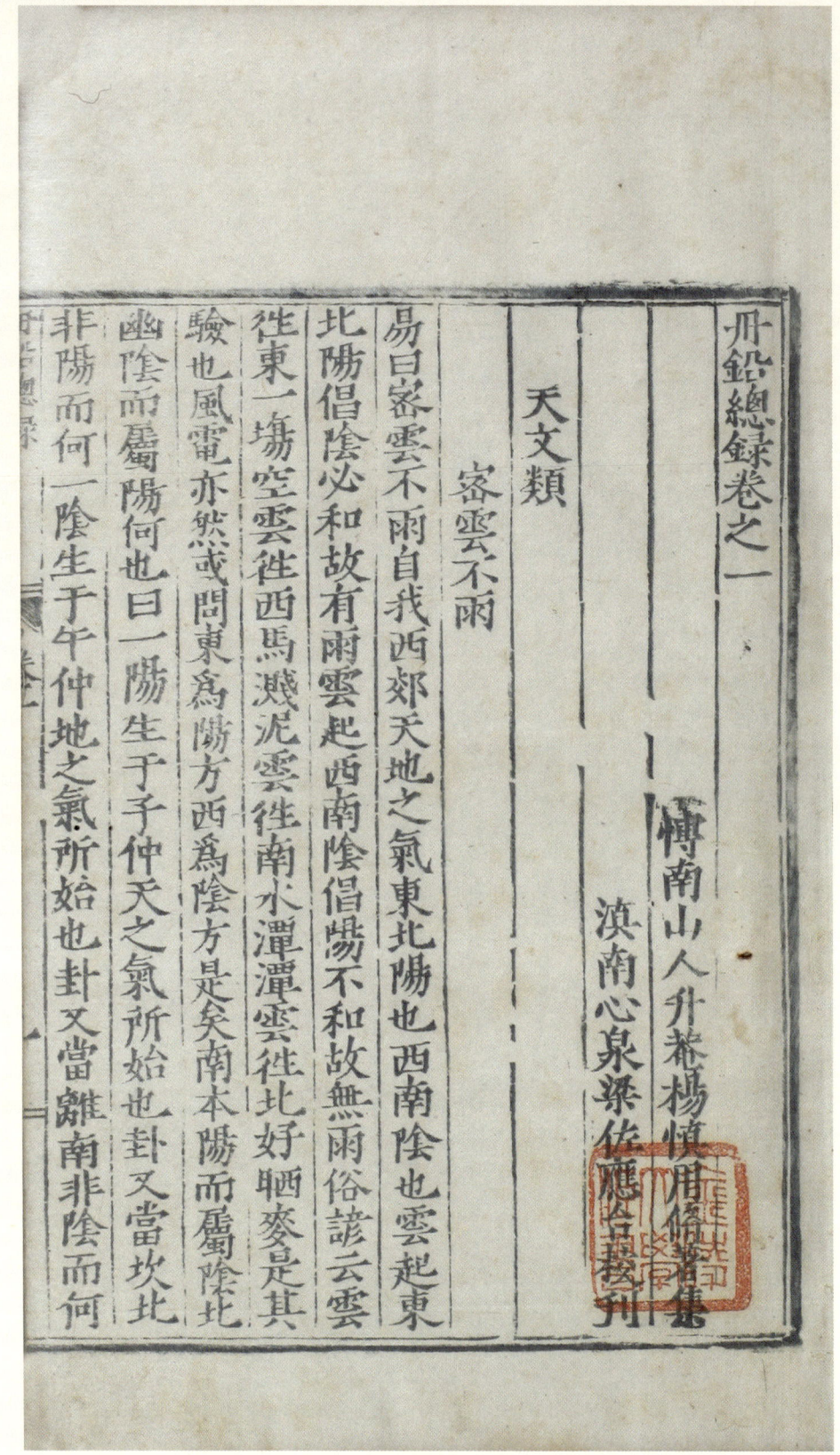

125 丹鉛總錄二十七卷
[明]楊慎著集　明嘉靖三十三年(1554)滇南梁佐刻藍印本　十冊

匡高 22.1 釐米，廣 16.5 釐米。半葉十一行，行二十五字。白口，四周雙邊，單藍魚尾。

勅整飭兵備前兵部員外郎滇南門人梁佐

應台拜書

苑醍醐古今詩選皇明詩抄四書表傳風雅逸
編選詩外編拾遺墨池瓊錄古文韻語五言律
祖唐絕爭奇赤牘清裁詞林萬選水經碑考異
魚圖贊禪藻集滇載記滇程記諸書不盡梓于
世佐因存其名以竢博學大方搜而廣之與茲
錄并傳可也

嘉靖三十三年甲寅五月五日吉

賜進士出身奉政大夫福建按察司僉事奉

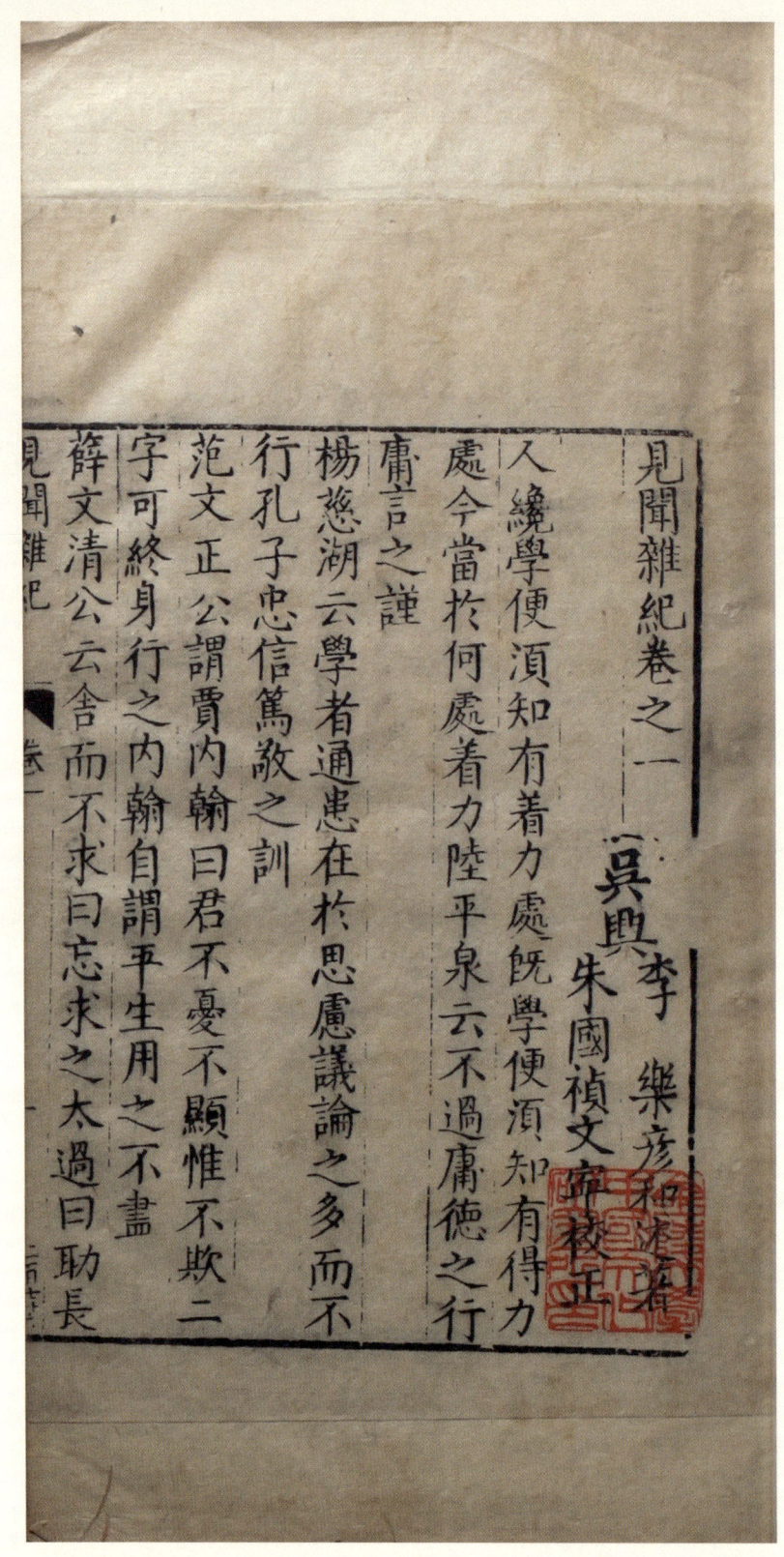

126 見聞雜紀十一卷

[明]李樂著 [明]朱國禎校正 明萬曆刻本 十六冊

匡高17.3釐米,廣12.7釐米。半葉十行,行十八字,小字雙行同。白口,四周單邊,單黑魚尾。版心下方有字數。有"鎦承幹印""南林劉氏求恕齋藏"等印。

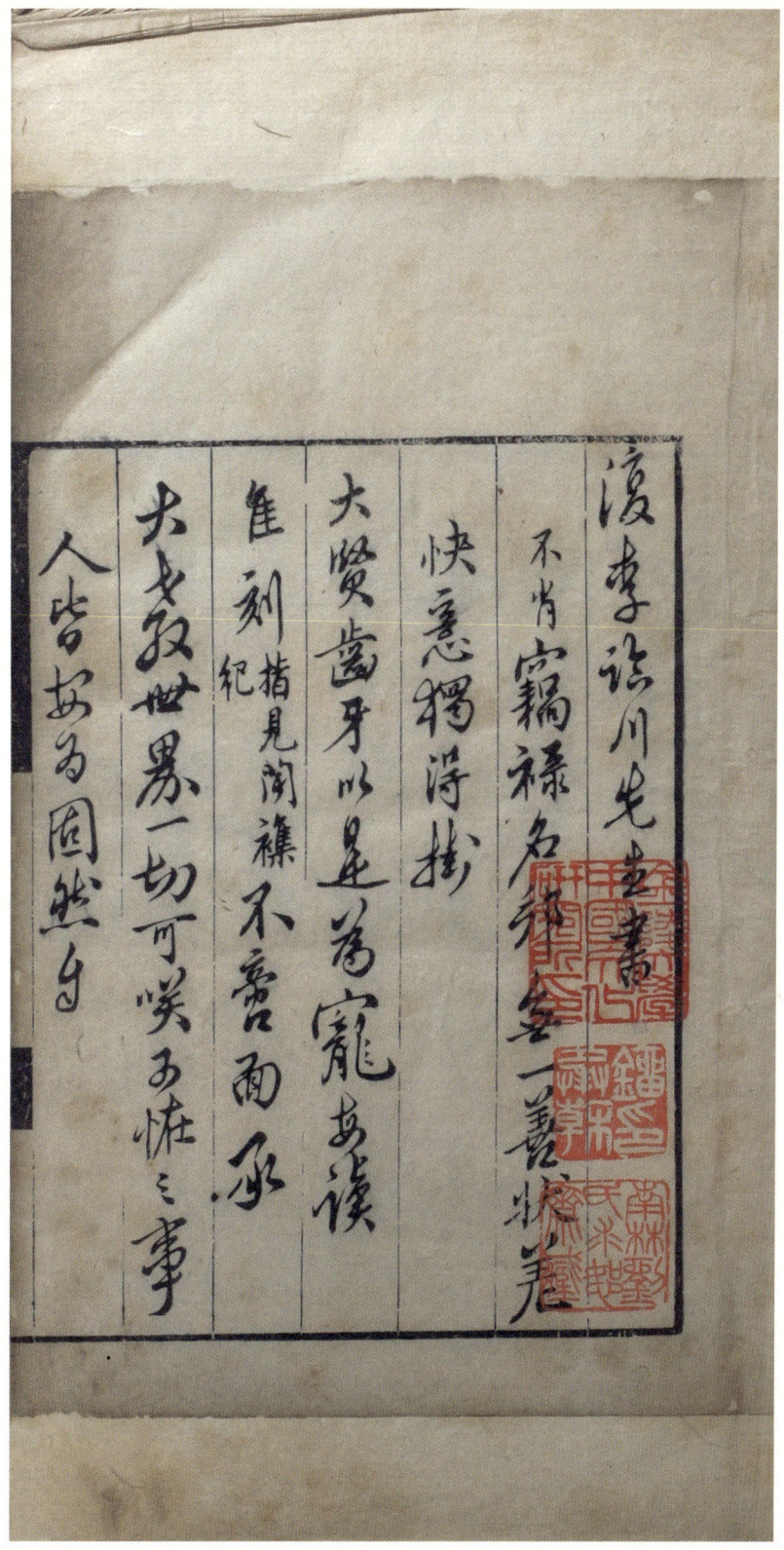

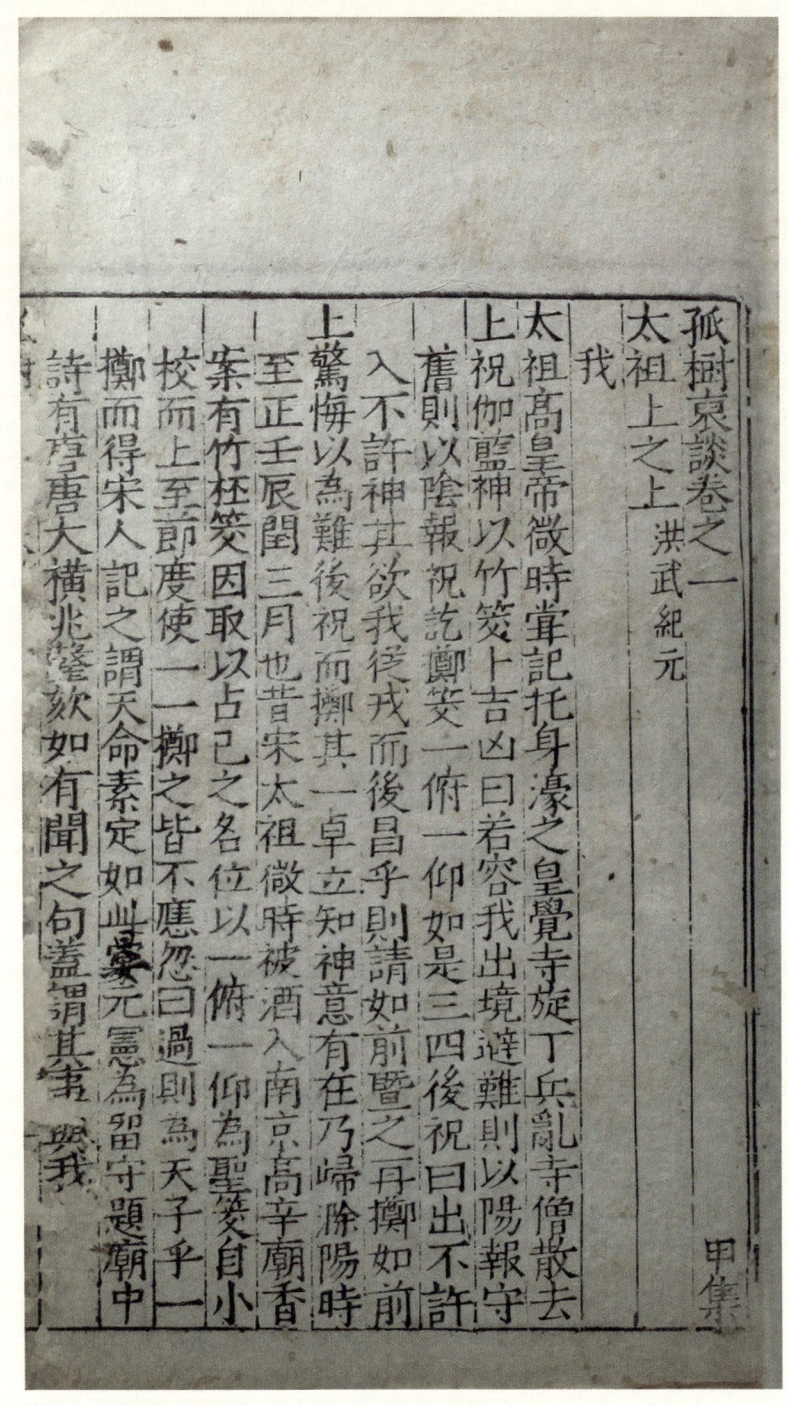

127 孤樹裒談十卷
[明]李默輯 明嘉靖刻本 十册

匡高18.9釐米，廣13.7釐米。半葉十三行，行二十四字。白口，左右雙邊，單黑魚尾。有"八千卷樓藏書記""錢唐丁氏藏書"等印。

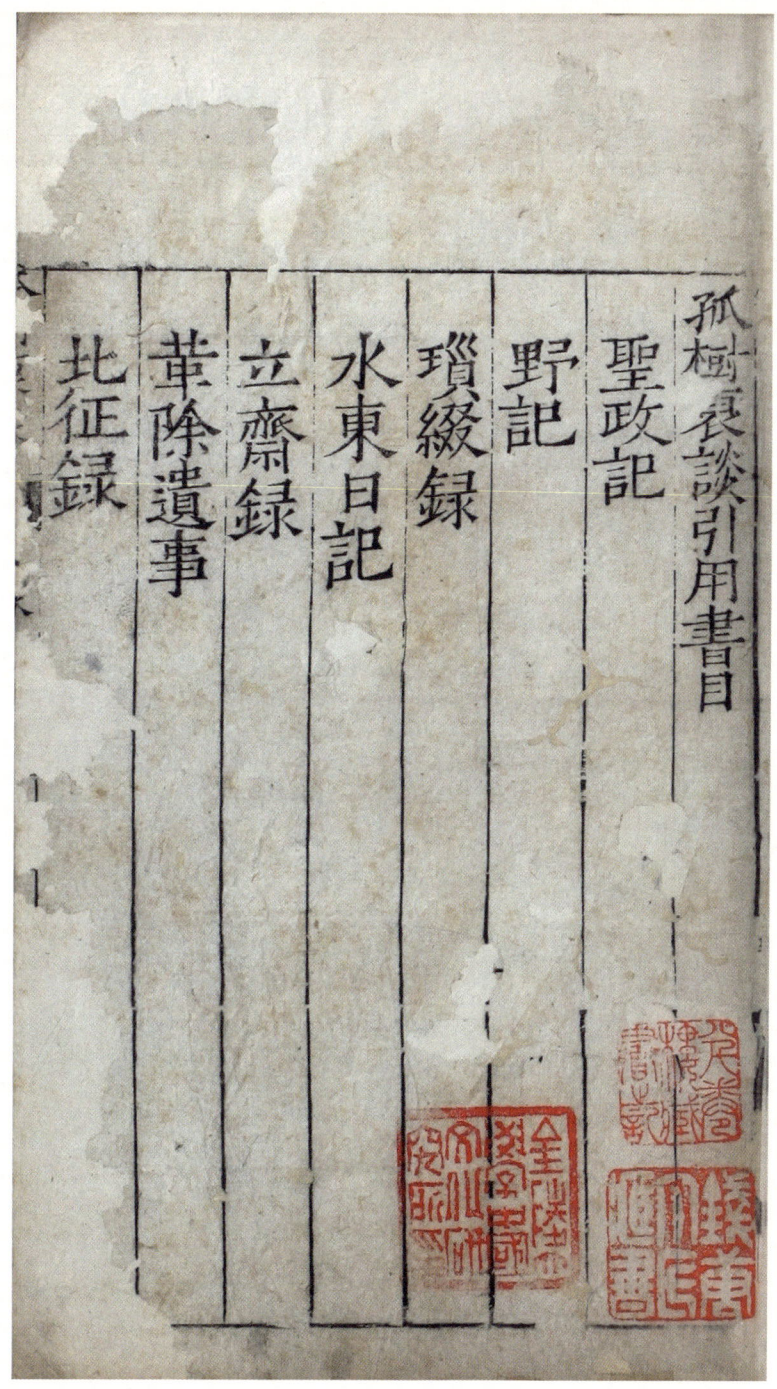

孤樹裒談引用書目

聖政記
野記
瑣綴錄
水東日記
立齋錄
革除遺事
北征錄

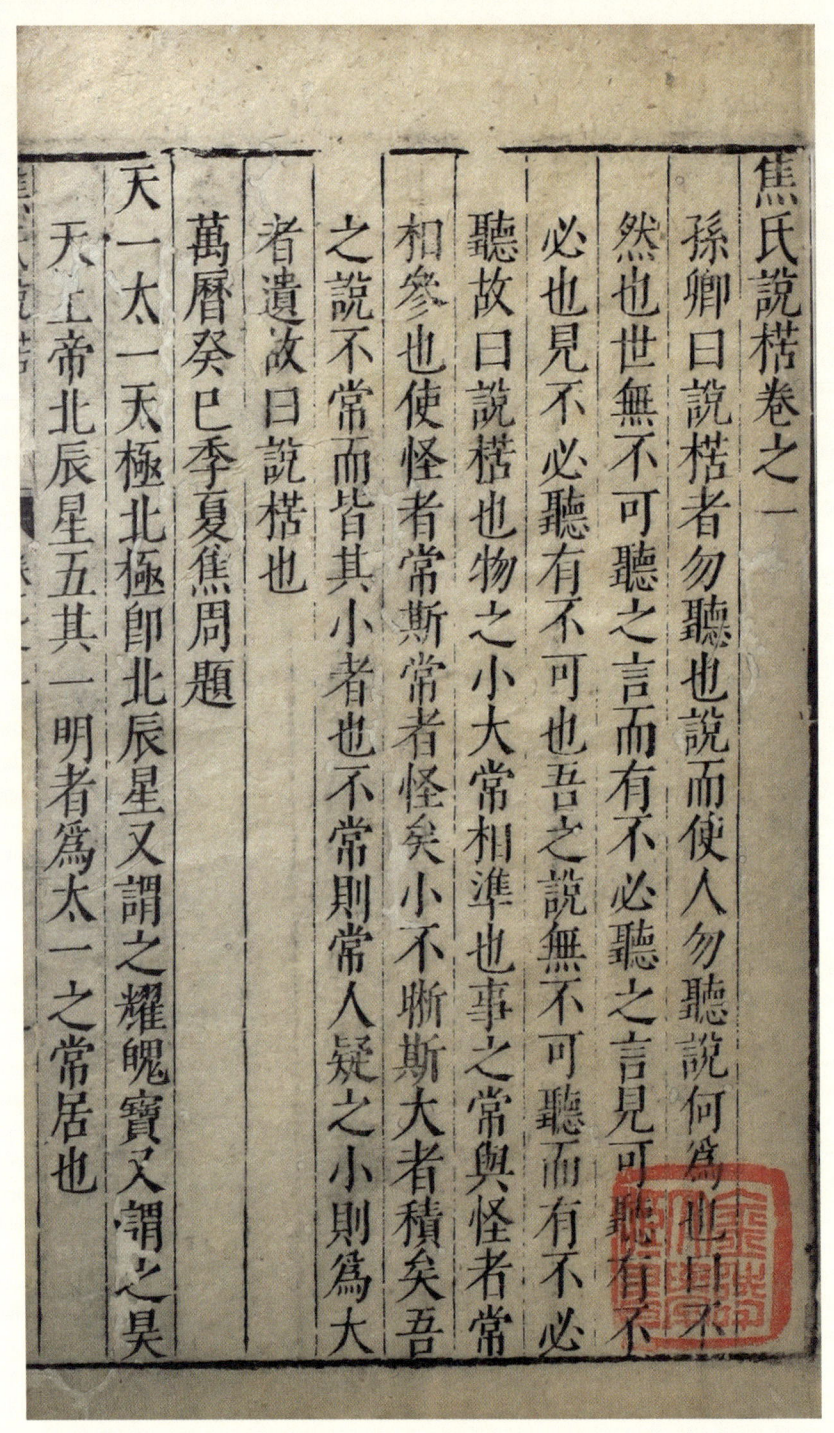

128 焦氏說楛七卷

[明]焦周撰 清初周氏懷德堂刻本 六册

匡高22.3釐米,廣15.0釐米。半葉十一行,行二十二字。白口,四周單邊,單黑魚尾。有"江南省狀元境內懷德堂周氏書林發兌"等印。

海曲焦茂孝先生纂輯

說楛

澹園先生雅瞻淵源著述閎富為前明一代鉅儒歲書甲於天下嗣君茂孝先生寢食載籍科第流聲纂輯說楛一書紀事屬詞搜選探異凡天地之廣漠品物之蕃多仙釋之靈玄靡不兼賅具備是故老師宿儒志奇好古者所共津逮無涯也特為刊出用助見聞讀者珍之懷德堂主人識

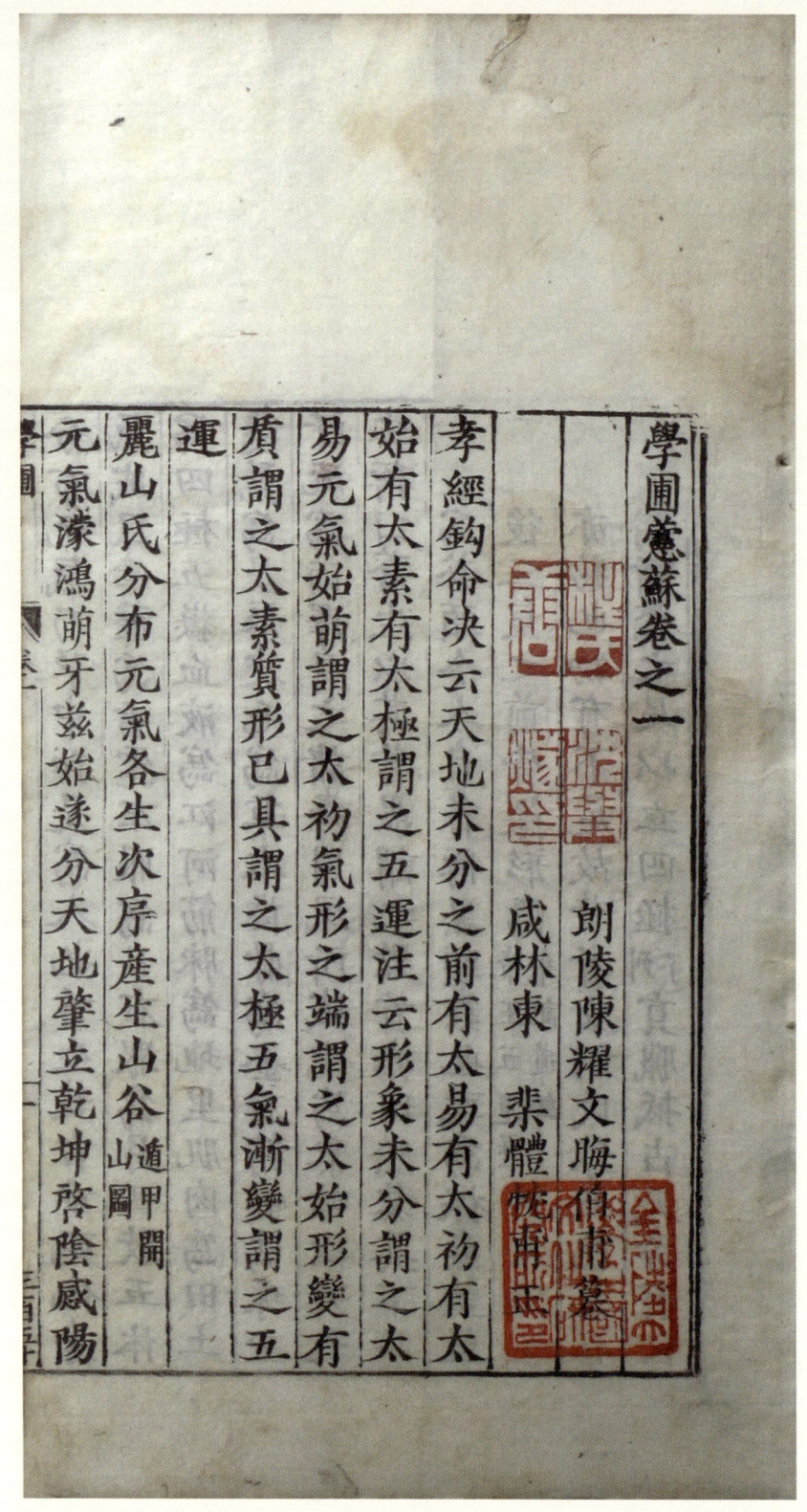

129　學圃藼蘇六卷
[明]陳耀文纂　明萬曆五年(1577)東斐刻本　六冊

匡高18.3釐米,廣13.3釐米。半葉十行,行二十字,小字雙行同。白口,左右雙邊,單黑魚尾。版心下方有字數。有"真州吳氏有福讀書堂藏書""當湖沈柱唐臧""沈與燧印""柱唐氏"等印。

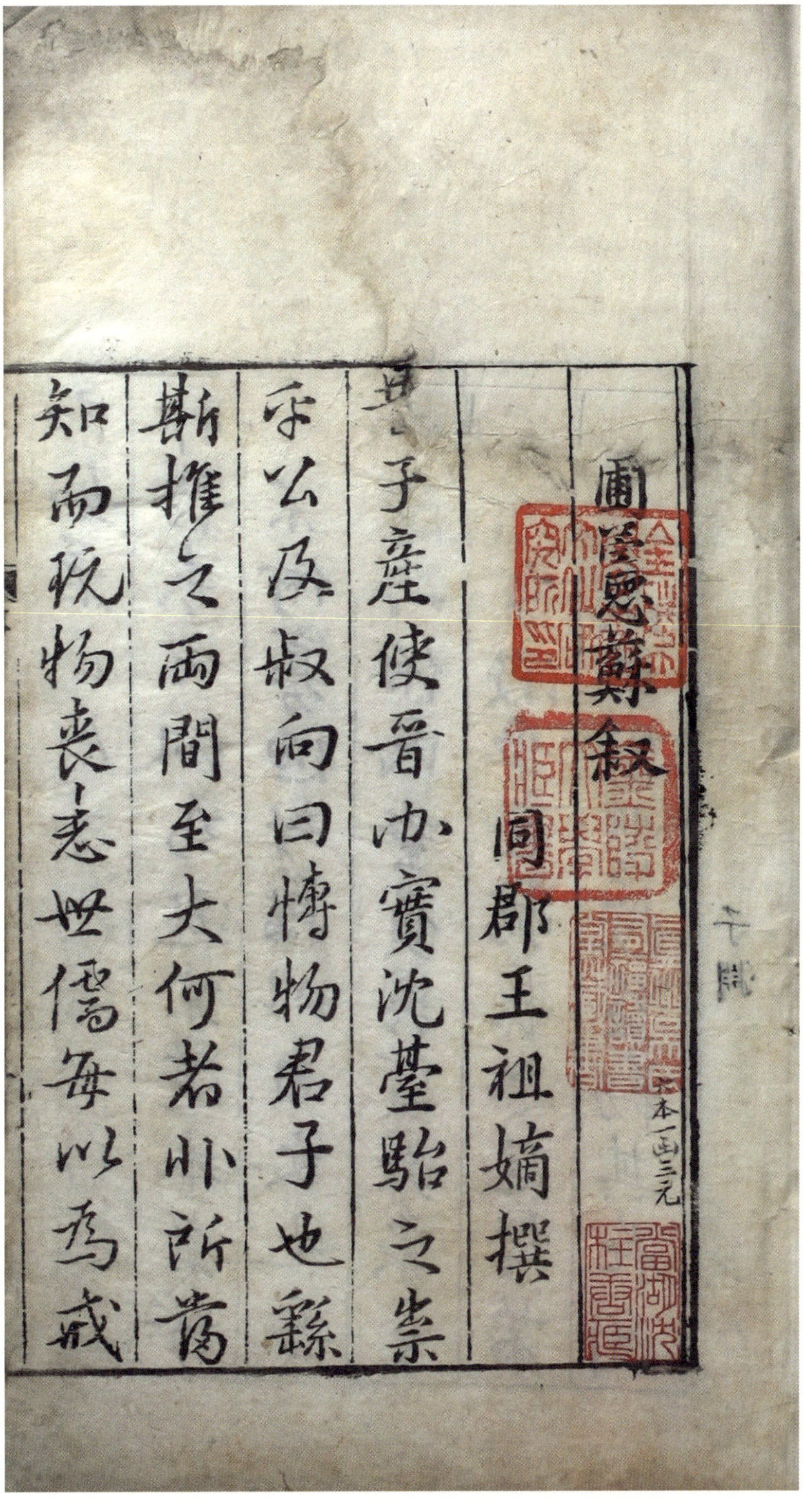

甫溪惡賦敘

同郡王祖嫡撰

異子產使晉巾寶沈瑩駝之巢
平公及叔向曰博物君子也繇
斯推之兩間至大何者非吾
知而玩物喪志世儒每以為戒

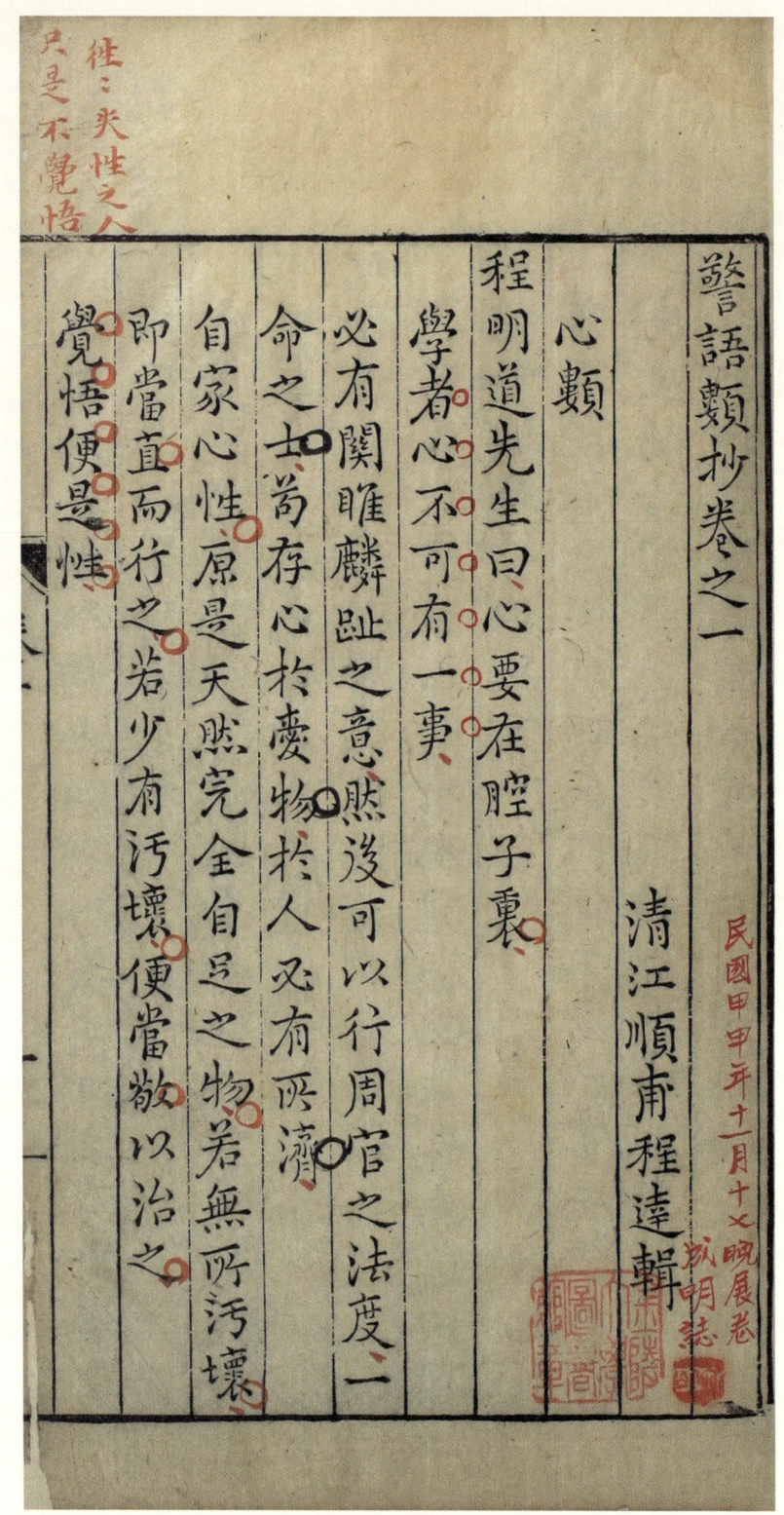

130 警語類抄八卷

[明]程達輯 明萬曆二十五年(1597)刻本 八册

匡高 22.0 釐米，廣 14.8 釐米。半葉十行，行二十字，小字雙行同。白口，左右雙邊，單黑魚尾。有"八千卷樓""錢唐丁氏藏書""江蘇省立第一圖書館藏書""李成明"等印。有批點。

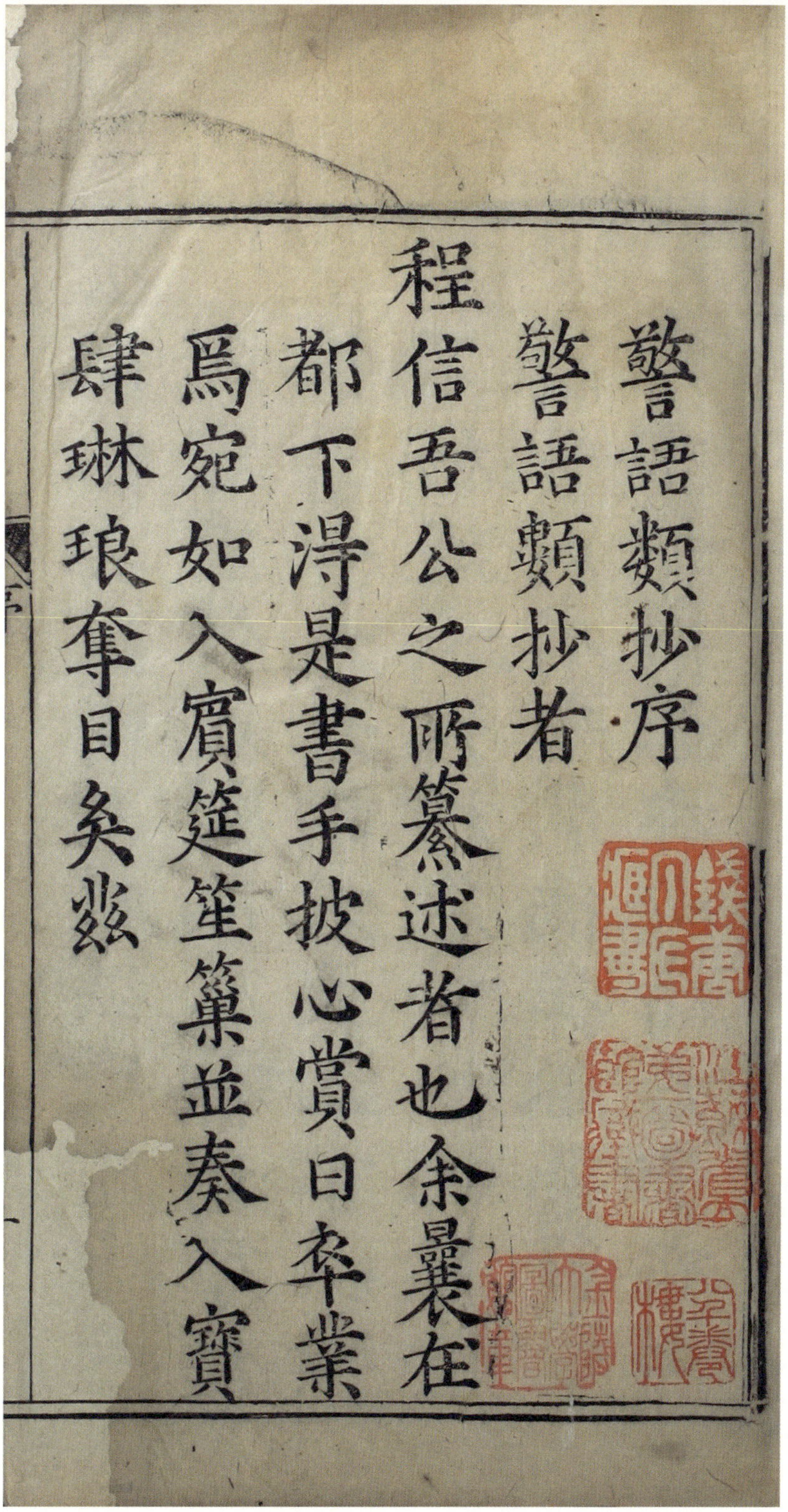

警語類抄序

警語類抄者
程信吾公之所纂述者也余曩在
都下得是書手披心賞日卒業
焉宛如入寶筵笙簧並奏入寶
肆琳琅奪目矣茲

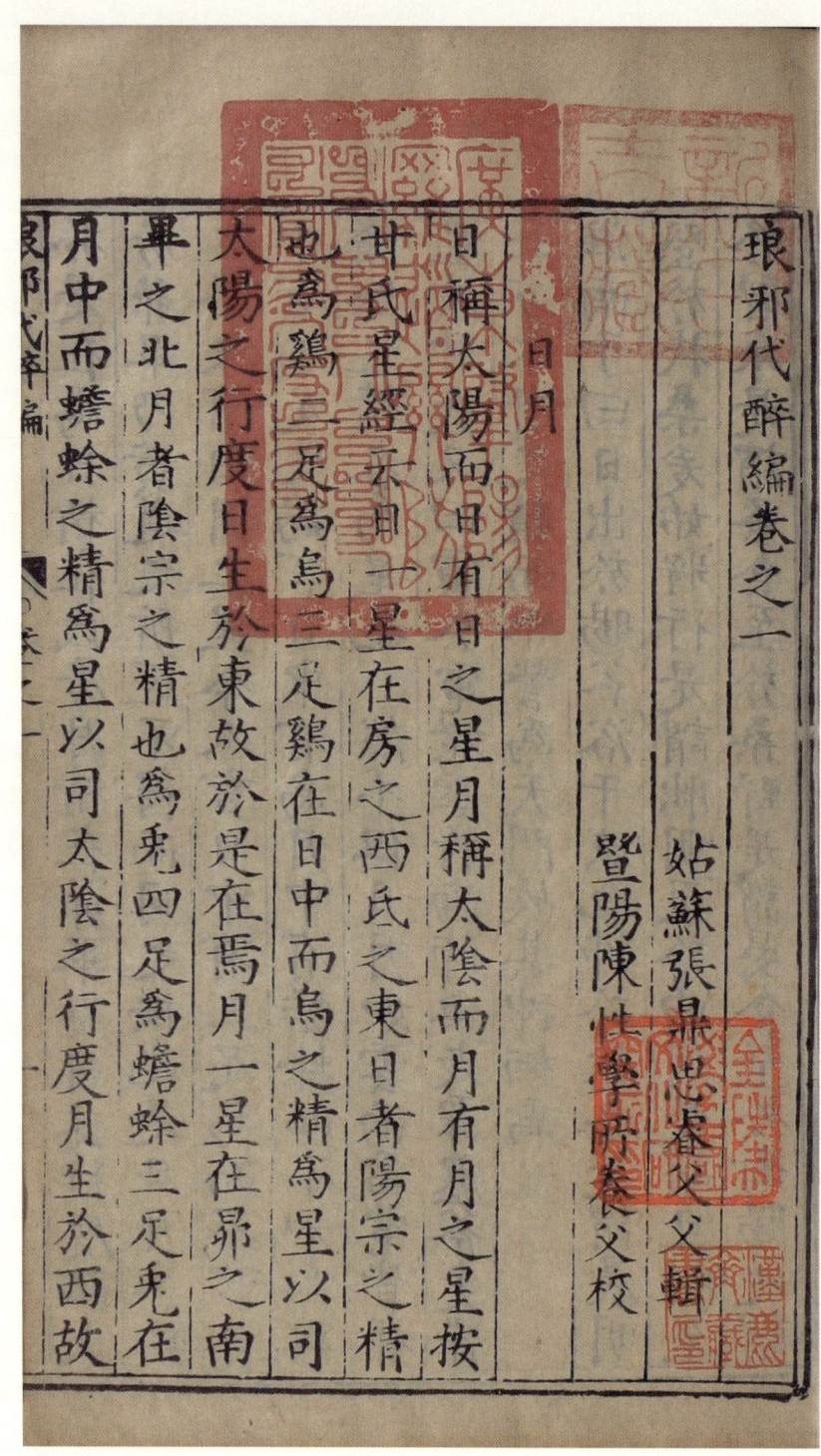

131　琅邪代醉編四十卷

[明]張鼎思輯　明萬曆二十五年(1597)刻本　十冊

匡高21.1釐米，廣14.3釐米。半葉十行，行二十一字。白口，四周雙邊，單黑魚尾。有鈔配。有"廣東肇陽羅道關防"滿漢文印、"新日吉藏"、"退一步齋藏書圖記"、"漢鹿齋藏書印"等印。有清同治十三年(1874)方濬師題跋。

四庫存目云是編乃鼎思自給事中謫滁州驛丞時雜鈔諸史百家之言臚次成書名曰代醉編北歐陽儁在滁州時為醉翁亭為新思適宜居此以著書代飲酒也共壹槩例麗譙無兩折衷考訂特備以清自遣而已按陳性學前訖新思作執政箴職稍遷留都固丞篆高京太僕寺恐此異在滁州存自云滁州驛丞蓋偶誤耳

同治十三年甲戌二月廿一日退一步齋記

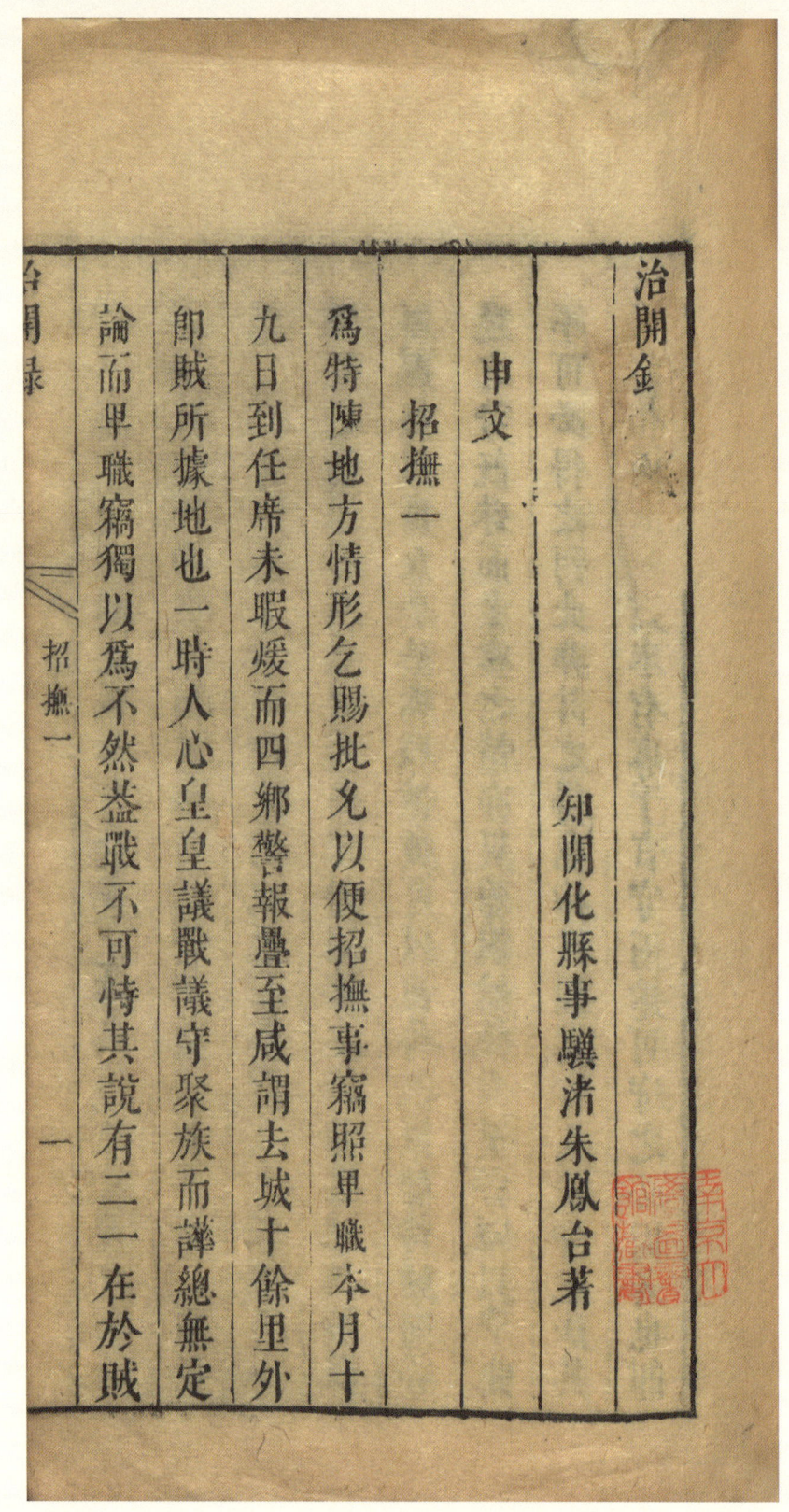

132 治開錄不分卷

[清]朱鳳台撰 清順治七年(1650)刻本 一册

匡高20.0釐米,廣12.0釐米。半葉八行,行二十四字。白口,四周單邊,單白魚尾。

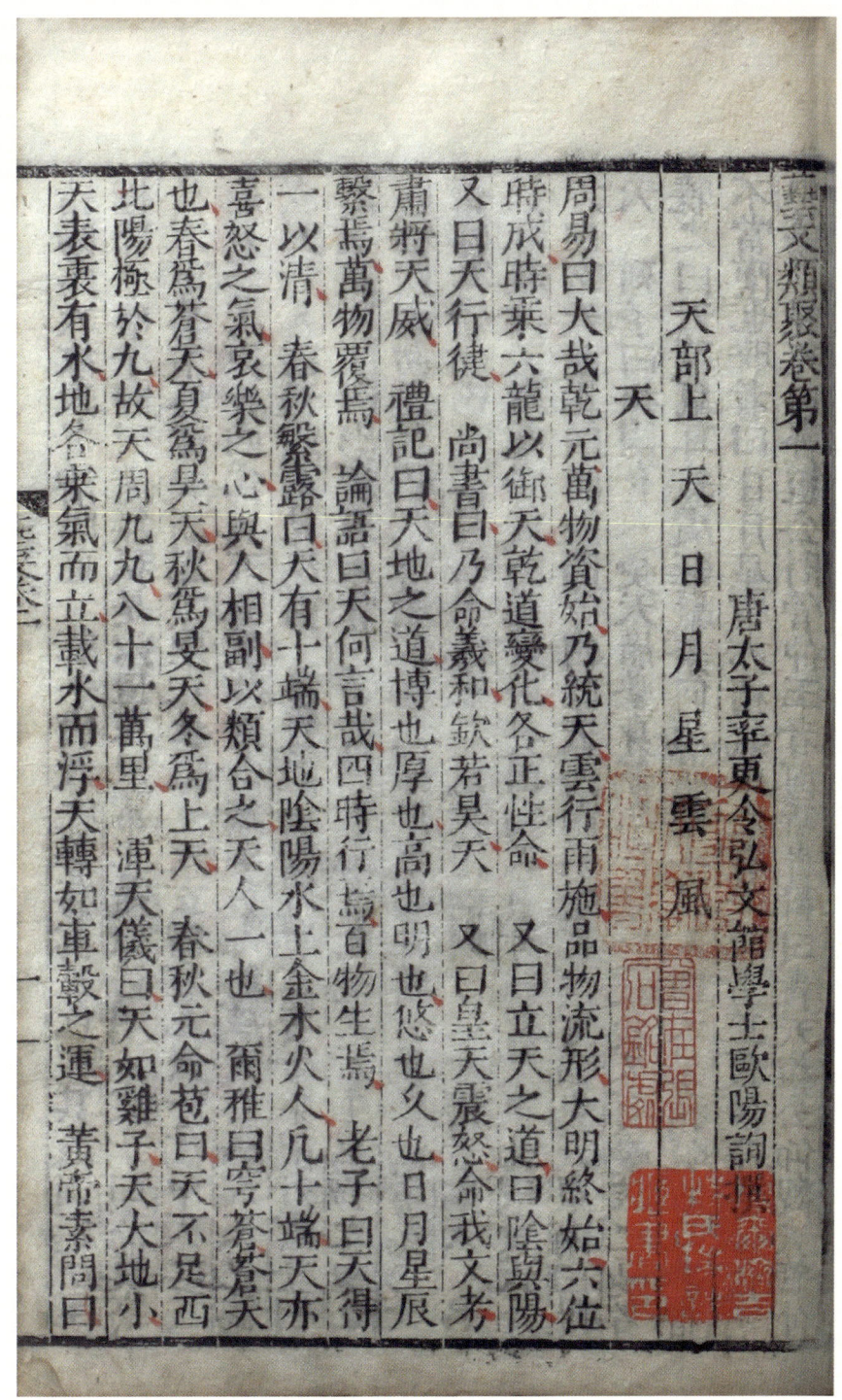

133　藝文類聚一百卷
[唐]歐陽詢撰　明嘉靖二十八年(1549)張松刻本　二十冊

匡高22.6釐米，廣16.0釐米。半葉十四行，行二十八字，小字雙行同。白口，四周單邊，單黑魚尾。有"六有叁藏書印""博爾濟吉特氏瑞誥藏書印""曾在張石銘處"等印。

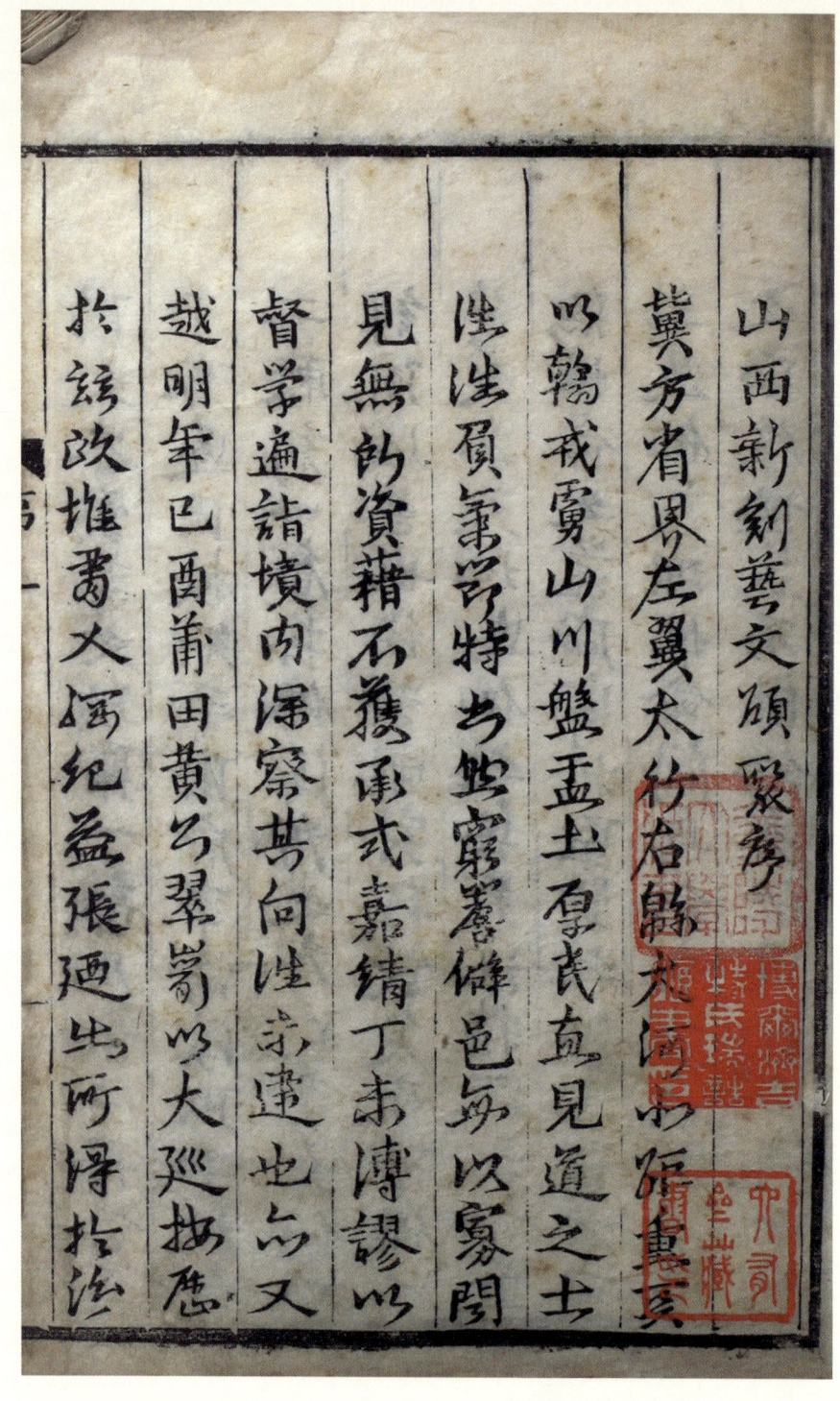

山西新刻藝文頌叙略

冀方省界左翼太竹右縣越岡邑係焉
以翰戎雾山川盤盂土厚民直見道之士
洼洼頁筆罕特古然窮響僻邑無以雾間
見無的資藉不獲承式嘉靖丁未溥謬以
督学遍詣境内滐察其向往求達也尚又
越明年巳酉莆田黃公翠岩以大巡按應
於鉉政推署大録紀益張廼出所得拾洛

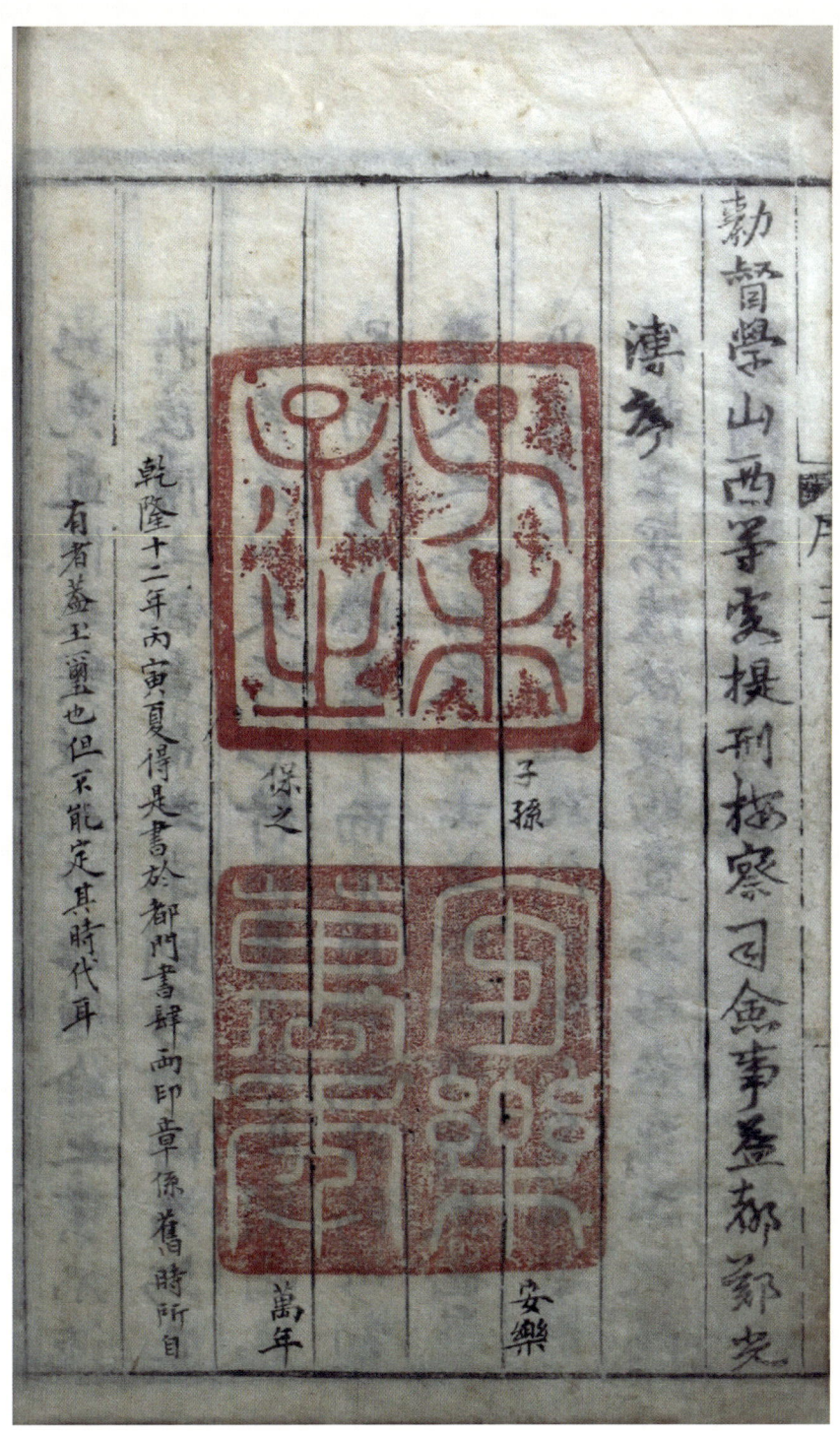

明清佳刻　251

"十四五"時期國家重點出版物出版專項規劃項目
江蘇省"十四五"時期重點出版物出版專項規劃項目
江蘇省一流學科建設經費支持項目

南京大學圖書館 編

程章燦 史梅 主編

南京大學古籍善本圖錄

下冊

南京大學出版社

編委名單

主　編

程章燦　史　梅

副主編

李　丹　時文甲

編　委

李軼倫　周　艷　周　慧　李　文　魏美強　黃　靜　馮　慧

編　務

王慶樂　張百慧　陳　婧　楊　括　王治洋　吳欽根

目 録

[下册]

三、明清佳刻（193部）【下】

134. 唐宋白孔六帖一百卷目録二卷 明嘉靖刻本 …… 256
135. 文選類林十八卷 明萬曆四十四年（1616）新安吴從志刻清康熙二十九年（1690）吴啟鵬澂谿草堂重修本 …… 258
136. 錦繡萬花谷四十卷後集四十卷續集四十卷 明嘉靖十四年（1535）徽藩崇古書院刻本 …… 260
137. 錦繡萬花谷前集四十卷後集四十卷續集四十卷 明嘉靖十五年（1536）錫山秦氏刻本 …… 262
138. 新編事文類聚翰墨大全甲集十二卷乙集十八卷（存卷一至九、十三至十五）丙集五卷丁集十一卷戊集十三卷（存卷一至二、六至十三）己集十二卷庚集二十四卷（存卷一至三、七至二十四）辛集十六卷（存卷三至五、九至十六）壬集十七卷癸集十七卷（存卷一至六、十至十七）後甲集十五卷後乙集十三卷後丙集六卷後丁集十四卷後戊集九卷 明初覆元大德本 …… 264
139. 新編事文類聚翰墨大全甲集十二卷乙集九卷丙集五卷丁集五卷戊集五卷己集七卷庚集二十四卷辛集十卷壬集十二卷癸集十一卷後甲集八卷後乙集三卷後丙集六卷後丁集八卷後戊集九卷 明嘉靖三十六年（1557）楊氏歸仁齋刻本 …… 266
140. 山堂先生群書考索前集六十六卷後集六十五卷續集五十六卷别集二十五卷 明正德十三年（1518）慎獨書齋刻本 …… 268
141. 古今合璧事類備要前集六十九卷後集八十一卷續集五十六卷别集九十四卷外集六十六卷存續集卷二十七至三十三别集卷一至十二 明錫山安國金屬活字印本 …… 270
142. 古今合璧事類備要前集六十九卷後集八十一卷續集五十六卷别集九十四卷外集六十六卷 明萬曆三十七年（1609）錫山秦烶補刻本 …… 272
143. 新箋決科古今源流至論十卷 明初刻本 …… 274
144. 書言故事大全十二卷 明萬曆吴懷保刻本 …… 275
145. 山堂肆考二百二十八卷補遺十二卷 明萬曆二十三年（1595）金陵書林周顯刻本 …… 278
146. 劉氏鴻書一百零八卷 明萬曆刻本 …… 280
147. 幽怪詩譚六卷 明崇禎二年（1629）刻本 …… 282
148. 西湖佳話古今遺蹟十六卷首一卷 清康熙刻本 …… 284
149. 五燈會元二十卷 明嘉靖四十年（1561）陸光祖三一齋刻本 …… 288
150. 莊子翼八卷附莊子闕誤一卷莊子翼附録一卷 明萬曆十六年（1588）刻本 …… 290
151. 真誥二十卷 明萬曆二十年（1592）俞安期刻本 …… 292

集部（52部）

152. 楚辭集解十六卷蒙引二卷考異一卷 明萬曆四十三年（1615）刻本 …… 296

153. 武侯集十六卷　明萬曆四十五年(1617)錢世垚刻本	298
154. 陶淵明全集四卷　明白鹿齋刻漢蔡中郎竹册式本	300
155. 陶靖節集八卷　明崇德堂刻本	302
156. 類箋唐王右丞詩集十卷首二卷　明嘉靖三十五年(1556)無錫顧氏奇字齋刻本	304
157. 王摩詰詩集七卷孟東野詩集十卷孟浩然詩集二卷　明朱墨套印本	306
158. 增廣註釋音辯唐柳先生集四十三卷外集二卷　明正統十三年(1448)善敬堂刻本	308
159. 昌谷集四卷　明末刻本	310
160. 寒山子詩集不分卷　明廣州海幢寺刻本	311
161. 宛陵先生集六十卷拾遺一卷附錄一卷　明萬曆刻清康熙二十六年(1687)梅枝鳳重修本	312
162. 趙清獻公文集十卷　明嘉靖四十一年(1562)浙江衢州西安縣刻本	314
163. 臨川先生文集一百卷　明嘉靖刻本	316
164. 蘇長公密語十六卷　明天啓四年(1624)朱墨套印本	318
165. 東坡禪喜集十四卷　明天啓元年(1621)吳興凌濛初朱墨套印本	320
166. 豫章黃先生文集三十卷別集二十卷外集十四卷簡尺二卷詞一卷年譜三十卷伐檀集二卷　明弘治葉天爵刻嘉靖六年(1527)喬遷、余載仕重修本	321
167. 山谷內集詩注二十卷外集詩注十七卷別集詩注二卷　清乾隆武英殿聚珍版叢書本	324
168. 淮海集四十卷後集六卷長短句三卷　明嘉靖二十四年(1545)胡民表刻本	326
169. 淵穎吳先生集十二卷附錄一卷　明嘉靖元年(1522)祝鑾刻本	328
170. 黃忠宣公文集十三卷別集六卷　明嘉靖萊陽令左思忠刻本	329
171. 椒丘文集三十四卷外集一卷　明嘉靖元年(1522)婺源余罄刻本	330
172. 未軒公文集十二卷　明嘉靖三十四年(1555)黃希白刻本	332
173. 容春堂前集二十卷續集十八卷別集九卷後集十四卷　明正德嘉靖間刻本	334
174. 鄭山齋先生文集二十四卷　明萬曆十九年(1591)鄭炫刻本	336
175. 崔氏洹詞十七卷附錄四卷　明嘉靖三十三年(1554)池州刻本	338
176. 徐迪功集六卷談藝錄一卷　明正德十五年(1520)刻本	339
177. 鈐山堂集四十卷　明末清初活字本	340
178. 西原先生遺書二卷　明嘉靖四十三年(1564)南充王廷刻本	342
179. 海石先生文集二十八卷附侍御公奏疏一卷　明萬曆四十二年(1614)刻本	343
180. 方山先生文錄二十二卷　明嘉靖三十三年(1554)東吳書林刻本	344
181. 正氣堂集十六卷續集七卷(缺卷二)餘集四卷　明嘉靖四十五年(1566)姚懋刻本	346
182. 荊川文編六十四卷　明嘉靖塾江胡帛刻本	348
183. 王氏存笥稿二十卷　明嘉靖三十六年(1557)西安刻本	349
184. 新刻張太岳先生文集四十六卷附錄一卷　明萬曆四十年(1612)刻清印本	350
185. 越鐫二十一卷　明萬曆三十九年(1611)黎陽王氏浙江署刻本	351
186. 嶠雅二卷　清初海雪堂刻本	352
187. 翁山詩外十七卷　清初番禺屈氏刻本	354
188. 懌堂詩鈔九卷　清乾隆刻本	355
189. 文選六十卷　明成化二十三年(1487)唐藩刻本	356
190. 文選尤十四卷　明天啓二年(1622)三色套印本	358

191. 續文選十四卷首著作人姓名録一卷　明崇禎十四年(1641)武原胡氏刻本 …… 360
192. 文苑英華一千卷　明隆慶元年(1567)福建巡撫塗澤民刻萬曆補版重印本 …… 362
193. 大宋文鑑一百五十卷目録三卷　明正德十三年(1518)慎獨齋刻本 …… 364
194. 詩學權輿二十二卷　明成化六年(1470)刻本 …… 366
195. 鍥古今名公詩調連腴十六卷　明萬曆二十九年(1601)書林萃慶堂刻本 …… 368
196. 唐詩歸三十六卷殘存二卷　明閔振業、閔振聲刻三色套印本 …… 370
197. 唐人八家詩八種四十二卷　明崇禎汲古閣刻本 …… 372
198. 經世名編二十三卷　明末刻本 …… 376
199. 古文淵鑒六十四卷　清康熙内府五色套印本 …… 377
200. 劉子文心雕龍二卷(缺卷上之上)註二卷　明閔繩初刻五色套印本 …… 380
201. 楊升菴先生批點文心雕龍十卷　明萬曆二十一年(1593)南州朱謀㙔刻本 …… 381
202. 雍熙樂府二十卷　明嘉靖四十五年(1566)刻本 …… 383
203. 鸚鵡洲二卷　明萬曆四十四年(1616)刻本 …… 384

四、稿鈔校本(79部)

經部(3部)

204. 經義類萃不分卷　稿本 …… 390
205. 説文古籀疏證六卷　稿本 …… 392
206. 文選古字通補訓四卷拾遺一卷　稿本 …… 396

史部(47部)

207. 校漢書八表九卷　稿本 …… 398
208. 欽定國史大臣列傳□□卷存卷一百零九至一百一十二　清内府寫本 …… 401
209. 皇朝編年備要三十卷　舊鈔本 …… 404
210. 遼金正史綱目二十卷　清鈔本 …… 406
211. 大明太祖高皇帝實録十一卷(洪武元年正月至洪武廿二年十二月)(缺卷七)
　　明鈔本 …… 408
212. 文廟靖難記二卷文廟聖政記九卷仁廟聖政記二卷　舊鈔本 …… 410
213. 弘光實録鈔四卷附弘光大臣月表　清鈔本 …… 412
214. 大清德宗景皇帝實録五百九十七卷存卷三百五十八至三百六十四　清内府寫本
　　 …… 414
215. 西夏志略四卷載記二卷　清鈔本 …… 418
216. 國初事蹟一卷　舊鈔本 …… 419
217. 彭文憲公筆記一卷　清鈔本 …… 420
218. 酌中志略十五卷補三卷　清嘉慶十三年(1808)黄廷鑑鈔校本 …… 422
219. 明季甲乙彙編三卷異同補録一卷　舊鈔本 …… 424
220. 行在陽秋二卷　舊鈔本 …… 426
221. 明末清初雅安受害記一卷　鈔本 …… 428
222. 百六稭乘内編一卷外編一卷　清青林山房鈔本 …… 429
223. 僧格林沁等奏議一卷　鈔本 …… 430

224. 變法商兌不分卷 清光緒稿本 ……………………………………… 431
225. 清廷寄奏議鈔不分卷 鈔本 …………………………………………… 432
226. 皇清奏議不分卷 清鈔本 ……………………………………………… 434
227. 治臺雜抄不分卷 鈔本 ………………………………………………… 436
228. 使粵奏稿二卷兩廣奏稿二卷 清林氏雲左山房鈔本 ………………… 438
229. 金沙列難傳不分卷 舊鈔本 …………………………………………… 440
230. 東海公年譜一卷 稿本 ………………………………………………… 442
231. 劉伯宗先生年譜不分卷 稿本 ………………………………………… 444
232. 范陽盧氏宗譜不分卷 稿本 …………………………………………… 446
233. 浙江紹興石泗王氏宗譜不分卷 清乾隆稿本 ………………………… 448
234. 周史二百七十九卷（卷四十六有目無文）清鈔本 ………………… 450
235. 昌平志外志稿不分卷補稿不分卷 稿本 ……………………………… 451
236. [宣統]鐵嶺縣志不分卷 鈔本 ………………………………………… 456
237. [光緒]長春廳志一卷 清光緒鈔本 …………………………………… 458
238. [宣統]鎮番縣志十卷首一卷 鈔本 …………………………………… 460
239. [同治]全椒縣志十卷 鈔本 …………………………………………… 462
240. [萬曆]杞乘四十八卷 鈔本 …………………………………………… 464
241. 山東海疆圖記五卷首圖一卷 清乾隆四十七年(1782)鈔本 ………… 465
242. 越南輿地略一卷 清袁氏漸西村舍鈔本 ……………………………… 468
243. 審問安南事略不分卷 明鈔本 ………………………………………… 470
244. 國朝典故志要不分卷 稿本 …………………………………………… 472
245. 荊州萬城隄志十卷首末各一卷 稿本 ………………………………… 474
246. 山東河工成案三十四卷 鈔本 ………………………………………… 476
247. 陸心源捐資建閣歸公書籍目錄不分卷 鈔本 ………………………… 477
248. 五桂樓黃氏書目不分卷 鈔本 ………………………………………… 478
249. 北山集不分卷 清鈔本 ………………………………………………… 480
250. 山右石刻叢編不分卷 稿本 …………………………………………… 482
251. 江左石刻志不分卷 清江都李氏半畝園鈔本 ………………………… 483
252. 求是齋手藏碑目不分卷 稿本 ………………………………………… 484
253. 仁民愛物齋手藏碑目不分卷 稿本 …………………………………… 486

子部（9部）

254. 廣陵瓊花志三卷 天祿閣鈔本 ………………………………………… 487
255. 藕香簃雜記二種二卷藕香簃詩屑二種二卷援鶉堂筆記一卷 清鈔本 … 488
256. 三岡識略十卷續一卷 清桂香書屋鈔本 ……………………………… 489
257. 東山談苑八卷 稿本 …………………………………………………… 490
258. 漁隱隨筆不分卷 稿本 ………………………………………………… 494
259. 默記三卷 葉啟勳四色過錄吳騫諸家校鈔本 ………………………… 495
260. 蔣石樵雜著不分卷 鈔本 ……………………………………………… 498
261. 敦行錄不分卷 清乾隆稿本 …………………………………………… 499
262. 書林拾得四卷 稿本 …………………………………………………… 500

集部（20部）

263. 唐賢三昧集不分卷 清華亭沈氏一硯齋鈔本 …… 502
264. 忠惠集内外制四卷 清顧氏藝海樓鈔本 …… 504
265. 兩宋名賢小集十集六十二種一百零九卷 鈔本 …… 505
266. 桐江集四卷續集四十八卷 清光緒虞山周氏鵓峰草堂鈔校本 …… 506
267. 陸包山詩集不分卷 鈔本 …… 507
268. 古調堂集不分卷 鈔本 …… 508
269. 夢柏山房詩草八卷 稿本 …… 510
270. 經野堂詩删十八卷 清鈔本 …… 511
271. 臺山文集不分卷 清鄞縣徐時棟煙嶼樓校鈔本 …… 512
272. 夢餘詩鈔二卷 稿本 …… 514
273. 掃落葉齋詩稿一卷 稿本 …… 515
274. 歸田詩稿不分卷 稿本 …… 516
275. 漸西村人未刊詩文稿不分卷 清光緒稿本 …… 518
276. 金鐘山房詩存二卷 稿本 …… 520
277. 餘生初集摘鈔不分卷 稿本 …… 523
278. 湘雨樓詩鈔不分卷 稿本 …… 524
279. 乙仲氏詩集五種五卷南錢草堂詩集五種五卷 稿本 …… 526
280. 冬青館吟草不分卷 稿本 …… 527
281. 泰山蒐玉集二卷 舊鈔本 …… 530
282. 式詁堂詞譜證異五卷 清光緒稿本 …… 531

三　明清佳刻
（193部）
（下）

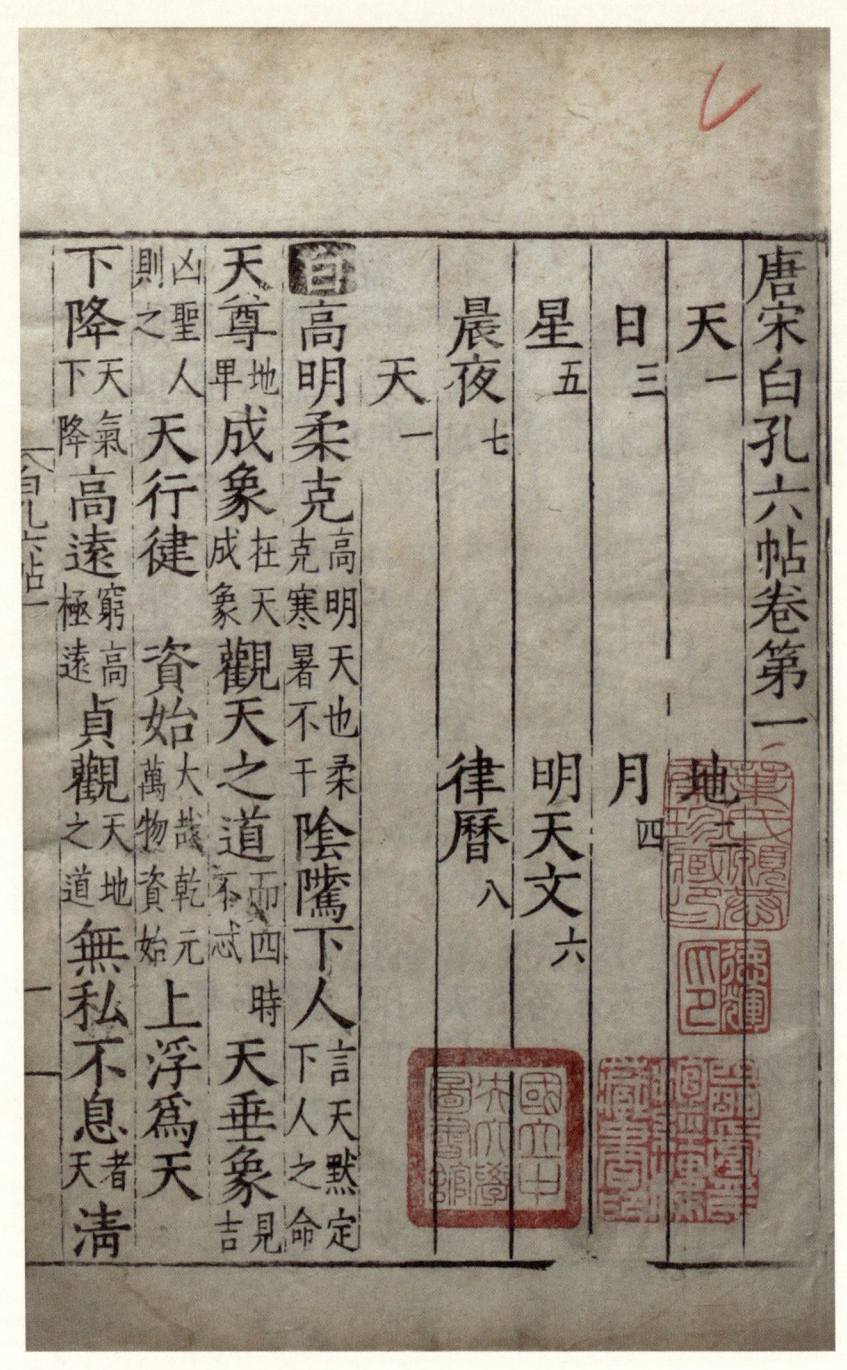

134 唐宋白孔六帖一百卷目録二卷
[唐]白居易輯 [宋]孔傳輯 明嘉靖刻本 四十册

匡高19.2釐米，廣15.2釐米。半葉十行，行十八字，小字雙行同。白口，左右雙邊，單白魚尾。版心有刻工。有"葉氏願恭齋珍藏印""德輝印""四明盧氏抱經樓藏書印"等印。

唐宋白孔六帖序

陵陽韓　駒

唐白居易攬摭諸書事提其要區分彙聚有益於世或謂白公文采道德自足以託不朽顧為此何歟古之君子學則與人共之未有獨善其身者也且其大者尚將發明以示後世況其細乎使學者不執業不佔畢而有博聞之益此仁

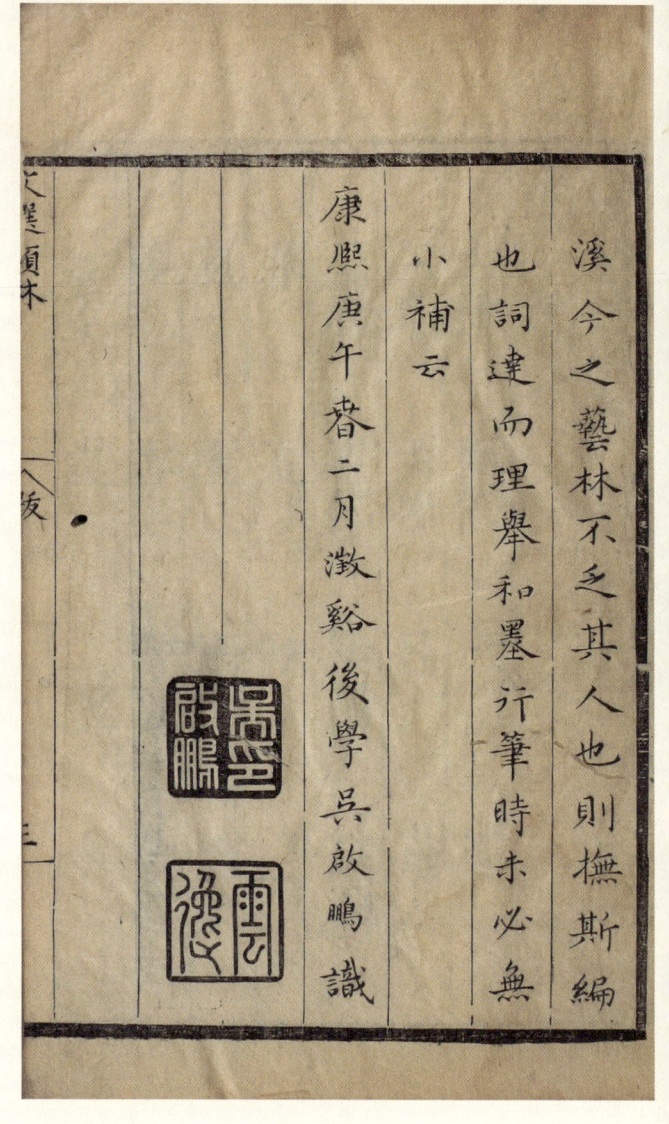
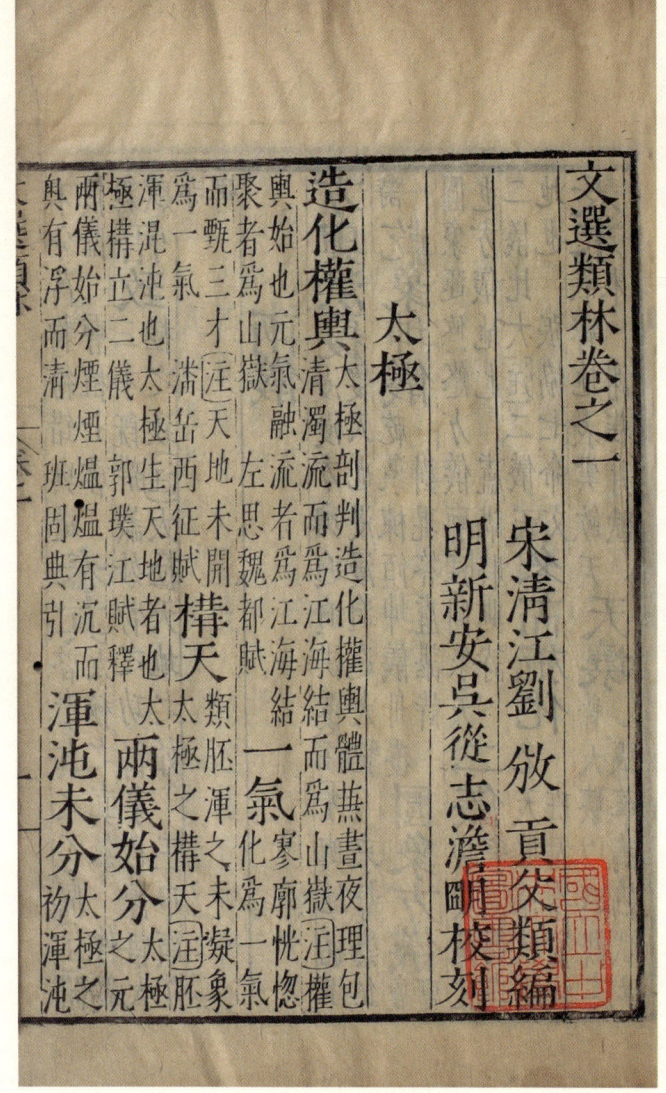

135 文選類林十八卷

[宋]劉攽編　明萬曆四十四年(1616)新安吳從志刻清康熙二十九年(1690)吳啟鵬澄谿草堂重修本　六冊

匡高19.9釐米，廣14.7釐米。半葉九行，行十八字，小字雙行同。白口，左右雙邊，單白魚尾。版心有刻工。

文選類林標目

第一卷

太極　兩儀　天　地
三光　兩曜　日　月
星辰　造化　陰陽　歲時
春　夏（熟附）　秋　冬（寒附）
風　雲　雨（祈雨附）　露
霜　雪　電雷　煙霧
虹霓　霞　天漢　冰

宋清江劉貢父類編

文選類林

潋谿艸堂藏板

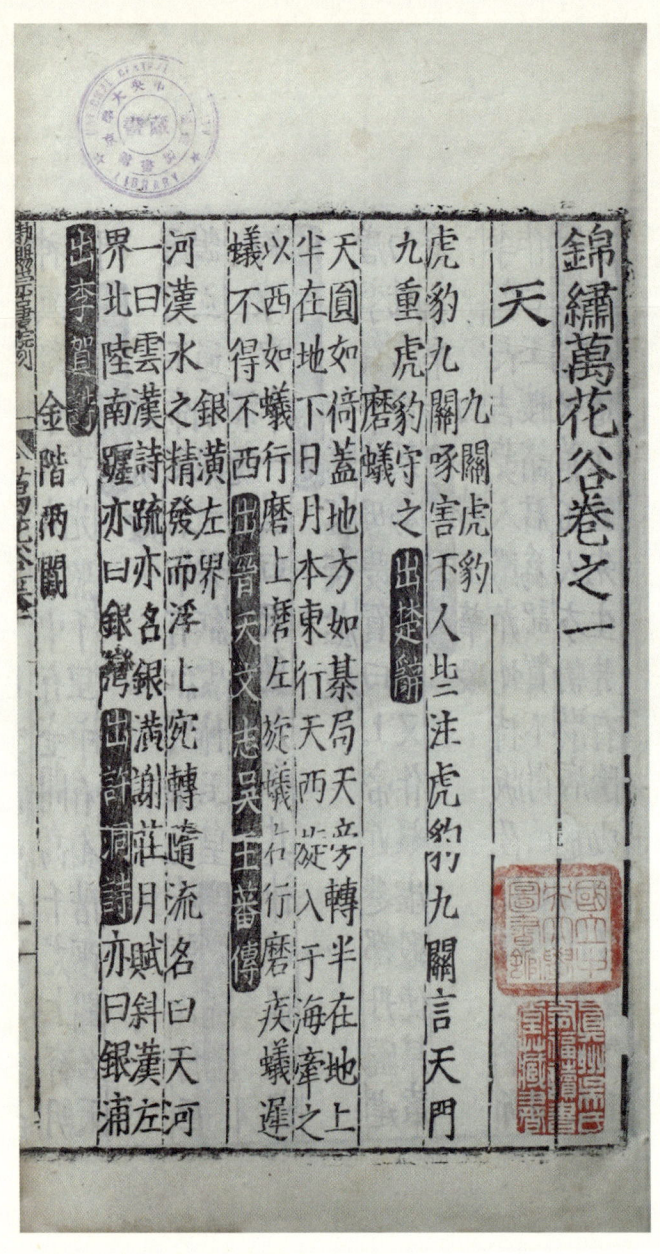

136 錦繡萬花谷四十卷後集四十卷續集四十卷

[宋]佚名纂 明嘉靖十四年(1535)徽藩崇古書院刻本 二十册

匡高23.3釐米,廣15.6釐米。半葉九行,行十七字,小字雙行同。白口,四周單邊,單黑魚尾。版心上方有"勅賜崇古書院刻"。有"真州吳氏有福讀書堂藏書"等印。

錦繡萬花谷序

余為童時適常胡馬蹂踐之餘
業儒者余獨背馳而為之文籍最為難得苟
可以假借余亦未嘗不甚以盡其誠以余有
書之僻每讀一篇章如小兒之於飴劑有加
而不能自止當其劇時雖夜分漏盡不之覺
也所患性魯無強記之敏誦父亦漫漶而不
牢先人既老又獨應門出入乎衡陽胥伍之
中而喔伊於蓬蓽俯仰之際如是者數年索

命不敢以庸隨終辭謹次其勤學好文公善之
心而敬引諸其篇端云
皇明嘉靖十四年龍集乙未夏五月端陽節日
特進光祿大夫柱國少保兼太子太保禮部尚書
武英殿大學士知 制誥同知 經筵 國史總裁
致仕臨賴賈詠敬書

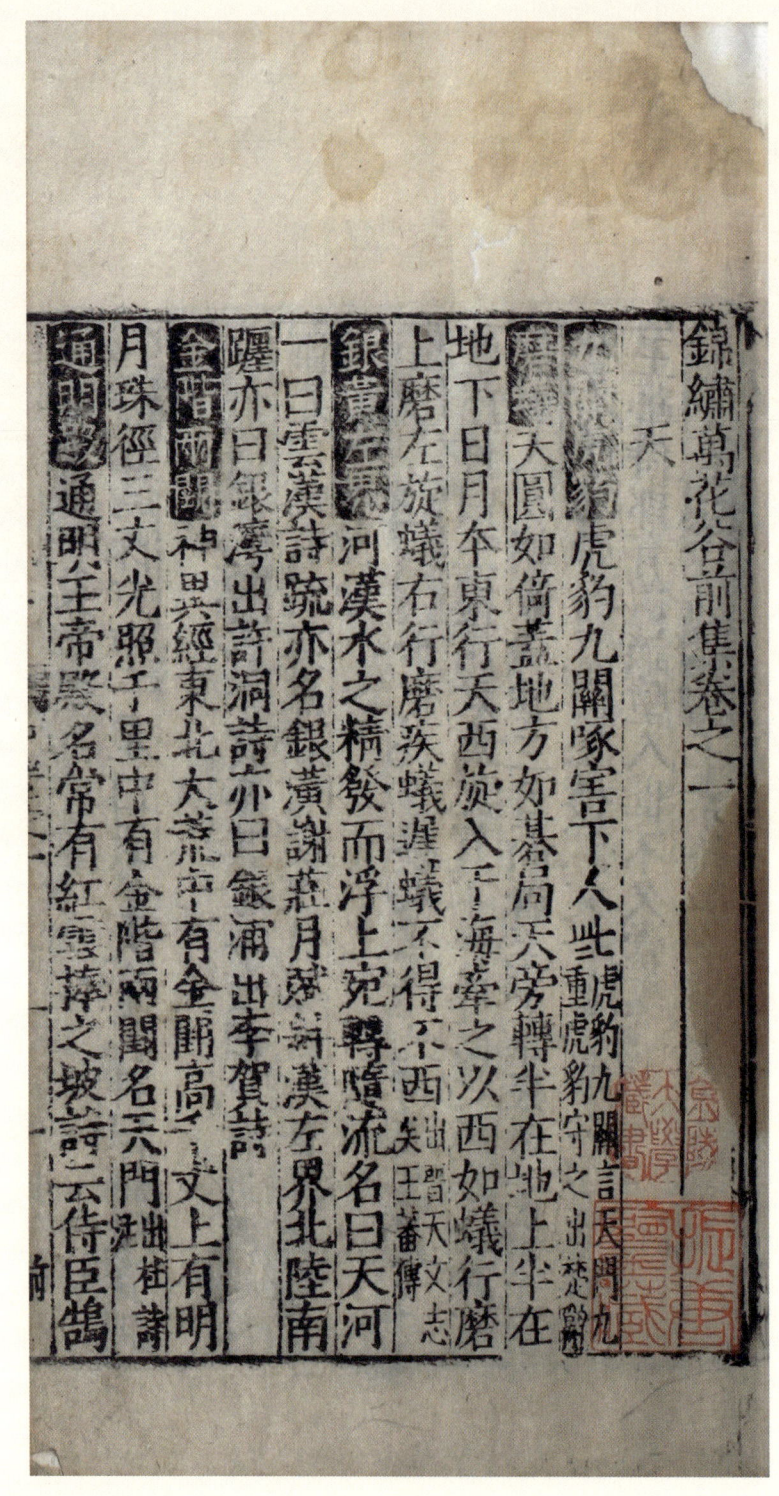

137　錦繡萬花谷前集四十卷後集四十卷續集四十卷

[宋]佚名纂　明嘉靖十五年(1536)錫山秦氏刻本　二十册

匡高 18.9 釐米，廣 13.6 釐米。半葉十二行，行二十一字。白口，左右雙邊，單黑魚尾。有"宜秋館藏書""振唐鑒藏"等印。

錦繡萬花谷序

余為童時適當胡馬蹂踐之間又居窮鄉無業儒者余獨背馳而為之文籍最為難得苟可以假鬻亦未嘗戔戔以盡其誠以余有書之癖每讀一篇章如小兒之於飴劑有加而不能自止當其劇時雖夜分漏盡不之覺也所患性魯無彊記之敏誦久亦漫滤而不牢先人旣老又獨鷹門出入

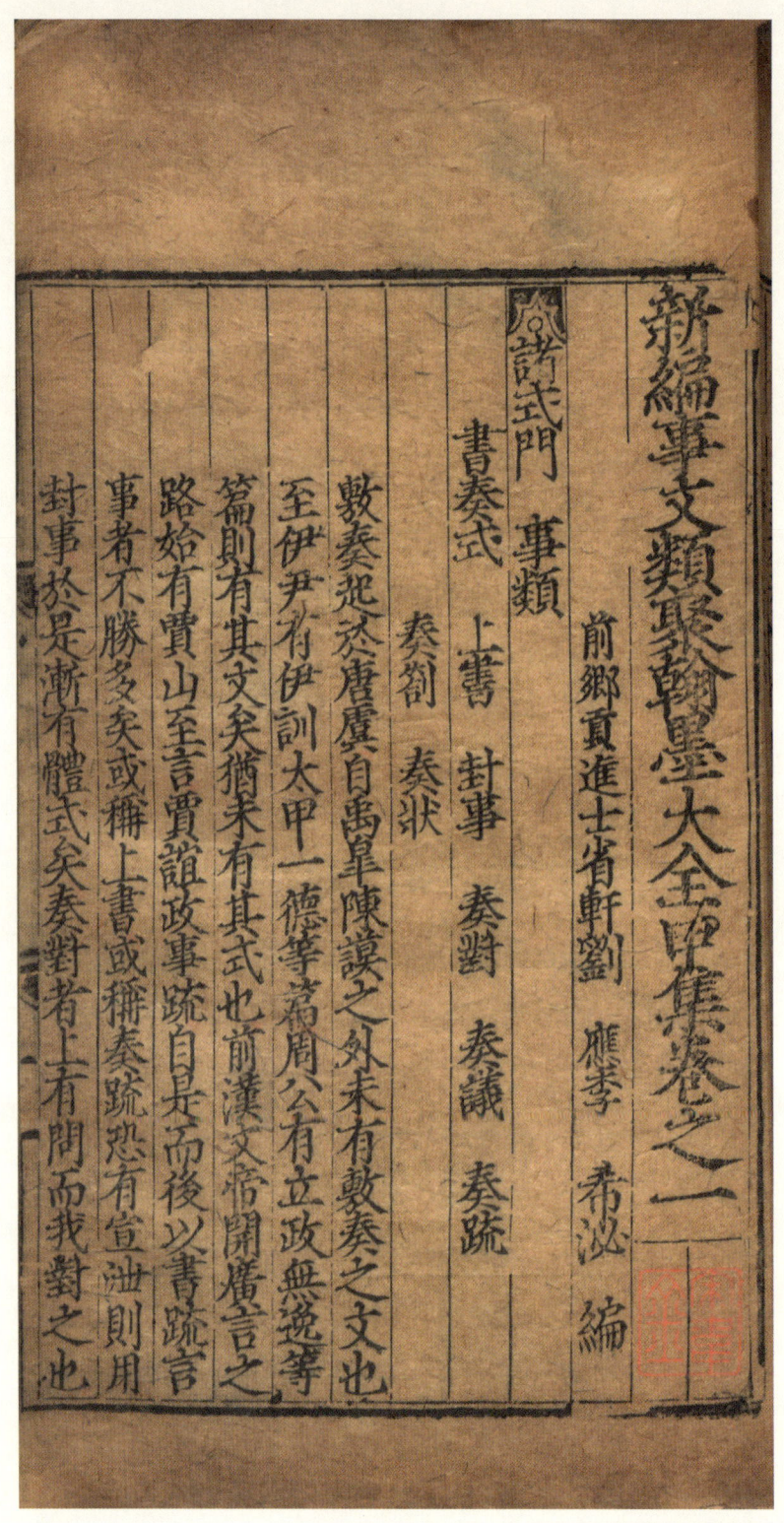

138 新編事文類聚翰墨大全甲集十二卷乙集十八卷（存卷一至九、十三至十五）丙集五卷丁集十一卷戊集十三卷（存卷一至二、六至十三）己集十二卷庚集二十四卷（存卷一至三、七至二十四）辛集十六卷（存卷三至五、九至十六）壬集十七卷癸集十七卷（存卷一至六、十至十七）後甲集十五卷後乙集十三卷後丙集六卷後丁集十四卷後戊集九卷

[元]劉應李編 明初覆元大德本 存七十五冊

匡高15.6釐米，廣10.5釐米。半葉十二行，行二十四字，小字雙行同。細黑口，四周雙邊，雙黑魚尾。有"授研齋""宋韋金"等印。

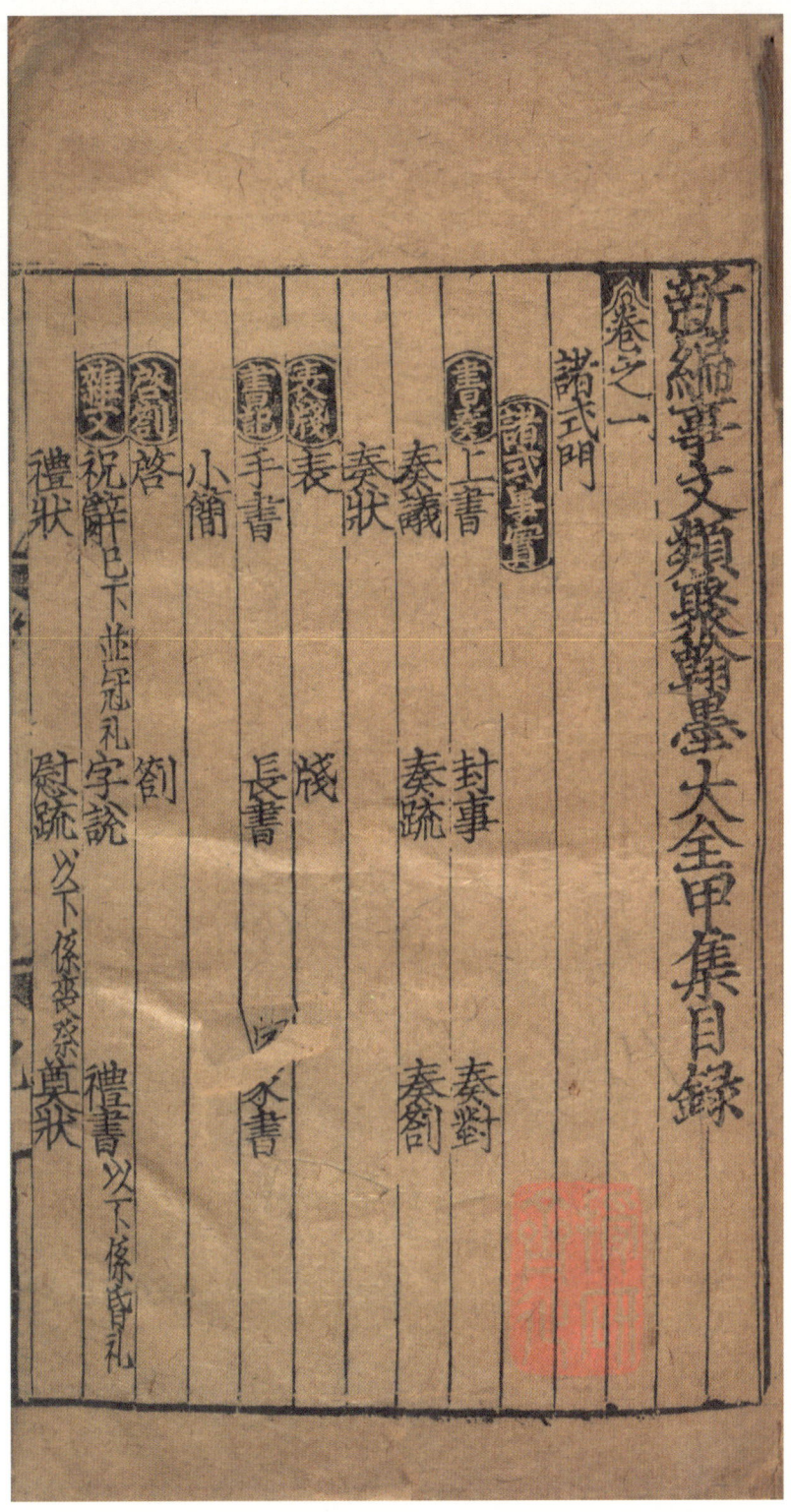

新編事文類聚翰墨大全甲集目錄

卷之一

諸式門

諸式集要

書柬　上書　封事　奏對
　　　　奏議　奏疏　奏劄
　　　　奏狀
表箋　表　箋　長書　□□書
書題　手書　小簡
啓劄　啓　劄
雜文　祝辭已下並冠禮　字說
　　　禮狀　慰䟽以下係喪祭奠狀
　　　　　　禮書以下係昏禮

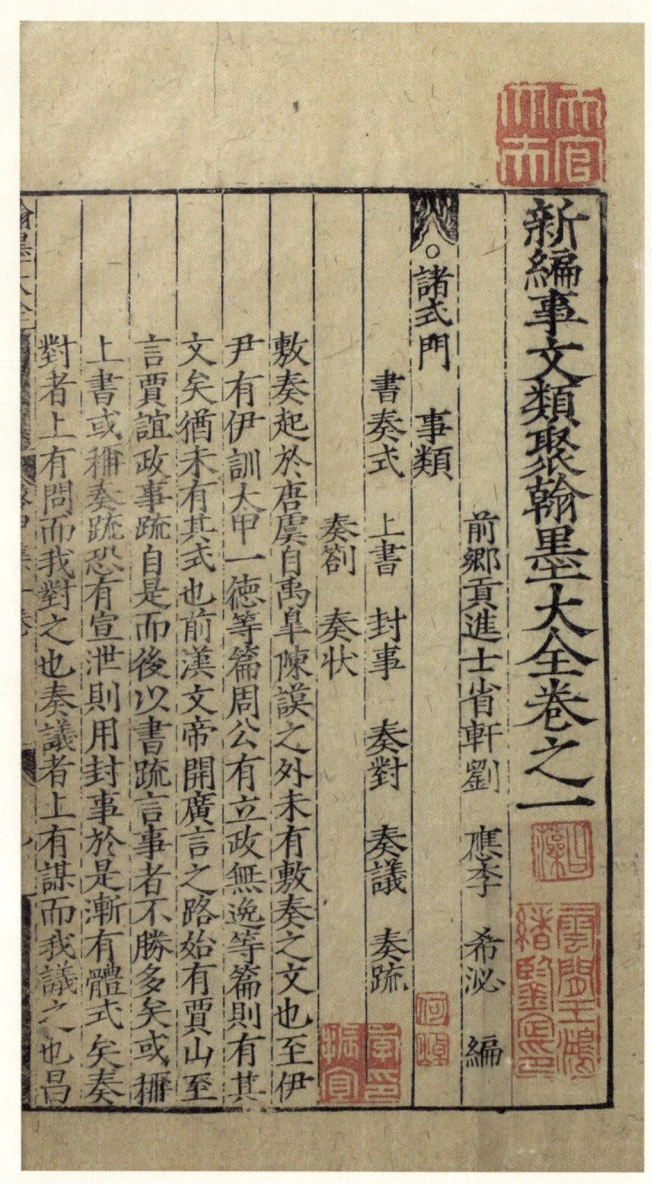

139 新編事文類聚翰墨大全甲集十二卷乙集九卷丙集五卷丁集五卷戊集五卷己集七卷庚集二十四卷辛集十卷壬集十二卷癸集十一卷後甲集八卷後乙集三卷後丙集六卷後丁集八卷後戊集九卷
[元]劉應李編 明嘉靖三十六年(1557)楊氏歸仁齋刻本 五十六册

匡高19.8釐米，廣12.9釐米。半葉十二行，行二十六字，小字雙行同。黑口，四周單邊，雙黑魚尾。有圖二十八幅。有"季振宜印""何焯""雲間王鴻緒鑒定印""真州吳氏有福讀書堂藏書""太史氏""天官大夫"等印。

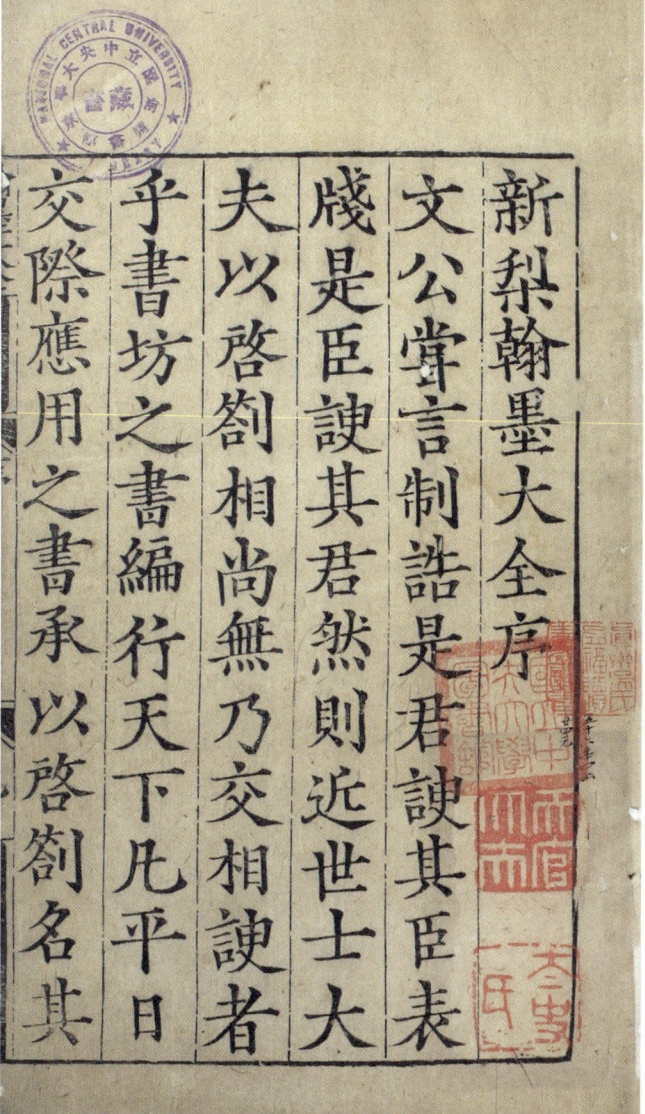

新梨翰墨大全序

文公嘗言制誥是君諭其臣表
牋是臣諫其君然則近世士大
夫以啟劄相尚無乃交相諫者
乎書坊之書編行天下凡平日
交際應用之書承以啟劄名其

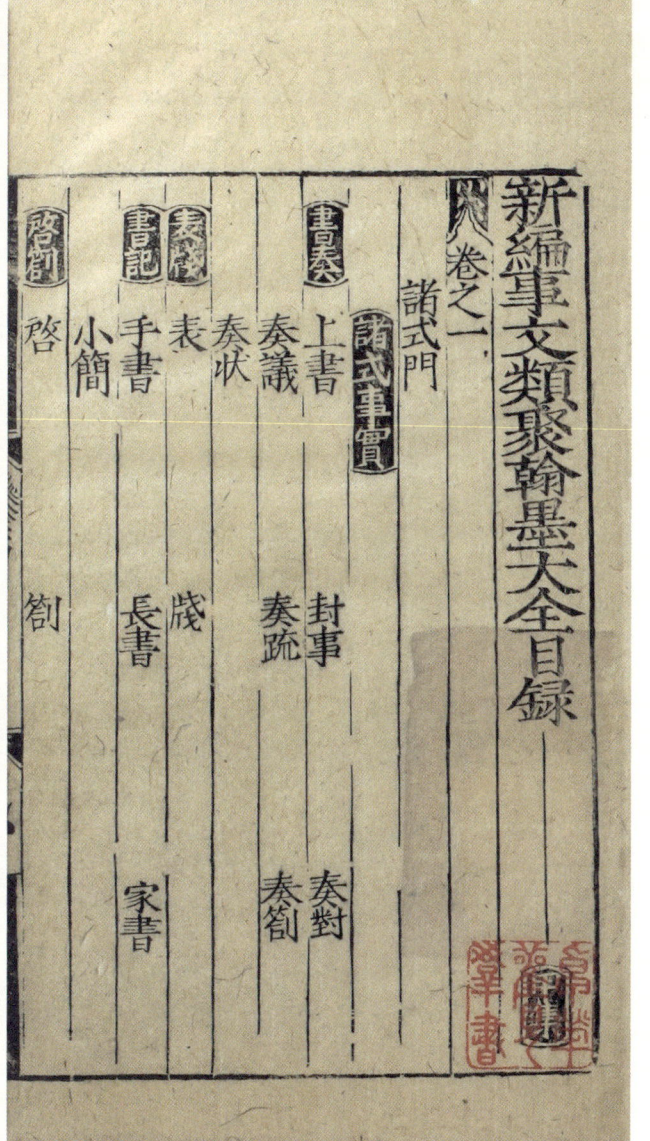

新編事文類聚翰墨大全目錄

卷之一 諸式門 諸式事實

書奏類
 上書　封事　奏對
 奏議　奏疏　奏劄
 奏狀

表牋類
 表　牋

書記類
 手書　長書　家書
 小簡

啟劄類
 啟　劄

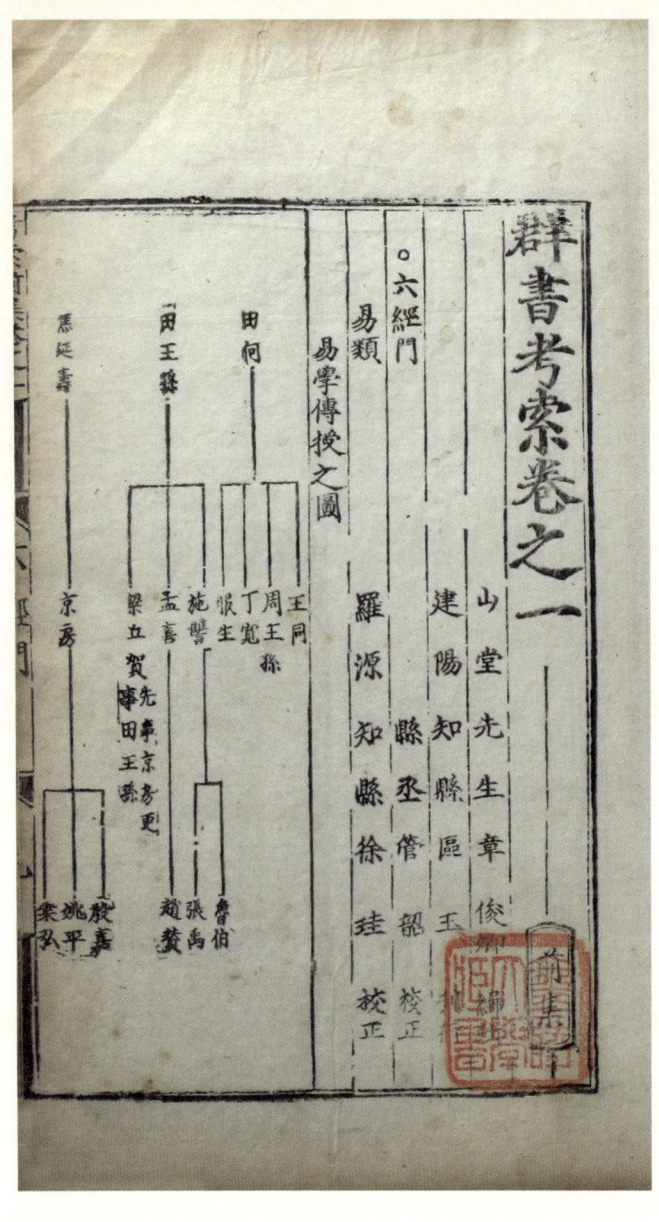

140　山堂先生群書考索前集六十六卷後集六十五卷續集五十六卷別集二十五卷

[宋]章如愚編　明正德十三年(1518)慎獨書齋刻本　六十册

匡高19.9釐米，廣13.2釐米。半葉十四行，行二十八字，小字雙行同。黑口，四周雙邊，雙黑魚尾。有"皇明正德戊寅慎獨書齋刊行"牌記。有"玉函山房藏書"等印。

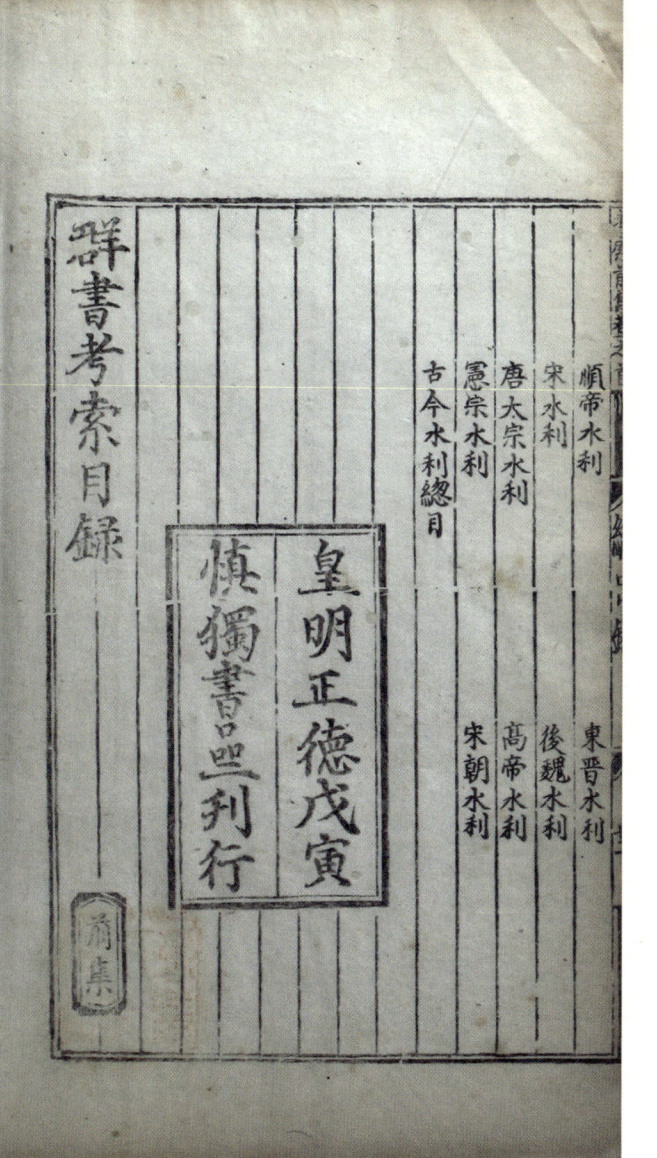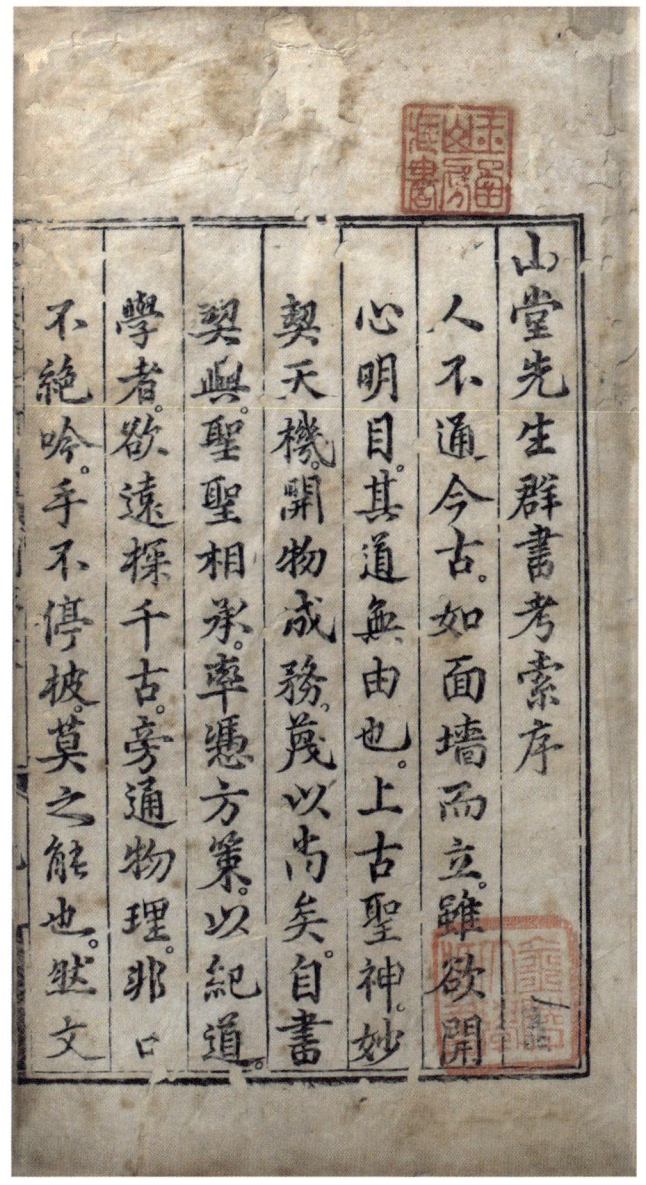

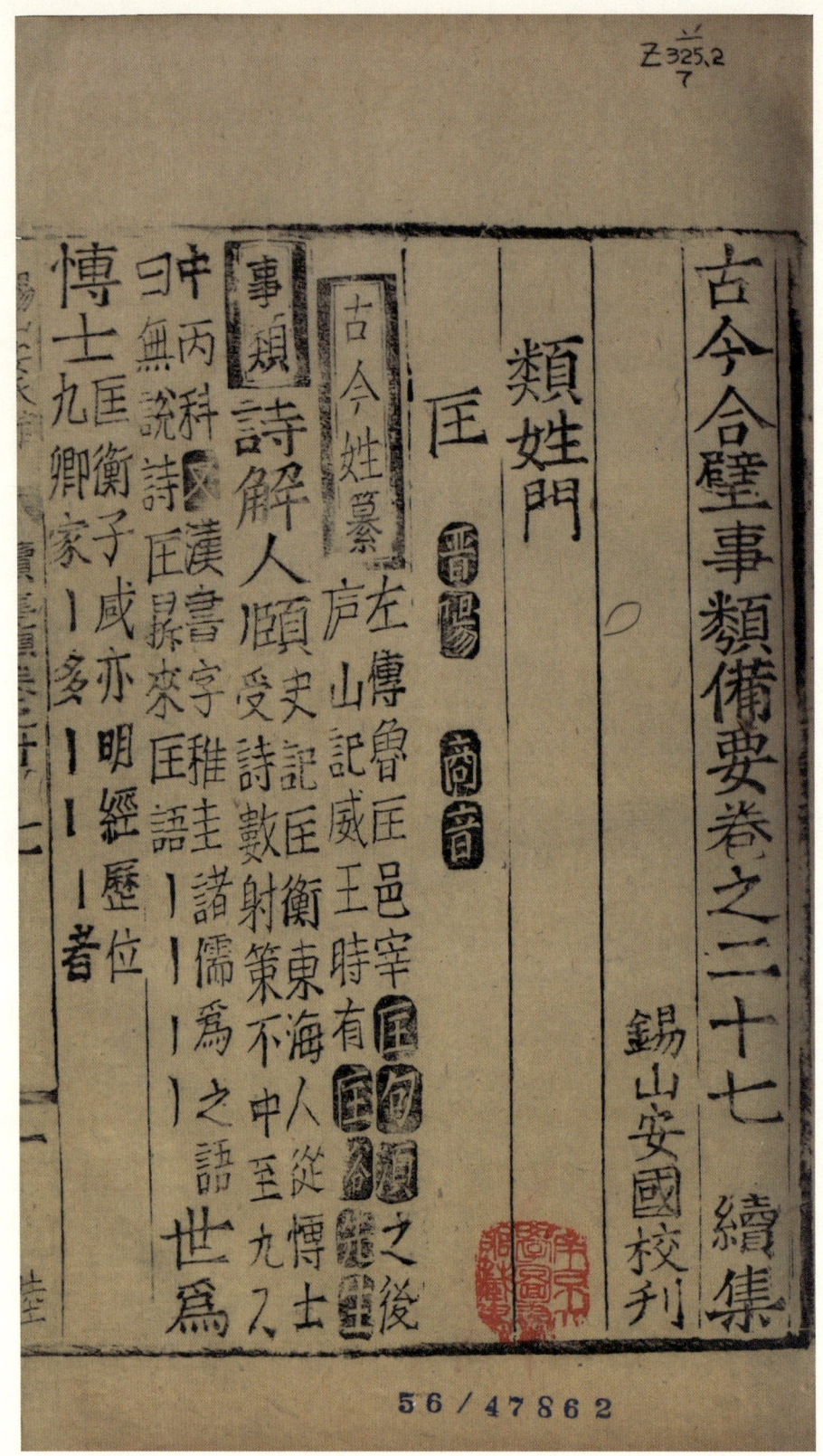

141 古今合璧事類備要前集六十九卷後集八十一卷續集五十六卷別集九十四卷外集六十六卷存續集卷二十七至三十三別集卷一至十二

[宋]謝維新、虞載編　明錫山安國金屬活字印本　存四冊

匡高19.8釐米，廣13.7釐米。半葉八行，行十六字。白口，左右雙邊，單黑魚尾。有"季振宜印""滄葦""陽湖陶氏涉園所有書籍之記""剡谿吳銕聲藏"等印。

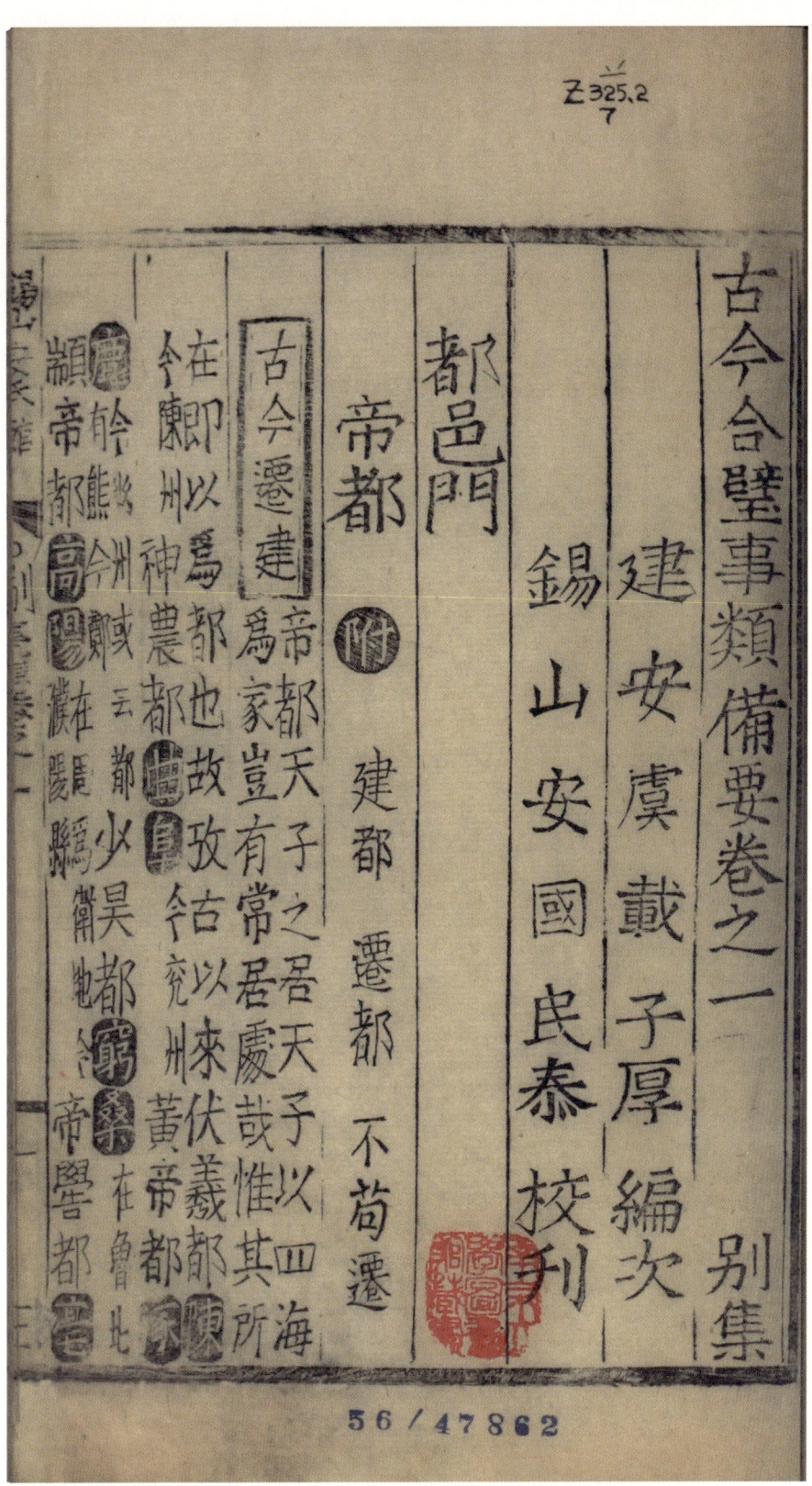

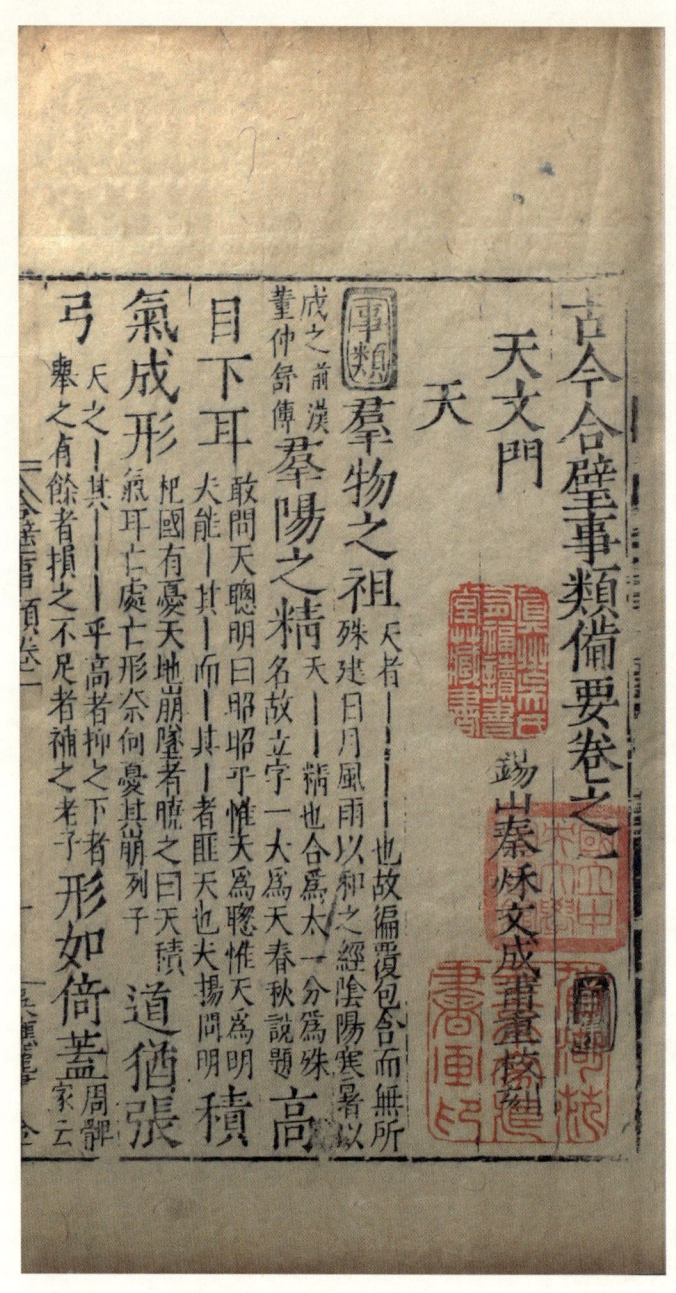

142 古今合璧事類備要前集六十九卷後集八十一卷續集五十六卷別集九十四卷外集六十六卷

[宋]謝維新、虞載編 明萬曆三十七年(1609)錫山秦烨補刻本 九十六冊

匡高19.4釐米，廣14.0釐米。半葉八行，行十六字，小字雙行，行二十四字。白口，左右雙邊，單白魚尾。版心下方有刻工。有"賀湖范玉亭家藏書畫記""真州吳氏有福讀書堂藏書"等印。

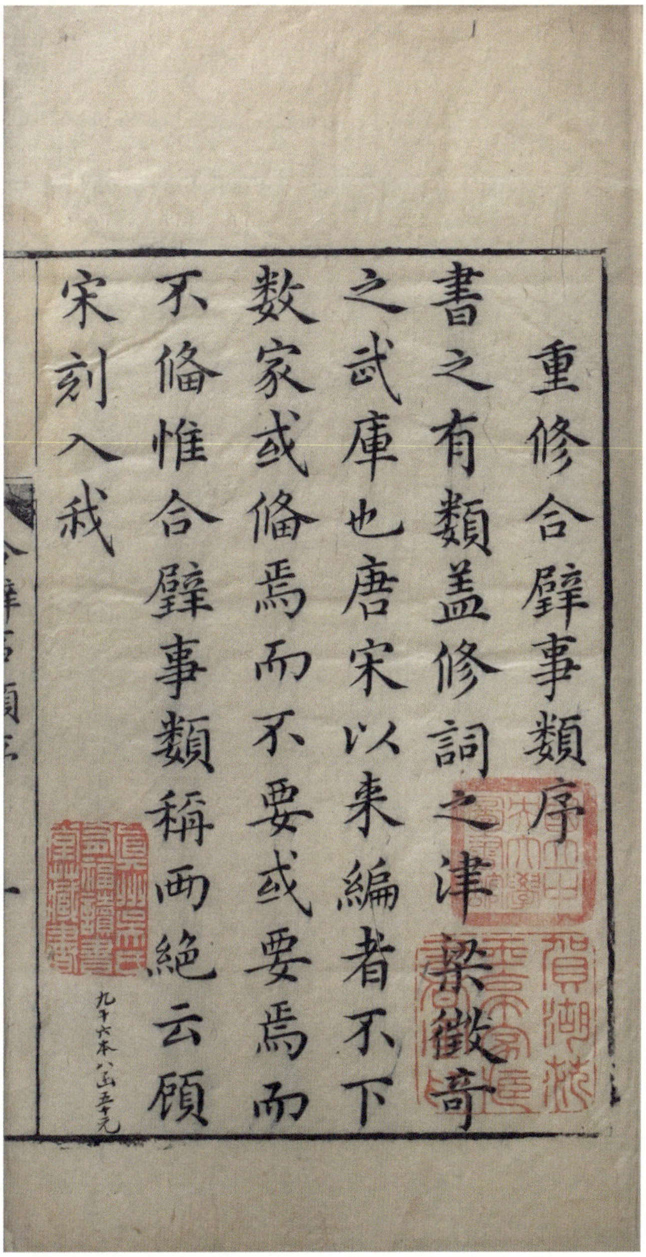

重修合璧事類序

書之有類蓋修詞之津梁徵奇
之武庫也唐宋以來編者不下
數家或備焉而不要或要焉而
不備惟合璧事類稱兩絕云顧
宋刻入我

古今合璧事類備要總目終

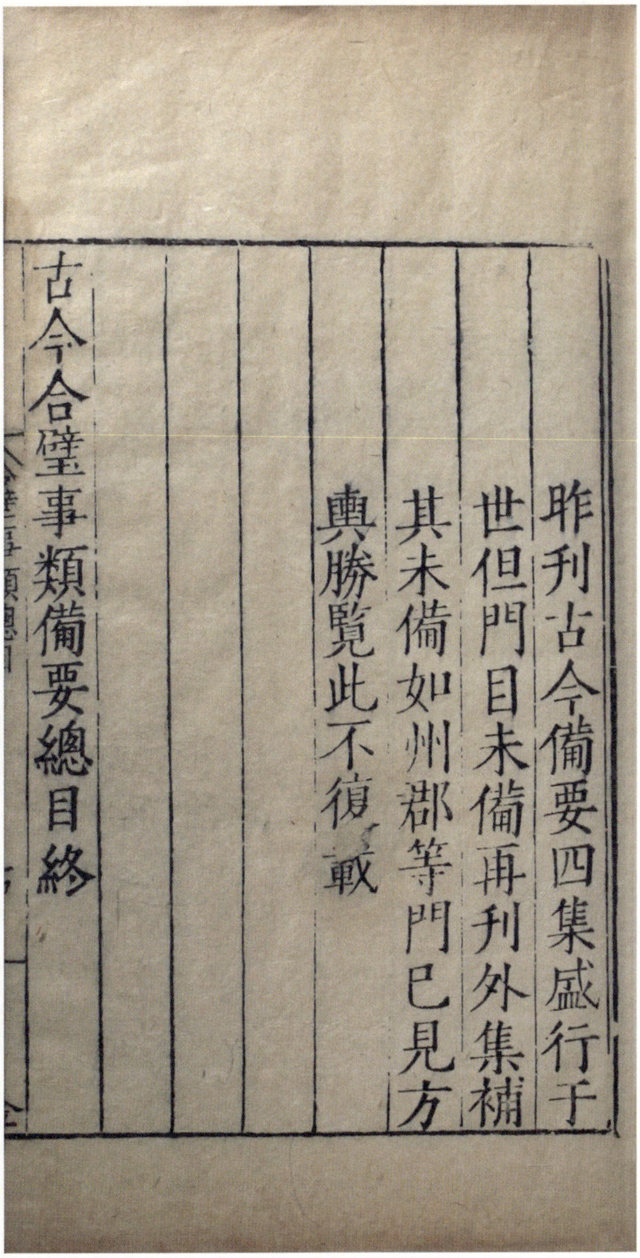

昨刊古今備要四集盛行于
世但門目未備再刊外集補
其未備如州郡等門已見方
輿勝覽此不復載

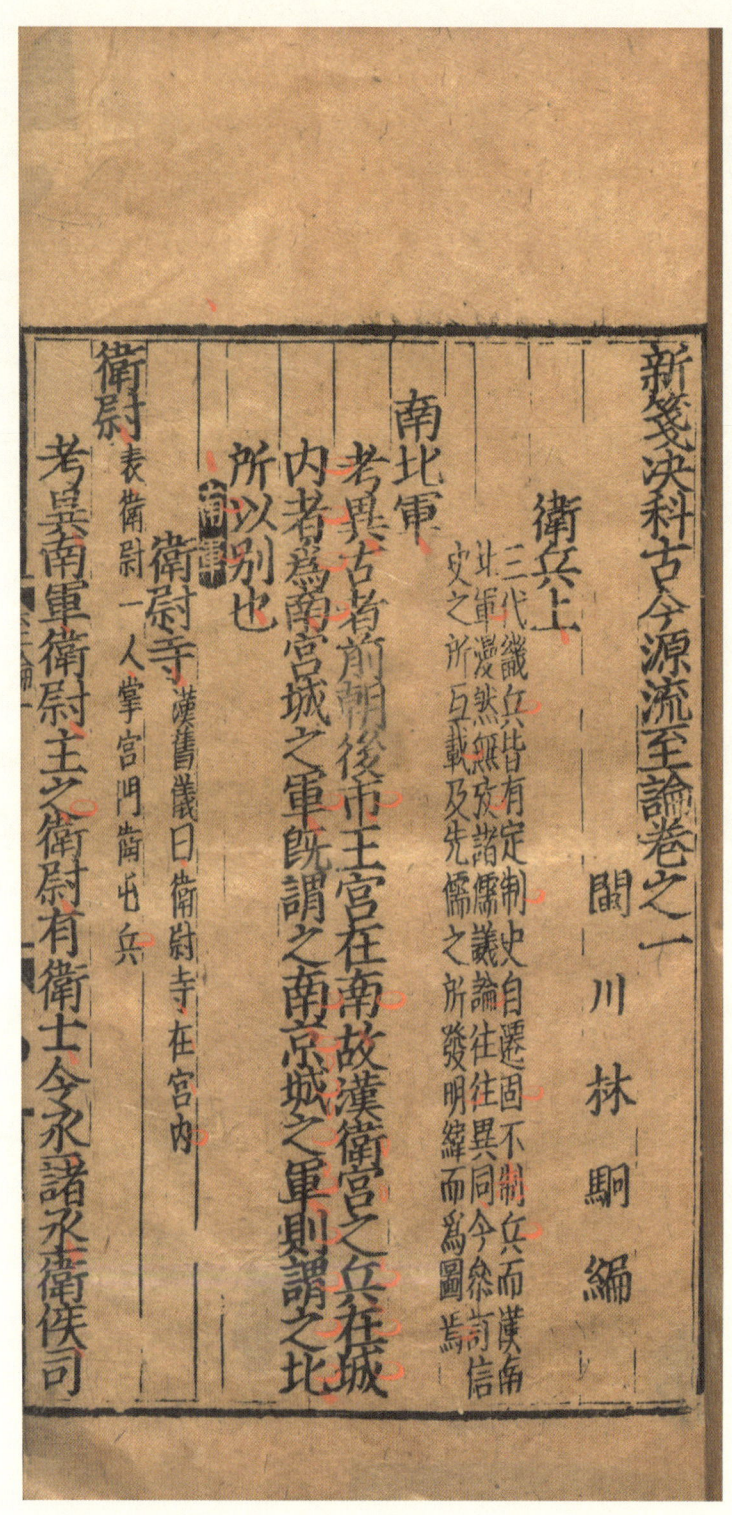

143 新箋決科古今源流至論十卷
[宋]林駉編 明初刻本 十九冊

匡高19.2釐米,廣12.8釐米。半葉十二行,行二十二字,小字雙行同。黑口,四周雙邊,雙黑魚尾。

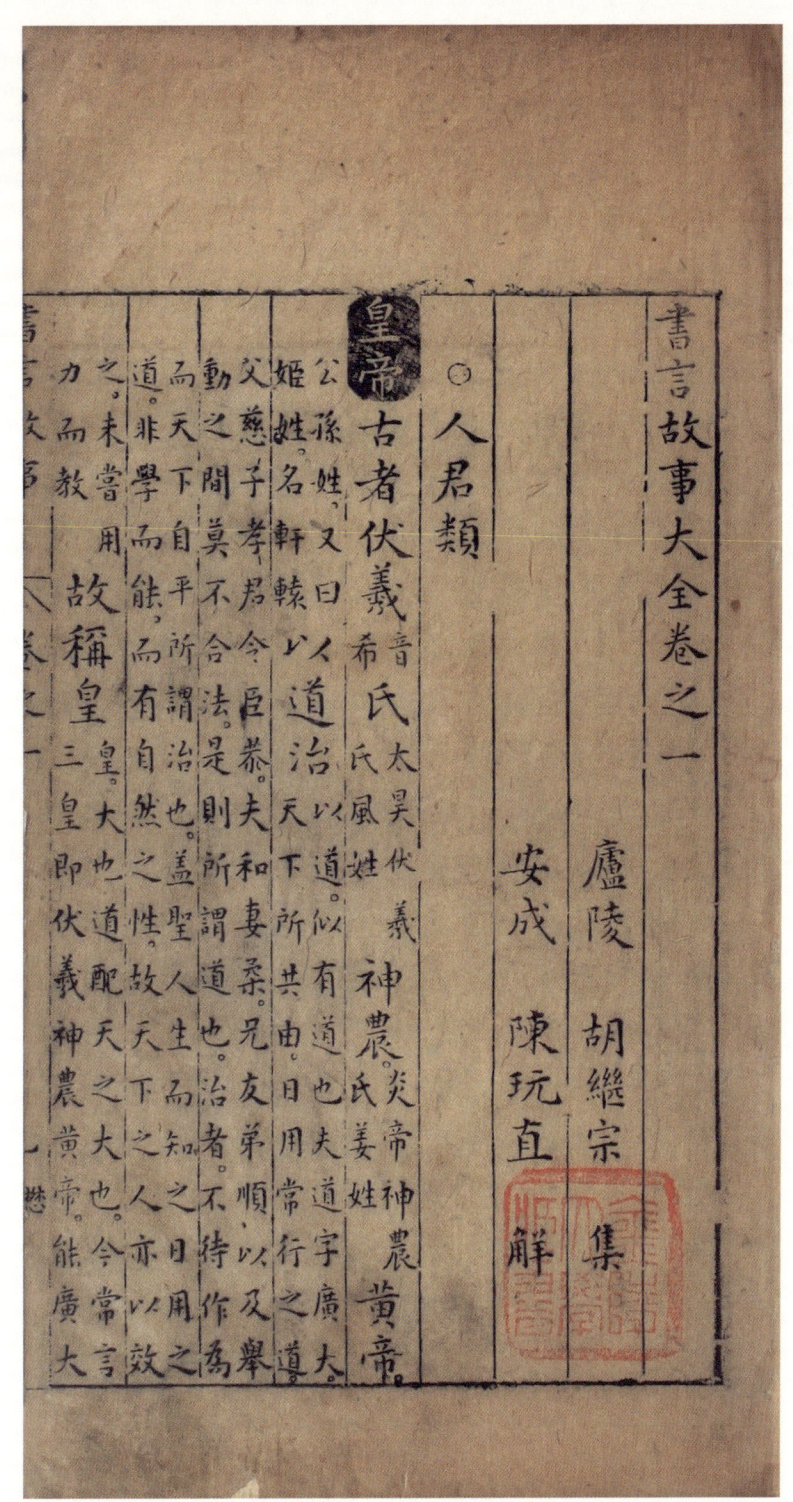

144 書言故事大全十二卷
[宋]胡繼宗集 [明]陳玩直解 明萬曆吳懷保刻本 十二册

匡高 20.0 釐米，廣 13.0 釐米。半葉九行，行二十字，小字雙行同。白口，四周單邊，單白魚尾。版心下方有刻工。有"張与齡字夢九號石橋""武垣張氏藏書印"等印。

書言故事

世所稱淵鉅之學誰不貴於博綜弘覽哉然古今之事浩瀚汪洋不有以紀載公考索而無徵不有以類聚則渙散而無統其所

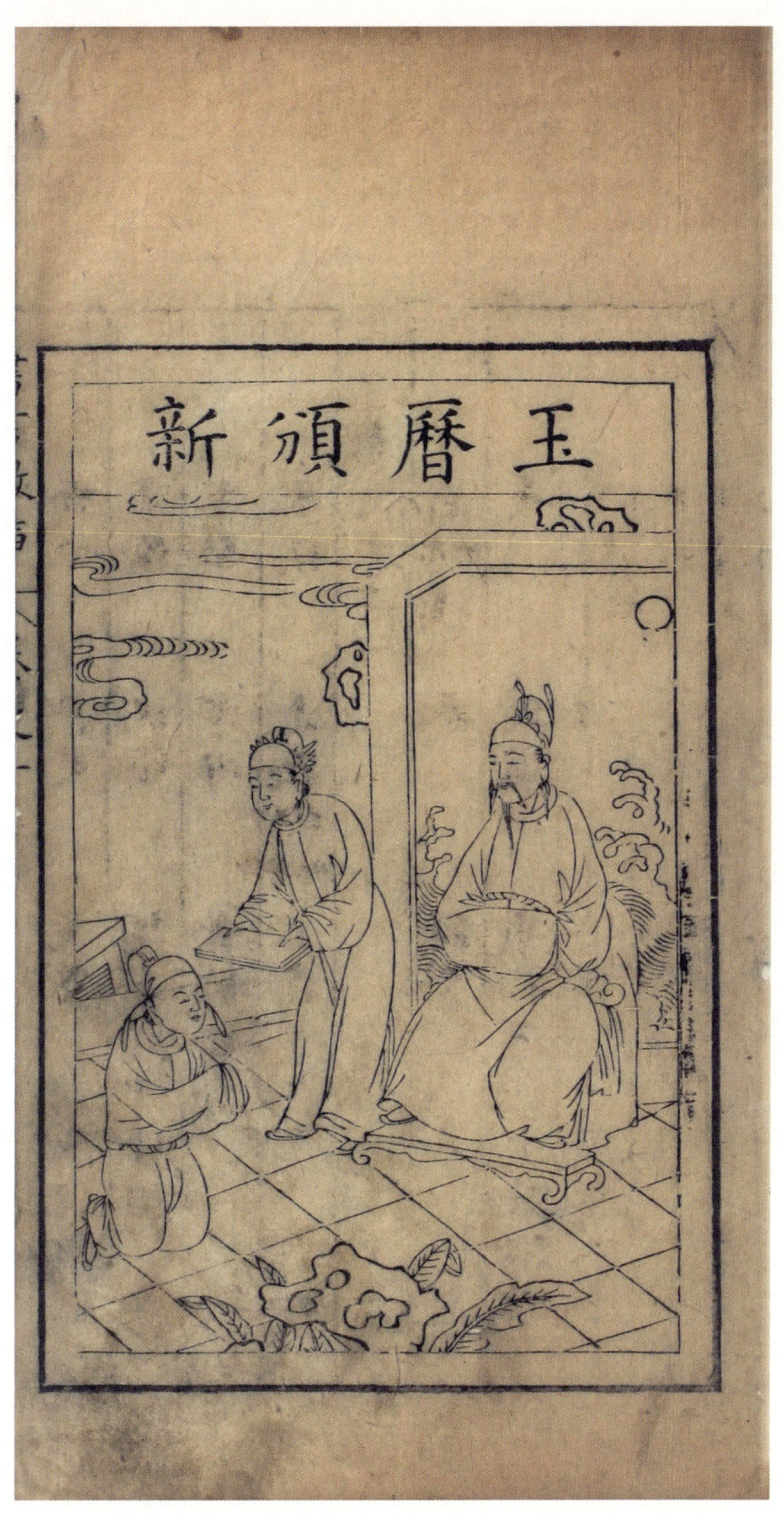

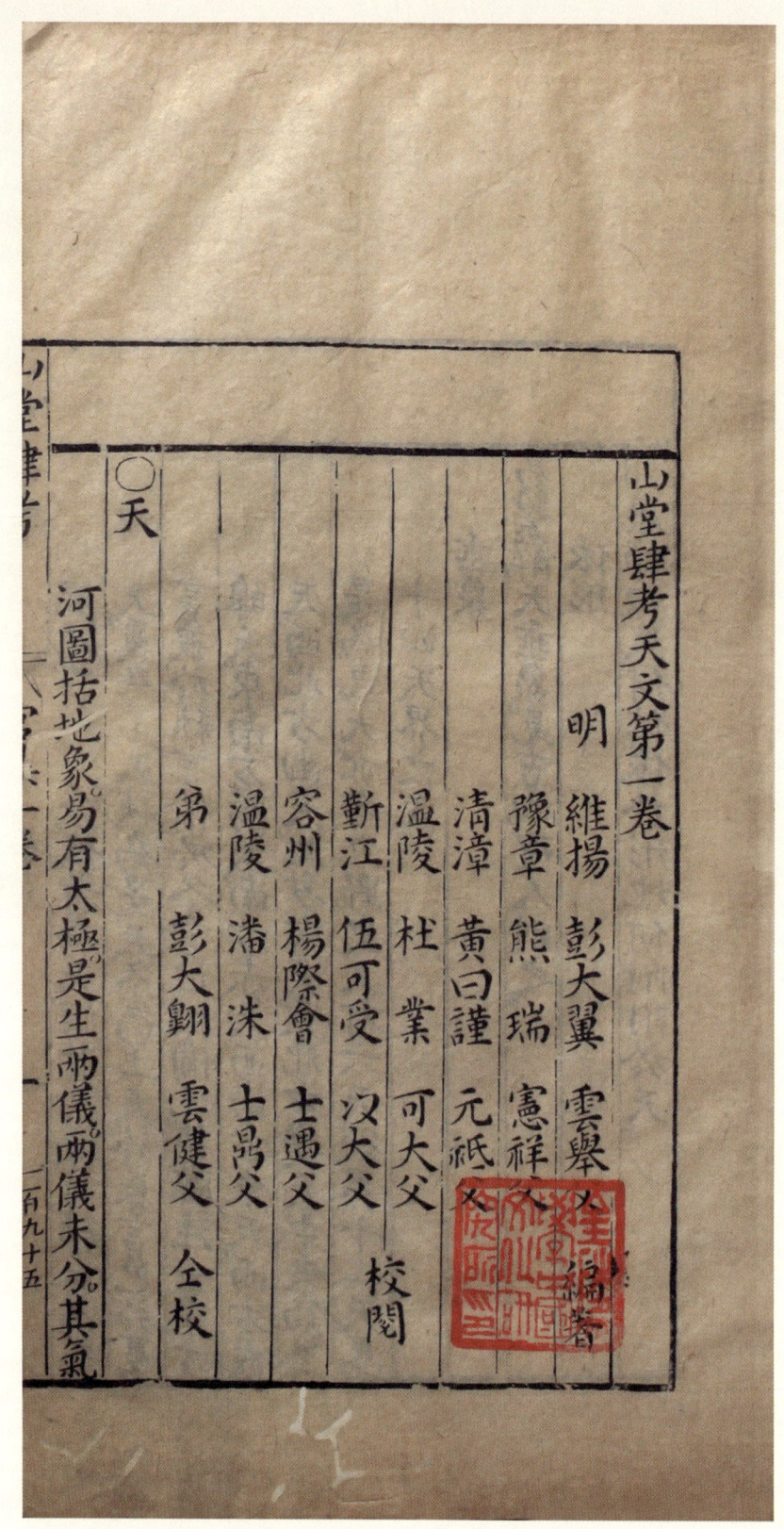

145　山堂肆考二百二十八卷補遺十二卷

[明]彭大翼輯　明萬曆二十三年(1595)金陵書林周顯刻本　四十冊

匡高 20.1 釐米,廣 12.9 釐米。半葉十一行,行二十二字,小字雙行同。白口,四周單邊,單白魚尾。版心下方有字數。版分上、下欄。有"維揚彭取第字允登號御洲住純陽四遊場印""真州吳氏有福讀書堂藏書"等印。

近聞家集入維揚一鶴彭先生當代博雅名家也學山峰秀筆海瀾清
梓時卽被奸匪翅列三墳朝九流已先生乘桃苑之暇據厥臭聞勤加
人竊樣賄賣纂輯彙成一集名曰山堂肆考嗣君名登父詳校而精鋟
閩中書肆翻之公諸四方以廣先生之惠但與不佞有夙契因以剞劂
刻倘有實知
本示我者酬
姓名并獲鷹
銀貳拾兩決
不食言其人
送官追板四
方驚書君子
須認本宅原
板圖書為記

山堂肆考

之務屬焉不佞譾閱之門類森列若霞爛星羅偶對巧符
如珠聯璧合制舉義資之而典則古文詞籍之而宏深是
集一出翰墨之奇觀種種備矣海內嗜學士大夫宜共珎
賞之
萬曆乙未仲冬金陵書林周顯汝達父謹白

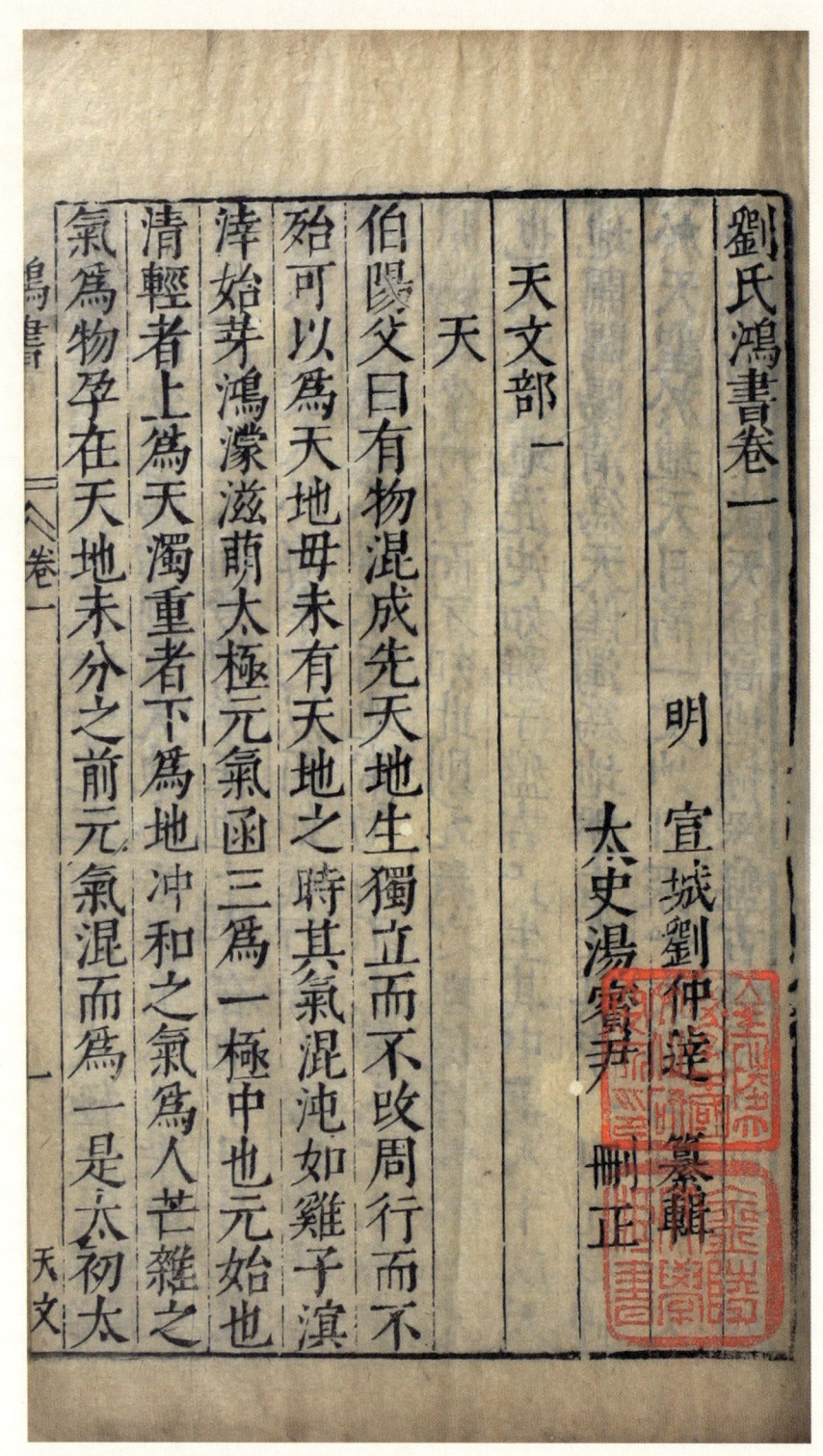

146　劉氏鴻書一百零八卷

[明]劉仲達輯　明萬曆刻本　二十册

匡高 21.5 釐米，廣 14.7 釐米。半葉十行，行二十一字，小字雙行同。白口，四周單邊，單白魚尾。有"真州吳氏有福讀書堂藏書""張氏家藏""王宗炎印"等印。前有嘉慶二十年（1815）十月晚聞居士王宗炎題識。

予年十四時從湘畦師得是書嘗觀之中間失去者四十年此別兒子買自杭州書肆者問卷軸然此見故人湘畦師年臻耄期亦已化去而予棄朽凋茂桑楡迫矣追忘氣成就有媵媿歎嘉慶乙亥十月甲子曉觀齋士書

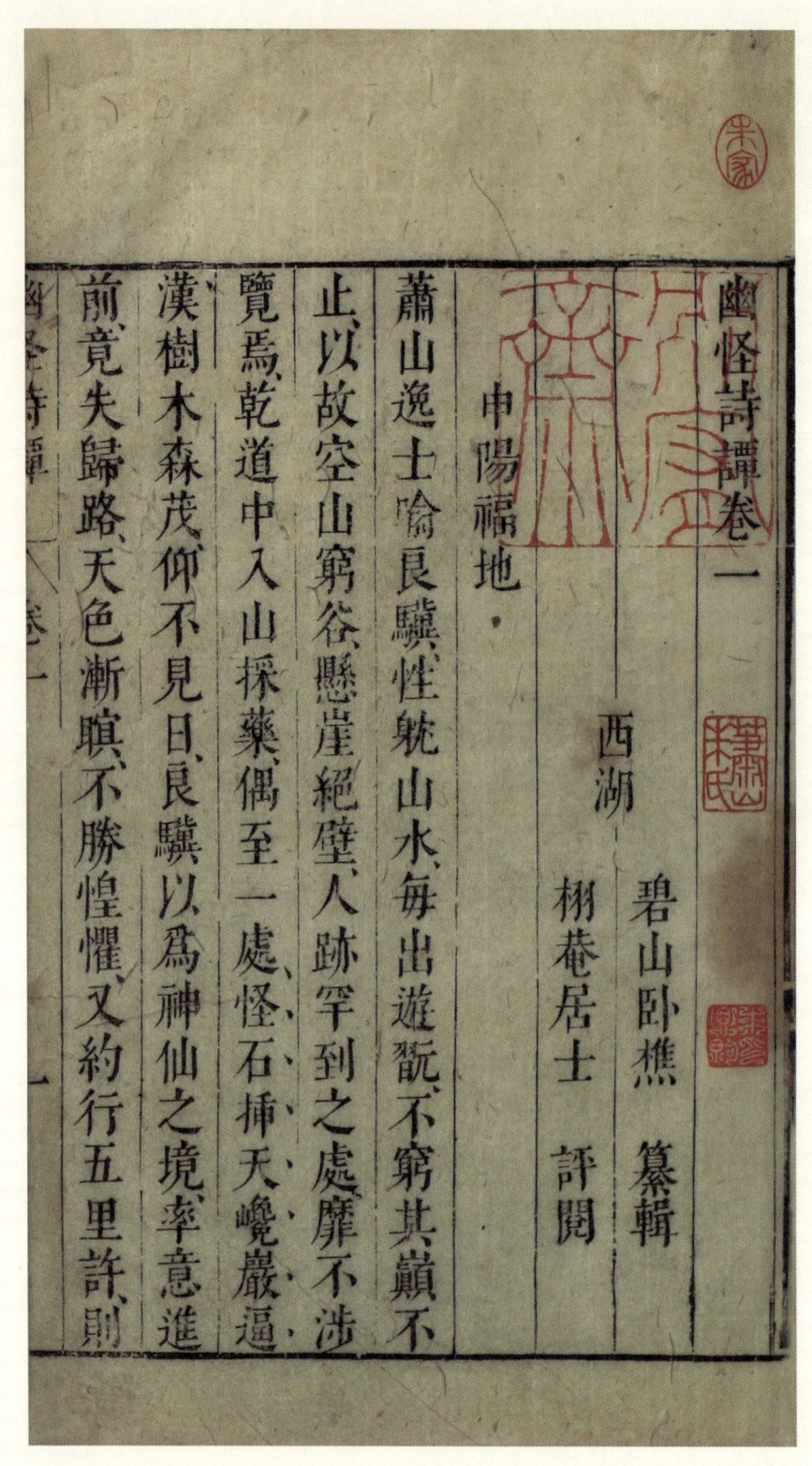

147 幽怪詩譚六卷
[明]碧山臥樵纂 明崇禎二年(1629)刻本 六册

匡高20.2釐米，廣14.5釐米。半葉九行，行二十字，眉端有評語。白口，左右雙邊，單白魚尾。有"别有齋""蕭山朱氏別有齋藏書印""鼎煦小印""香句偶得"等印。

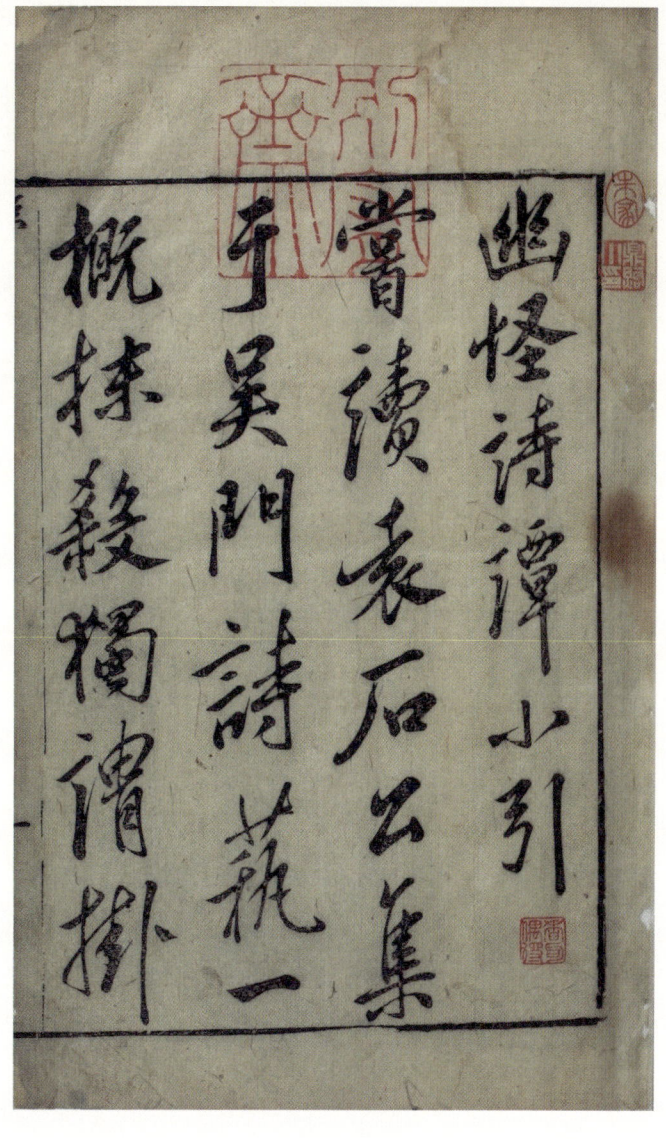

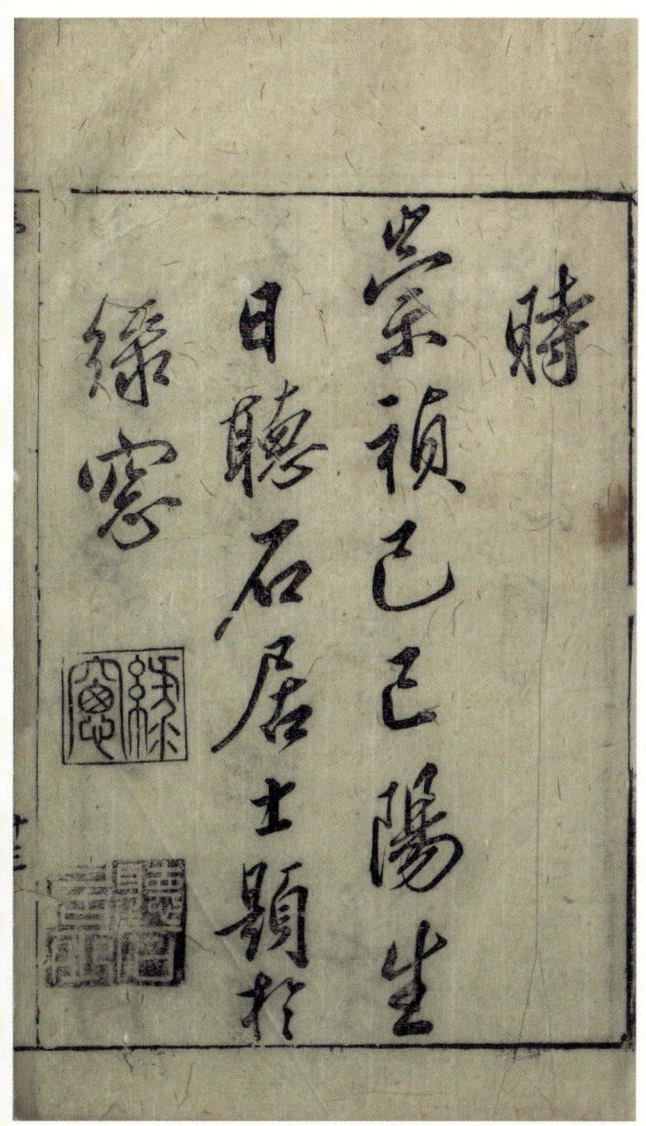

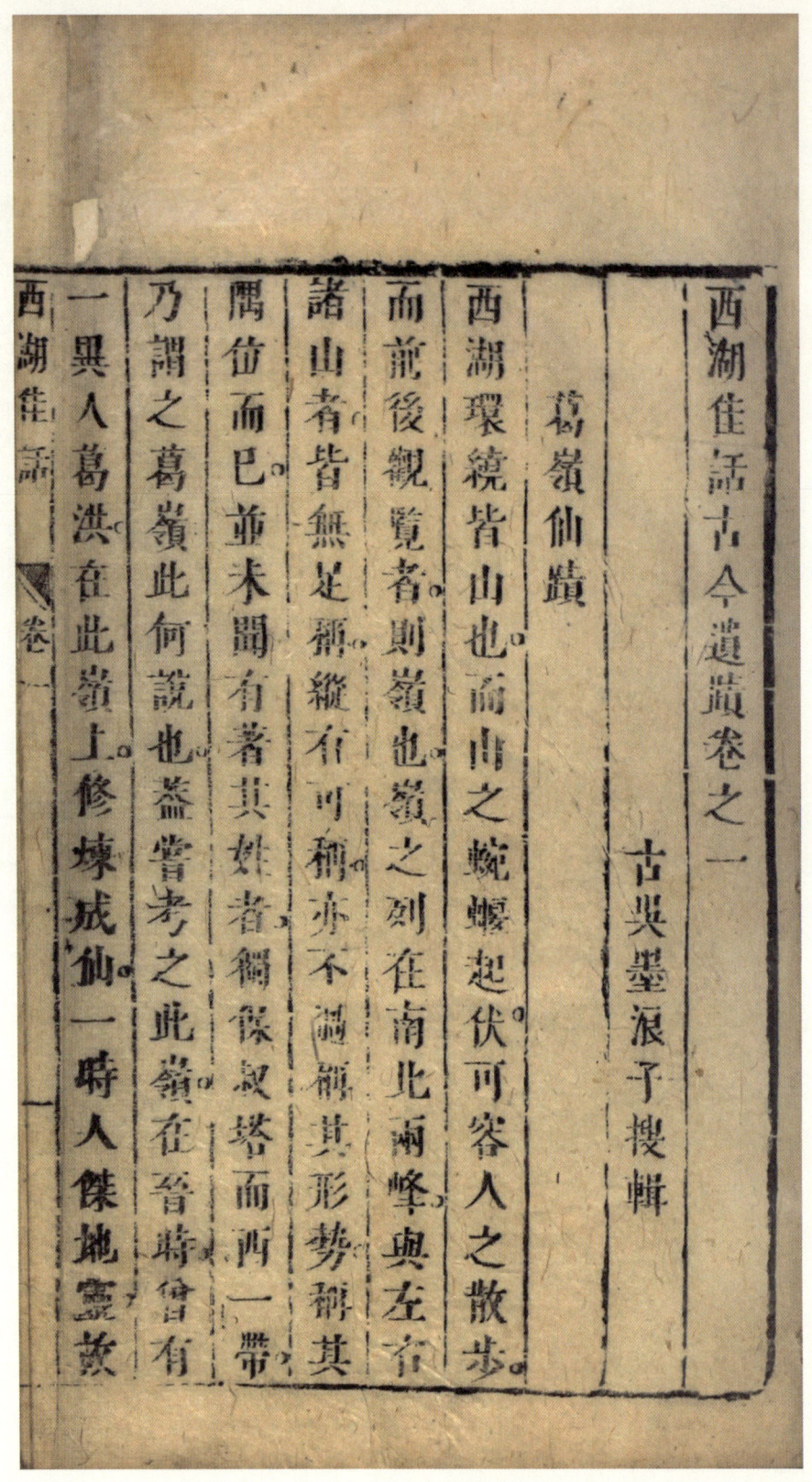

148 西湖佳話古今遺蹟十六卷首一卷
[清]墨浪子輯 清康熙刻本 十册

匡高18.1釐米,廣12.4釐米。半葉九行,行二十字。白口,四周單邊,單黑魚尾。首一卷爲五色彩印《西湖全圖》和《十景分圖》。有"西湖中書房經售古今善本書籍""中書房""豐華堂書庫寶藏印""楊復之印"等印。

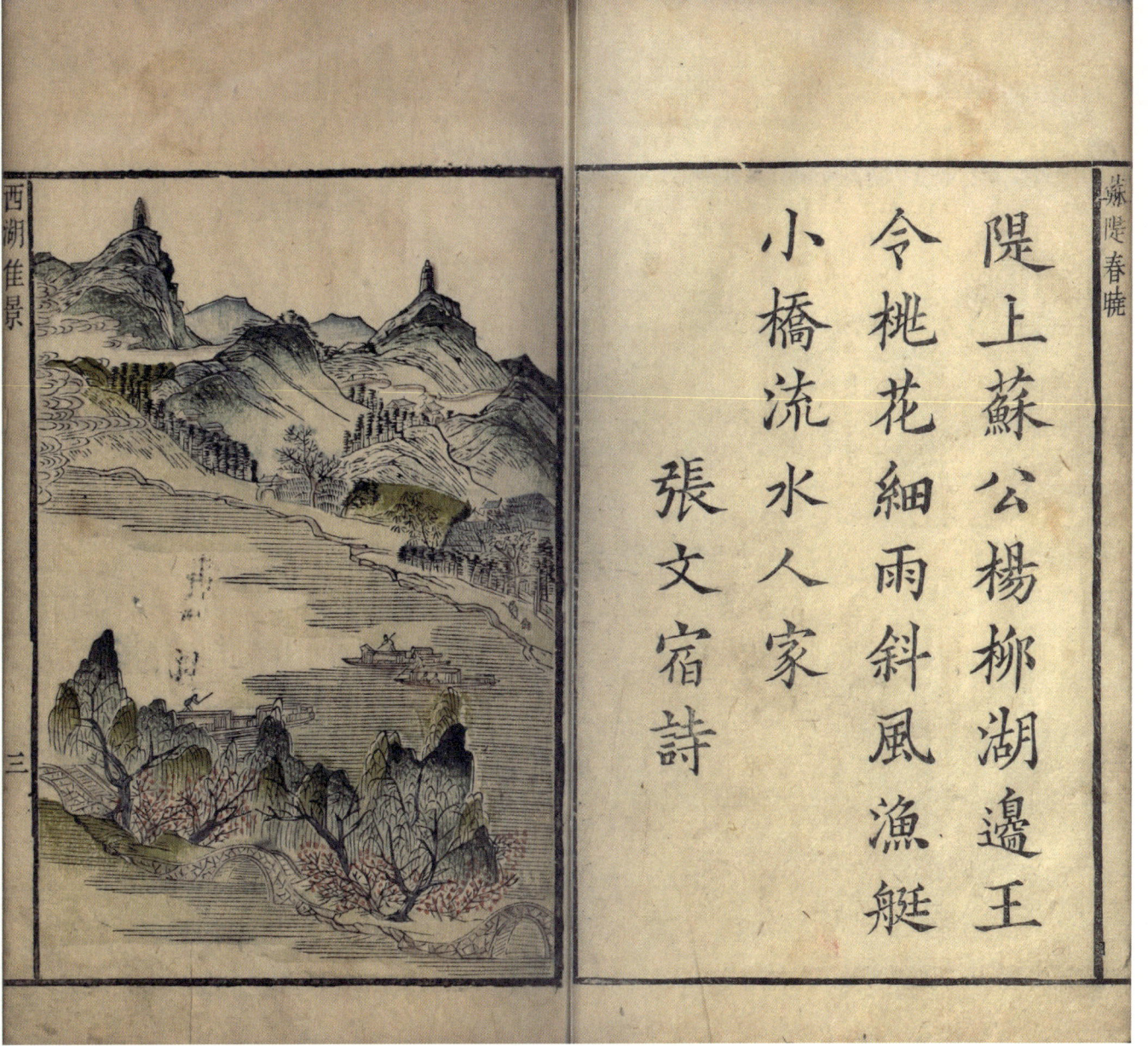

蘇堤春曉

堤上蘇公楊柳湖邊王
令桃花細雨斜風漁艇
小橋流水人家
張文宿詩

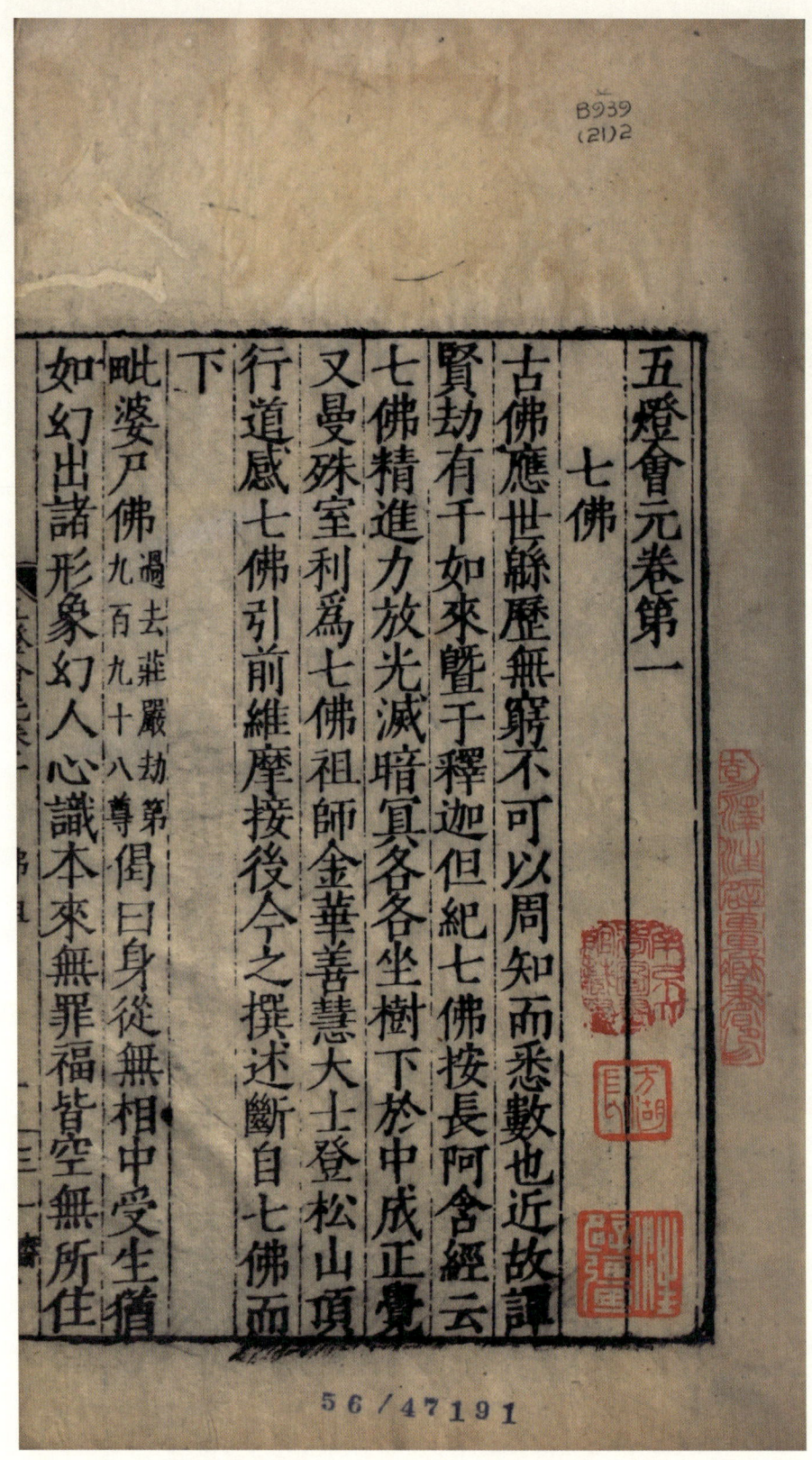

149　五燈會元二十卷

[宋]釋普濟撰　明嘉靖四十年(1561)陸光祖三一齋刻本　四十八冊

匡高19.3釐米，廣13.8釐米。半葉十行，行二十字。白口（亦有粗黑口），左右雙邊，單黑魚尾。版心下有刻工。有"辟彊讀過""彭澤汪辟彊藏書印"等印。

重刻五燈會元募緣文

夫佛道東流而至晉宋齊梁之間學佛者競以名理禪觀相高莫竟本心妙明之體自達磨大士來至此方始唱直指人心見性成佛傳至六祖能公斯宗大振厥後五宗並立門風峻甚其圓機密義不可以言而解用智而求至於揚眉瞬目或喝或棒所以開呈真體愈出愈奇有省者若痛慶噢卷不會者如聾人聞鼓而瞽識之士

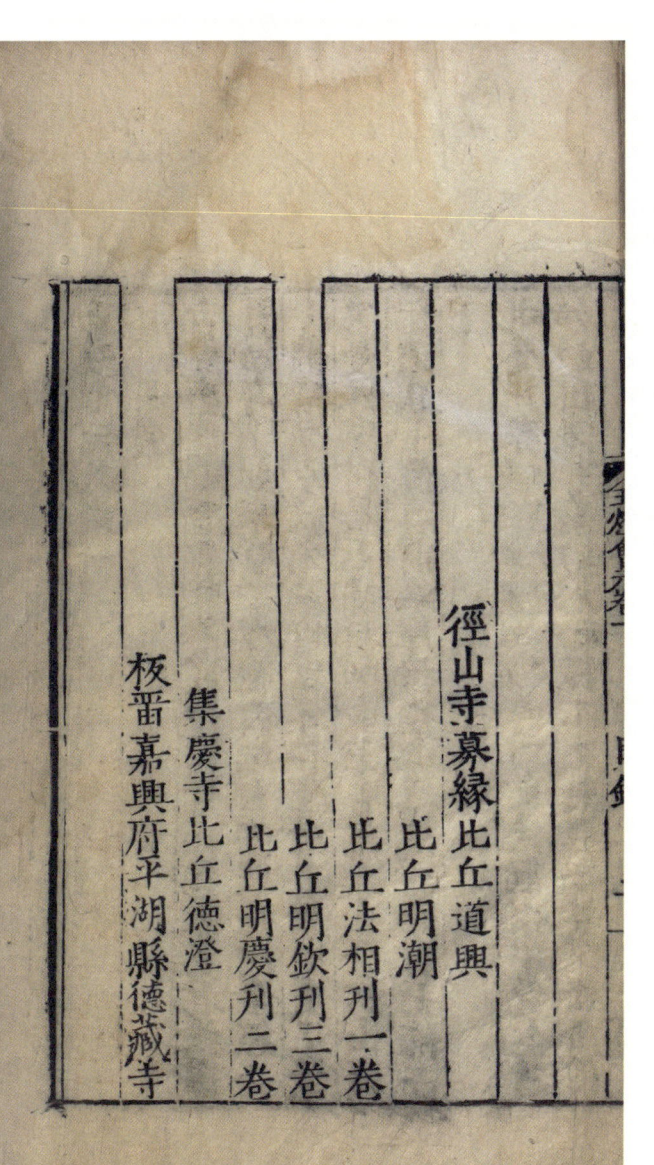

徑山寺募緣比丘道興
　　　比丘明潮
　　　比丘法相刊一卷
　　　比丘明欽刊三卷
　　　比丘明慶刊二卷
集慶寺比丘德澄
板留嘉興府平湖縣德藏寺

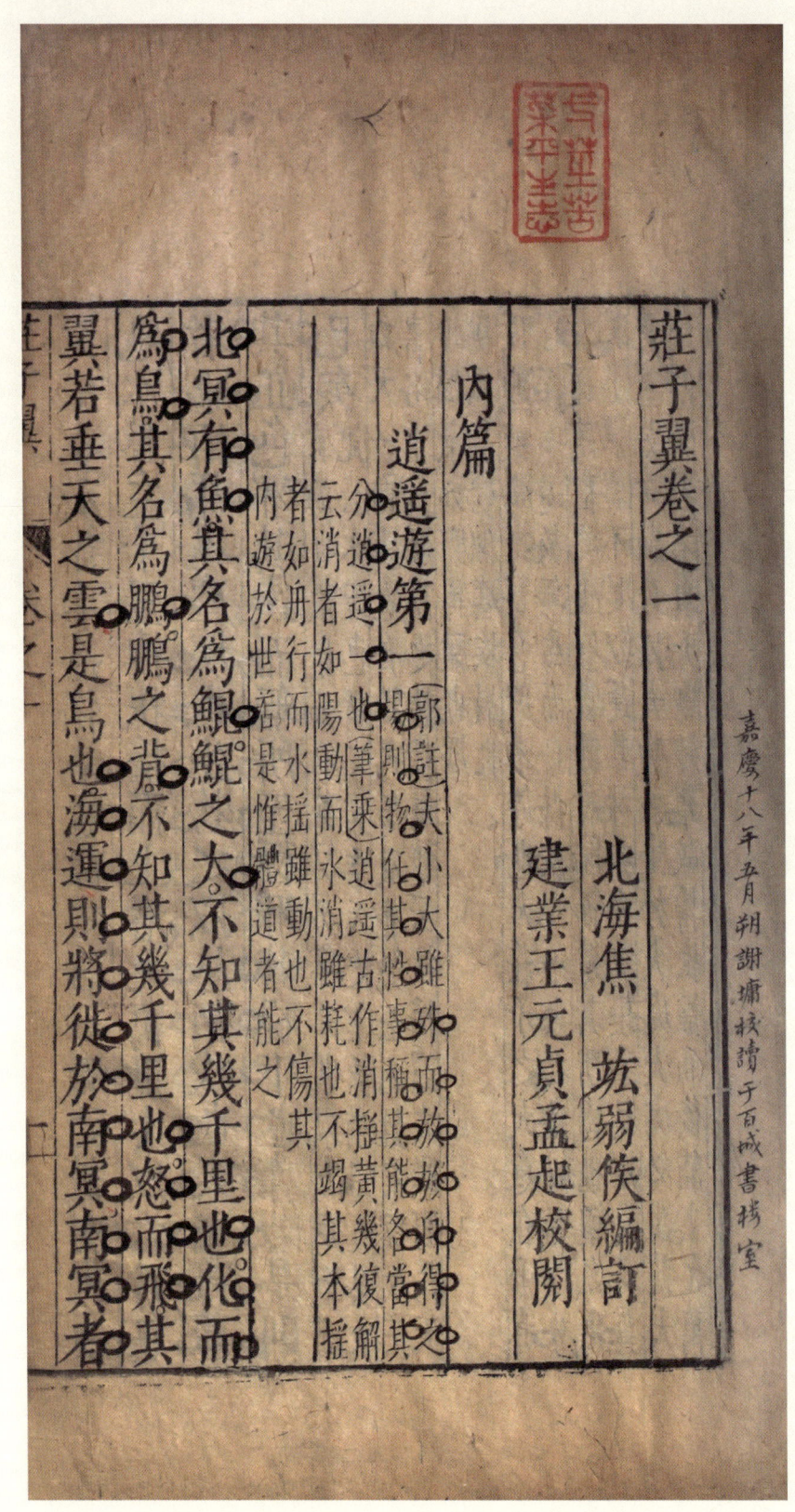

150　莊子翼八卷附莊子闕誤一卷莊子翼附錄一卷
[明]焦竑撰　明萬曆十六年(1588)刻本　四册

匡高20.6釐米，廣13.8釐米。半葉十行，行二十字，小字雙行同。白口，左右雙邊，單黑魚尾。有清謝墉題識。有"養和堂印""長莖苦菜平生志"等印。

莊子翼叙

余嘗慱遊鄒魯吳越諸名勝遇方外士輒譚黄老之事且性嗜讀莊子莊子數萬言無非明老氏之虛無道德之自然也然初讀之猶塊然無得久之乃深味其旨弘慱縱恣奇詭變化而玄通微妙語若不經而深有得于

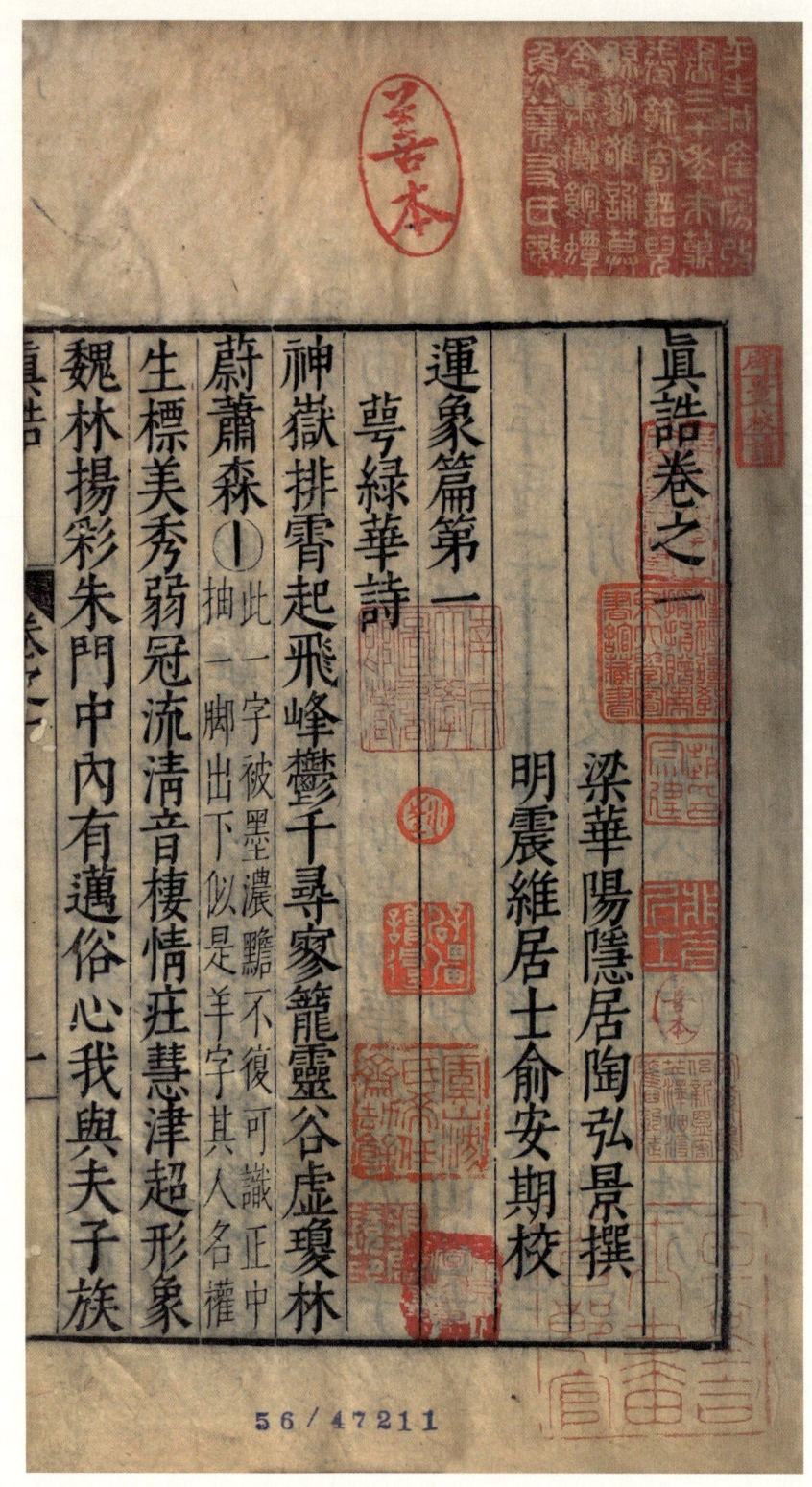

151 真誥二十卷

[梁]陶弘景撰　明萬曆二十年(1592)俞安期刻本　二册

匡高19.9釐米，廣14.1釐米。半葉九行，行十七字，小字雙行同。白口，左右雙邊，單黑魚尾。有"伯温""張定球印""江南昭文張爕子和小瑯嬛福地藏書記""甲子次公重歸舊山樓後所得""子孫寶之""張蓉鏡印""趙宗建印""非昔居士""虞山沈氏希任齋劫餘""汪辟彊""辟彊讀過""辟彊校讀""宛溪鷗侣新盟客笠澤煙波舊釣徒""平生減產爲收書三十年來萬卷餘寄語兒孫勤維誦莫令棄擲飽蟫魚蕘友氏識"等印。封面題"壬辰非昔重裝"。

眞誥卷之十一

梁華陽隱居陶弘景輯撰
明震維居士俞安期音釋

稽神樞第一

金陵者洞虛之膏腴句曲之地肺也履之者萬萬知之者無一應在乙丑年六月己前甲子歲中事始論此山受福之端也其地肥良故曰膏腴水至則浮故曰地肺歷世遊踐莫有知其處者句曲山源曲而有所容故號爲句容里過江一百五十里訪索卽得凡此後紫書大字者並朱芽

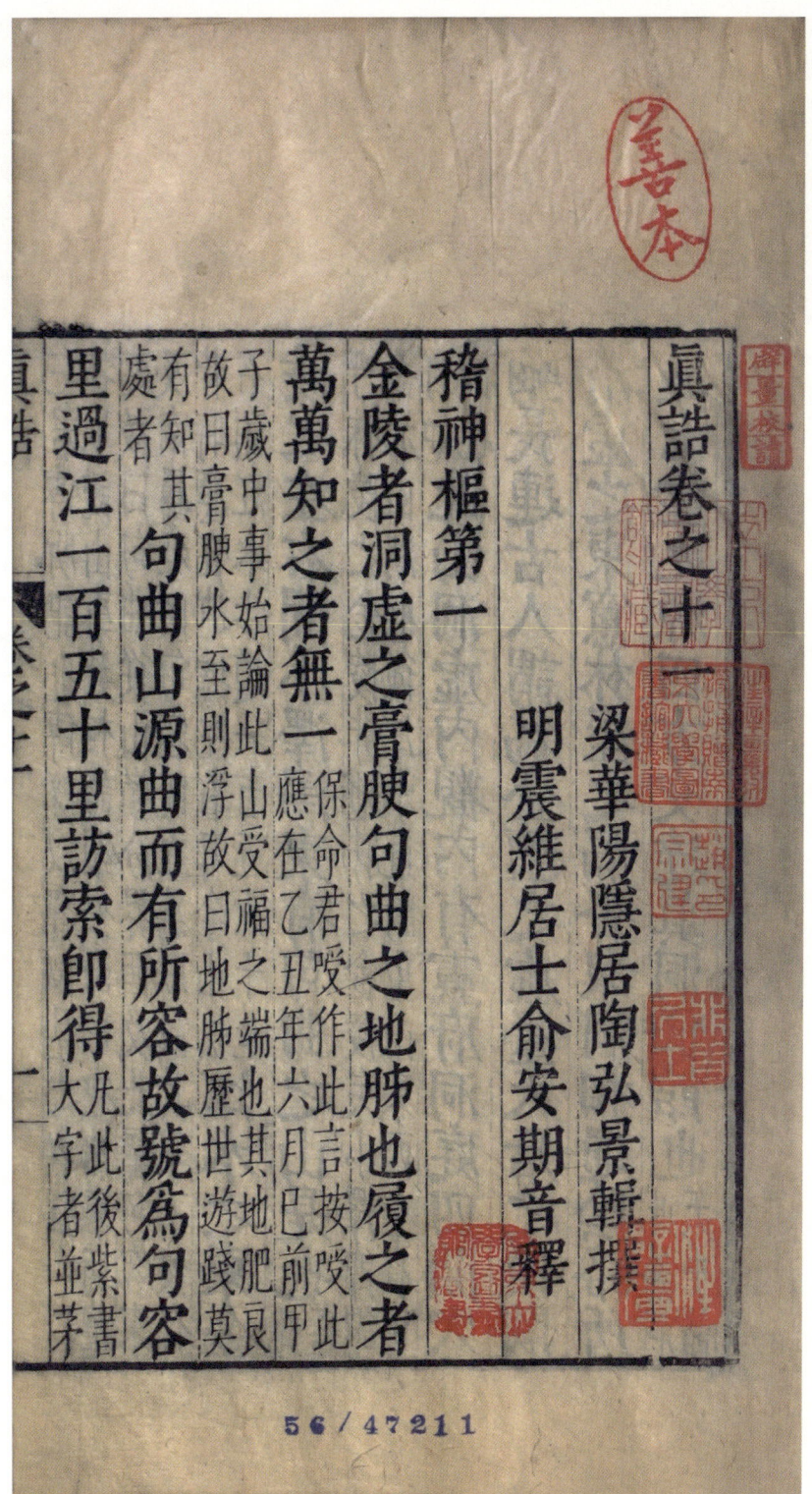

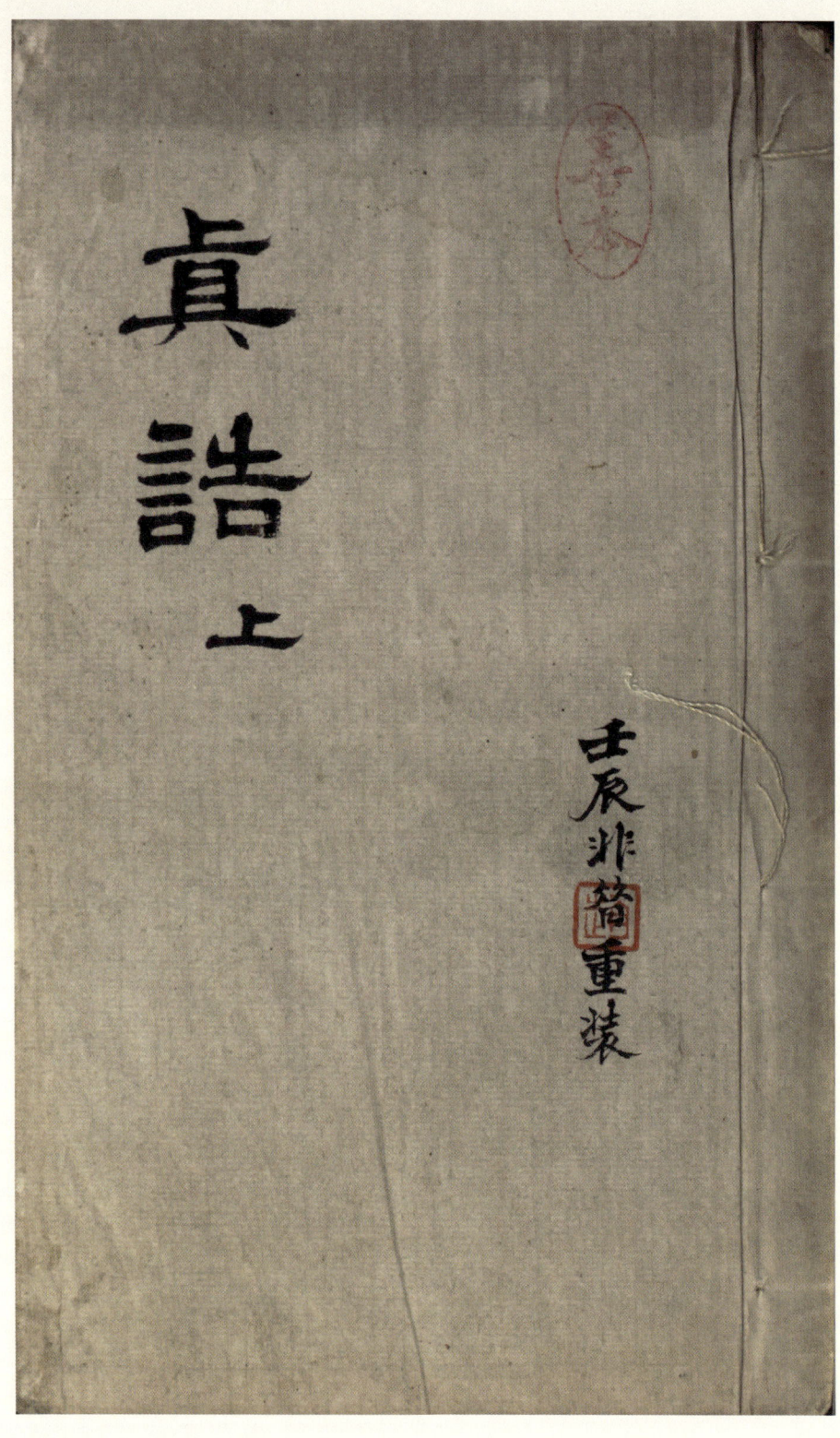

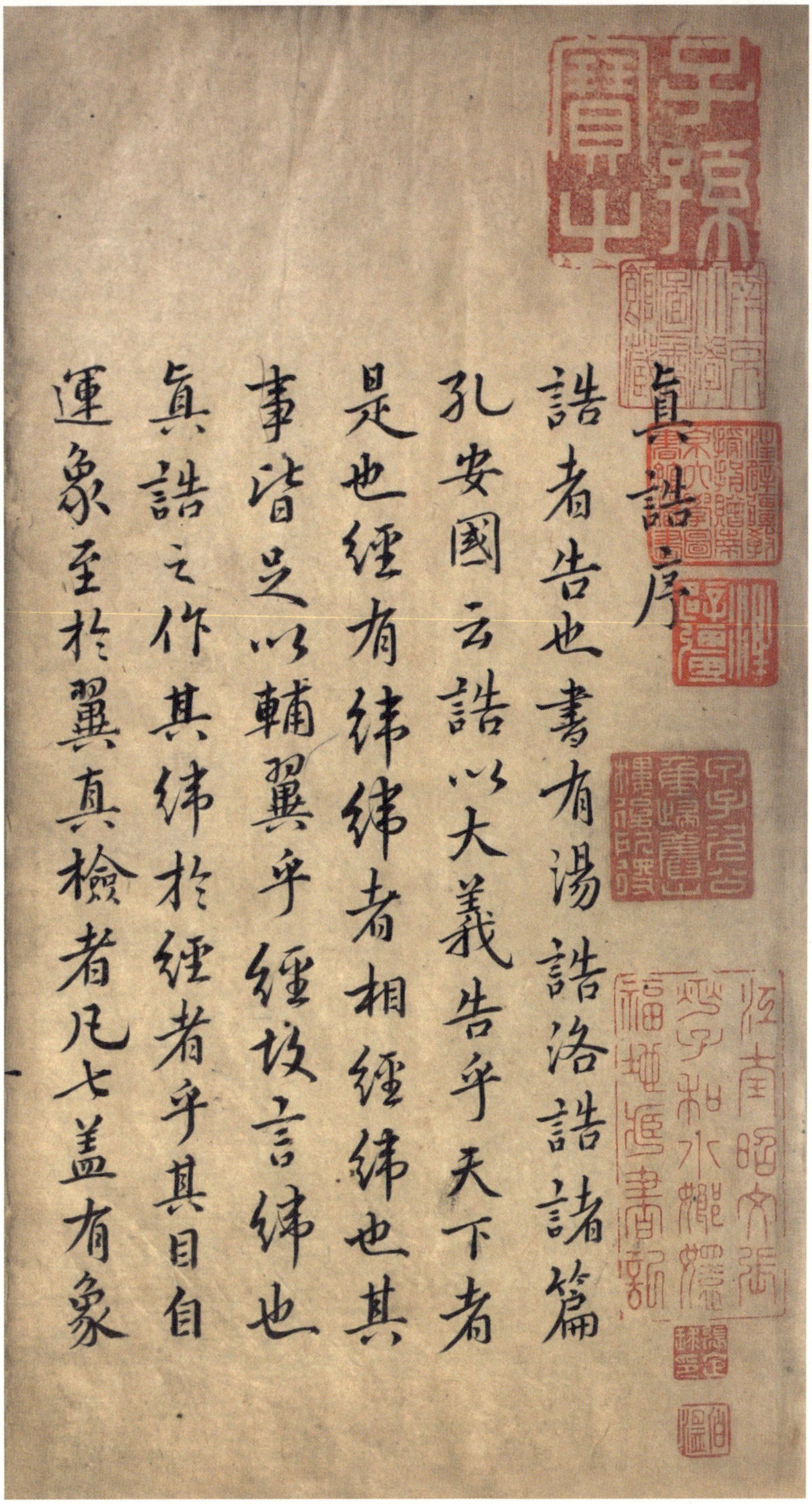

真誥序

誥者告也書有湯誥洛誥諸篇
孔安國云誥以大義告乎天下者
是也經有緯緯者相經緯也其
事皆足以輔翼乎經故言緯也
真誥之作其緯於經者乎其目自
運象至於翼真檢者凡七蓋有象

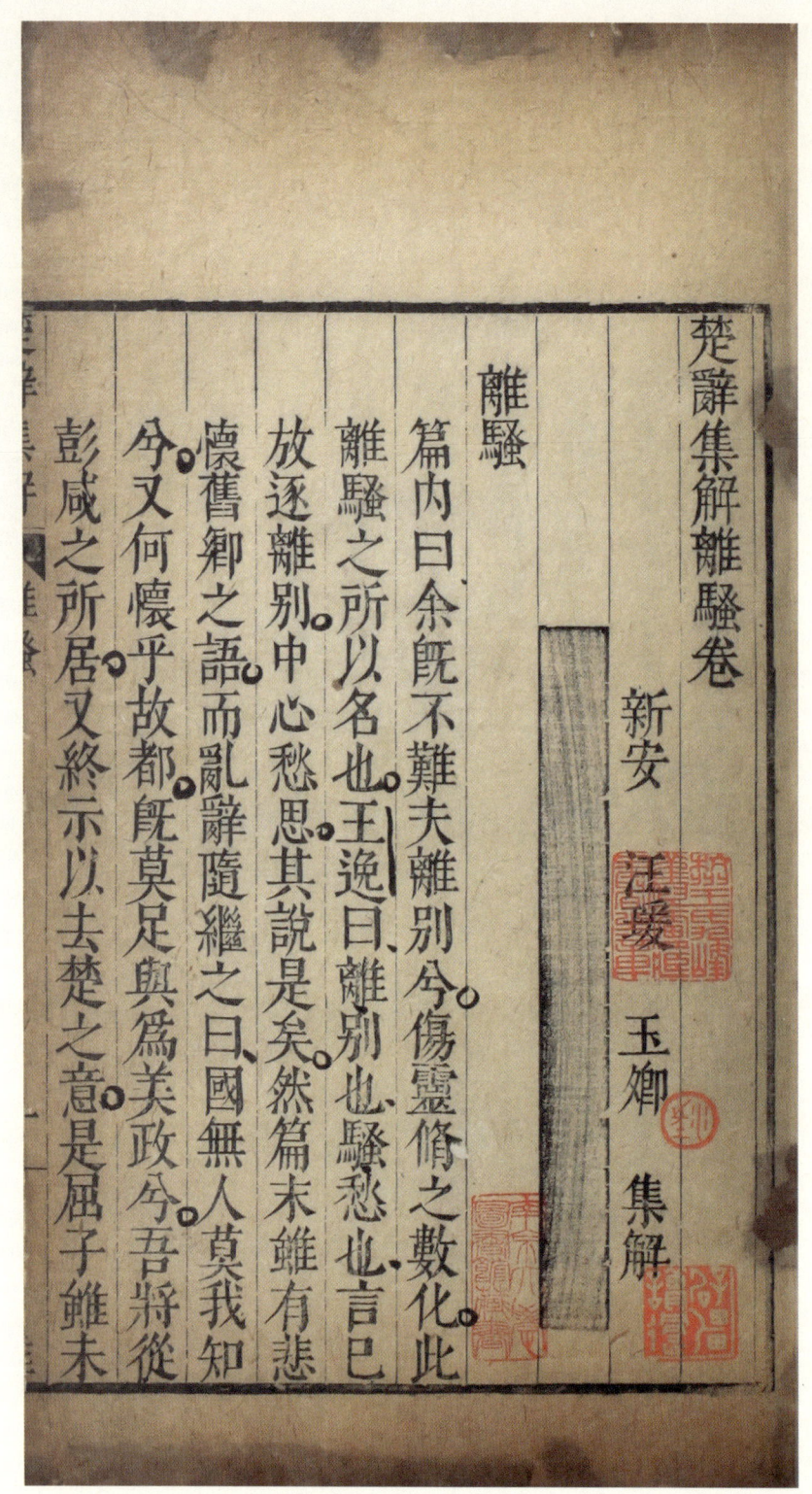

152 楚辭集解十六卷蒙引二卷考異一卷

[明]汪瑗集解 明萬曆四十三年(1615)刻本 十二冊

匡高20.4釐米,廣14.4釐米。半葉十行,行二十字,小字雙行同。白口,左右雙邊,單黑魚尾。有"杭州王氏九峰舊廬藏書之章""彭澤汪辟疆藏書印""方湖""汪辟疆所藏金石書畫""辟疆讀過""辟疆""汪"等印。

楚辭大序

離騷解序

新安 汪瑗 玉卿 集
班孟堅

昔在孝武博覽古文淮南王安叙離騷傳以國風好色而不淫小雅怨悱而不亂若離騷者可謂兼之矣蟬蛻濁穢之中浮游塵埃之外皭然泥而不滓推此志雖與日月爭光可也斯論似過其真又說五子以失家巷謂五子胥也及至羿澆少康二姚有娀佚女皆各以所識有所增損然猶未得其正也故博採經書傳記本文以為之解且君子道窮命矣故潛龍不

153 武侯集十六卷

[明]錢世垚輯 明萬曆四十五年(1617)錢世垚刻本 二册

匡高 20.5 釐米，廣 14.2 釐米。半葉九行，行十九字。白口，左右雙邊，單黑魚尾。有"胡沂華印"等印。

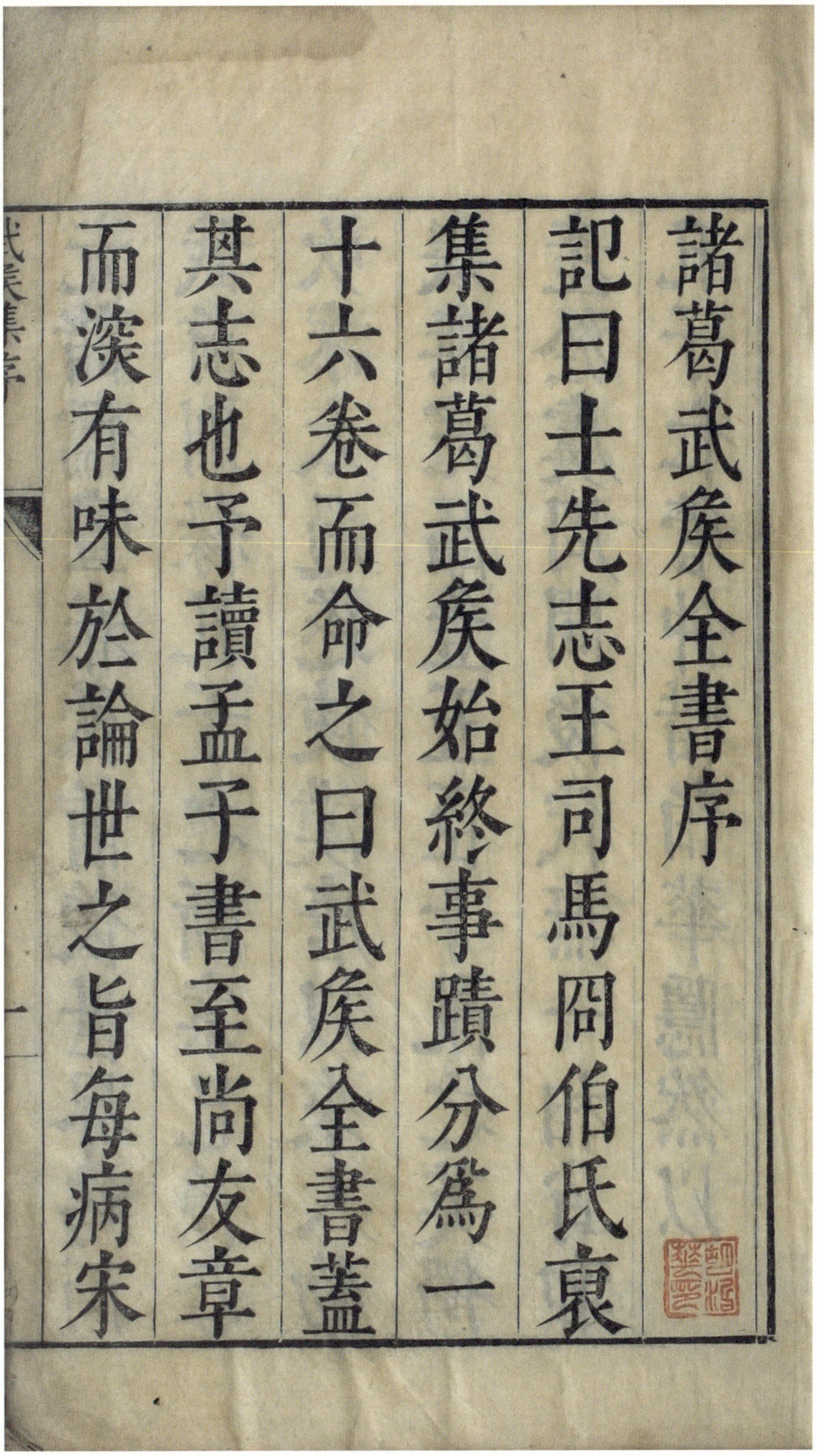

諸葛武矦全書序

記曰士先志王司馬問伯氏裏
集諸葛武矦始終事蹟分為一
十六卷而命之曰武矦全書蓋
其志也予讀孟子書至尚友章
而潨有味於論世之旨每病宋

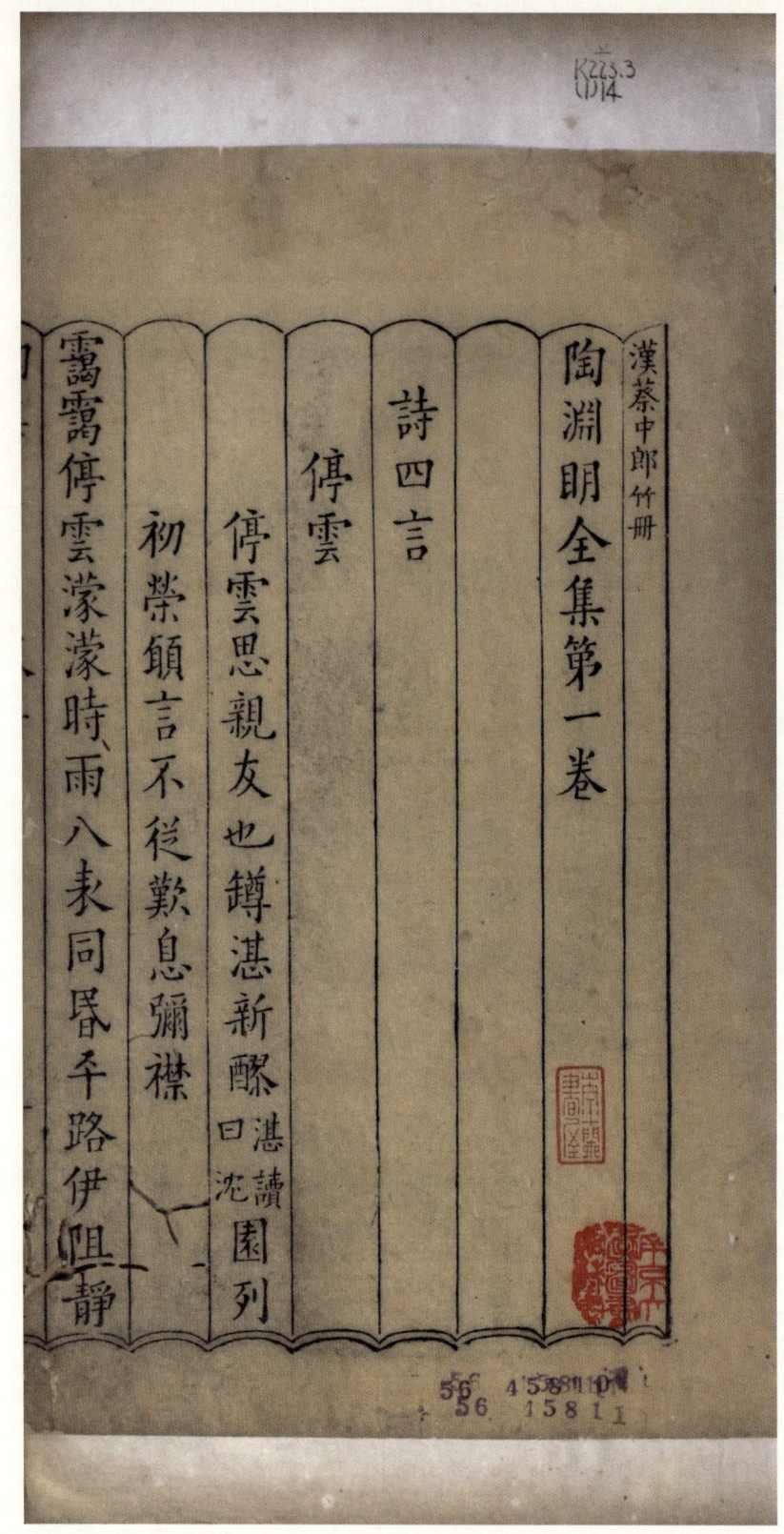

154 陶淵明全集四卷

[晉]陶潛撰　明白鹿齋刻漢蔡中郎竹冊式本　二冊

匡高20.5釐米，廣13.6釐米。半葉七行，行十七字。白口，四周單邊，無魚尾。此書仿簡冊版式，且每葉左右各有一細行，右細行書"蔡中郎竹冊"，左細行空白無字。有"崇蘭書屋""農璜""望溪"等印。

明清佳刻 301

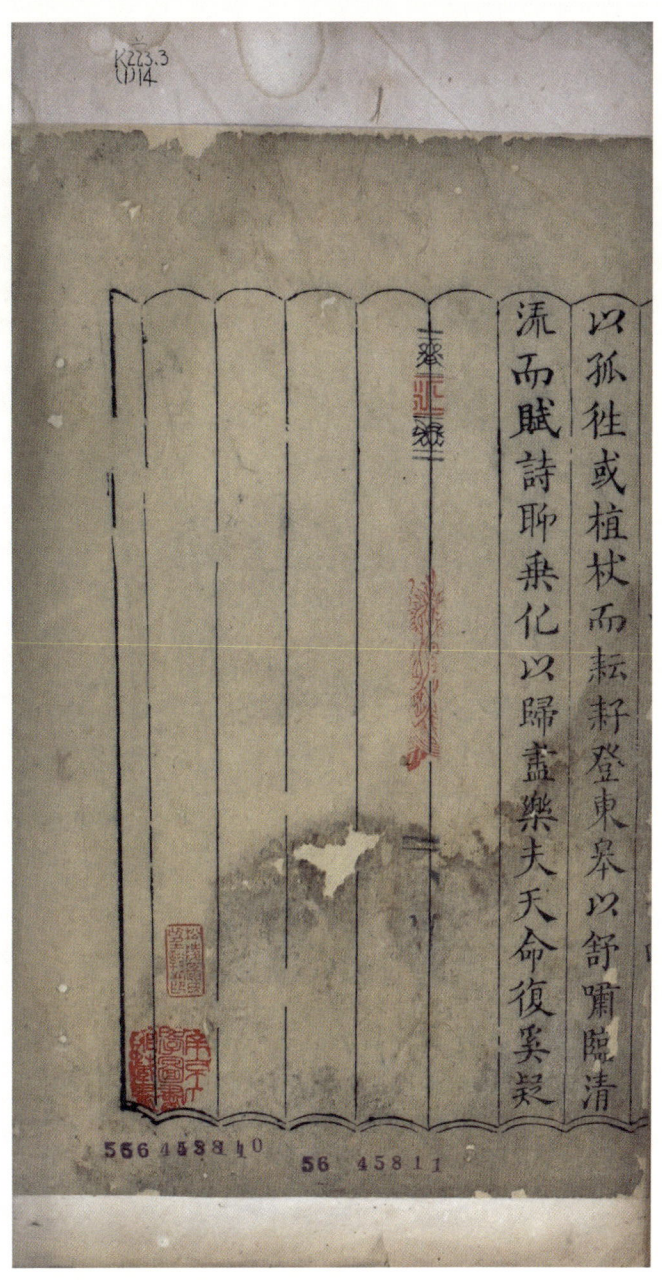

以孤往或植杖而耘耔登東皋以舒嘯臨清
流而賦詩聊乘化以歸盡樂夫天命復奚疑

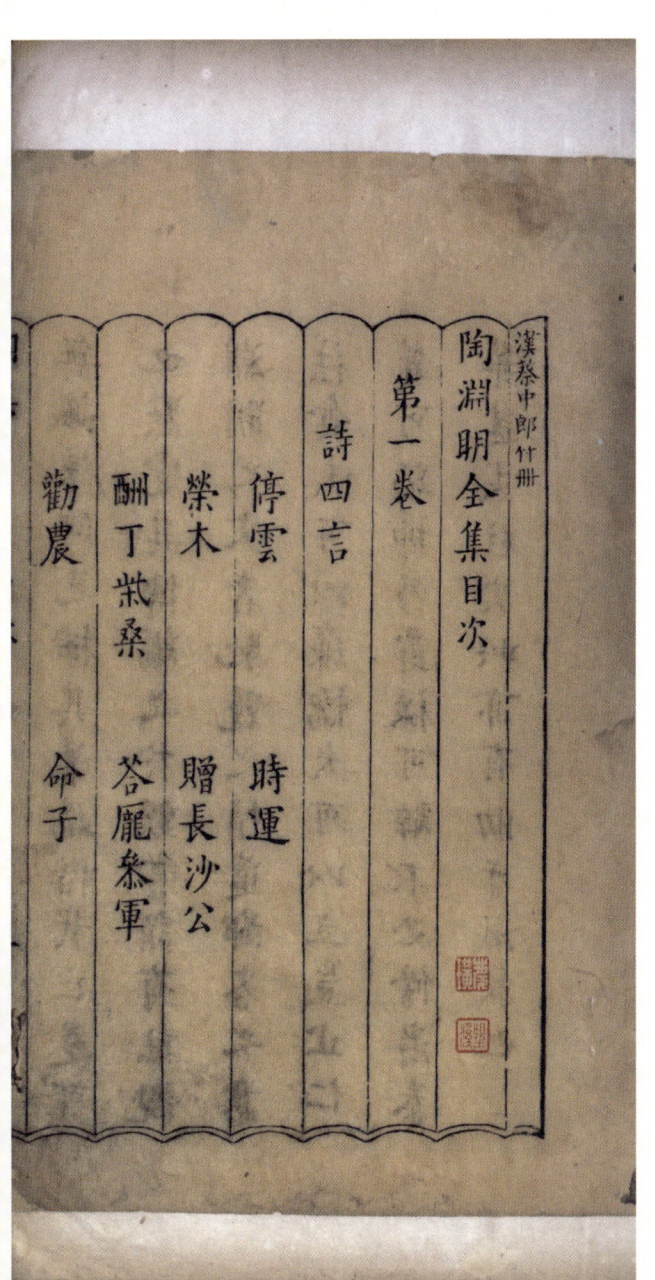

漢蔡中郎竹冊

陶淵明全集目次

第一卷

詩四言

停雲　時運

榮木　贈長沙公

酬丁柴桑　答龐參軍

勸農　命子

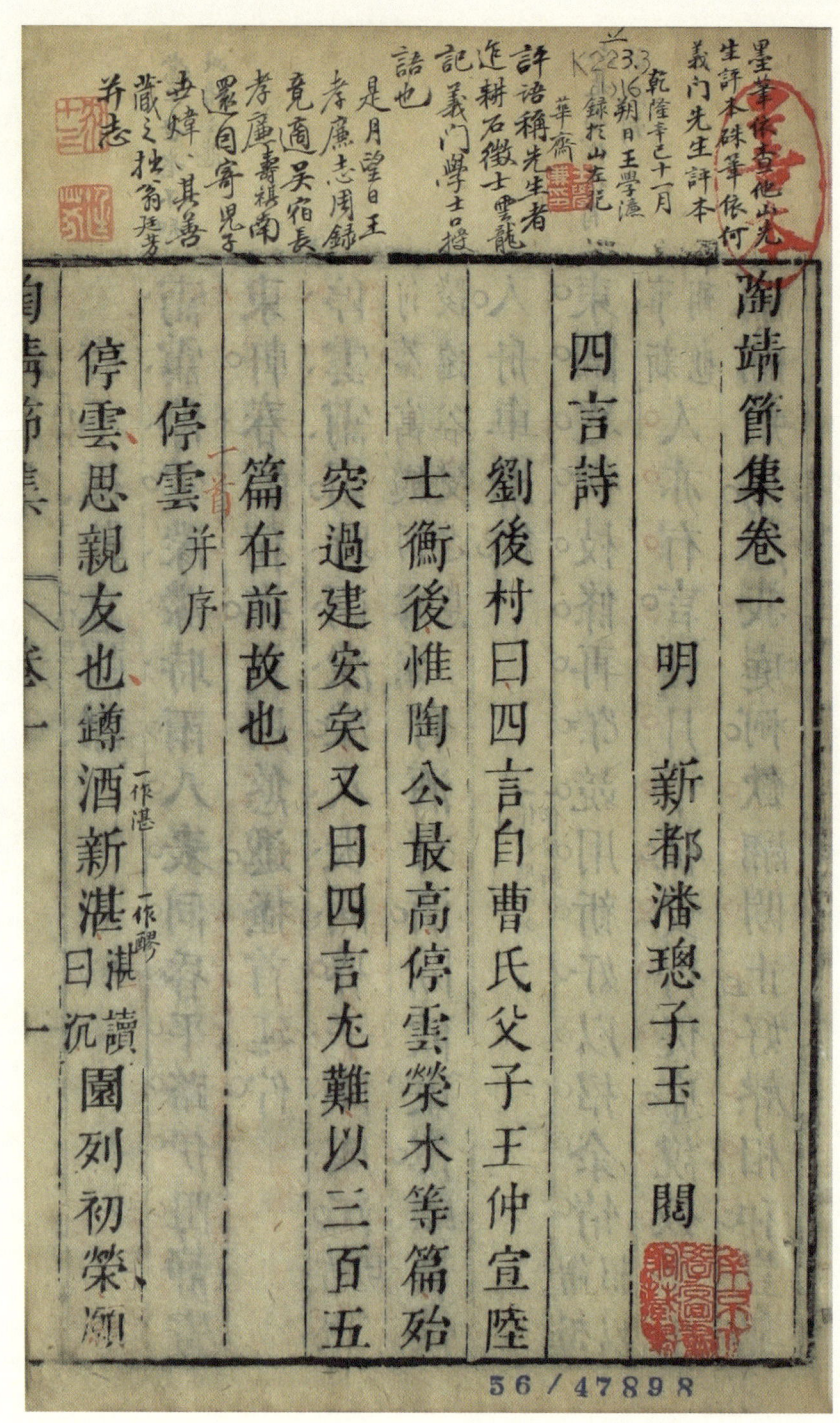

155 陶靖節集八卷
[晉]陶潛撰　明崇德堂刻本　一册

包背裝。匡高19.5釐米,廣14.3釐米。半葉九行,行十八字。白口,左右雙邊,單白魚尾。有沈廷芳、金衍宗、錢泰吉、金兆蕃等人跋語,王學濂錄查慎行、何焯批語。有"沈廷芳印""椒園父""沈十三""廷芳""王學濂印""金兆蕃印""兆蕃""錢孫"等印。

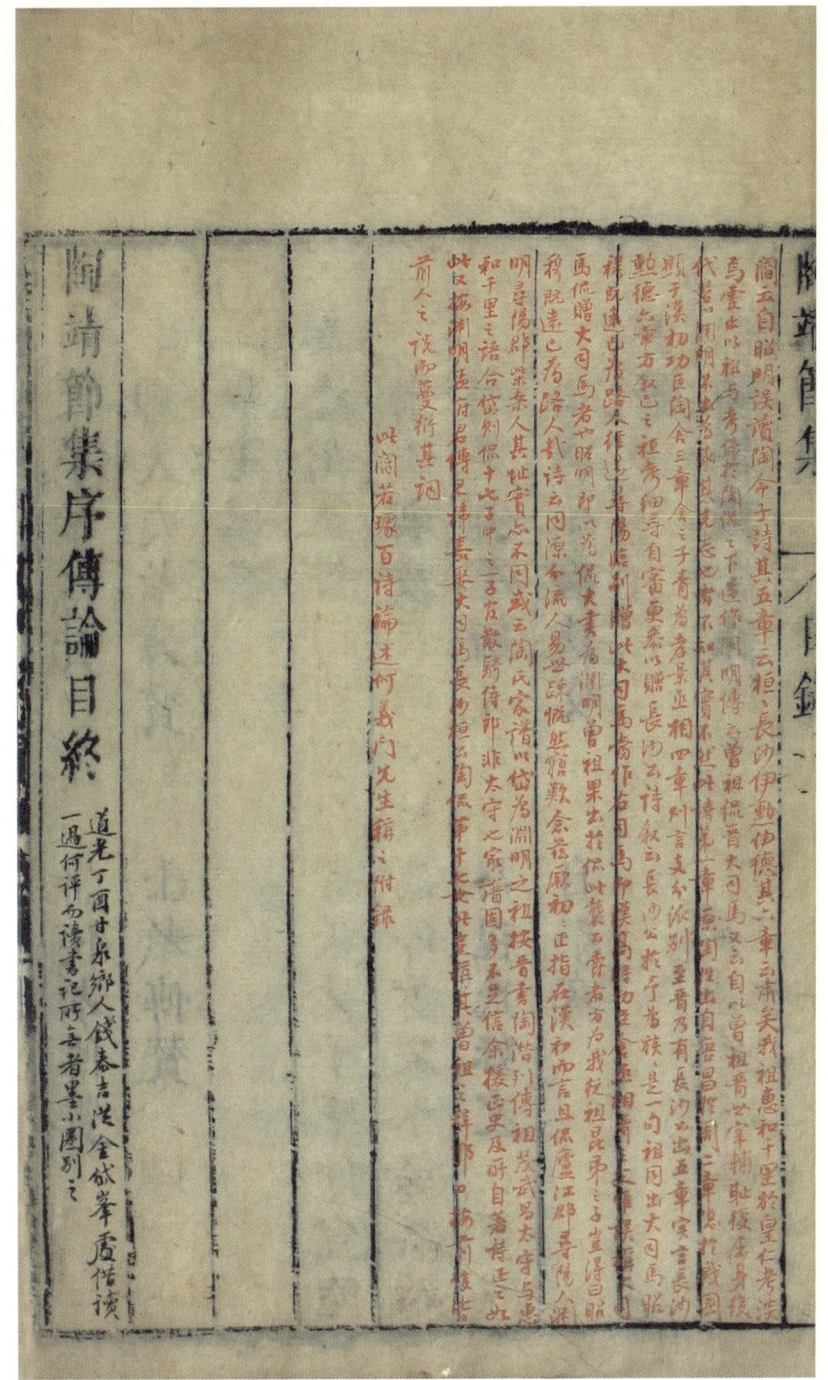

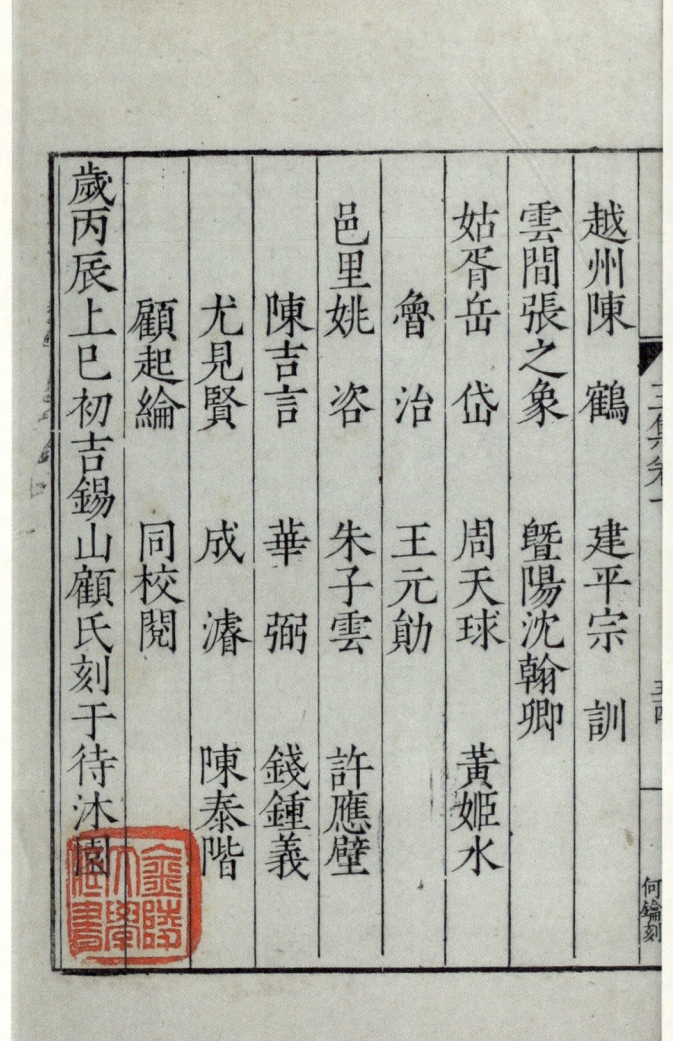

156 類箋唐王右丞詩集十卷首二卷

[唐]王維撰 [宋]劉辰翁評 [明]顧起經注 明嘉靖三十五年(1556)無錫顧氏奇字齋刻本 十二冊

匡高20.3釐米,廣15.3釐米。半葉九行,行十八字,小字雙行同。白口,左右雙邊,單黑魚尾。版心下方有刻工姓名。有"松陵莊氏珍藏圖書記"等印。

無錫顧氏奇字齋開局氏里

寫勘

吳應龍　沈恒俱長洲人　陸廷相無錫人

雕梓

應鍾金華人　章亨　李煥

袁宸　顧廉俱蘇州人　陳節武進人

陳汶江陰人　何瑞　何朝忠

王誥　何應元　何應亨

何鈿　何鑰　張邦本

歷朝諸家評王右丞詩畫鈔

明　勾吳　顧起經編輯

唐丹陽進士殷璠曰維詩辭秀調雅意新理愜在泉為珠着壁成繪一句一字皆出常境璠敘云粵若王維昌齡儲光羲等皆河嶽英靈也此集便以河嶽英靈為號

諫議大夫姚合纂極玄集自題云此皆詩家射鵰手也合於衆集中更選其極玄者庶免後來之非以王維為壓卷本丘為落第歸江東及觀獵是也

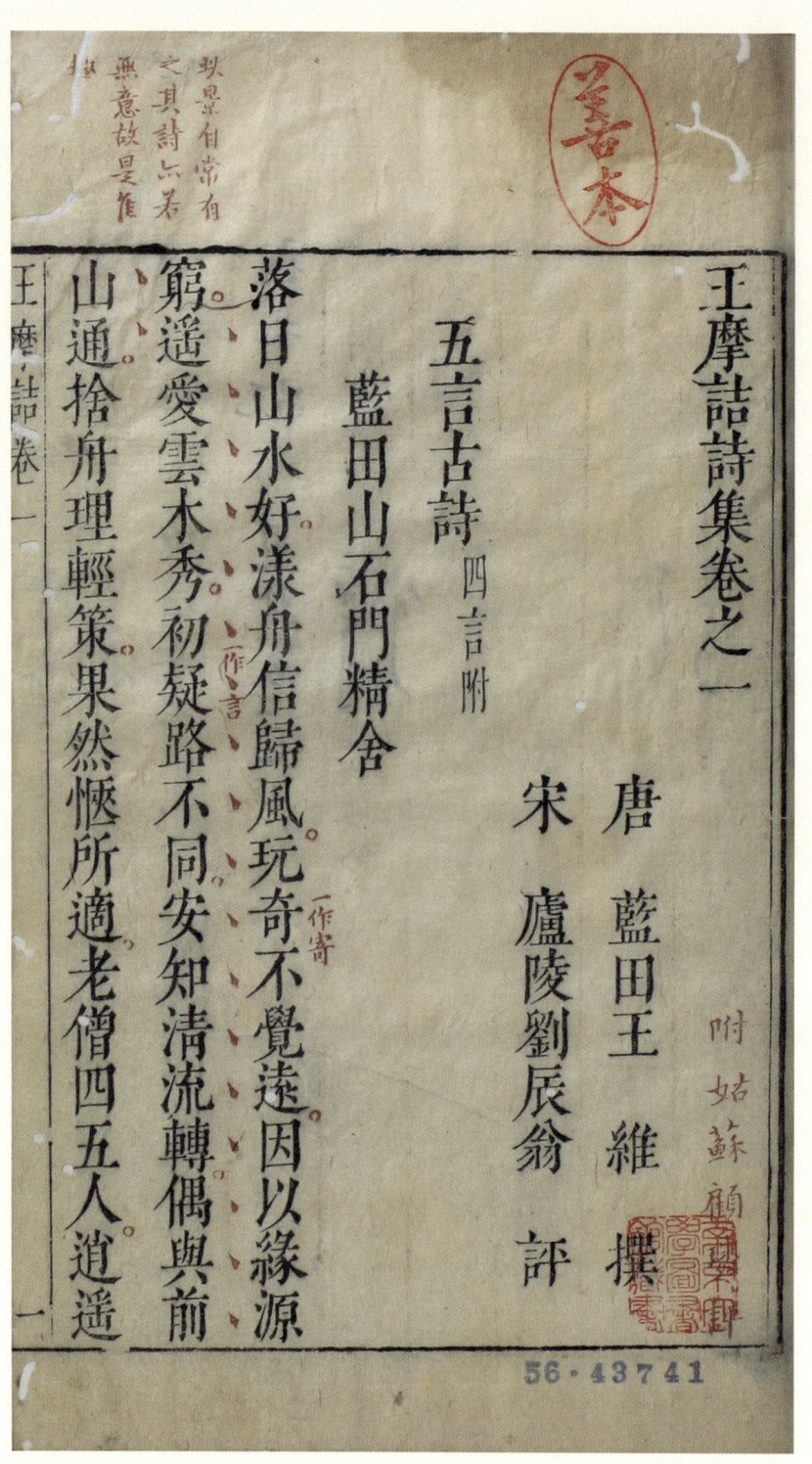

157　王摩詰詩集七卷孟東野詩集十卷孟浩然詩集二卷
[唐]王維、孟郊、孟浩然撰　[宋]劉辰翁等評　明朱墨套印本　十册

匡高20.7釐米，廣14.8釐米。半葉八行，行十九字。白口，左右雙邊，無魚尾。有"鄭士楷印"。

孟浩然詩集卷之上

唐　襄陽孟浩然　撰
宋　廬陵劉辰翁　評
明　北地李夢陽　參

五言古詩

宿業師山房待丁公不至

夕陽度西嶺　羣壑倏已暝　松月生夜涼　風泉滿清聽　樵人歸欲盡　煙鳥棲初定　之子期宿來　孤琴候

孟東野詩集卷一

唐　武康孟郊　撰
宋　天台國材　評

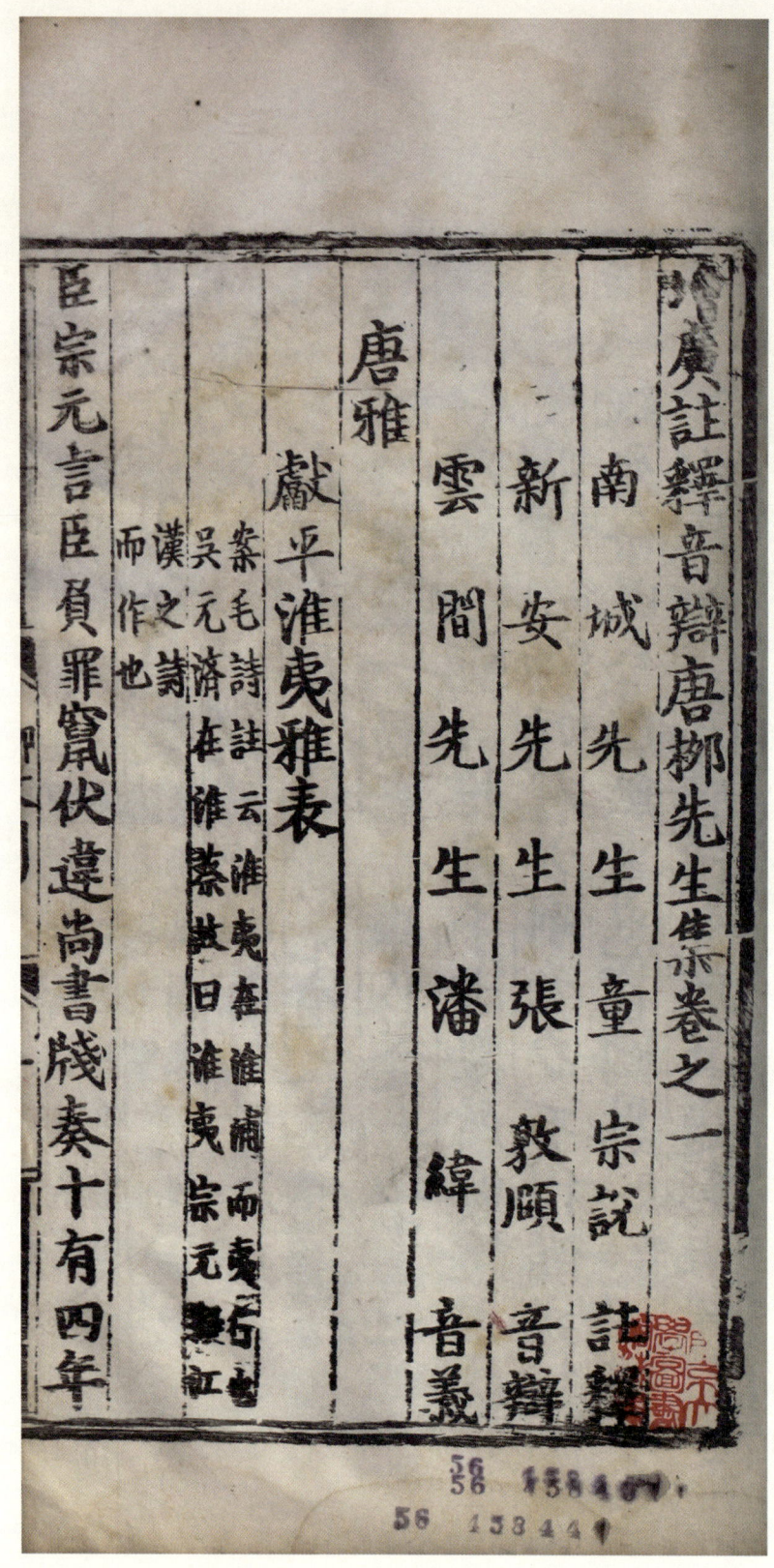

158　增廣註釋音辯唐柳先生集四十三卷外集二卷

[唐]柳宗元撰　[宋]童宗説註釋　[宋]張敦頤音辯　[宋]潘緯音義　明正統十三年(1448)善敬堂刻本　八冊

匡高22.4釐米，廣13.8釐米。半葉九行，行十八字，小字雙行同。黑口，四周雙邊，雙黑魚尾。有"正統戊辰善敬堂刊"牌記。

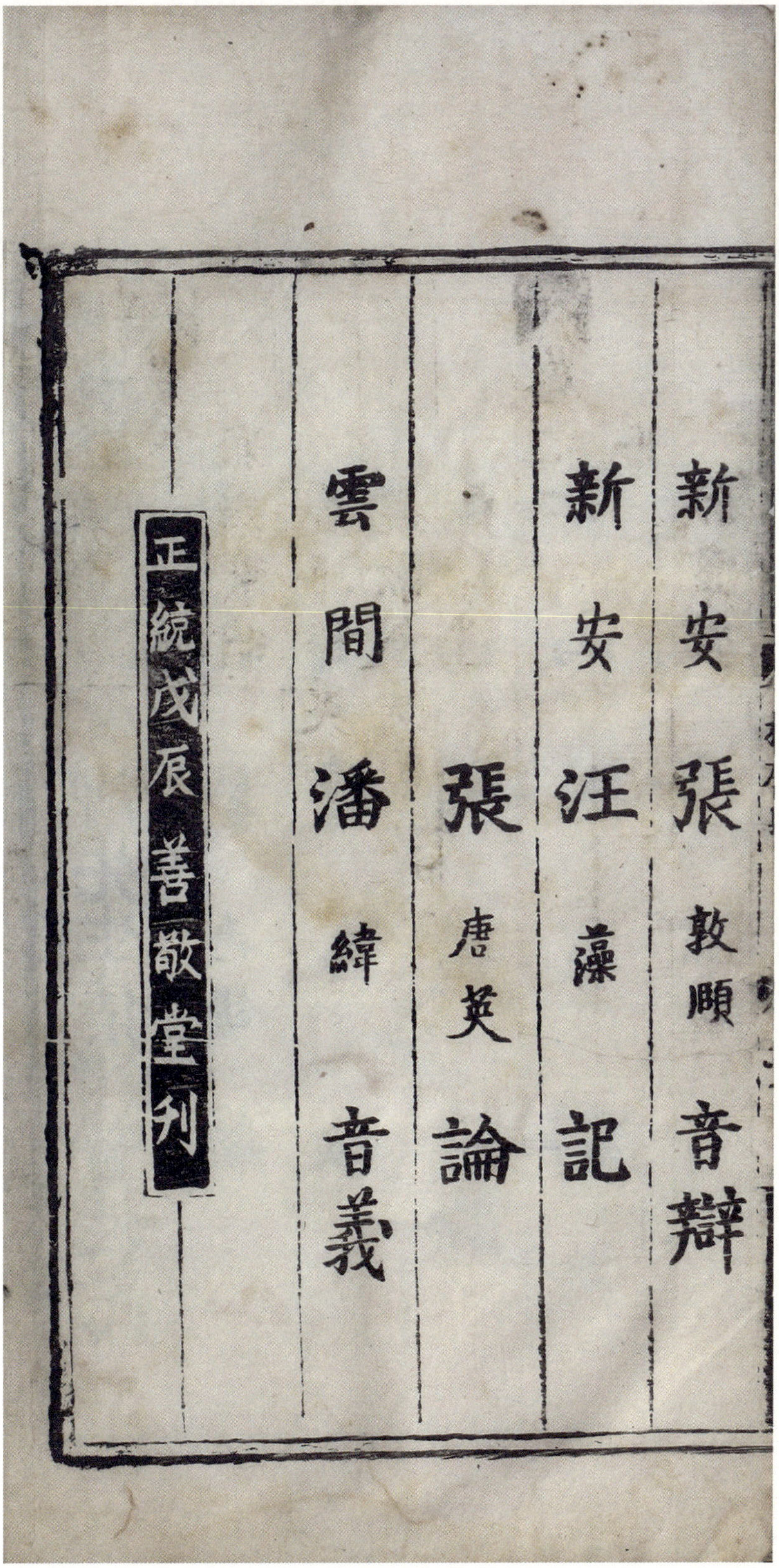

新安張敦頤音辯
新安汪藻記
張唐英論
雲間潘緯音義

正統戊辰善敬堂刊

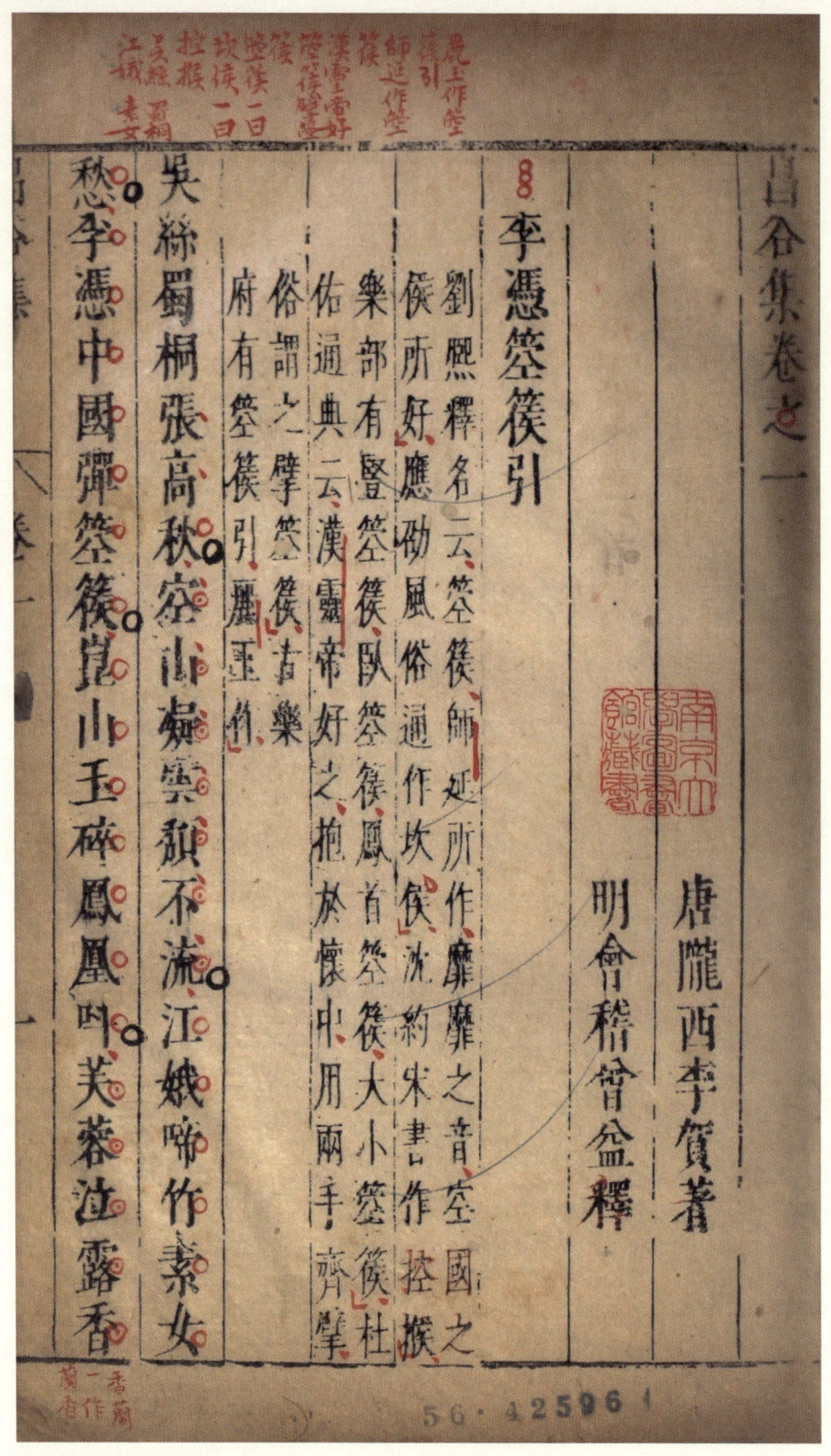

159　昌谷集四卷

[唐]李賀撰　[明]曾益釋　明末刻本　四册

匡高21.5釐米,廣14.8釐米。半葉九行,行二十字,小字雙行同。白口,四周單邊,單白魚尾。有邵鳴鸞批校並跋。

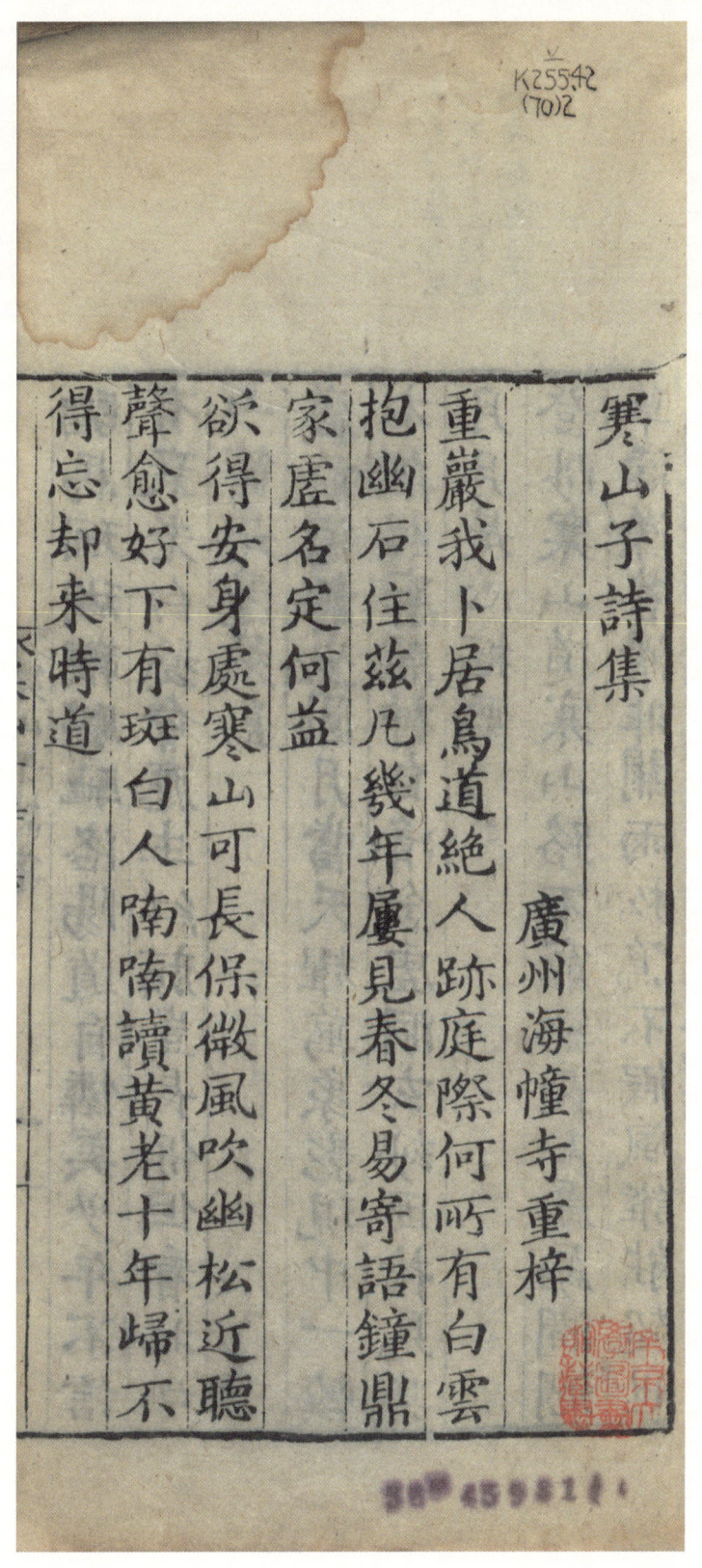

160 寒山子詩集不分卷

[唐]寒山撰 明廣州海幢寺刻本 一册

匡高 19.3 釐米,廣 12.3 釐米。半葉八行,行十七字。白口,四周單邊,單白魚尾。

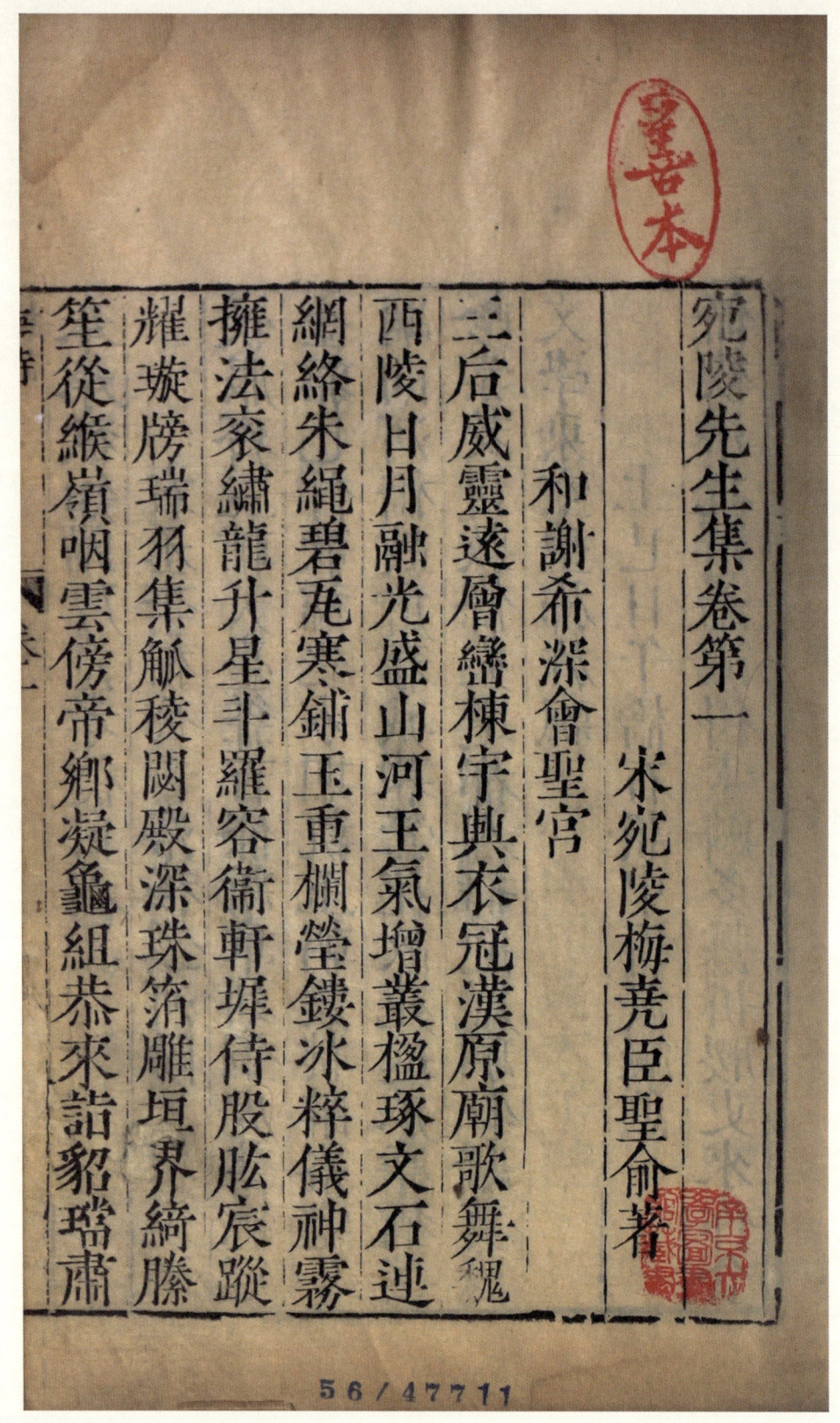

161 宛陵先生集六十卷拾遺一卷附錄一卷

[宋]梅堯臣撰 明萬曆刻清康熙二十六年(1687)梅枝鳳重修本 十二冊

匡高19.0釐米,廣14.4釐米。半葉九行,行十八字。白口,左右雙邊,單黑魚尾。凡補版葉皆在書口標"補"字。

震澤徐七来重
訂本其擬目与
此宋板定如下
首康熙壬午仲
夏高邨宋犖
敘
次歐陽脩敘畢
次本敘畢
次汪伯彥敘
次楊士奇敘
次宛陵先生文
集拾遺
次擬目
細檢首數与門之故肩
一題故首者徐本挑

梅宛陵先生全集總目新編

宋都官梅堯臣聖俞著　裔孫枝鳳重訂

卷一 西京詩五十九首 徐本五十六首
卷二 西京詩四十四首 徐本五十首
卷三 西京詩六十二首 徐本六十一首
卷四 池州詩上五十八首
卷五 池州詩十八首
卷六 池州詩下三十三首
卷七 汝州詩上二十首
卷八 汝州詩四十九首 徐本汝州後詩里三首汝州後詩又三首
卷九 湖州詩四十三首 徐本
卷十 湖州後詩六十三首
卷十一 湖州後詩十九首
卷十二 詩六十三首
卷十三 詩二十九首
卷十四 詩其十六首

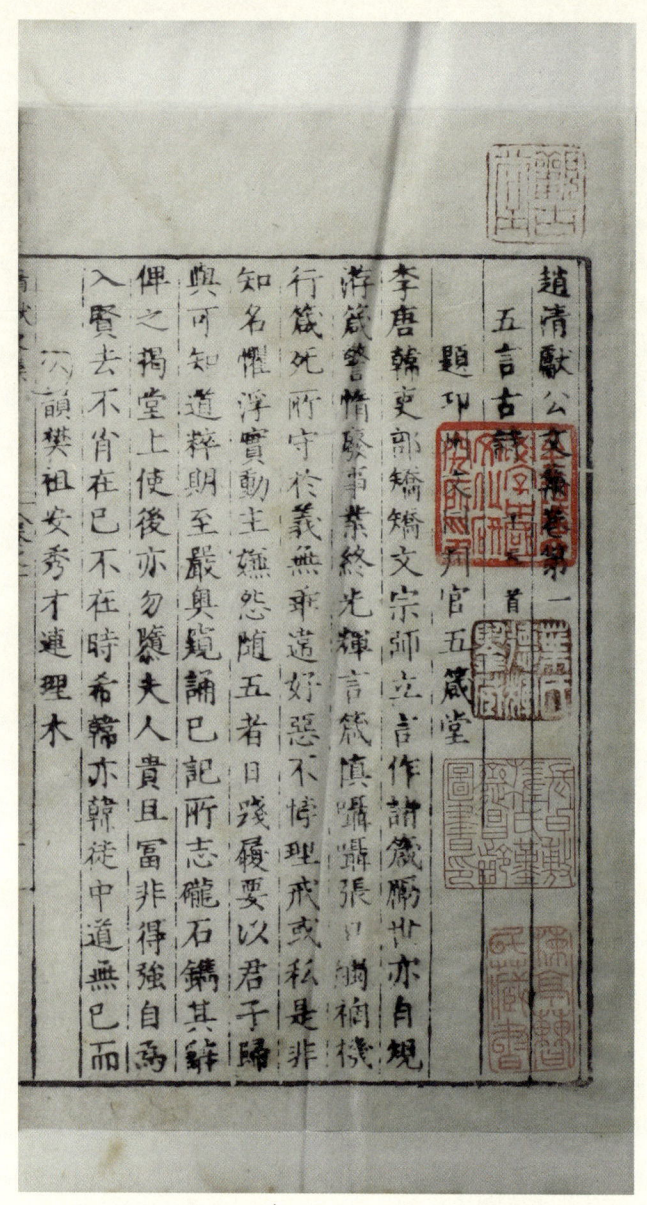

162 趙清獻公文集十卷
[宋]趙抃撰 明嘉靖四十一年(1562)浙江衢州西安縣刻本 八冊

匡高19.2釐米,廣13.6釐米。半葉十一行,行二十字。白口,左右雙邊,無魚尾。有"長白敷槎氏堇齋昌齡圖書印""楝亭曹氏藏書""觀古堂""葉氏德輝鑒藏"等印。

重刻清獻文集序

三衢靈奧有爛柯紫微九
利奇特萬狀有浮石砥瀾縠波東淛蕩漾
乾坤流而不息粹凝哲胄僑寓固
足爲山川之光挺生其間如趙清獻公史
氏稱其兄所爲必質諸天存誠之學密矣
巖嘉靖巳未子承乏來守鄹則取公之文
集而誦其詩沖淡如陶而蕪李之豪瀋

咸融納馬慶長馬二匹道塗日益宣傳事連差除顯
見情弊朝廷尚未窮劾邢典當宜寬弛伏望陛下特
賜聖旨先且罷兒德用重任出自宸斷慎選賢正有
德望臣僚兒樞密使俾中外取重夷狄畏威然後正
咸融慶長等之罪示法行不私也

浙江衢州府西安縣　　校刊

趙清獻公文集卷第七終

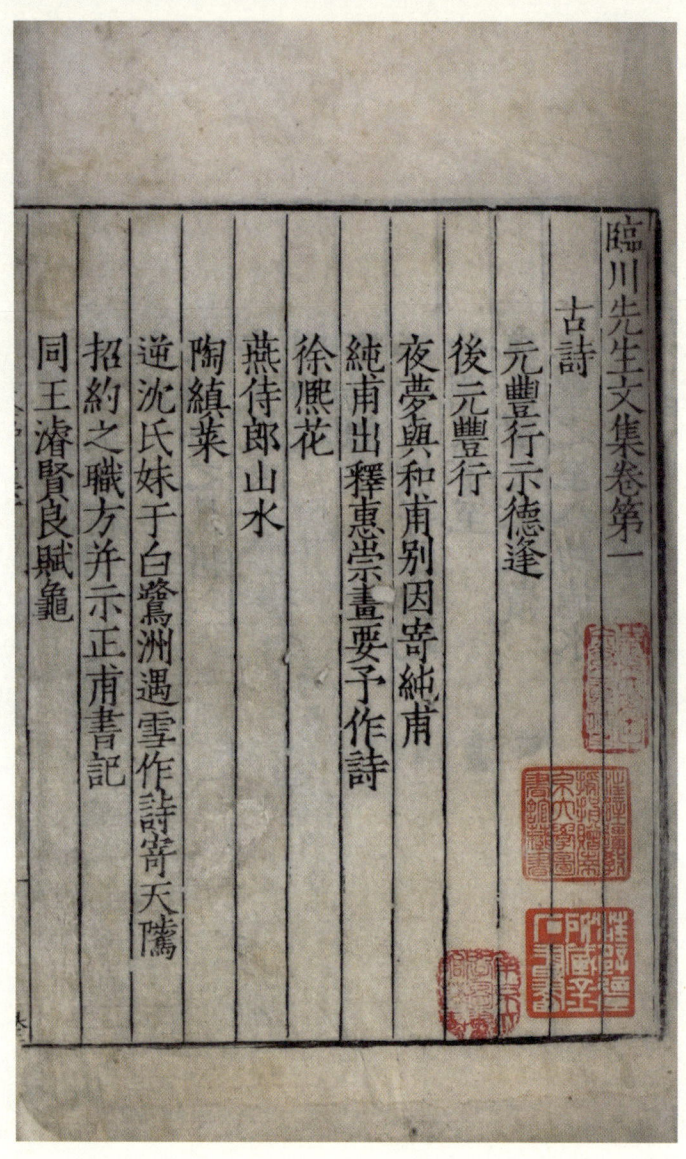

163 臨川先生文集一百卷
[宋]王安石撰 明嘉靖刻本 十六册

匡高 20.0 釐米，廣 16.0 釐米。半葉十二行，行二十字。白口，左右雙邊，單魚尾（黑白兼有）。書前有黃節題記。有"汪辟疆所藏金石書畫"等印。

庚申春晦聞拄廠肆購得此書庚巳聞文祇得三十八卷適余
於仁和王氏獲觀全集有李滄葦攷藏印款題為元覆宋本與此正同
而此本上下四角紙廢視王本加寬因借王本示晦聞據原序卷數雖
峻然臨川詩詞諸贊有韻之文俱備殊可貴也爰為記之易憲
魏丛示于仁和王氏藏本臨川集為李滄葦舊物見黃羹
翁手錄滄葦書目中標為元板者与此本行數字數書體整
壞版頁寬狹無一不同常熟瞿氏書目有宋刊臨川集每半葉
十二行二十字則必与此本同惟程字此本不作淵聖御名當非
瞿本然莫氏郘亭知見傳本書目有宋紹興十年詹太和校
定重刊本宋刊元印每葉廿二行二十字視此本敘文及行數字
數又与之同然則李氏定為元覆宋本而莫氏定為宋刊元印
者實同一本跆往元時修板將宋代廟諱易去故李氏定為
元覆宋本耳此本當為元修宋本即詹太和重刊之本而瞿氏
藏本或即未修之本歟庚申四月十一日黃節記

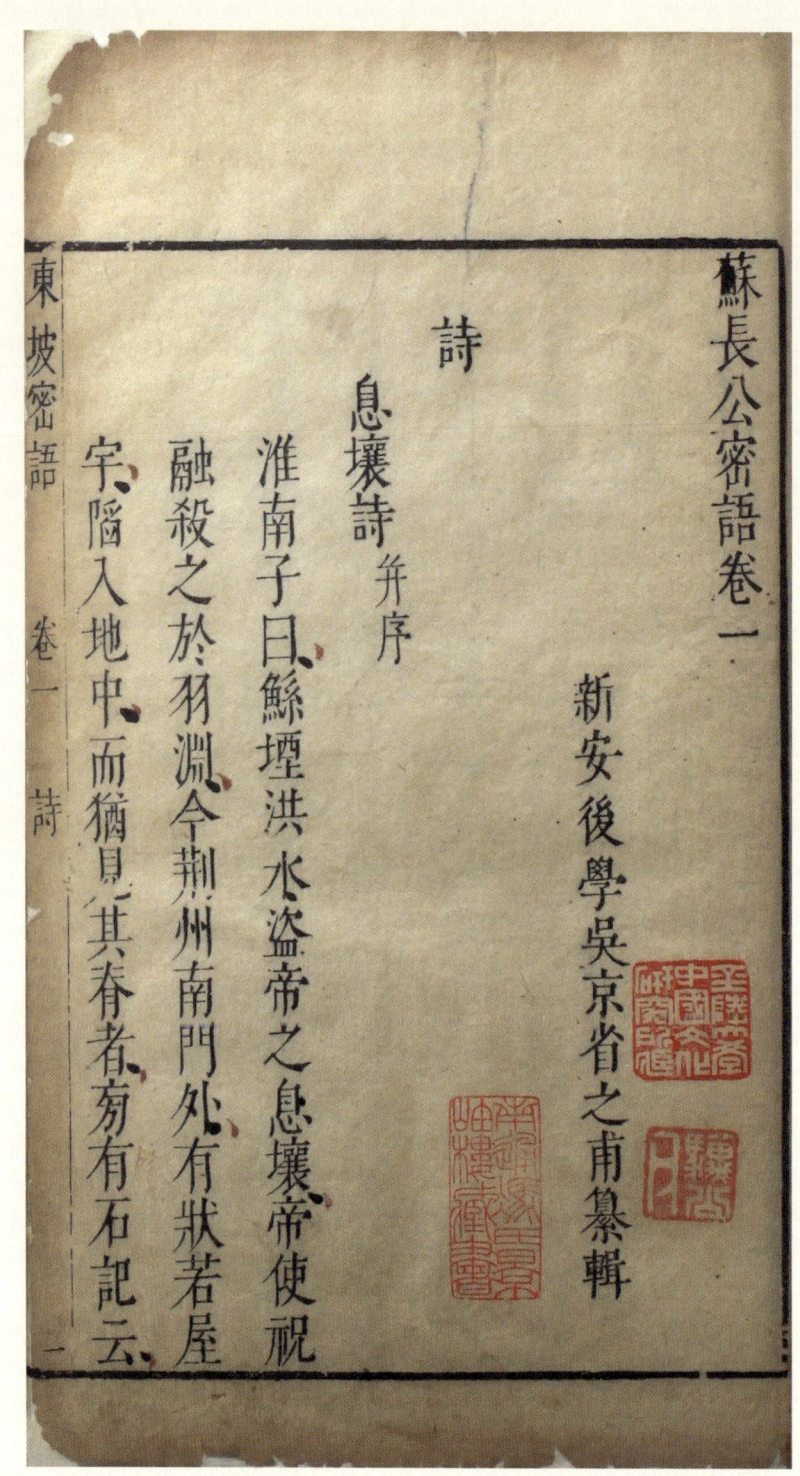

164　蘇長公密語十六卷
[宋]蘇軾撰　明天啓四年(1624)朱墨套印本　六册

匡高20.8釐米，廣14.3釐米。半葉八行，行十九字。白口，四周單邊，無魚尾。有"馮雄之印""驥公印""南通馮氏景岫樓藏書"等印。

蘇子瞻自評文

吾文如萬斛泉源不擇地皆可出在平地滔滔汨汨雖一日千里無難及其與山石曲折隨物賦形而不可知也所可知者常行於所當行常止於不可不止如是而巳矣其它雖吾亦不能知也

上聖俞許得失寸心知

魏文帝云文之美惡吾自知之莊生方術篇自序極肯從來存長公者能勝其自評吾

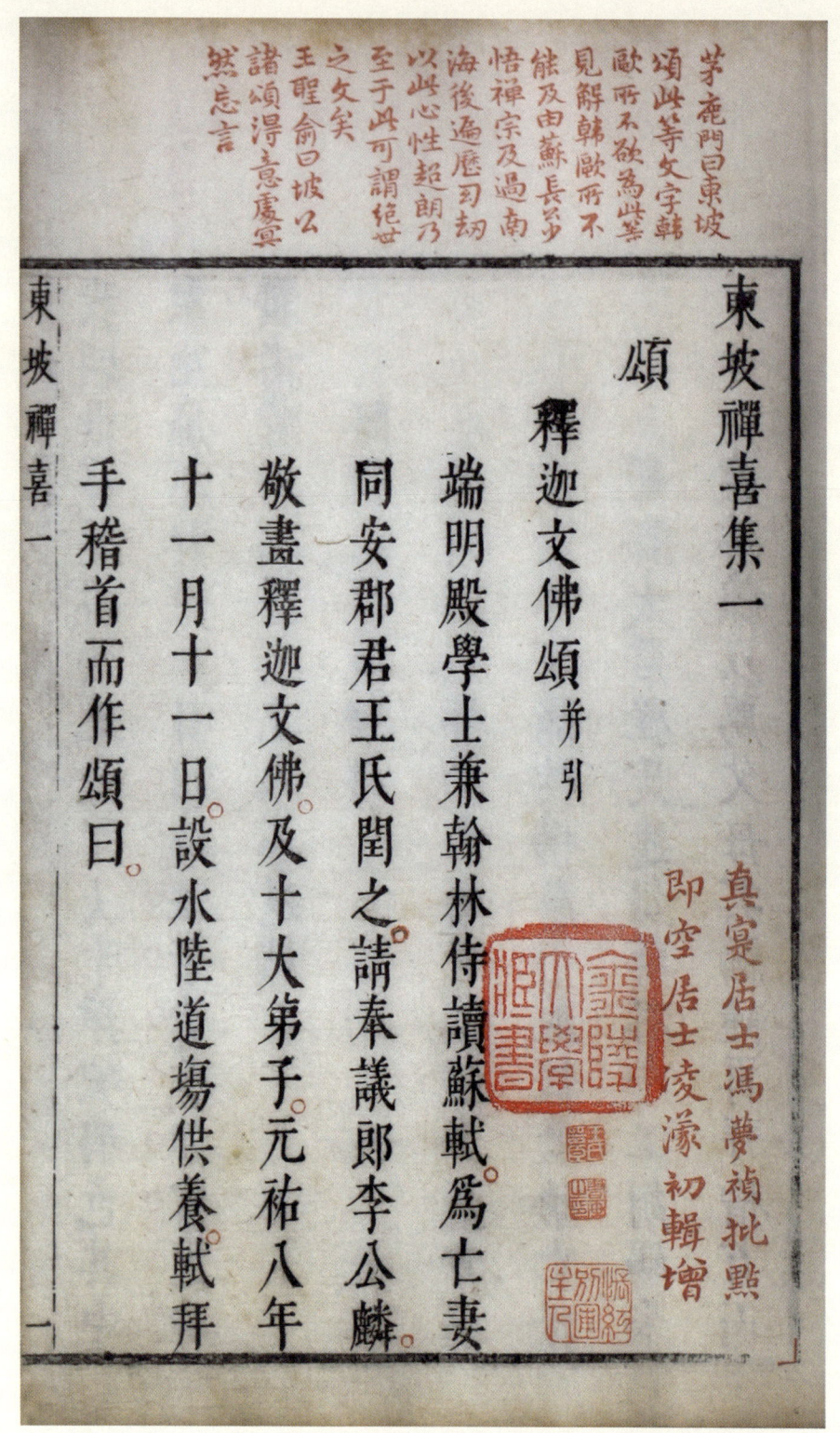

165 東坡禪喜集十四卷

[宋]蘇軾撰 明天啟元年(1621)吳興凌濛初朱墨套印本 六冊

匡高20.6釐米,廣14.8釐米。半葉九行,行十八字。白口,四周單邊,無魚尾。有"宗羲王家藏""悵紅別圃主人""王氏晉臣""書畫之印""宗羲王氏珍藏"等印。

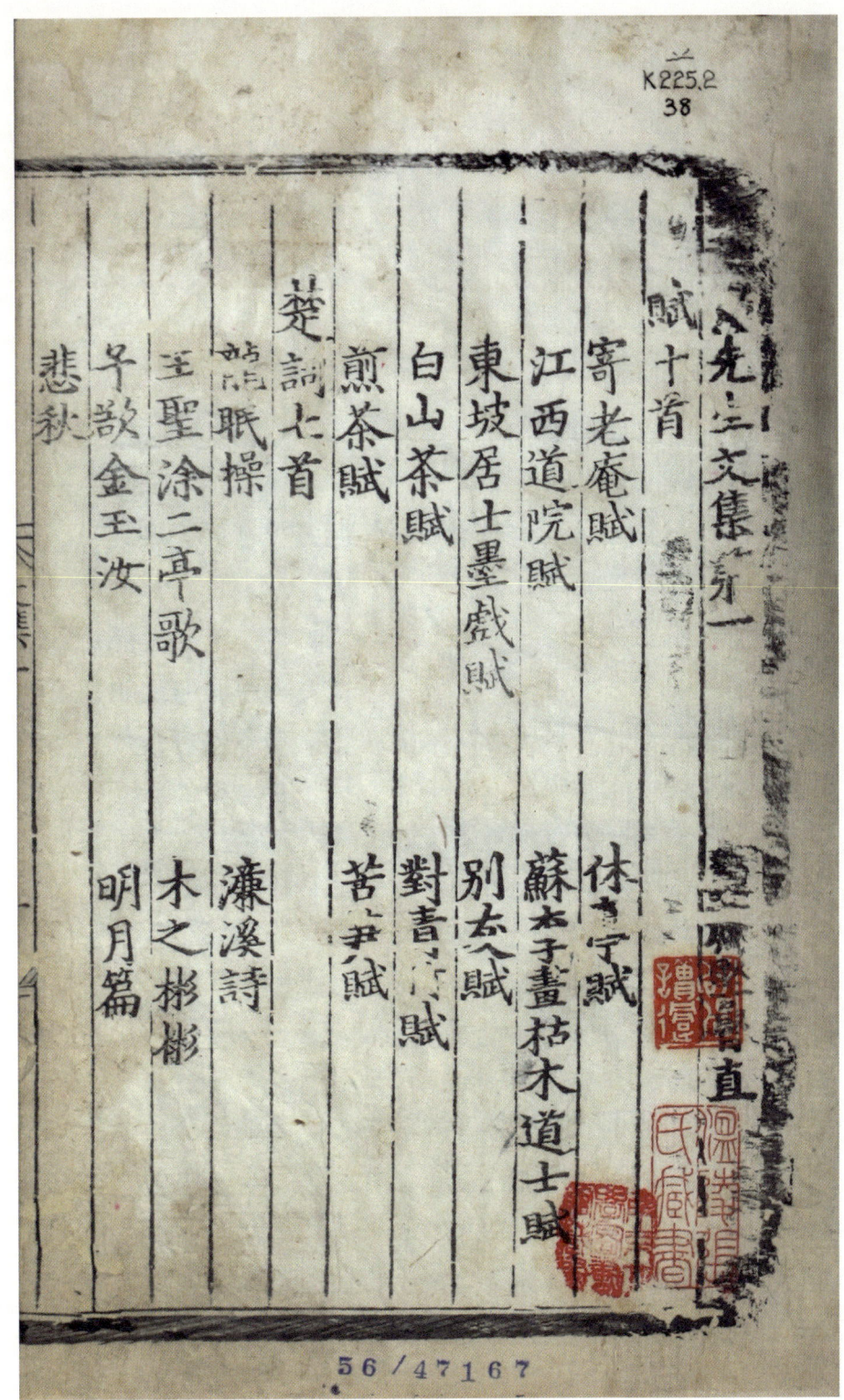

166 豫章黃先生文集三十卷別集二十卷外集十四卷簡尺二卷詞一卷年譜三十卷伐檀集二卷

[宋]黃庭堅撰 明弘治葉天爵刻嘉靖六年(1527)喬遷、余載仕重修本 三十二冊

匡高23.3釐米，廣15.7釐米。半葉十二行，行二十二字。白口，四周雙邊，單白魚尾。前有鄧邦述跋。有"羣碧樓""百靖齋""嘉靖刻本""九峰舊廬珍藏書畫之記""綏珊六十以後所得書畫""梁小芸珍藏""長沙梁氏小芸藏書""鞠園藏書""溫陵張氏藏書""汪辟疆所藏金石書畫""汪辟疆教授捐贈南京大學圖書館藏書""辟疆讀過"等印。

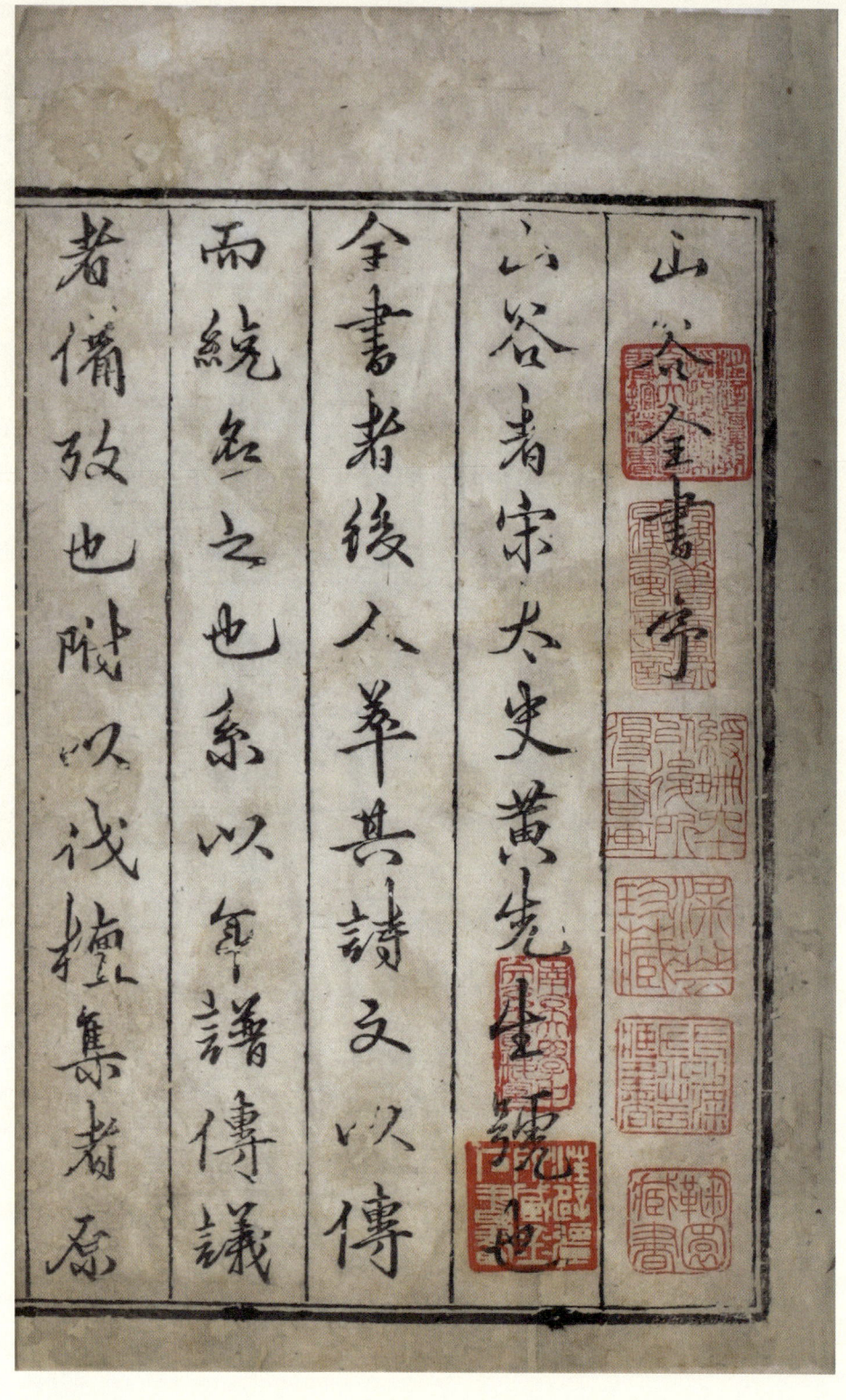

山谷者宋太史黃先生魯也
全書者後人萃其詩文以傳
而統名之也系以年譜傳議
者備故也附以筏椽集者原

山谷集明時刻本莫若此刊為全凡為文集三十卷別集二十卷外集十四卷簡尺二卷詞一卷年譜三十卷附伐檀集二卷其外集之後四卷皆山谷晚年刪去之詩囙刻玉者搜羅付刊而不忍割棄其表章之意切矣為遷在嘉靖時刻予甚古茇足以亂前代楮葉故徐岱序丙戌上巳被剡玄吾竊歎坊賈作偽亦自有識別也

乙丑清明春寒初霽玉嵒檢記

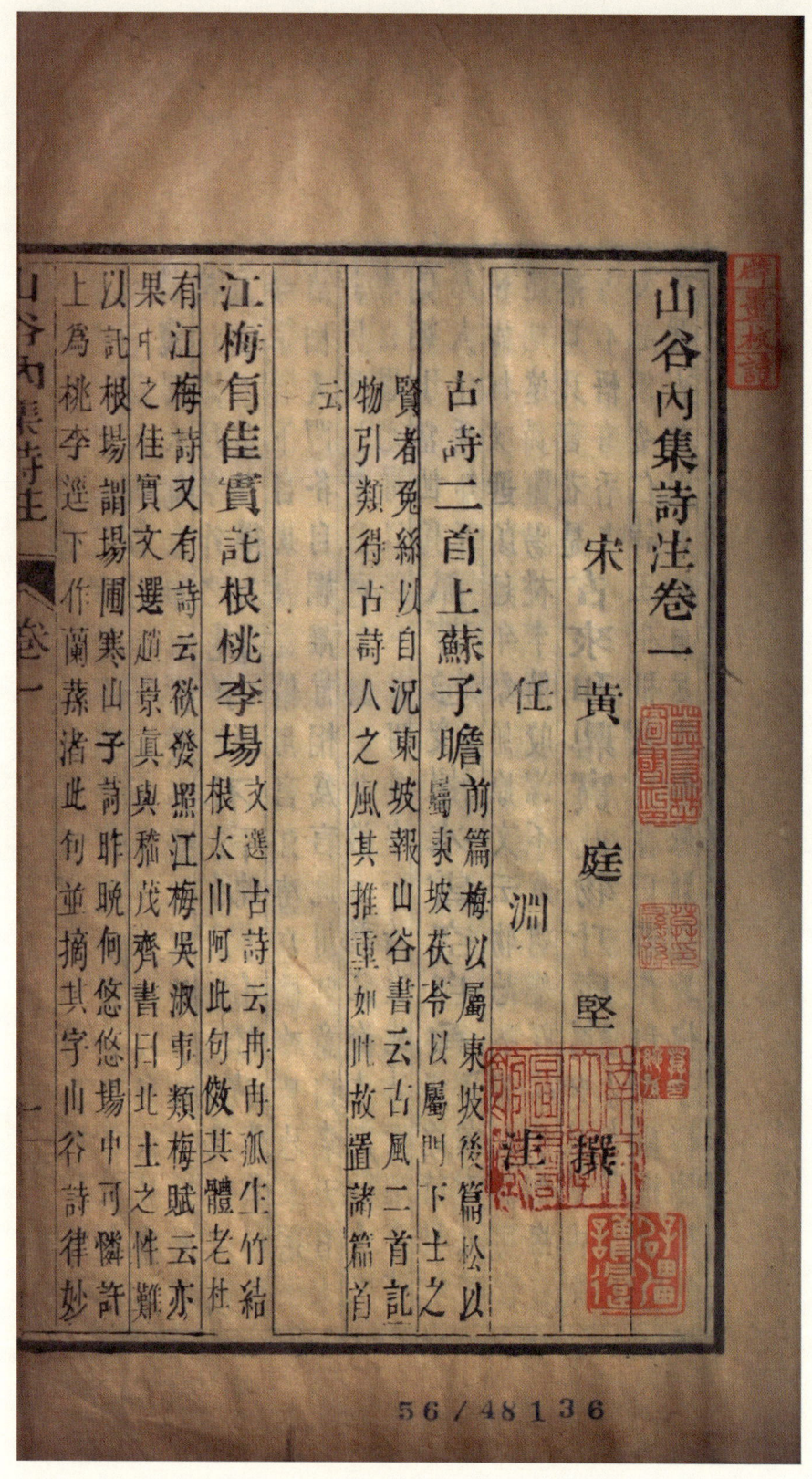

167　山谷內集詩注二十卷外集詩注十七卷別集詩注二卷
[宋]黃庭堅撰　[宋]任淵等注　清乾隆武英殿聚珍版叢書本　十册

匡高19.2釐米，廣12.8釐米。半葉九行，行廿一字，小字雙行同。白口，四周雙邊，單黑魚尾。有"辟彊讀過""辟彊校讀""莫友芝圖書印""莫彝孫印"等印。

山谷詩注目錄

內集二十卷原序目
外集十七卷原序目列前
別集二卷原跋附後
　　列前

臣等謹案山谷詩內集注二十卷外集注十七卷別集注二卷宋任淵史容史季溫所注黃庭堅詩也任淵所注者內集史容所注者外集其別集注則容之孫季溫所補內集一稱正集其又稱前集者蓋內集編次成書在外集前故注家相承謂為

武英殿聚珍版

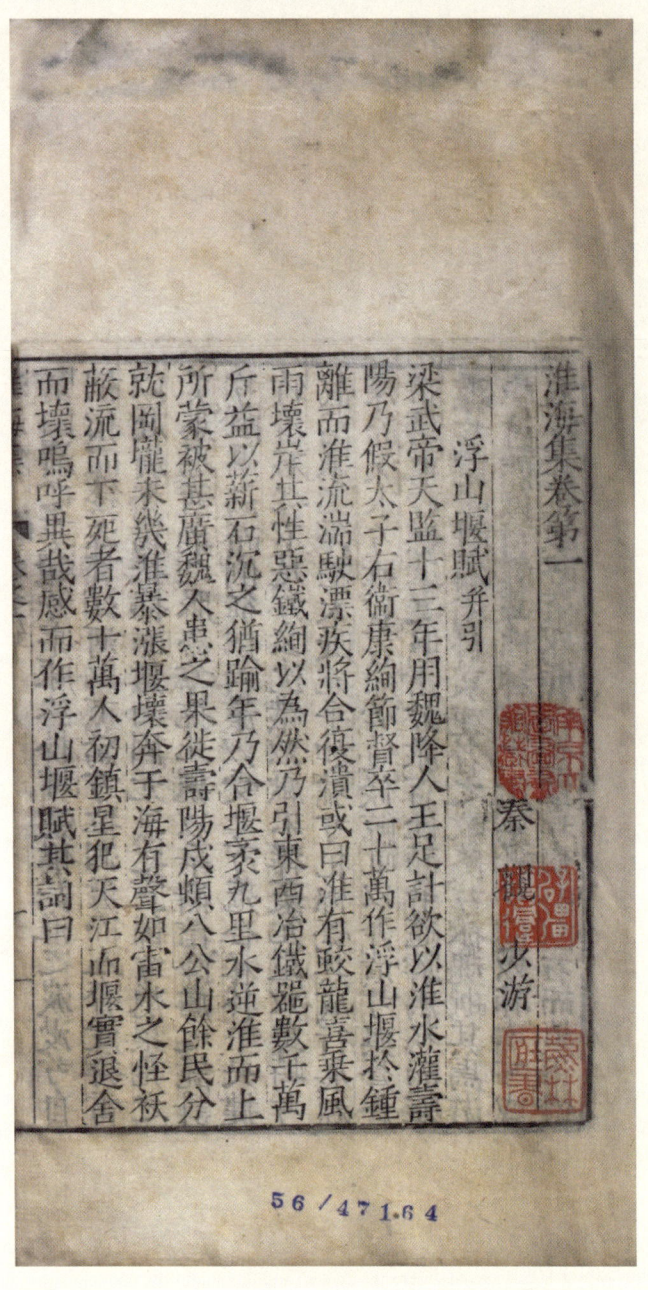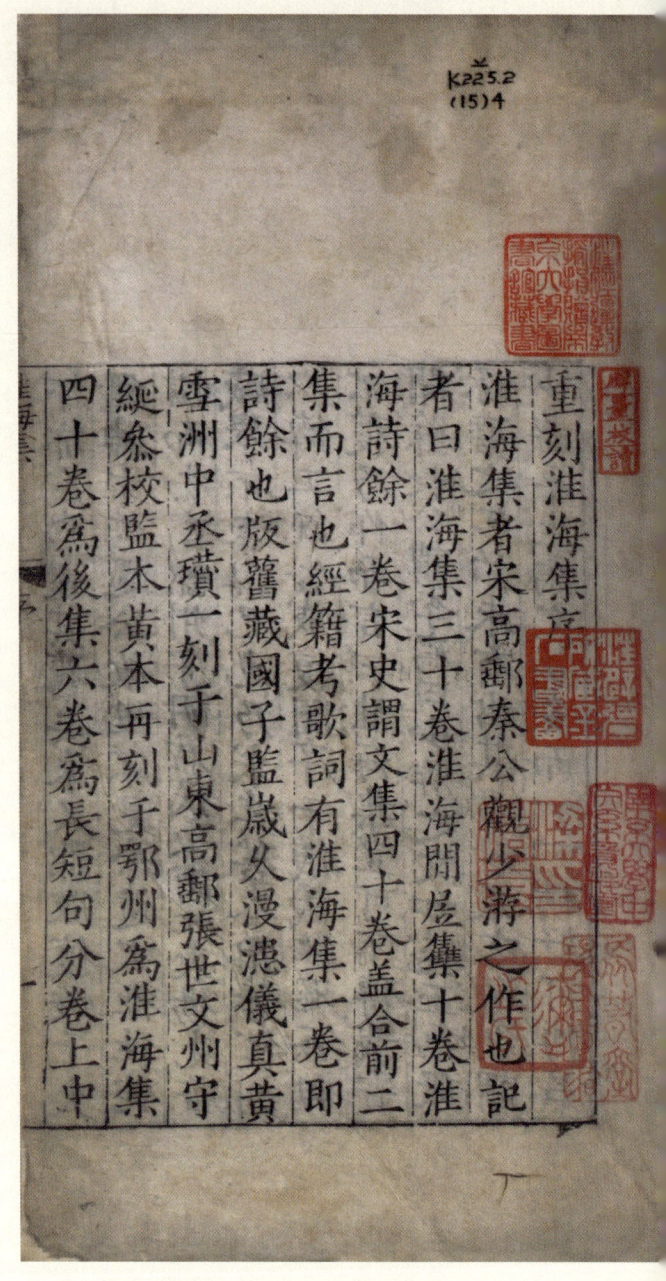

168　淮海集四十卷後集六卷長短句三卷
[宋]秦觀撰　明嘉靖二十四年(1545)胡民表刻本　五冊

匡高17.2釐米，廣13.2釐米。半葉十二行，行二十一字。白口，四周單邊，單黑魚尾。內夾沈復燦題識一紙。有"梁清遠印""蕉林藏書""楊瑄之印""汪辟疆""辟疆校讀""汪辟疆所藏金石書畫"等印。

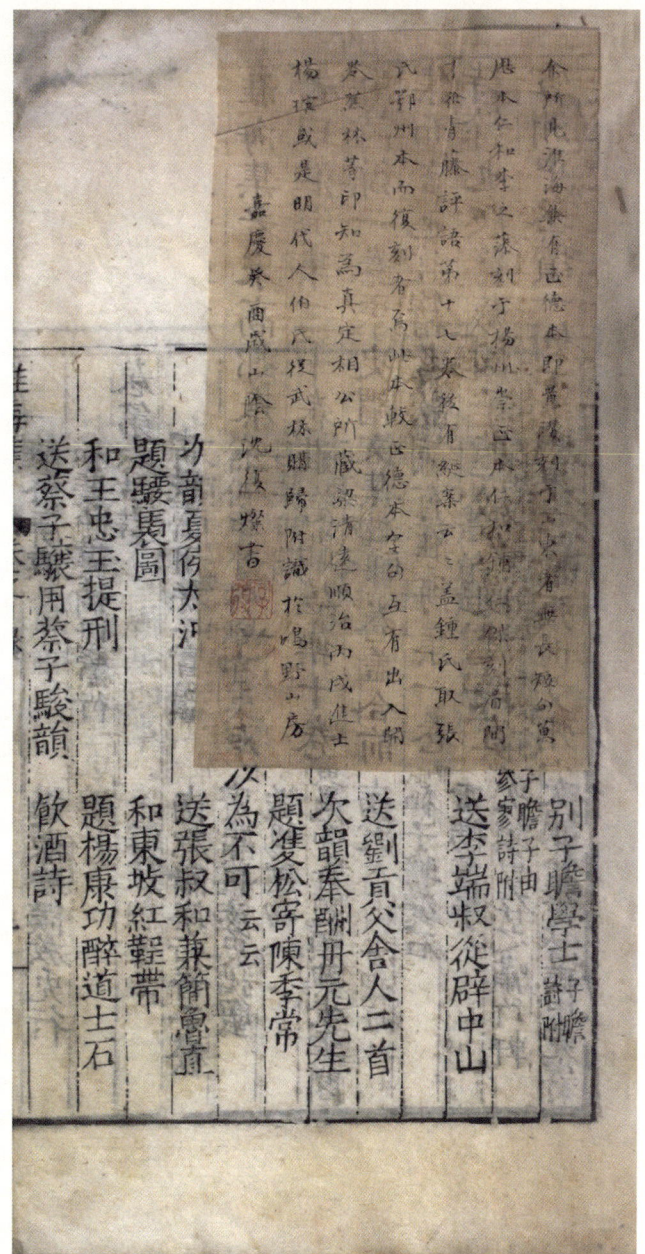

淮海集目錄

卷第一

浮山堰賦并引
寄老菴賦
歎二鶴賦
和淵明歸去來辭

卷第二 古詩

泊吳興西觀音院
送周裕之赴新息令
送僧歸遂州
觀易元吉獐猿圖歌

黃樓賦 子瞻詩附
湯泉賦 子瞻跋尾
郭子儀單騎見虜賦

三老堂
寄魯逢原
司馬遷
夜坐懷華老司諫

秦觀 少游

別子瞻學士 子瞻詩附
送李端叔從辟中山
送劉貢父舍人二首
次韻奉酬丹元先生
題雙松寄陳季常
和東坡紅鞓帶
題楊康功醉道士石
送蔡子驥用榮子駿韻
飲酒詩
和王忠玉提刑
題驄馬圖
為前輩傷大河

169 淵穎吳先生集十二卷附録一卷
[元]吳萊撰 明嘉靖元年(1522)祝鑾刻本 四册

匡高18.0釐米,廣12.9釐米。半葉十一行,行二十二字。白口,左右雙邊,單黑魚尾。版心下有刻工。有"月查藏書""陽湖陶氏涉園所有書籍之記"等印。

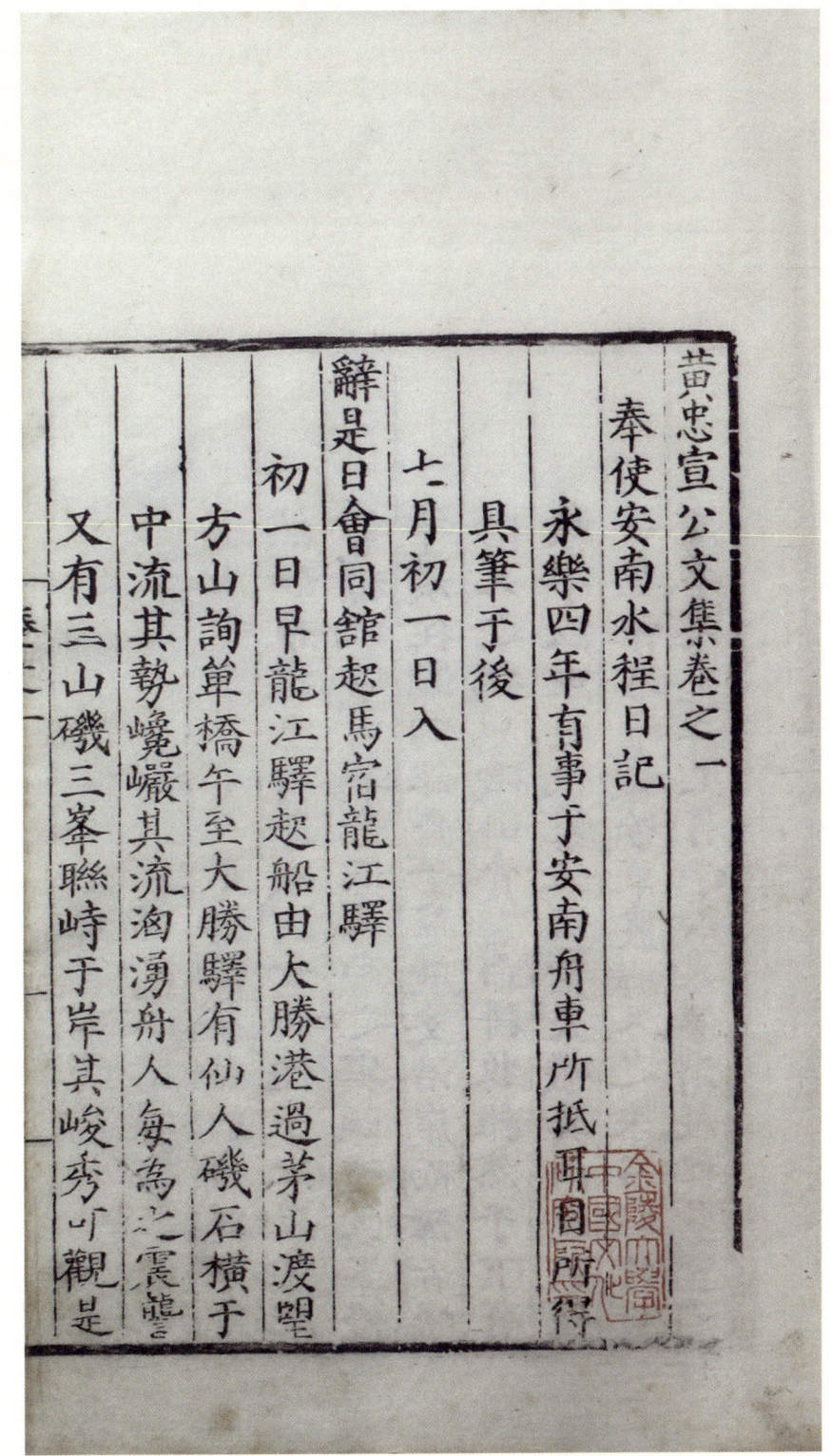

170 黃忠宣公文集十三卷別集六卷

[明]黃福撰 [明]馮時雍編校 明嘉靖萊陽令左思忠刻本 十册

匡高19.6釐米，廣14.1釐米。半葉十行，行二十字。白口，四周單邊，無魚尾。有"臨桂粟氏藏書""薛志澤"等印。

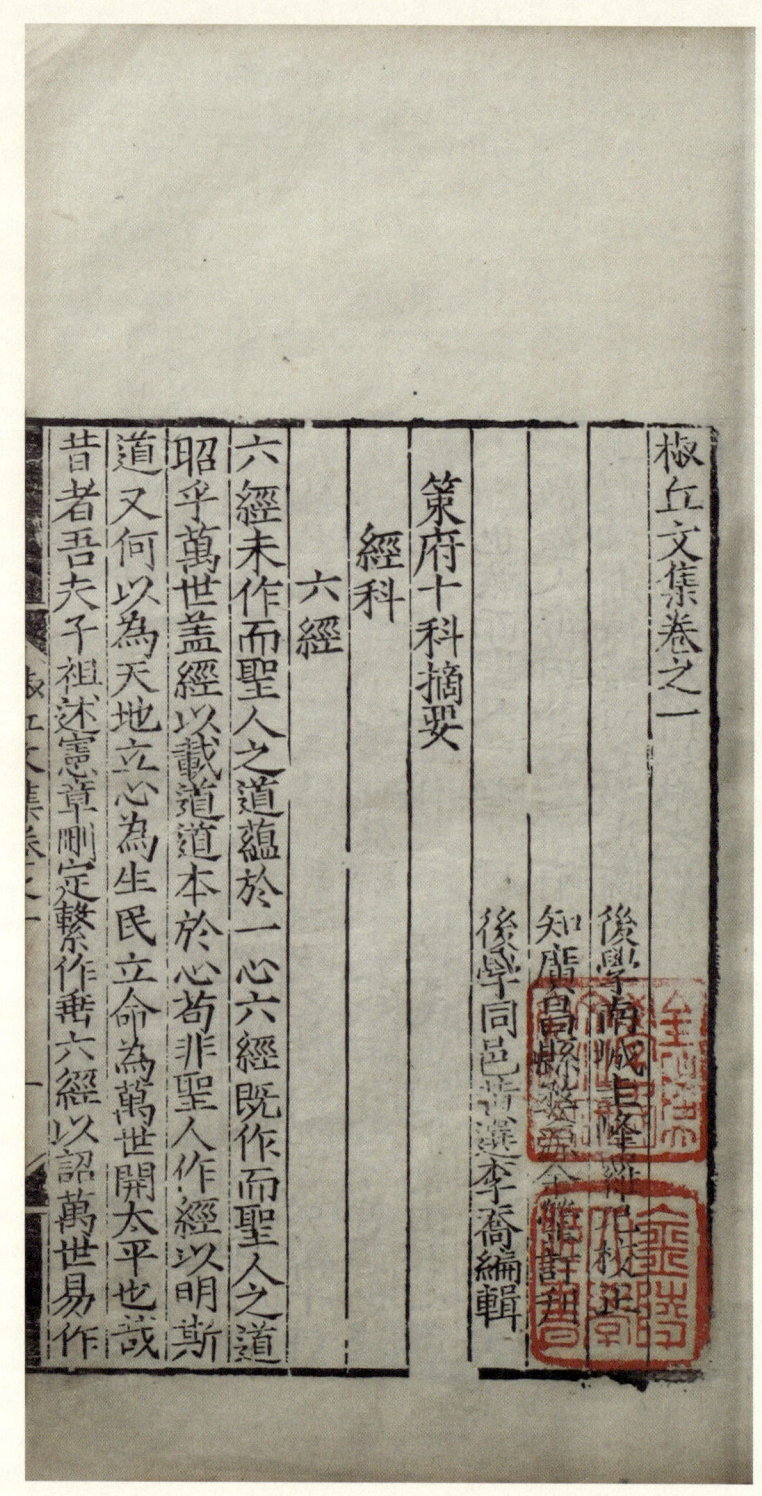

171　椒丘文集三十四卷外集一卷

[明]何喬新撰　明嘉靖元年(1522)婺源余瑩刻本　八册

匡高17.2釐米，廣12.8釐米。半葉十一行，行二十二字。粗黑口，四周單邊，雙黑魚尾。有"真州吴氏有福讀書堂藏書"等印。

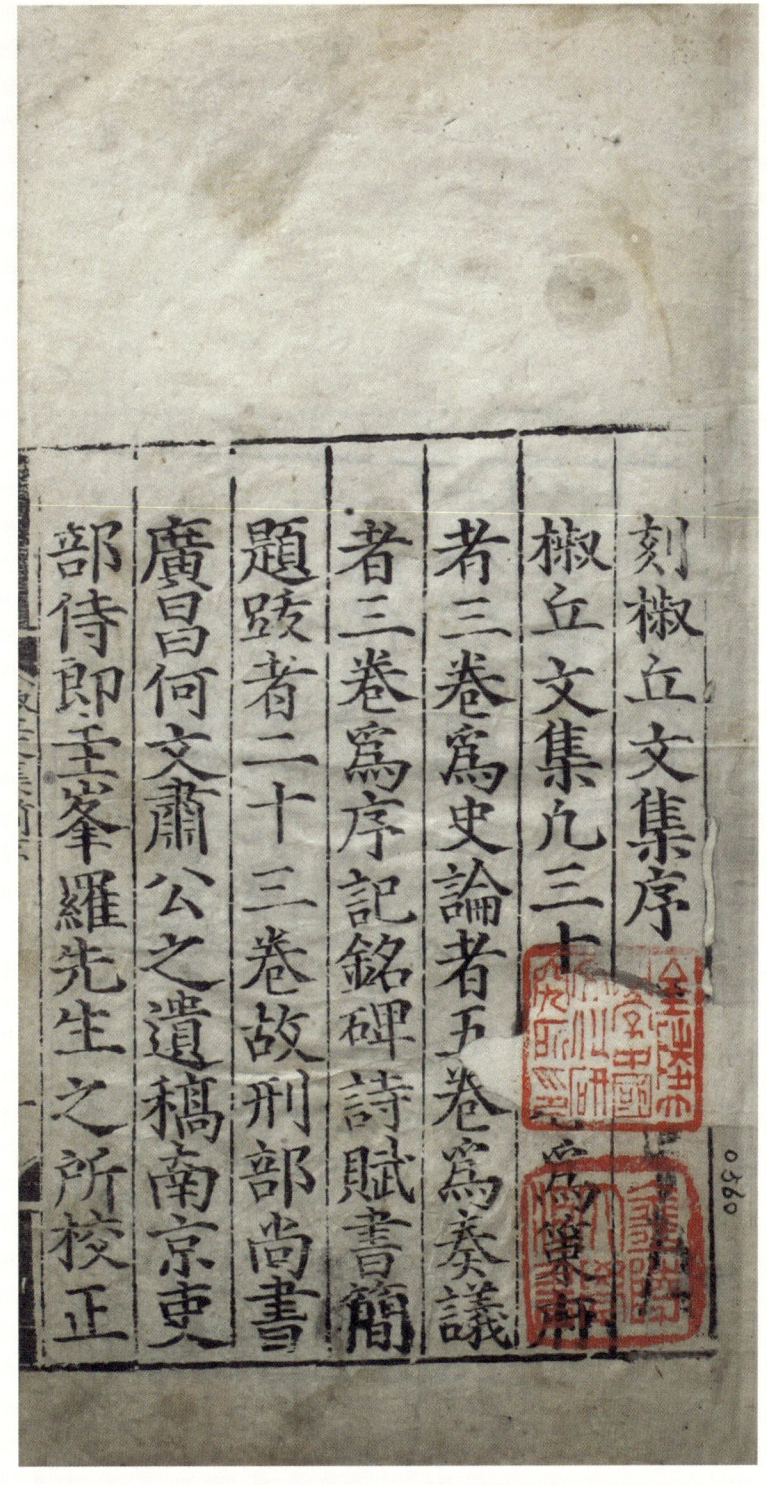

刻橄丘文集序

橄丘文集九三十

者三卷寫史論者五卷寫奏議

者三卷寫序記銘碑詩賦書簡

題跋者二十三卷故刑部尚書

廣昌何文肅公之遺稿南京吏

部侍郎壬峯羅先生之所校正

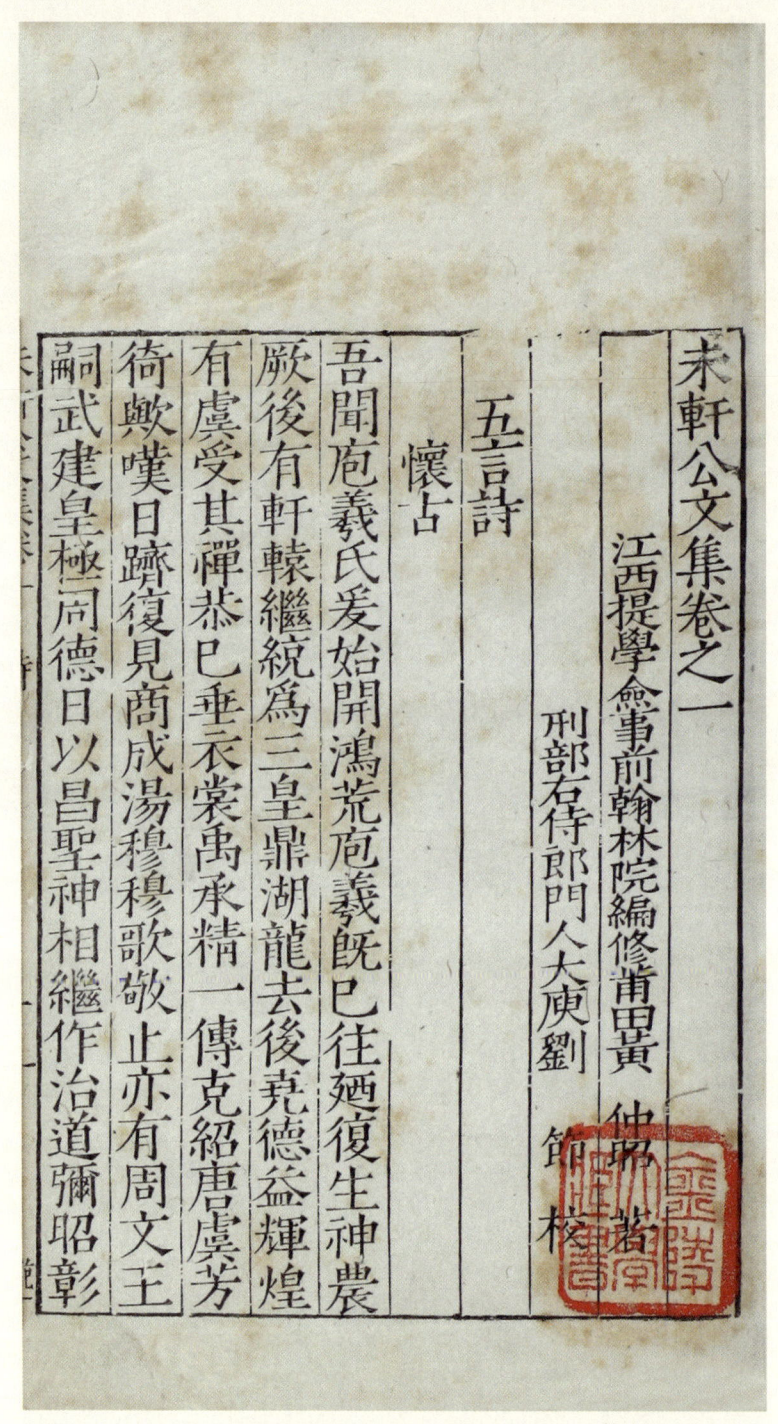

172 未軒公文集十二卷

[明]黄仲昭撰 明嘉靖三十四年(1555)黄希白刻本 十册

匡高18.0釐米,廣13.5釐米。半葉十行,行二十字。白口,四周單邊,無魚尾。

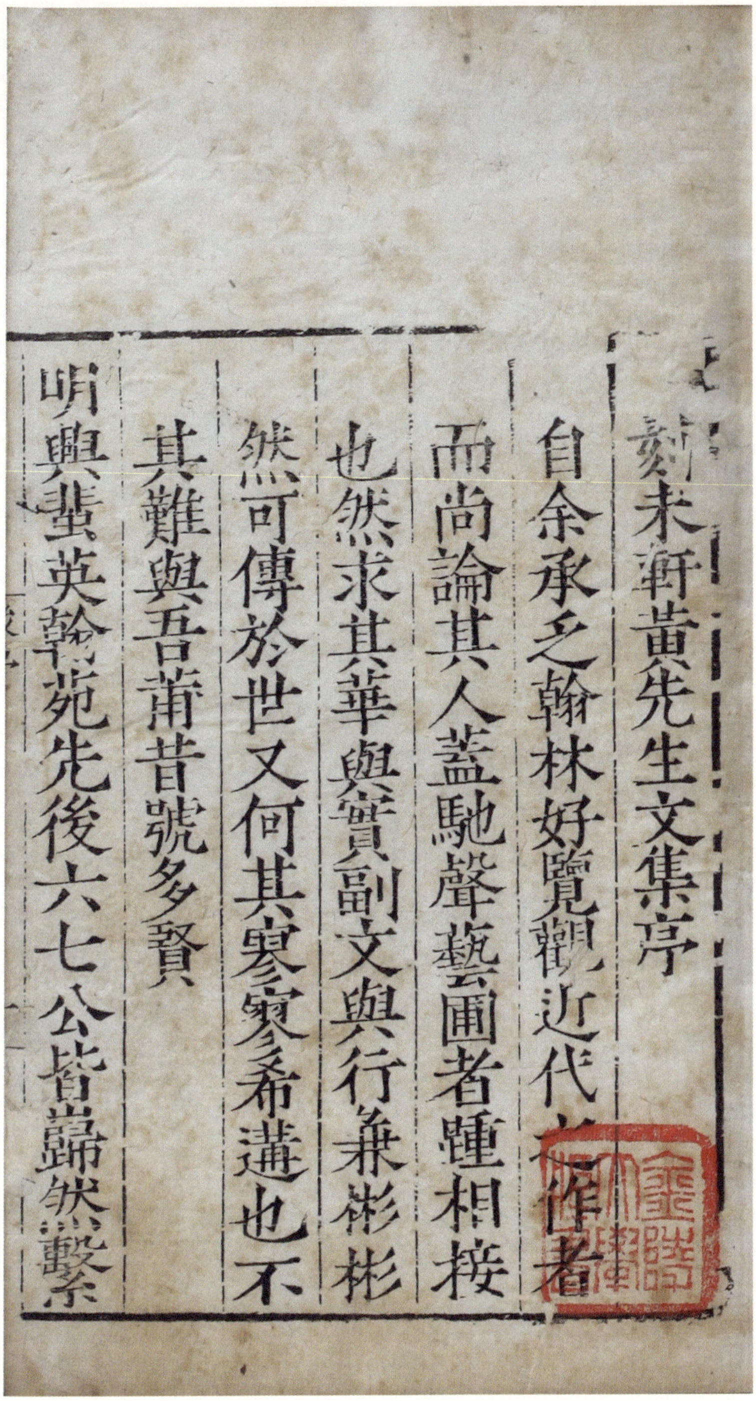

刻未軒黃先生文集序

自余承乏翰林好覽觀近代㔉

而尚論其人蓋馳聲藝圃者踵相接

也然求其華與實副文與行兼彬彬

然可傳於世又何其寥寥希覯也不

其難與吾蒲昔號多賢

明興蜚英翰苑先後六七公皆歸然繫

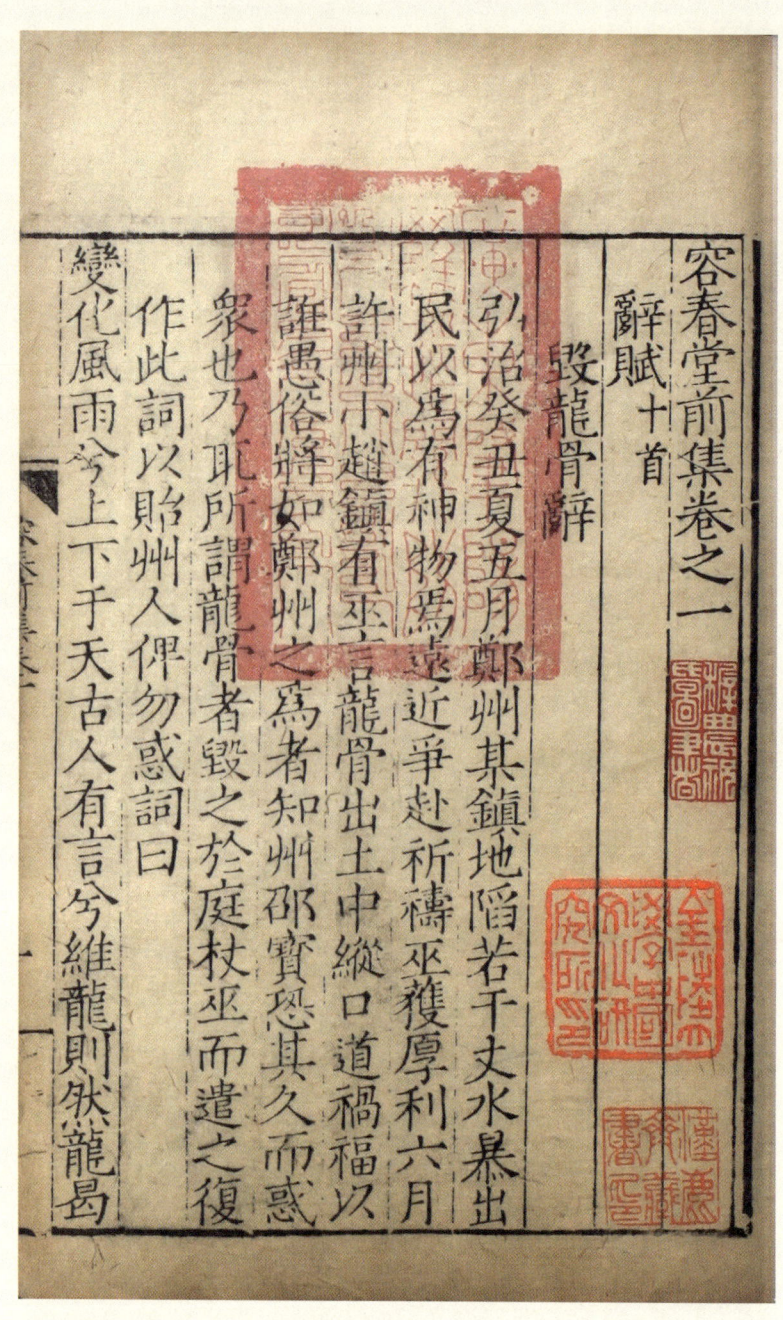

173　容春堂前集二十卷續集十八卷別集九卷後集十四卷
[明]邵寶撰　明正德嘉靖間刻本　二十冊

匡高18.3釐米，廣13.9釐米。半葉十行，行二十字。白口，左右雙邊，單黑魚尾。有"漢鹿齋藏書印"、"退一步齋藏書圖記"、"廣東肇陽羅道關防"滿漢文印、"佐伯文庫"、"稺農祝氏圖書"、"漢鹿齋金石書画印"等印。

信難贈邵戶部國賢

特進光祿大夫少師兼太子太師吏部尚書華蓋殿大學士長沙李東陽譔

文之好尚不同而相信者絕少蓋文者人
心之聲信其人斯信其文矣人豈易信哉
見之而不能知弗信也知之而以為不足
信弗信也杜子美之於李太白韓退之之
於栁子厚張籍皆極推許而三子者有異
議焉惟歐陽永叔於蘇子瞻稱其奇才欲

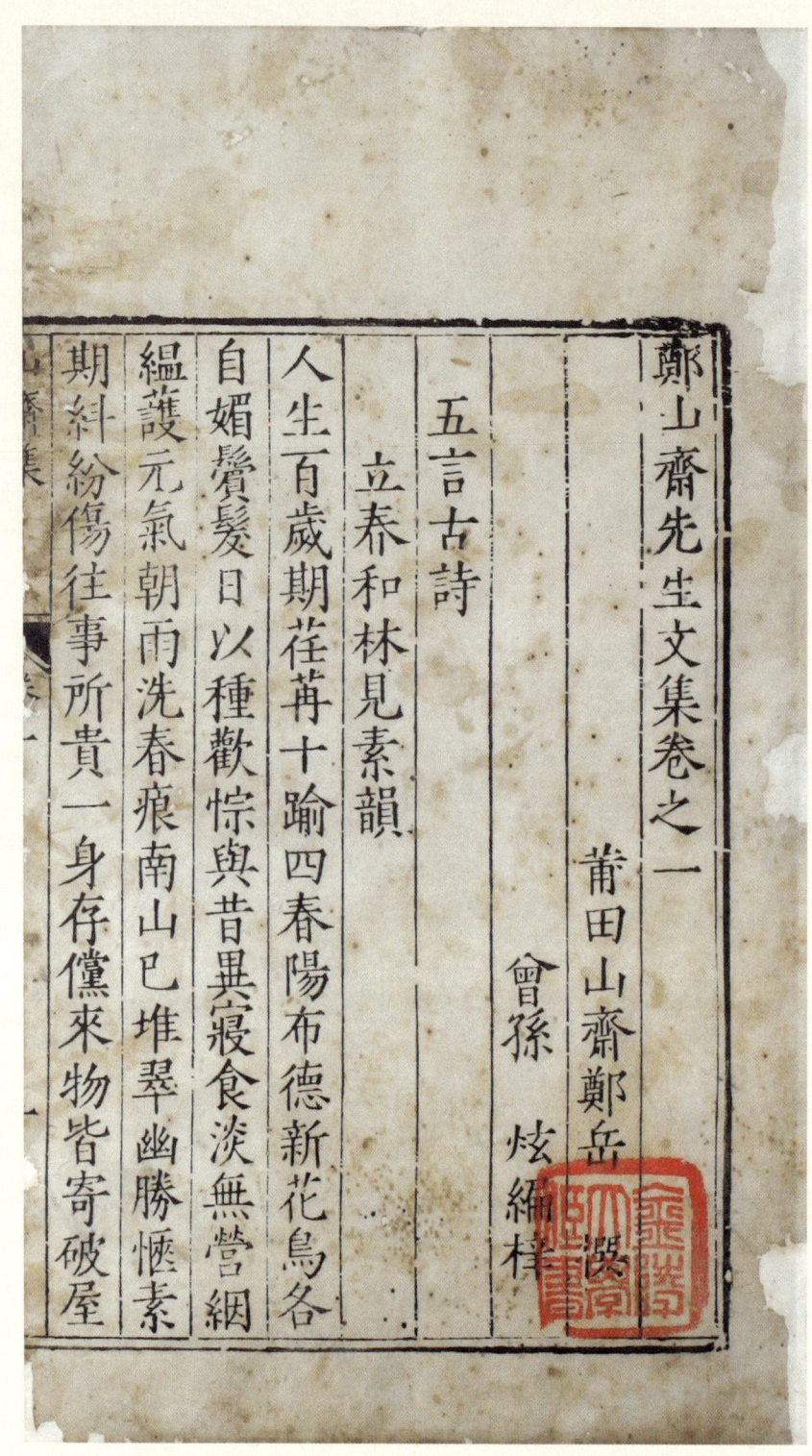

174 鄭山齋先生文集二十四卷

[明]鄭岳撰 明萬曆十九年(1591)鄭炫刻本 十二冊

匡高19.7釐米,廣13.9釐米。半葉九行,行十八字。白口,四周雙邊,單黑魚尾。有"莆田劉滄齋藏書記"等印。

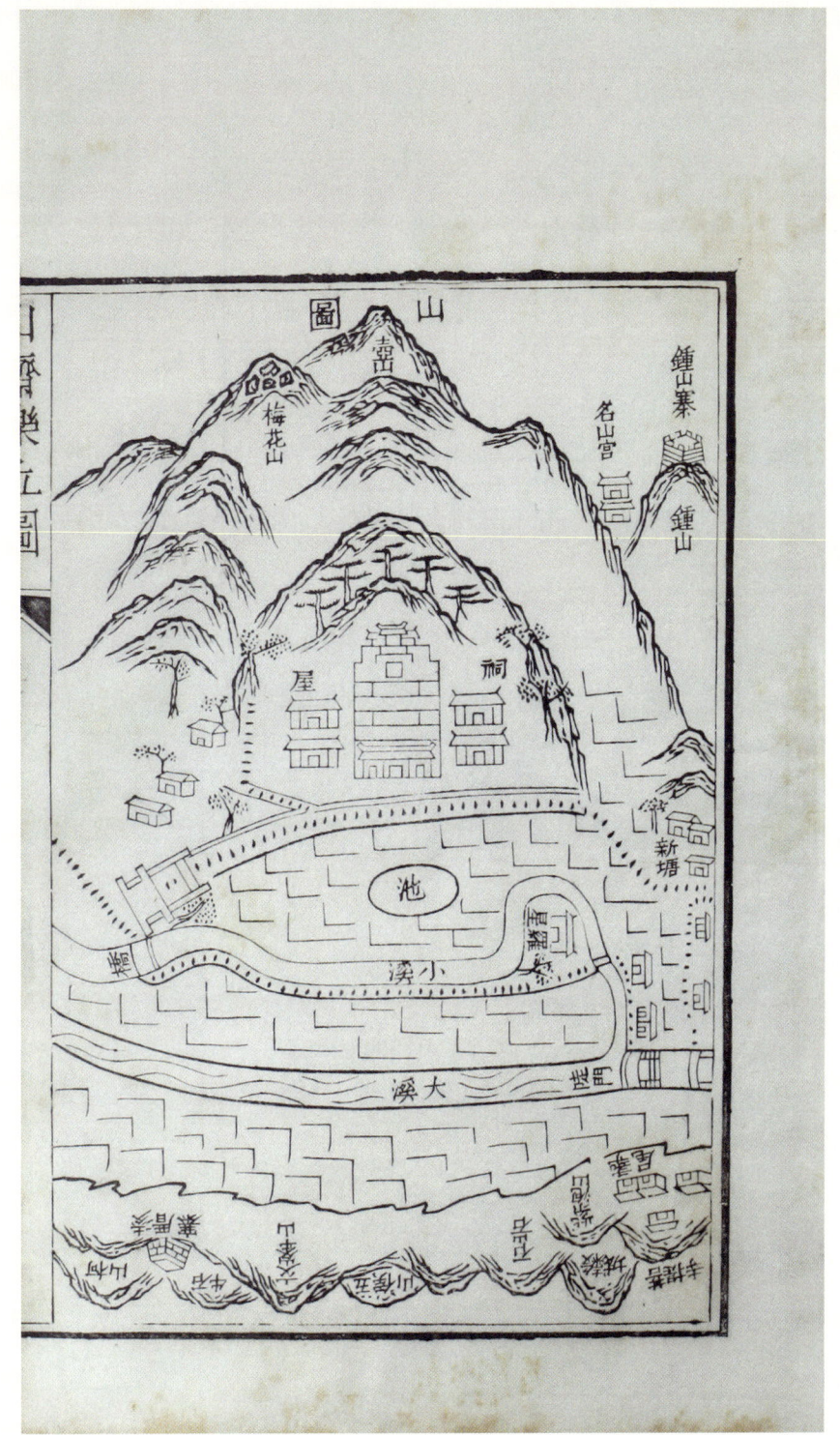

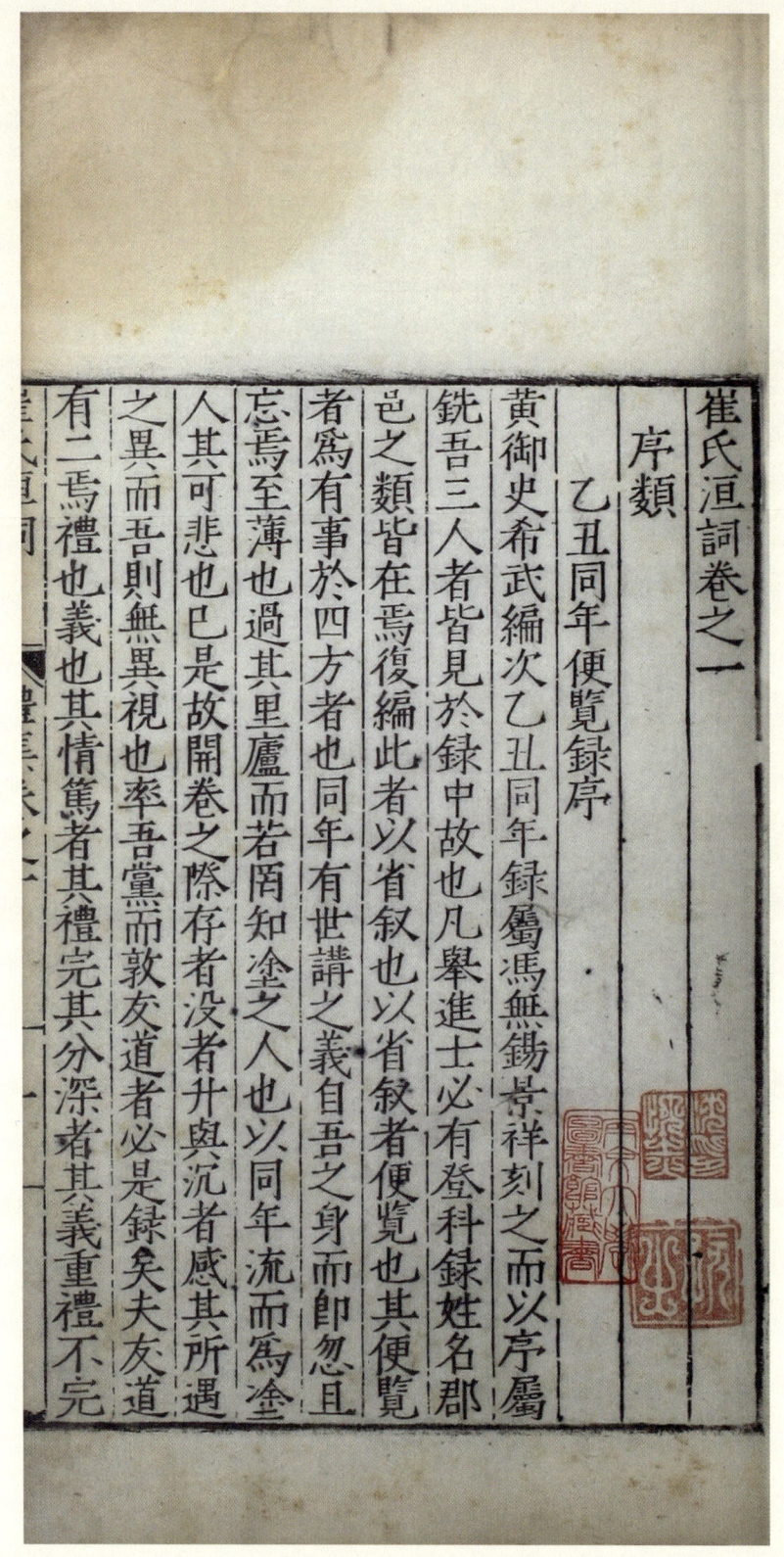

175 崔氏洹詞十七卷附録四卷

[明]崔銑撰　明嘉靖三十三年(1554)池州刻本　十一册

匡高19.5釐米，廣14.0釐米。半葉十一行，行二十四字。白口，四周單邊，單黑魚尾。有"楊氏潛籟軒收藏圖書""沈忱赤印""孩之"等印。

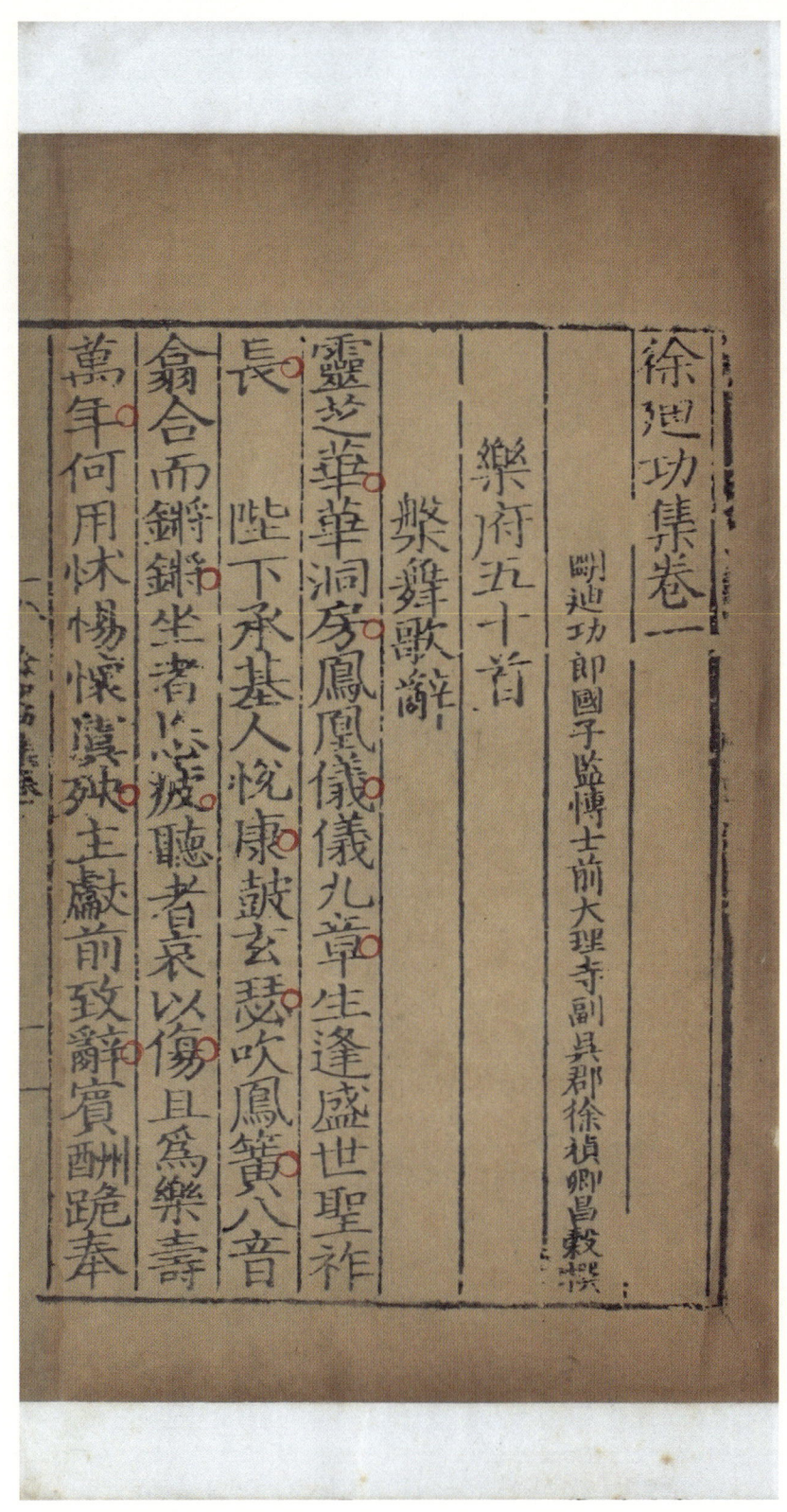

176 徐迪功集六卷談藝錄一卷

[明]徐禎卿撰 明正德十五年(1520)刻本 四冊

匡高19.3釐米,廣14.1釐米。半葉八行,行十八字。白口,左右雙邊,單白魚尾。有"蒼巖山人書屋記""李雲章印""子文"等印。

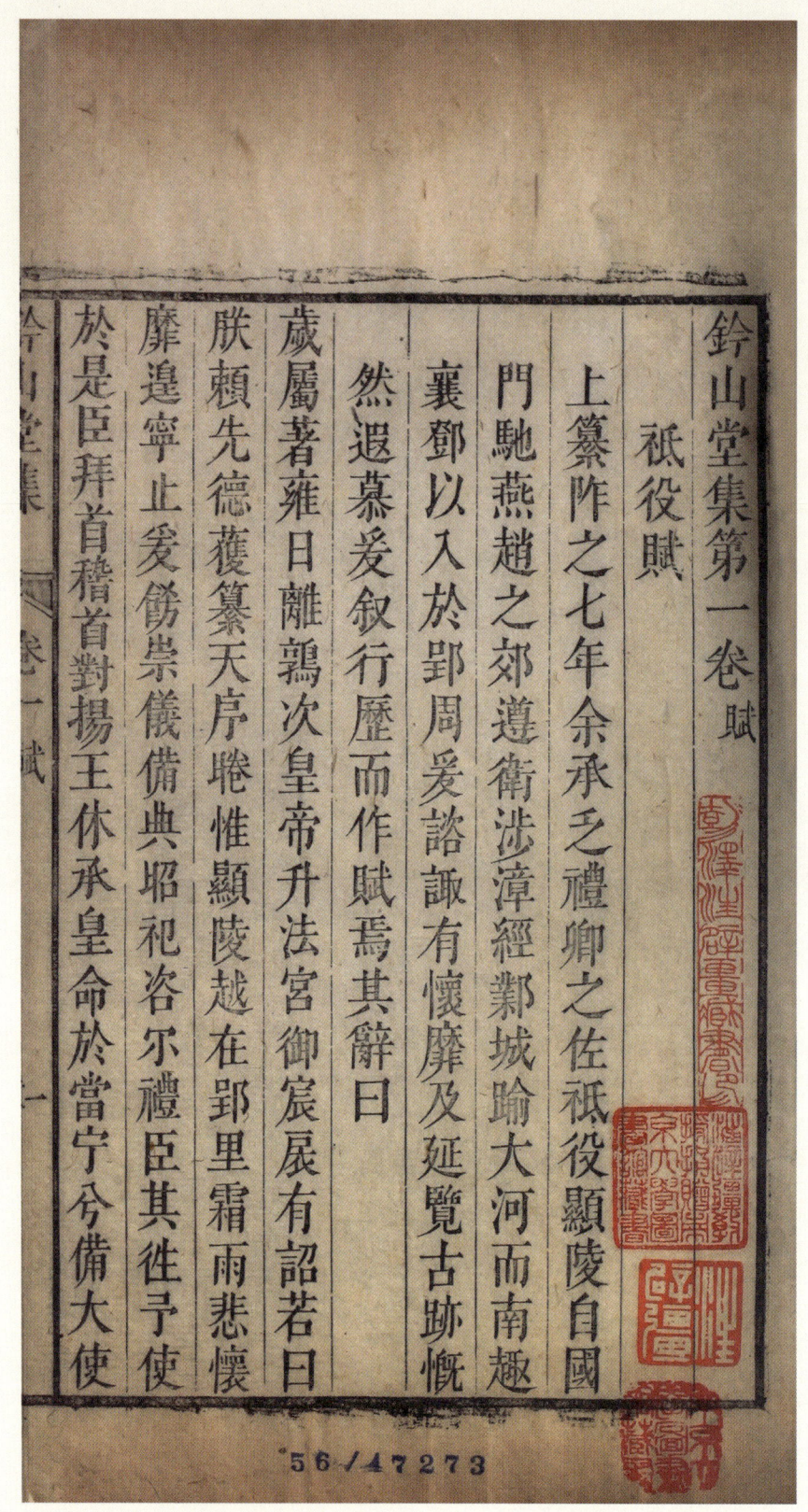

177　鈐山堂集四十卷

[明]嚴嵩撰　明末清初活字本　十二冊

匡高 21.2 釐米，廣 14.6 釐米。半葉十行，行二十字。白口，四周單邊，單黑魚尾。有"彭澤汪辟疆藏書印""辟疆""汪辟疆教授捐贈南京大學圖書館藏書"等印。

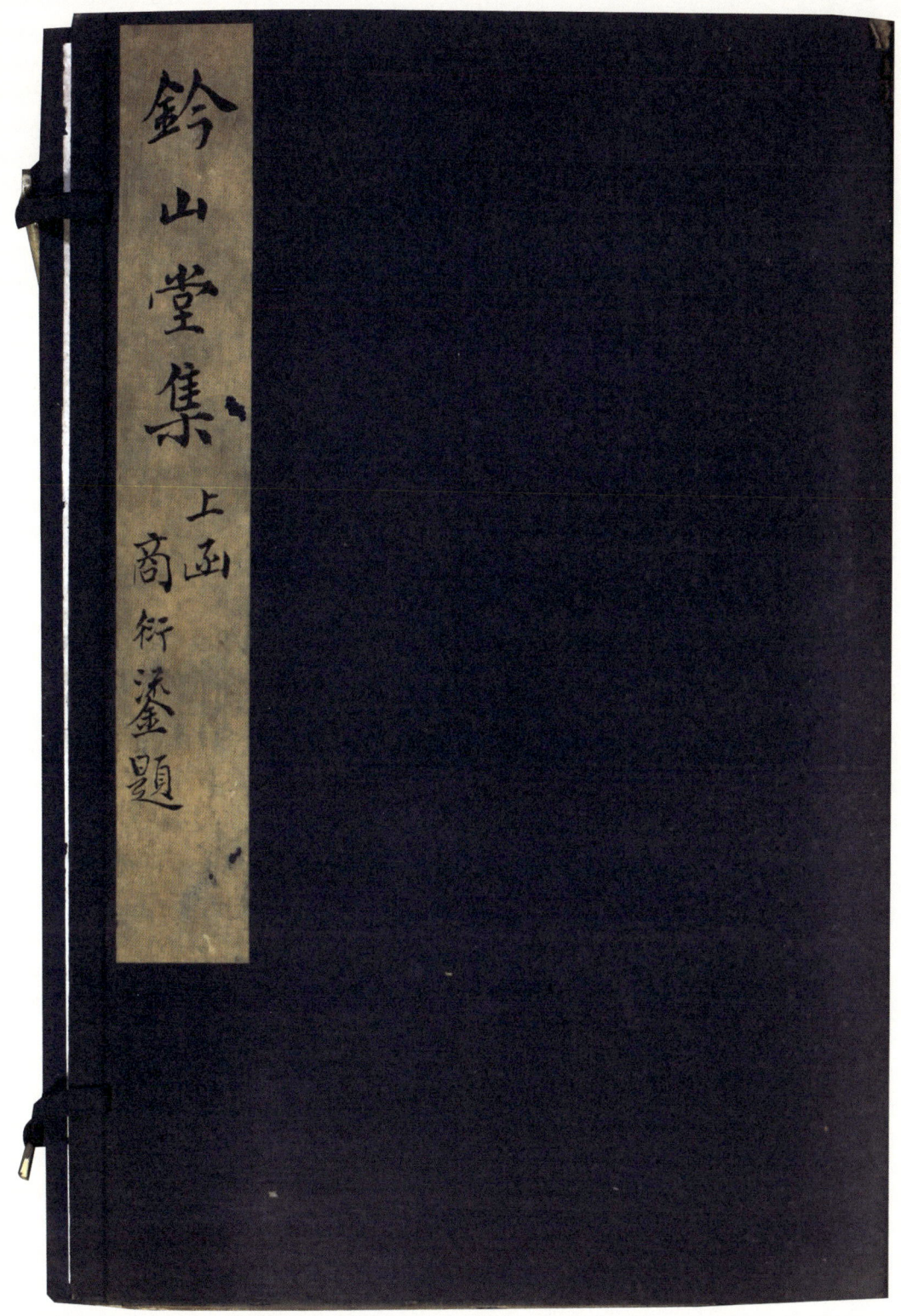

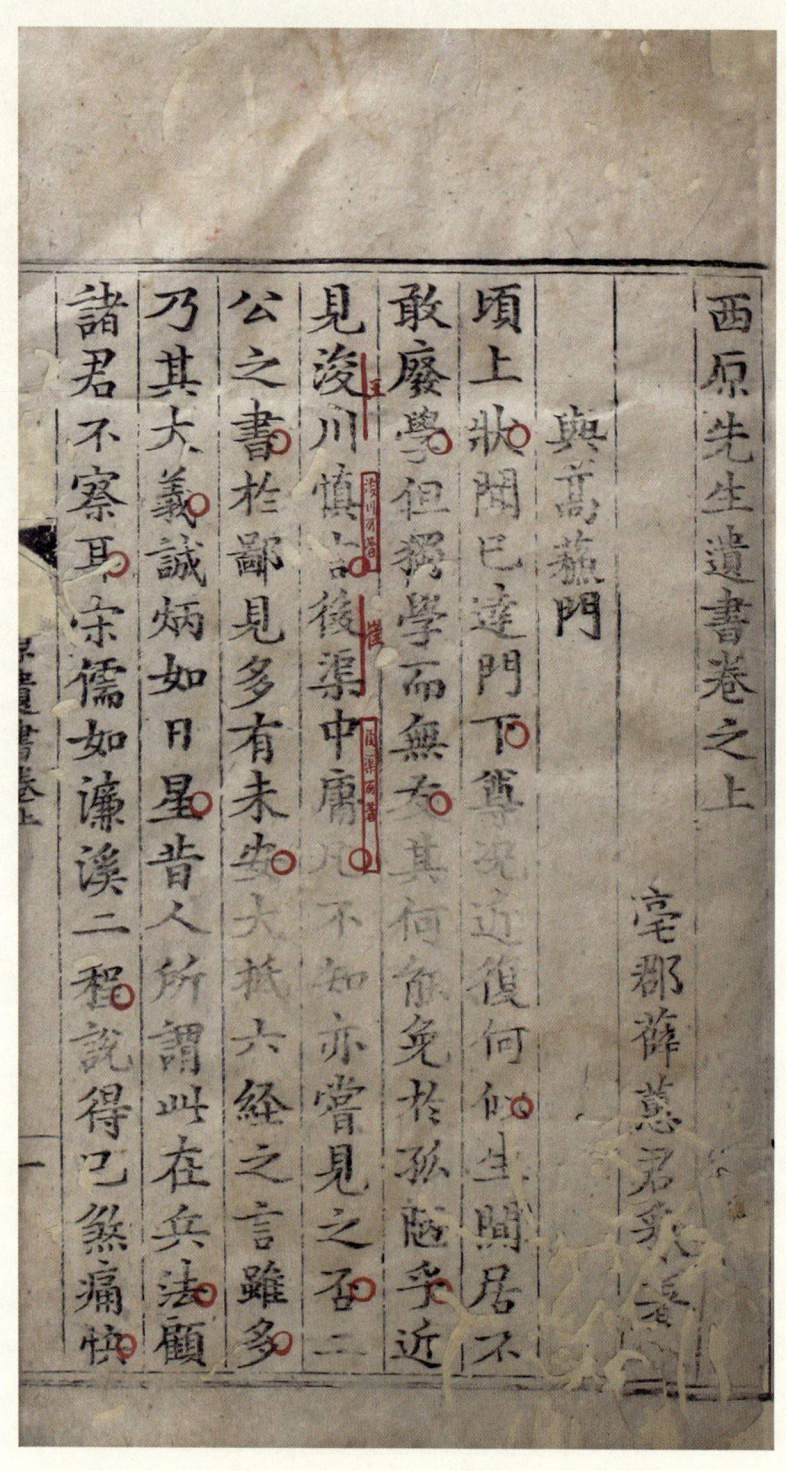

178 西原先生遺書二卷

[明]薛蕙撰 明嘉靖四十三年(1564)南充王廷刻本 二册

匡高 20.6 釐米,廣 14.1 釐米。半葉九行,行十八字。白口,四周雙邊,單黑魚尾。

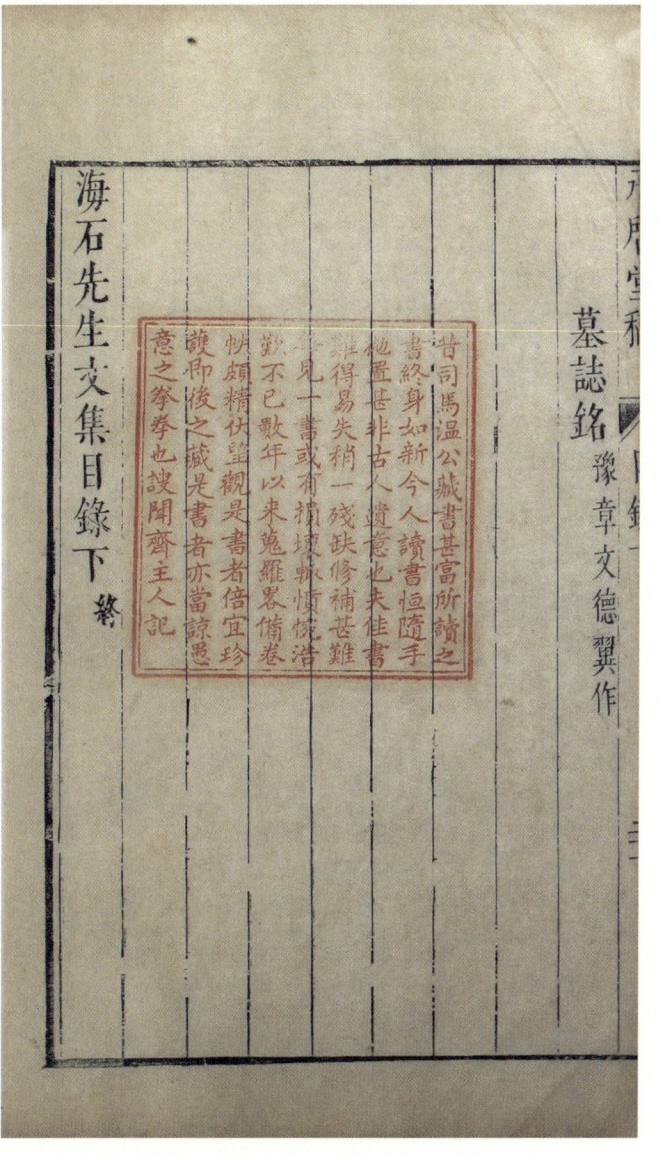

179 海石先生文集二十八卷附侍御公奏疏一卷
[明]錢薇撰　明萬曆四十二年(1614)刻本　十六冊

匡高20.5釐米，廣14.2釐米。半葉九行，行十九字。白口，左右雙邊，單黑魚尾。有"博古齋所藏善本書籍""曾在顧竹齋處""柳蓉春經眼印""遂窑堂印""臣錫麒印""謏聞齋""敦淳顧氏珍藏"等印。

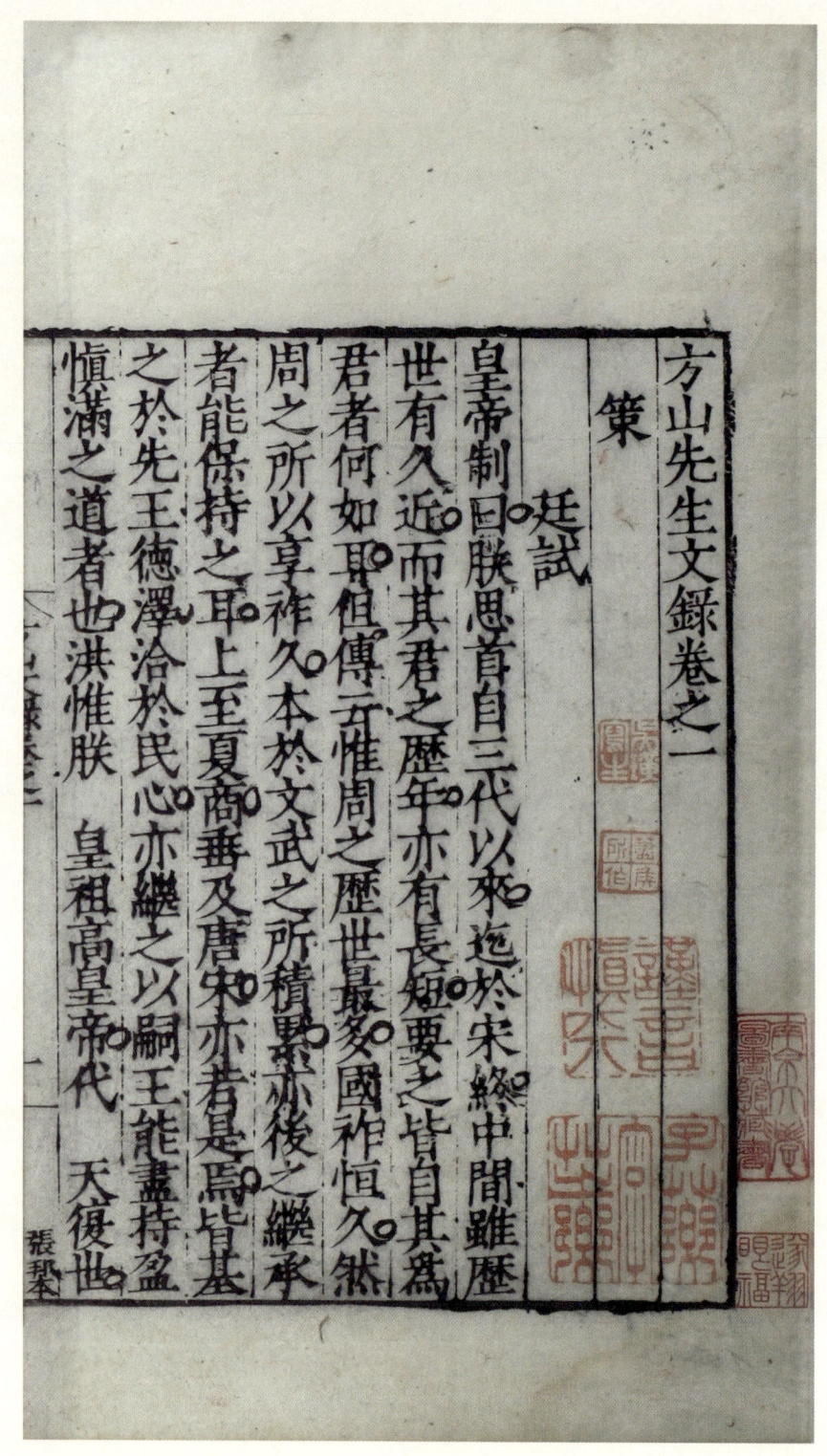

180 方山先生文録二十二卷

[明]薛應旂撰 明嘉靖三十三年(1554)東吳書林刻本 十二册

匡高18.6釐米,廣13.9釐米。半葉十行,行二十字。白口,四周單邊,單白魚尾。書口有刻工姓名。有"遂翔眼福""吳璜寫生""藎侯所作""謹言慎行""子蘅字芝鄉"等印。

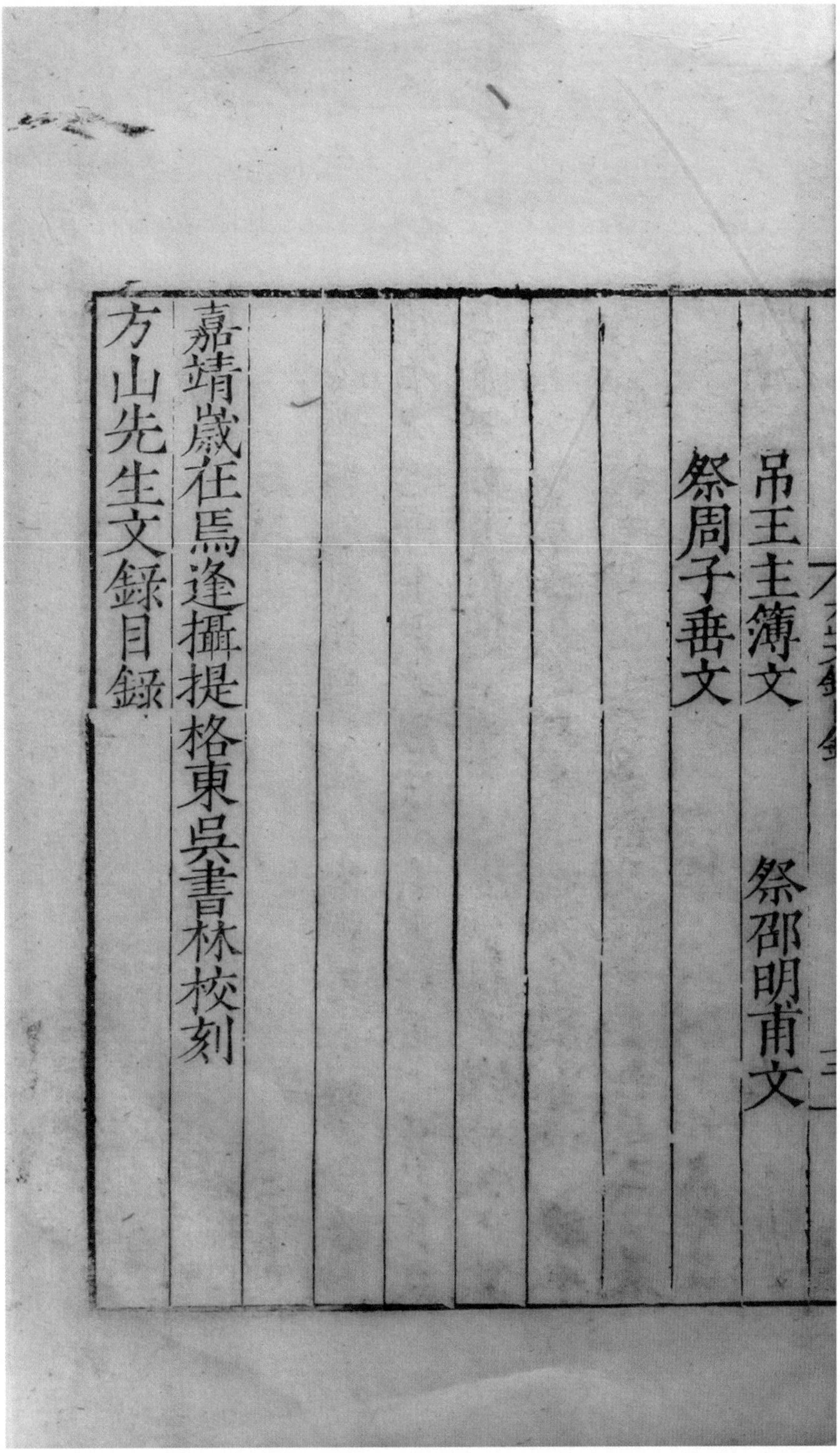

嘉靖歲在焉逢攝提格東吳書林校刻

方山先生文錄目錄

吊王主簿文

祭周子垂文

祭邵明甫文

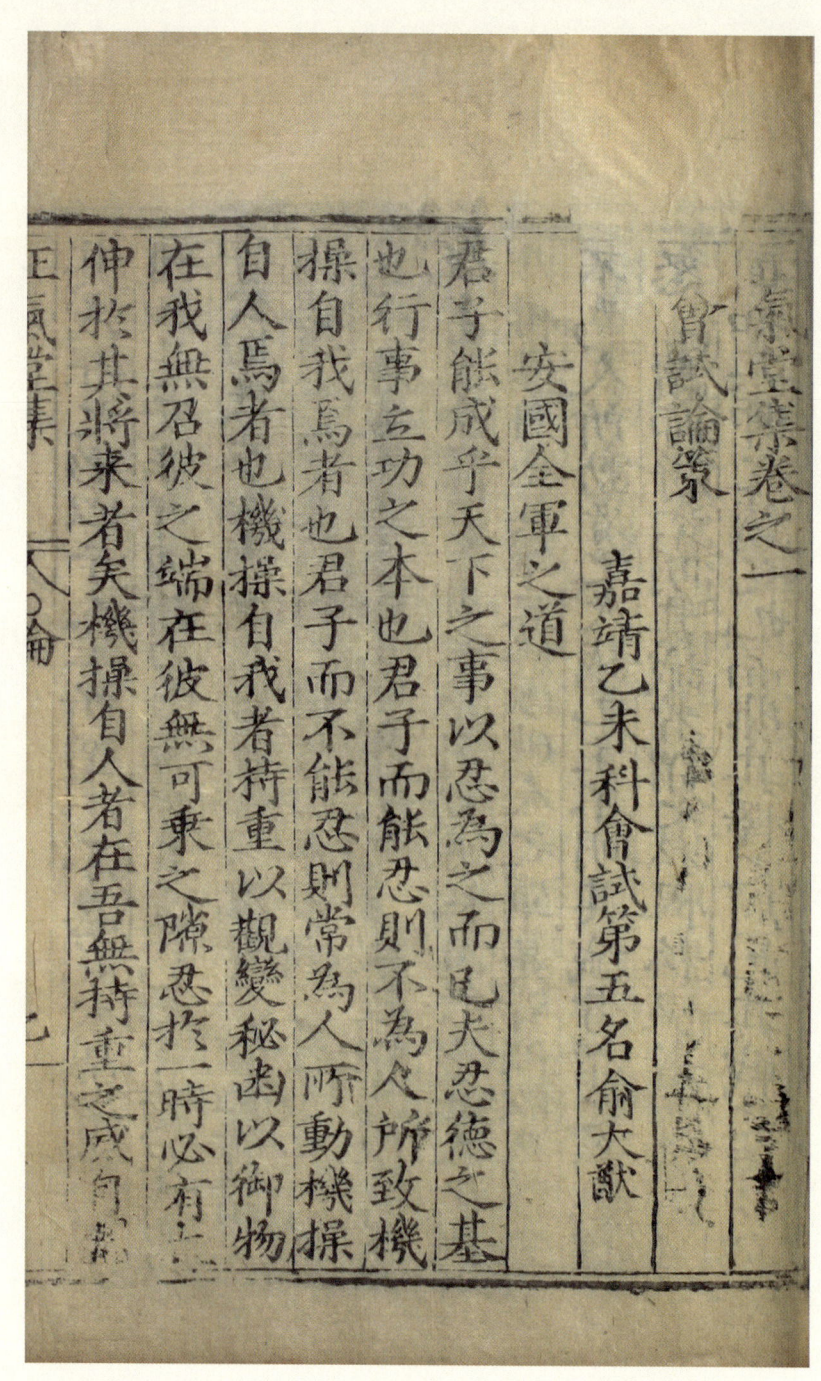

181 正氣堂集十六卷續集七卷(缺卷二)餘集四卷
[明]俞大猷撰 明嘉靖四十五年(1566)姚懋刻本 十册

匡高19.9釐米,廣14.8釐米。半葉十行,行二十字。白口,四周雙邊,單白魚尾。有"漢鹿齋藏書印"、"退一步齋藏書圖記"、"廣東肇陽羅道關防"滿漢文印、"佐伯文庫"等印。

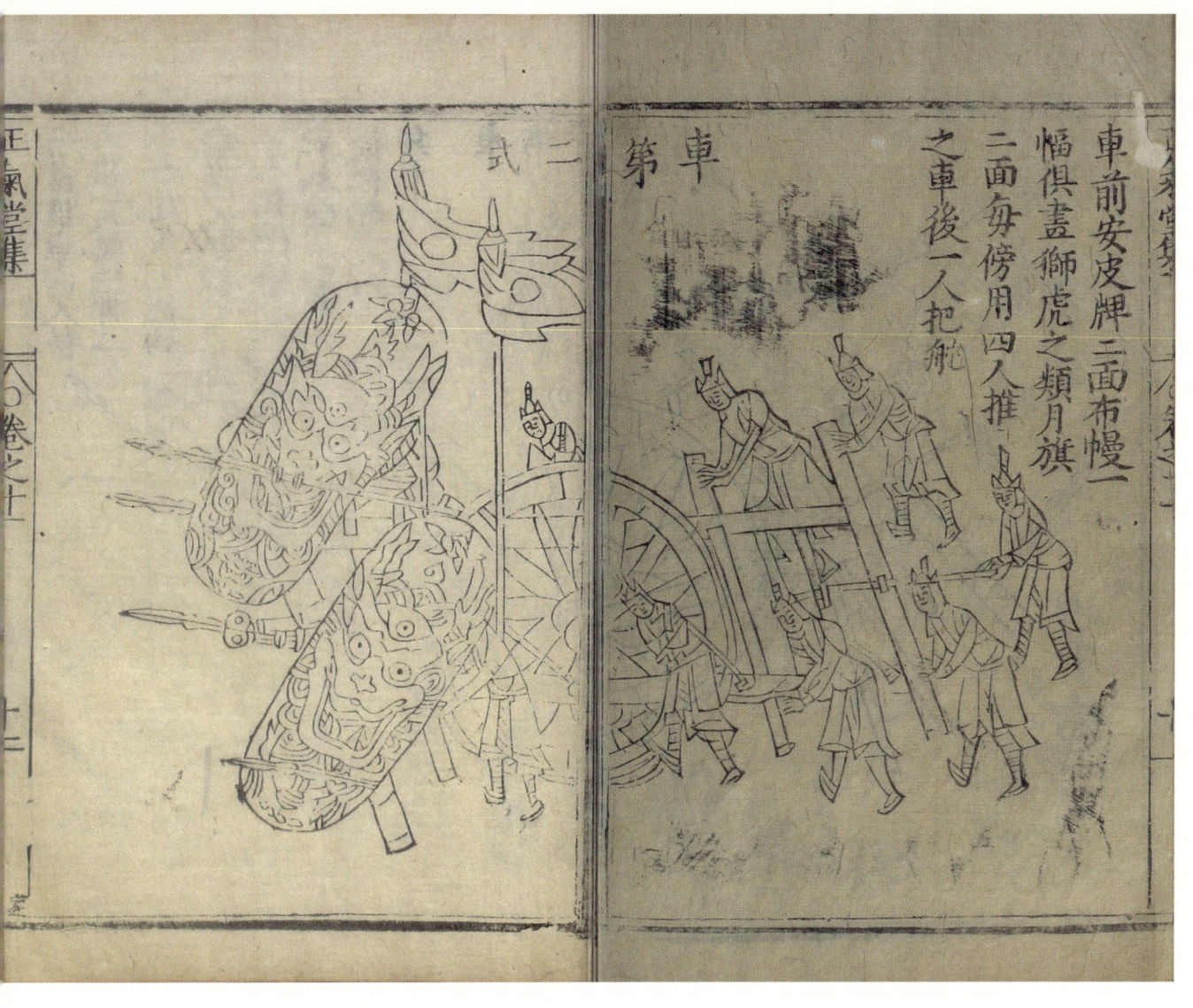

車前安皮牌二面布幔一幅俱畫獅虎之類月旗二面每傍用四人推之車後一人把舵

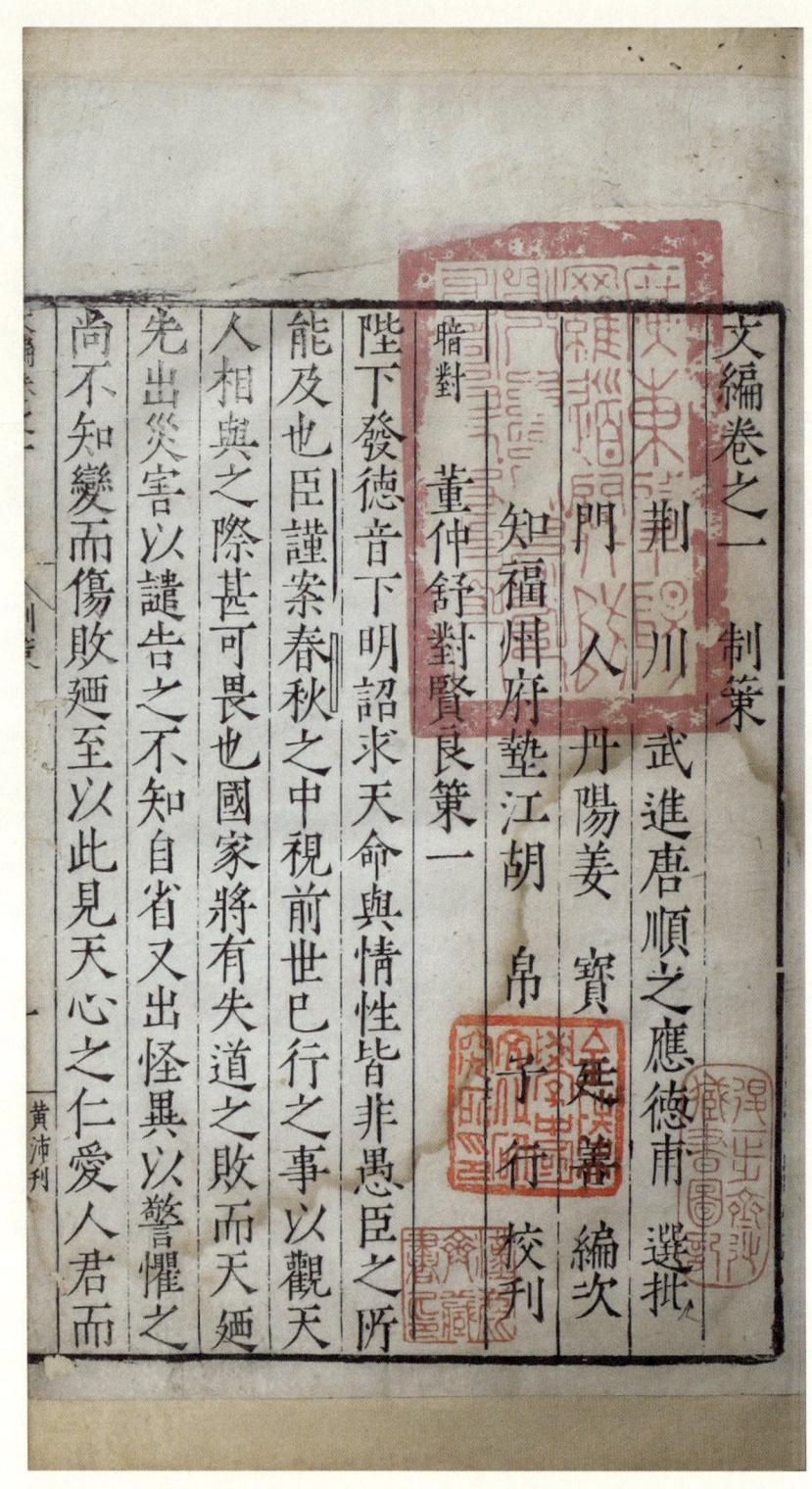

182　荊川文編六十四卷
[明]唐順之選批　明嘉靖埏江胡帛刻本　五十册

匡高19.7釐米，廣14.5釐米。半葉十行，行二十字。白口，四周單邊，單白魚尾。版心下方有刻工姓名。有鈔配。有"廣東肇陽羅道關防"滿漢文印、"退一步齋藏書圖記"、"漢鹿齋藏書印"等印。

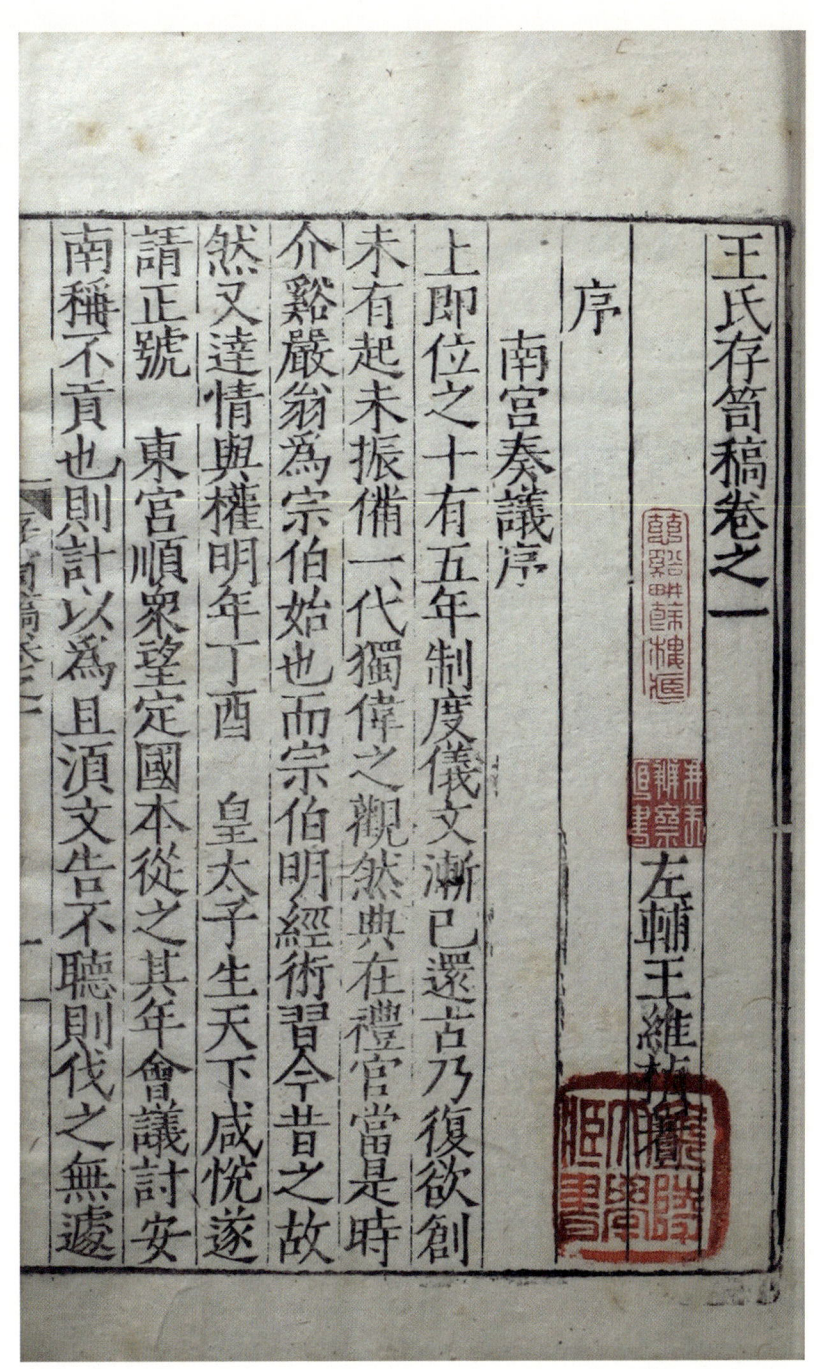

183 王氏存笥稿二十卷
[明]王維楨撰 明嘉靖三十六年(1557)西安刻本 十二冊

匡高19.3釐米,廣14.4釐米。半葉十行,行二十字。白口,左右雙邊,單黑魚尾。卷九至卷十三、十五鈔配。有"慈谿耕餘樓藏""馮氏辨垒藏書"等印。

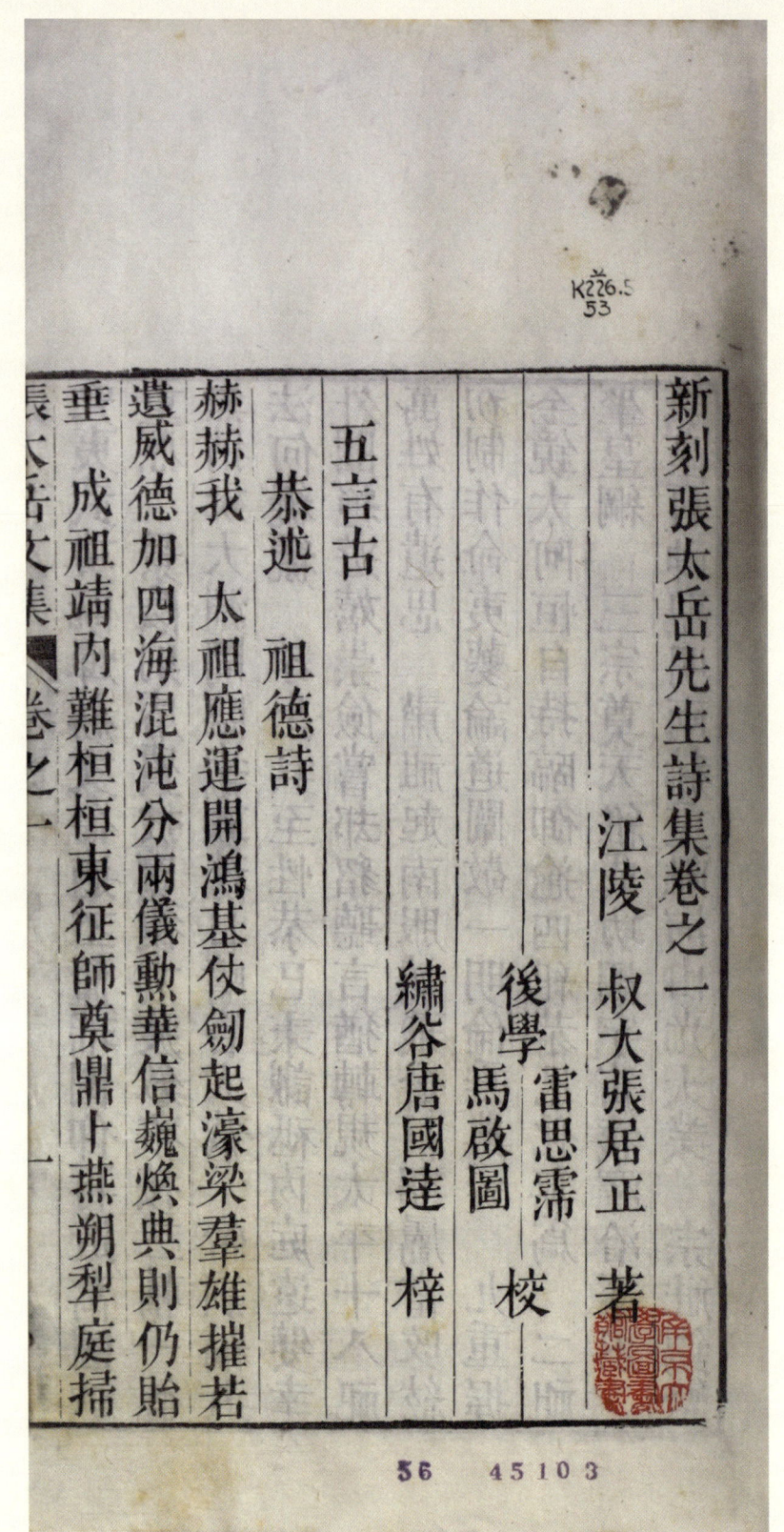

184 新刻張太岳先生文集四十六卷附錄一卷
[明]張居正撰 明萬曆四十年(1612)刻清印本 二十册

匡高21.4釐米,廣14.6釐米。半葉十行,行二十字。白口,四周單邊,單黑魚尾。

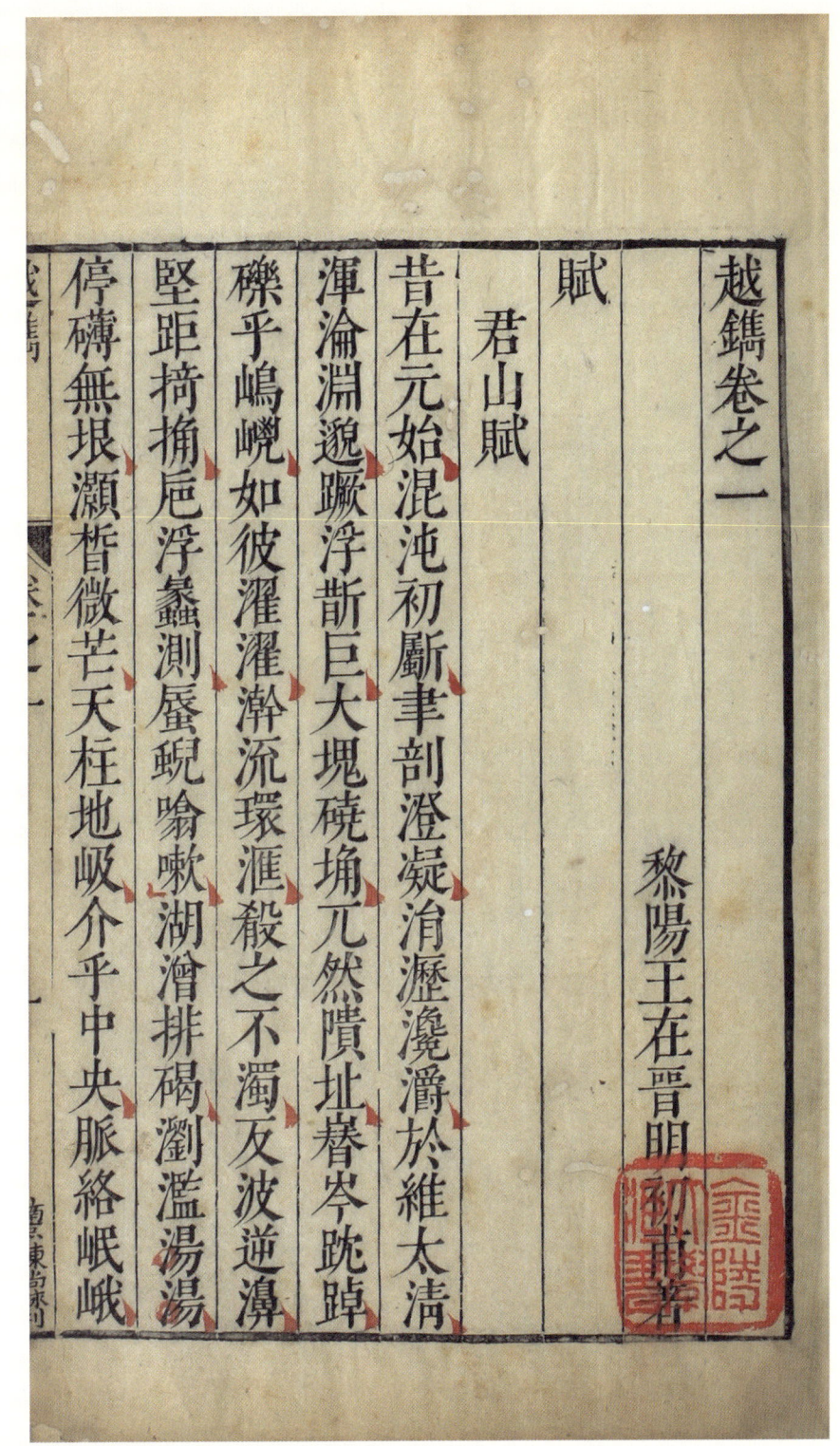

185 越鐫二十一卷

[明]王在晉編　明萬曆三十九年(1611)黎陽王氏浙江署刻本　十六册

匡高21.1釐米,廣15.0釐米。半葉九行,行二十字。白口,四周單邊,單黑魚尾。版心有刻工姓名。

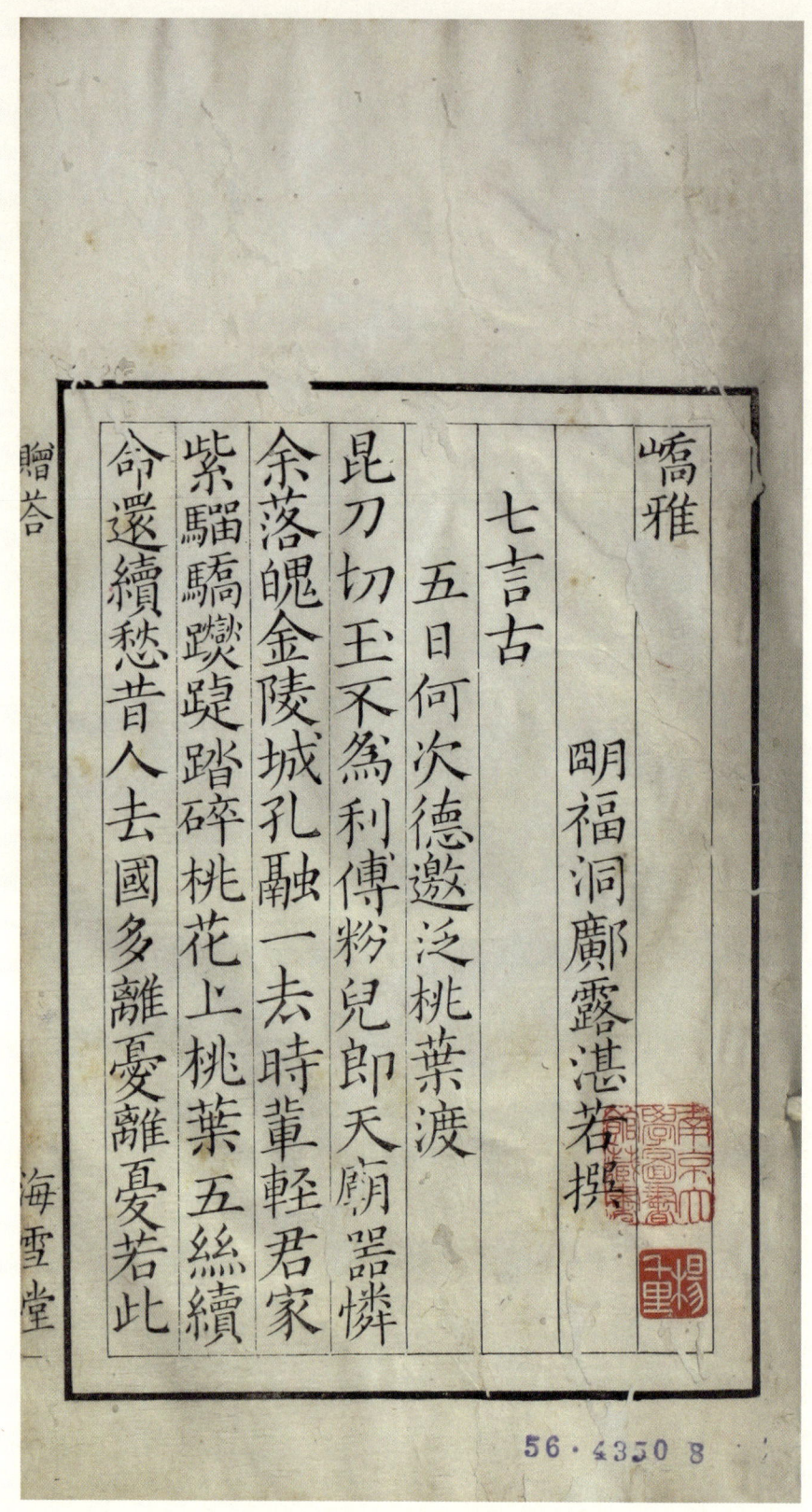

186　嶠雅二卷

[明]鄺露撰　清初海雪堂刻本　六册

匡高 18.6 釐米，廣 13.1 釐米。半葉八行，行十五字，每半葉雙套邊。版心下題"海雪堂"。有"楊千里""畸園"等印。扉頁題"海雪堂原刻刊印本己未十月旅廣州時所得書天驥題"。

三川滾駿中湛				
唐襄於斫降若				
而陽蘇旋就諸				
特超李於泱律				
奏百而螘泱以				
粵醖封朶糟				
石而釀已亡鎚				
巢孤溪上瀼鯨				
詩岜於改加庚				
話陵經韻驅已				

此吾師雅言也鄙人天質朴魯龔鍾期已耳不佳天然遺失班器
道矣向秀所以援翰於山陽羊曇所以殞涕于西州也
廊露

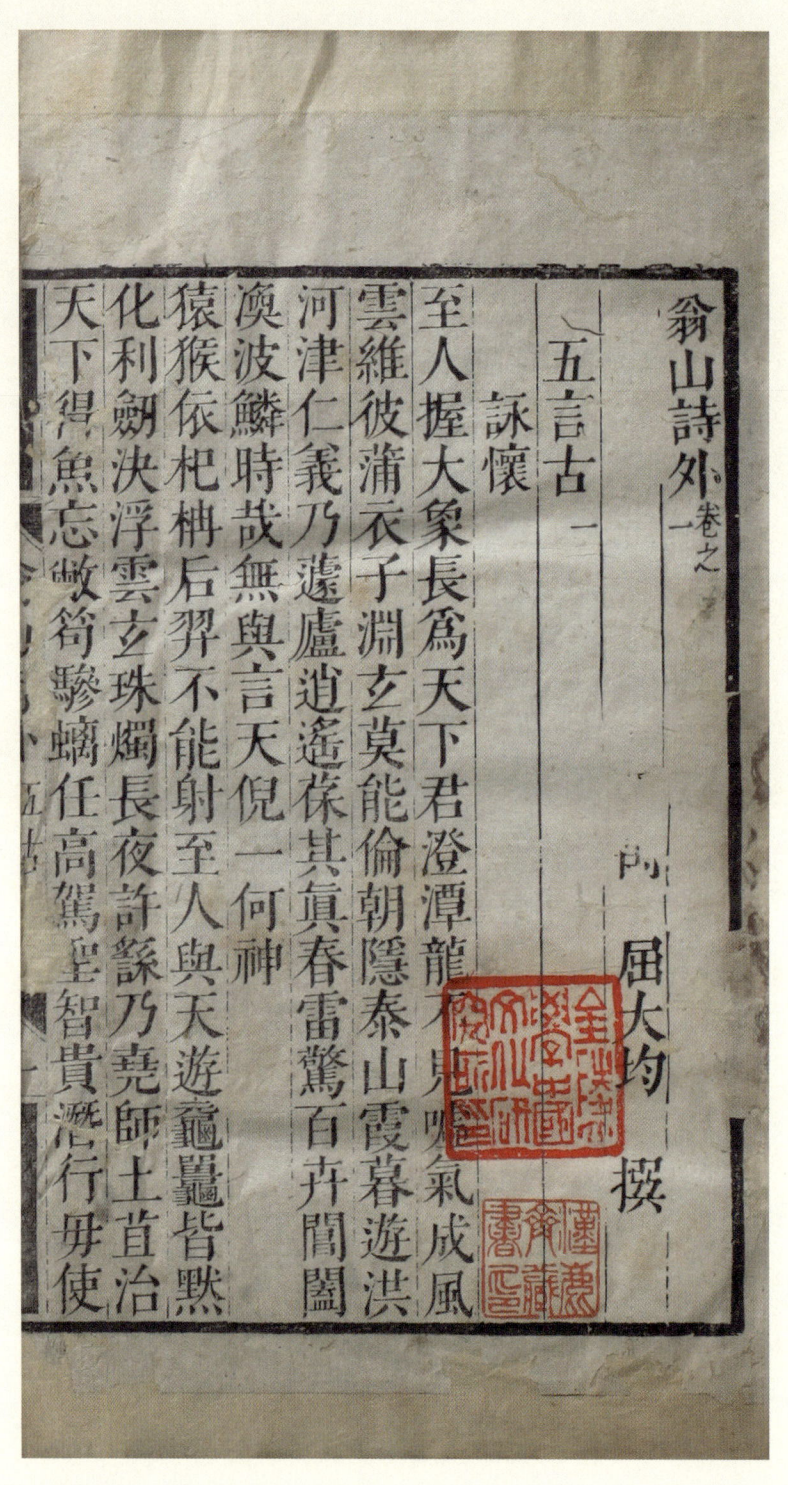

187 翁山詩外十七卷

[清]屈大均撰 清初番禺屈氏刻本 二十册

匡高19.4釐米,廣13.5釐米。半葉十一行,行十九字。黑口,四周單邊,雙黑魚尾。有"漢鹿齋藏書印"等印。

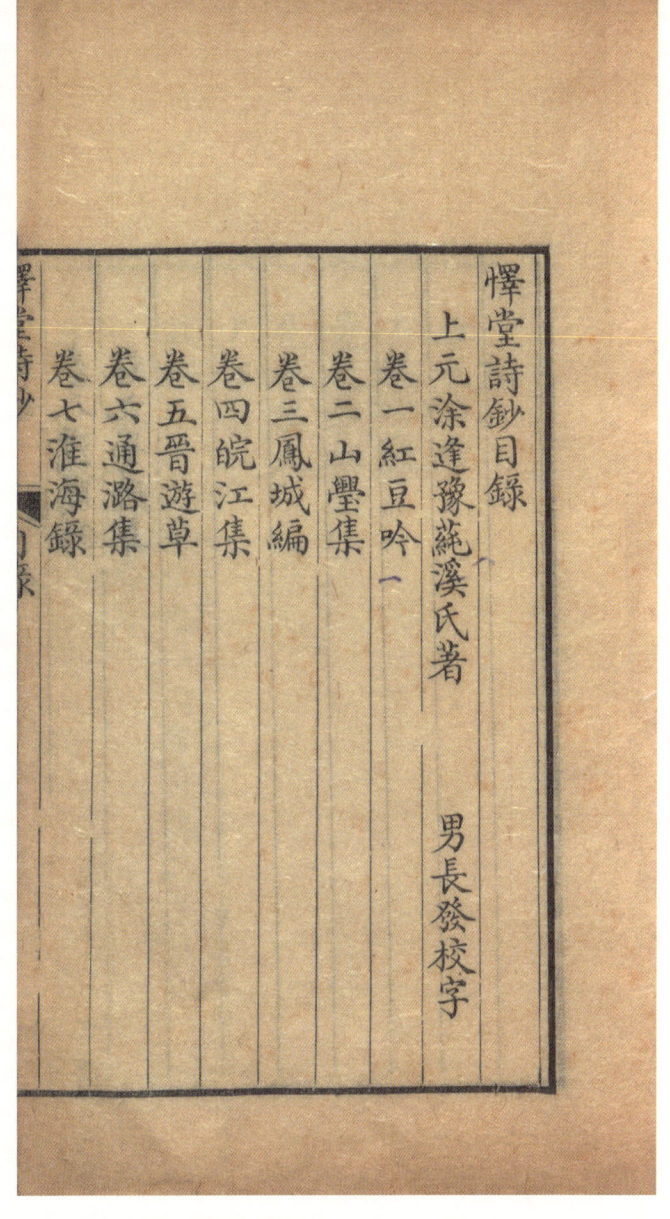

188 懌堂詩鈔九卷

[清]涂逢豫撰　清乾隆刻本　四冊

匡高 17.2 釐米，廣 11.4 釐米。半葉九行，行二十字。白口，左右雙邊，單黑魚尾。有"夏廬所藏金石書畫圖籍"等印。

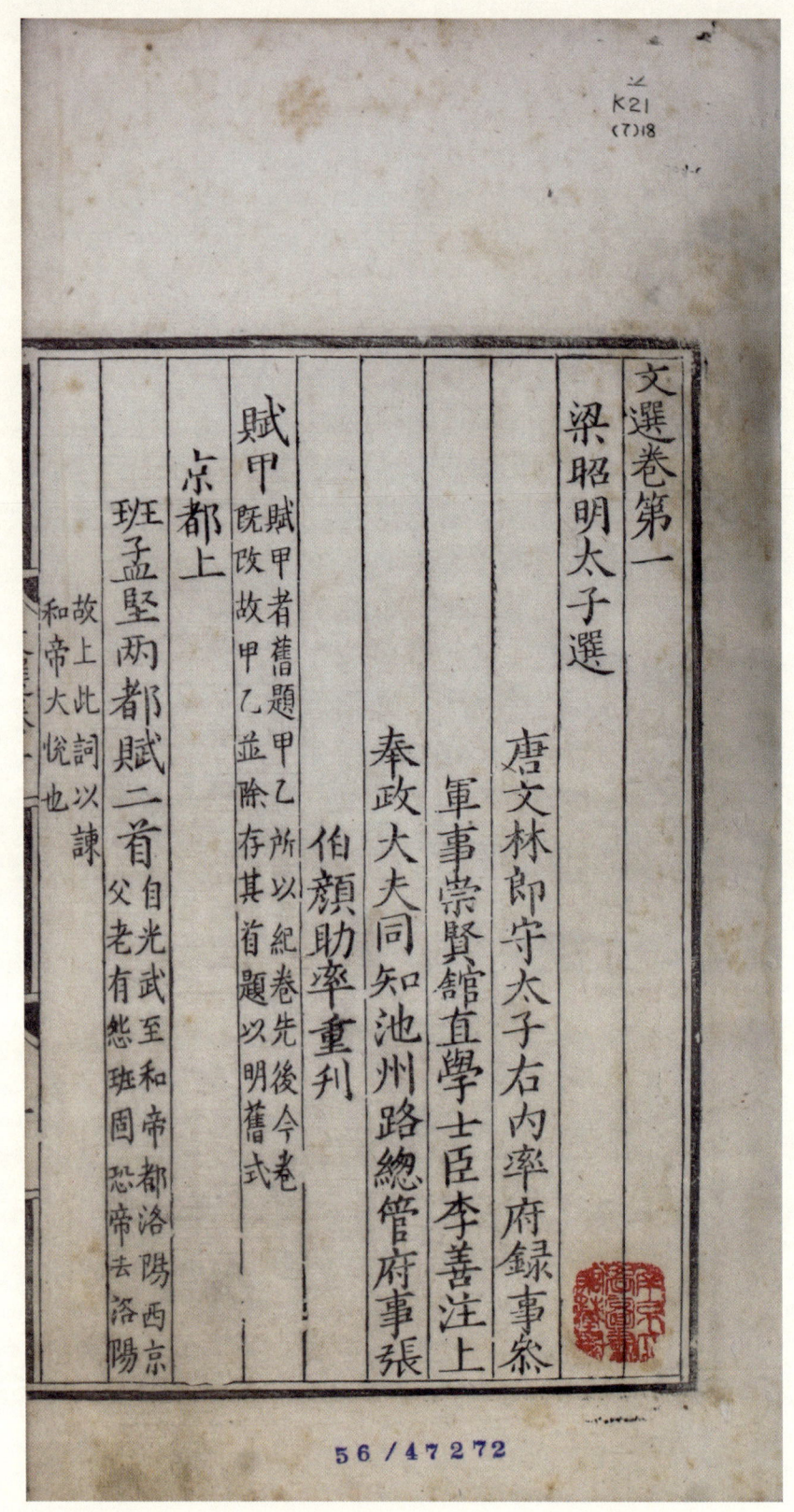

189 文選六十卷

[梁]蕭統選 [唐]李善注 明成化二十三年(1487)唐藩刻本 六十册

匡高 22.8 釐米,廣 14.9 釐米。半葉十行,行二十二字,小字雙行同。黑口,四周雙邊,雙黑魚尾。有"吳興許氏""博明私印"等印。

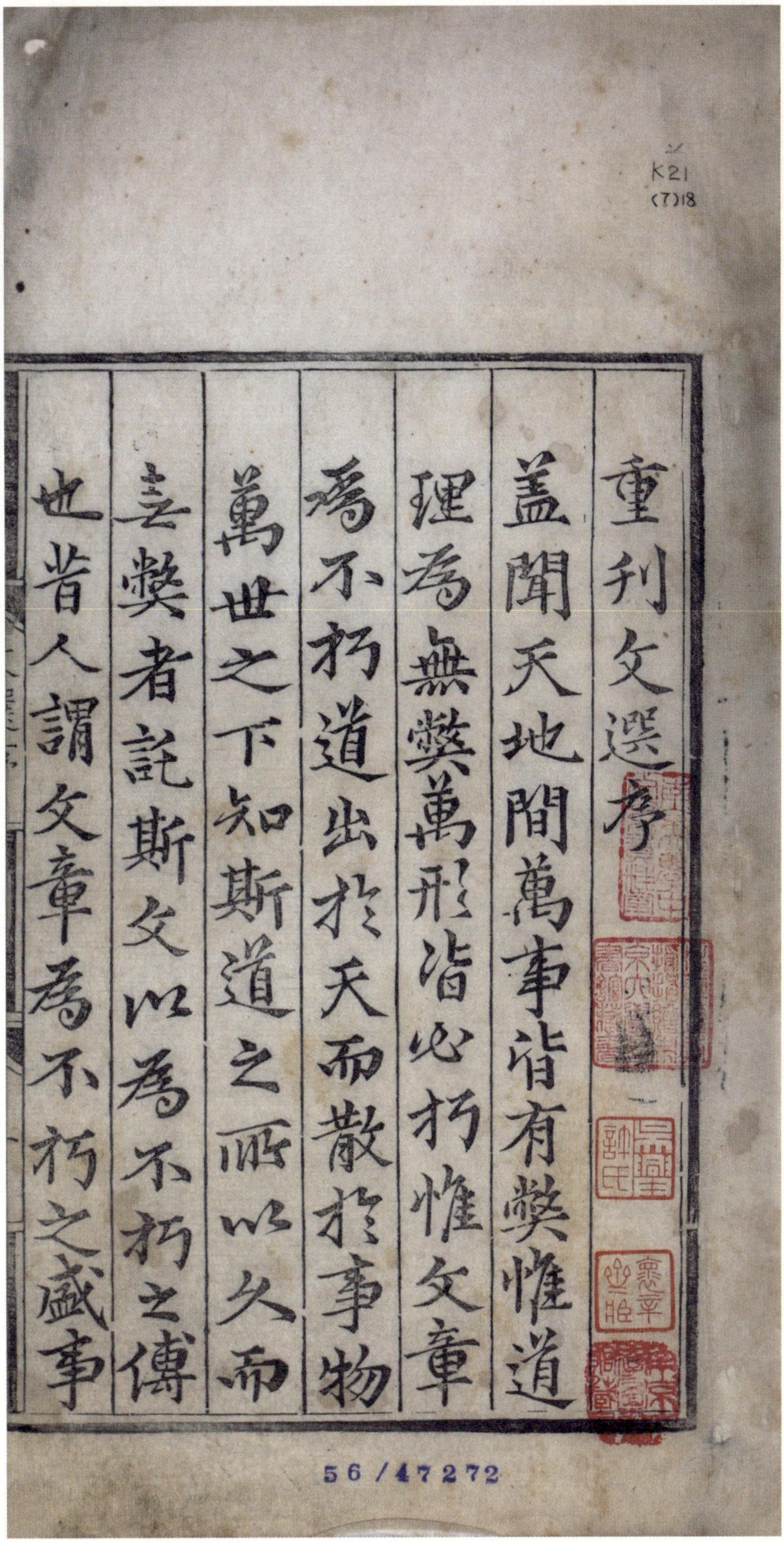

重刊文選序

蓋聞天地間萬事皆有弊惟道
理為無弊萬形皆必朽惟文章
為不朽道出於天而散於事物
萬世之下知斯道之所以久而
无弊者託斯文以為不朽之傳
也昔人謂文章為不朽之盛事

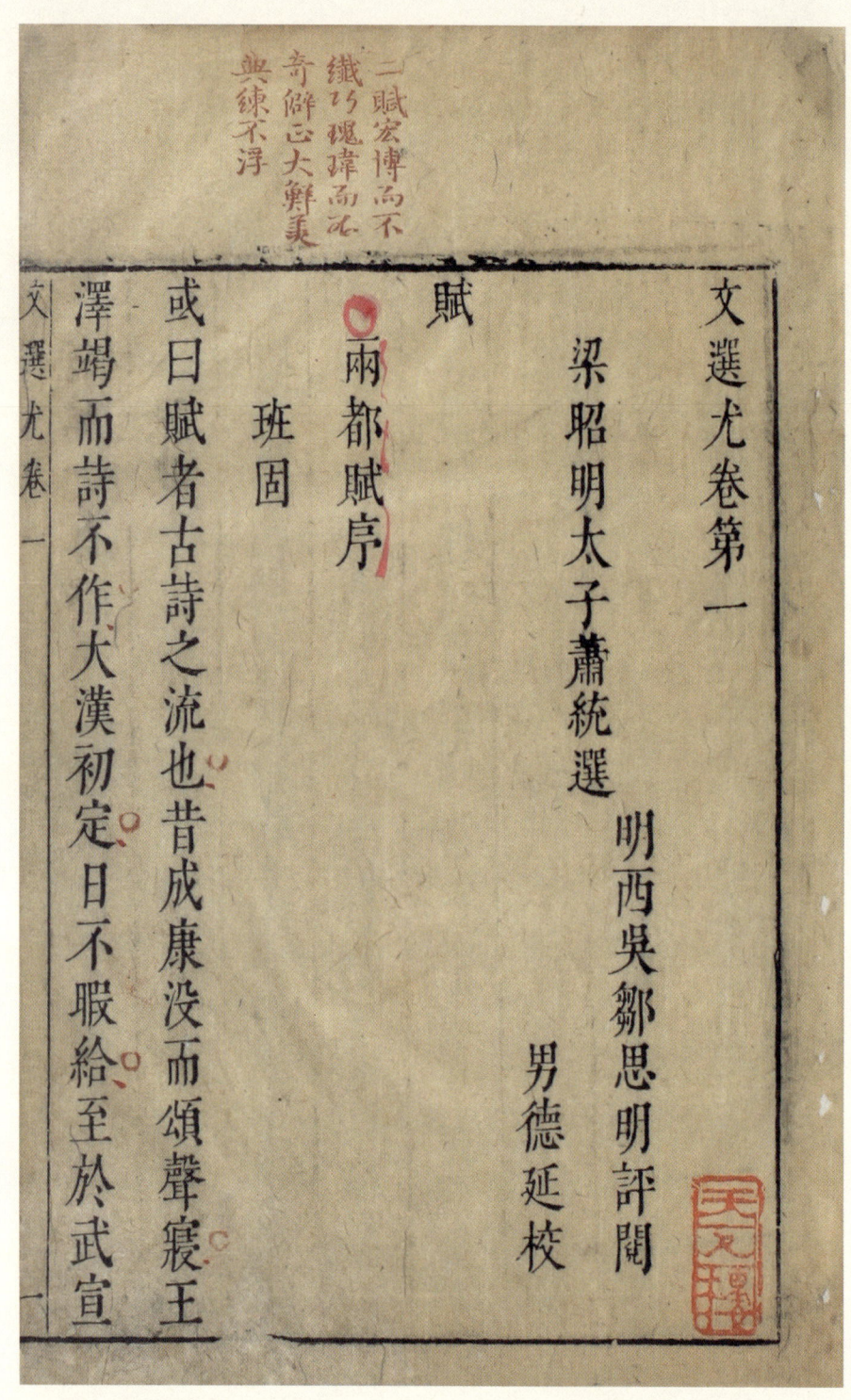

190　文選尤十四卷

[梁]蕭統選　[明]鄒思明評閱　明天啟二年(1622)三色套印本　合訂四冊

匡高20.1釐米，廣14.5釐米。半葉八行，行十八字。無界欄。白口，四周單邊，無魚尾。有"天尺樓""識往齋藏書印""冬齋藏書記"等印。

上嘗遠見其狀
玉飾則過其高
階而造此殿堂
又精采奪目而
楷砌皆玉飾也
歙艷赤色霞駁
燿不定也陰夏
四句言光彩炫
向北殿簷垂滴
瀝絶成小響室
内應之其聲如
雷

瀑布飛瀨錦江
翻浪

朱闕巖巖而雙立高門擬於閶闔方二軌而並
入於是乎乃歷夫太階以造其堂俯仰顧眄東
西周章彤彩之飾徒何爲乎澔澔泝流離爛
漫皓壁皜曜以月照丹柱歙艷而電烻霞駁雲
蔚若陰若陽灌溉燐亂煒煒煌煌隱陰夏以中
處雲寥窲以岪嶭鴻爌熀以爎爤蕭條而清
泠動滴瀝以成響殷雷應其若驚耳嘈嘈以失
聽目矘矌而喪精騈密石與琅玕齊玉瓑與璧

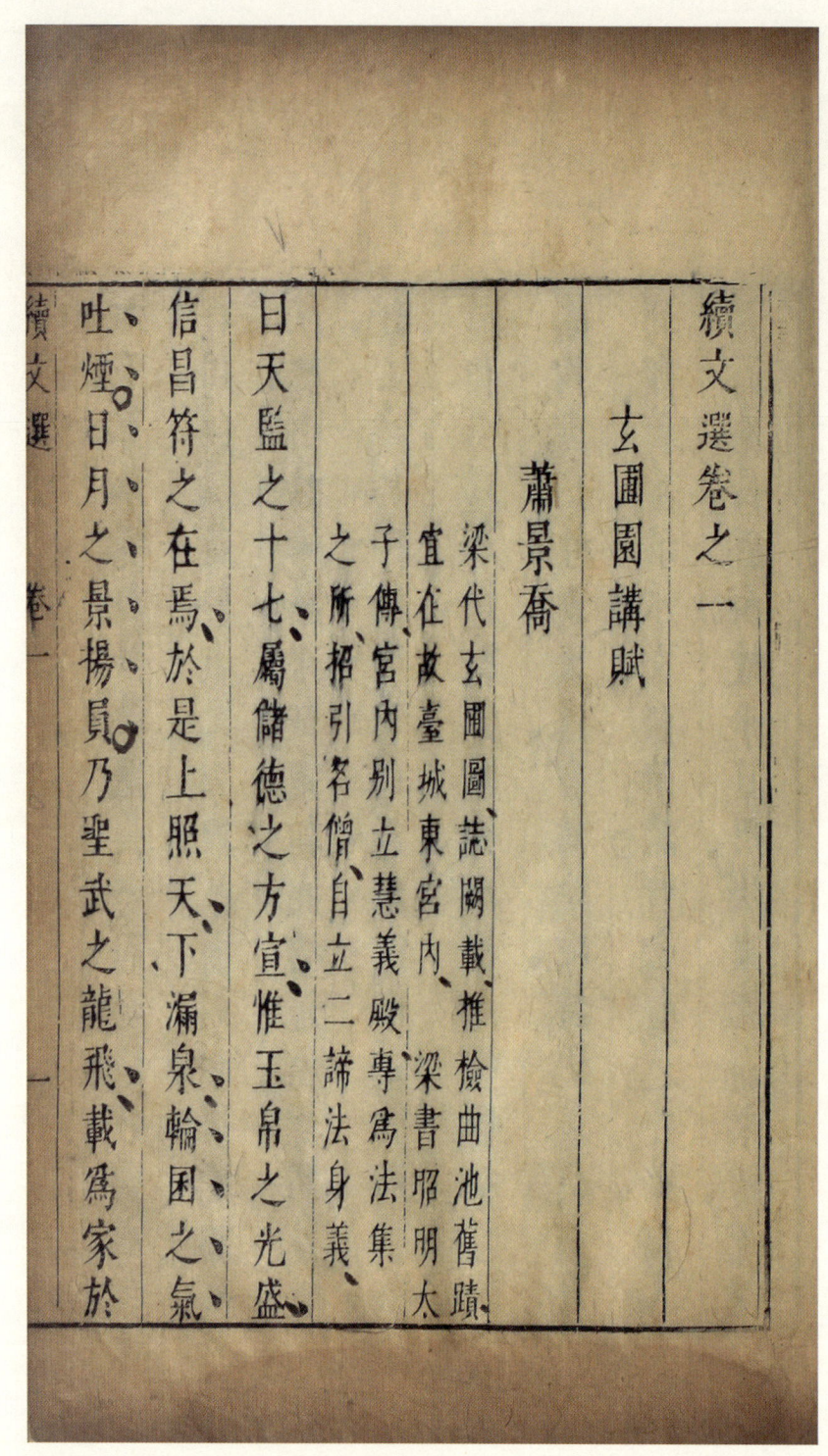

191 續文選十四卷首著作人姓名録一卷
[明]胡震亨選 [明]孫耀祖箋評 明崇禎十四年(1641)武原胡氏刻本 合訂二册

匡高19.0釐米，廣13.9釐米。半葉八行，行十八字。白口，左右雙邊，無魚尾。有"麗古堂書畫記""涇陽符氏珍藏"等印。

好語新新
重徐庚
之長

蕭昌對戰孤竹臨兵映佽月之遲羽飛如鳧之
去旌軍魚麗而齋上陣龍膝而俱行望烏雲之
臨敵開條風之入營壯士被犀艮馬絡鐵野曠
塵昏星流電掣日侵山而欲隱霧叆空而不滅
望水色其如花觀奔沙之似雲咸聽響而先登
金聞鳴而爲節當此時也畫角耻吟胡笳不思
才斗瞥捐金鉦虛置何資和之不營而吐聲之
雄異制六師之進旅驚三軍之武志嗟吾弟之

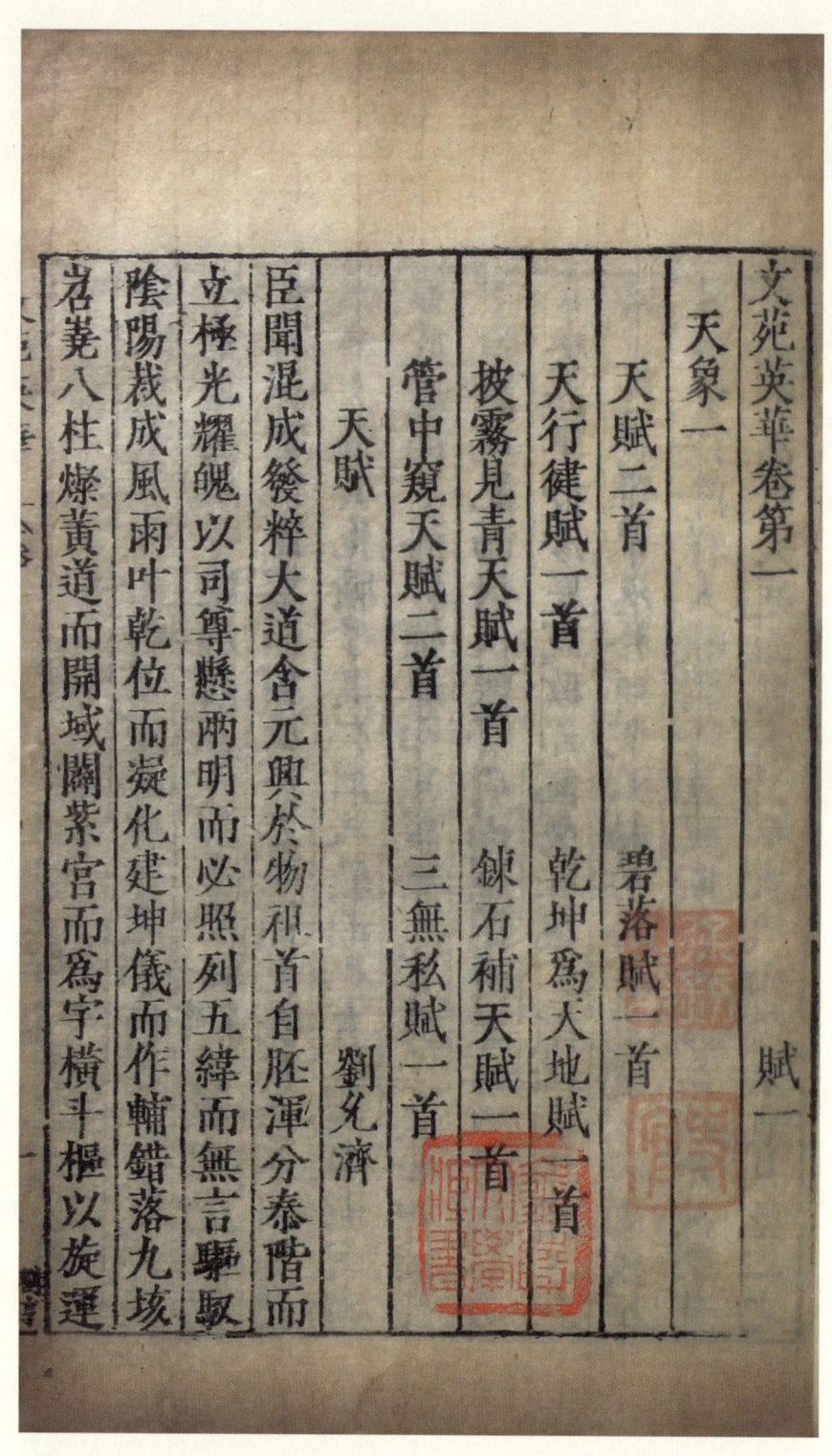

192 文苑英華一千卷

[宋]李昉等編 明隆慶元年(1567)福建巡撫塗澤民刻萬曆補版重印本 一百冊

匡高20.7釐米,廣15.4釐米。半葉十一行,行二十二字,小字雙行同。白口,四周單邊,單白魚尾。版心有刻工姓名。有鈔配。有"徐釚之印""史官""葉氏德輝鑒藏"等印。

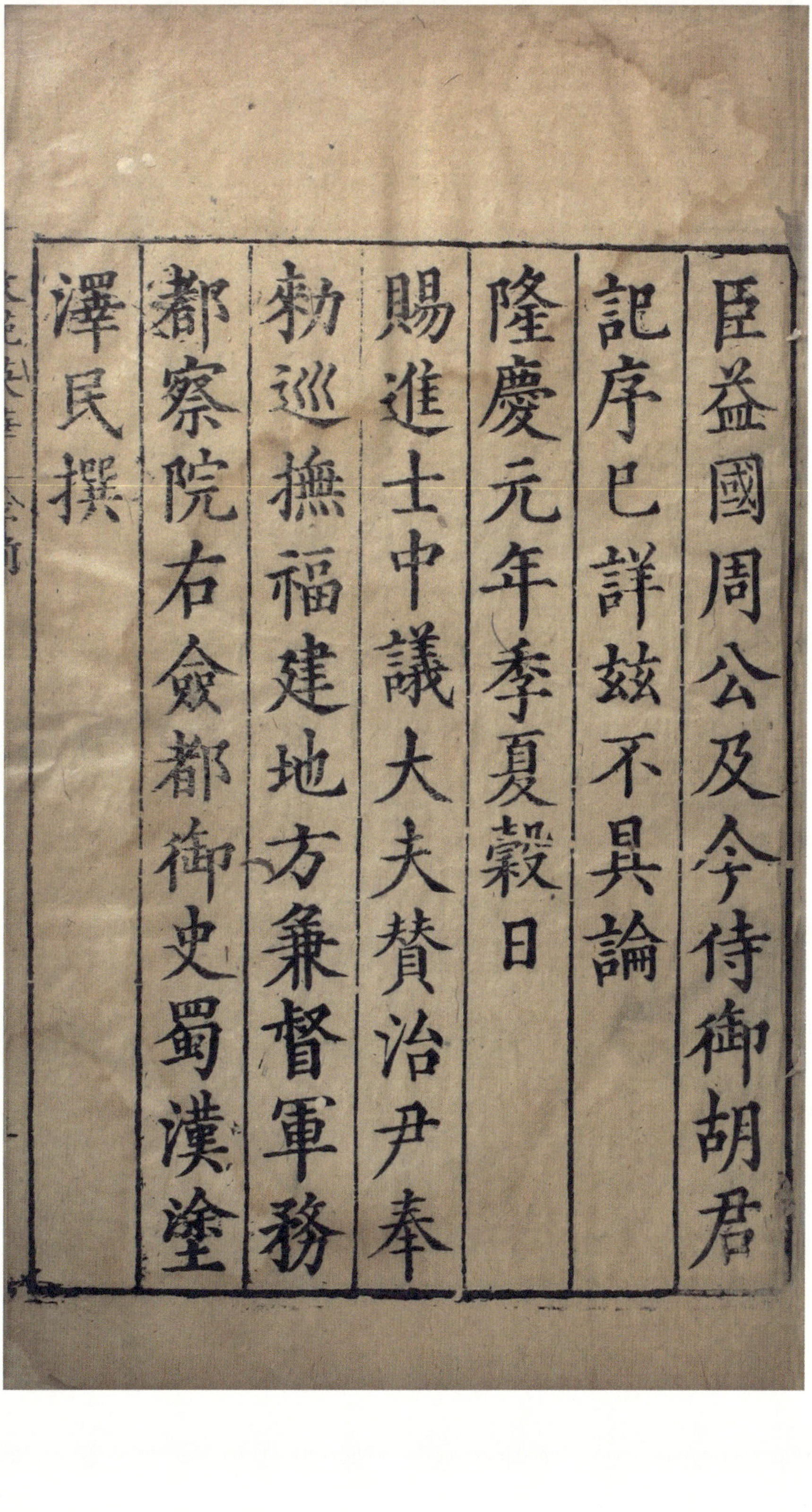

臣益國周公及今侍御胡君
記序已詳茲不具論
隆慶元年季夏穀日
賜進士中議大夫贊治尹奉
勅巡撫福建地方兼督軍務
都察院右僉都御史蜀漢塗
澤民撰

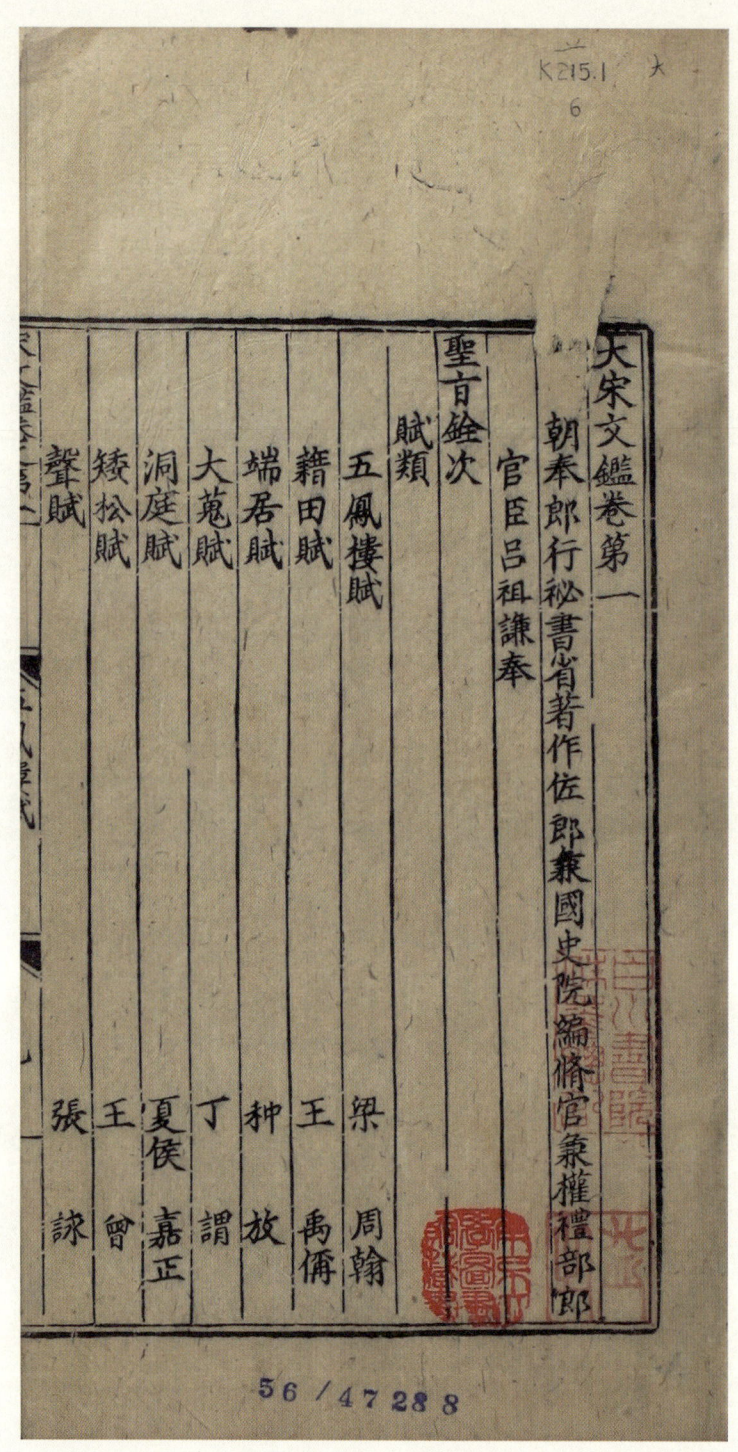

193 大宋文鑑一百五十卷目錄三卷
[宋]呂祖謙輯 明正德十三年(1518)慎獨齋刻本 四十八冊

匡高18.9釐米,廣12.0釐米。半葉十二行,行二十五字。白口,四周雙邊,雙黑魚尾。有"白川書院硃墨總記""汪辟彊""恭之""行之""周永肩印""歔翁""蘋香書聞"等印。

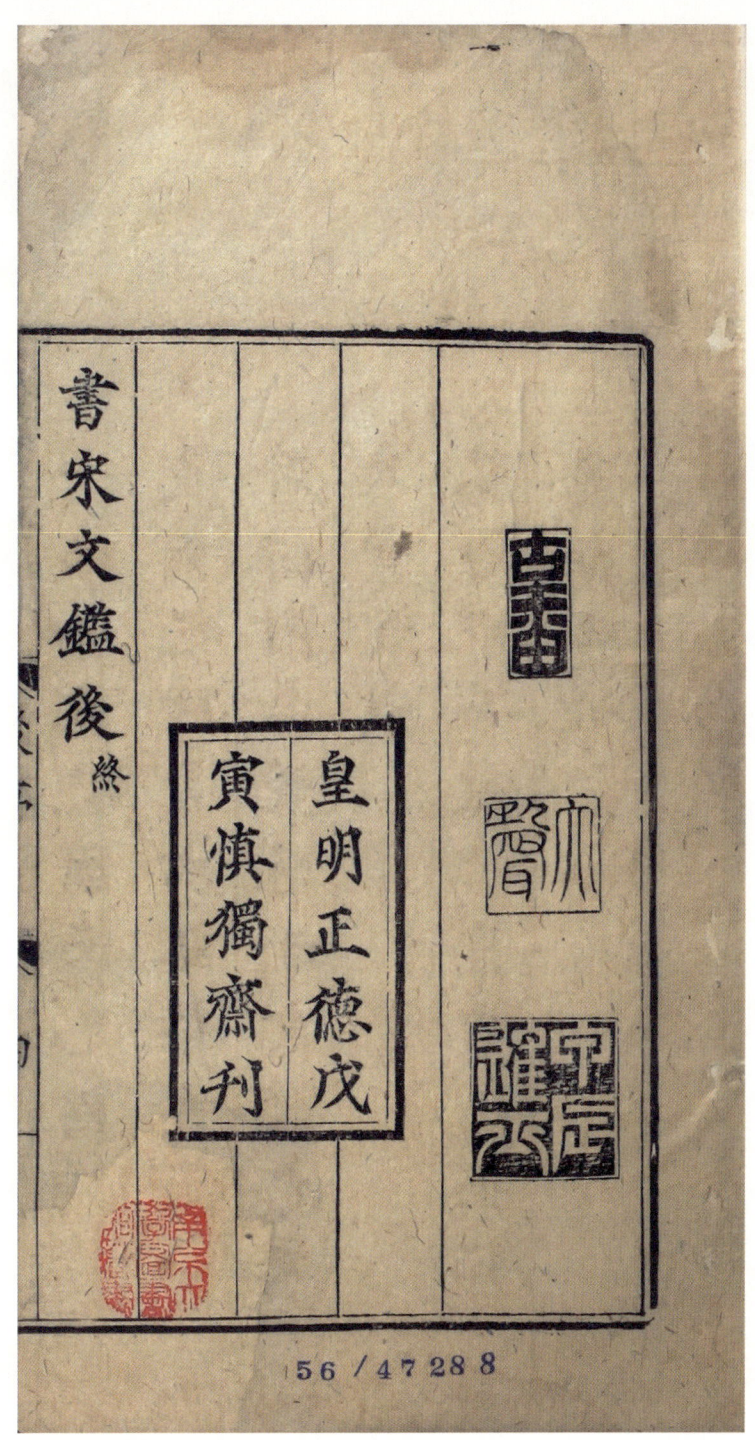

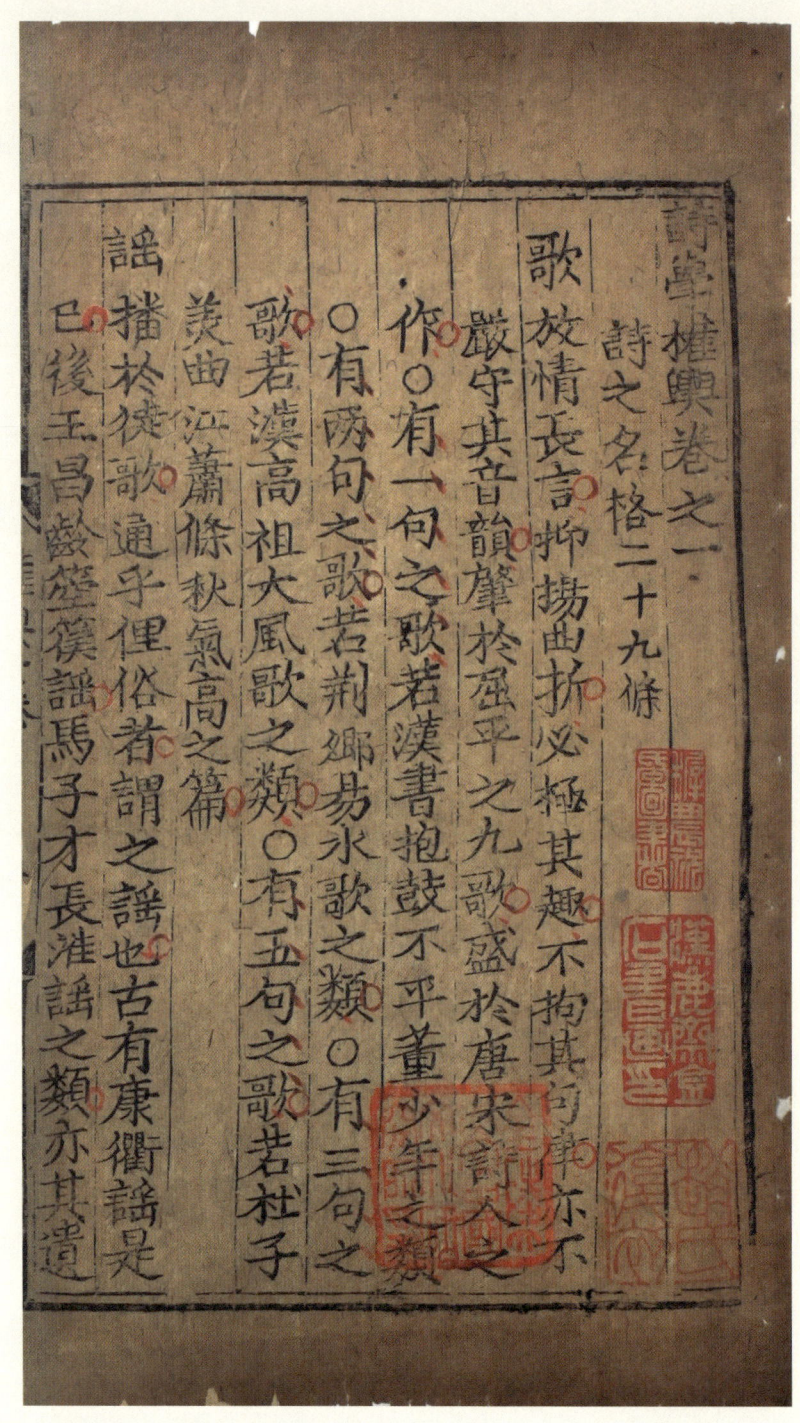

194 詩學權輿二十二卷

[明]黄溥編 明成化六年(1470)刻本 十二册

匡高20.5釐米，廣13.6釐米。半葉十行，行二十一字。黑口，四周雙邊，雙黑魚尾。有"稺農祝氏圖書""漢鹿齋金石書画印""趙氏復初"等印。

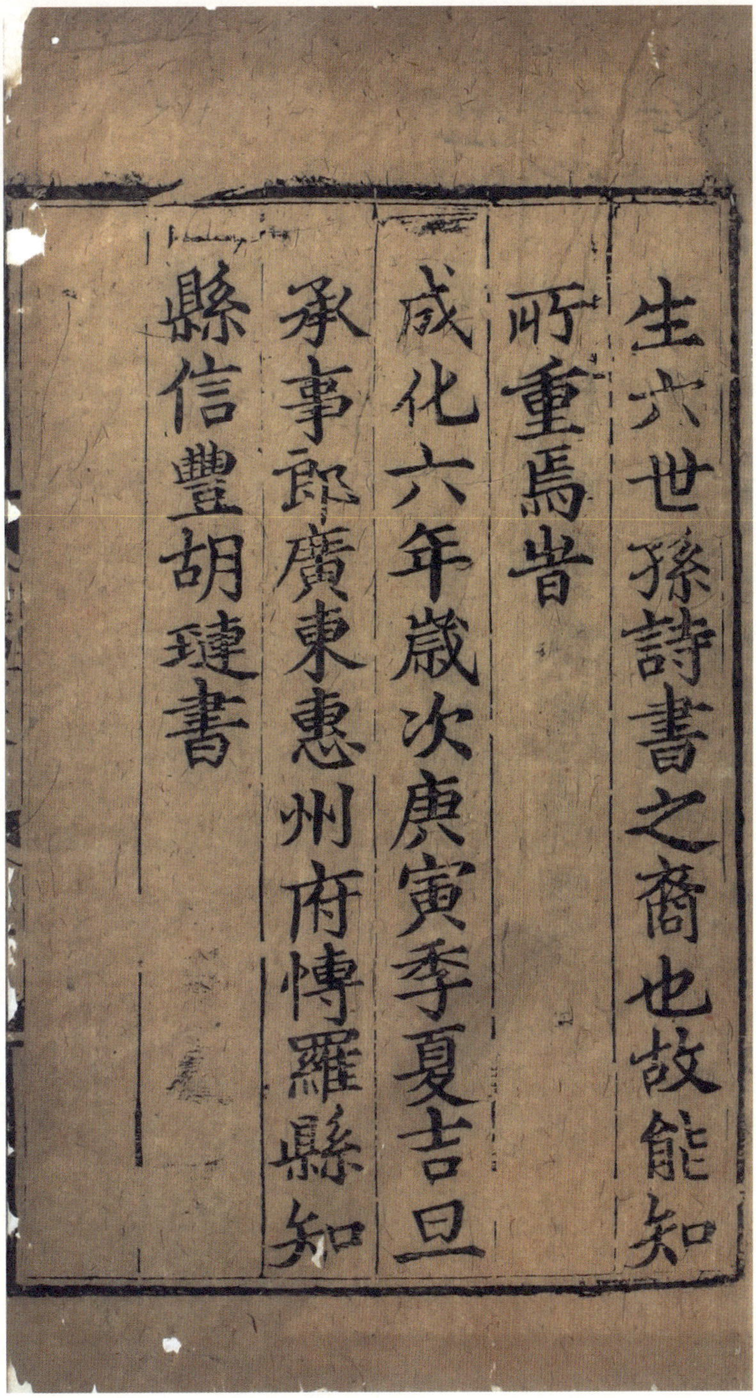

生六世孫詩書之裔也故能知
所重焉耳
成化六年歲次庚寅季夏吉旦
承事郎廣東惠州府博羅縣知
縣信豐胡璉書

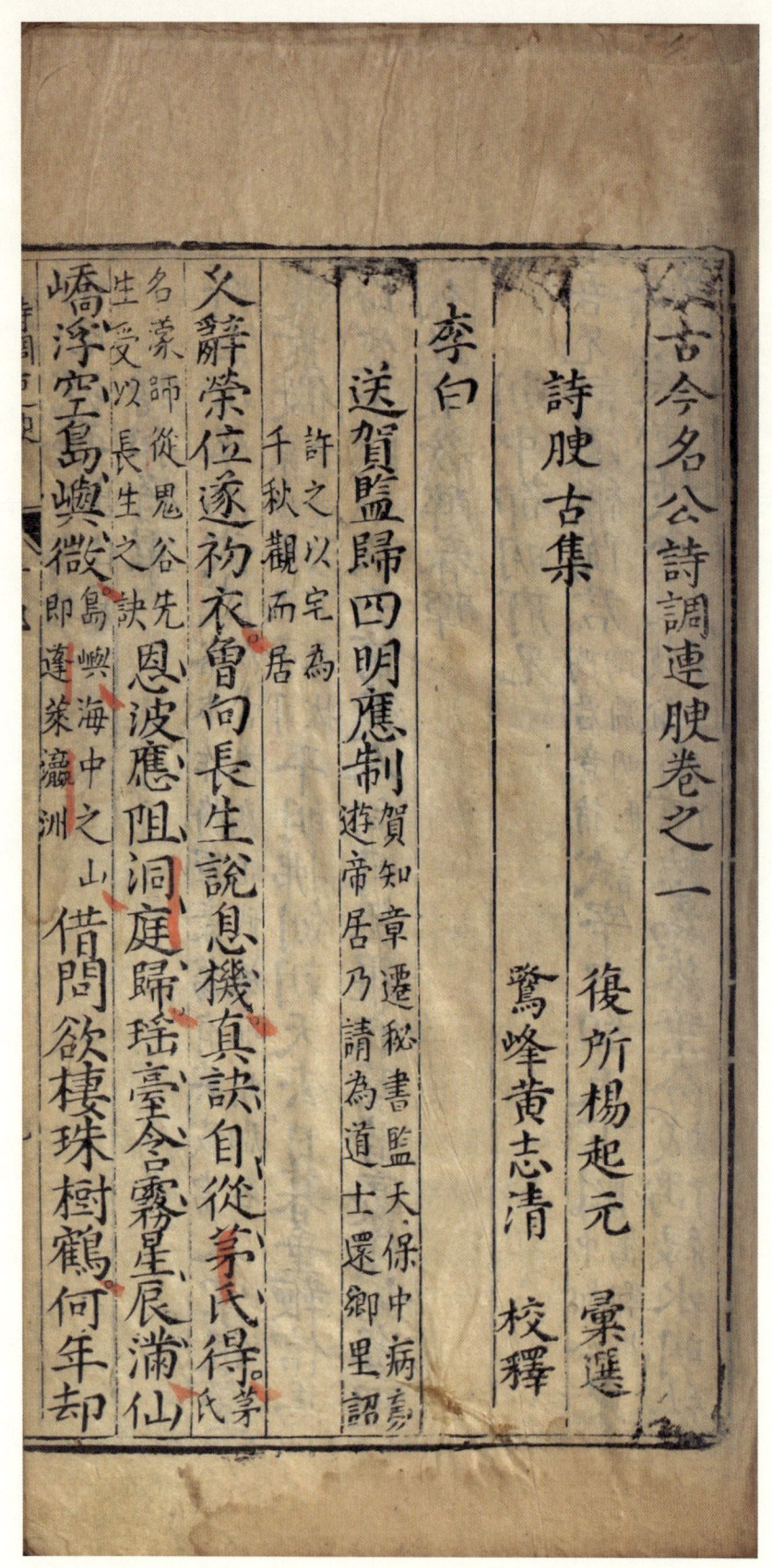

195 鍥古今名公詩調連腋十六卷

[明]楊起元彙選 [明]黃志清校釋 明萬曆二十九年(1601)書林萃慶堂刻本 二册

匡高 20.5 釐米，廣 12.5 釐米。半葉九行，行二十二字。白口，四周雙邊，單黑魚尾。書中有朱筆句讀。

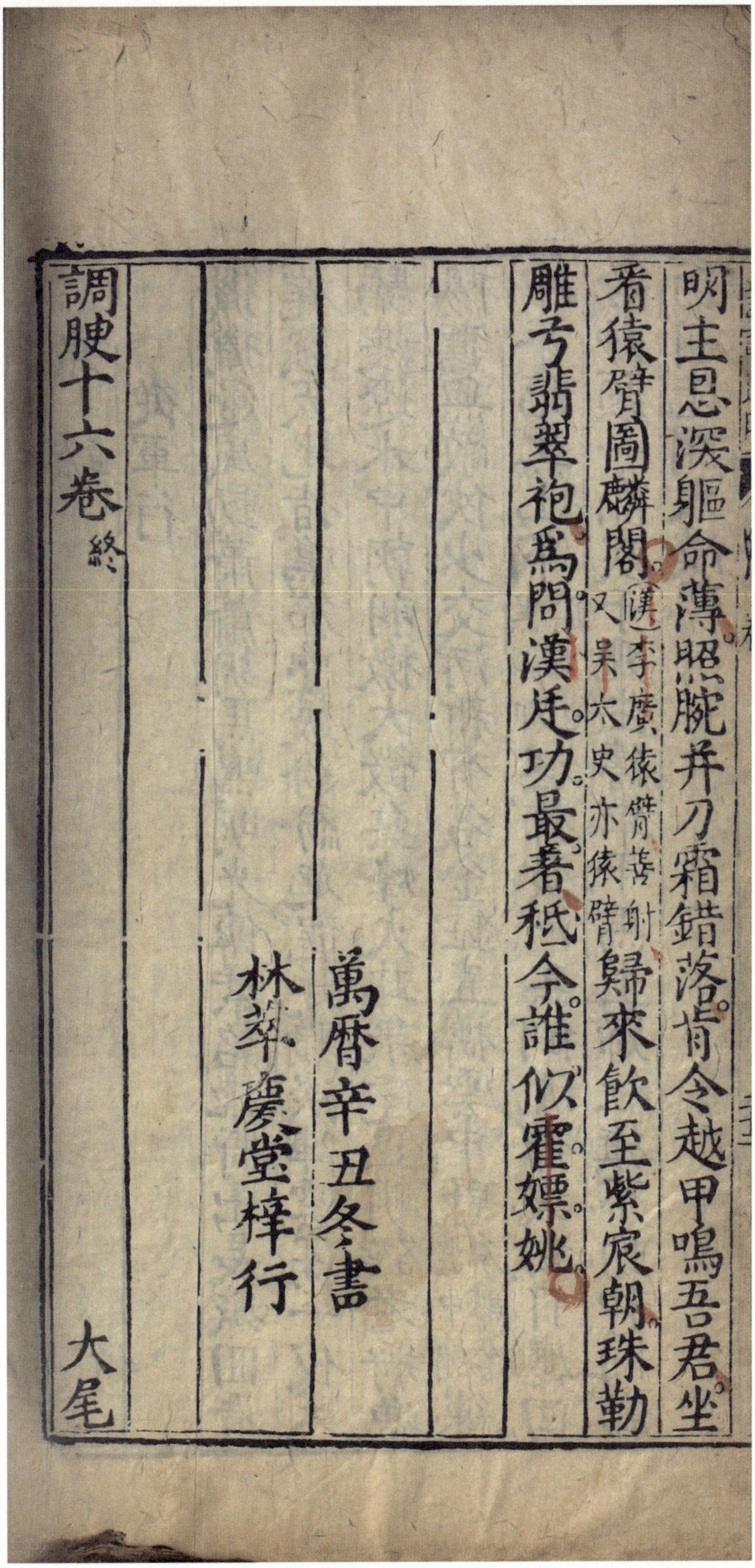

明主恩深軀命薄昭腕并刀霜錯落肯令越甲鳴吾君坐
看猿臂圖麟閣〔漢〕李廣猿臂善射歸來飲至紫宸朝珠勒
雕弓翡翠袍焉問漢廷功最著祗今誰似霍嫖姚

調脾十六卷終

萬曆辛丑冬書
林萃慶堂梓行

大尾

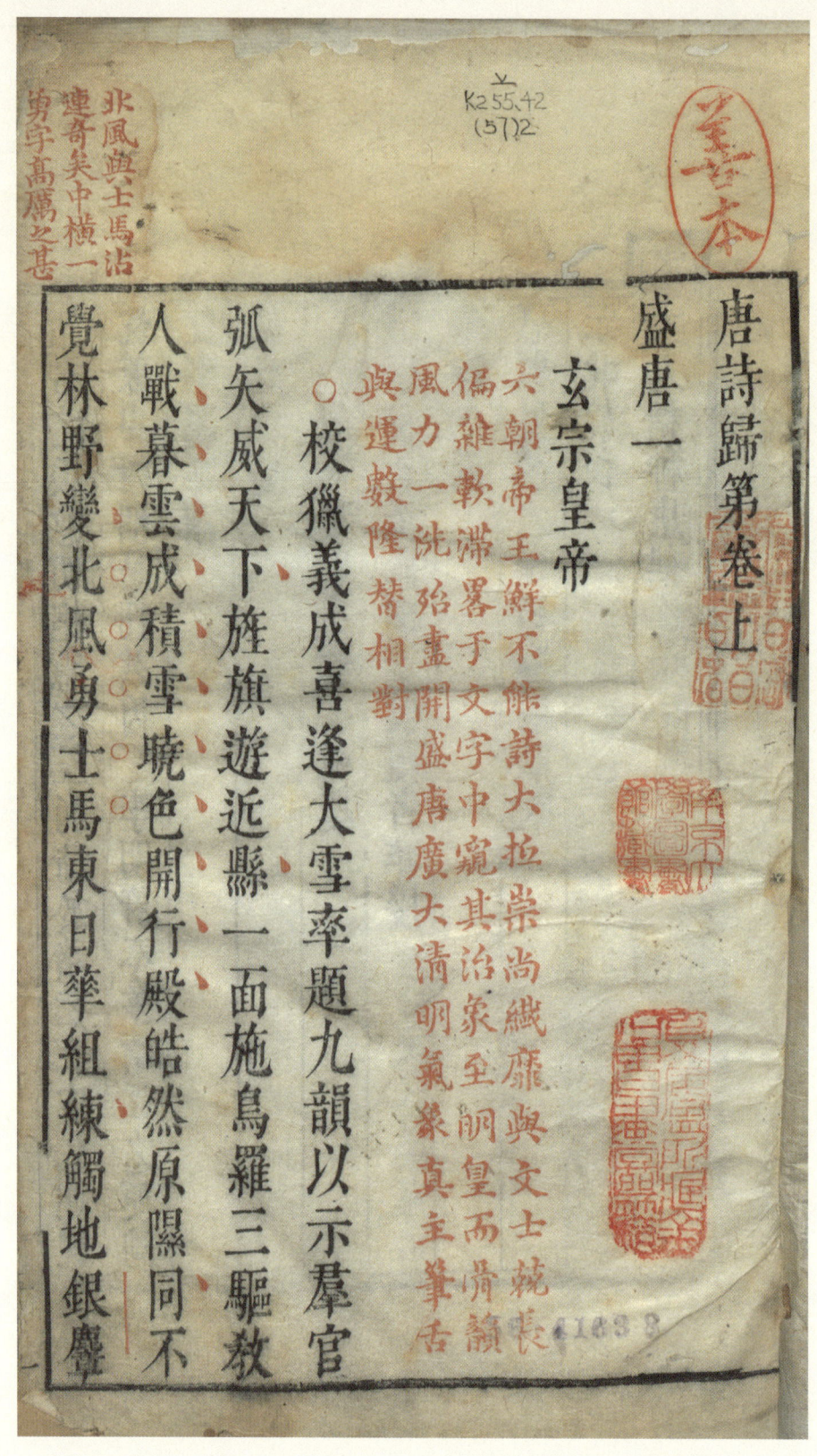

196 唐詩歸三十六卷殘存二卷

[明]鍾惺、譚元春選 明閔振業、閔振聲刻三色套印本 存二册

匡高20.5釐米,廣14.3釐米。半葉全匡九行,行十八字。四周單邊。有"夏廬所藏金石書畫圖籍"等印。封面有胡小石題字。書賈以殘充全,將原本卷六殘葉改爲卷上,卷五殘葉改爲卷下。

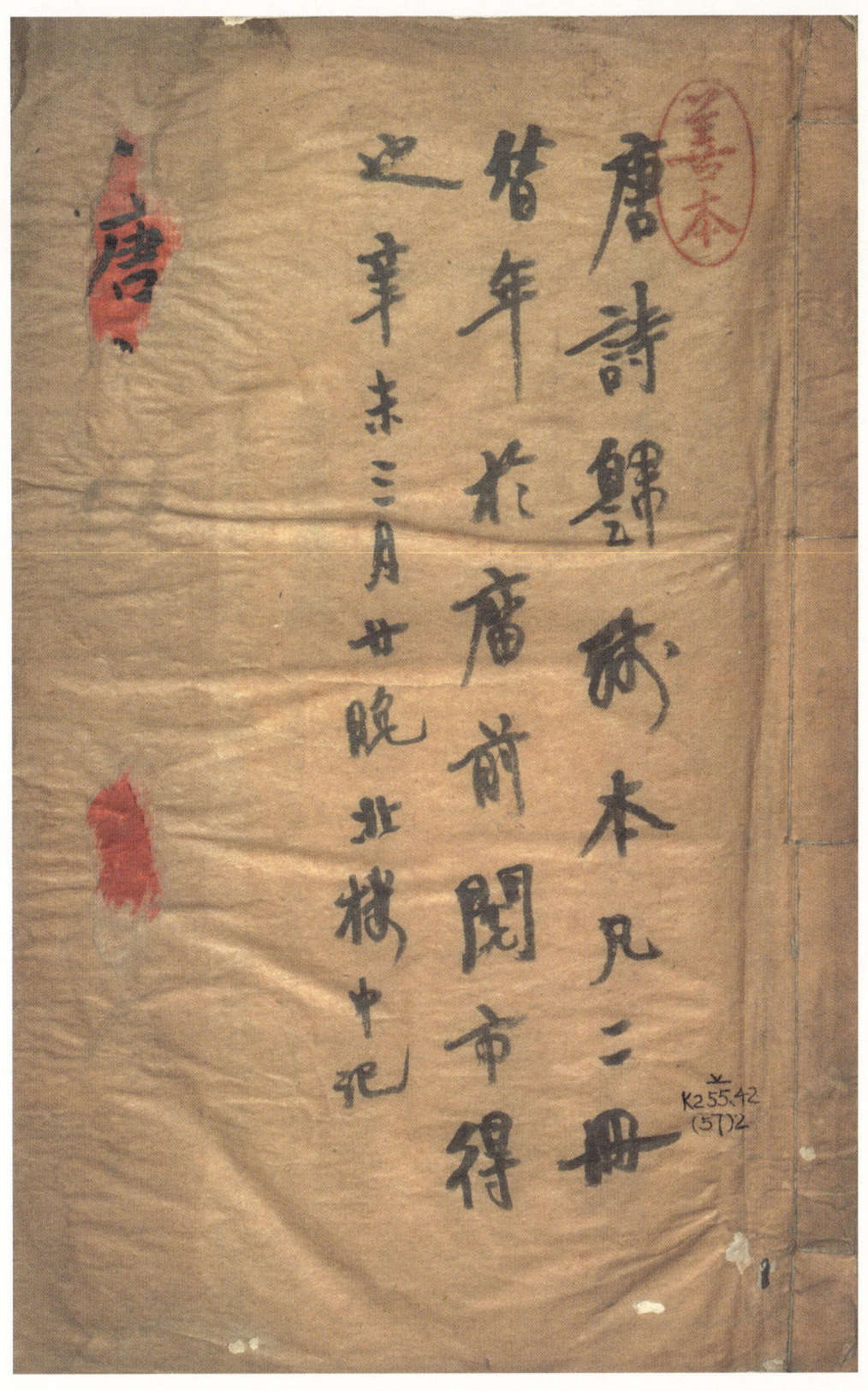

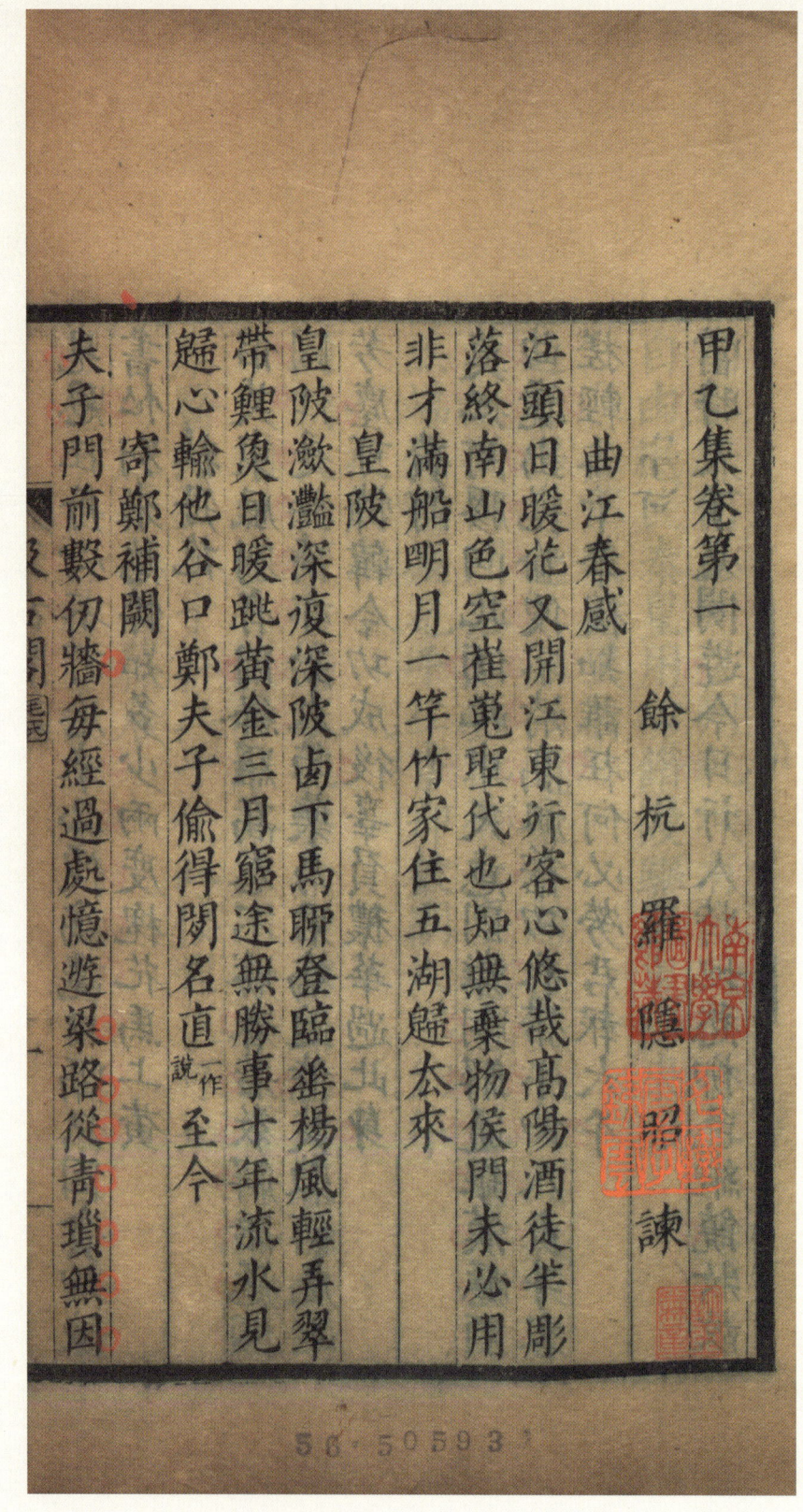

197 唐人八家詩八種四十二卷
[唐]賈島、羅隱、李商隱等撰　明崇禎汲古閣刻本　八冊

匡高19.3釐米，廣13.8釐米。半葉十二行，行二十字。白口，左右雙邊，單黑魚尾。有"名鐵雲字銕雲""許玉森章""廉生讀過""宋氏藏書""殿傳式字芸暉""王氏信印""王懿榮""悠然見南山"等印。

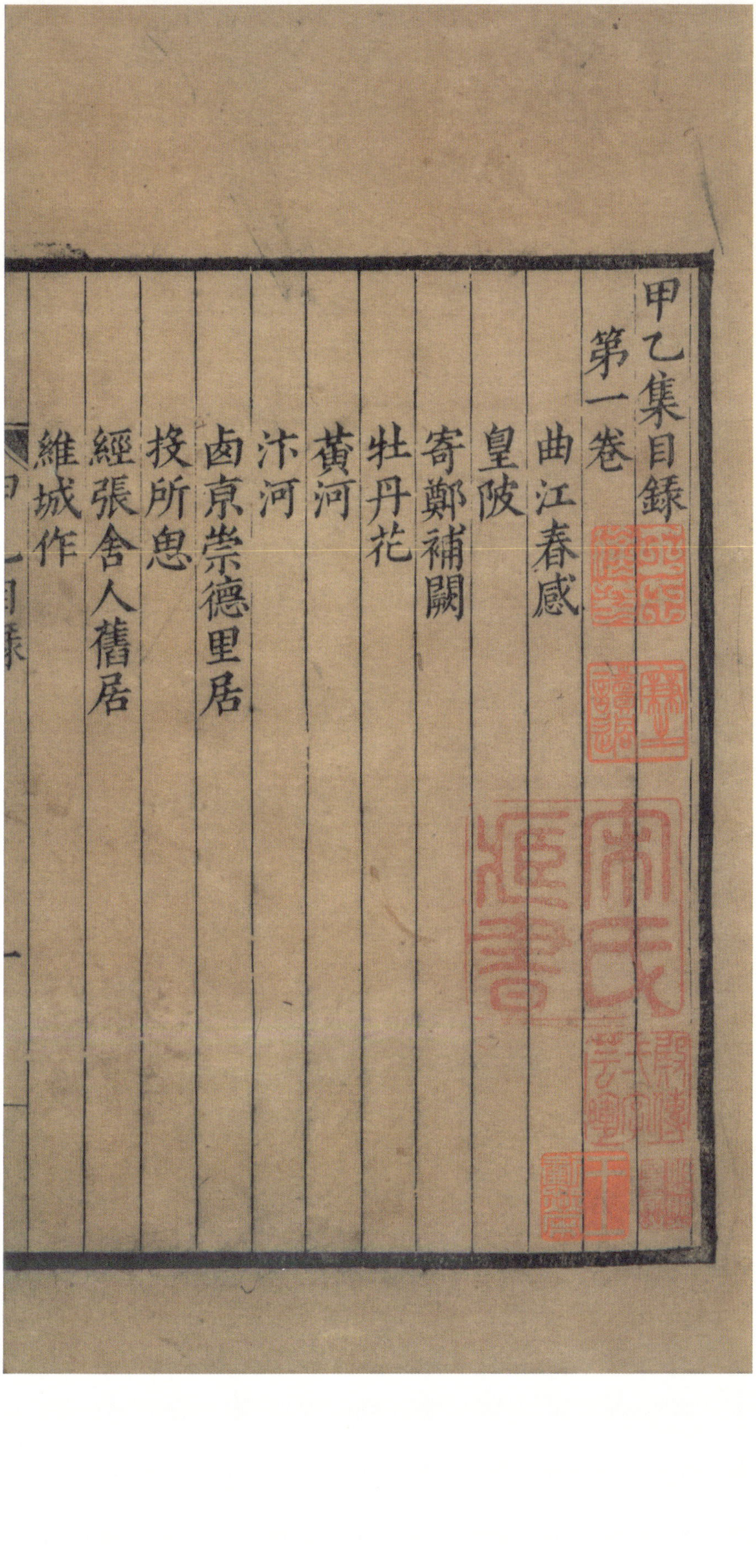

甲乙集目錄
第一卷
曲江春感
皇陂
寄鄭補闕
牡丹花
黃河
汴河
鹵京崇德里居
投所思
經張舍人舊居
維城作

李義山集上

錦瑟

錦瑟無端五十絃一絃一柱思華年莊生曉夢迷蝴
蝶望帝春心託杜鵑滄海月明珠有淚藍田日暖玉
生煙此情可待成追憶 憶一作 只是當時已惘然

重過聖女祠

白石巖扉碧蘚滋上清淪謫得歸遲一春夢雨常飄
瓦盡日靈風不滿旗萼綠華來無定所杜蘭香去未
移時玉郎會此通仙籍憶 憶一作 向天階問紫芝

寄羅劭興 興一作

棠棣黃花歲忽憂碧葉齊人間微病酒鸞重遠兼泥
混沌何由鑿青冥未有梯高陽舊徒侶時復一相攜

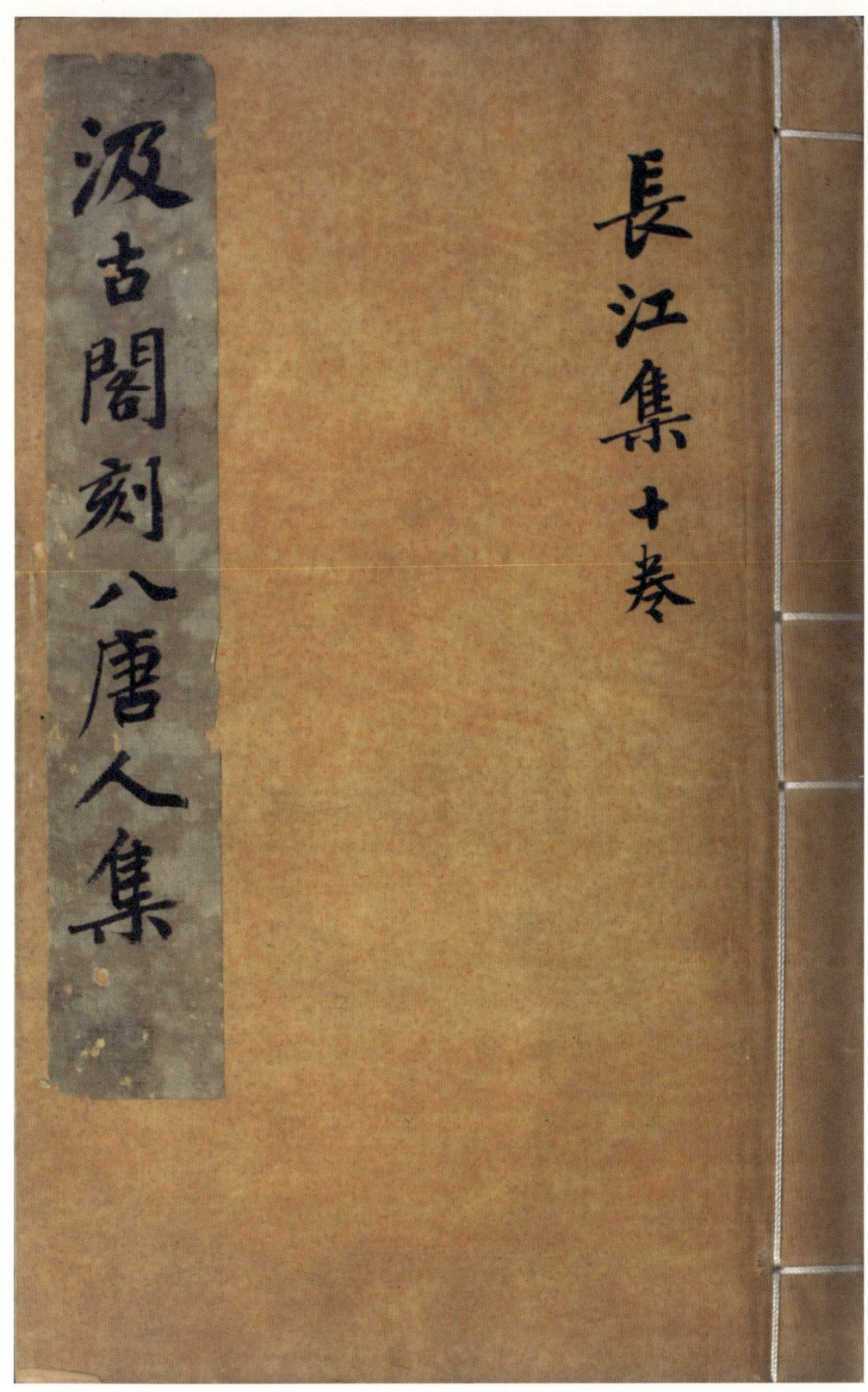

汲古閣刻八唐人集　長江集十卷

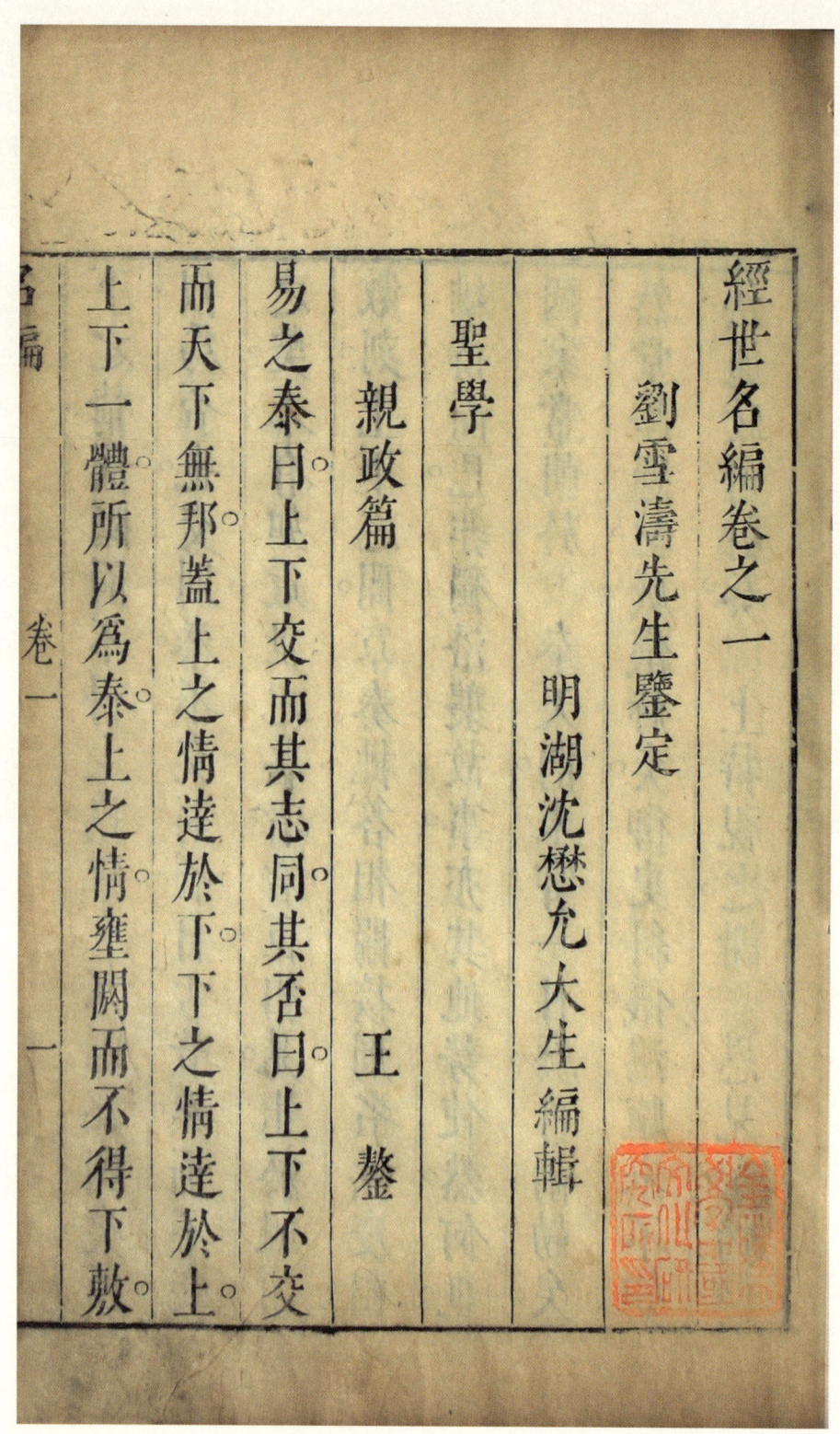

398 經世名編二十三卷
[明]沈懋允編輯 明末刻本 十二冊

匡高20.8釐米,廣15.0釐米。半葉八行,行十八字。白口,四周單邊,無魚尾。

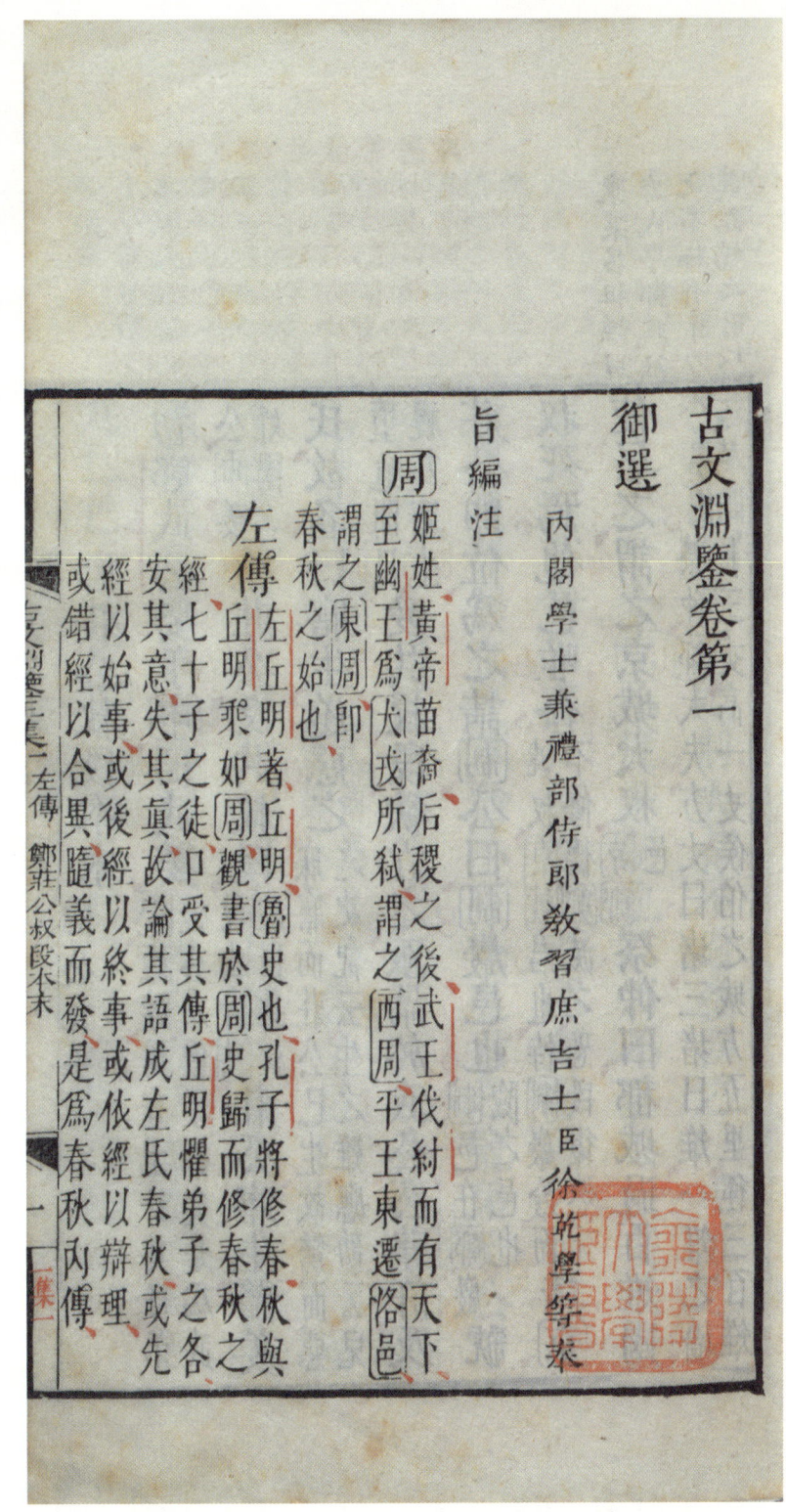

199 古文淵鑒六十四卷

[清]徐乾學等編注　清康熙內府五色套印本　四十册

匡高 18.5 釐米，廣 14.1 釐米。半葉九行，行二十字，小字雙行同。細黑口，四周單邊，雙黑魚尾。有"拙弈"等印。

【上欄評語】

畫皆可見莊公　先王之制大都不過參國之一中五之一
材略儘高叔段
巳在掌握中故　今京不度非制也君將不堪公曰姜氏欲
祭仲之徒愈急　之焉辟害對曰姜氏何厭之有不如早為之所無使
而莊公之心愈
緩待段先發而　滋蔓蔓草猶不可除況君之寵弟乎公曰
後應之公之於
段始如處女敵
人開戶後如脫
兔敵不及拒者　多行不義必自斃子姑待之既而大叔命西鄙北鄙
己然莊公此等
計術施於敵國　貳於己〔鄙鄭邊邑貳兩屬也〕令　公子呂曰〔公子呂鄭大夫〕
則為巧施於骨
肉則為忍此左　不堪貳君將若之何欲與大叔臣請事之若弗與則
氏鋪敘好處以
十分筆力寫十　請除之無生民心公曰無庸將自及大叔又收貳以
分情事
　　　　　　　為己邑至於廩延〔廩延鄭邑〕子封曰可矣厚將得眾公

書曰鄭伯克段于鄢人不格姦人倫之至萬世之訓也以武姜之偏而溺叔段之貪愚莊公初無孝友之誠心遂不明於夫婦之大義養成弟奪之惡而後以兵取其失德多矣

東萊呂祖謙曰左氏序鄭莊公之事極有筆力

鄭莊公叔段本末 隱公元年

初鄭武公娶于申曰武姜生莊公及共叔段莊公寤生驚姜氏故名曰寤生遂惡之愛共叔段欲立之亟請於武公公弗許及莊公即位為之請制公曰制巖邑也虢叔死焉他邑唯命請京使居之謂之京城大叔祭仲曰都城過百雉國

300 劉子文心雕龍二卷(缺卷上之上)註二卷

[梁]劉勰撰 [明]楊慎、曹學佺等批點 [明]梅慶生音註 明閔繩初刻五色套印本 存四冊

匡高21.2釐米,廣15.2釐米。半葉九行,行十九字,小字雙行同。白口,四周單邊,無魚尾。

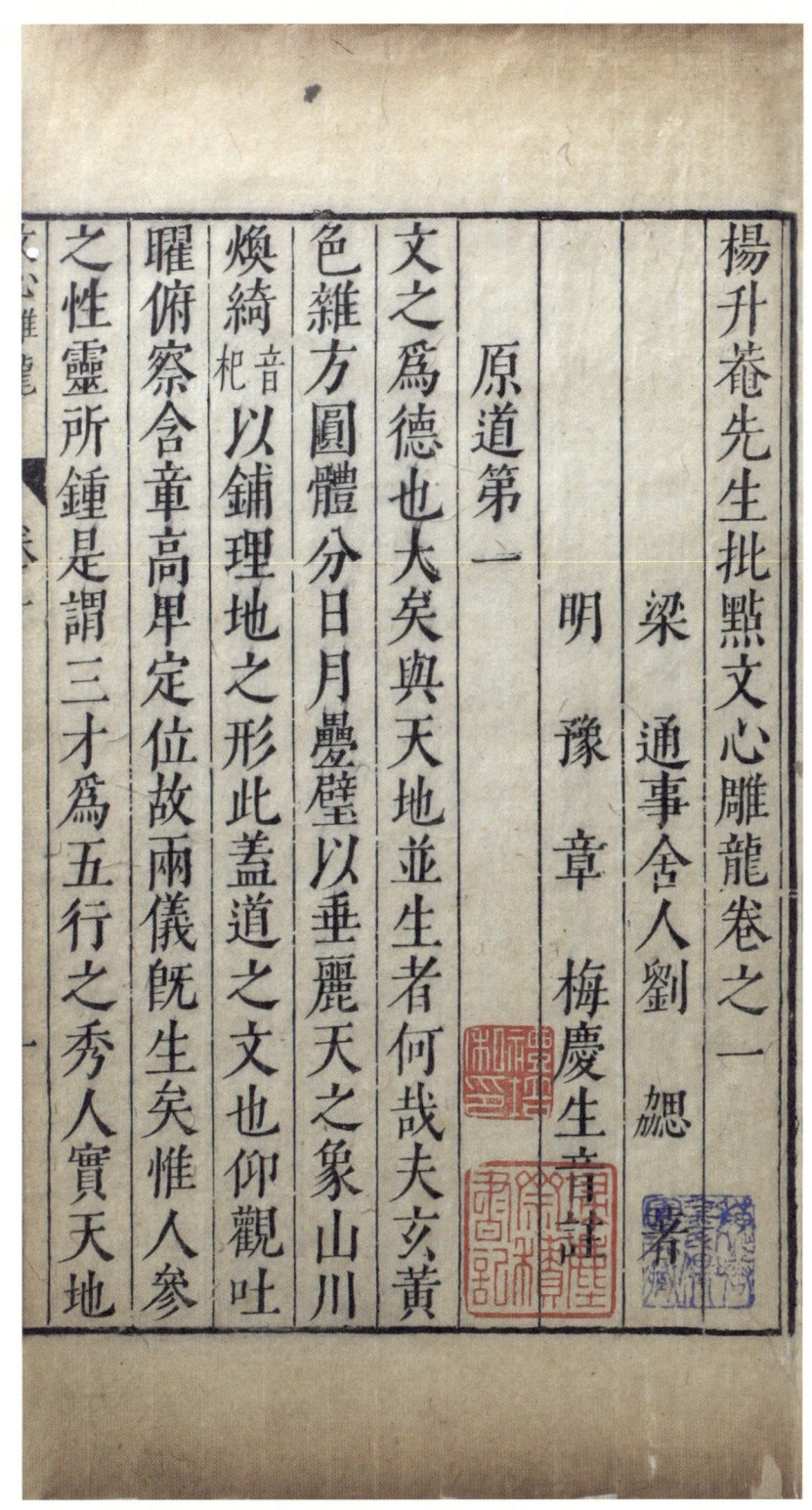

201 楊升菴先生批點文心雕龍十卷

[梁]劉勰撰 [明]楊慎批點 [明]梅慶生音註 明萬曆二十一年(1593)南州朱謀㷒刻本 四冊

匡高21.0釐米,廣15.0釐米。半葉九行,行十八字,小字雙行同。白口,四周單邊,單黑魚尾。有"光音齋珍藏""魏塘金氏偶園珍藏""禮培私印""掃塵齋讀書記""蟬隱廬"等印。

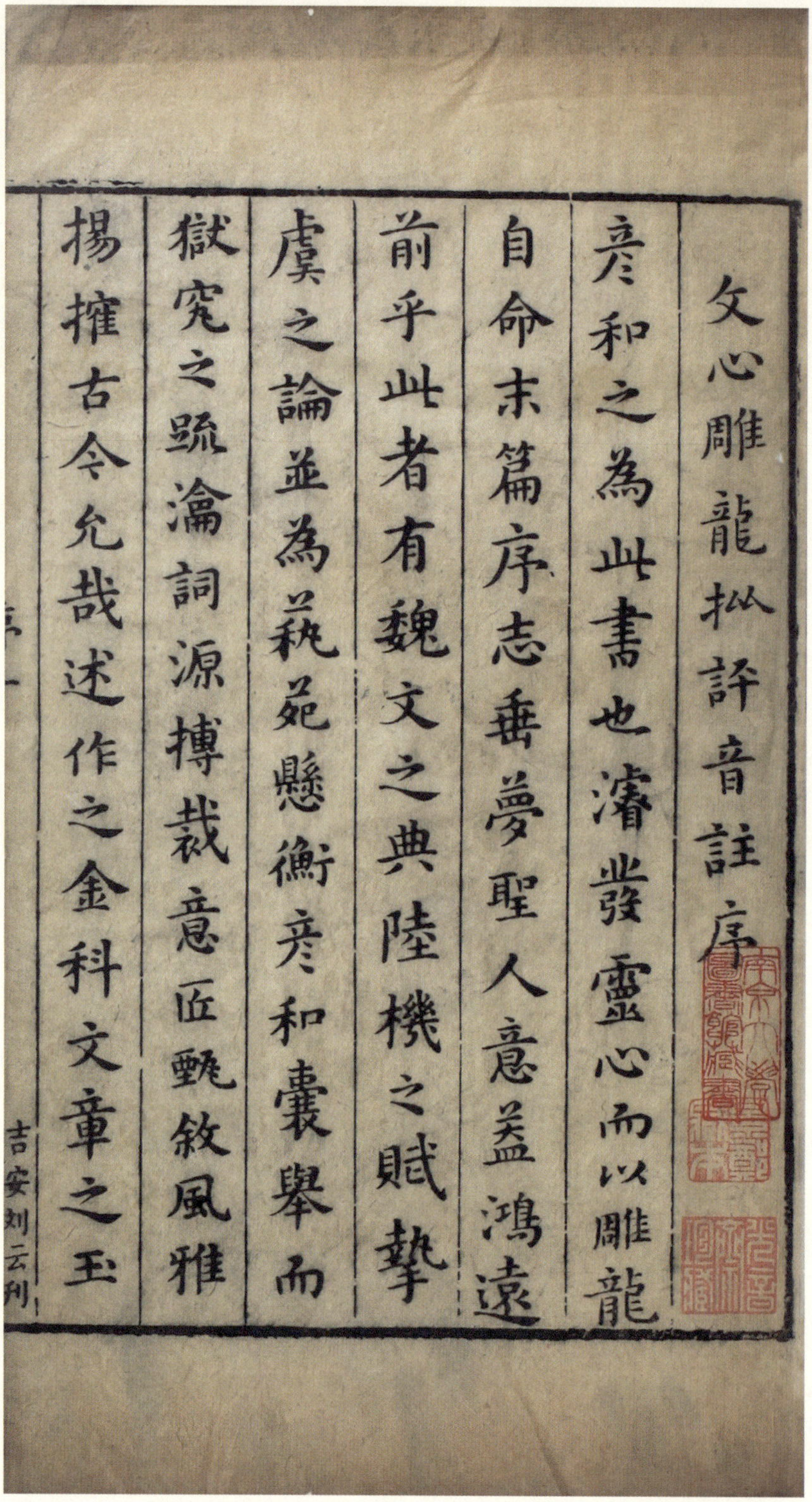

文心雕龍擬評音註序

彥和之為此書也濬發靈心而以雕龍

自命末篇序志垂夢聖人意蓋鴻遠

前乎此者有魏文之典陸機之賦摯

虞之論並為藝苑懸衡彥和囊舉而

獄究之覷瀹詞源搏裁意匠甄敘風雅

揚搉古今允哉述作之金科文章之玉

吉安劉云刊

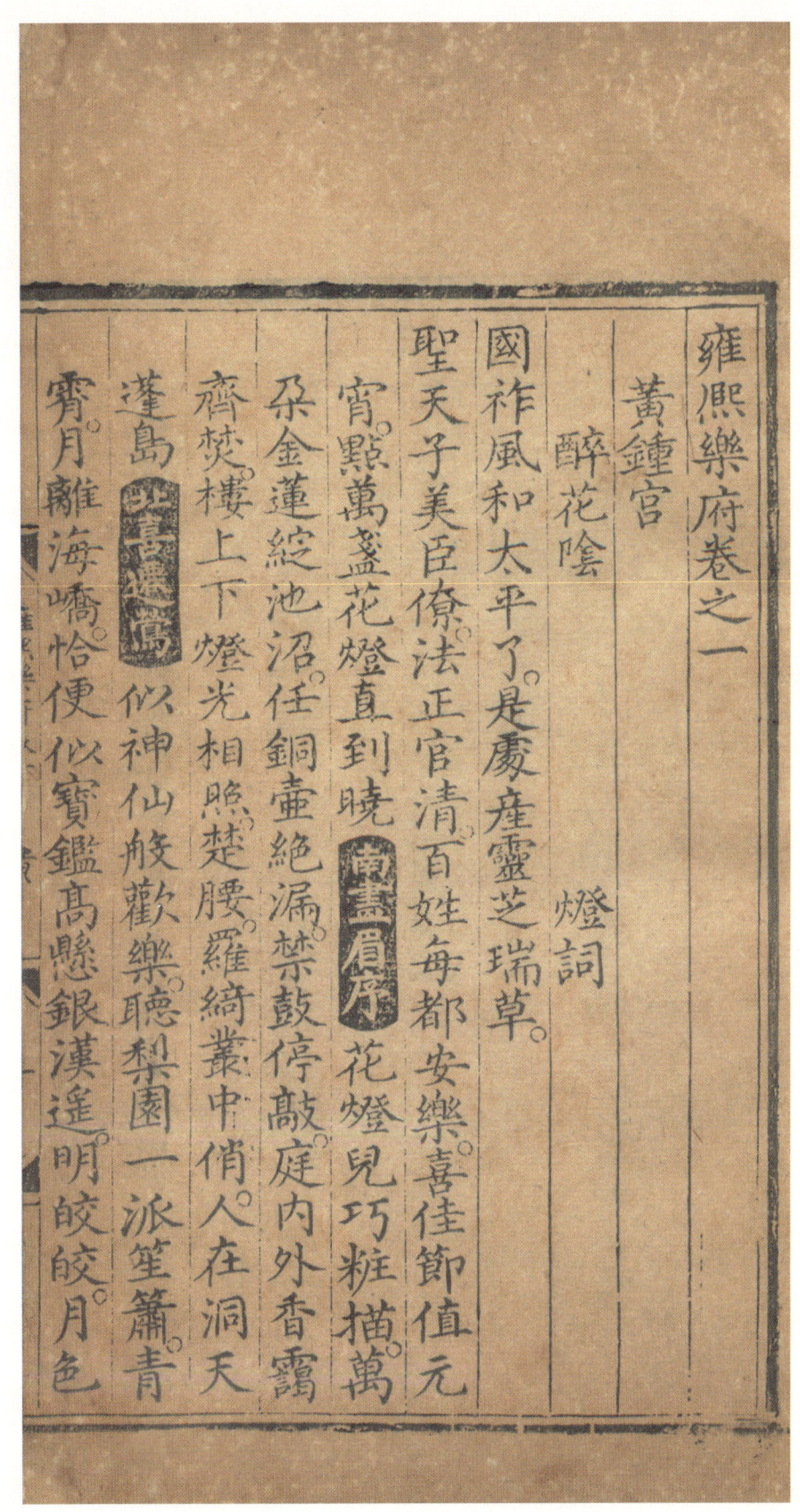

202 雍熙樂府二十卷

[明]郭勛輯 明嘉靖四十五年(1566)刻本 二十二册

匡高20.0釐米,廣13.7釐米。半葉十行,行二十一字。白口,四周雙邊,三黑魚尾。有鈔配。

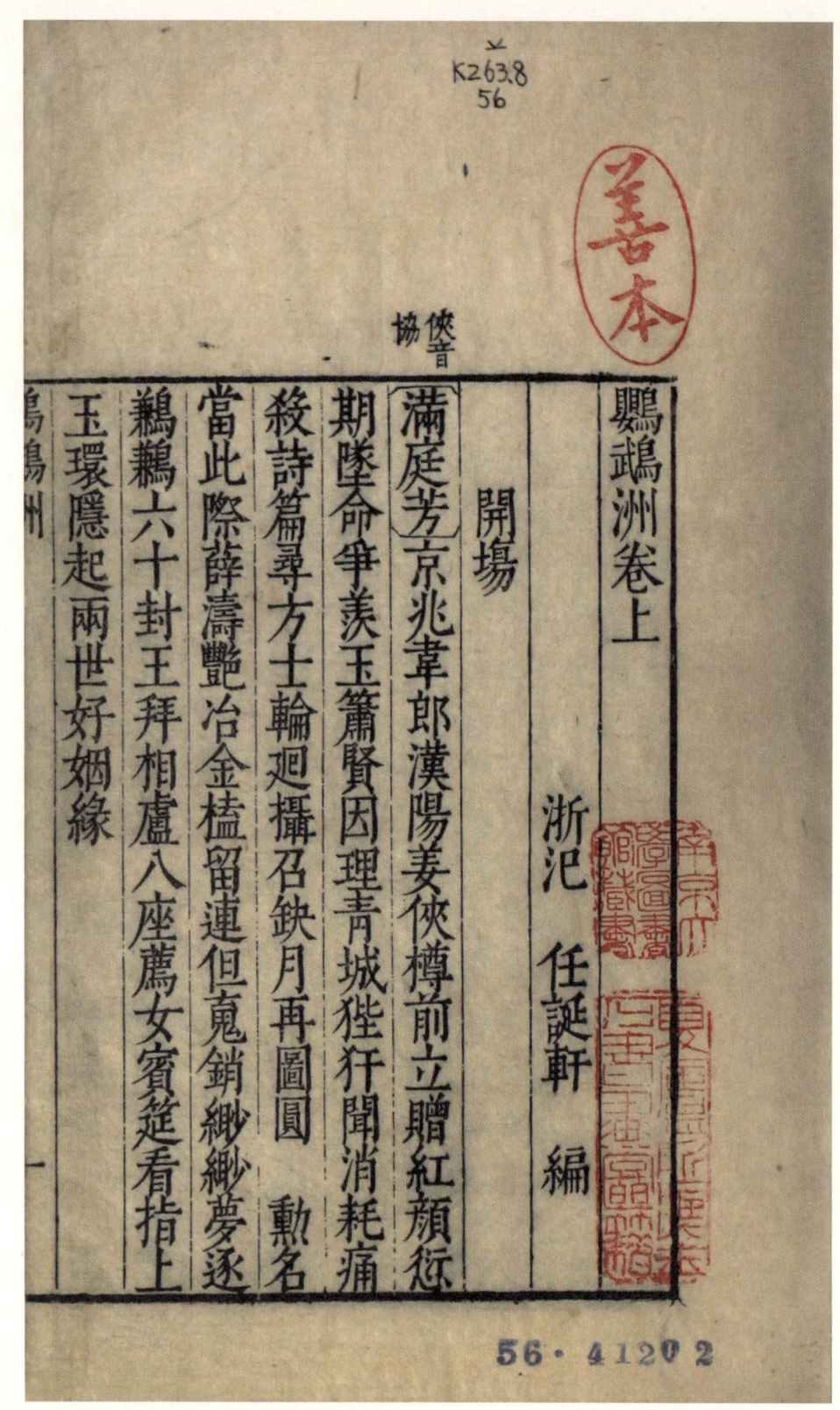

203 鸚鵡洲二卷

[明]陳與郊撰 明萬曆四十四年(1616)刻本 二册

匡高14.9釐米，廣10.8釐米。半葉九行，行十八字，小字雙行同。白口，四周單邊，無魚尾。有"夏廬所藏金石書畫圖籍"等印。

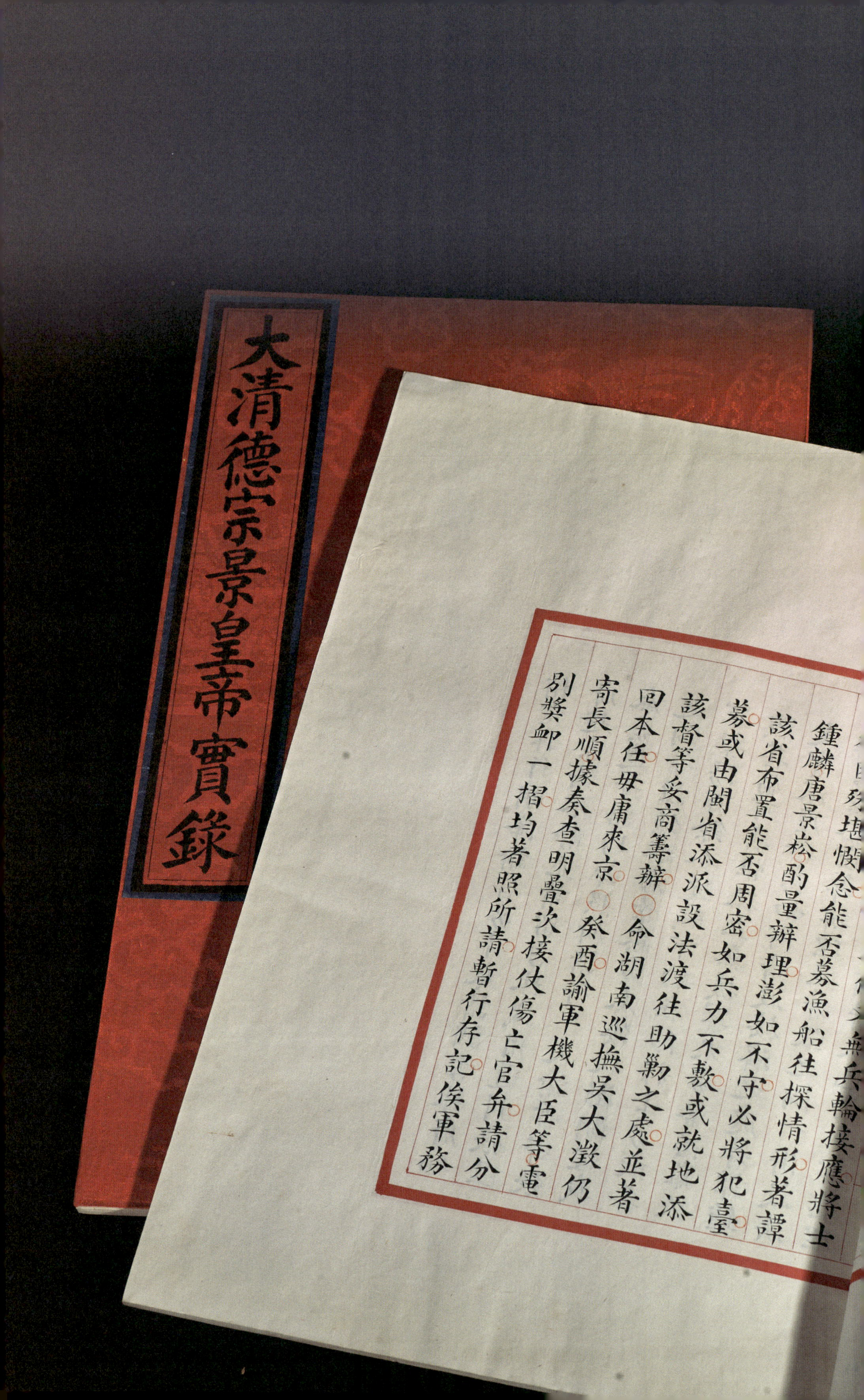

大清德宗景皇帝實錄

鍾麟唐景崧酌量辦理如不守必將犯臺
該省布置能否周密如兵力不敷或就地添
募或由閩省添派設法渡往助勦之處並著
該督等妥商籌辦○命湖南巡撫吳大澂仍
日本任毋庸來京○癸酉諭軍機大臣等電
寄長順據奏查明疊次接仗傷亡官弁請分
別獎卹一摺均著照所請暫行存記俟軍務

四 稿鈔校本

（79部）

郊望類造附　　四明　范廷謀

孔䟽石渠論云周公祭天用太公為尸是用異姓而公者也
案公羊說祭天無尸左氏說晉祀夏郊以董伯為尸虞傳云舜入唐
郊以丹朱為尸則祭天似亦有尸然董伯夏之後丹朱堯之子以為配天
者之尸耳則祭天原無尸也周官節服氏郊祀送迎尸亦后稷之尸也
孔䟽天神有六祭之一歲有九昊天上帝冬至祭之一也蒼帝靈威仰赤
帝赤熛怒黃帝含樞紐白帝白招拒黑帝汁光紀立春立夏季夏立
秋立冬祭之于東南、西北郊為五也王者各稟五帝之精氣而王天下于
夏正之月祭于南郊、七也四月龍星見而雩總祭五帝于南の
大饗五帝于明堂九也四時迎氣祭五天帝于四郊各以當方人帝配の月令

眉批：
礼通考祭天一歲有四
至郊天一也孟春祈穀二
三者皆以郊名配以后稷
櫻大雲三也如祭名配或亦以
櫻季秋大饗帝于明堂昊
主配四四祭皆專祀昊天
上帝唯礼疏皆謂五帝天
文大雪亦四如禾至至
祭天以巳馬端臨從之也
事而謂歲之雩有
于圓丘未於於以歲之雩有
有稼報夏大雩秋明堂
冬祈穀孔疏太宰冬
礼皆秋穀而郊較

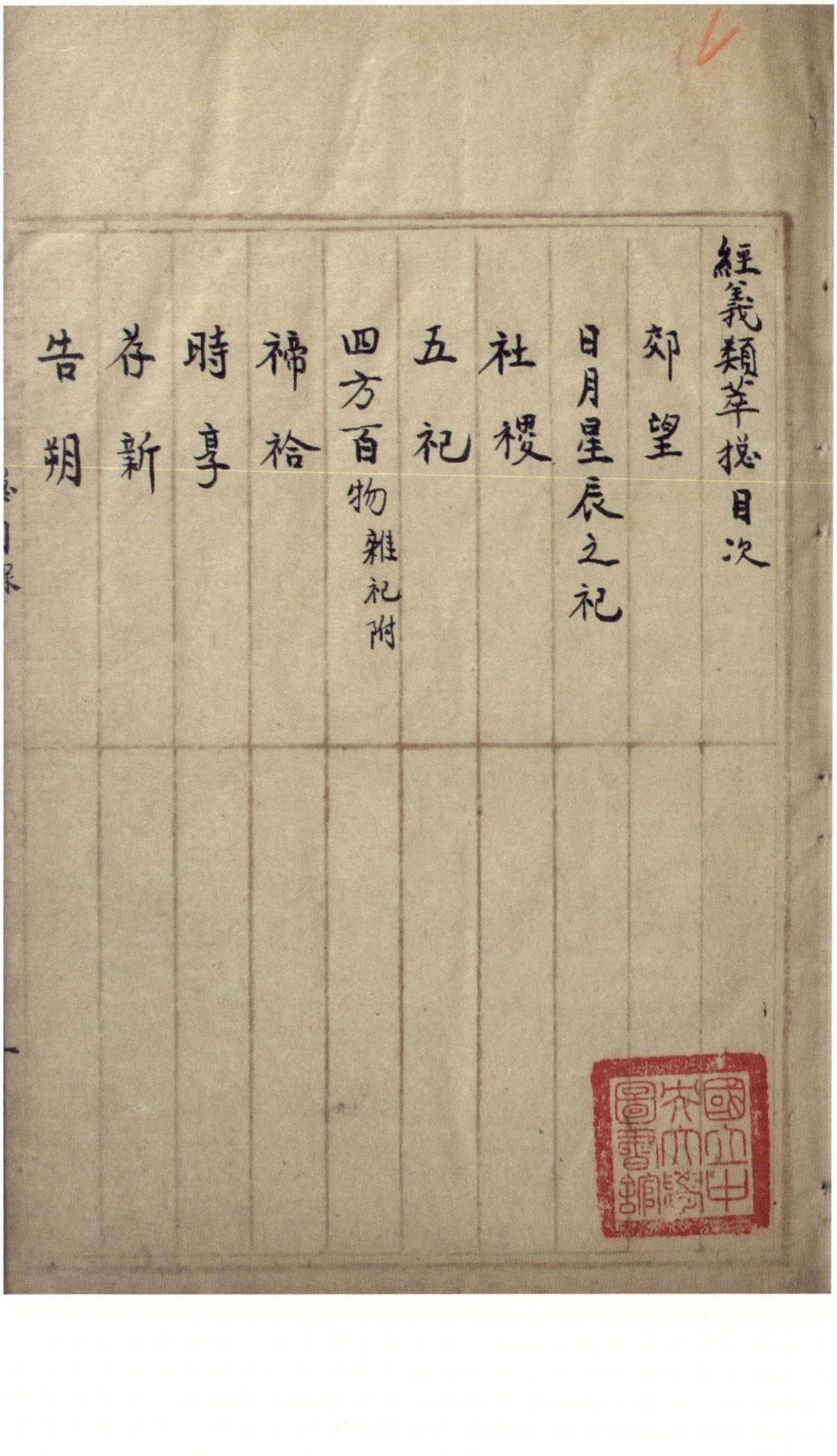

經義類萃擬目次

郊望

日月星辰之祀

社櫻

五祀

四方百物 雜祀附

禘祫

時享

存新

告朔

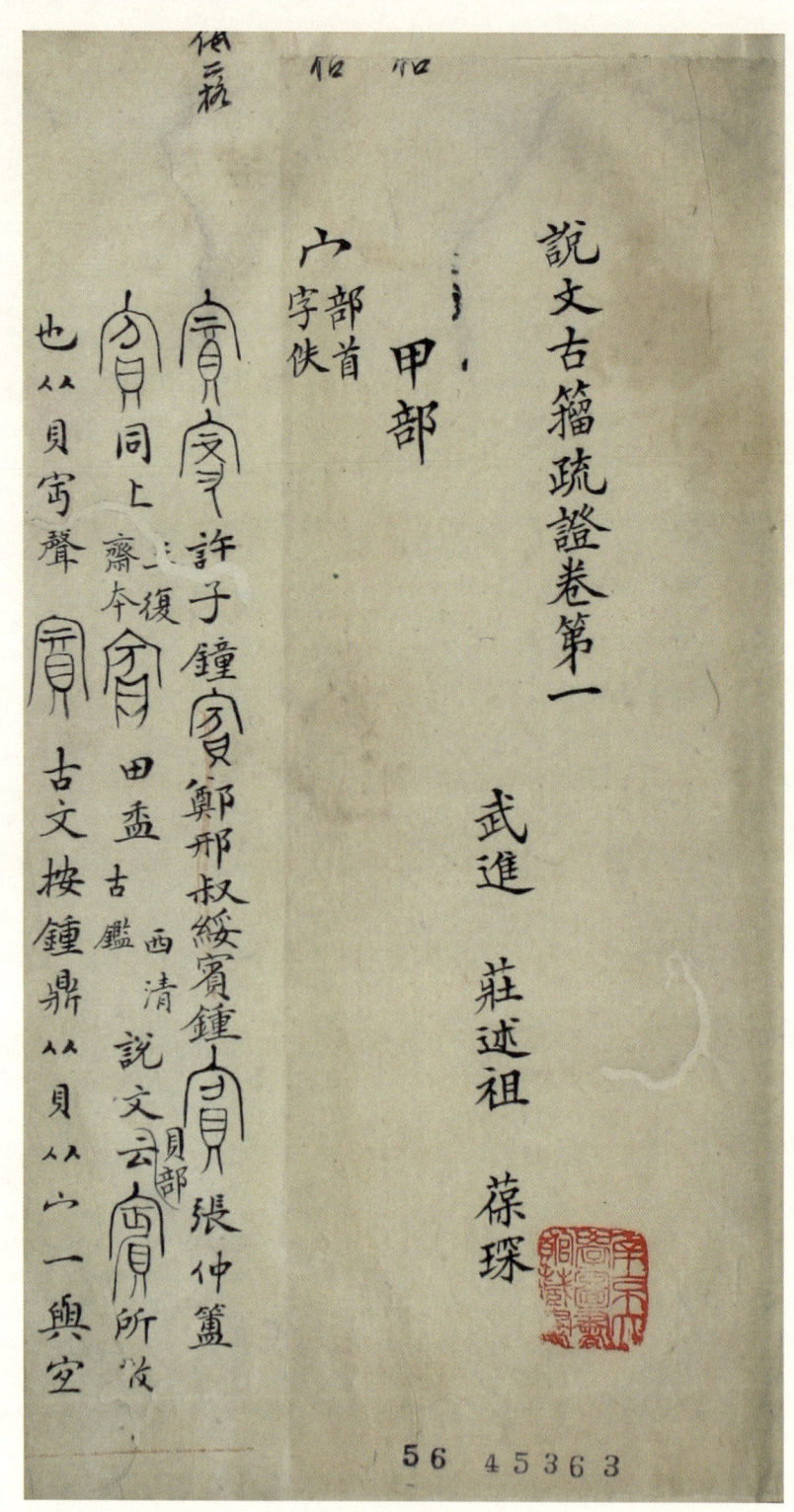

205 說文古籀疏證六卷

[清]莊述祖撰 稿本 八册

無匡。開本高26.3釐米,廣17.2釐米。正文紙張無行格,半葉八行至十行不等,行十八至二十字不等,小字雙行同。目錄葉紅欄稿紙,匡高16.9釐米,廣11.2釐米。有管禮耕等識語。

說文吉籀疏證目錄

卷一

甲部 此部部首字悉佚僅存冂部賓穴
部屬青部靜言部受及鹿部重文
冂部 部首
穴部 字佚
青部 部首
鹿部 字佚 言部 字佚
乙部 部首

乙部 存一

卯部

丁部 存三十
　　三部

此冊略具形侶 補篆時須仍
檢原藁僅有脫漏尚望隨手補正
　　　　　　　　　　　　　　　操敬拜識

送上說文古籀疏證底稿全部
祈查收明校閱修補特此奉字 付末
即候
菅先生 台安
　　　十月朔日
　　　　　徐秀鈞頓首

J252.9 / 47

156 45363

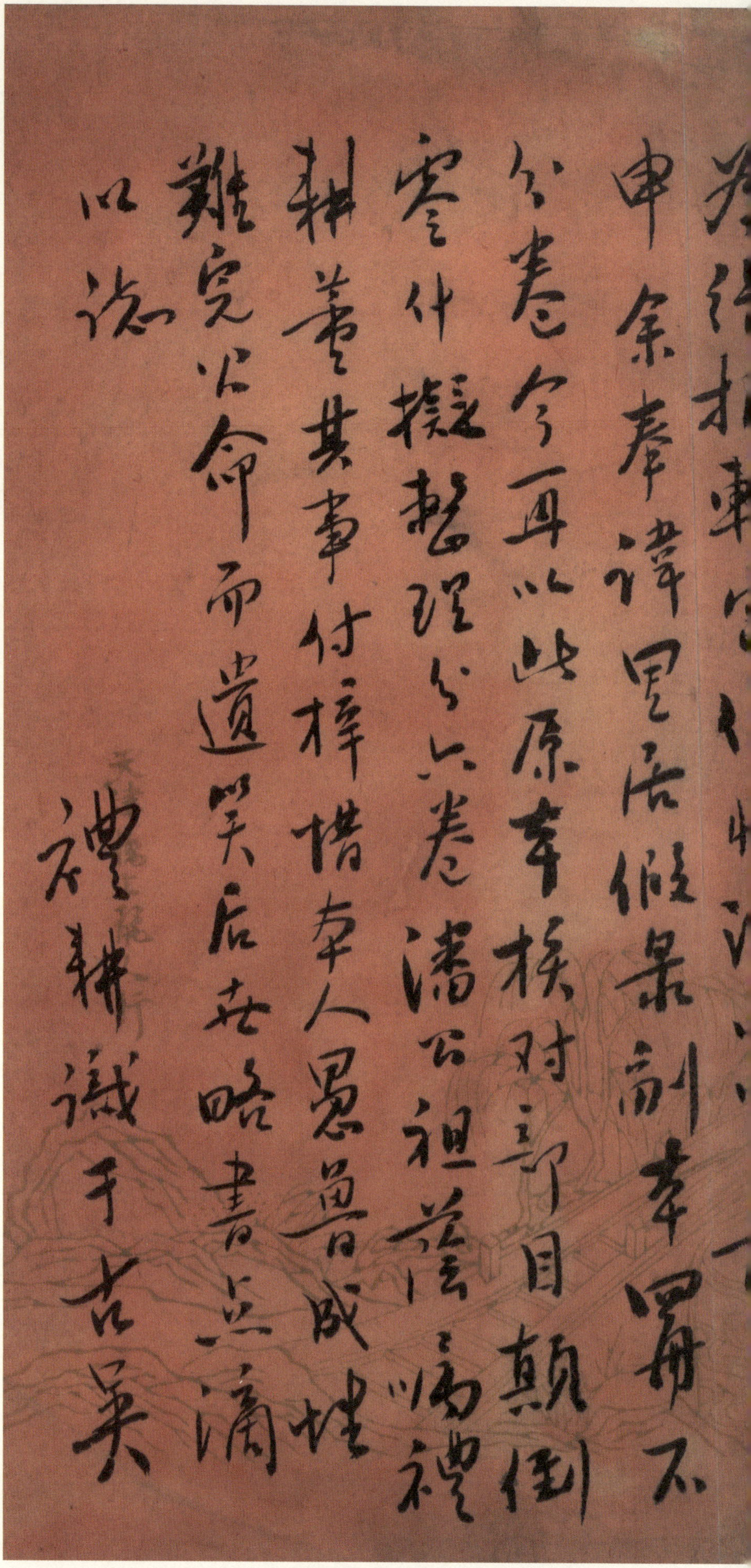

申余奉諱閒居似歉副幸不
公卷今再以此原本校對訂目顛倒
寒仲擬整理公此卷潘公祖葉偶禮
耕著其事付梓惜友人憂喜成埋
難竟以命而遺笑后老略書其滴
以詒

禮耕識于古吳

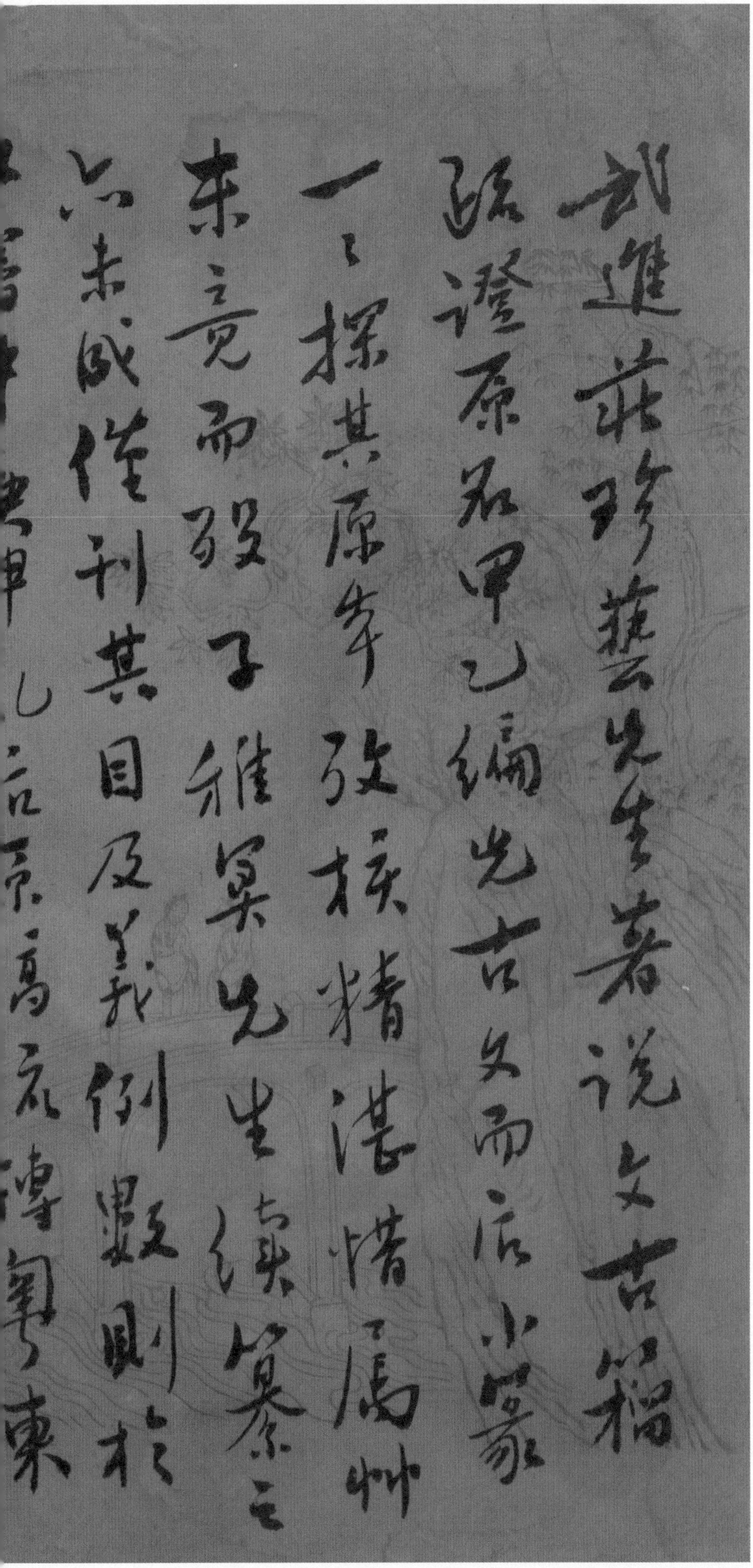

武進莊珍藝先生著說文古籀
疏證原名甲乙編先古父扈小篆
一一探其原年發校精湛惜屬稿
未竟而發子雅宴先生續纂三
以未成佐刊其目及義例戲馴於

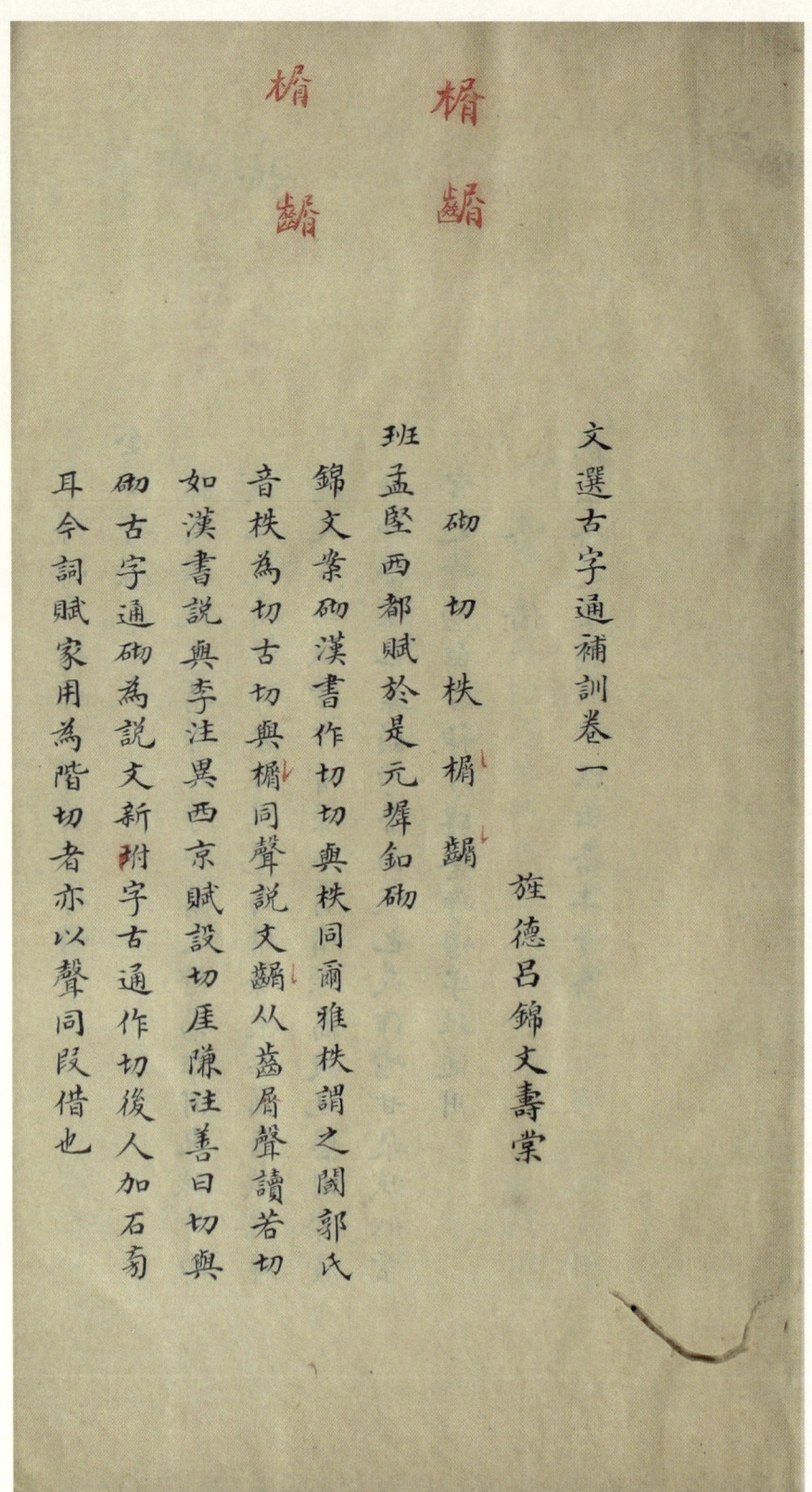

206 文選古字通補訓四卷拾遺一卷

[清]呂錦文撰　稿本　六册

無匡。開本高28.8釐米,廣18.0釐米。半葉九行,行二十一字。

文選古字通補訓序

梁昭明太子纂緝文選自姬漢以逮蕭齊作者之精英
咸萃於編文筆體製之異聲律正變之殊叙於古參
文於今蓋略備矣故隋唐修辭者咸奉為圭臬然藁液
啜膚拾難就易雕繪末技卒為大雅所哂無他言不綜
典音乖宮商聲韻訓詁失傳故也夫馬揚班張玉鴻
篇鉅製義薄風騷聲諧金石其閒奇文奧旨非深明六
書者未易狃通魏晉而降摛藻揚芳之士艷摘屈宋亦
多古訓古言非僅以風雲月露供詞人之採擷也唐初

207 校漢書八表九卷
[清]夏燮撰 稿本 五册

前漢書表第一

異姓諸侯王表

漢高帝元年按月分排係原表例其無校○者不入

一月即元年正月也秦正建亥此爲四月故攷勘云以非正故稱一月按本紀直書正月史志則書端月

楚　衡山　臨江　九江　常山　燕　河南

濟北　雍　塞　翟　臨淄

按此及漢凡十三國皆以其年正月始封故○表皆從漢例

書一月也以後二月但書二三月但書三亦以始封之月起

歎此與史記月表之例同帳史表書始封分王事爲橫行

篇幅所窘歧八二月下傳寫者遂以二月爲始封之一月三

月書二四月書三與此表相差一月而以紀傳證之則史表

紅格稿紙。匡高 21.9 釐米,廣 14.6 釐米。半葉十一行,行二十三至二十五字不等。白口,四周雙邊,雙紅魚尾。

校漢書八表

史之有表，創自龍門，蓋倣周譜為之，遂為歷代史家之所不可廢。然其文當具事繫，其易行斜上也，經緯相羅或連或斷，故其阡陌可尋，而行幅易亂。于是前後失次，上下乖互，昭穆差年，月外逸凡，此皆傳寫之失。無累于作者，至于表之自為一體，可以考紀傳志之異同，可以補紀傳志之闕軼焉。且據表以正紀傳志之誤。與據紀傳志以正表之誤者，恒得失相半。然則紀傳志之誤者，恒得失相半。然則表，昌可廢乎哉。眼檢儀麓見少時所校漢書八表參之各本，但知擇善而從未能實事求是，夫所謂是者莫如以紀傳志校表三者既得然後以表校表而識其致誤之由如是則善本可求。而誤書可思也乃復取班氏全書白稽賈典曲暢旁通依原書

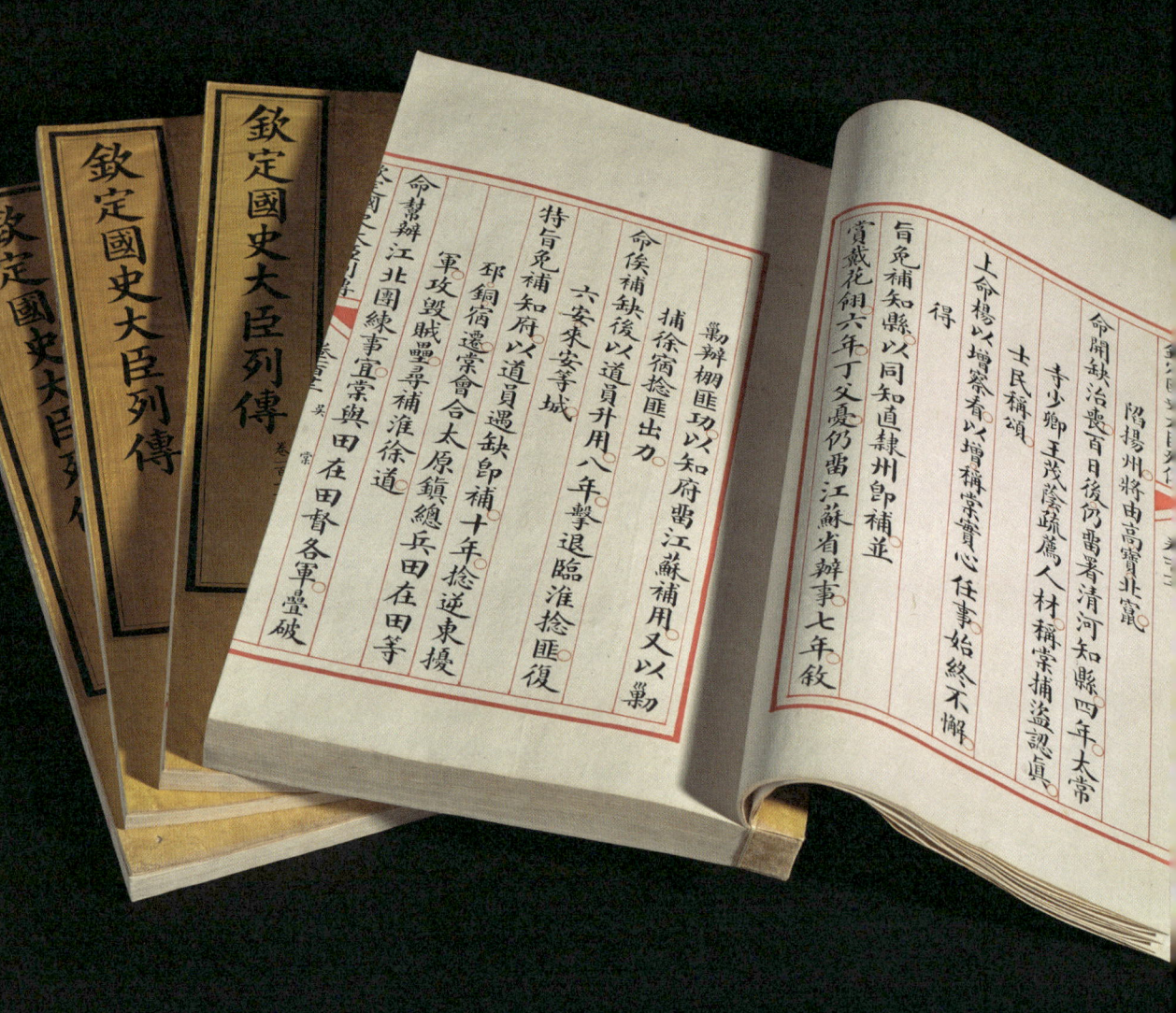

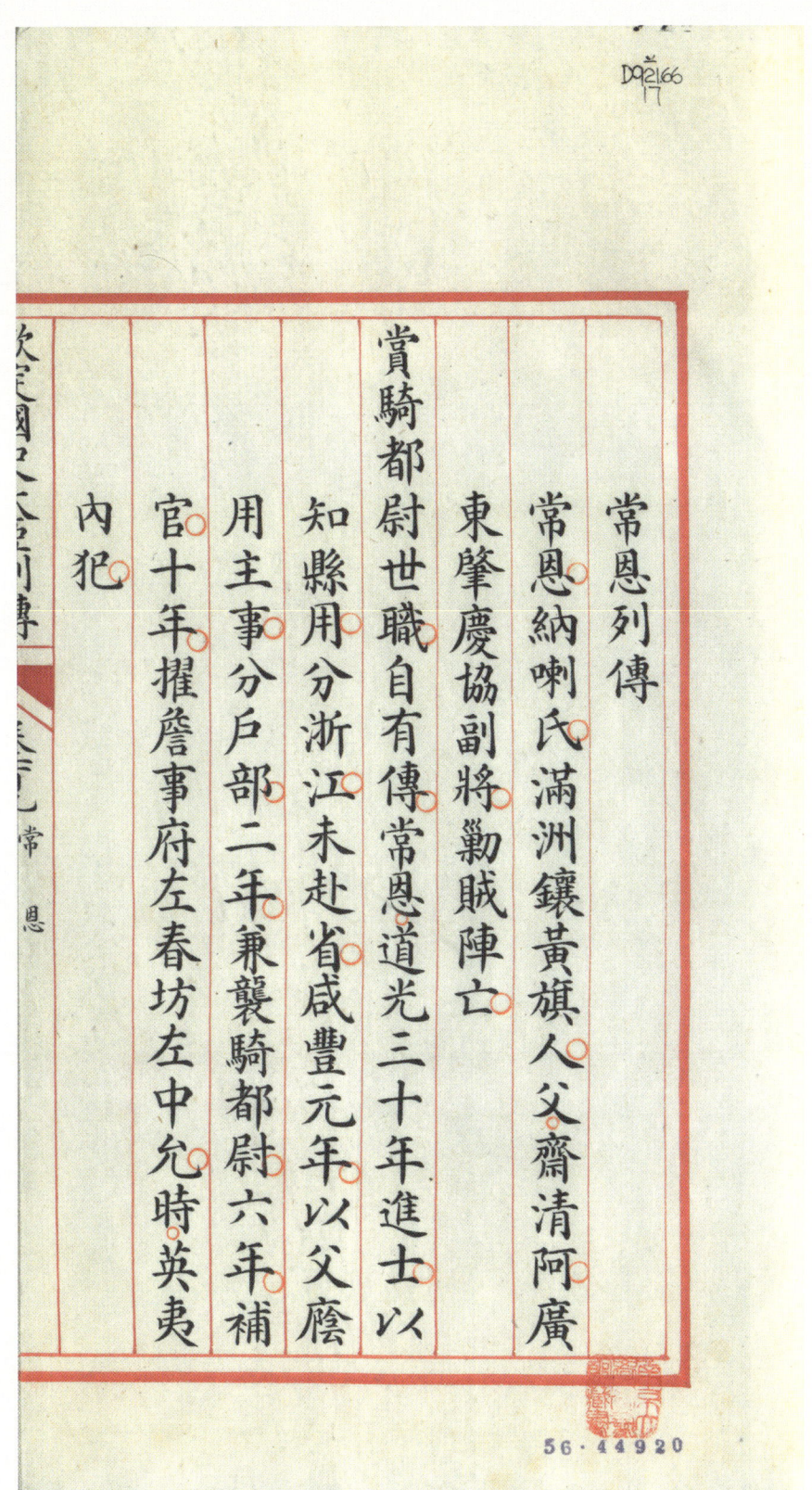

常恩列傳

常恩納喇氏滿洲鑲黃旗人父齋清阿廣東肇慶協副將勦賊陣亡
賞騎都尉世職自有傳常恩道光三十年進士以知縣用分浙江未赴省咸豐元年以父蔭用主事分戶部二年兼襲騎都尉六年補官十年擢詹事府左春坊左中允時英夷內犯

記名以知府用五年六月掌貴州道監察御史十
二月授江西九江府知府六年六月調署
廣信時粵逆楊輔清連陷貴溪弋陽偪攻
廣信城兵聞警先潰葆楨籌餉河口急馳
歸誓死守城賊不得逞適總兵饒廷選來
援七戰皆捷圍乃解九月工部右侍郎江
西學政廉兆綸督辦軍務兵部右侍郎曾
國藩先後疏稱葆楨力守空城定志誓死

沈葆楨列傳

沈葆楨福建侯官人原籍浙江道光二十
七年進士改翰林院庶吉士三十年散館
授編修咸豐元年充
武英殿纂修二年五月
大考二等八月充順天鄉試同考官三年
記名以御史用四年五月補江南道監察御史十
二月

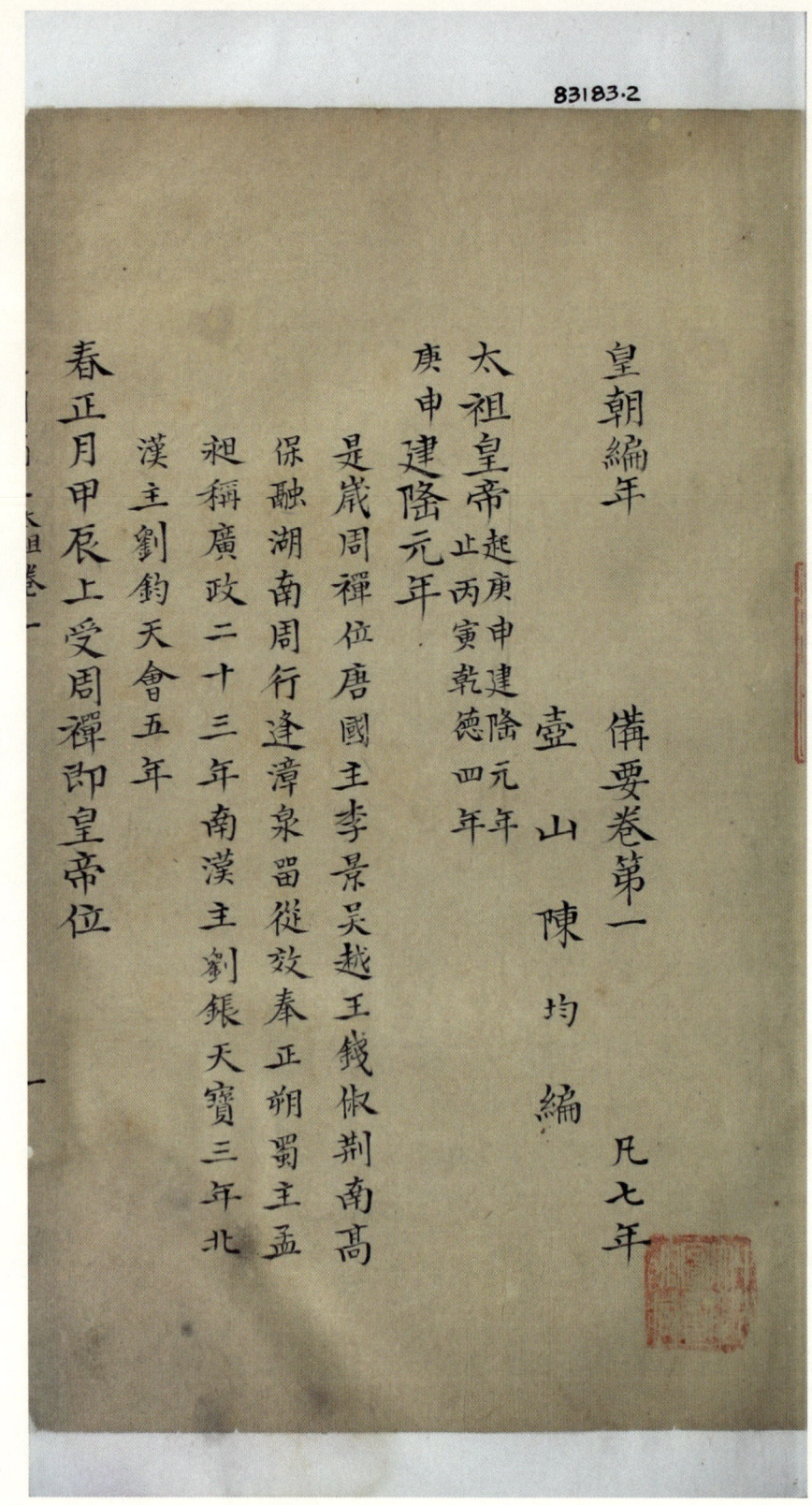

209 皇朝編年備要三十卷
[宋]陳均編　舊鈔本　三十二册

金鑲玉裝。無匡。開本高30.3釐米,廣18.4釐米。內芯高26.8釐米,廣18.4釐米。半葉九行,行二十字。有"宋犖之印"等印。

平甫與余遊逆世年矣足不出書室口不及世事利害得喪不足以動其心師友淵源蓋得所漸改,為學未見

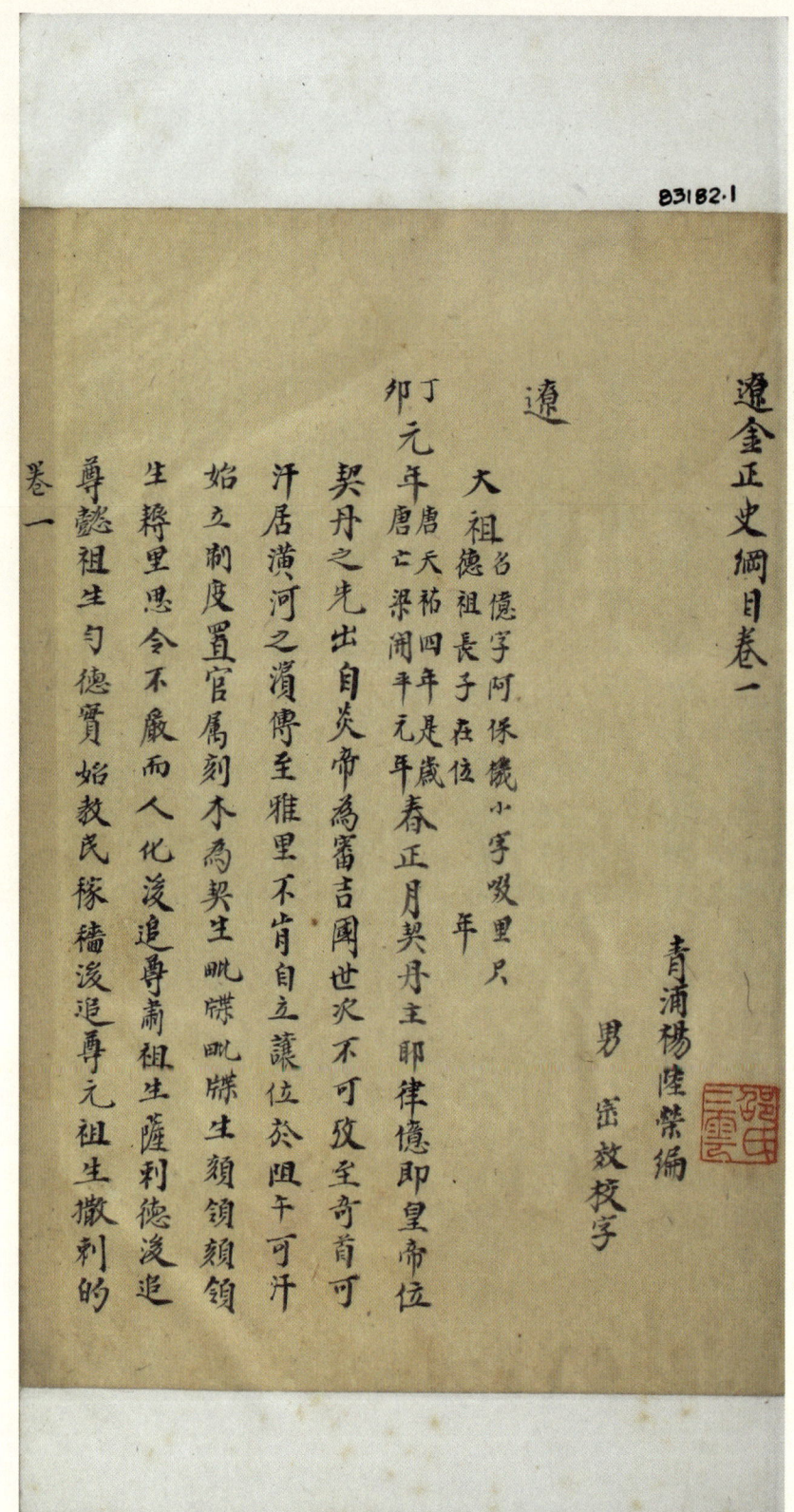

210 遼金正史綱目二十卷

[清]楊陸榮編 清鈔本 十册

金鑲玉裝。無匡。開本高30.2釐米，廣17.9釐米。内芯高23.7釐米，廣17.9釐米。半葉十一行，行二十三字，小字雙行同。有"邵氏二雲""鳴野山房"等印。

目錄

卷一
丁卯起遼太祖元年至丁酉太宗天顯十二年止

卷二
戊戌起太宗會同元年至丁未太宗大同元年止

卷三
戊申世宗天祿二年至己巳世宗天祿十九年止

卷四
庚午起景宗保寧二年至戊子聖宗統和六年止

卷五
己丑起聖宗統和七年至辛亥聖宗統和二十九年

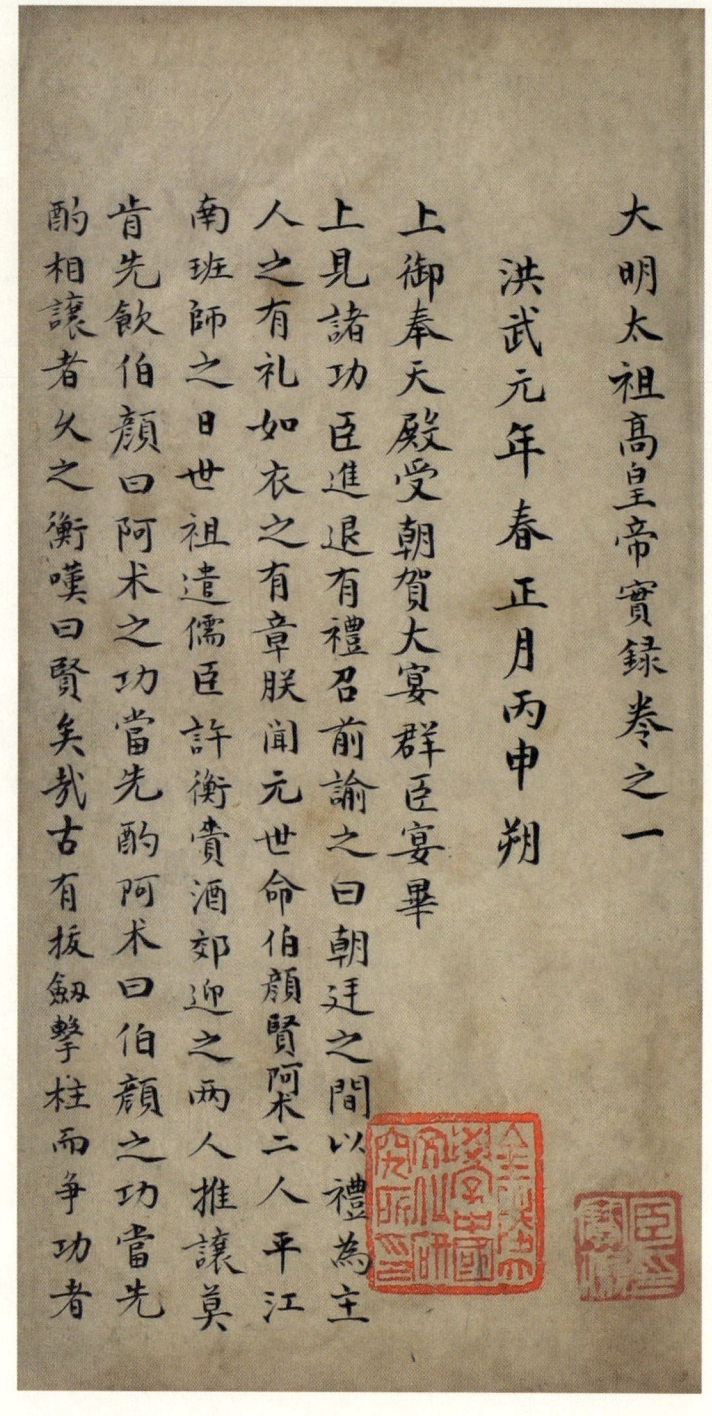

211 大明太祖高皇帝實錄十一卷（洪武元年正月至洪武廿二年十二月）（缺卷七）
［明］姚廣孝、夏原吉、胡廣等纂修　明鈔本　存八册

無匡。開本高25.5釐米，廣13.4釐米。半葉九行，行二十二字。有"臣寶儉印"等印。

庚申 上遣使賫勒至太原諭諸將曰朕生長臨濠起義
西鄉率眾渡江集兵安民於江左十有五年矣乃兵馬益盛
疆宇益大至今六合一家人民休息天下和平
然此非六軍將士安能如是九賴大將軍及諸將士協力
以成天下之大事以致六合之黎民然前言不過人事耳
惟上天之眷佑大軍所至敵人如摧枯拉朽天道昭然可
不敬乎惟諸將軍韜意爾之功天授爾之生亦天生也孟
子有云五百年必有王者興其間必有名世者今我朝之
子非爾等何人哉古人功高自以為平常功平常自以為
世也

212 文廟靖難記二卷文廟聖政記九卷仁廟聖政記二卷

[明]張輔等修纂　舊鈔本　十二册

藍欄稿紙。匡高20.4釐米，廣15.6釐米。半葉十一行，行二十四字。白口，四周單邊，單藍魚尾。

進

文廟實錄表

奉天靖難推誠宣力輔運武臣特進光祿大夫左柱國太師英國公臣張輔等誠惶誠恐稽首頓首上言聞上古堯舜禹湯文武之君斯有典謨訓誥誓命之紀當時所錄萬世攸師自漢以來暨于唐宋皆建史舘官專職記述我國家奉

天啓運

聖聖相承大經大法明於上善政善教被於下萬方一統海宇清寧洪武以前

神功聖德史氏所記具有成書欽惟

太宗體天弘道高明廣運聖武神功純仁至孝文皇帝剛建中

仁廟聖政記卷之一

仁宗敬天體道純誠至德弘文欽武章聖達孝昭皇帝諱高熾

太宗體天弘道高明廣運聖武神功純仁至孝文皇帝嫡長子母仁孝慈懿誠明莊獻配天齊聖文皇后洪武十一年乙月

十三日生於鳳陽是夕

仁孝皇后夢冠冕執圭者上謁寤而生帝自幼端重況靜言動有經四五歲宮中聞讀書輒喜自是書冊翰墨不去手稍長習射數日輒造精熟發無不中左右門何若是巧也日心志既正無難者然口不自於盖於馳射及奇巧玩適之具悉非所好獨好學問日從儒臣論說不厭洪武二十八年閏九月壬午授金冊金寶命為燕世子

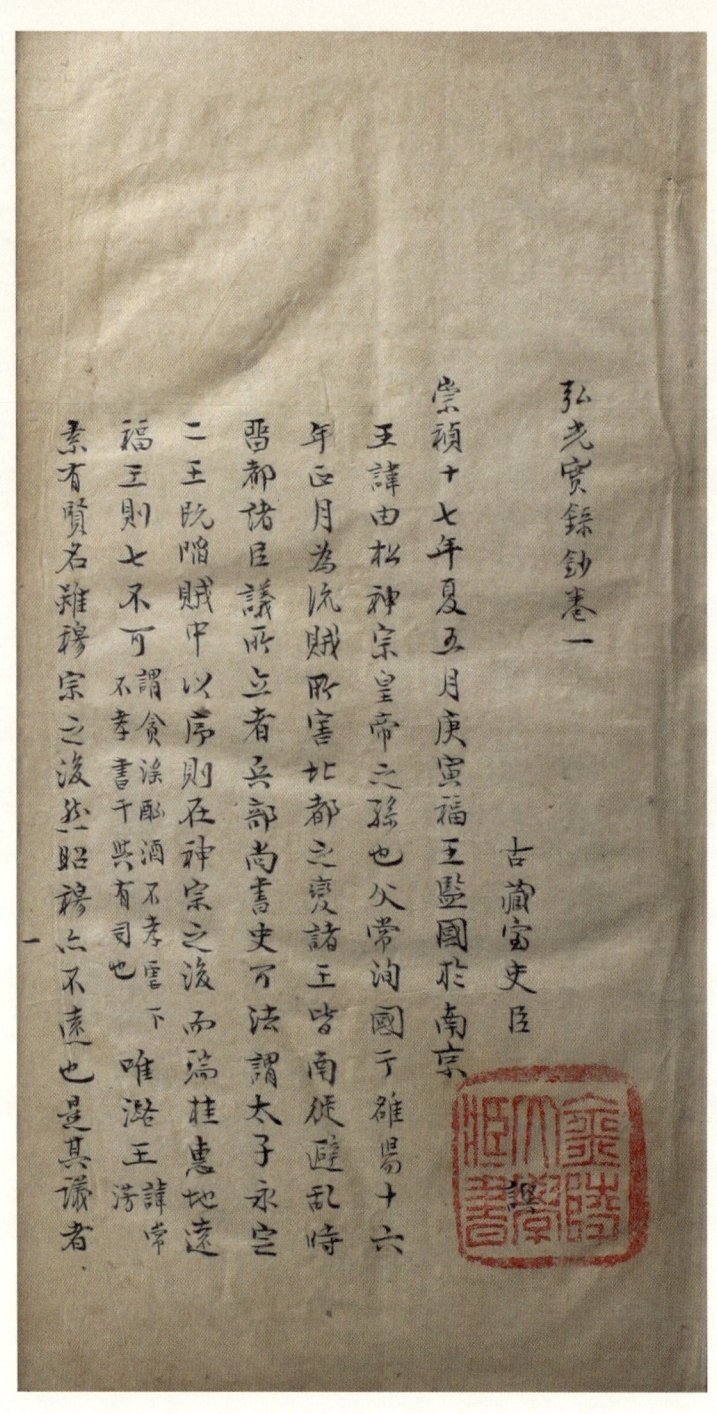

213 弘光實錄鈔四卷附弘光大臣月表
[清]黃宗羲撰 清鈔本 四冊

無匡。開本高23.8釐米,廣12.3釐米。半葉九行,行二十字,小字雙行同。有"半百此生""白鶴山樵子""孫郎""蟬隱廬所得善本"等印。

弘光實錄鈔敘

寒夜鼠驚榻上發燭照之則弘光時邸報臣蒼水所
史料者也年來此憂多疾儁閒日落十年三從聚書復
關後次之責誰任之乎先取一代排比向纂之證以故
所見聞十日得書四卷名之曰弘光實錄鈔爲說者曰
實錄國史也今子安所受命冒然稱之不已僭乎臣曰
國史既亡則野史即國史也陳壽之蜀志元好問之南
冠錄此誰命之而不謂之國史可乎爲說者曰既名實
錄其曰鈔者不已贅乎臣曰鈔之爲言畧也凡書自備

214 大清德宗景皇帝實錄五百九十七卷存卷三百五十八至三百六十四

[清]世續等纂修 清内府寫本 存七册

蝴蝶裝,紅綾封面,朱絲欄。匡高26.9釐米,廣19.6釐米。半葉九行,行十八字。白口,四周雙邊,無魚尾。

大清德宗同天崇運大中至正經文緯武仁孝
睿智端儉寬勤景皇帝實錄卷之三百五十八
光緒二十一年乙未春正月癸酉朔
上詣
奉先殿
堂子行禮○遣官祭
太廟後殿○率王以下文武大臣詣
慈宁門慶賀
慈禧端佑康頤昭豫莊誠壽恭欽獻崇熙皇太

諭王懿榮奏舉辦團練謹擬辦法開單呈覽
一摺又片奏開局需費借支銀二千兩請飭
部給領等語著戶部速議具奏○又諭電寄
李秉衡李秉衡自簡任山東巡撫以來適值
海防告警該撫抵任後即馳赴煙臺籌辦一
切均能殫竭心力現在威海不守沿海各口
防務更關緊要該撫務當益矢公忠督率各
統領等認真經理力顧大局用副朝廷委任

大清德宗同天崇運大中至正經文緯武仁孝
睿智端儉寬勤景皇帝實錄卷之三百五十九

光緒二十一年乙未正月癸未

孝全成皇后忌辰遣官祭

慕陵○諭軍機大臣等翰林院侍讀王懿榮奏
辦登州團練請調員助理等語檢討王守訓
王塽知府前安徽宿松縣知縣孫葆田
均著發往山東會同王懿榮辦理團練○又
諭王懿榮奏○司籍辦理團練刊刻關防並請

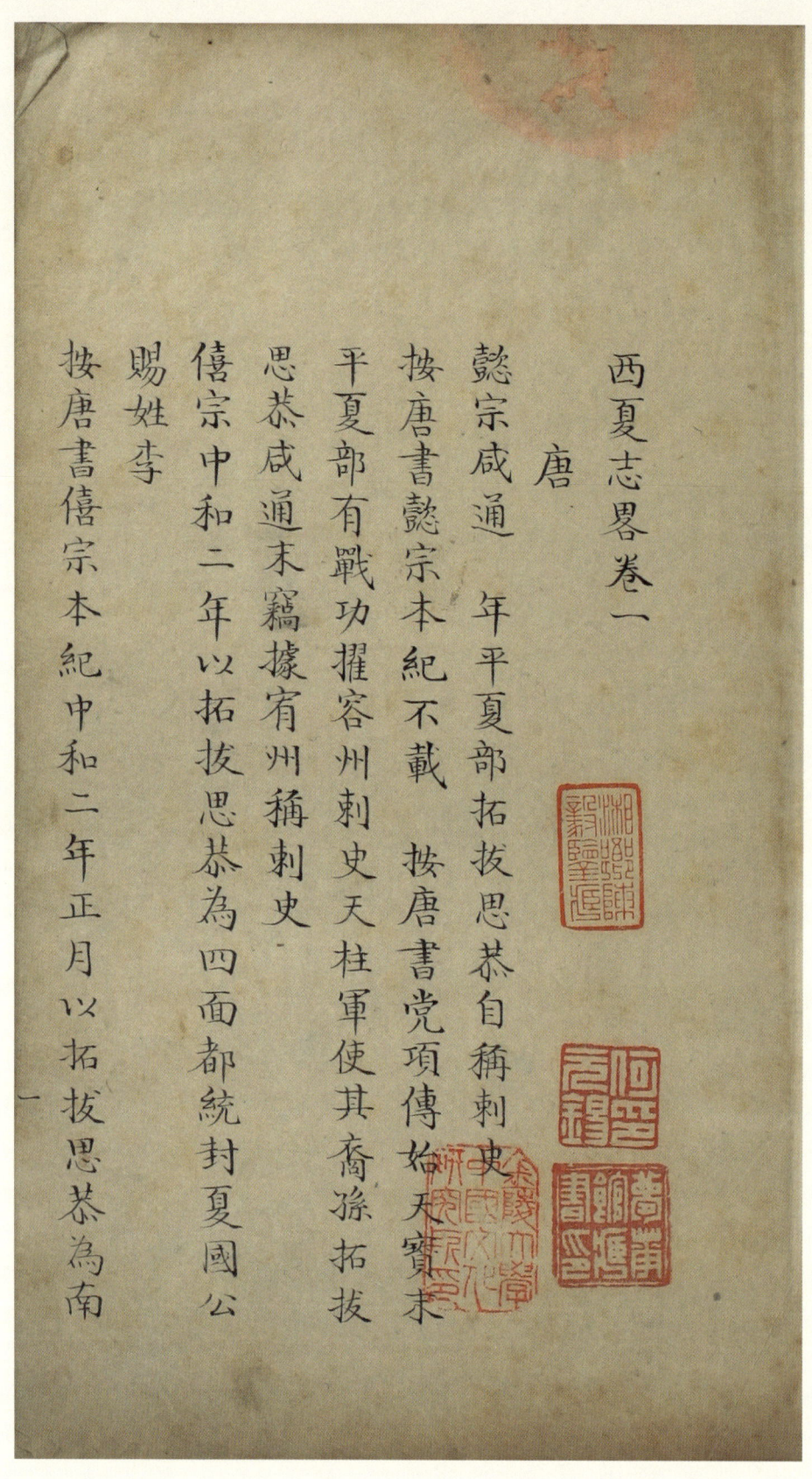

215 西夏志略四卷載記二卷

[清]佚名撰 清鈔本 六册

無匡。開本高28.9釐米,廣16.5釐米。半葉九行,行二十字。有"湘鄉陳毅鑒藏""何元錫印""夢華館藏書印"等印。書中有"雲泰號紙"印。

國初事績

北京刑部左侍郎臣劉辰今將

太祖高皇帝國初事蹟聞寫

進呈

一

太祖自和州渡江至采石太平儒士陶安首先來見

太祖問曰有何道教之安曰郎今群雄並起不過子女玉帛將軍若能反群雄

之志不殺人不虜掠不燒房屋首取金陵以圖王業顧以身許也

太祖曰諾克太平興國翼元帥府令史陞都事後

太祖得建康等處全有江南安贊佐功多官至翰林學士江南行省參知政事

一

太祖在和州與李國勝趙普勝同盟渡江既至采石國勝起意就盤說晏邀請

太祖飲酒圖之國勝部下人陰以其情達于

太祖推疾不赴後數日卻說筵晏請國勝不防到軍船隻降

太祖令壯士縛之校于水部下廖永安俞通海以軍馬船隻降

一蠻子海牙之校自上江退下裕溪河口與采石相對

太祖既得采石以破兵之蠻子海牙遁走長官康茂等降獲其船隻

一陳也先圍太平

太祖殺敗之也先破橋

太祖不加誅戮殺牛馬與同誓告天地共攻螢城也先壞二心陰通城中守將

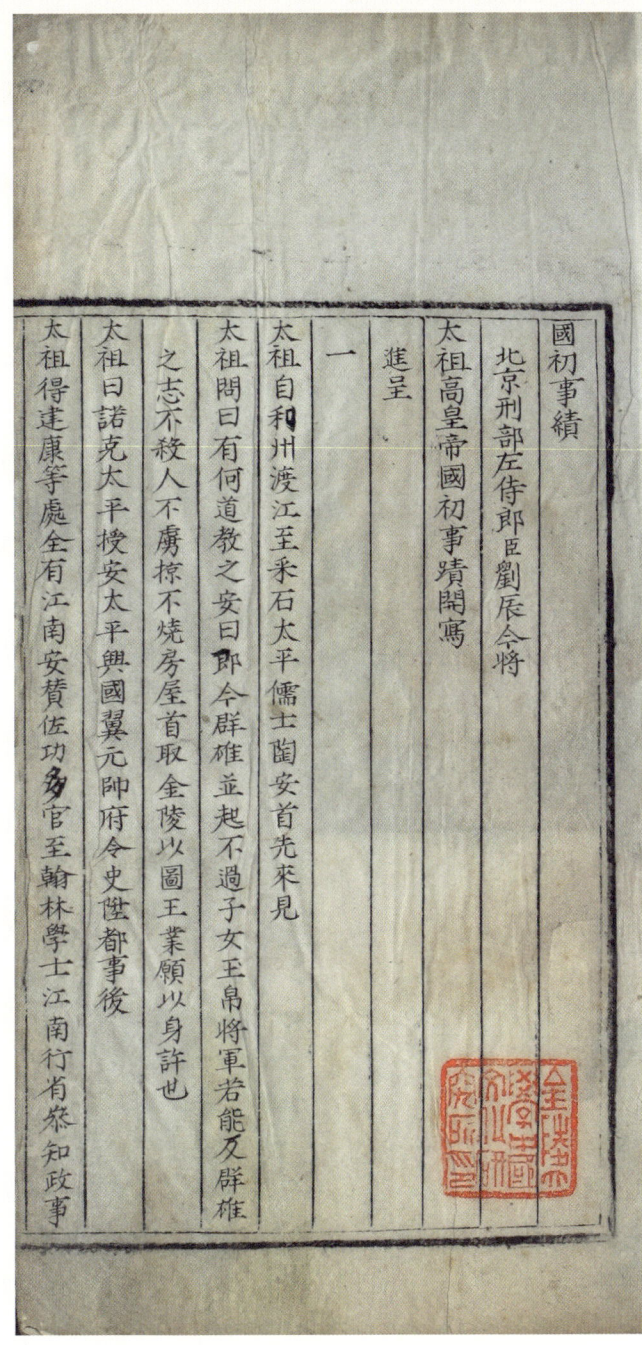
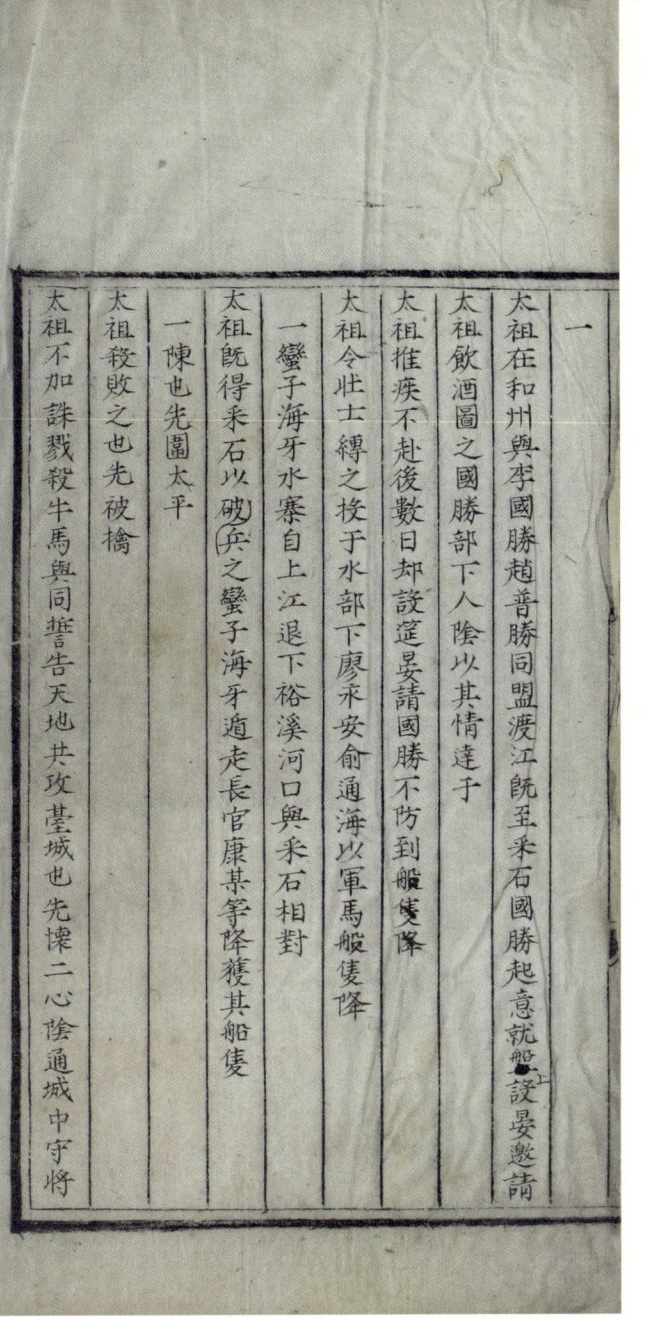

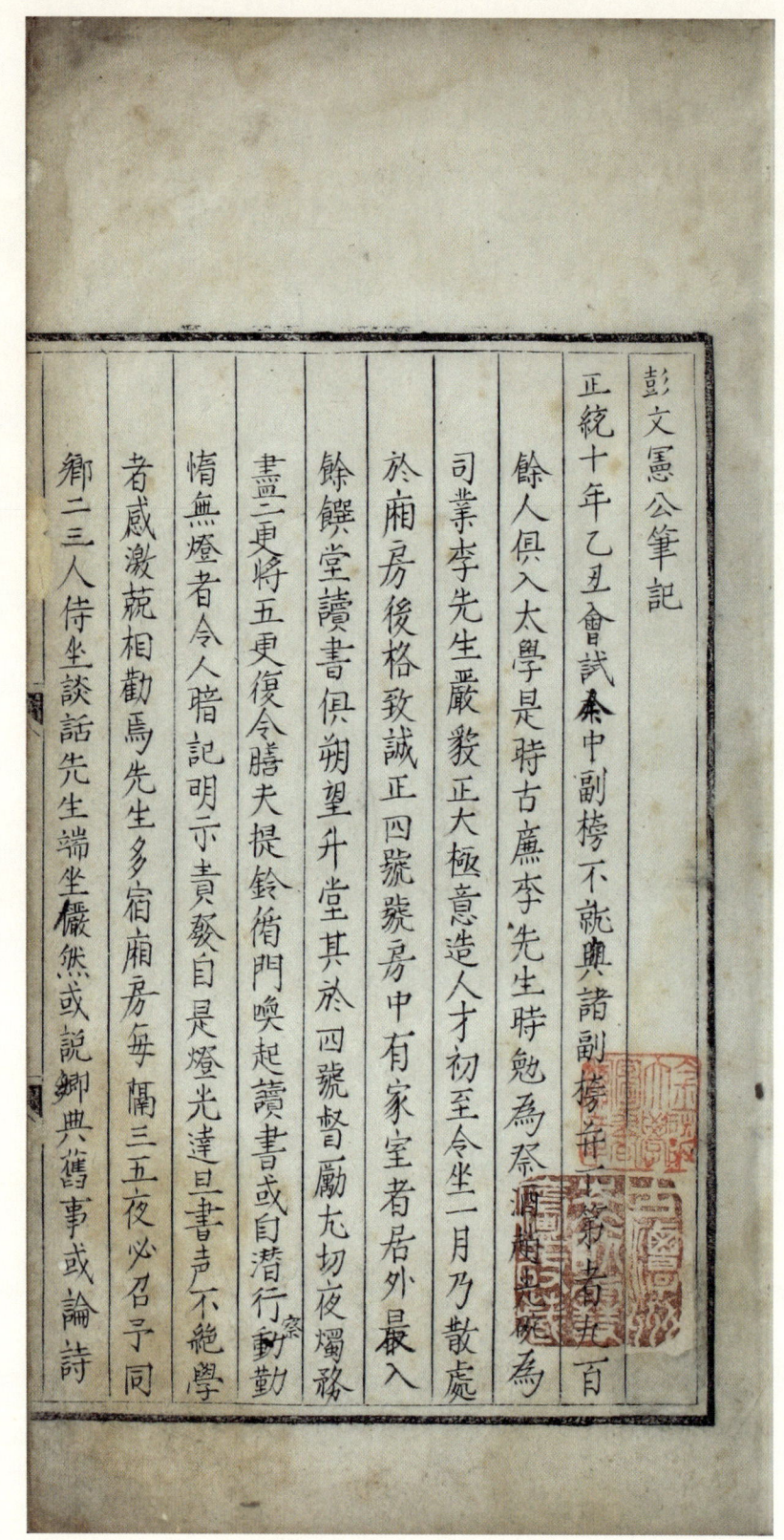

217 彭文憲公筆記一卷

[明]彭時撰 清鈔本 一册

匡高22.8釐米,廣14.8釐米。半葉十行,行二十四字。白口,四周雙邊,雙黑魚尾。有"古潭州袁氏臥雪廬收藏"等印。

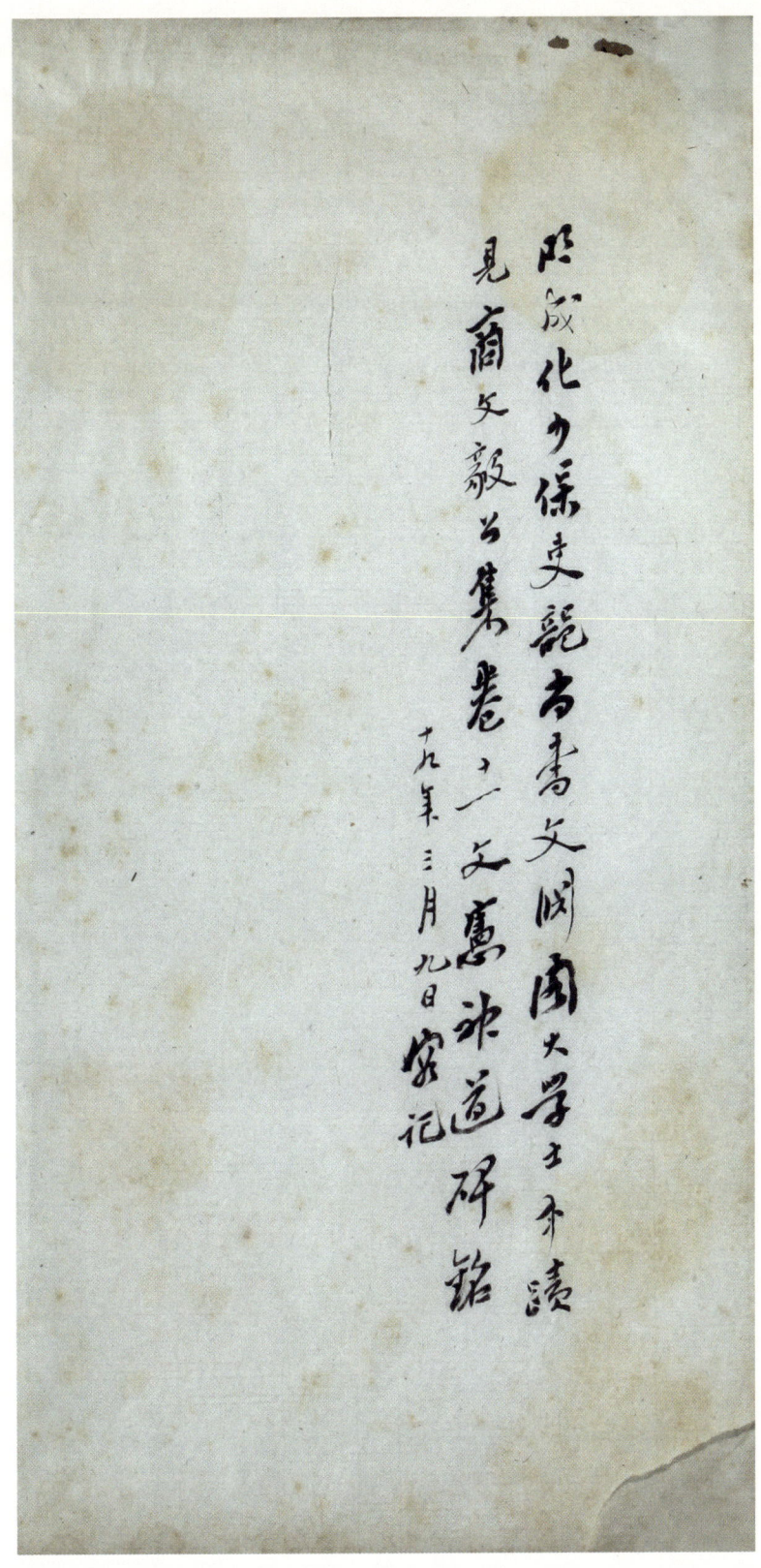

跋成化乙巳史館古書文淵閣大學士丘濬讀
見甫文敬公集卷二一文憲冰道研銘
十九年三月九日家記

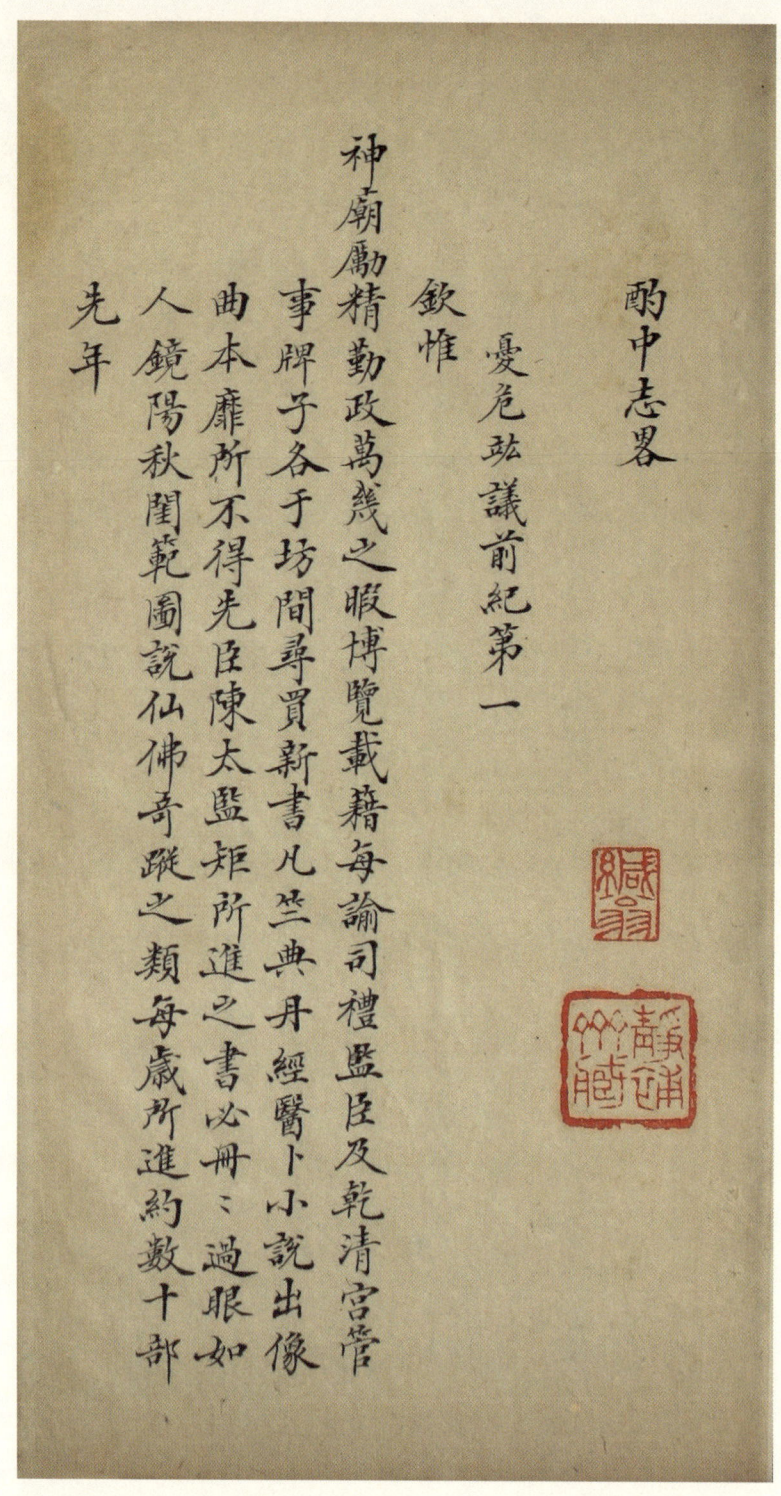

218 酌中志略十五卷補三卷
[明]劉若愚撰　清嘉慶十三年(1808)黃廷鑑鈔校本　四冊

無匡。開本高15.7釐米,廣14.1釐米。半葉九行,行二十四或二十五字。扉頁有"衆異藏書""二瓶黃氏""黃琴六讀書記""緘翁""靜補齋藏""琴六手校"等印。書中有朱筆圈點,書後有黃廷鑑手跋。

酌中志畧序

蒙臣若愚死罪死罪叩首叩首洪惟我太祖老爺奮興淮
甸慶夷為華聖德神功超軼萬古創交結近侍之律禁扶
同啟奏之條立法垂紀宗嚴且宻迨宣廟老爺建内書
堂則不許識字之禁不得不開然亦令内臣讀書知禮守
法度未嘗令干預政事内外之防仍截然也蒙臣慨逆賢
之時中涓外交瀆亂制賢借外廷以播恩附賢者借賢
以行私一時宵人植黨鋤抑忠良有公行無忌者又有潛
謀未彰者如力阻孫宗伯愛立者東光恐宗伯重宣大義

缺自序及首葉惜其殘闕今春倩族子常補鈔之其十
六至二十之五卷以明宮史既有刊本故不鈔錄
嘉慶戊辰閏五月朔日琴六居士黃廷鑑識

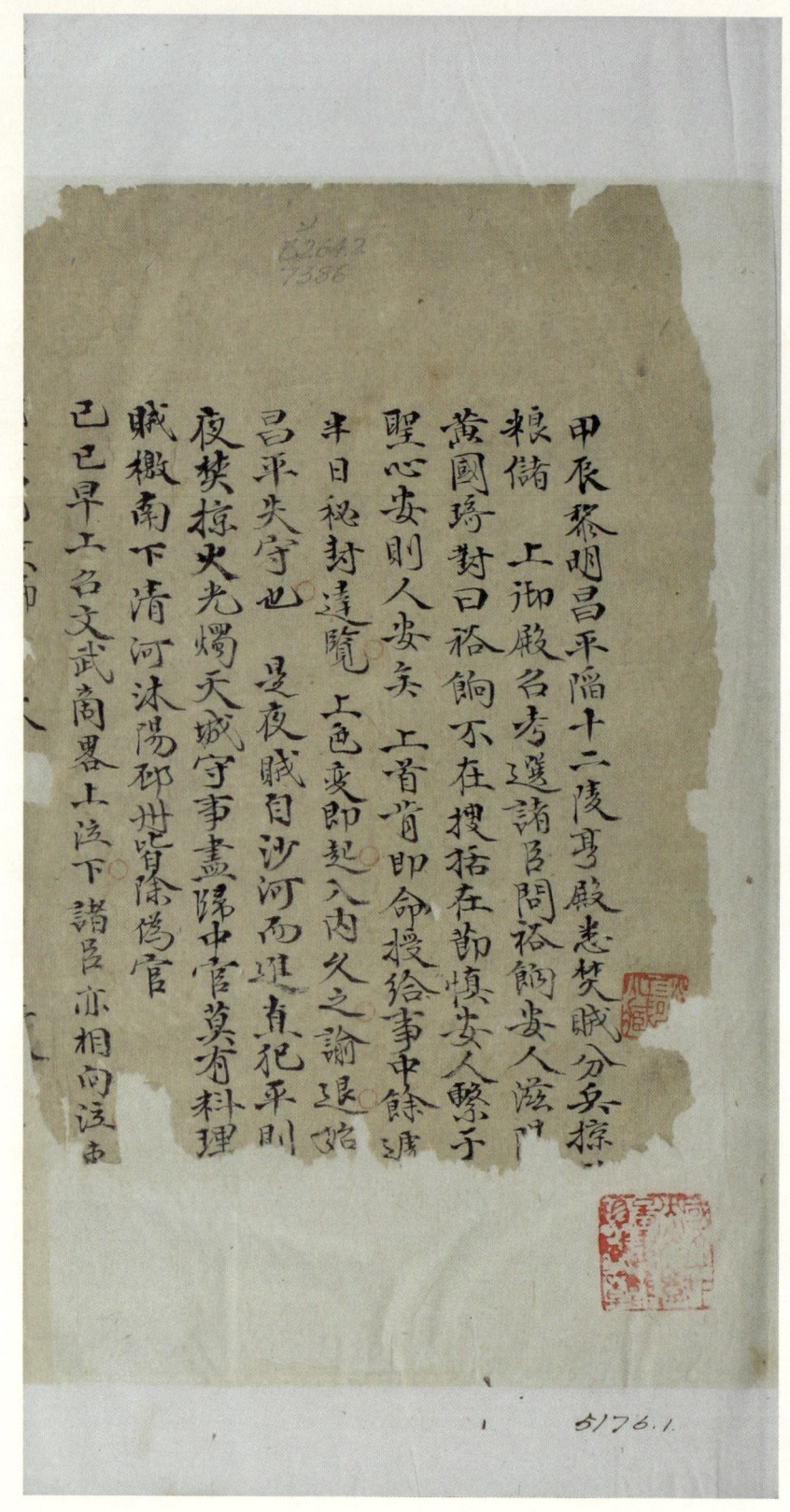

219 明季甲乙彙編三卷異同補錄一卷

[清]東村八十一老人撰 舊鈔本 五册

無匡。開本高24.4釐米,廣15.8釐米。半葉九行,行二十字。

無策或言馮銓當起或言楊維垣當用方覿諸封劄
澤清為東安伯士皆不應俄首書架案十二大字有
文臣簡了可殺語密示司禮盜隨即抹去 吳履中
請釋繫禁諸臣納贖出董豪恆鄭二陽曾櫻于獄遽
章正宸瞿式耜冠帶 午刻有敗騎突至西直門始
知勑至倉皇閉門傳兵上城每堞一人無褁食裹申
刻命各監內官率小民俱乘城凡數千人 賊攻平
則門叛監杜勋射書 城中約降 夜漏半曹化傳
開彰義門迎賊入守城勛衛盡逃御史王章被殺科

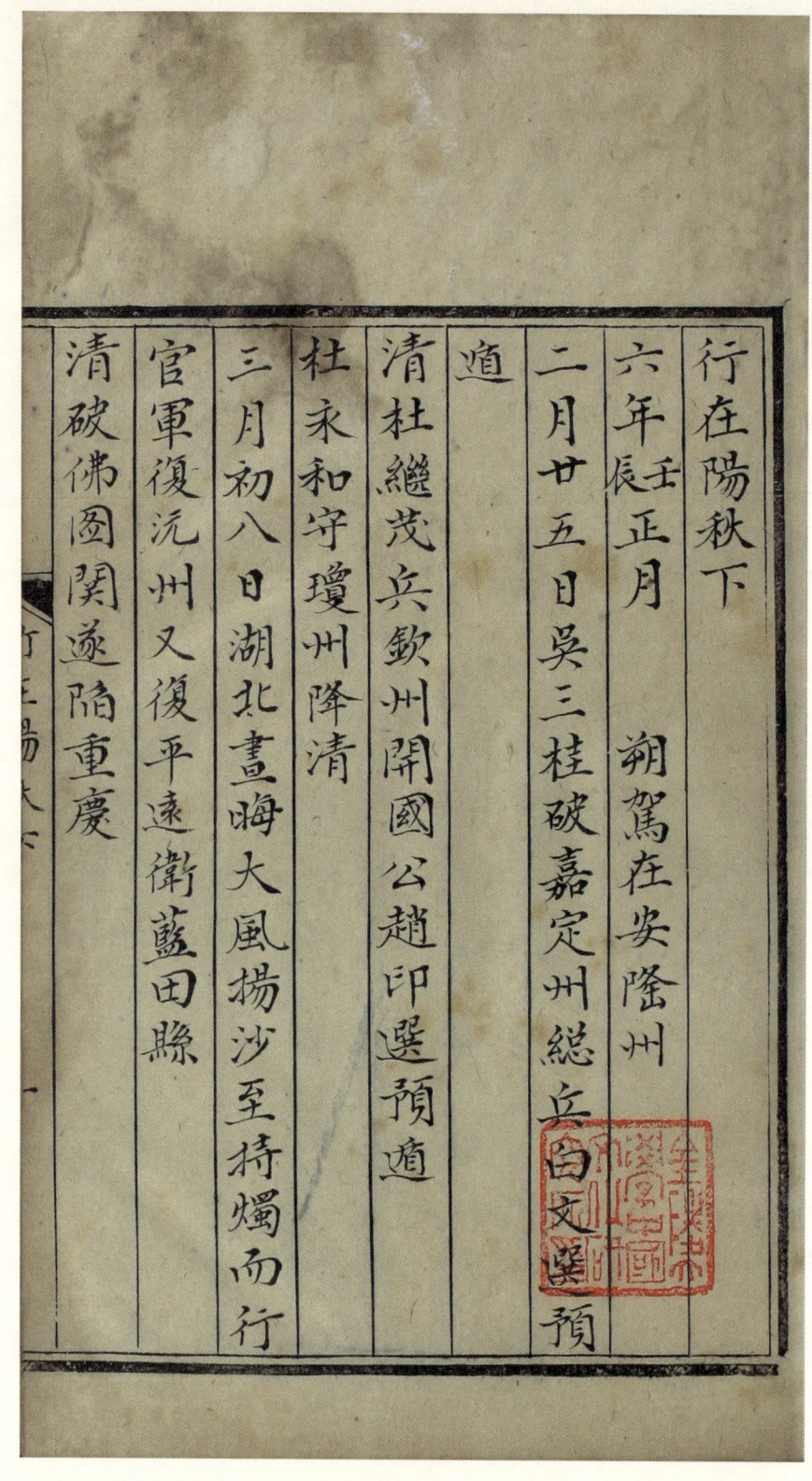

220 行在陽秋二卷

佚名撰 舊鈔本 二册

匡高 20.0 釐米，廣 14.7 釐米。半葉九行，行十八字。白口，四周雙邊，單黑魚尾。書中天頭偶有墨筆批注。

明史稿龔棻
見楊畏知倡作
永昌入官兵部
郎中興畏知赴
肇慶請孫可望封
桂王加棻為兵部侍郎

三桂日進膳服等物俱倍前
夏四月 太皇太后王氏不食崩
三桂令人奉 上居滇故都督府第嚴兵防
守八旂兵皆集 上屢欲見三桂三桂不肯
見 皇太后不食穀日遂崩
原任戶部尚書龔棻死之
棻永州人天啟乙丑進士也具酒穀進謁
上所守者不許棻厲聲曰此吾君也我為其
臣君臣之義此皆然我止一見耳何拒我為

雅安追紀

粵自兵戈作亂其間成敗盛衰玉帛兵戎不可勝紀獨至明盛時海宴河清二百七十餘年迨至熹宗禎主非不明臣非不恭庫府庫甲兵非不富強州牧侯伯玉帛相尚世猱貴冑驕淫矜誇生齒既繁教養失道遂使秦楚百姓嘯聚為懟及至王室厎沒生民塗炭天下皆然剿殺之慘未有如蜀之甚者此持望而知之也至我雅屬遇劫余生長其間親履其難可不紀事以數其苦禁昭示後人乎
州屬四鄉地瘠民貧田糧三千餘石除官俸士優之食外連年托欠在民間惟亡者
商販集聚在雅宰是邑者遂目為上郡一值獻賊屠僇慘苦萬狀復遭兵擄
掠城野一空雅屬士民逃其阨者率皆淳良之後若神天默存焉者不然何暴
家世族之沒沒也閱是紀者可不觀往事而知省歟

康熙三十四年乙亥歲孟夏雅邑後學生貢生李蕃于闗山旅邸書

紀戶口

百六稗乘自敘

道光庚子之夏洋氛不靖蔓延三載
成廣不忍生靈塗炭遂允撫議之請竊惟夷人貪利僅戀
通商迥非前代要求割地之比惟閫帥疆臣計窮徙薪憂
貽伏莽追至燎原執急猶復煦嫗而辭躓足談笑以謝關
弓壯諸臣不自護其身後之名亦何足惜而令
鼎湖龍馭之日引谷自悔有過輪臺是則罪通於天而適
以增
陟降之恫怨者爾變時承乏定陵司訓一官首蓿無斧憂
危而村雞亂鳴因之動色城狐偶崇邊起訛言於是嵩目
增傷裂眦懷憤乃蒐輯邸抄文報并旁及新聞亦之可據
以增

定海之役

道光二十年六月初七日英夷攻陷定海知縣姚懷祥典
史全福死之先是六月初二日有夷人大小兵船二十六
隻在定海縣南洋面游奕總兵張朝發帶兵船出洋堵禦
兵令中軍遊擊羅建功護左右營遊擊王萬年等分路堵
勦至初四五等日南風正發瞭見夷船分佈兩幫一幫向
西行駛一幫竄入定海張朝發等不能抵禦退入定海港
內初六日有夷人乘坐杉板小船至張朝發船上投遞書
詞語言狂悖張朝發欲圖攻勦羅建功等見眾寡不敵欲

222 **百六稗乘內編一卷外編一卷**
[清]夏燮撰 清青林山房鈔本 一冊

紅欄稿紙。匡高17.9釐米,廣14.5釐米。半葉十一行,行二十二字。版心題"青林山房"。

臣僧格林沁跪奏、為華夷通好貽害無窮事竊思逆夷牛羊之性犬豕之羣不識綱常罔知倫理實無父無君之國皆不臣不子之人現已蠶食諸夷復欲虎視中原其志有何厭哉其釁蓋有由矣慨自我朝開國以來放牛歸馬脫劍止戈間有一二小醜無不以一旅之師一掃而清 先王以為偃武修文國家之盛沿是以養兵不用伏卒歸農而興學校制禮樂雍：乎二百餘年無不頌太平之盛世也而不知武備於是乎失修是以道光二十三年逆夷陡起釁心以烏合之眾數萬人長驅入境直至勢如破竹莫敢攖鋒蓋沿海防堵將士未嘗訓練於平日安能調用於一時無不棄甲拋戈望風共逃以粵東江蘇等處悉被蹂躪擄掠一空然而尚有徐廣縉破之於粵東陳化成破之於江蘇林則徐燒毀夷船無數鴉虎烟無數夫逆夷本無能之輩早如此巳見敵勢漸平矣軍心惶懼束手無策而孰知琦善得逆夷賄銀拔去梅花椿開門揖盜以致徐廣縉屢敗不勝牛鑑得逆夷賄銀撤去沿海防堵兵勇撤去炮台以致陳化成屢敗殉節琦善等復言林則徐擅燒鴉烟搆興兵禍遂

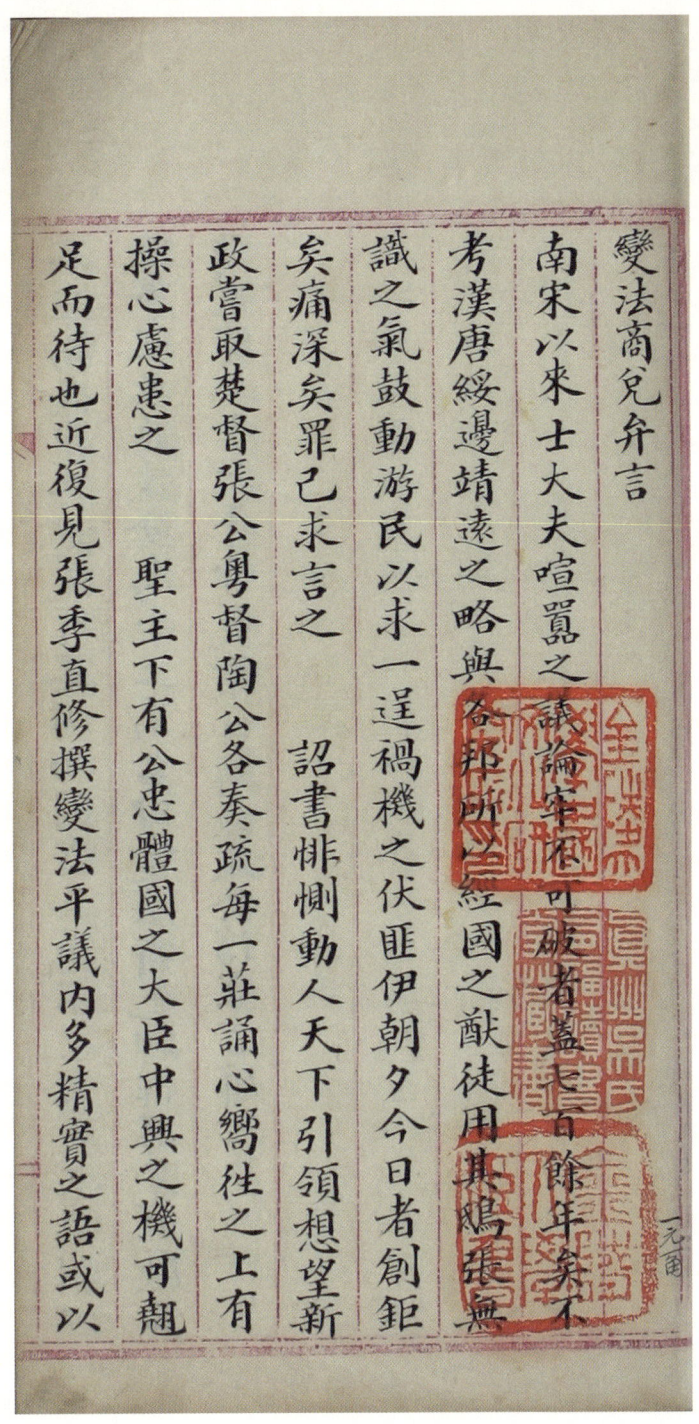

224 變法商兌不分卷

[清]葉祥麟撰 清光緒稿本 一冊

紅欄稿紙。匡高18.9釐米,廣11.3釐米。半葉八行,行二十四字,小字雙行同。白口,四周雙邊,單紅魚尾。有"真州吳氏有福讀書堂藏書"等印。

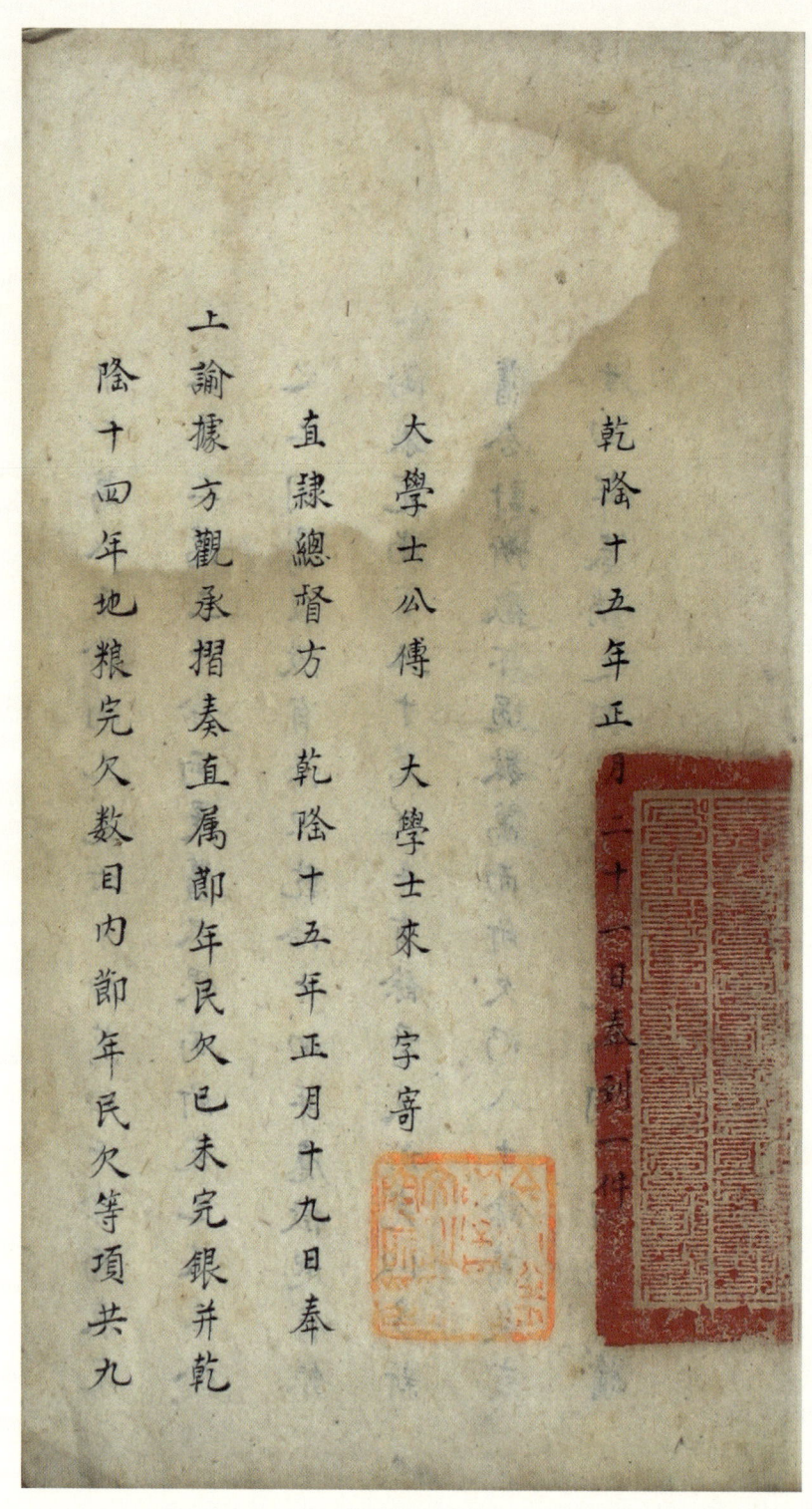

225 清廷寄奏議鈔不分卷

[清]佚名輯 鈔本 二十二册

無匡。開本高 26.0 釐米,廣 16.7 釐米。第一至第十三册每半葉六行,滿行二十字;第十四至二十二册每半葉八行,滿行二十四字。前十三册麻紙,每葉中縫鈐"總督直隸等處地方事務兼理河道關防"滿漢文官印;後九册棉紙,無官印。

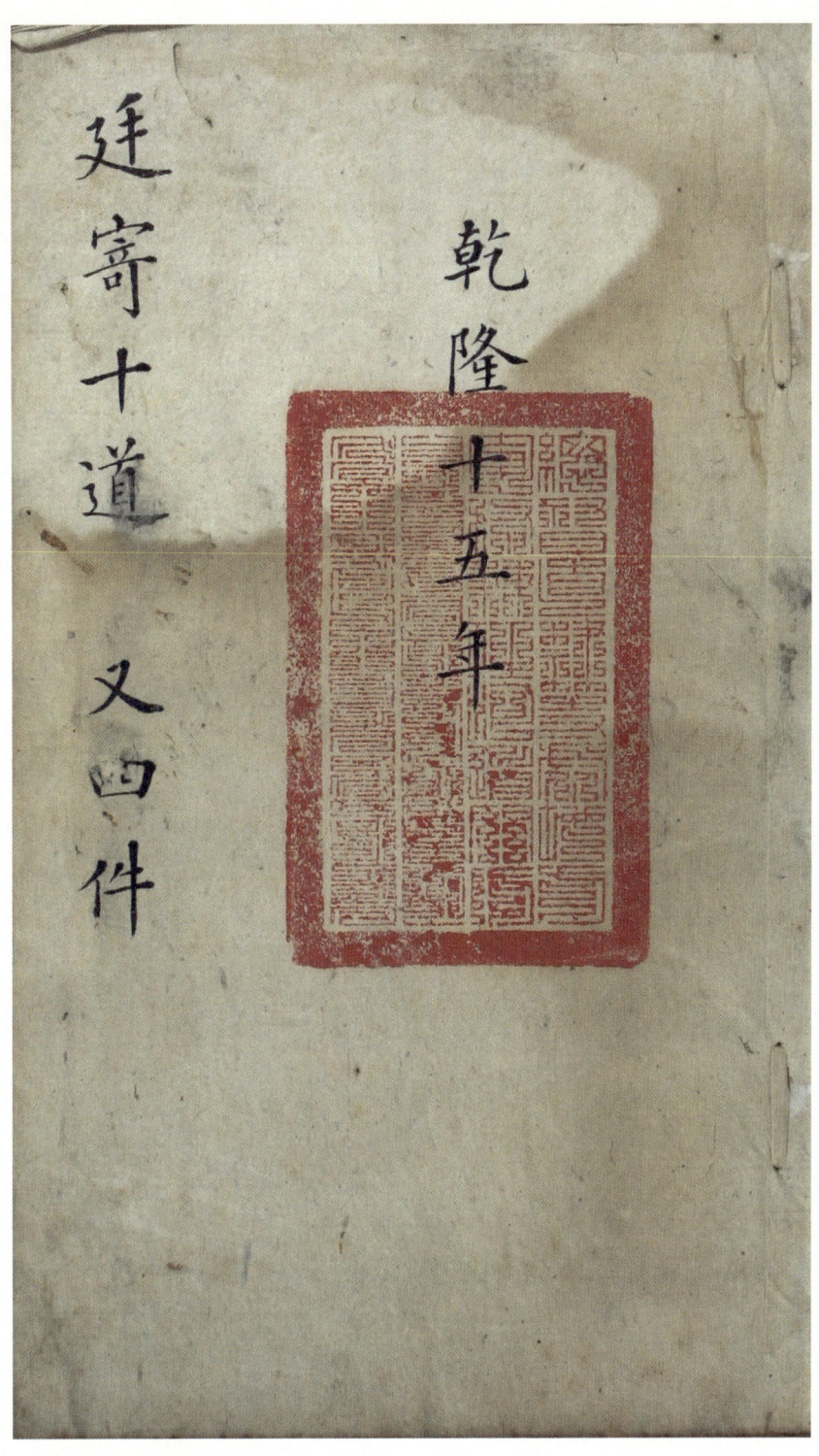

乾隆十五年

廷寄十道 又四件

226 皇清奏議不分卷

[清]佚名輯錄 清鈔本 七十二冊

紅欄（亦有黃欄）稿紙。匡高21.3釐米，廣13.8釐米。半葉八行，行二十字。白口，四周雙邊，單魚尾。有"嬭嬛妙境"等印。

刑科給事中臣宋澍謹

奏爲籌補倉庫錢糧以歸實貯仰祈

睿鑒事竊照倉庫錢糧最爲地方要務各省積歟相沿虧缺至易彌補爲難近年屢奉

諭旨訓誡諄諄各督撫自當遵循辦理臣細加訪察不但彌補半屬空談而且辦理迄無定見查核亦難得實數聞各省有以州縣所得陋規查明欵項以爲可作彌補之資者無論細数

嘉慶七年

嚴約束以成大業疏 順治二年 高去奢
請勤召對疏 順治二年 趙開心

順治元年

治臺條議 王雁臣司馬名甯海門廳

台灣屹立海上人所垂涎自改設行省以來凡所謂安内攘外者固已煞

費經營矣相地設碉堡據險修礮臺亦不足警懍水陸然内而生

番之叛物外而強鄰之潛窺有未可一日高枕者也故所以防

海之礮火雖精而講求亦有未至防山之營壘雖密而操練或未合

宜既無得力之兵又乏可恃之將一有緩急不堪設想是以所及

約有數端謹為一一籌之

一曰停止台北創辦鐵路多資勇力挖高墊低迄無休止勝[illegible]

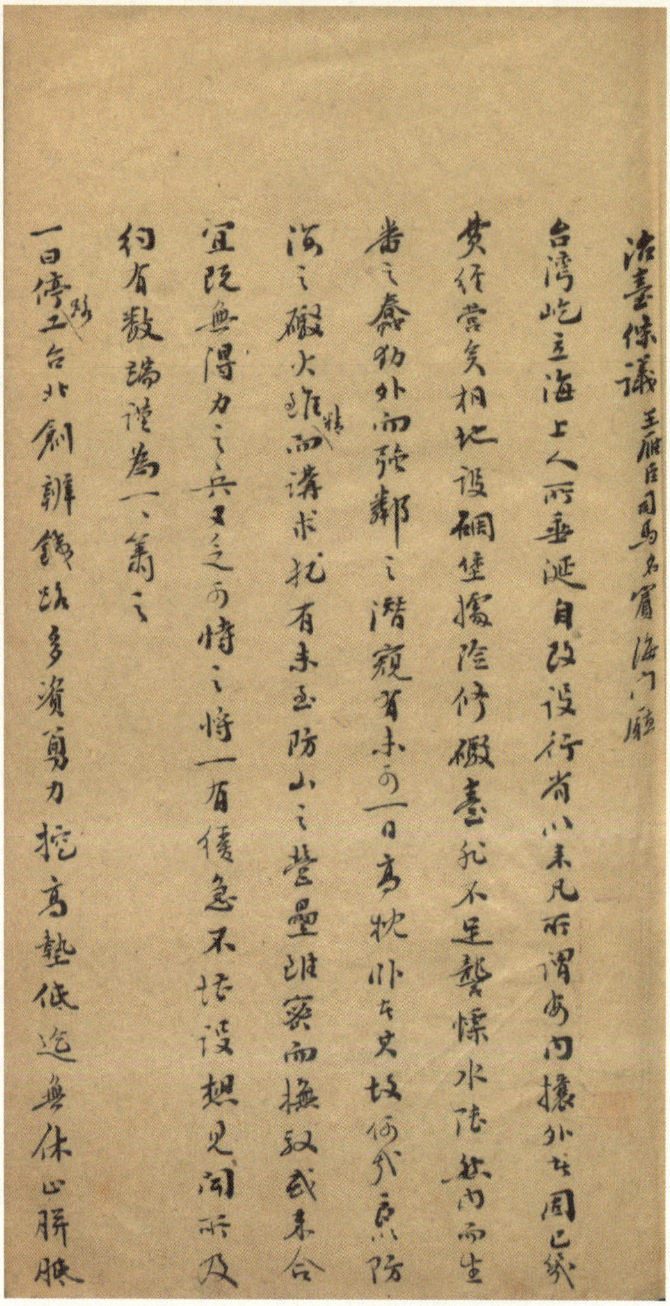

227 治臺雜抄不分卷

佚名纂 鈔本 四册

無匡。開本高 24.4 釐米，廣 14.6 釐米。半葉八行，行二十八字左右。

路问道阻敌备越复日暗险空令鸦匙卸迟受行添兵
招陷远美兵偿重接人而不战于人今势人共保卯战撞
人东中国边锋致任能鲜刻逢新第兵用精利枪炮者
休送进以兵力攻於鲜王一家而我颓以军新寡弱致美
我在陡又争是以李有名我何撑之不有强以洋封诈隆偿的撒
金力聚彼辽一案则任折国小石兵钱兑强我新大国户有多力
令户者不解相兵独兑弱海军聚松旅顺枝切近之
金州仁川华口岸不迨二三万生四千初里之隔而去一修私
遇岳营防撑于今志又易解选之護南洋 补救之法唯有
生存者胎师如虑早筹美策美
添製雷电夫水雷地枪之後沿鸭绿
江秀 鸭绿小户龙岩嚴有而枪我军道江进攻之
道苦多媚碍盖栽诸水雷甚半自有海金之如用
地雷灯明远游口炮亭屡用行营此首颉有以应黑
夜战守不妨之需而人水呆御水衣之擎以不栽
雷马挠取解雷长必并可不颉放处蚕及并多人清留写

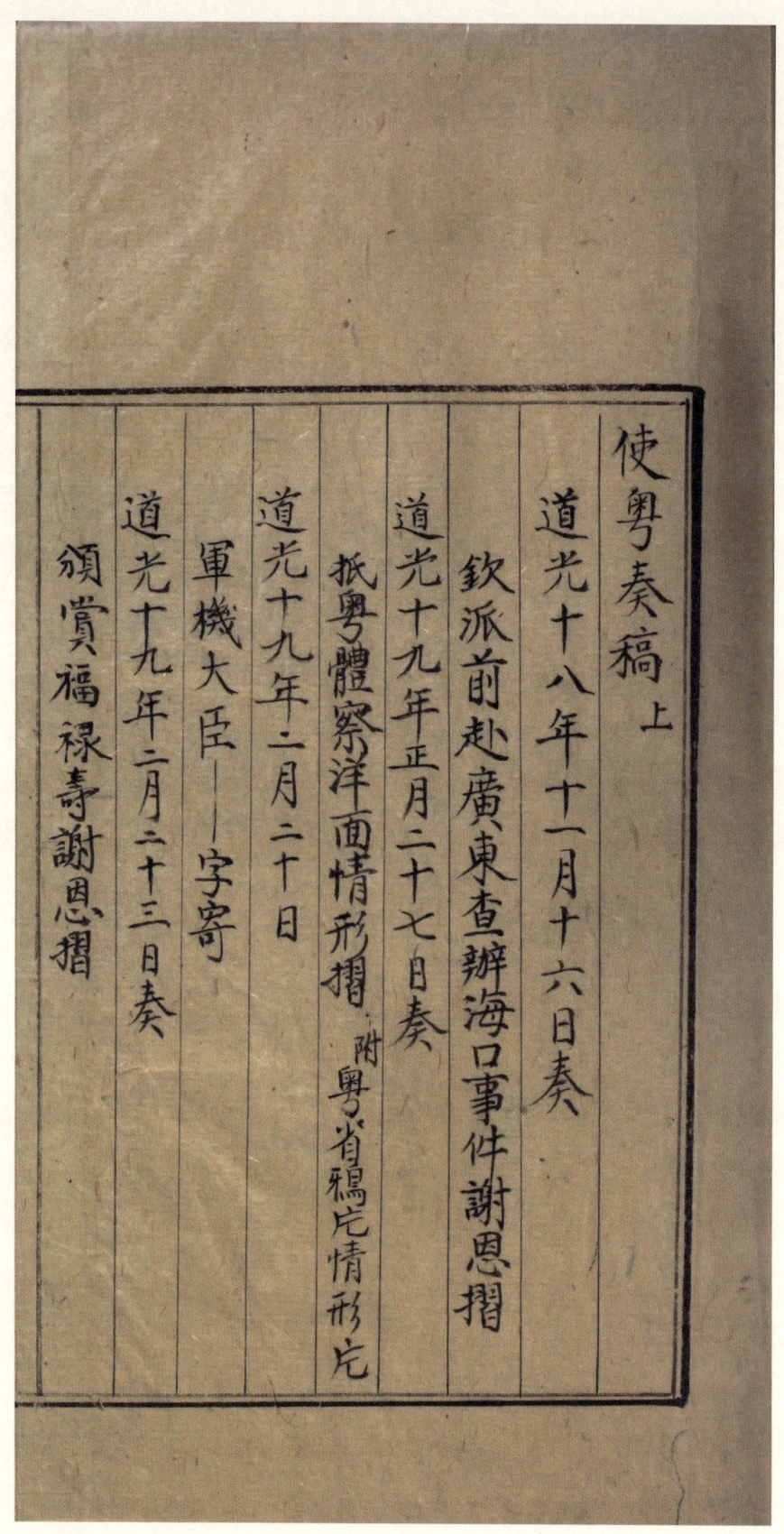

228　使粵奏稿二卷兩廣奏稿二卷
[清]林則徐撰　清林氏雲左山房鈔本　四册

紅欄稿紙（首半葉爲墨筆描補）。匡高 16.6 釐米，廣 11.2 釐米。半葉九行，行二十至二十三字不等。白口，四周雙邊，單紅魚尾。

兩廣奏稿 上

道光二十年正月初四日奏
　恭報在粵接受督篆日期摺
　遞署司道篆務摺
道光二十年二月初四日奏
　謝賞福祿壽摺
　燒燬接濟奸艇以驅嘆夷摺
　密陳駕馭澳夷情形片　附鈔錄夷信清摺
　廣東各府州續獲匪犯名數摺

金沙列難傳順治十八年許貫
國朝受命不數月而京畿乂安未幾而關陝告寗自
此而兗豫而壽徐而江淮而吳楚浙次削平不數年
而浙閩全收梁益底定巴蜀蒙恩兩粵滇黔承歇風
來歸命雲集彼海錯諸氛胡為乎來哉歲己亥夏聖
天子在位十六年矣江上傳檄金焦失險惟我鐵甕
暫缺金甌瑕剗紛拏人之惶怖而金沙遂為首禍之
邑邑令任體坤發難者也鄉紳被難剴有王重堯冠

229 金沙列難傳不分卷

佚名撰 舊鈔本 一册

無匡。開本高23.3釐米,廣12.9釐米。半葉八行,行二十字。

金沙列難傳目錄

列難傳
重訂公是錄弁言
附言
刪補公是錄序
任體坤釀成大禍始末
袁亦文殺人自殺始末
王有三殺身始末

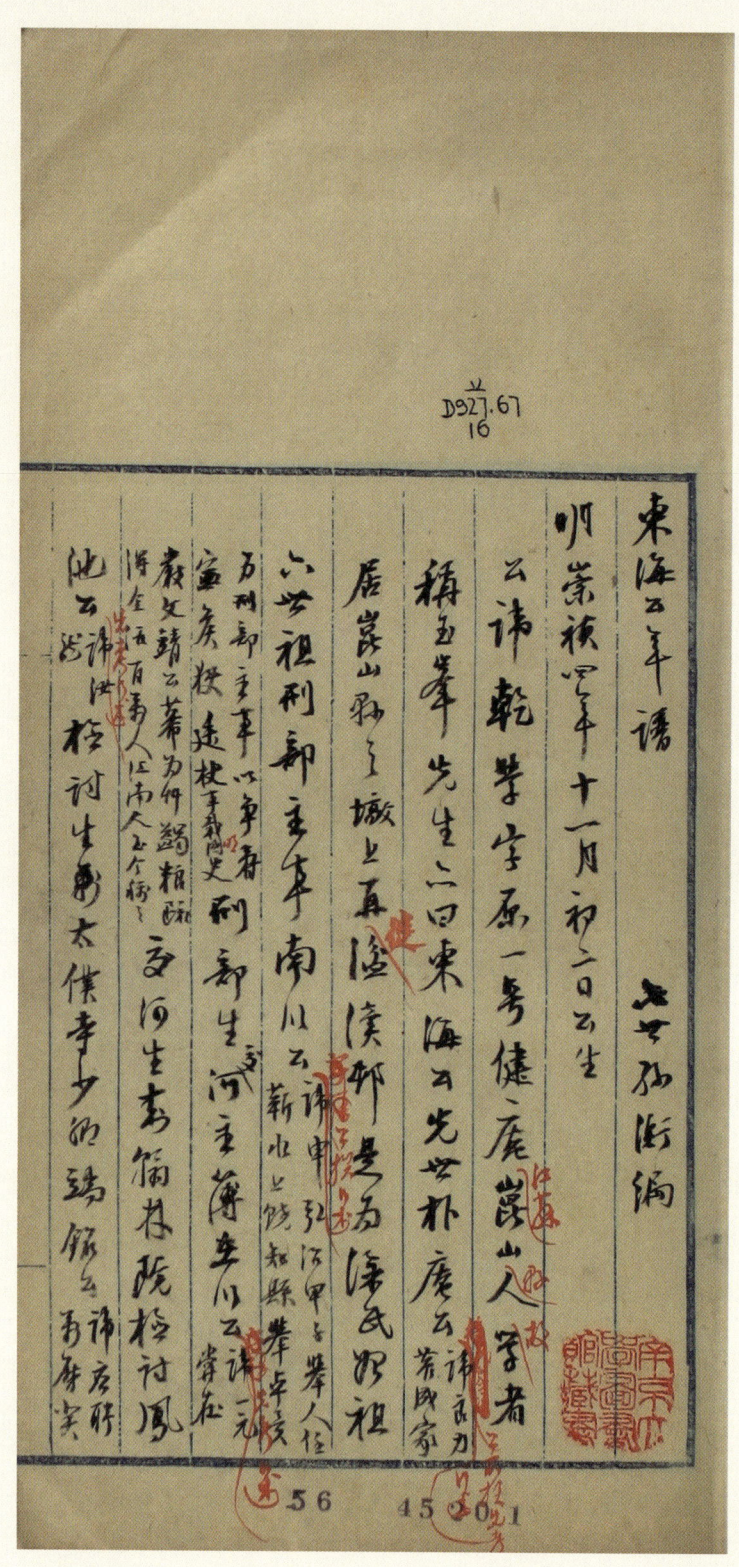

230 東海公年譜一卷

[清]徐衡編 稿本 一册

藍欄稿紙。匡高17.5釐米,廣12.3釐米。半葉九行,每行字數不等,行草書寫,間有小字雙行。白口,四周單邊,無魚尾。有朱筆校改。

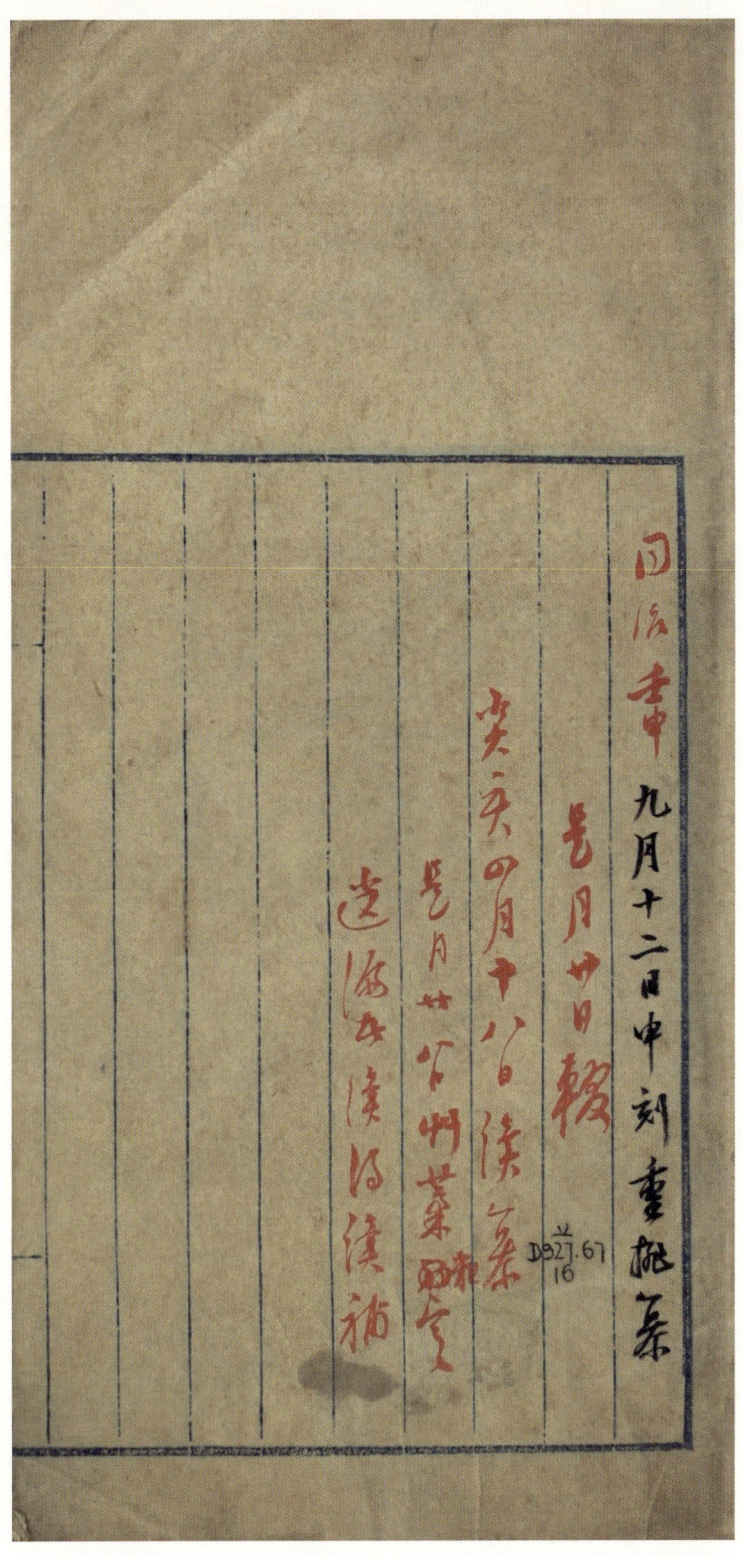

回信壬申九月十二日申刻畫艇箋

七月廿日報

癸亥四月十八日復箋

七月廿六州葉郎寄

還海安復陶箋補

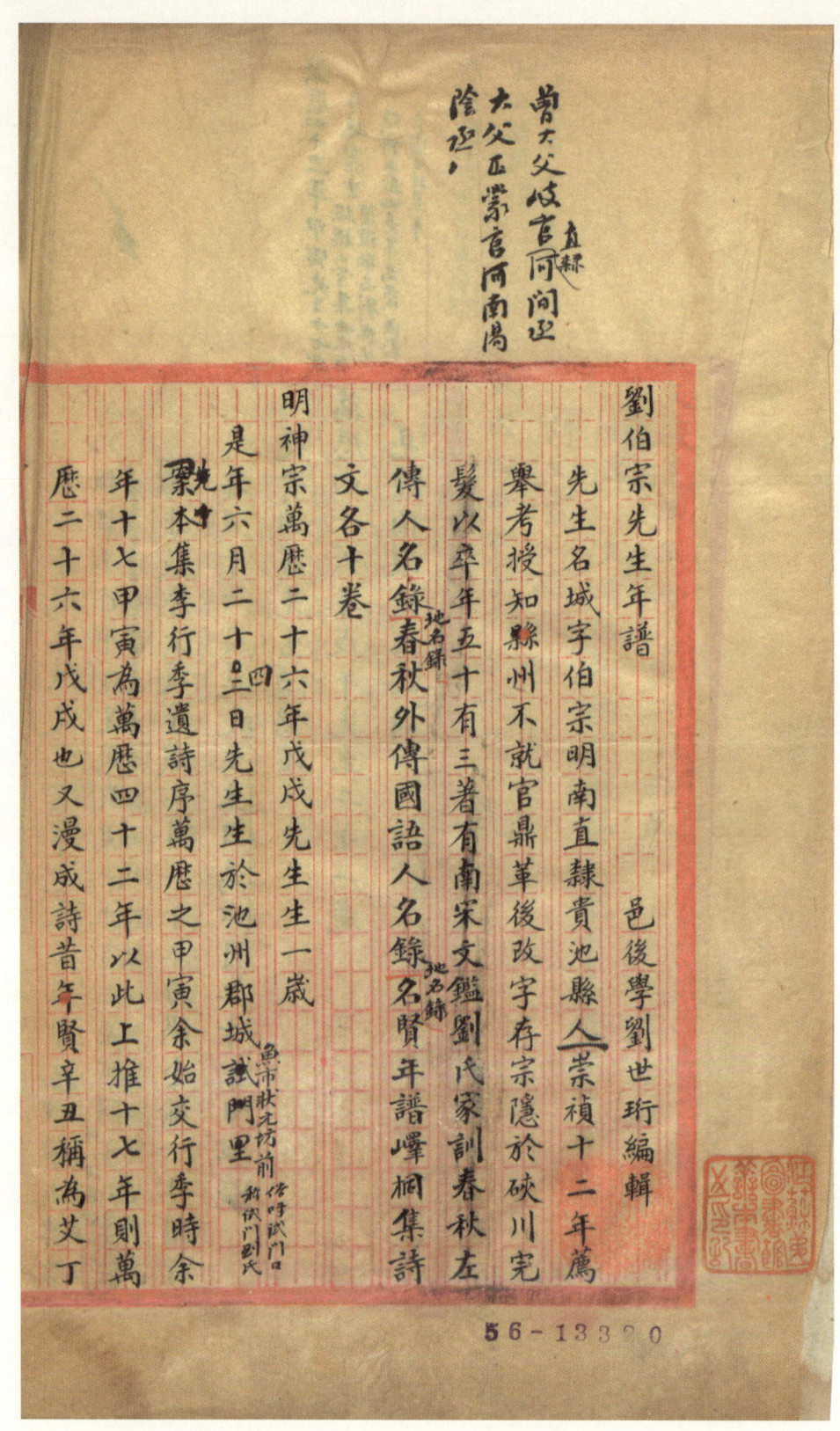

231 劉伯宗先生年譜不分卷

[清]劉世珩輯 稿本 一冊

紅格稿紙。匡高18.9釐米，廣14.3釐米。半葉十一行，行二十三字，小字雙行同。黑口，四周單邊，單紅魚尾。有"江蘇第一圖書館善本書之印記"等印。

先生四子廷鑾廷鑒廷鎣孫十人漢系漢岡漢胄漢
繹漢儀漢俊漢佐漢仕漢位
廷鑾字興父有梅祉集
漢裔子玉孫有江左詩集
陳士業宏緒寒崖近業有徵君伯宗劉公墓志銘
徐巨源榆溪集有劉徵君傳

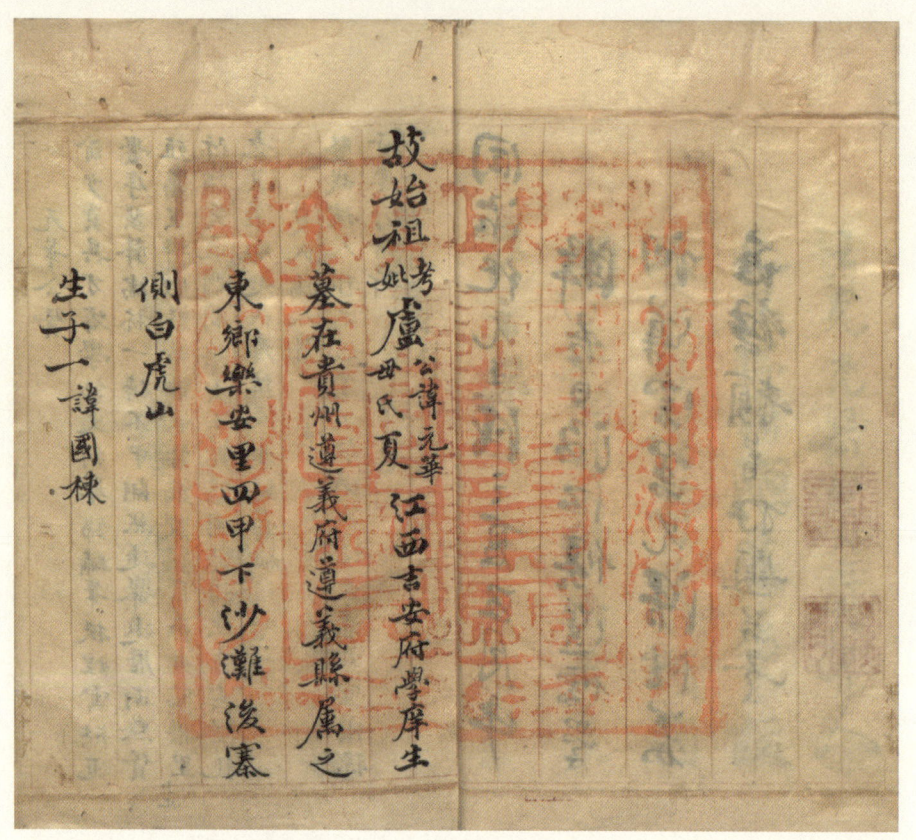

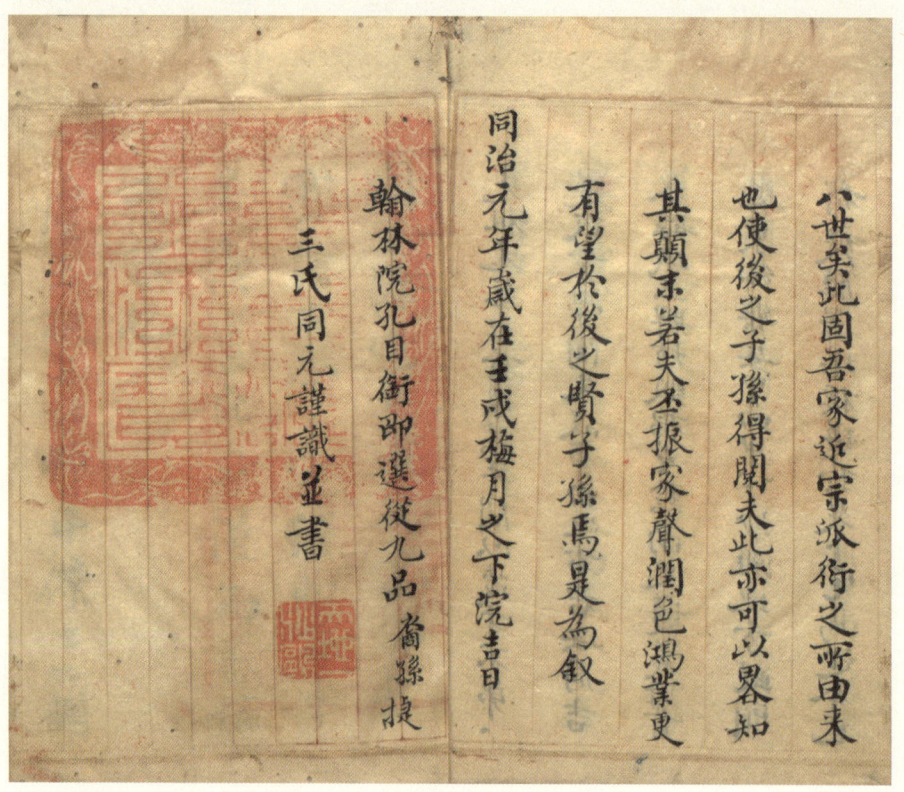

232 范陽盧氏宗譜不分卷

[清]盧同元修 稿本 一册

綠欄稿紙。匡高16.2釐米,廣11.1釐米。半葉界欄十行,間有大小字,字占兩行或一行。白口,四周雙邊,單魚尾。版心下鐫"大十字洪泰號"。有"天地一沙鷗""臣非熊印""渭谿"等印。另有三枚朱文大方印,漫漶難辨。

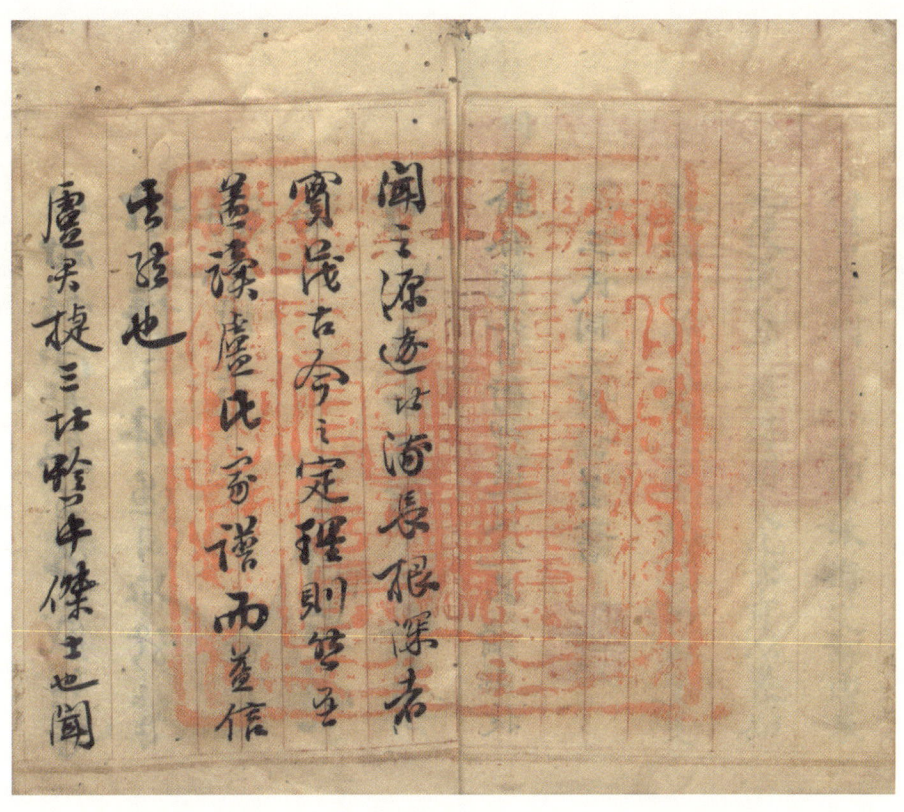

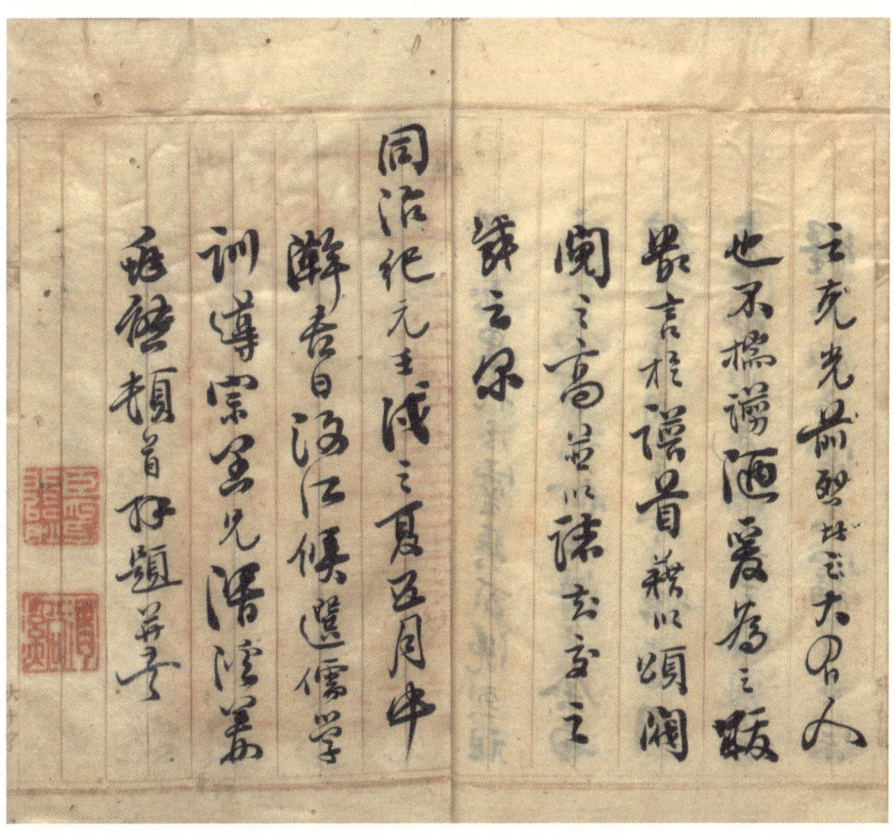

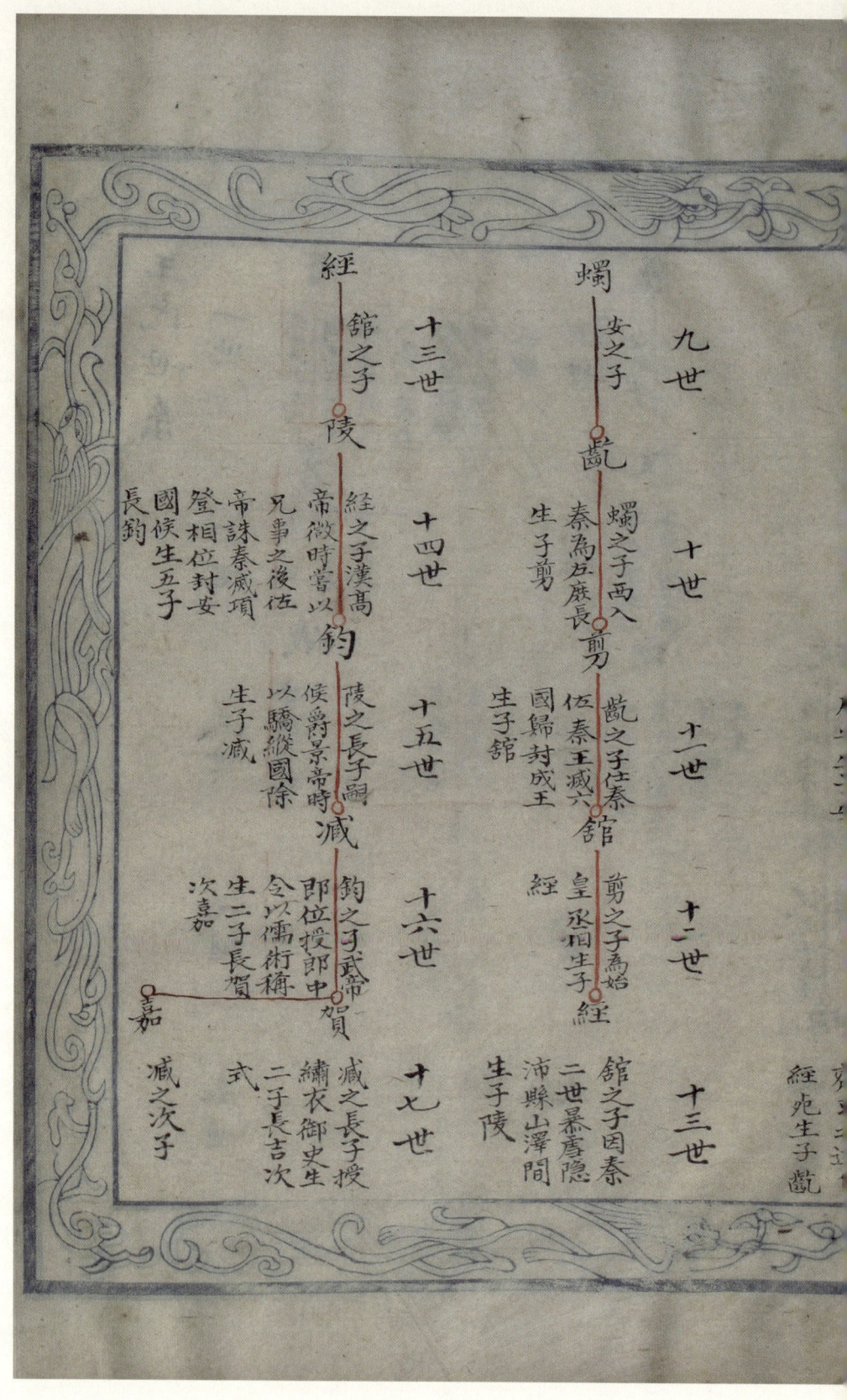

233　浙江紹興石泗王氏宗譜不分卷

[清]王耀等纂修　清乾隆稿本　四册

匡高35.0釐米,廣24.1釐米。因家譜的特殊格式,每葉行數、每行字數不等。白口,四周藍花邊,單藍魚尾。有"夏廬所藏金石書畫圖籍"印。

王氏世系

一世　晉　周靈王太子　封王爵因直諫踈降為庶人遂以爵為姓而王之姓自此始生子宗敬

二世　宗敬　晉之子　任司徒生二子長儀次仁

三世　儀　宗敬之長子

　　仁　宗敬之次子　生子令

四世　令　仁之子生子崔

五世　崔　令之子生子浚

六世　浚　崔之子生二子長詡次試

七世　詡　浚之長子從老氏學居清溪人稱鬼谷先生

　　試　浚之次子

八世　安　試之子生子蠋

九世　蠋　安之子為齊

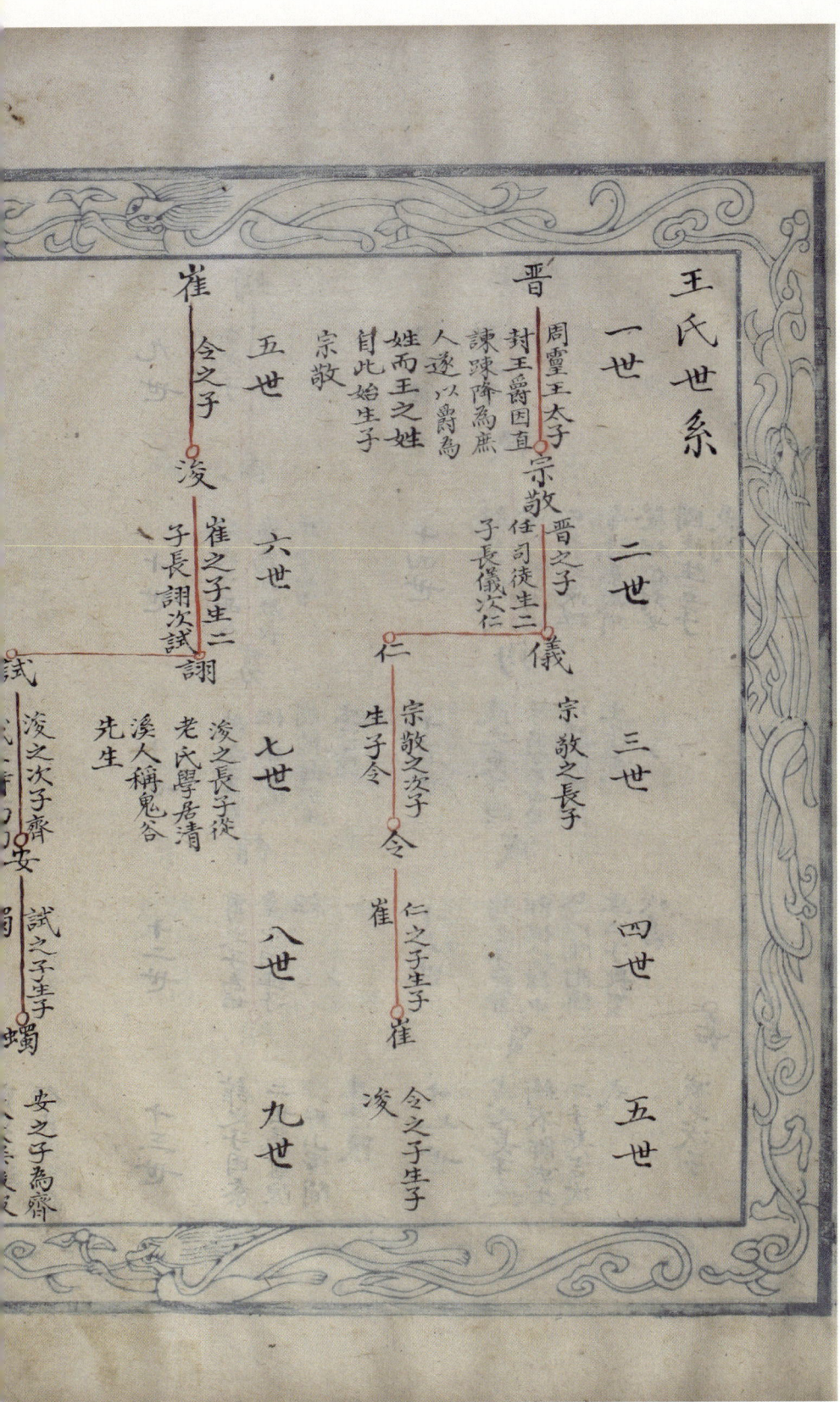

周史卷一

本紀第一

后稷 不窋 鞠陶 叔均

南通州錢兆鵬雲門甫纂
績溪錢塘縣周懋琦韓侯校定

后稷姓姬氏名棄字度辰帝嚳高辛氏子也帝嚳夔有邰氏女曰姜嫄為元妃姜嫄出祀禖見大人跡而履其拇遂欣然如有人道之感由是震動有娠居期而生子以為不祥棄之隘巷馬牛過者皆辟不踐徙之平林適會山林多人遷之而棄渠中冰上飛鳥以其翼覆薦之姜嫄以為神遂收養長之因初欲棄之故名曰棄頭象元性敷而仁為兒時屹如山立巨人之志其遊戲好種樹麻菽美及為成人遂好耕農相土之宜青赤黃黑陵水高下梁稷禾藥麥豆稻各得其理民皆法則之帝堯聞之舉為農師后稷乃教民日所以務耕織者以為本教也是故天子親率諸侯耕帝籍田大夫士皆有功業是故當時之務農不見於國以教民尊地產也后妃率九嬪蠶於郊桑於公田是故春秋冬夏皆有麻枲絲繭之功以力婦教也是故文夫不織而衣婦人不耕而食男女貿功以長生此聖人之制也故敬時愛日非老不休非疾不息非宛不舍上田夫食九人下田夫

234 周史二百七十九卷（卷四十六有目無文）
[清]錢兆鵬撰 [清]周懋琦校定 清鈔本 四十册

無匡。開本高24.9釐米，廣15.7釐米。半葉十五行，行二十八字，小字雙行同。有"陽湖陶氏涉園所有書籍之記"等印。

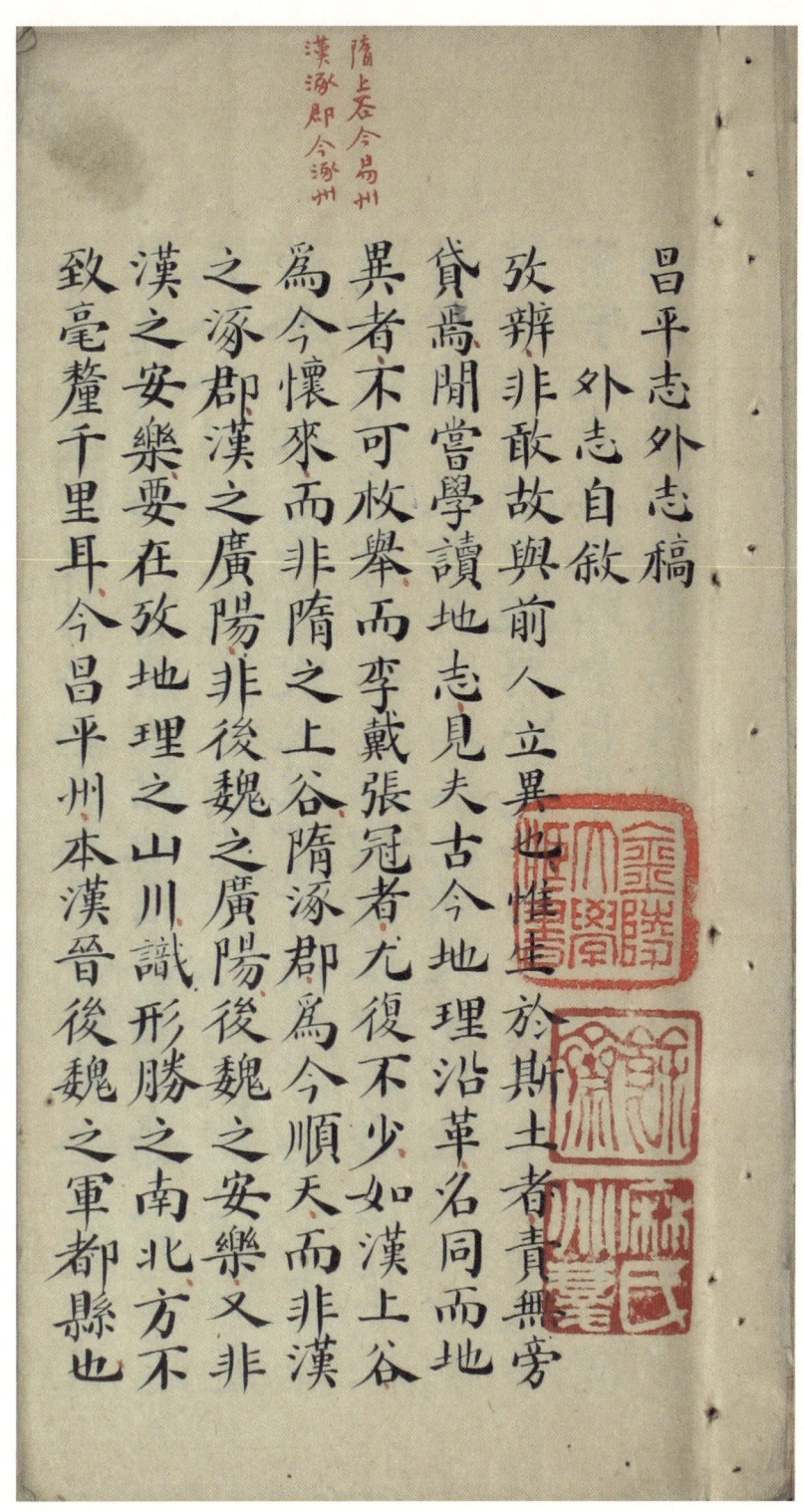

235 昌平志外志稿不分卷補稿不分卷

[清]麻兆慶纂 稿本 二册

無匡。開本高16.1釐米，廣14釐米。半葉九行，行二十字，小字雙行同，多有批注並朱筆句讀。書中收錄作者自繪輿圖兩幅。有"餘齋""麻氏兆慶""藝風堂藏書"等印。

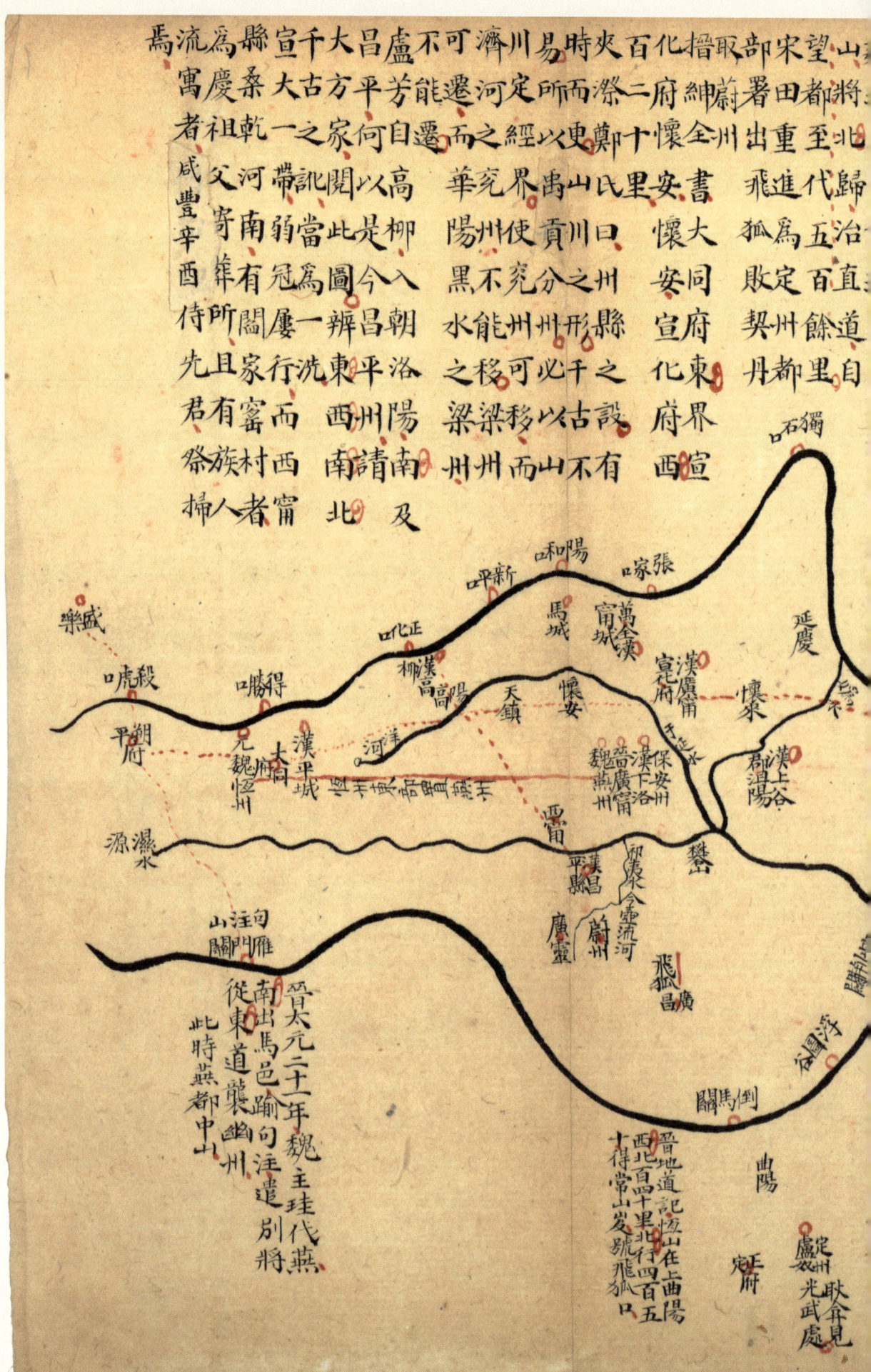

興地縮繪圖

今昌平本在漢高柳之東自高陽東行十里又東行六十至懷安東行三十至天鎮十六百至陽高東行十三又東行二十至大同府東行六十至懷仁十少東至百靈廟東南行三百鎮之東柳之東至陽原東行六十至懷來十三又東行三十至居庸關東行五十至宋從居庸關東行三十至密雲東南至薊真定十至蓟州東南封服宣化東五十至鳴山出平谷口東南武都雍蔑也趙平州鎮武城庸東至白道上谷始皇帝紀武都亶自立為代王王史記上率蔑軍都子與燕王襲破王水經注處趙代高王遷代舊國以代為郡卽郡治代王嘉秦始皇自鴈門又東至百十里東蔚州又東至蔚州南又東四南三行百里至蔚州西窗志百五十至定州

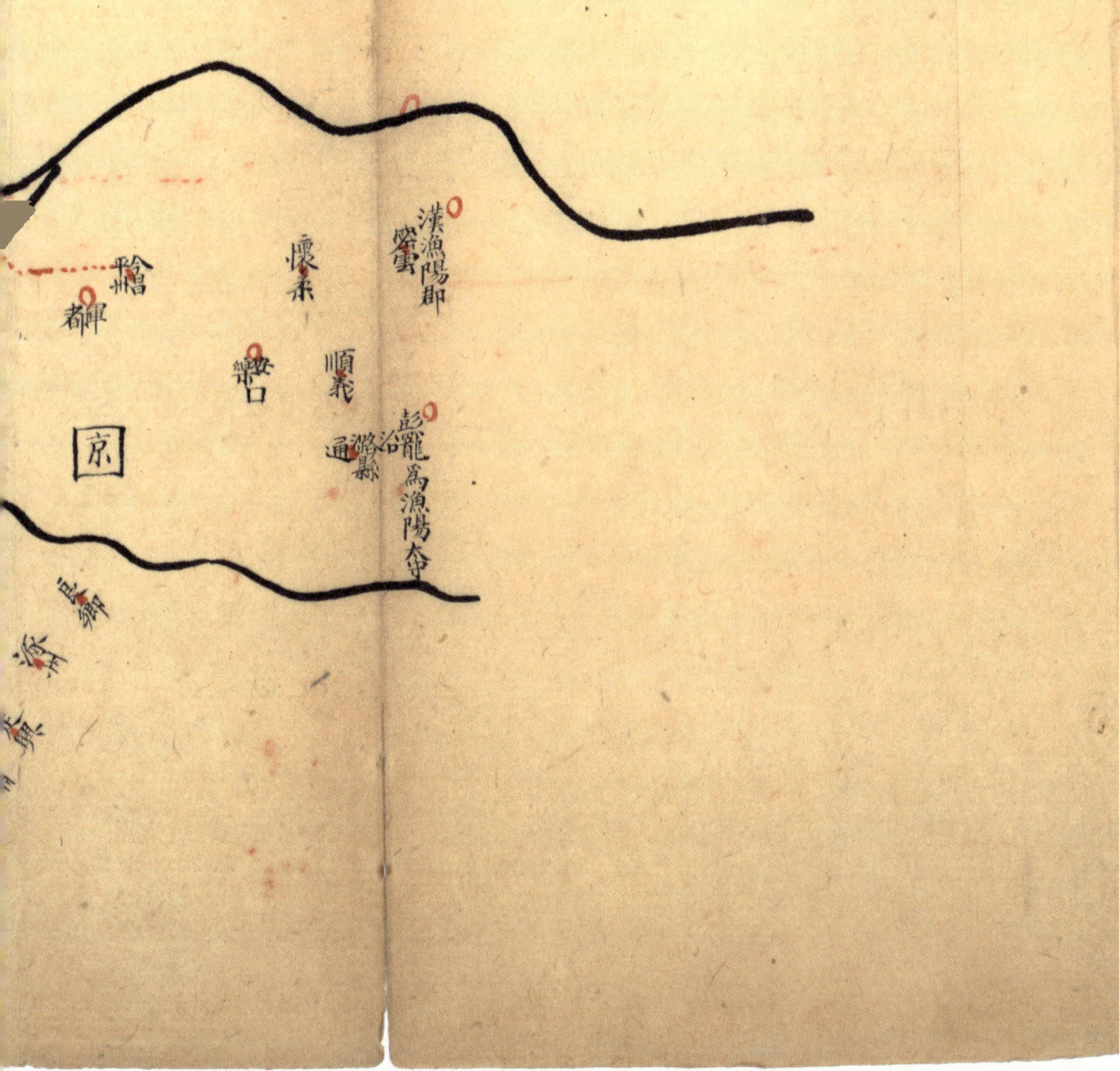

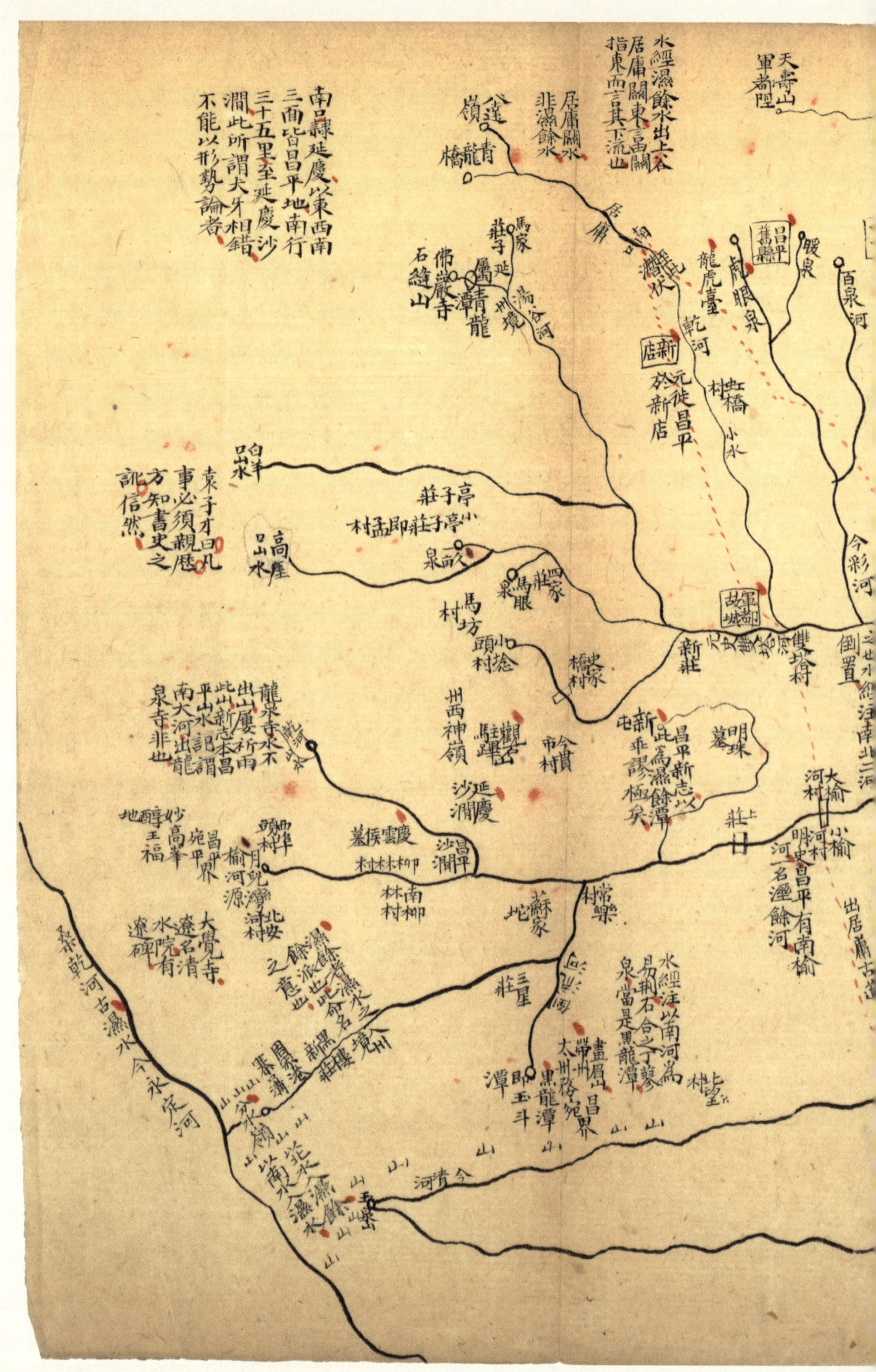

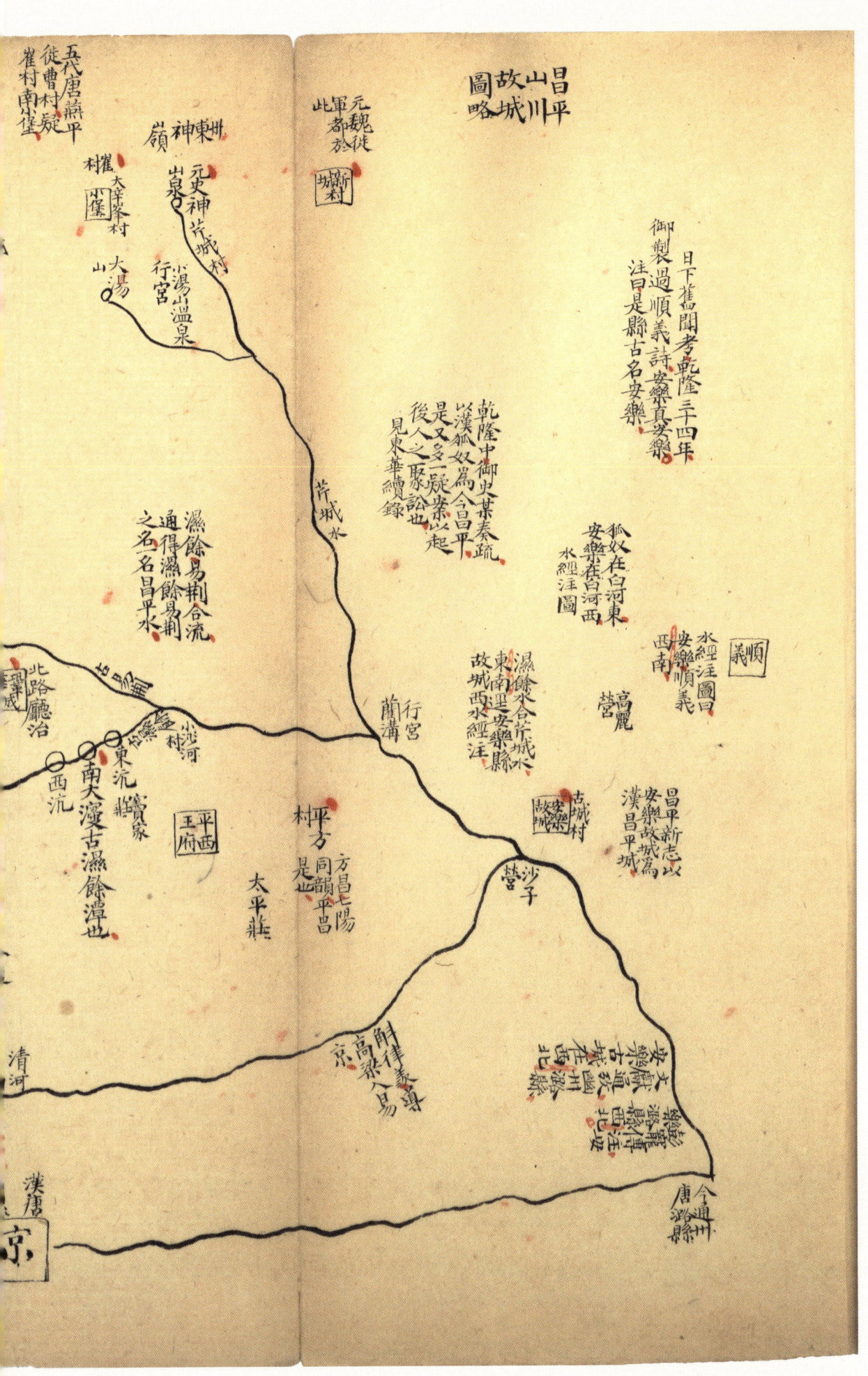

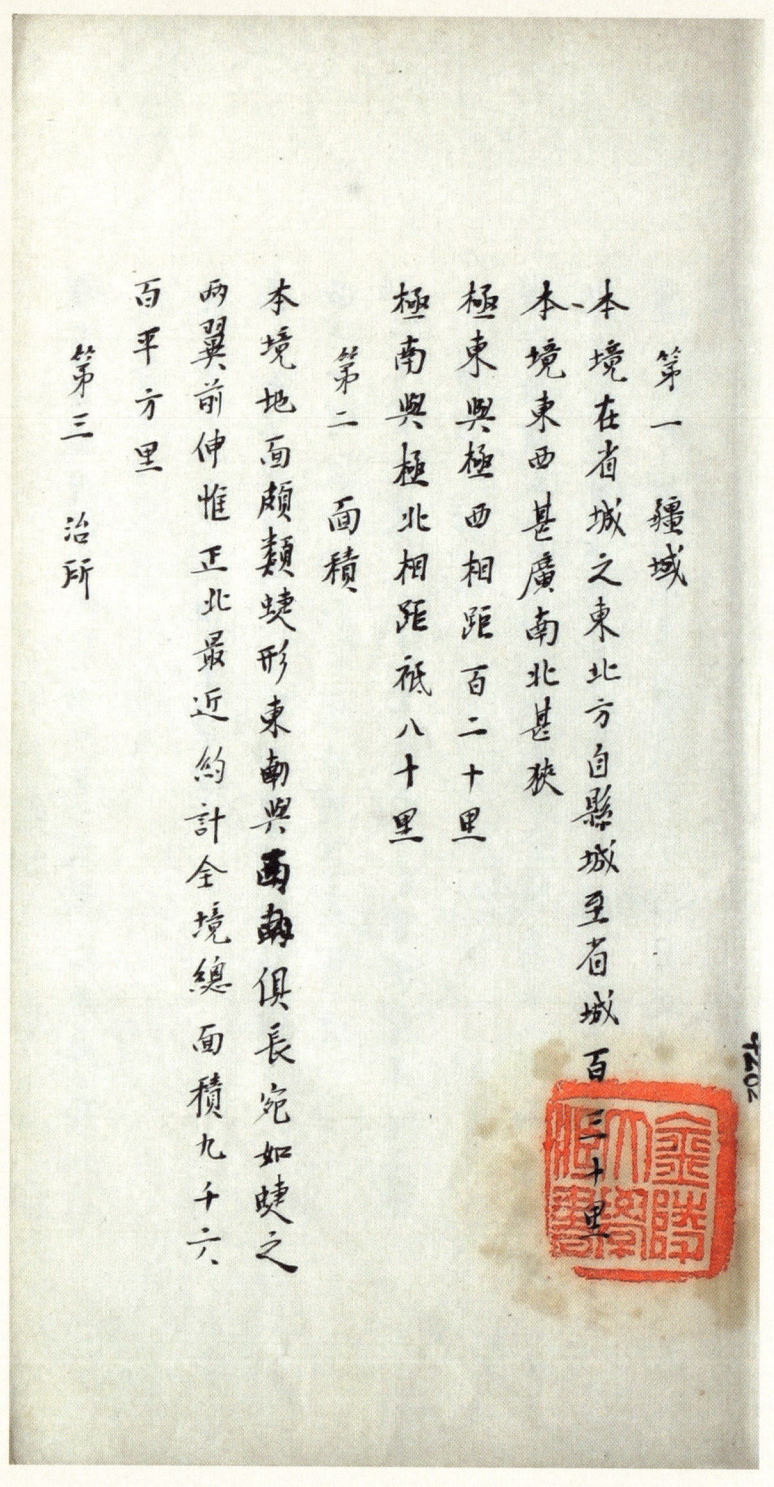

236 [宣統]鐵嶺縣志不分卷

[清]徐麟瑞纂修　鈔本　一册

無匡。開本高 25.4 釐米，廣 15.4 釐米。半葉十行，行二十一字。

鐵嶺縣志目錄
第一 疆域
第二 面積
第三 治所
第四 交界
第五 村落
第六 戶口
第七 商務
第八 道路
第九 鐵軌

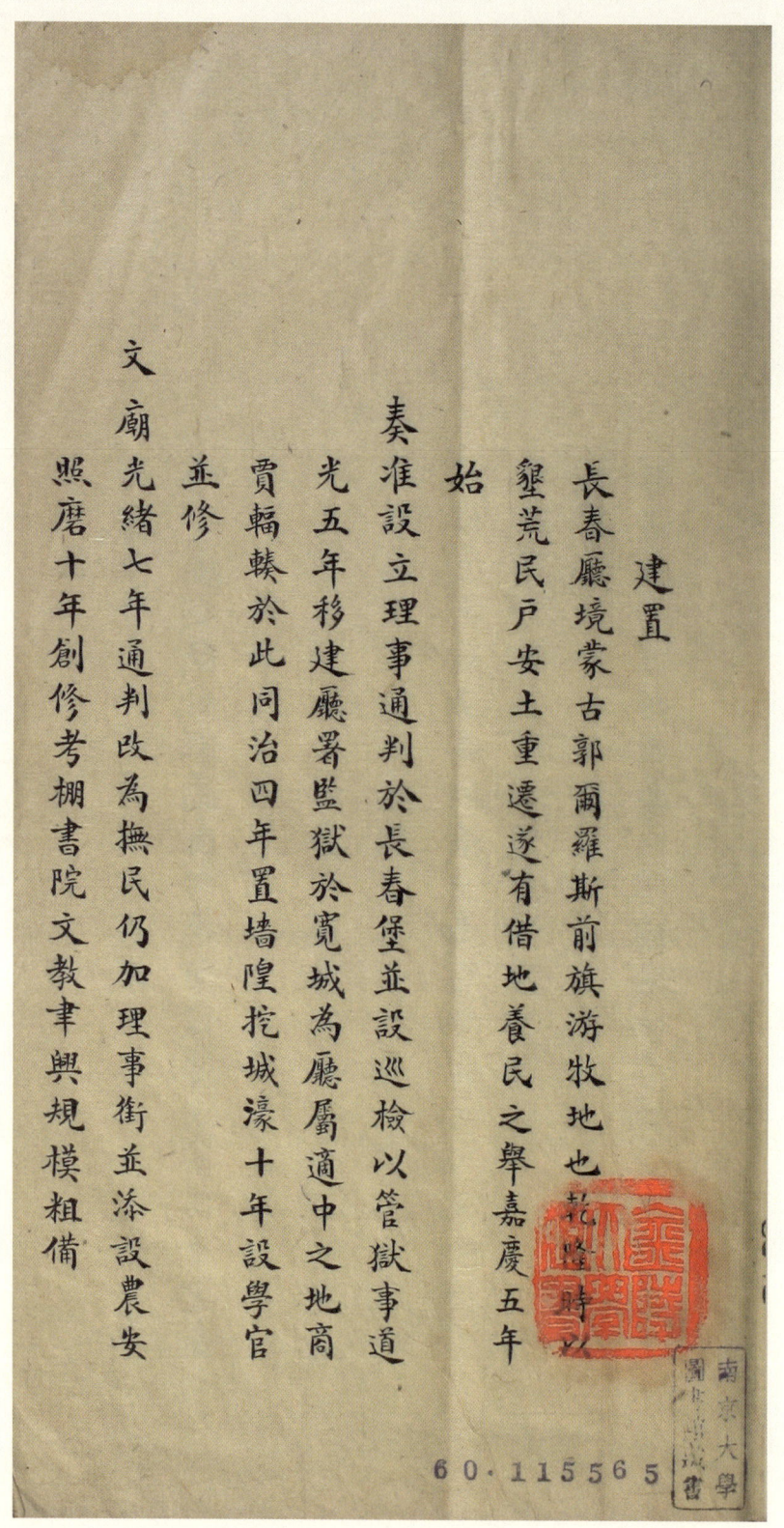

237 [光緒]長春廳志一卷

[清]佚名纂 清光緒鈔本 一册

無匡。開本高28.4釐米,廣17.5釐米。半葉十行,滿行二十二字。

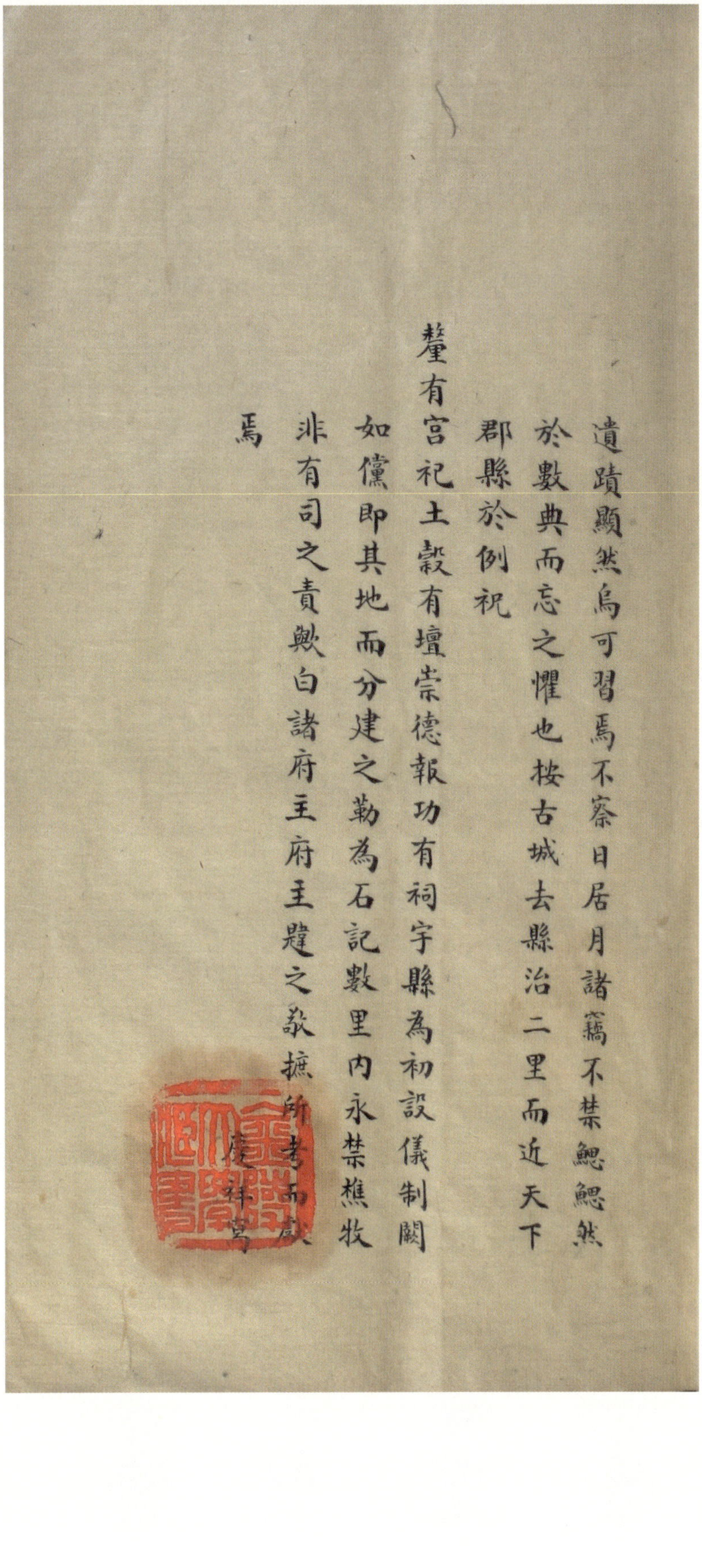

遺蹟顯然烏可習焉不察日居月諸竊不禁鰓鰓然
於數典而忘之懼也按古城去縣治二里而近天下
郡縣於例祝

釐有宮祀土穀有壇崇德報功有祠宇縣為初設儀制闕
如儻即其地而分建之勒為石記數里內永禁樵牧
非有司之責歟白諸府主府主題之欸撫所考而咸

焉

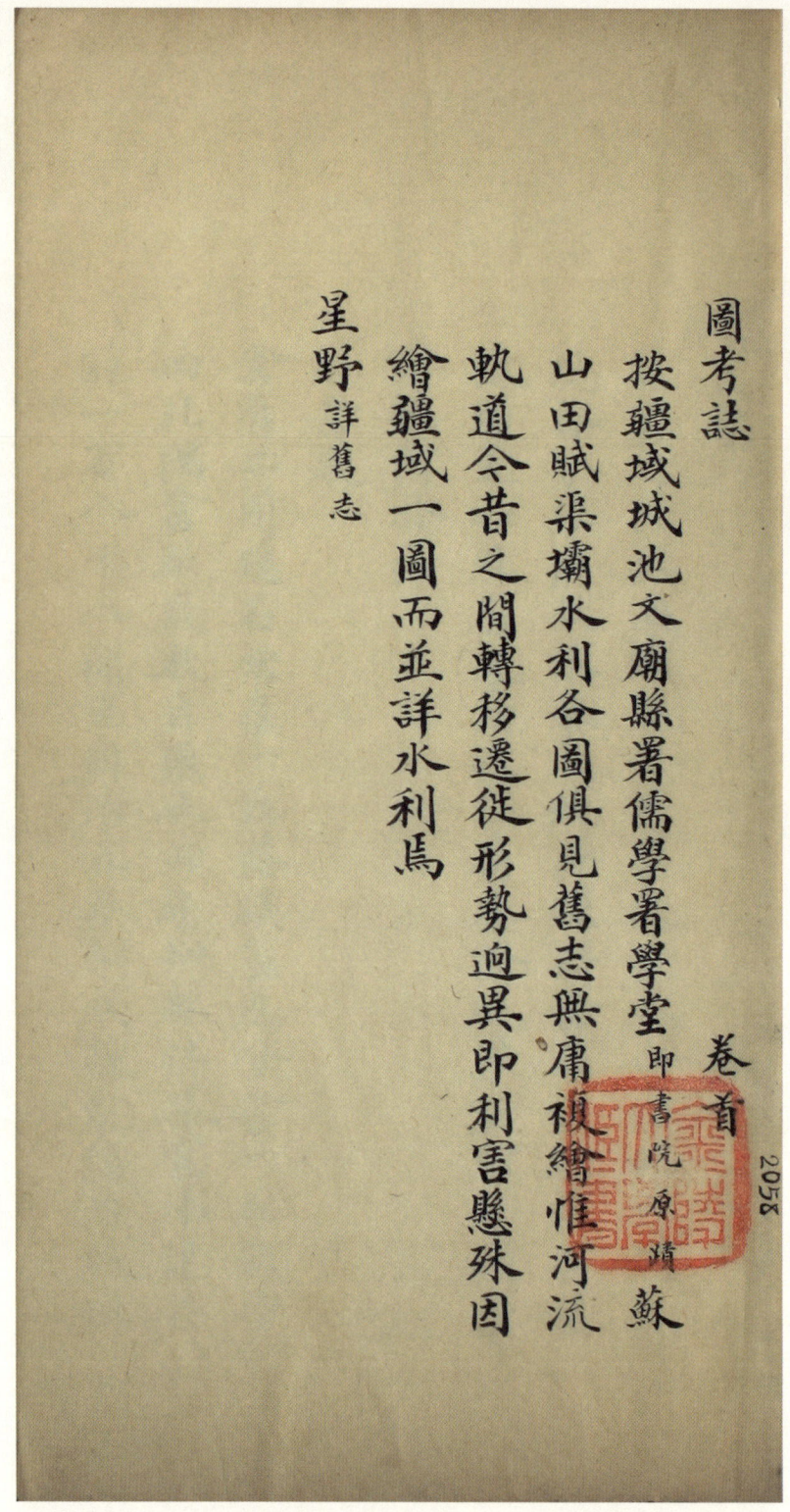

238 [宣統]鎮番縣志十卷首一卷

[清]佚名修纂 鈔本 六冊

無匡。開本高36.7釐米,廣15.6釐米。半葉九行,行二十字。

建置考　　　　　　　　卷一之一

建置之大無過城池公署學校數端今按採訪總目
既各分專門故未參入此條謹將倉庫草場稅局監
獄工表以及習藝所戒煙局養濟院軍流所等類彙
列而附於茲

倉廠
倉有二所總名常盈一在蔡旗堡為分倉一在城內
西北隅倉廠數自雍正四年知縣杜振宜添建共
計一百八十八間至同治五年回氛擾亂繕治城垣

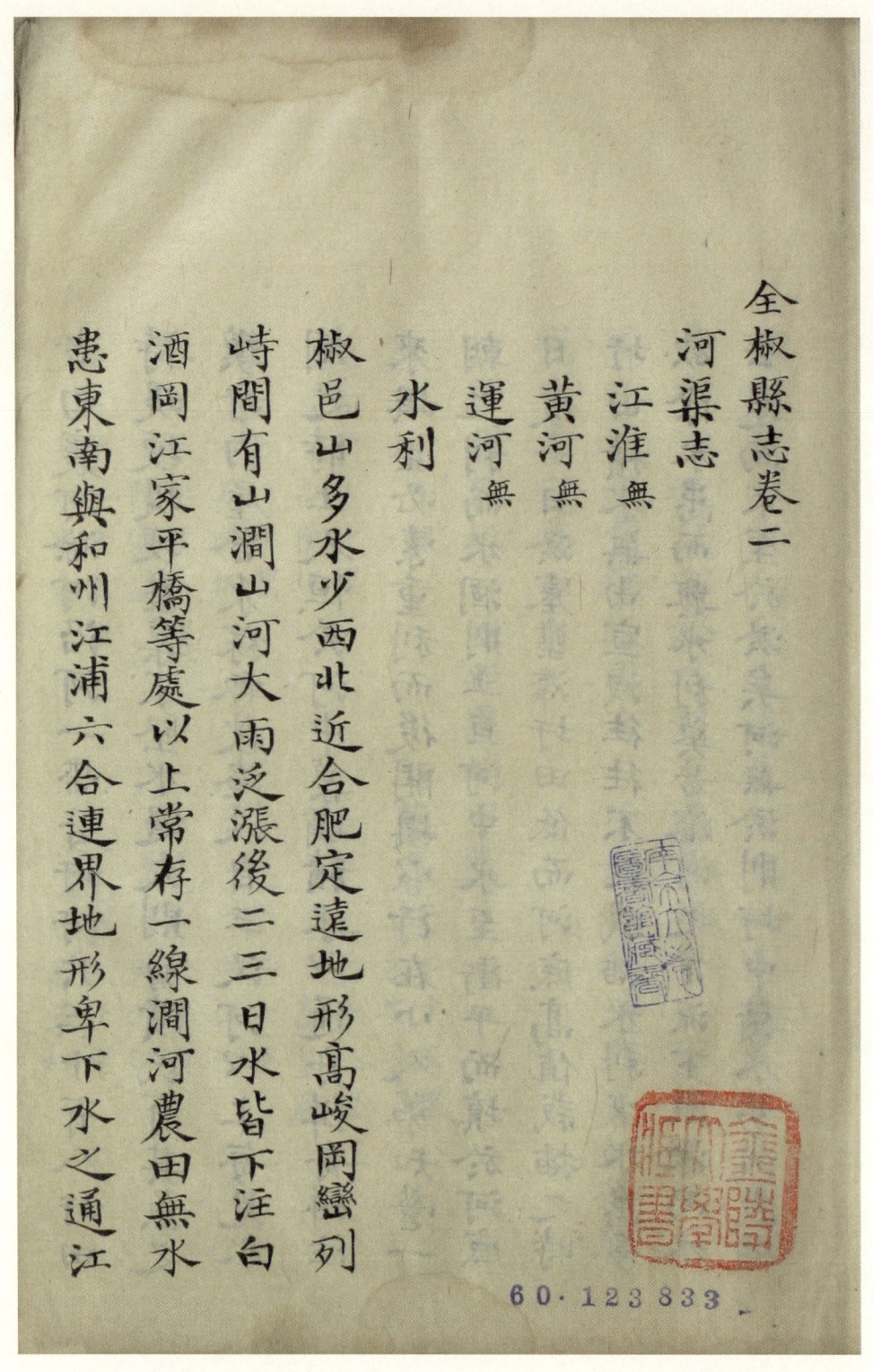

239 [同治]全椒縣志十卷
[清]金鑨纂修 鈔本 六册

無匡。開本高 25.8 釐米，廣 18.7 釐米。半葉十行，行二十一字，小字雙行同。

江淮黃運水利五類參酌詳查註明申送

風俗
應查明城垣建自何年何人修葺周圍高濶若干丈兵燹後曾否毀廢現在曾否修建並查明城濠寬深若干曾否修濬何人經理均須註明申送其未經失守城池即遵照舊志按類註明申送

城池

公署
應查明城外大小公署共若干並養濟院育嬰堂倉厫等類兵燹後曾否修復與舊志有無更改係何人經理均須註明申送

關津
應查明境內橋梁津渡有無毀廢更改註明申送

古蹟
應查明境內舊存古蹟曾否毀廢註明申送

壇廟
應查明城內外舊有壇廟共若干兵燹後未修復其修建有無更改係何人經

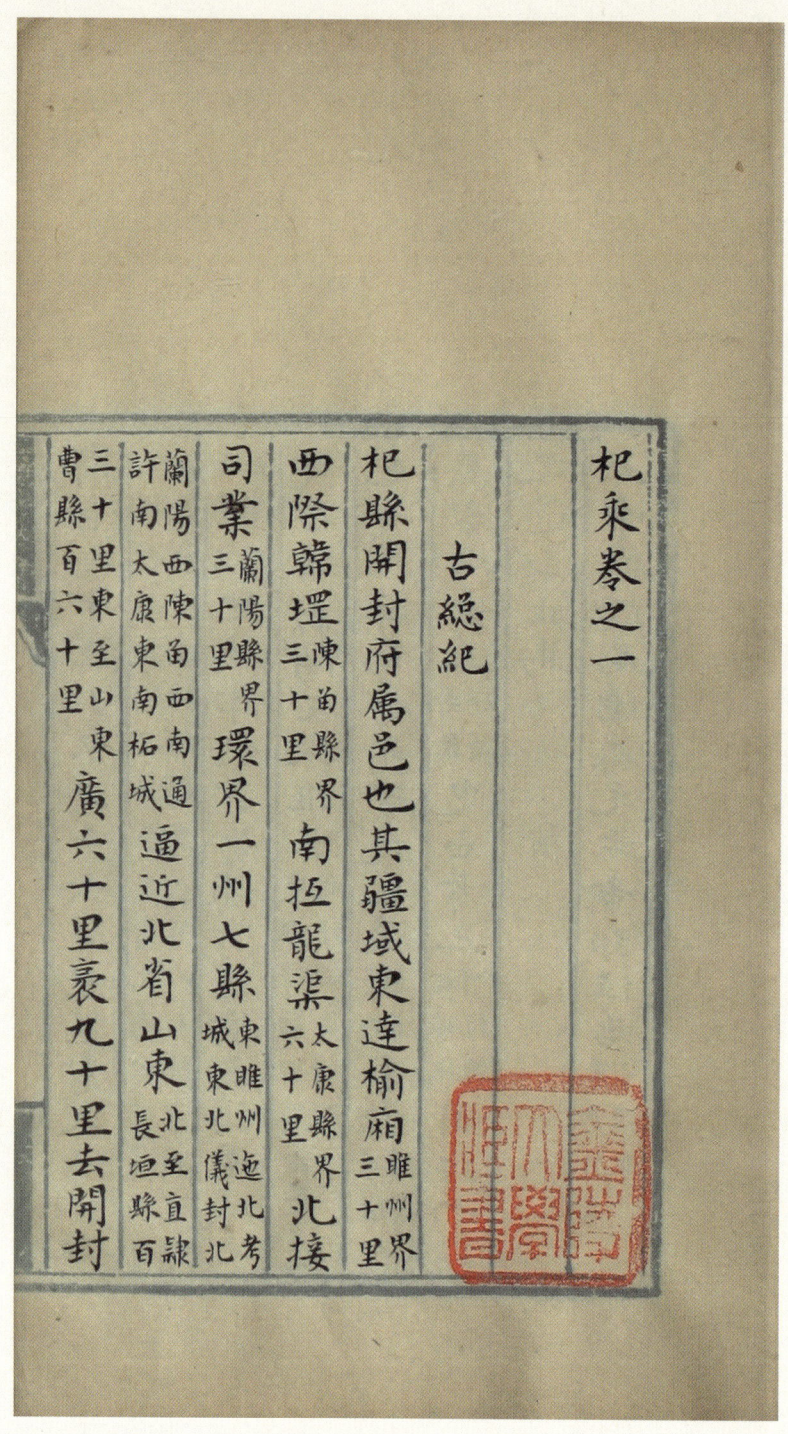

240 [萬曆]杞乘四十八卷
[明]馬應龍纂 鈔本 八册

藍欄稿紙。匡高14.4釐米,廣11釐米。半葉八行,行十八字。黑口,四周雙邊,單藍魚尾。

241 山東海疆圖記五卷首圖一卷

[清]胡德琳纂輯 [清]王尚玨編次 清乾隆四十七年(1782)鈔本 六册

無匡。開本高25.4釐米,廣17.8釐米。半葉十行,行二十一字,小字雙行同。有"豫齋珍藏""善登印信"等印。

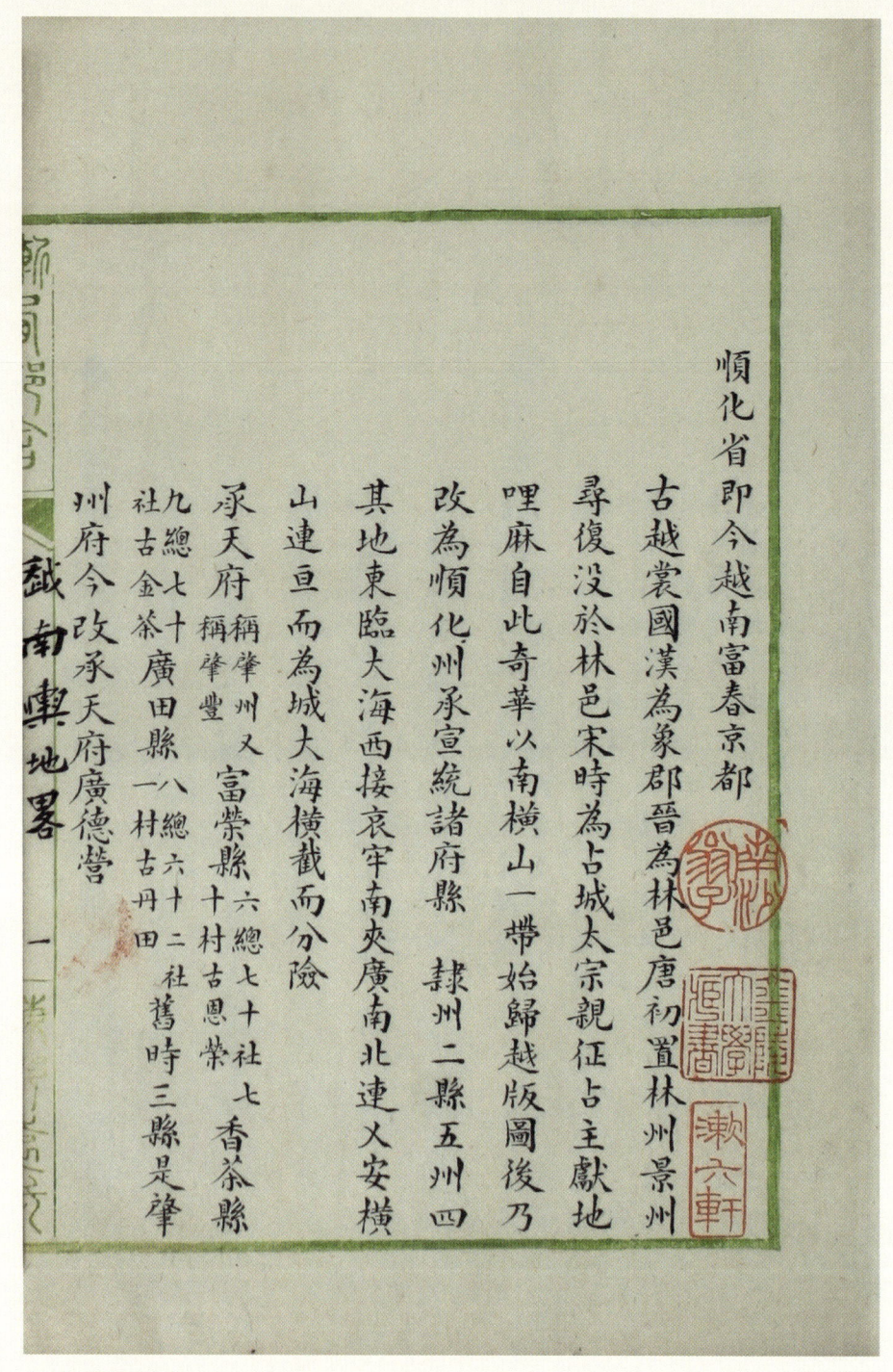

242 越南輿地略一卷

佚名撰 清袁氏漸西村舍鈔本 一册

緑匡稿紙。匡高18.9釐米,廣14.0釐米。半葉十行,行二十五字,小字雙行同。白口,四周單邊,單緑魚尾。版心題"漸西村舍""陳郡袁氏"。有"柏園翁""南沙翁子""漱六軒""裛裛觀古今"等印。有翁奎孫題識。

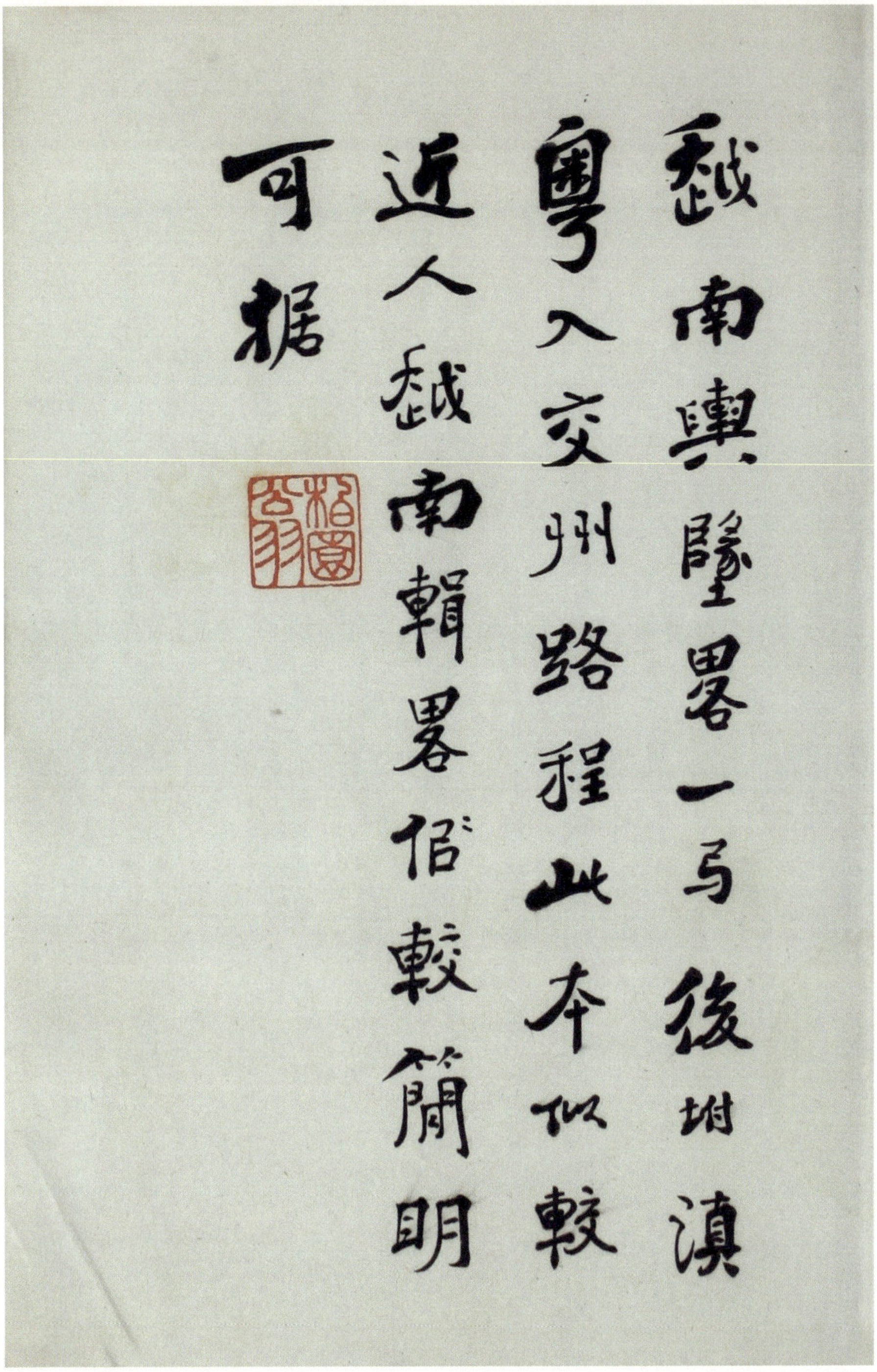

越南輿墜畧一書後附滇
粵入交州路程此本似較
近人越南輯畧俗較簡明
可據

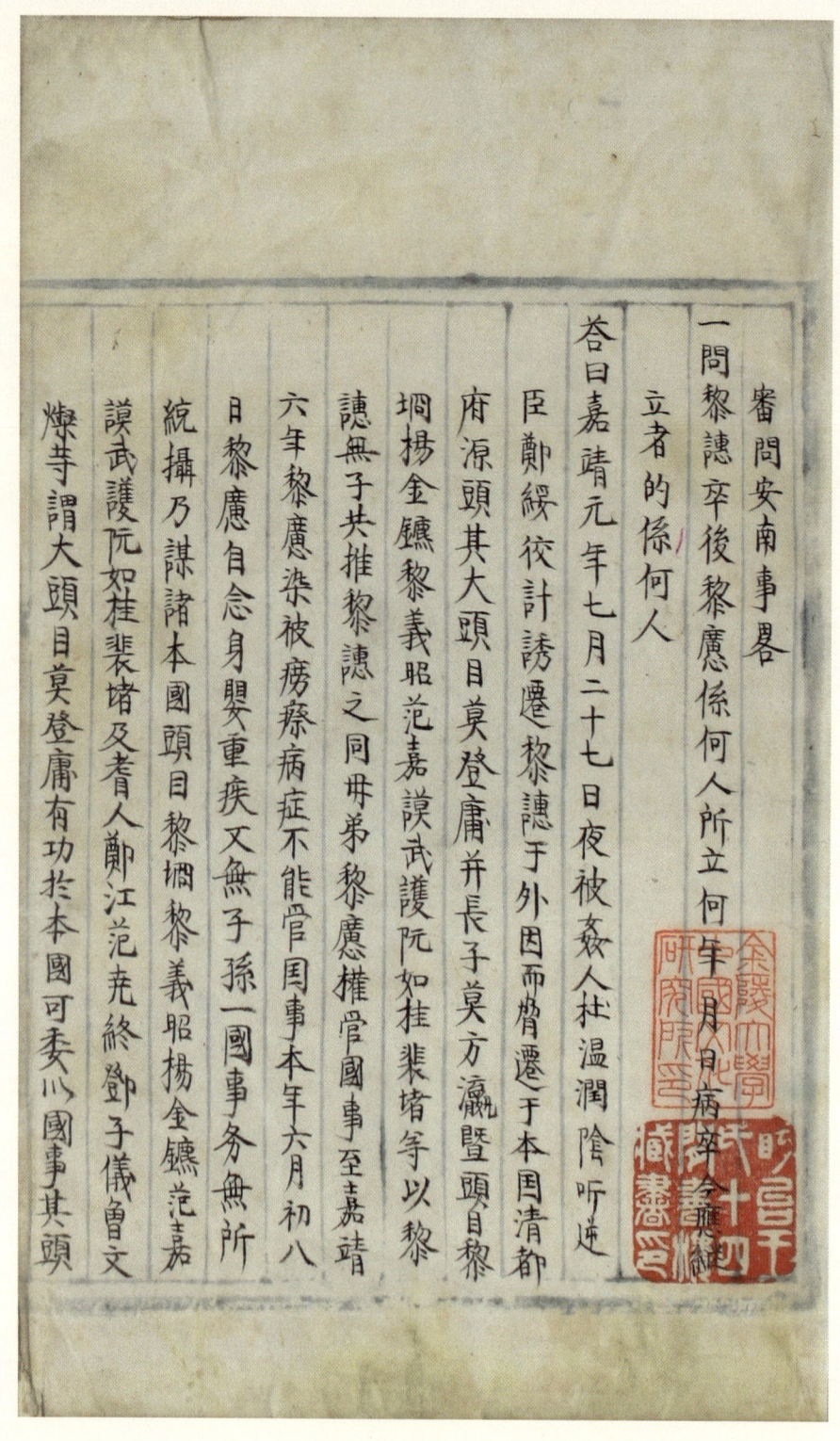

243 審問安南事略不分卷
[明]佚名撰 明鈔本 二冊

藍欄稿紙。匡高 19.2 釐米,廣 15.3 釐米。半葉十三行,行字數不一。白口,四周雙邊,單藍魚尾。有"漢鹿齋金石書畫印""盱眙王氏十四間書樓藏書印""鄭端生書畫記""秀水朱氏潛采堂圖書""朱昆田曾觀是書大略"等印。

廣西梧州府為

大慶事抄奉

欽差總理糧儲帶管分守蒼梧道廣備森兵使司右參政

林 案驗准本司咨嘉靖十六年三月二十日奉

欽差提督兩廣軍務兼理巡撫兵部左侍郎

副都御史令陞南京戶部尚書錢 批據本司呈前

事嘉靖十六年三月十二日奉

欽差提督兩廣軍務兼巡撫兵部左侍郎兼都察院右

副都御史令陞南京戶部尚書錢 鈞牌前事奉此到

司依奉僉行本司掌印左布政使萬 右布政使夏

會同鎮守廣西副總兵張 按察司掌印僉事潘

都司掌印都指揮僉事梁 左江道分守左參議何

分巡僉事卯 從長計慶伴送

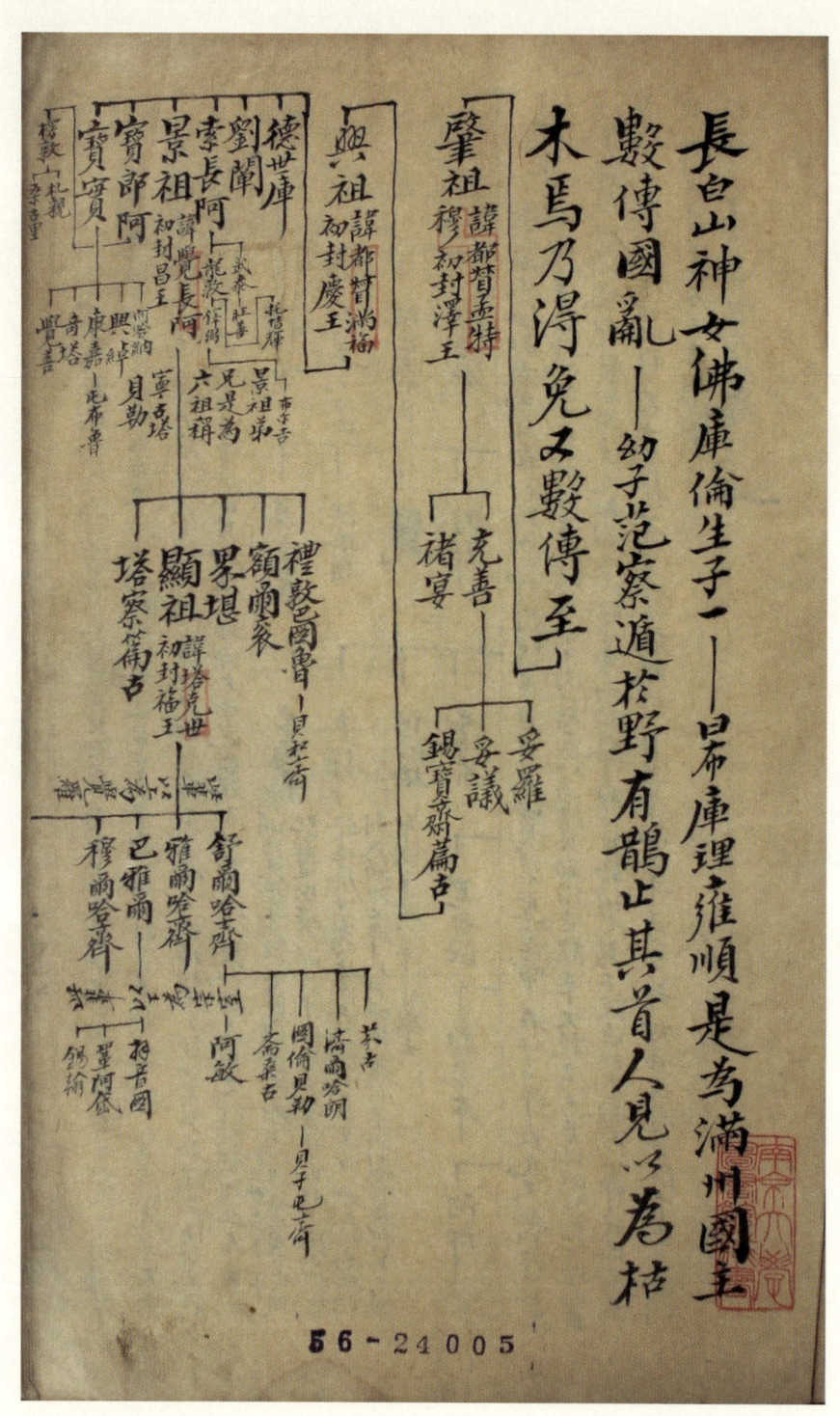

244 國朝典故志要不分卷

[清]錫珍輯 稿本 二册

無匡。開本高25.1釐米,廣17.7釐米。半葉行數不等,每行字數不等。有民國十七年(1928)鄧之誠跋。

國朝典故志要共二冊 錫珍稿本 邢氏五石齋藏

錫珍宇席卿號勤德特氏蒙古鑲黃旗人同治七年進士官至吏部尚書光緒十五年卒
諡文勤一五六歷昌德州新平事錫珍為和寧曾孫璧昌之孫恆福之子四世皆官
一品實為旗族世家且歷代皆有著述和寧著有西藏賦最為知名予從文人
以辜在內地者及八旗駐防考通食本宜乾隆以來滿漢大臣表並未署姓名
然亦為太學國書館以藏錫珍手稿若干意臺灣宜湖里程紀程渡臺紀程奉使
朝鮮紀程俊東討草校對學志寫出二本七世錫珍此撰寫手難義此書裒
題國朝典故志要計出子會典之外尚錫珍脈官七次由中維歷而乃此也
紀武光緒初業犬為獅乃清代典章出處之書私人記載甚少此尚若相械書言尚晝
參相難覺舊牒輪于侍間之誤而必對實事求是極力御寇尚亦好專其為稿加粘理刊
以行世蘭氏學廿二辛耶
民國戊寅邢之誠題手風烟廣里

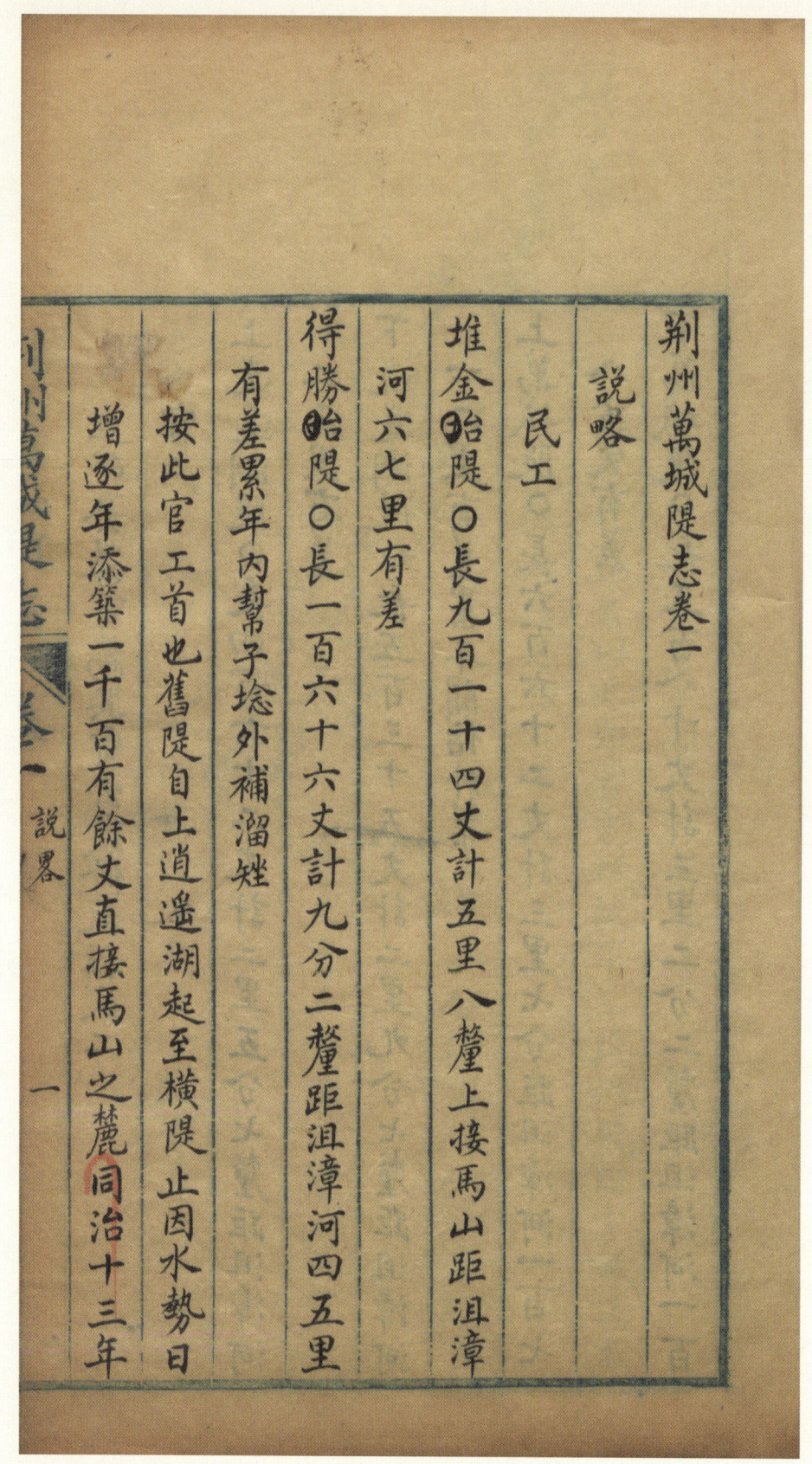

245 荊州萬城隄志十卷首末各一卷

[清]倪文蔚纂　稿本　六册

藍欄稿紙。匡高20.4釐米，廣13.8釐米。半葉九行，行二十四字。白口，四周單邊，單藍魚尾。

荊州萬城隄志

總叙

治水之書肪自禹貢而河渠溝洫水利諸篇各詳其說未有獨詳於治隄者豈以為與水爭地非古人疏導意遂諱之耶抑當其責者厭於言而不當其責者無所據以為言耶是未可知也夫河防尚已其次莫如江河為害於東北而淮助之江為害於西南而漢助之荊州居江水上游楚之先篳簵縷以啟山林三湘七澤盡為瀦水之區故為害常少中古以還江勢日變生齒日繁地利幾盡向所謂

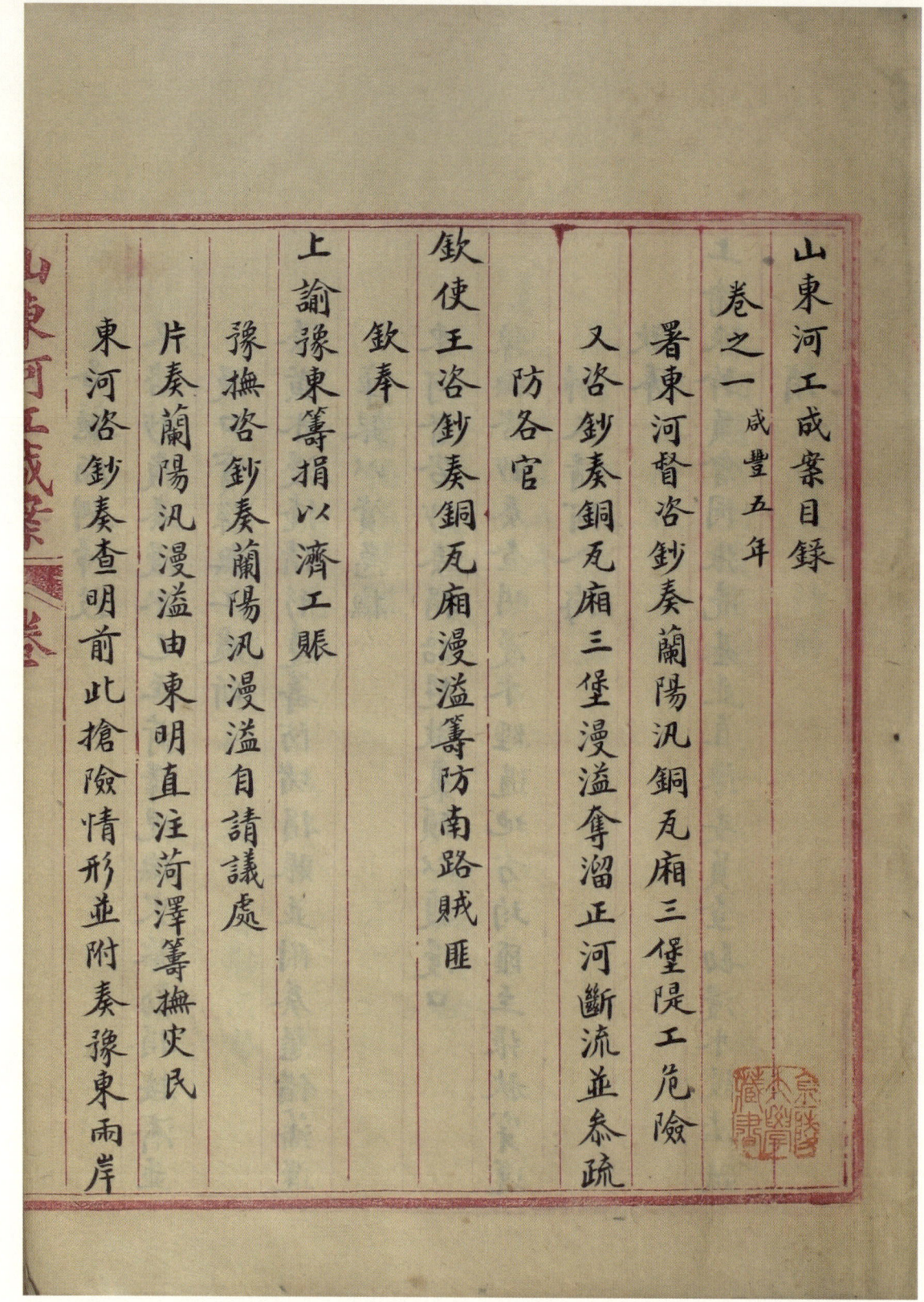

246 山東河工成案三十四卷
佚名纂 鈔本 二十册

紅欄稿紙。匡高22.3釐米,廣19.4釐米。半葉十一行,行二十二字。白口,四周雙邊,單紅魚尾。

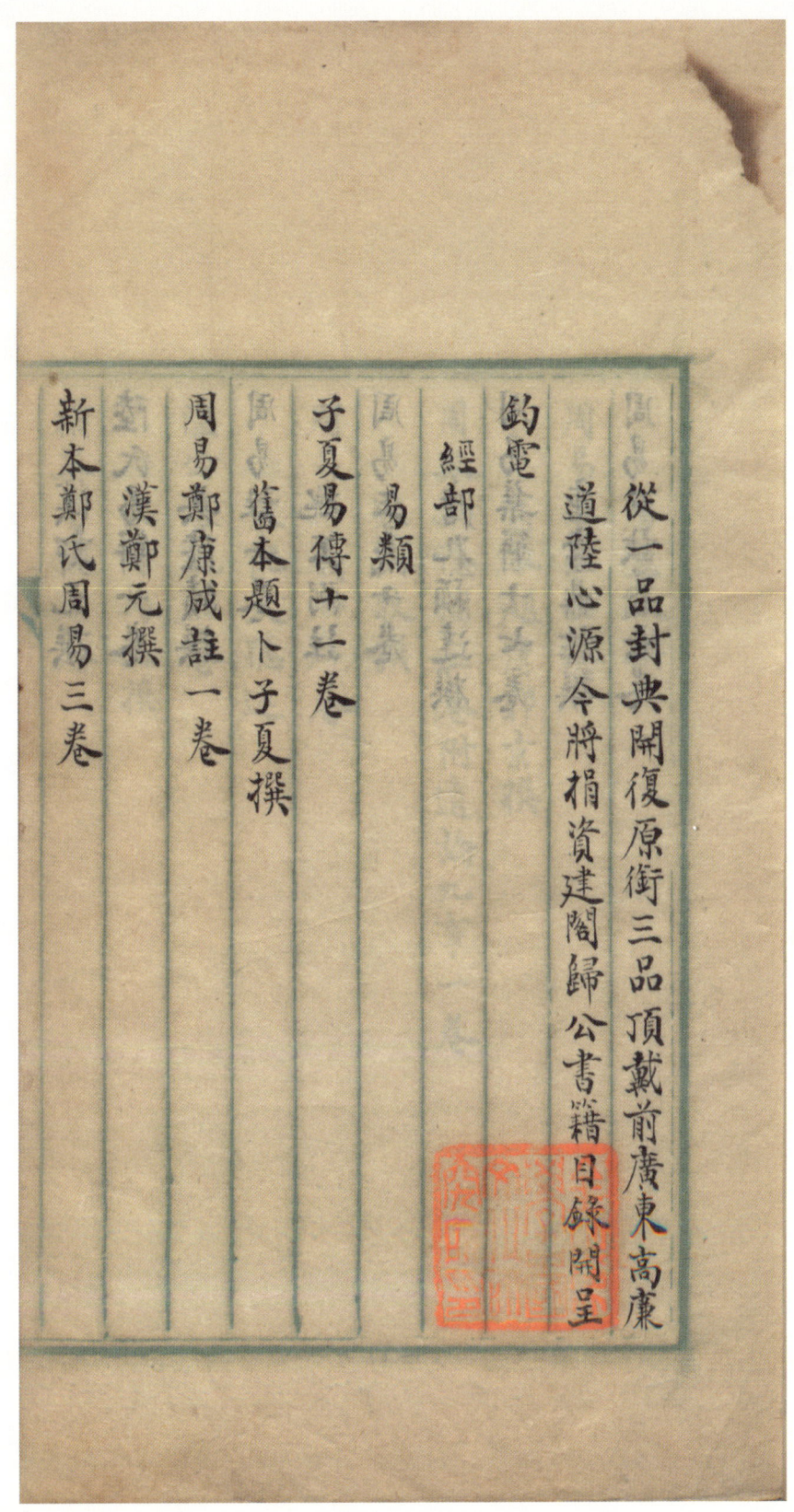

247 陸心源捐資建閣歸公書籍目錄不分卷

[清]陸心源編　鈔本　五冊

綠欄稿紙。匡高17.6釐米，廣12.2釐米。半葉十行，行二十字。白口，四周雙邊，單綠魚尾。

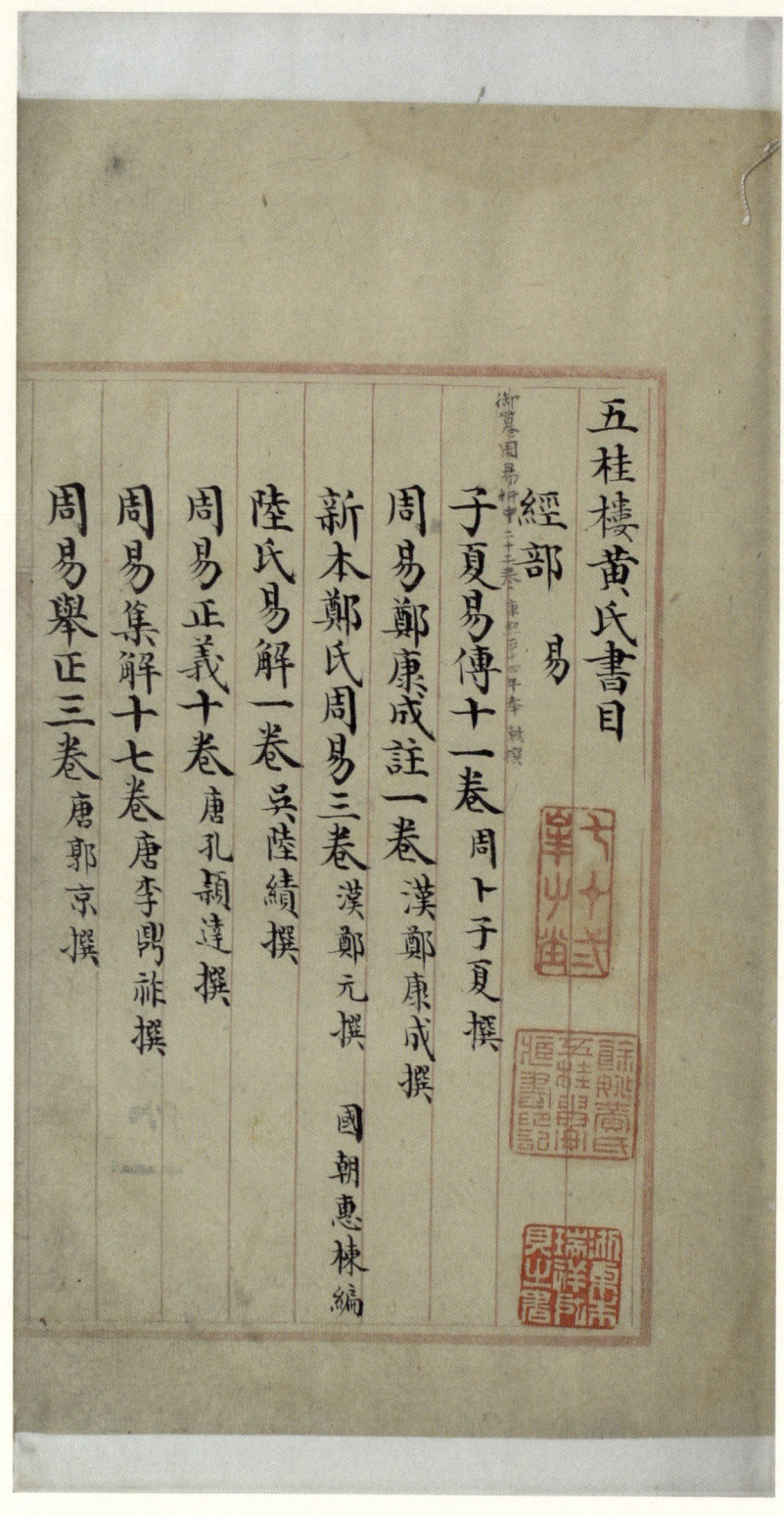

248 五桂樓黄氏書目不分卷

[清]黄澄量編 [清]黄肇震增 [清]黄承乙校 稿本 合訂一册

紅欄稿紙，另有少量綠欄稿紙。匡高19.7釐米，廣13.2釐米。半葉九行，行二十字，小字雙行同。白口，四周雙邊，單魚尾。有"七十弍峯山堂""餘姚黄氏五桂樓藏書印記""家住第九洞天""江夏香公五十七世孫""餘姚黄氏石泉公藏書同治庚午曾孫安瀾校正""沈閬崑印""北座從官東山外史""朱瑞祥印""浙東朱瑞祥所見之書"等印。

五桂樓藏書記

原夫白圖啟瑞榮光浥天地之奇蒼水陳符寶籙發
山川之奧禹州西驚肆馬跡於羽陵震澤東浮探龍
威於包嶺溯太初而遠覽仙牒罕存歷中古而追稽
聖經間出微言既絕猶藏魯壁之書逸禮旁求幸免
秦坑之火百家騰躍競作述以相高四部縱橫事搜
羅以為富或石渠鄭重或金匱輝煌或削柿以晨書
或爇萱以夜讀莫不晏檻共納蘇簏爭陳人尊延閣
之藏家重高齋之學矣餘姚五桂樓者黃氏石泉先

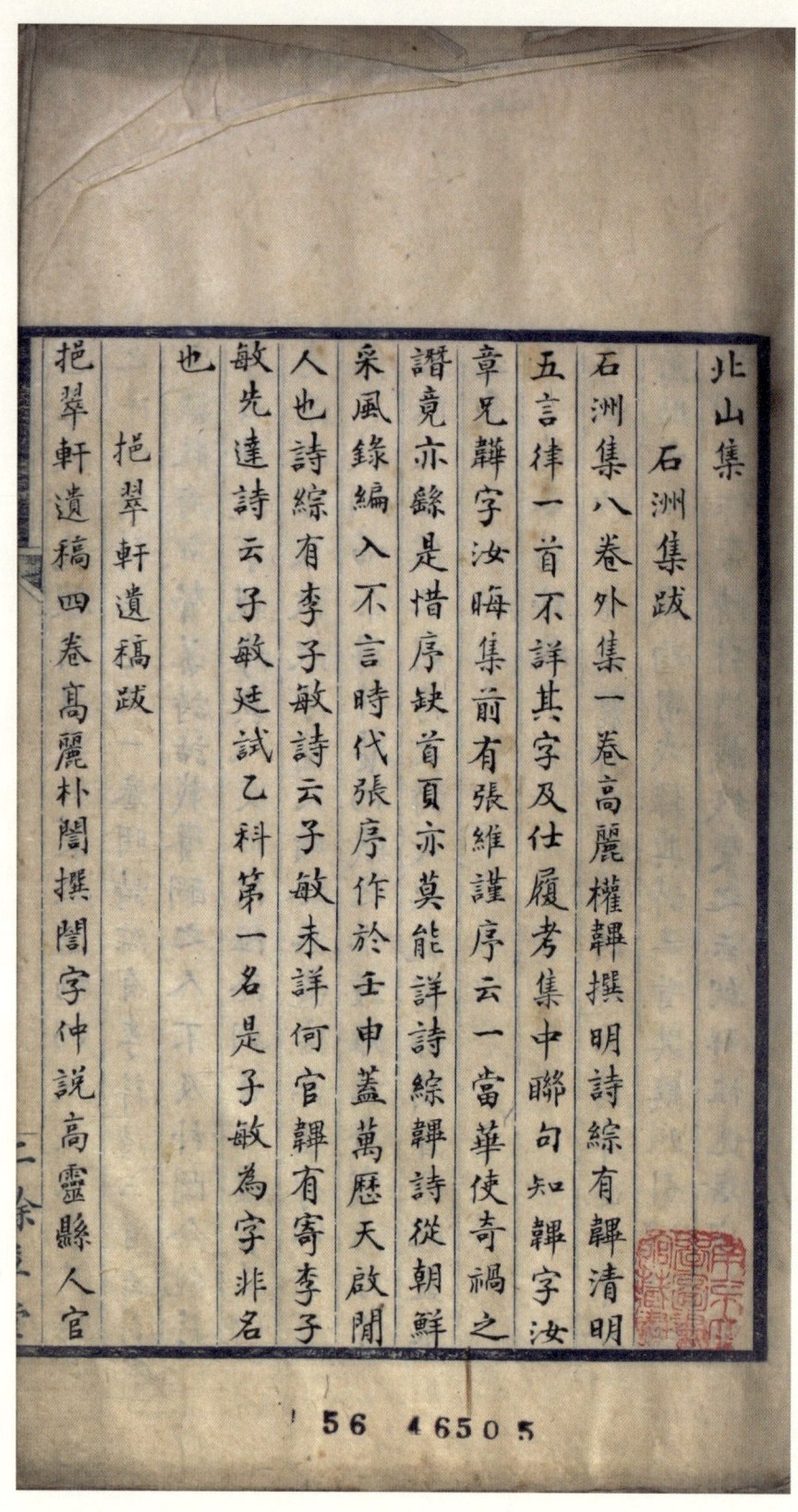

249 北山集不分卷

[清]朱續曾撰 清鈔本 一册

前半藍欄稿紙。匡高18.1釐米,廣13.6釐米。藍口,四周單邊,單藍魚尾。版心下方鐫"二餘草堂"四字。後半無匡。開本高26.1釐米,廣16.5釐米。半葉十二行,行二十一字,小字雙行同。有甘元焕題記。

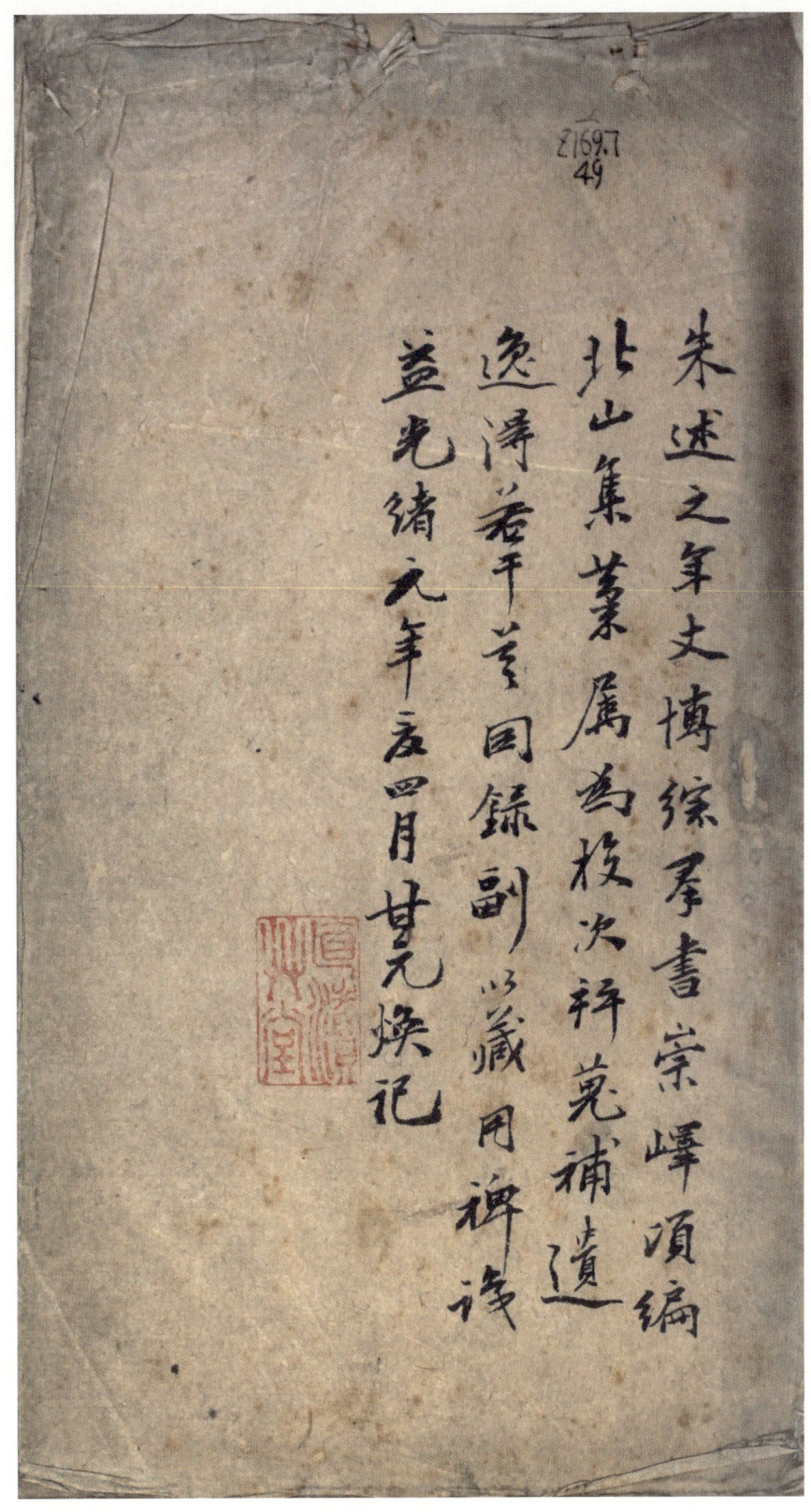

朱述之年丈博綜羣書崇懌頃編北山集業屬為校次幷蒐補遺逸得若干篇回錄副以藏用禆諸益光緒元年歲四月甘元煥記

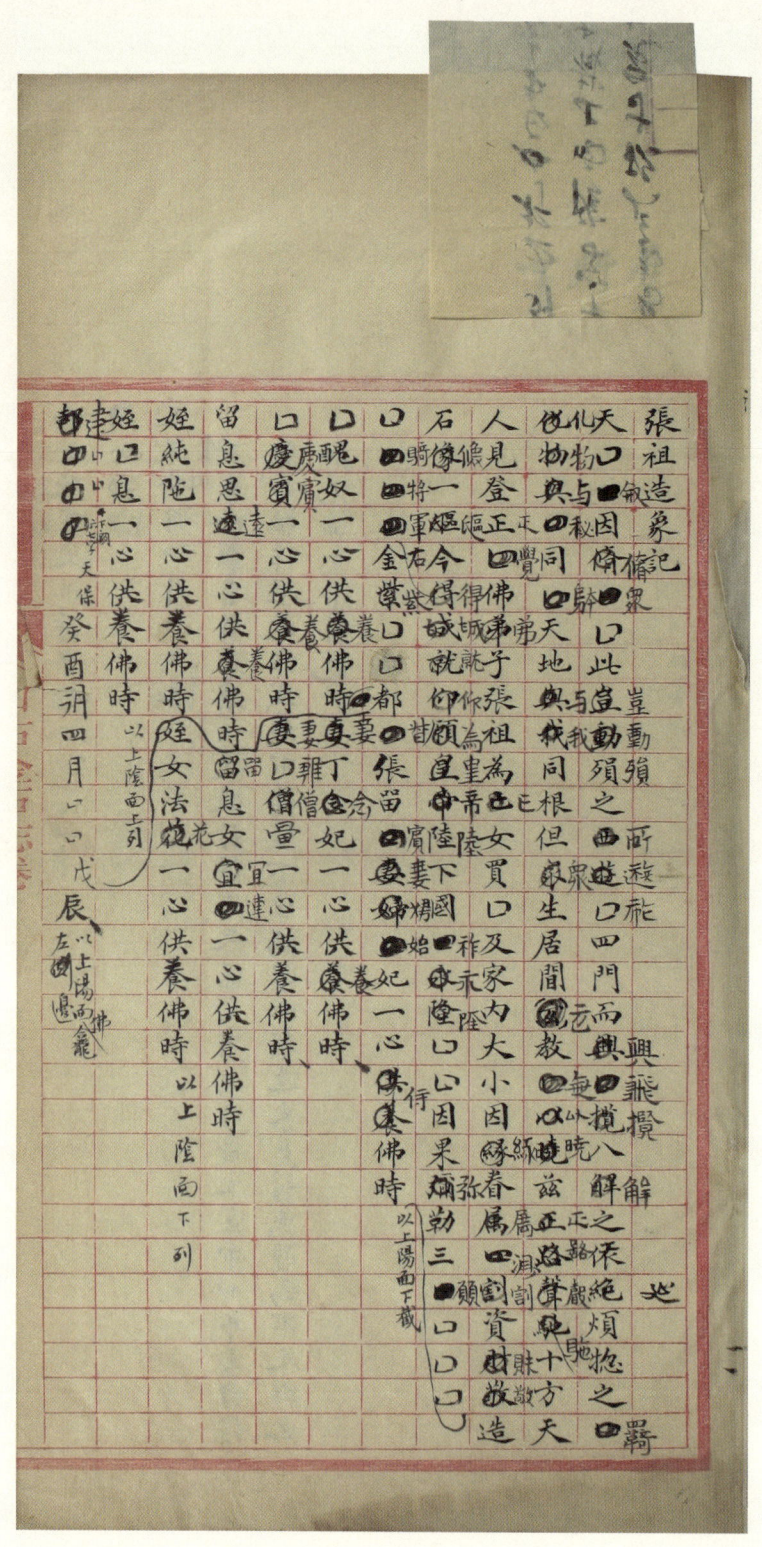

250 山右石刻叢編不分卷

[清]胡聘之撰 稿本 三十二册

紅格稿紙。匡高27.6釐米，廣18.3釐米。半葉十二行，行三十字。粗紅口，四周雙邊，單紅魚尾。版心有"山右金石志卷"。内多浮簽，大小不等。

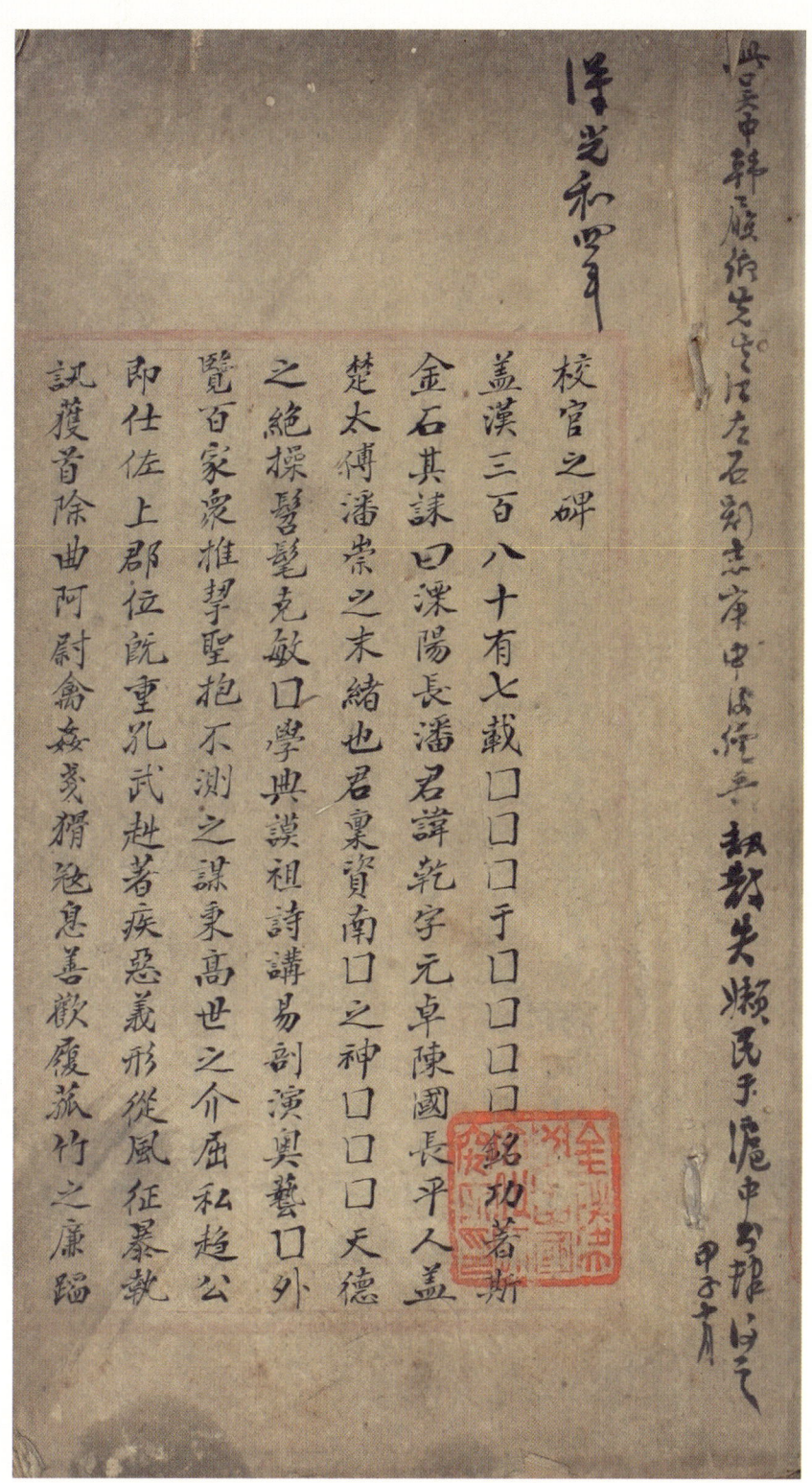

251 江左石刻志不分卷

[清]韓履卿撰 清江都李氏半畝園鈔本 四册

紅格稿紙。匡高18.9釐米,廣11.9釐米。半葉八行,行二十一字。白口,四周雙邊,單魚尾。版心題"半畝園"。有清同治三年(1864)題識。

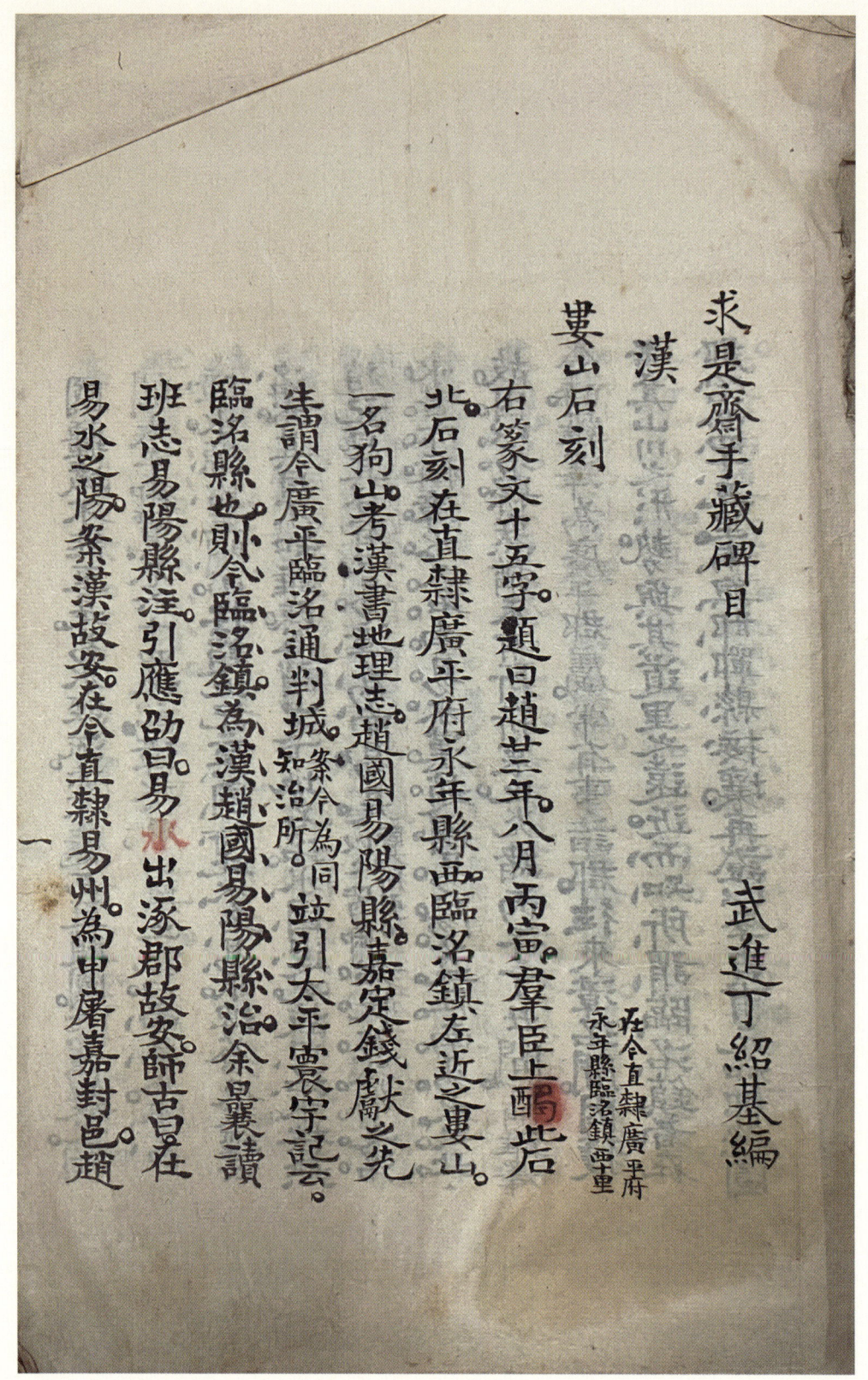

252 求是齋手藏碑目不分卷

[清]丁紹基編 稿本 一冊

無匡。開本高26.3釐米,廣18.3釐米。半葉十行,行字數不定。有"丁氏汀鷺審定圖籍"等印。多朱筆、墨筆校補,多浮簽。

清河郡夫人張氏墓誌 貞元十六年 正書
李珣女墓記 貞元十七年 李榮記 從浤沿書
姜嫄公劉廟碑 貞元六年 高郢撰 張誼書
諸葛武侯新廟碑 貞元廿二年二月 沈迥撰 元錫書
嶽廟題記 集古錄
范希朝詩鎮州過北嶽廟記
元和五年河東節度使
唐范希朝謁北嶽廟記
宋陳思寶刻叢編有
憲宗元和四年二月 柳紳正書
蜀丞相諸葛武侯祠堂碑 裴度撰
魏府君遷墓誌 元和五年四月 子匡稅員撰並書

范陽郡新建文宣王廟記 今在順天府 涿州文廟
德宗貞元五年己二月 韋稔撰 張澹行書
河東鹽池靈慶公神祠頌
貞元十三年丁丑八月 崔敖撰 韋縱正書并篆額
河東節度北都留守咸紀郡王等題名碑在今直隸定州曲陽縣
考碑年月俱泐而咸紀郡王下隱約似范字兩繫銜與北嶽
廟張嘉貞北嶽廟恆山祠碑陰范希朝題名正同疑即范希
朝題名原碑彼碑係元和五年二月六日則此碑當與同時
再考趙氏金石錄有唐咸紀郡王北嶽碣元和五年李程撰令
狐靖正書今此碑有咸紀郡王字殆即北嶽碣歟紹基識

河南少尹裴復基誌 元和三年 正書

天平山琴臺墓誌 貞元五年 劉寰述
李元諒頌 貞元五年 張漢撰 桓宗硯鐫書
邠國楚金禪師碑 貞元十四年 張府君說夫人墓誌 貞元七年 沙門至咸撰
無垢淨光塔銘 貞元年 正書
鄭樊相德政碑
昭威寺尼慧義菩薩誌 憲宗元和二年 正書

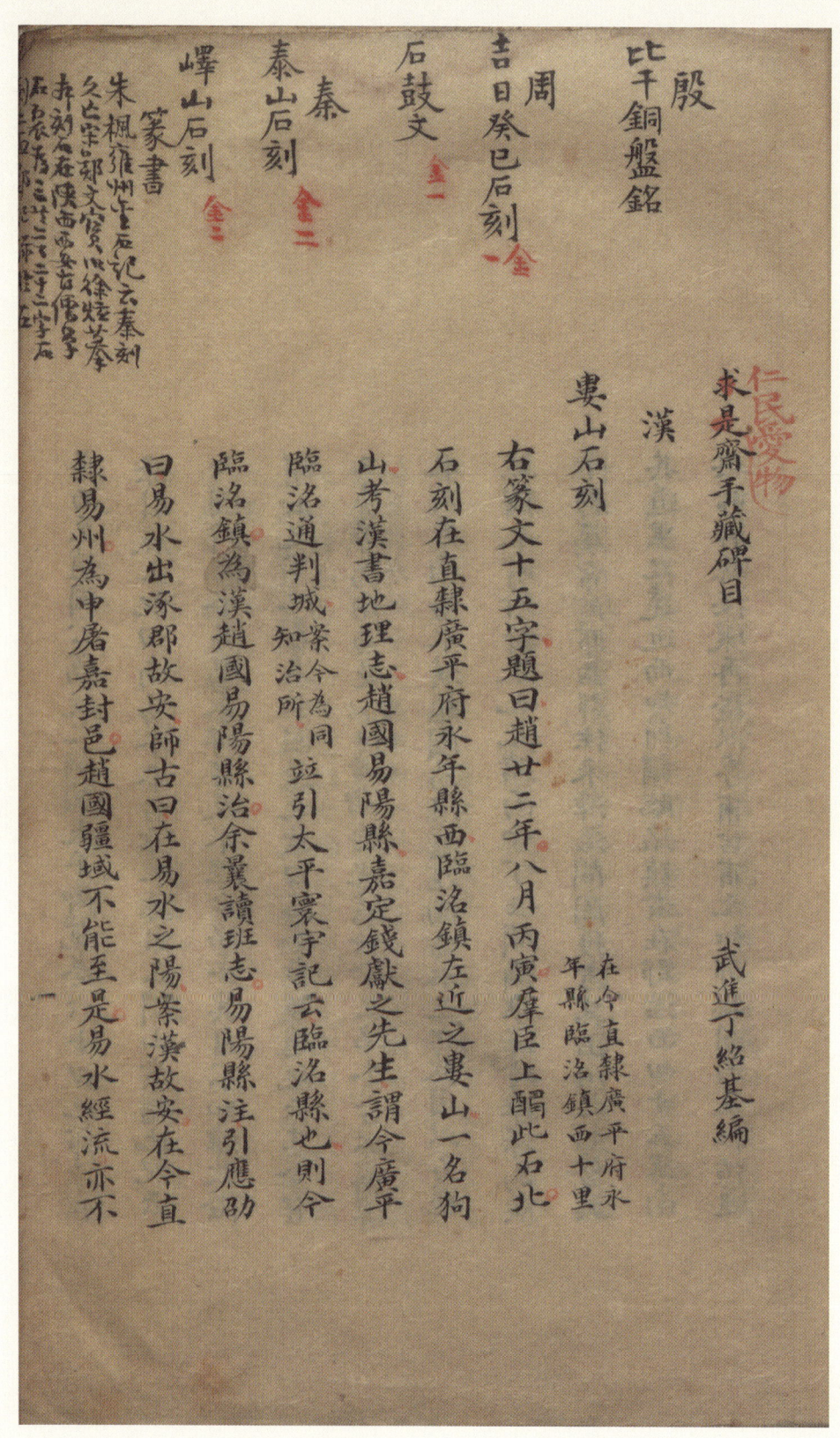

253 仁民愛物齋手藏碑目不分卷

[清] 丁紹基編 稿本 一冊

無匡。開本高 26.6 釐米，廣 18.3 釐米。半葉十行，滿行二十五字。多朱筆、墨筆校補，多浮簽。

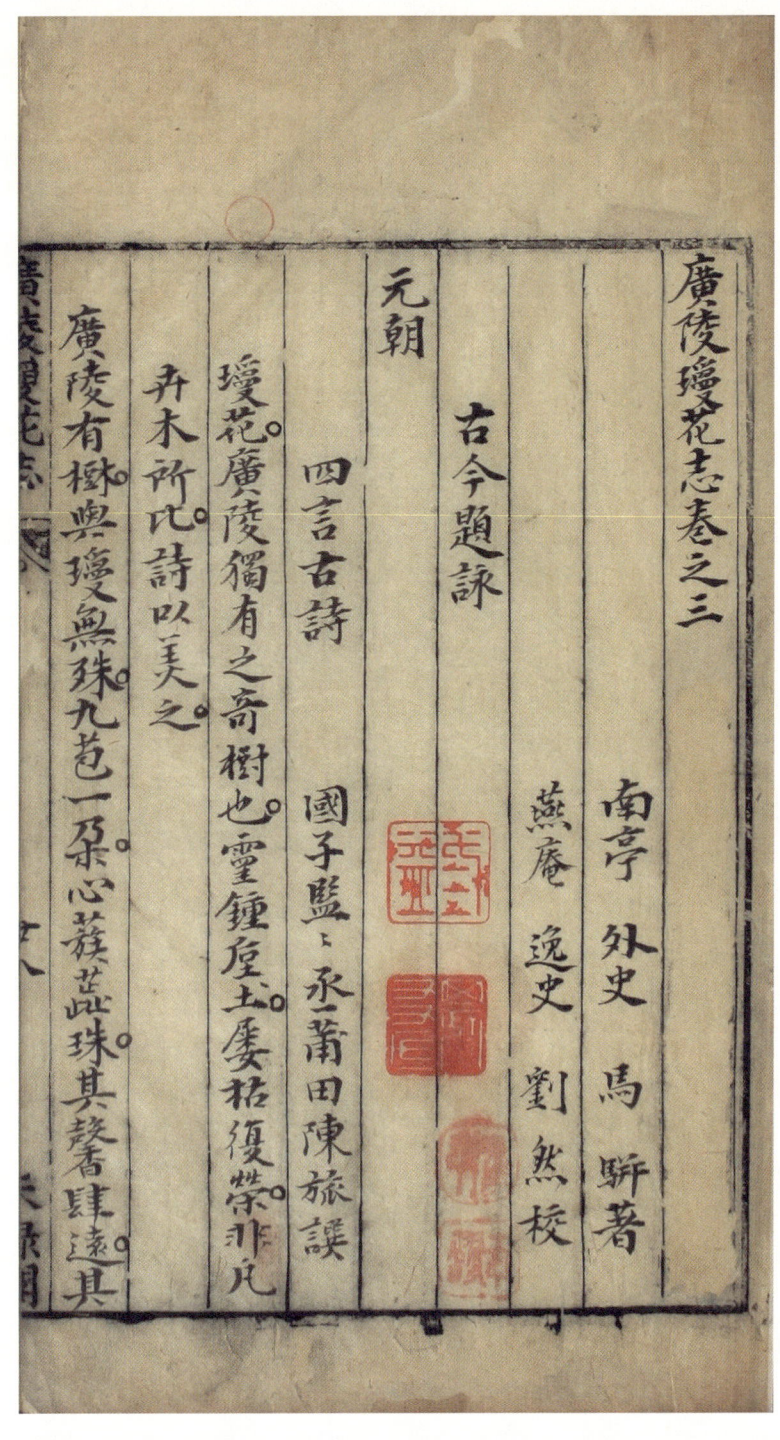

254 廣陵瓊花志三卷
[明]馬騆編 [明]劉然校 天禄閣鈔本 二册

匡高 18.9 釐米,廣 13.1 釐米。半葉九行,行二十二字,小字雙行同。白口,左右雙邊,單黑魚尾。有"弍益""畏友氏"等印。

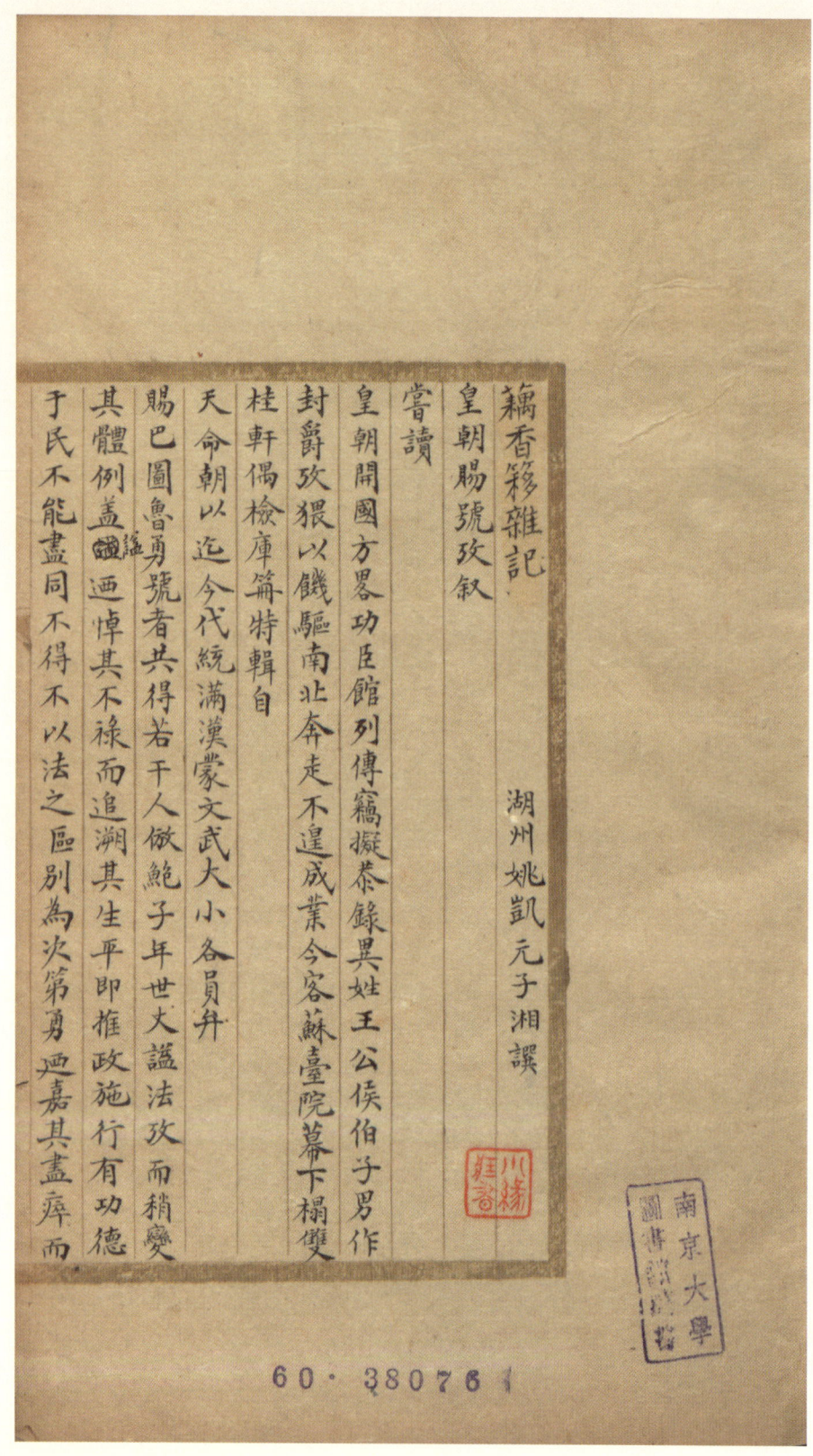

255 藕香簃雜記二種二卷藕香簃詩屑二種二卷援鶉堂筆記一卷

[清]姚凱元等撰 清鈔本 二冊

黃欄稿紙。匡高16.1釐米,廣10.2釐米。半葉十行,行二十四字,小字雙行同。有"小緣藏書"等印。

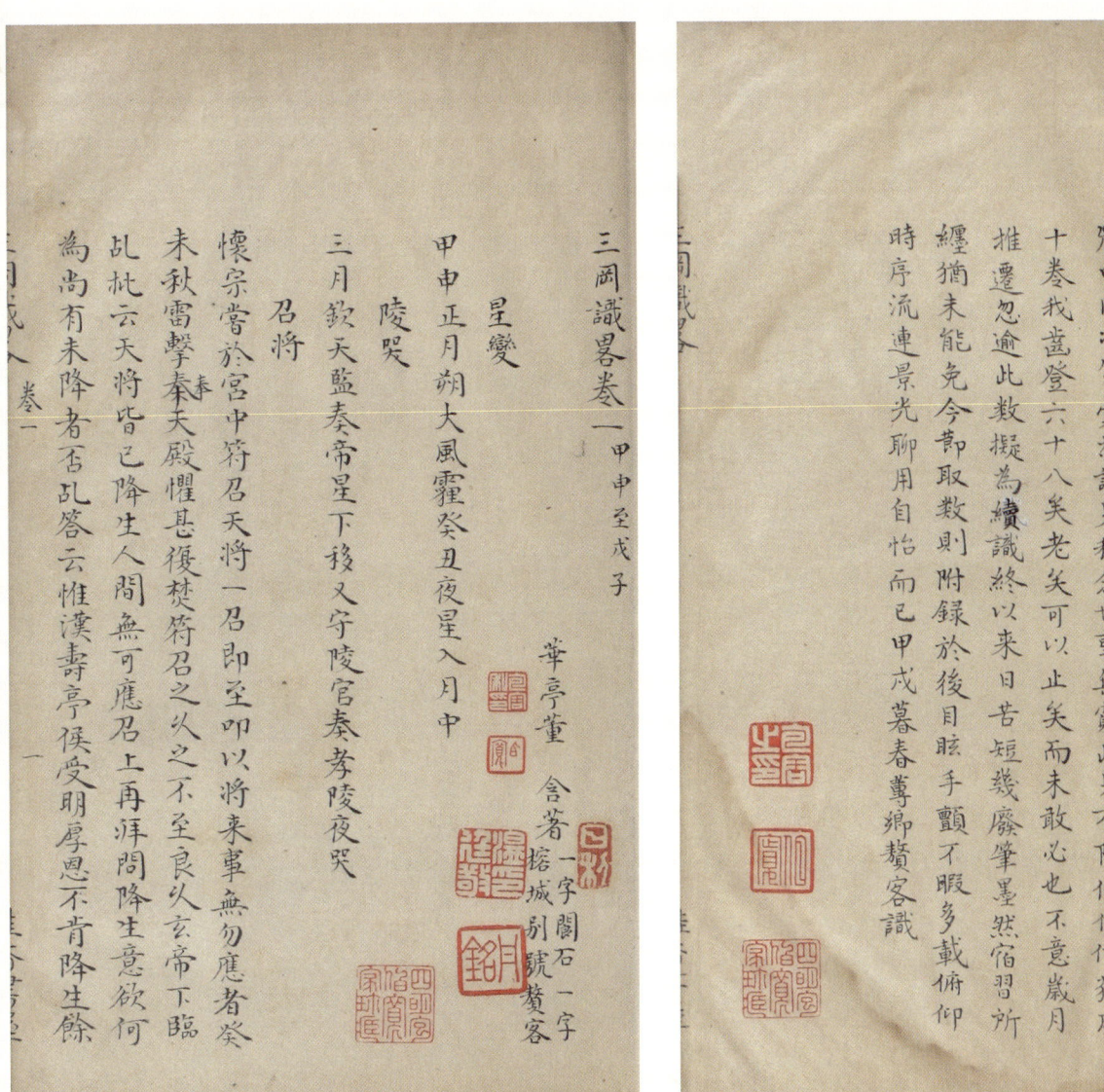

256 三岡識略十卷續一卷

[清]董含著 清桂香書屋鈔本 六冊

無匡。開本高28.2釐米,廣18.5釐米。半葉十一行,行二十四字,小字雙行同。有"包容之印""包容私印""伯寬""伯寬所藏""包伯寬""四明包伯寬家珍藏""伯寬所見書畫金石""古萬川溫氏藏""溫氏廷敬""丹銘""溫氏丹銘"等印。

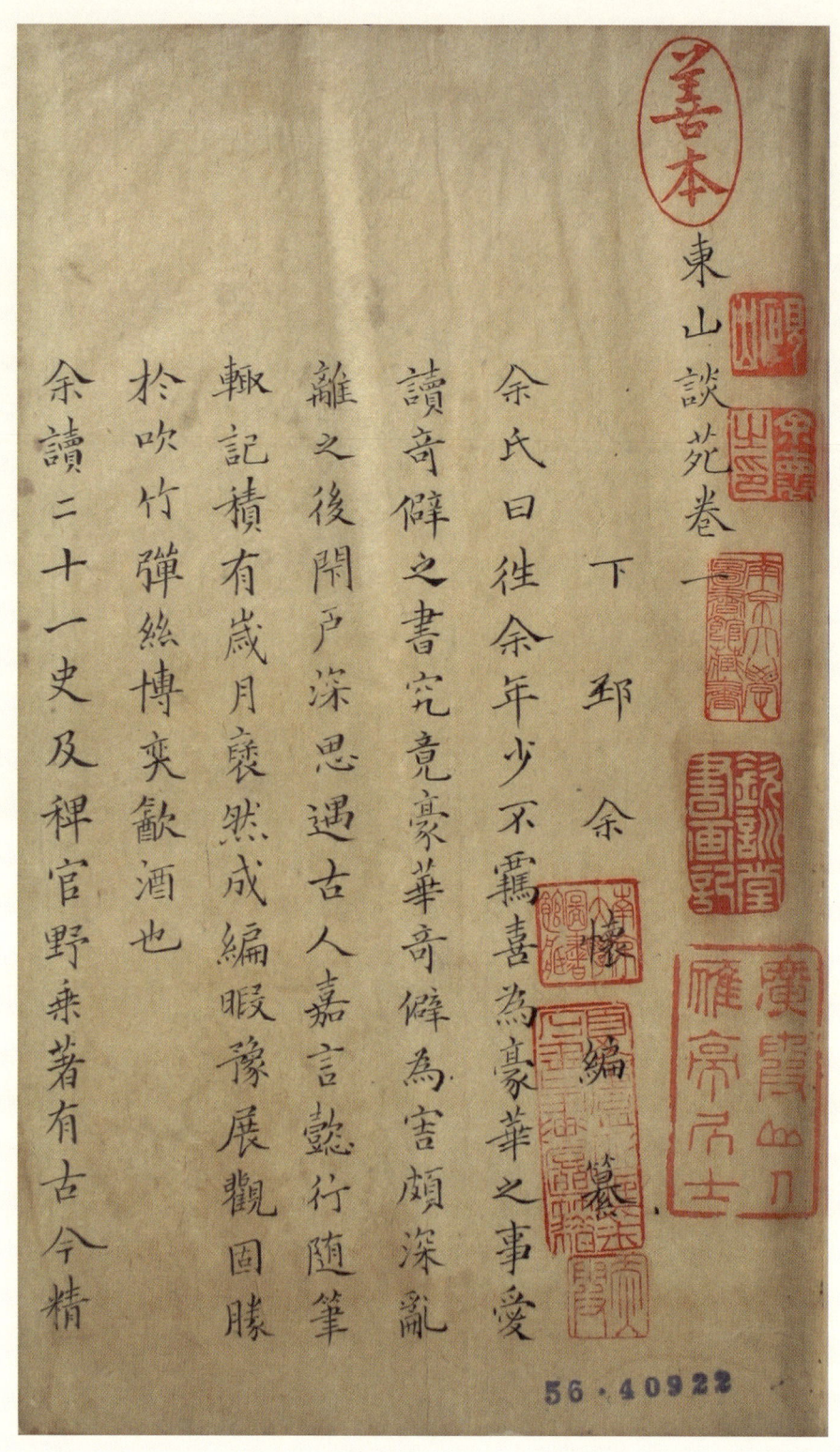

257 東山談苑八卷

[清]余懷撰 稿本 二册

無匡。開本高26.4釐米,廣17.3釐米。半葉八行,行十八字。有余兆蛟、郭尚先、曾謹跋,有"余褒之印""欽訓堂書畫記""廣霞山人雁亭居士""夏廬所藏金石書畫圖籍""赤霞"等印。

癸卯來京師篋中藏有先王父談苑八卷
豫齋主人見而喜之豫齋性恬淡喜讀書吟誦
之餘間寄意於先代法物別其真贋以自為怡
悅而他絕無所嗜好嘗從先子論詩頗窮其
趣迄見於先子手評十二家詩珍重愛惜有
同拱璧予不惜以先人之遺留贈重其真且以
志世好也孫兆筑百拜謹識

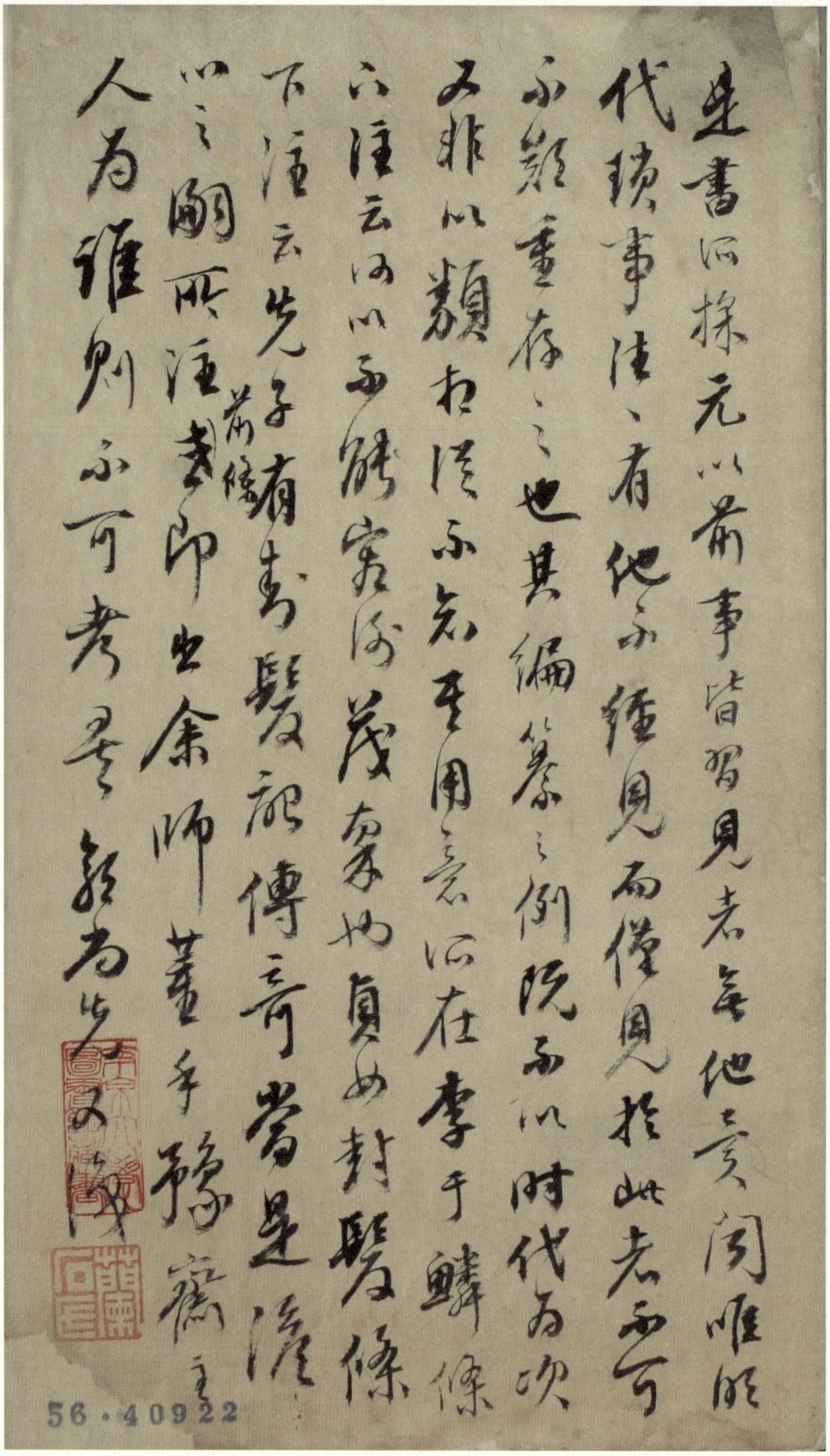

起書以探元以前事皆寫見者年他愛閒唯此
代瑣事佳、有他不經見而僅見於此者不可
不難重存之也其編纂之例阮而以時代為次
又非以類相從不知至用意而在李于鱗條
六條云以西解寫茂家如貞如封聘條
下注云先子有書髮部傳奇嘗是淫
以之詢阮注書卽出余師董手豫齋言
人為誰則不可考矣 敦為跋

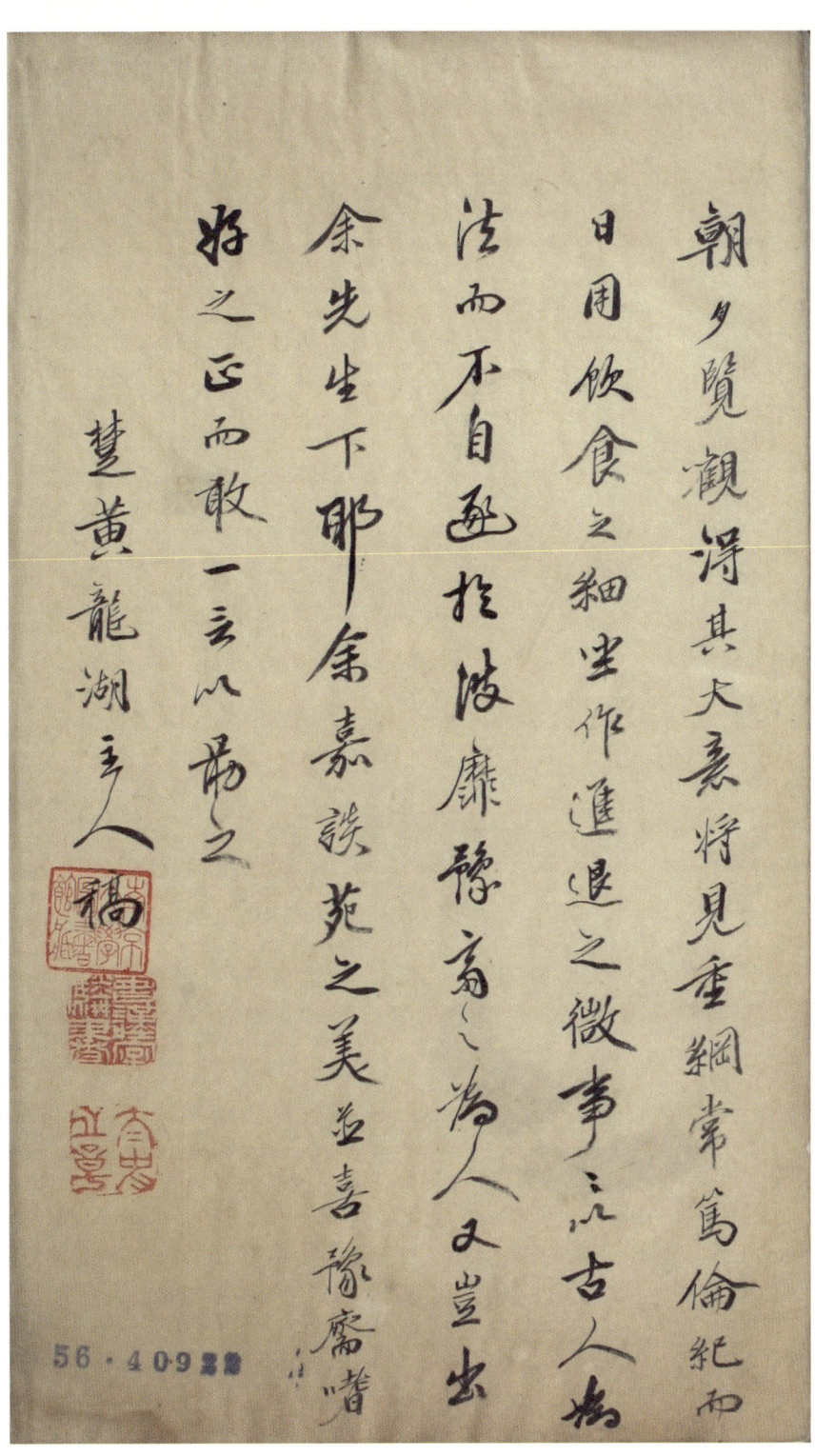

朝夕覽觀得其大意將見垂綱常倫紀而日用飲食之細生作進退之微事之以古人為法而不自逸於波靡豫肴之為人又豈出余先生下耶余嘉諸苑之美並喜豫齋嗜好之正而敢一言以勗之

慧黃龍湖主人

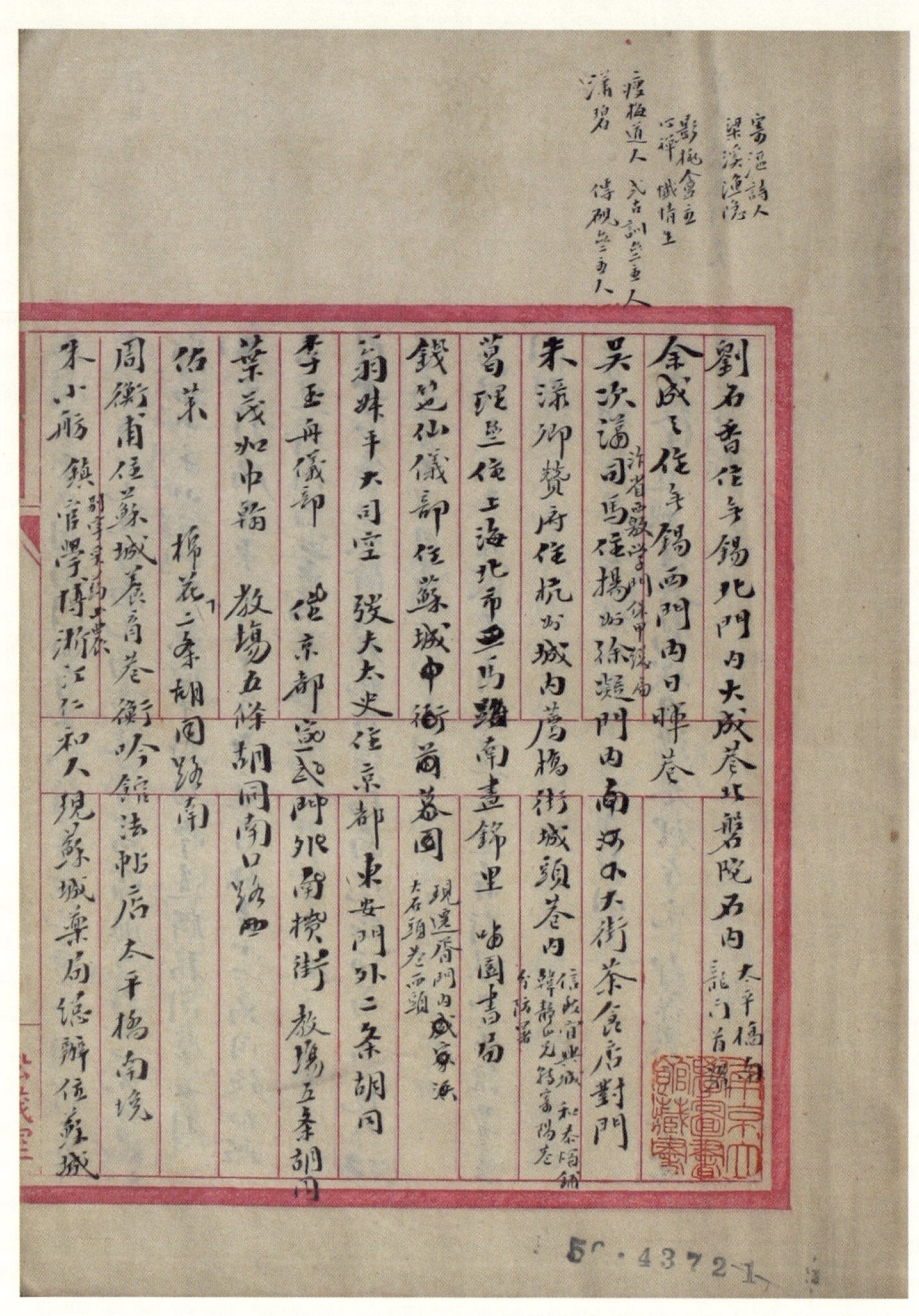

258 漁隱隨筆不分卷

[清]俞鍾詒撰 稿本 二册

松茂堂紅欄稿紙。匡高16.4釐米，廣14.4釐米。半葉十二行，行二十餘字不等。紅口，四周雙邊，單黑魚尾。

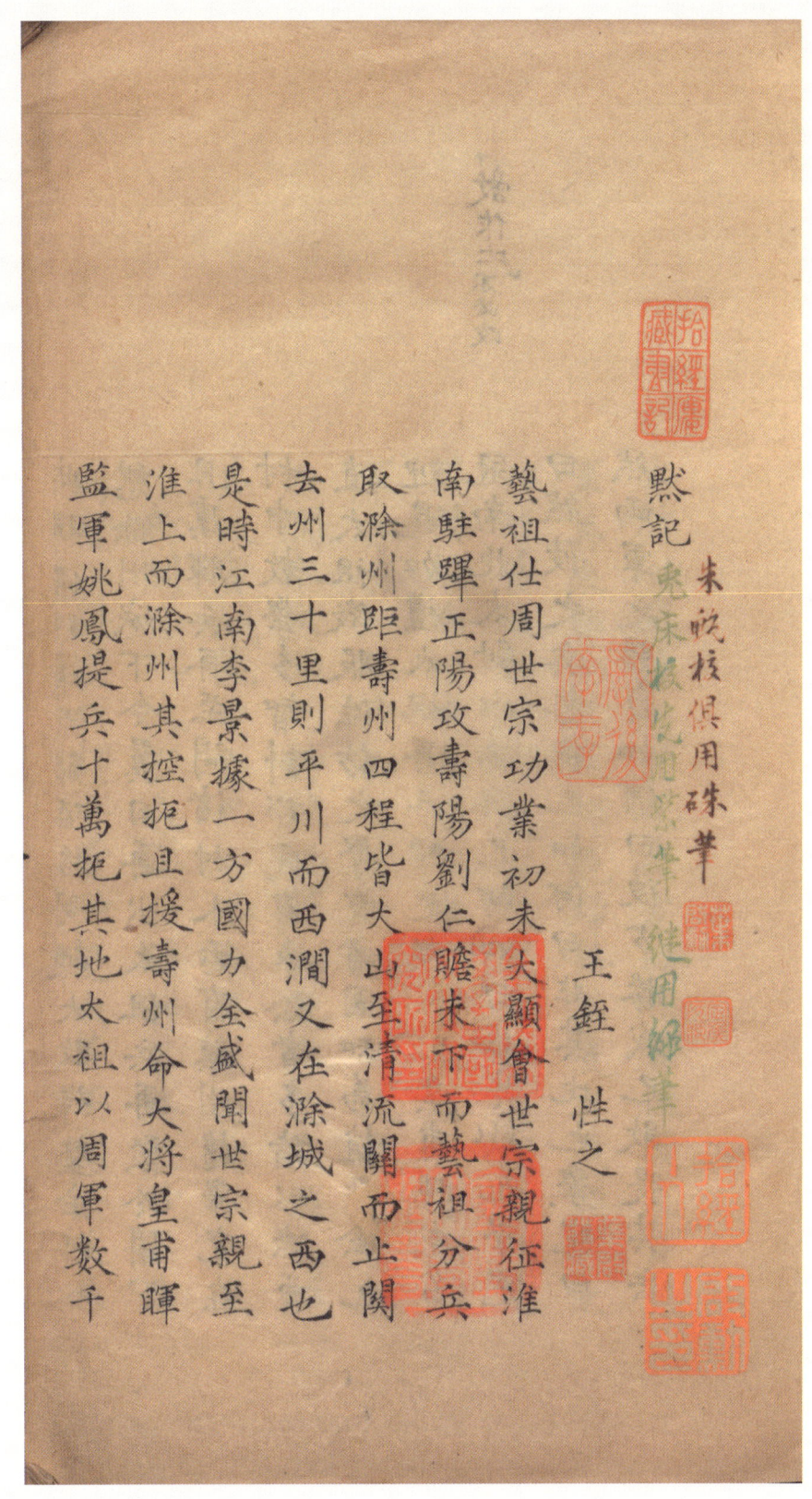

259 默記三卷

[宋]王銍撰 葉啟勳四色過錄吳騫諸家校鈔本 一冊

無匡。開本高29.1釐米，廣19.7釐米。半葉九行，行十八字。有"啟勳之印""葉啟發臧""拾經主人""定侯所臧""葉啟勳""亂後幸存""拾經廎臧書記""雷愷讀過"等印。

丙申七月二十七日余從拜經樓借閱因亟命胡生鳳苞抄之至八月二十七日抄畢其諸家校本仍照各色書之更有一二改正處則用黃筆合觀之恍似文通夢中五色筆矣　鱣識

吾鄉有玉性之廟不知即撰默記者否俟考

卷後有葉石君跋按石君名萬吳之東洞庭山人晚家琴川聚書數萬卷多手校過余毎思其人近日修地志者不載其姓氏殊恨事也所云五緫志當更從綠飲處借抄　仲魚載筆

讀書簡要

明 包山蔣　永石樵著
　　樹廬彭士望躬庵評
　　永陽太守楊令哲編緝

引可謂苦心極口矣然仍有說不出處在人體認操履乃
知其妙莫作文字看過

世不乏有志之士而德業造就不多概見者讀書之功少
也從來惟大英雄有目不知書全藉艱苦歷練中得者然
聞新書而稱善聽漢史而知得失其胸中已具有全書矣
下於此者必資學問而學問之功在於師友講習聖賢晤
對但明師難得求友匪易惟誦讀尚友可以隨時取資亦

260　蔣石樵雜著不分卷
　[明]蔣永撰　鈔本　一册

紫欄稿紙。匡高18.2釐米,廣12.0釐米。半葉十行,行二十二字。四周單邊。有"兼山"印。

敦行錄

補野 王宏俊志遷氏甫輯

唐盧照隣問人事于孫思邈。思邈答曰心之所君、高泰故彼詩小詩曰必恃深淵。必履薄冰謂小心也膽為之將以果決為務故彼詩曰大訪曰赳、武夫公侯干城謂大胆也仁者靜地之象故遊方不為義疲行之方也智者動天之象故欲圓見機而作不俟終日智之圓也順問養性之要答曰天有盈虛人有屯危不自慎不能濟也故養性必先知自慎也慎以畏為本士無畏則簡仁義農無畏則墮稼穡工無畏則慢規矩商無畏則貨不殖子畏則孝父畏公慈臣畏則亂治是以太上畏道其次畏天其次畏物其次畏人其次畏身憂於身者不拘於人慎於小者不懼於大戒於近者不侮於遠公人事畢矣

宋淳熙十一年朱文公熹还自浙東見其士習駈驚于外而語學者且觀孟子道性善及求放心兩章務叔欸凝定以致克己求仁之功而深斥吾所學

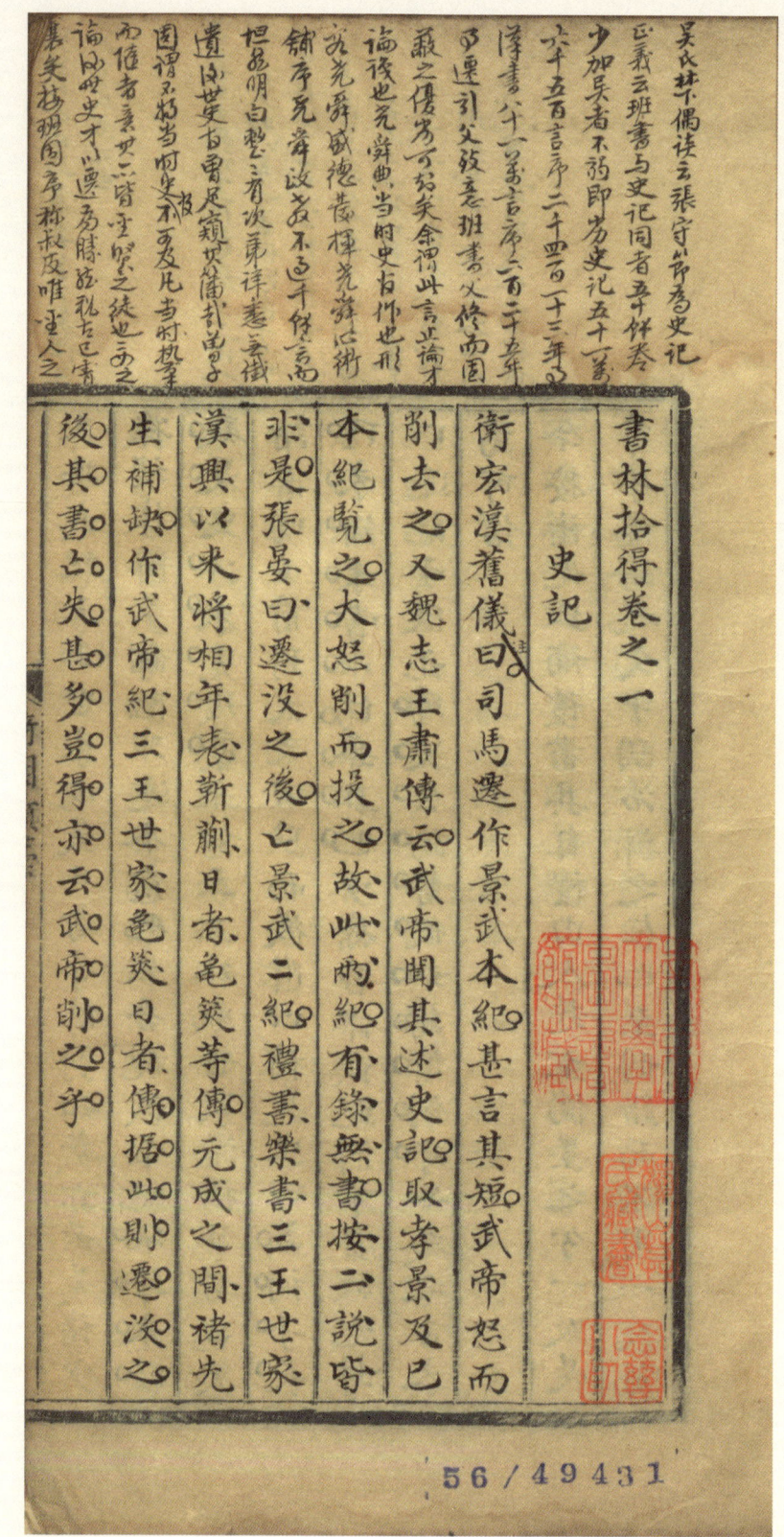

262　書林拾得四卷

題[清]綺園子撰　稿本　一册

匡高 17.5 釐米，廣 11.7 釐米。半葉九行，行二十二字。白口，四周雙邊，單黑魚尾。有"莫棠字楚生印""獨山莫氏銅井文房藏書印""獨山莫氏藏書""念慈小印"等印。

僕少弧露讀書無所師承坐瓠居諸[印]西
長頗知策勵乃復心爲形役旋讀旋忘愚闇窃思
古人攻苦必有得于己乃不負所學僕即未敢著書立
說咸一家言以自見顧不忍使已讀之書等于弁髦而
棄置之也爰自戊戌已亥間凡所涉躐諸書遇有所得
即用劄記并条以膽見聊備遺忘無歎于筆瓢中尋[此]
[讀]
入佳境而自今伊始庶幾此心弗重爲俗塵所遁云爾
時著雍閹茂冬至後二日漫翁倚園子自識

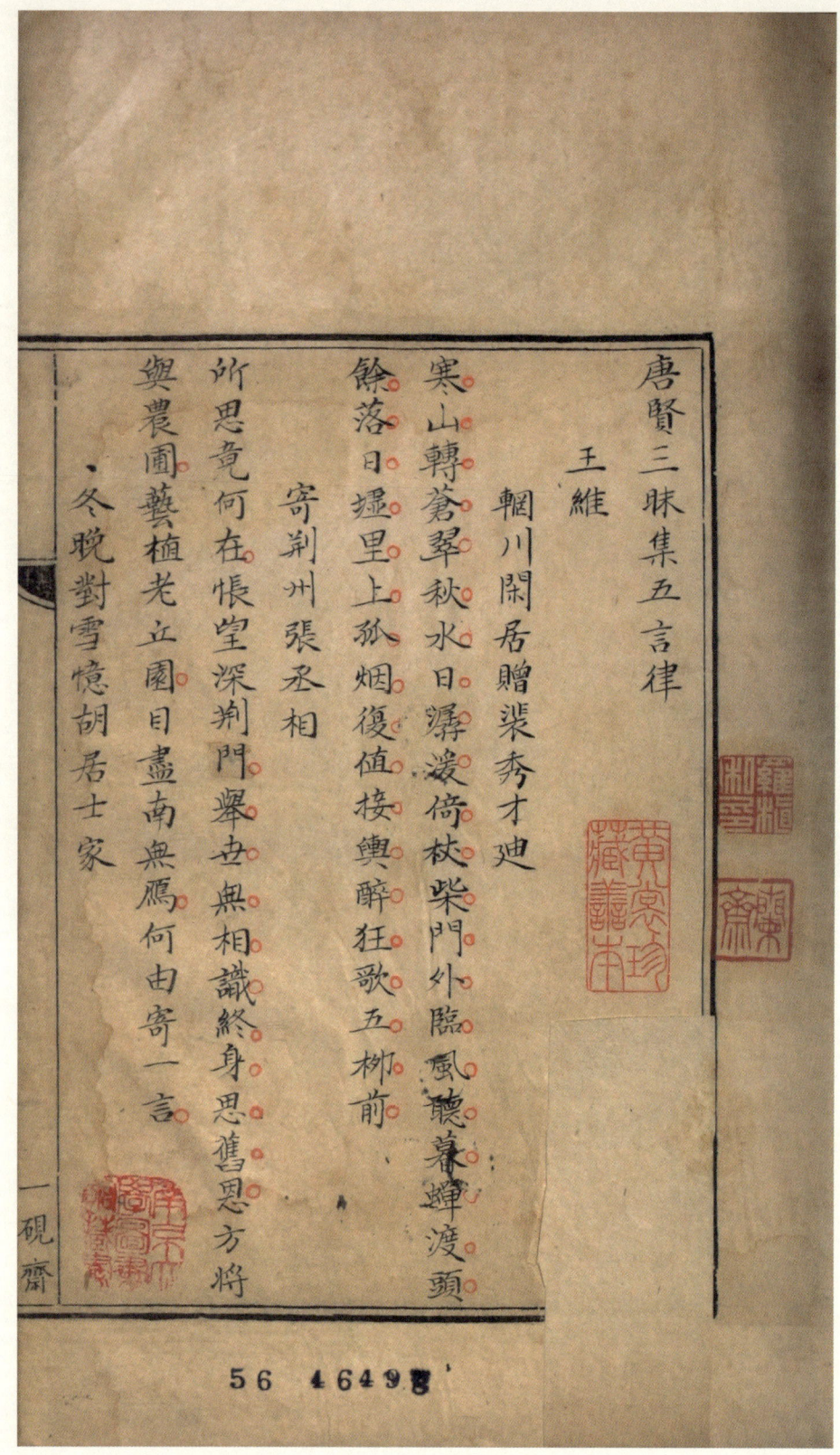

263 唐賢三昧集不分卷

[清]王士禛輯 清華亭沈氏一硯齋鈔本 八冊

匡高18.1釐米，廣13.2釐米。每半葉九行，行二十二字，小字雙行，行字數不等。白口，四周雙邊，單黑魚尾。版心下有"一硯齋"字樣。無界欄。有"碧水""羅植私印""蘭齋""黃裳珍藏善本"等印。冊一末有黃裳題跋。

此一硯齋薈抄本庚寅三曉集無卷數不知
完缺分訂八冊亦無卷數趙詑然抄手既舊而
工一硯齋為唐棄真沈荃齋苔巷首有萬卷
樓韓氏藏印亦不知其為誰何也見於求青
閣以其價廉即攜取以歸書出沈氏懷辛齋
前溪目錄強分卷數實未可信定日當以漁
洋全書一為更定也近日久不過肆上亦少
書可得今日兩作下午出游過石祖於二馬路
詁杉末者自中即偏便攜歸郵不勘讀聊
志尾葉 庚寅三月初四日文袁

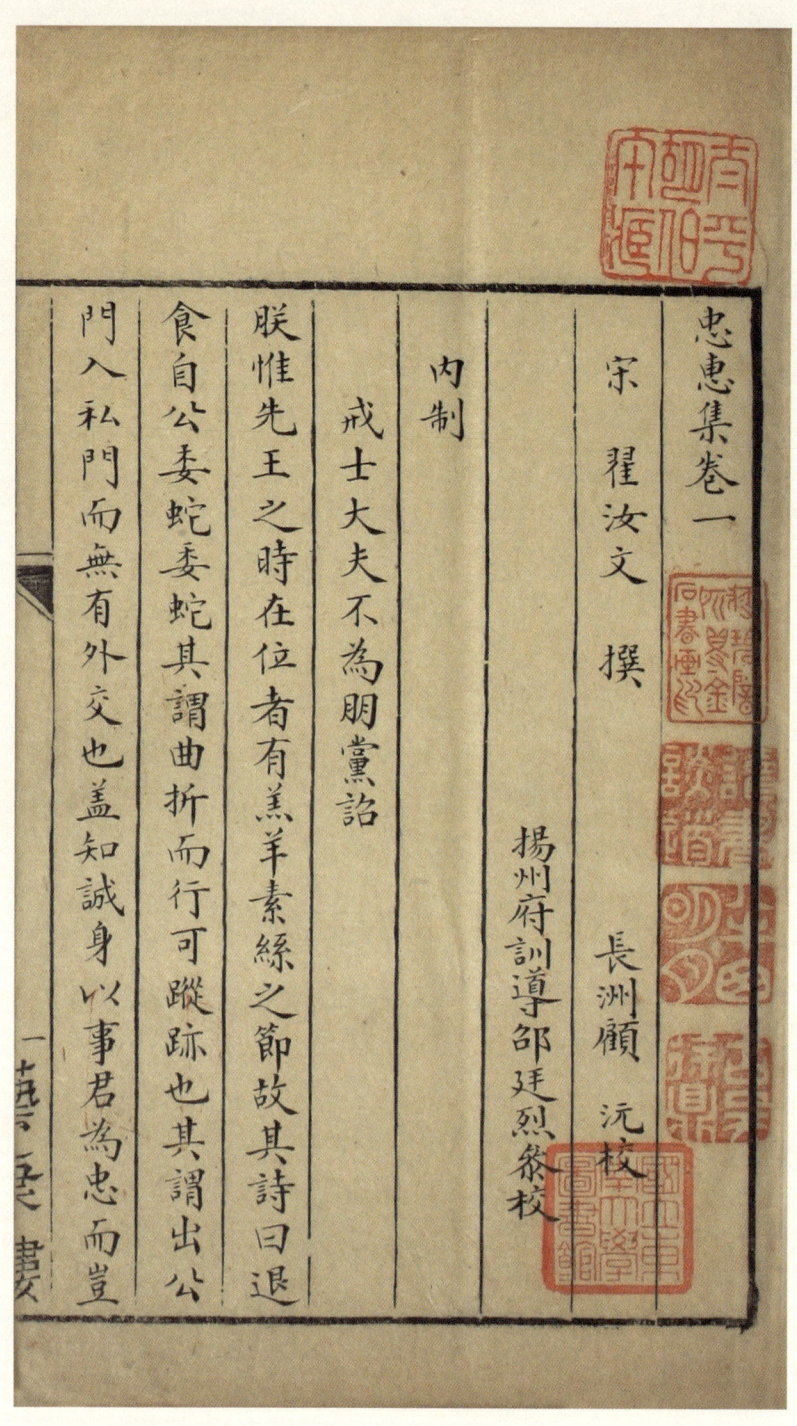

264 忠惠集內外制四卷
[宋]翟汝文撰 清顧氏藝海樓鈔本 二册

匡高18.1釐米,廣13.4釐米。半葉八行,行二十一字。白口,四周單邊,單黑魚尾。版心刻"藝海樓"。有"太平胡伯午藏""瘦碧閣所購金石書畫記""讀書談道""半肎明月""古吴徐鼎""戴熙""醇士""墨經"等印。

兩宋名賢小集總目

甲集
　獨樂園詩藁六卷　　涑水司馬光君實
　范蜀公詩集一卷　　華陽范　鎮景仁
　安樂窩吟一卷　　　范陽邵　雍堯夫
　漫園小藁一卷　　　成都王　琪君玉
　西渡詩集一卷　　　　　洪　炎玉父

安樂窩吟
　　　　　　　　范陽邵　雍堯夫

皇極經世一元吟

天地如蓋軫覆載何高極日月如磨蟻任來毛休息上下之歲年其
數難窺測且以一元言其理尚可識十有二萬九千六百中間三千
年近今之陳迹吃亂與廢興著見於方冊吾能一貫之既如身所歷

和祖擇之

吾家職公是雷山公見雷山不解顏遊　難今日限夏滉鄒已到人
間煙嵐欲極毛涯樂軒　何嘗有暫閒洛社交朋履思的繫時

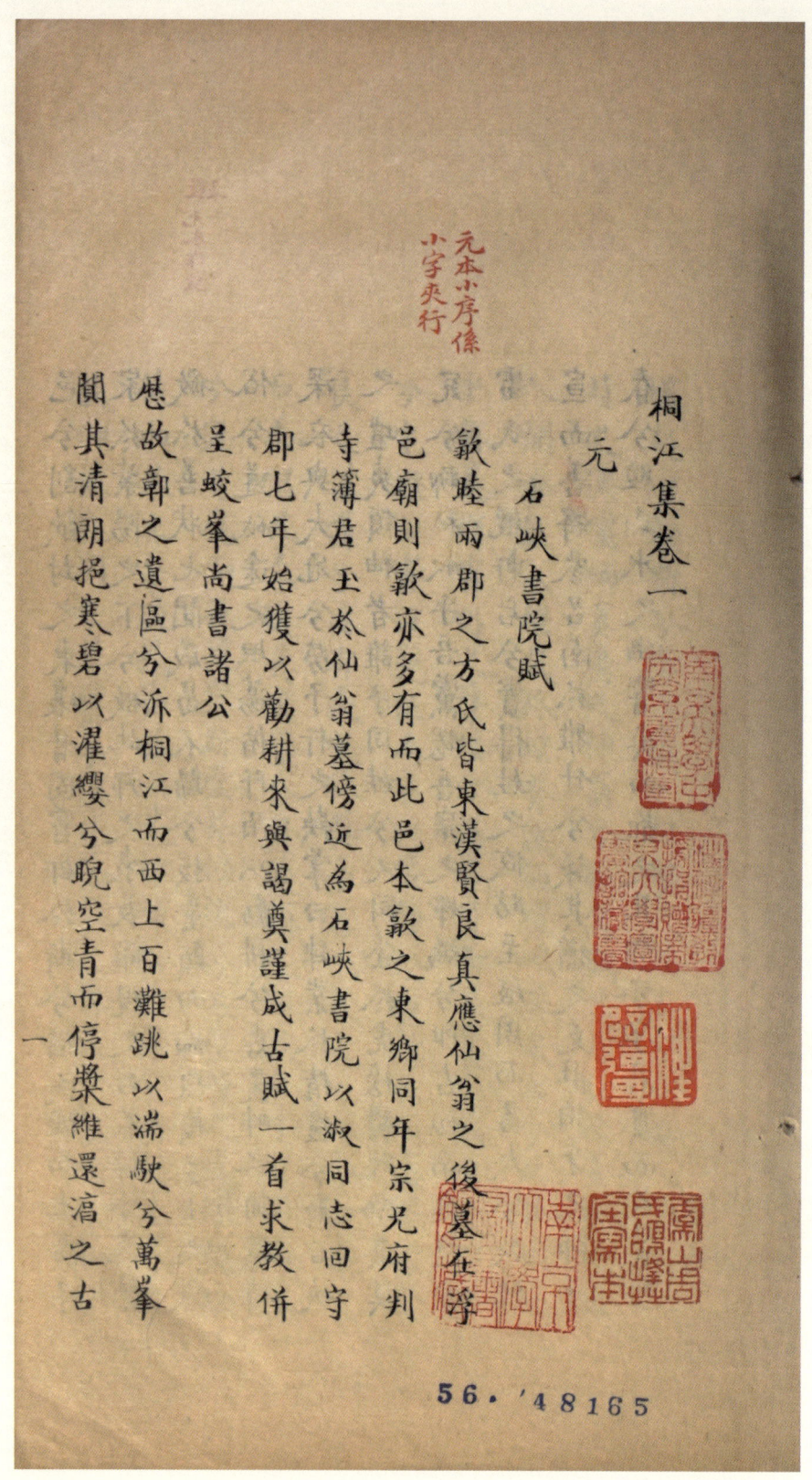

266 桐江集四卷續集四十八卷

[元]方回撰 清光緒虞山周氏鴿峰草堂鈔校本 十四冊

無匡。開本高28.8釐米,廣17.8釐米。半葉十行,行二十二字。有"常熟周左季家鈔本書""虞山周氏鴿峰艸堂寫本""汪辟疆所藏金石書畫""汪辟疆""汪辟疆教授捐贈南京大學圖書館藏書"等印。

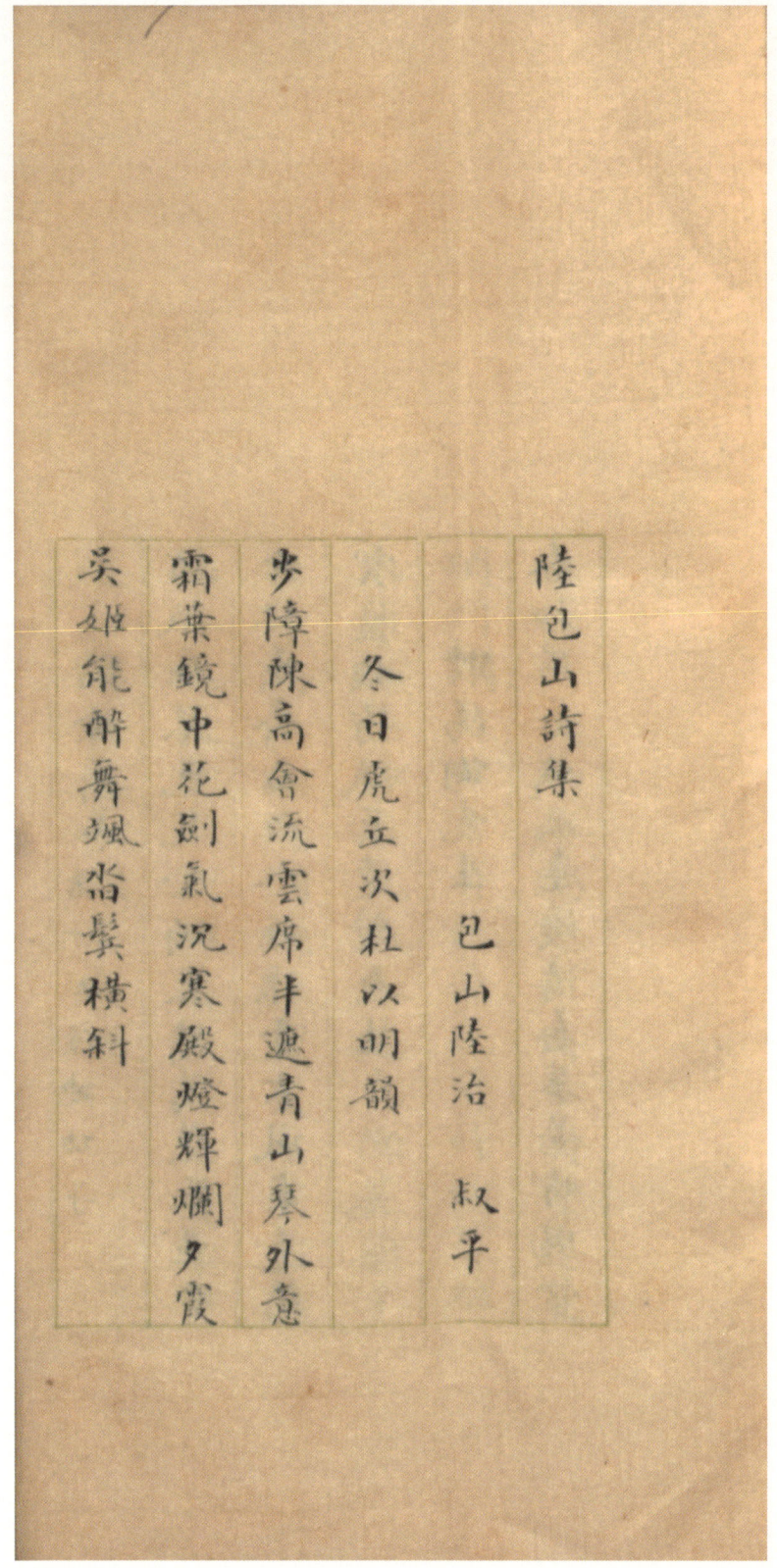

267 陸包山詩集不分卷

[明]陸治撰 鈔本 一冊

綠欄稿紙。匡高11.7釐米,廣8.4釐米。半葉六行,行十五字。

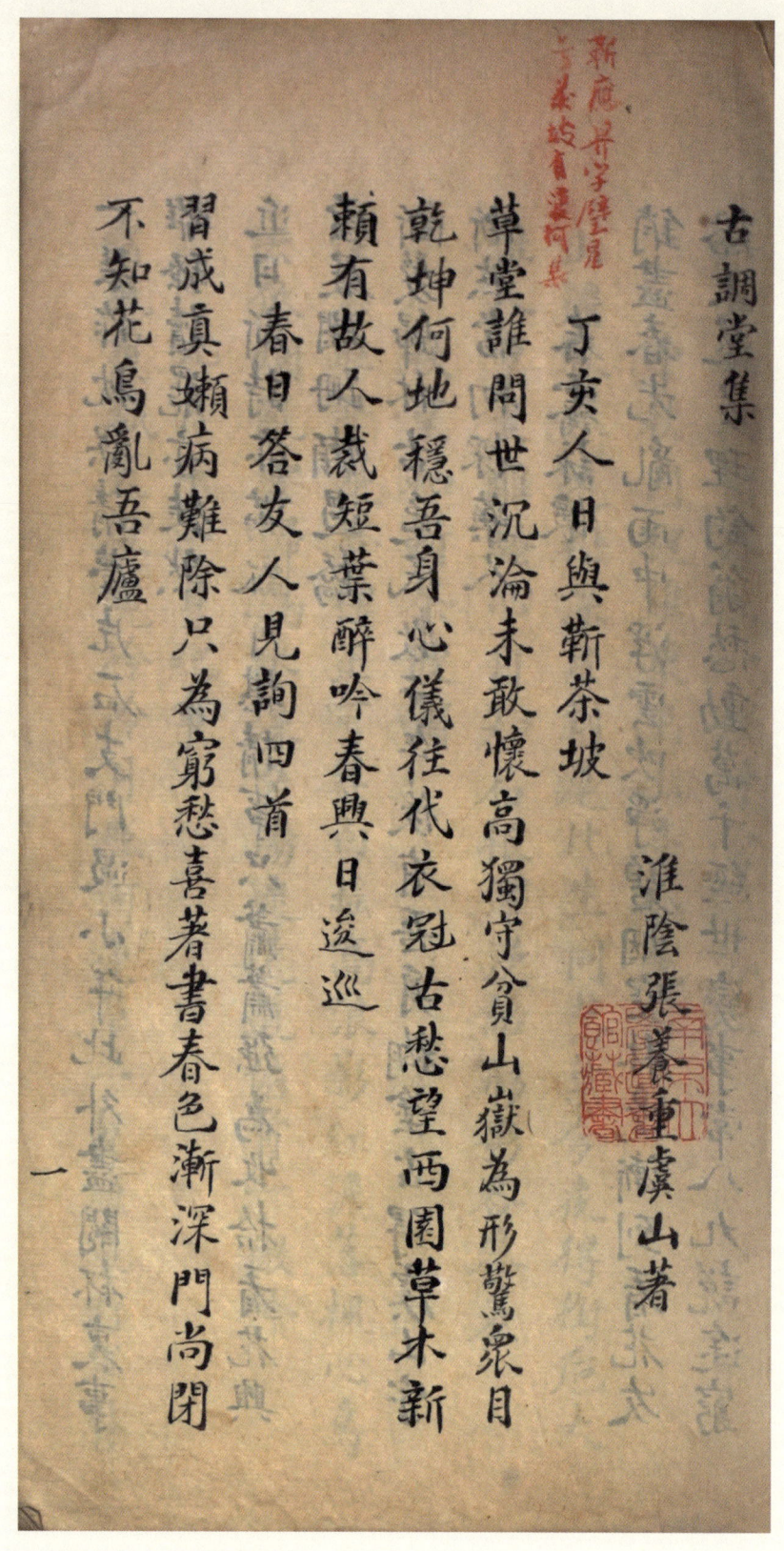

268 古調堂集不分卷

[清]張養重撰 鈔本 一册

無匡。開本高24.3釐米,廣14.1釐米。半葉九行,行約二十一字。書前有1963年汪辟疆題記。書中有汪辟疆朱筆、墨筆多處批語。

張菴重字于瞻號蔗山國變後不復應試與里人靳廷昇同修鄞邑志和晚年家益困遂客遊燕北粵南復海閩贛而所交海內名流尤多其詩纔錄懷非有風人之遺吟箸有古調堂集約五百首而社作及柳軼者不及焉此本為戴庶湯山公所定五象昇昔甘辣今難刻巷少此鈔本猶从原刻邶出南大圖書館藏之幸可寶也一九六三年十二月汪辟疆題記于手

夢柏山房詩草卷一

南昌張璲子岡氏

雜詩

陰陽調四時萬物天所植何為人最靈迺在秉彝德五
品苟不剙天道安可測
疇昔混沌氏汩穆無所為一朝破七竅茫然日月馳三
皇繼立樞五帝持綱維混沌如不死儵忽更何施
昨見一花開今見一花謝窮達天所為昧者求速化僥
倖亦有時貪天每相咤中堅太璞完美玉須待價感此

269 夢柏山房詩草八卷

[清]張璲撰　稿本　一册

無匡。開本高24.2釐米，廣13.4釐米。半葉九行，行二十一字。

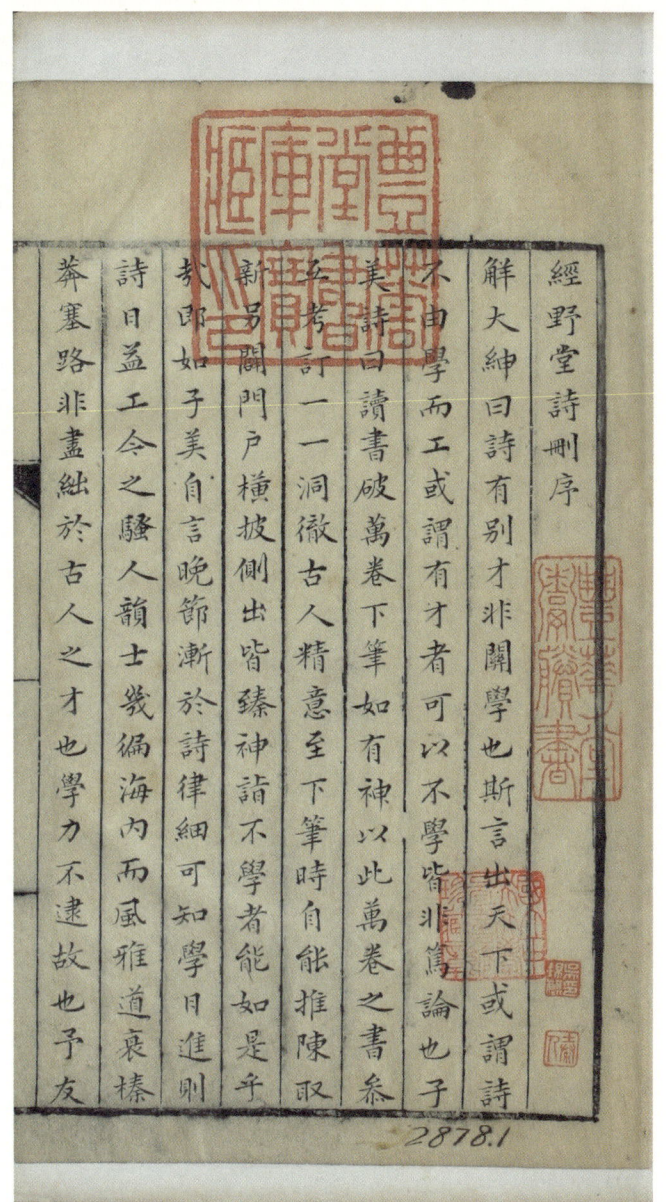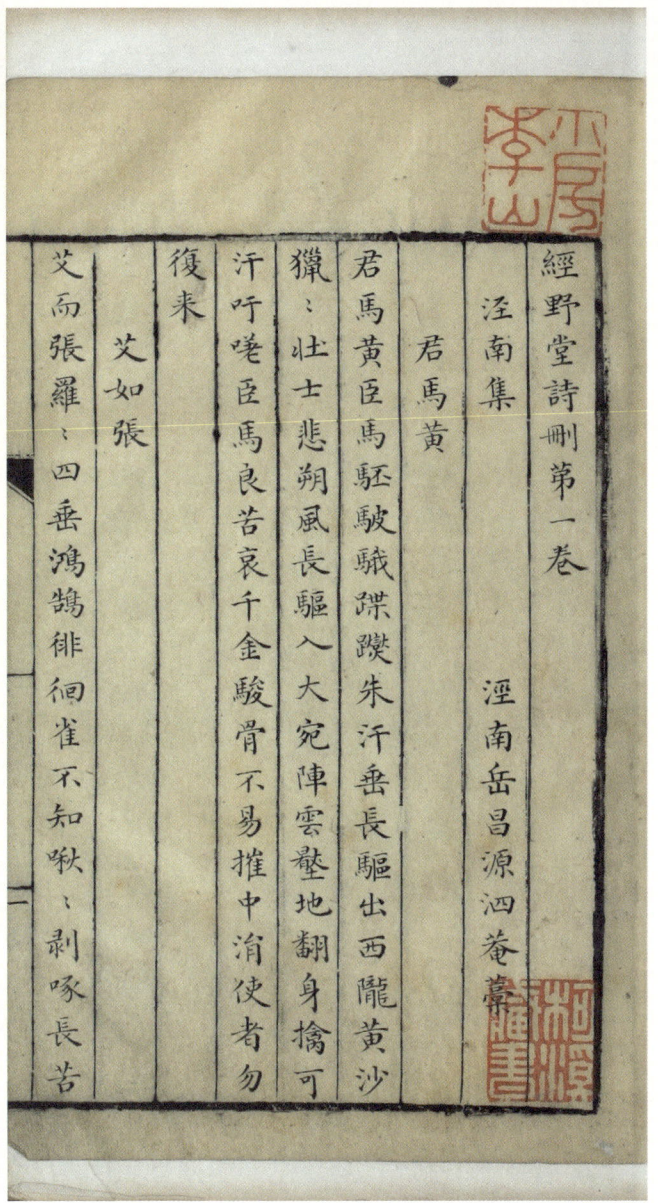

270　經野堂詩刪十八卷

[清]岳昌源撰　清鈔本　十六冊

匡高19.3釐米，廣13.3釐米。半葉九行，行二十字。白口，四周單邊，單黑魚尾。有"豐華堂書庫寶臧印""小李山房""秦人""豐華堂鶯臕書""吳錫麒印""柯溪藏書"等印。

限 卽限字此并非古文怪字耳

觀生

生也者寓于物而湛其靈者也形者肖物之品䄂而殊等焉隨量器以效生者也命也者脩短也有期限符節也貴賤有倫也枯焉完好有制也生就也之謂命生去也之謂命物所以成毀也不造而自然有以之以然者而不可質期也之謂命大中之謂命〻也者生之宰也視其器命降精凝之謂器〻章之謂物生充之之謂性器有污潔焉堅脆焉器之厝有平危焉器之服于人有適器焉有不適器焉器習而有方生域其方變本而就器萬器各分之謂性淺其畛涯之于其原其純粹至善也之謂性〻之成于人者生之和也生之和也視其器是故物之和也

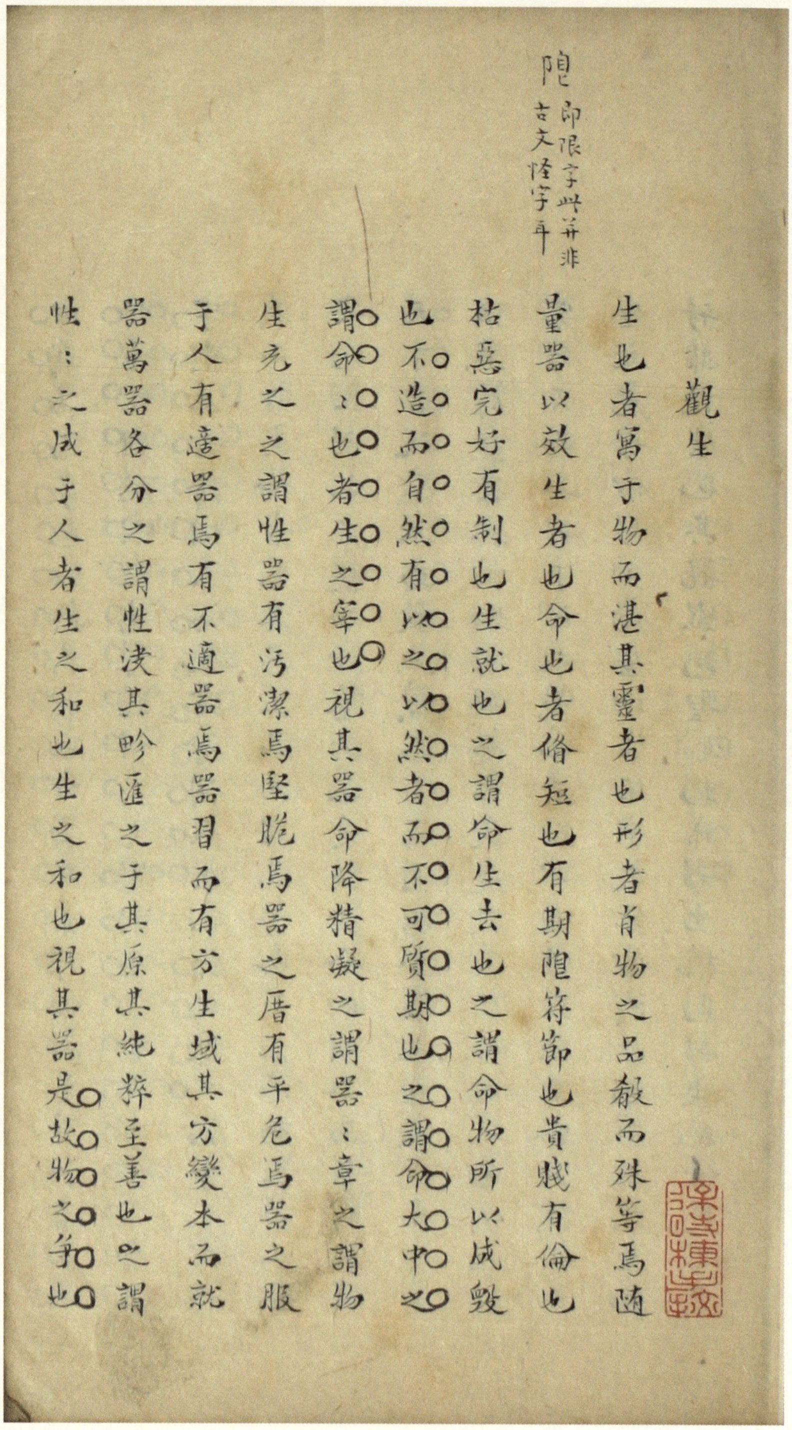

271 臺山文集不分卷

[清]羅有高撰 清鄞縣徐時棟煙嶼樓校鈔本 二册

無匡。開本高 25.1 釐米，廣 15.8 釐米。半葉十行，行二十四字。有“柳泉”“柳泉過目”“徐時棟手校”“煙嶼樓”“徐時棟印”“挑鐙華館”等印。

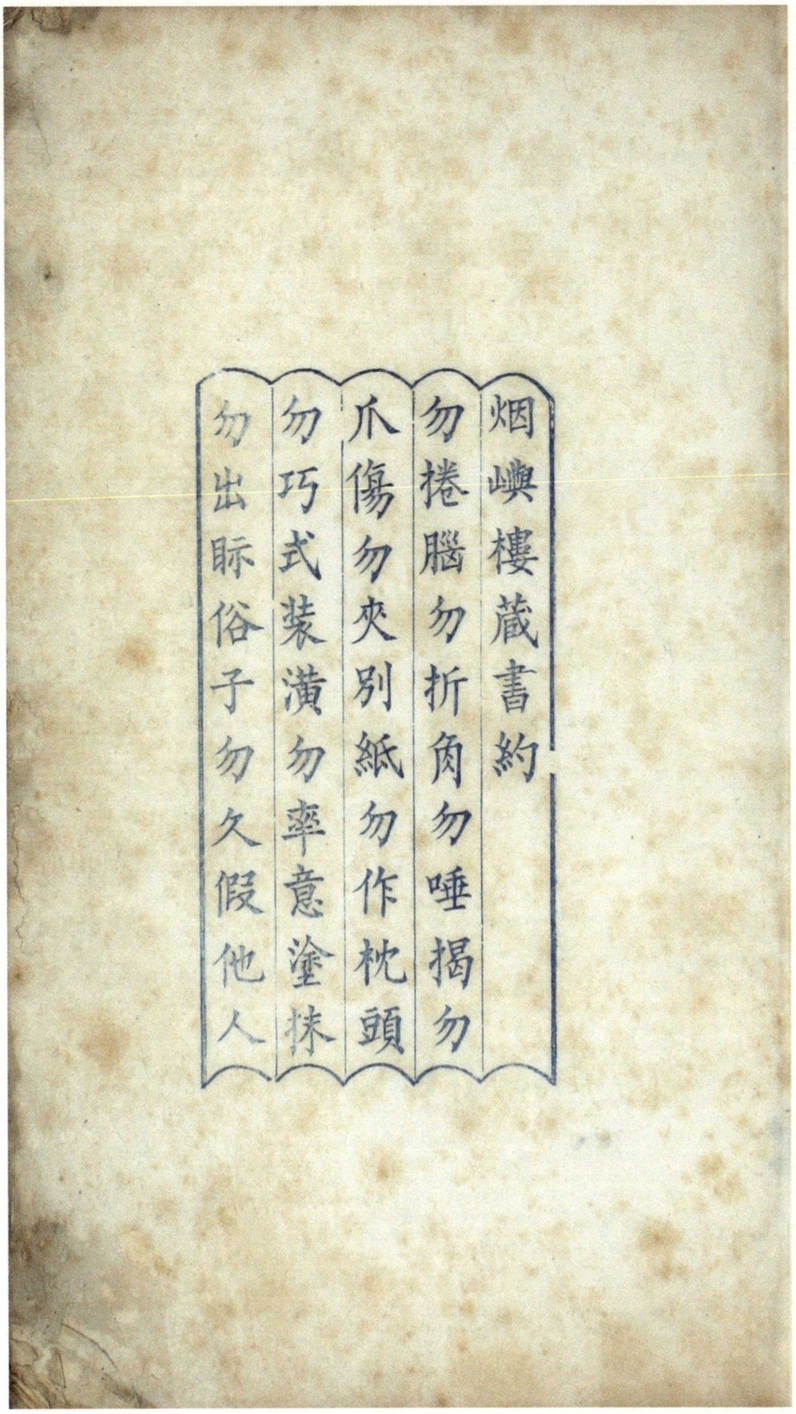

煙嶼樓藏書約

勿捲腦勿折角勿唾揭勿
爪傷勿夾別紙勿作枕頭
勿巧式裝潢勿率意塗抹
勿出眎俗子勿久假他人

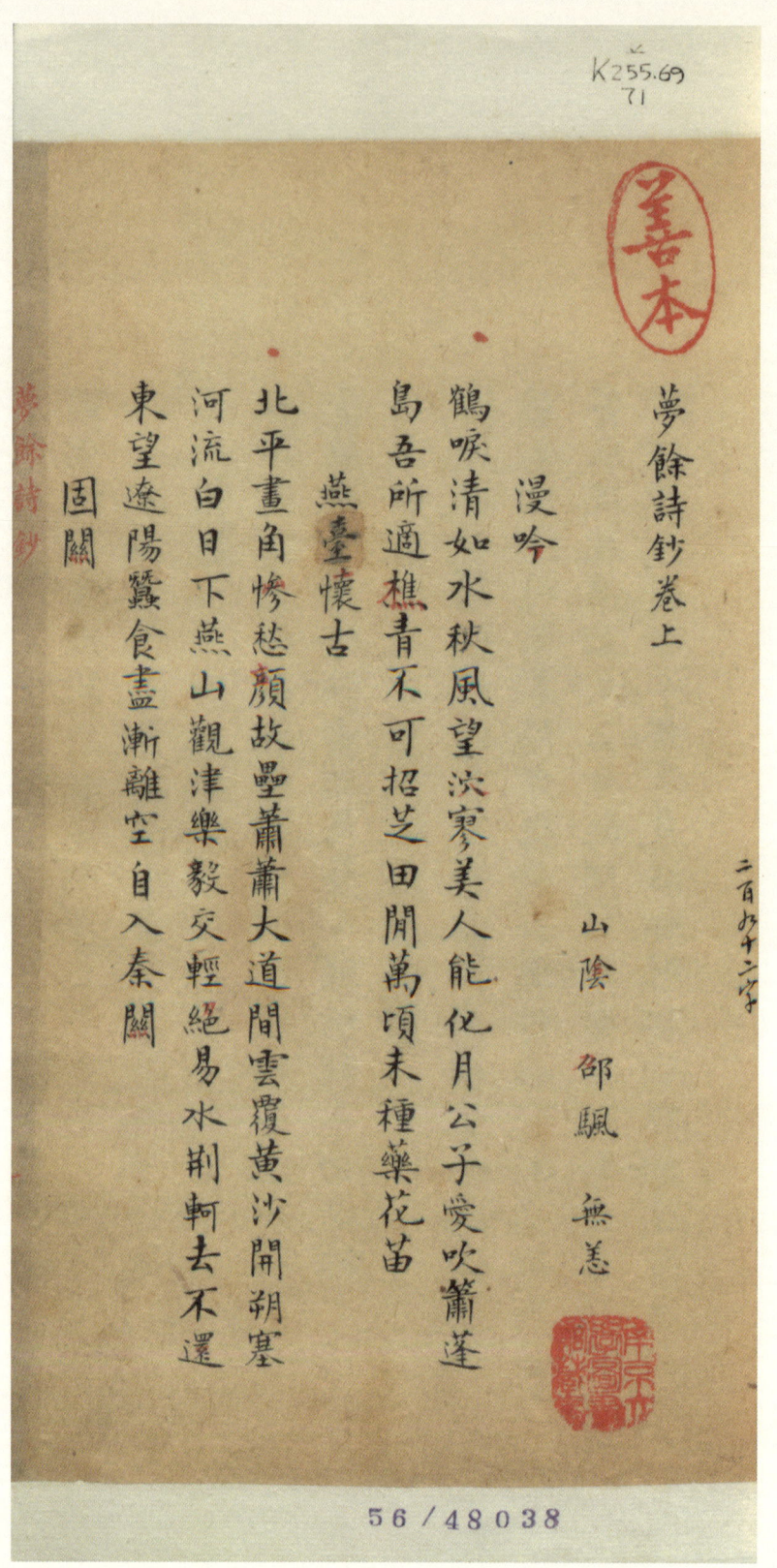

272 夢餘詩鈔二卷

[清]邵飄撰 稿本 四冊

無匡。開本高28.7釐米,廣18.1釐米。半葉十行,行二十一字。

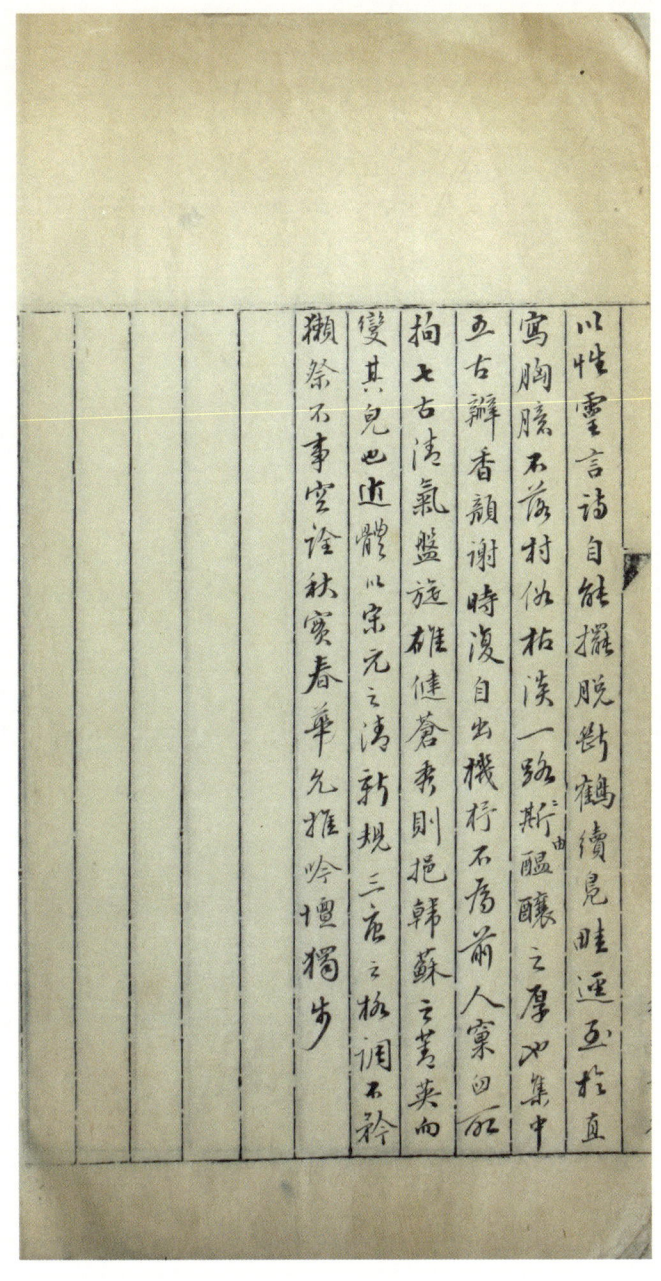

273 掃落葉齋詩稿一卷

[清]時銘撰 稿本 一册

匡高 19.1 釐米，廣 14.5 釐米。半葉十一行，行二十一字。白口，四周單邊，單黑魚尾。扉頁及書眉有墨筆批點。

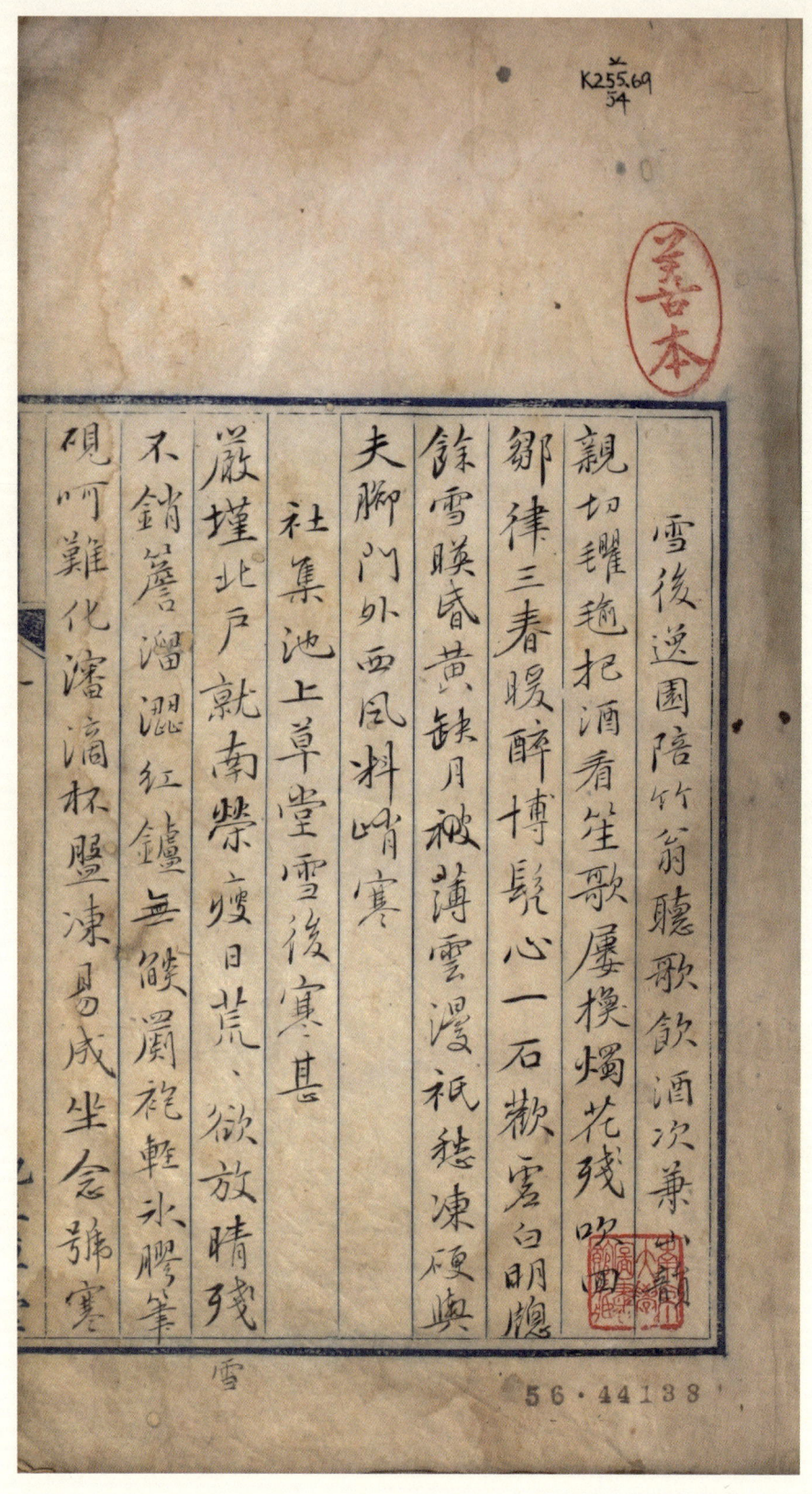

274 歸田詩稿不分卷

[清]吴廷琛撰 稿本 二册

藍欄稿紙。匡高19.3釐米,廣14.9釐米。半葉九行,行十五字。黑口,四周雙邊,單藍魚尾。版心有"池上草堂"字樣。

吳廷琛 字震南號棣華江蘇元和人
嘉慶七年壬戌會元狀元授修撰
累官清河道雲南按察使著有池
上草堂詩稿及歸田集

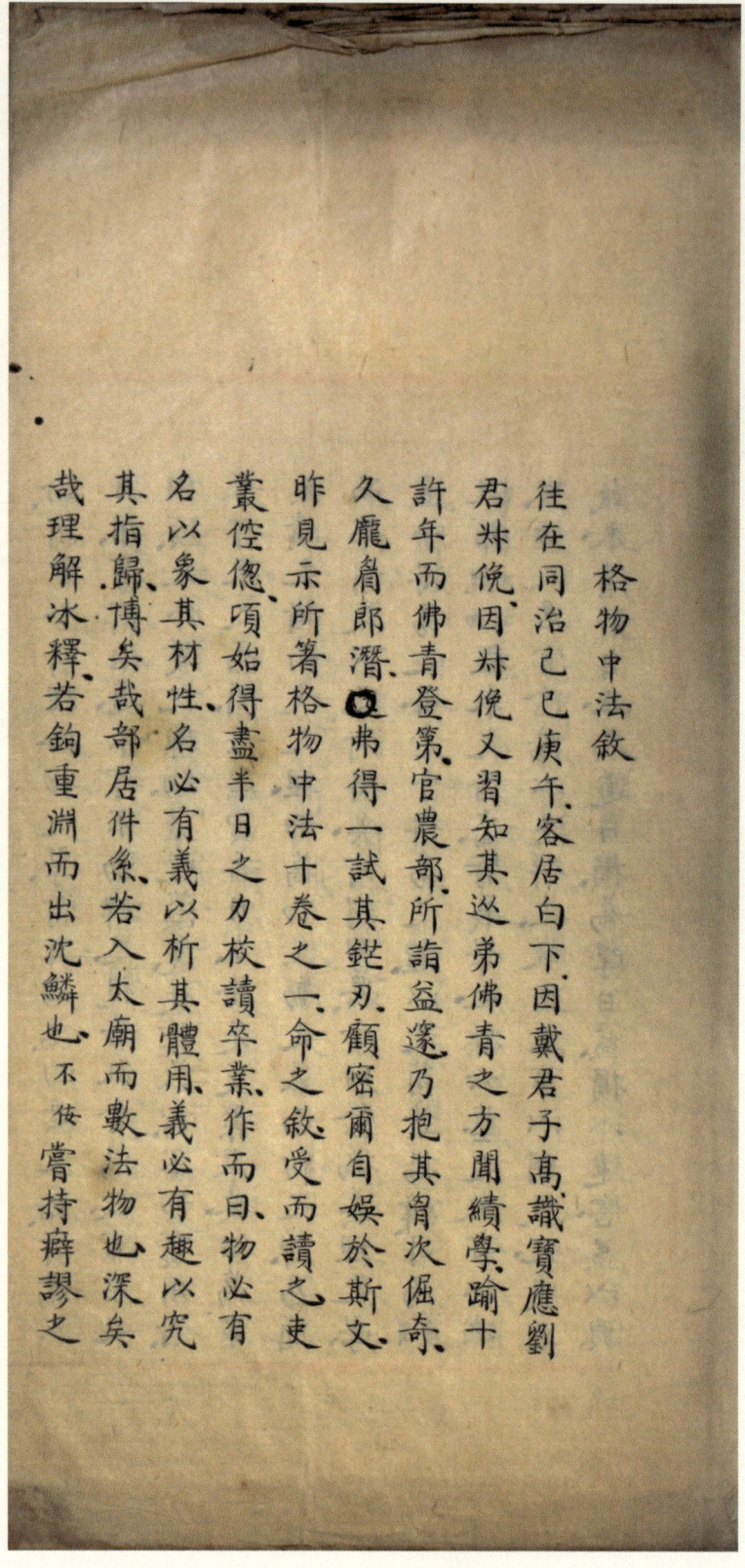

275 漸西村人未刊詩文稿不分卷

[清]袁昶撰 清光緒稿本 一册

無匡。開本高29.1釐米,廣16.9釐米。前幾葉爲紅格稿紙。匡高19.0釐米,廣13.1釐米。半葉十行,行二十一字,小字雙行同。

光緒會計表敘

易傳曰、何以守位曰仁、何以聚人曰財、財猶水也、失水則國蕉然必明其源流脈絡利病所在消息盈虛所以然之故、然後導之疏之堵之塞之、裁成輔相、制節國用之方、可得而施手焉、則存乎表矣、元和有國計簿、元祐有會計錄、非列之為總表、散表、則脈絡不分明、況不得其盈虛消長所以然之故、開之塞之兩無所施、然則以三十年之通制國用、表誠亟哉、我

朝
神武開基、蕩明末三餉之毒螫、流

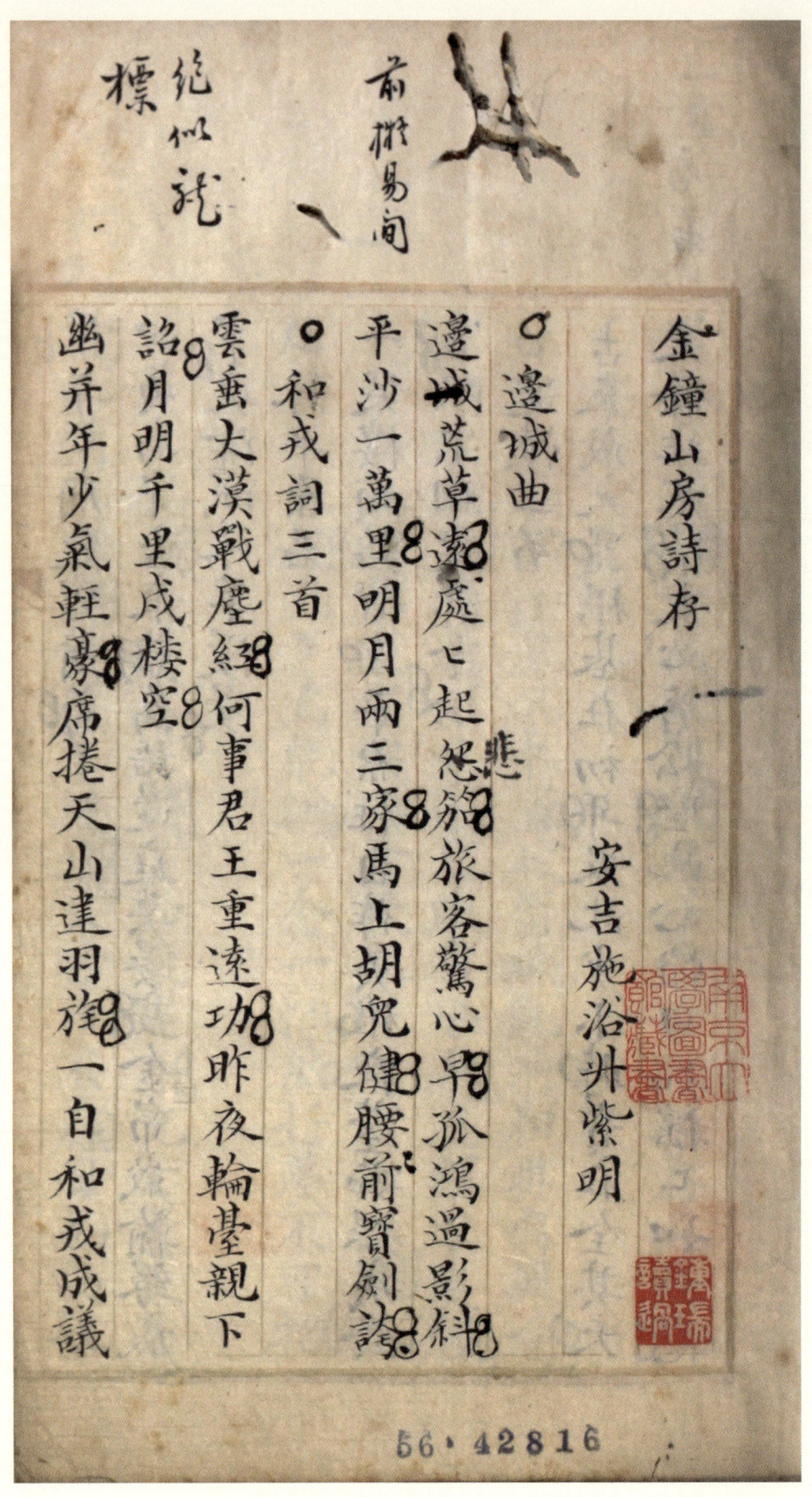

276　金鐘山房詩存二卷
[清]施浴升撰　稿本　二册

紅欄稿紙。匡高18.0釐米，廣12.4釐米。半葉九行，行二十字。白口，四周雙邊，單紅魚尾。書前有光緒八年(1882)楊峴、汪芑、潘鍾瑞跋。眉上和行間有墨筆批校。有"臣顯""汪芑之印""壺客""香禪""鍾瑞讀過""墨塵"等印。

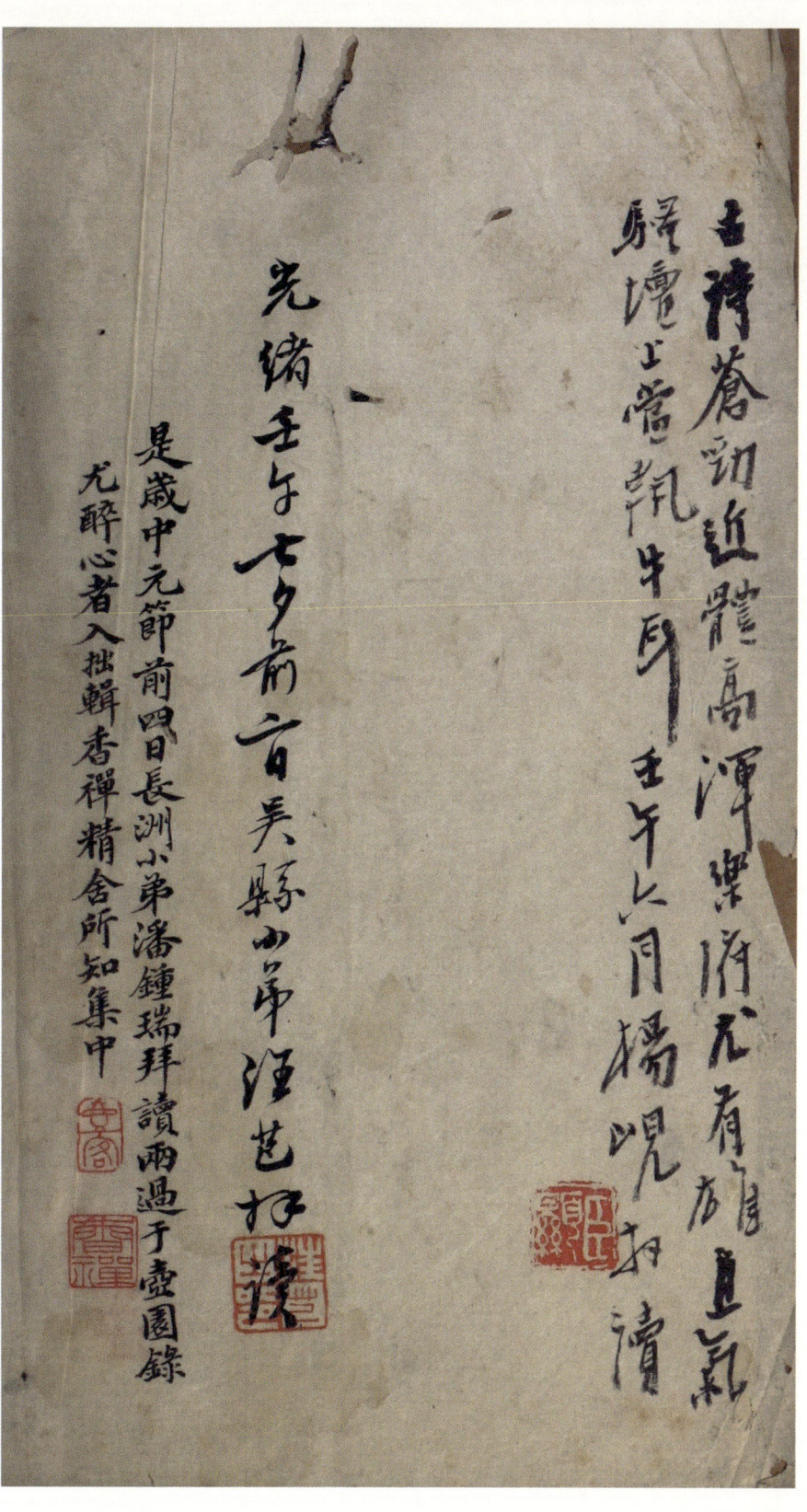

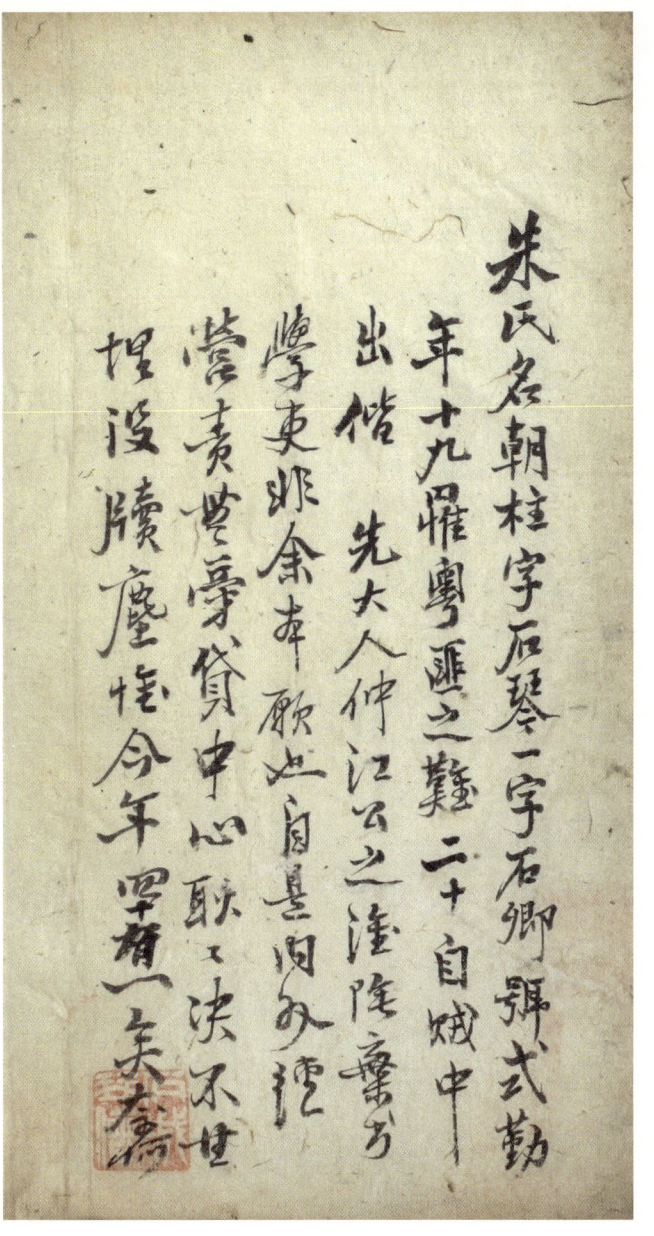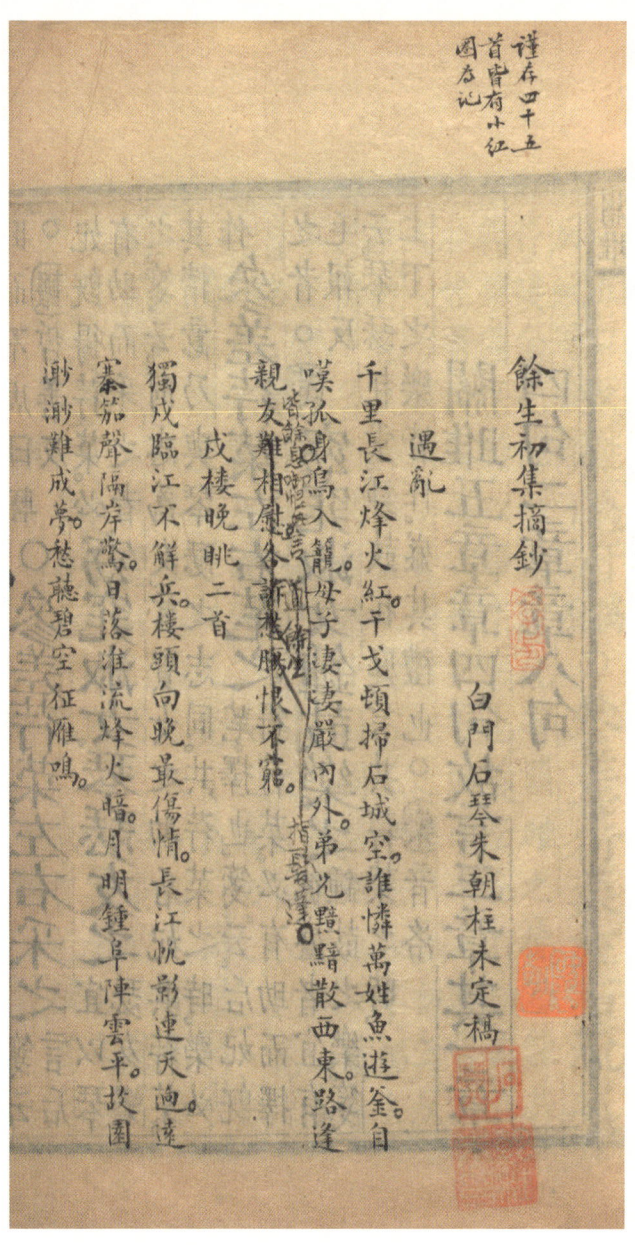

277 餘生初集摘鈔不分卷

[清]朱朝柱撰 稿本 一册

無匡。開本高25.6釐米，廣15.8釐米。半葉十行，行二十二字。有"石琴""石城琴僧""漱芳""翰墨怡情""知止""學步""歐陽翥""朱朝柱印"等印。

武昌城樓

兵革中原苦未休，時危蒿目一登樓。旬宣江漢資雄鎮，防禦荊襄粑上流。十載塵飛旌斾影，五更風帶鼓鼙秋。憑高此際堪腸斷，海舶東來入暮愁。

黃鵠磯行

君不見黃鵠磯頭武昌城，堞森崔巍波濤萬古撼石磧。鎖鑰江表雄兼坼，臨風撫事淚橫臆。昔年賊兵大合圍，投鞭塞流賊盡渡。劫火迸入愁雲飛，孤垣十歲三

---

278 湘雨樓詩鈔不分卷

[清]張祖同撰 稿本 三册

無匡。開本高25.0釐米，廣15.2釐米。半葉八行，行二十字。有"伯嚴""胡觀萬物""九畹室主之章""弍拾""舜九""先謙""三立印""張舜九印"等印。有王先謙、陳三立題識。

光緒己丑仲夏弟先誼抵讀一過箇中裹備加圈識用志欽仰

兩珊仁兄大人別歡聚出所笑訪柬讀之慶受之愧溢於詞表感

其存意牽源一章

張侯大雅攷無倫十載重逢氣味真海納終為百川主夜談如對五

臺賓情文舊覺孫荊重披骨刺看杜甫親嫗篆任渟勳業外

異時坡穎振英塵

先誼未定稿又筆

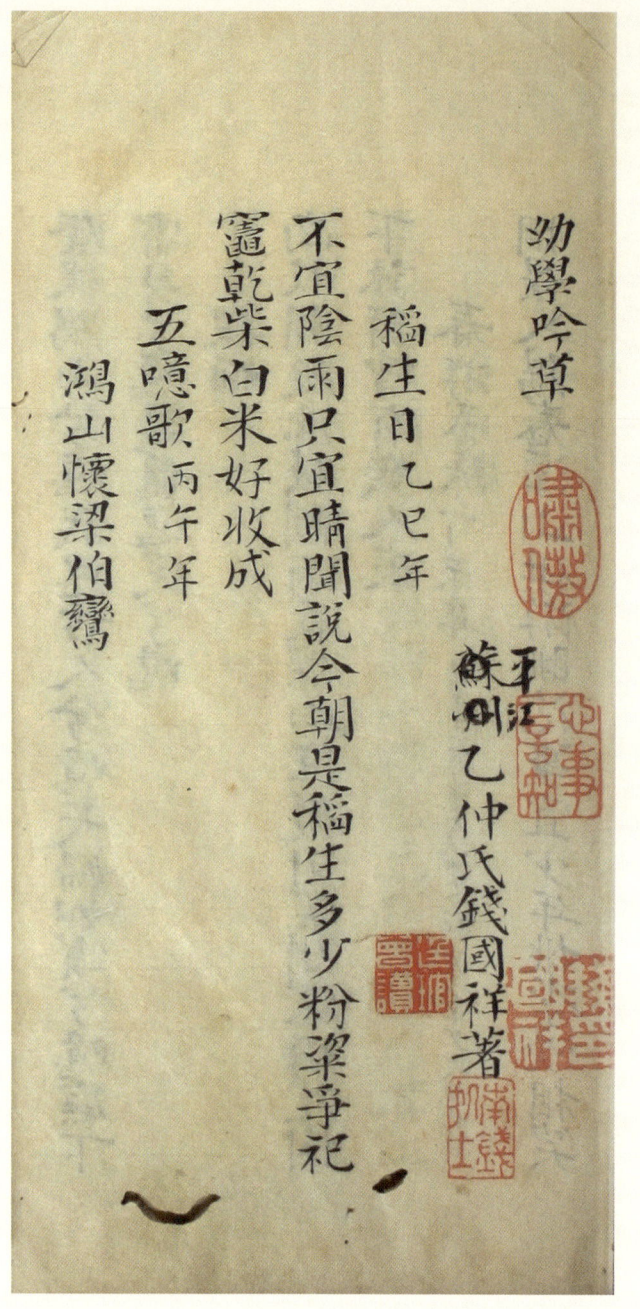
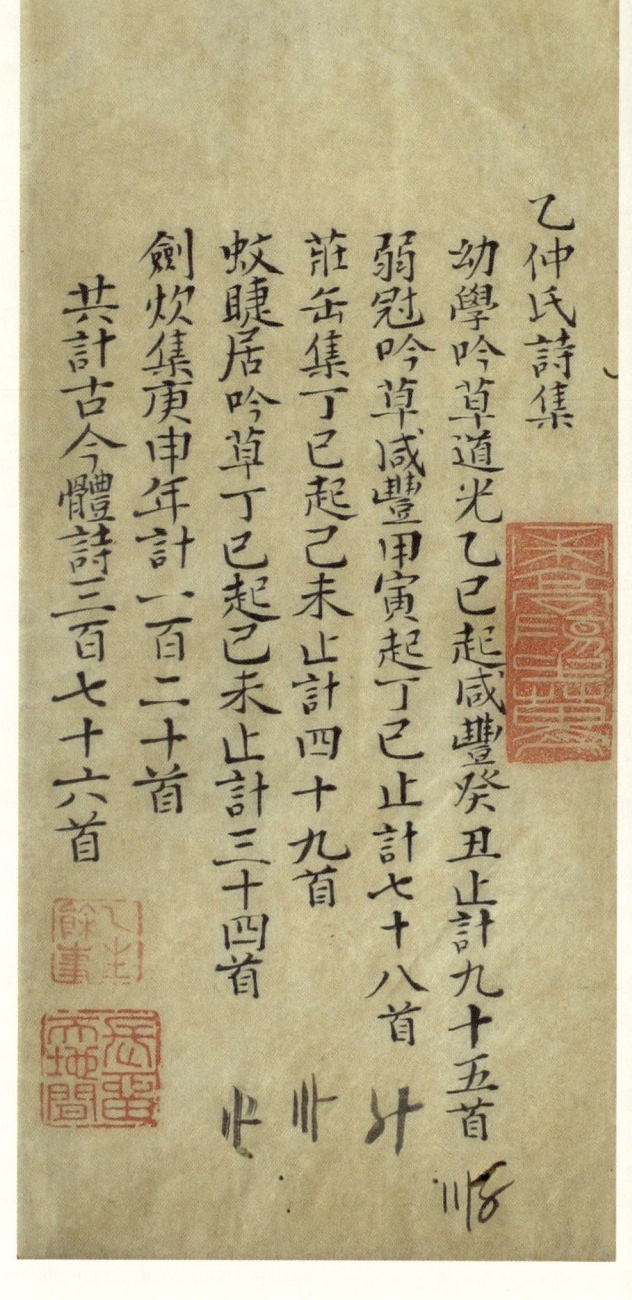

279 乙仲氏詩集五種五卷南錢草堂詩集五種五卷

[清]錢國祥著　稿本　三册

無匡。開本高24.2釐米，廣12.8釐米。半葉七行，行二十字（第一、二册）或二十二字（第三册），小字雙行同。書中有吴重熙、葉廷琯、潘鍾瑞、劉禧延等人批跋。是書有"乙生餘事""南錢處士""帝高陽之苗裔""十如老人""賦秋讀過""西垣"等印五十餘枚。

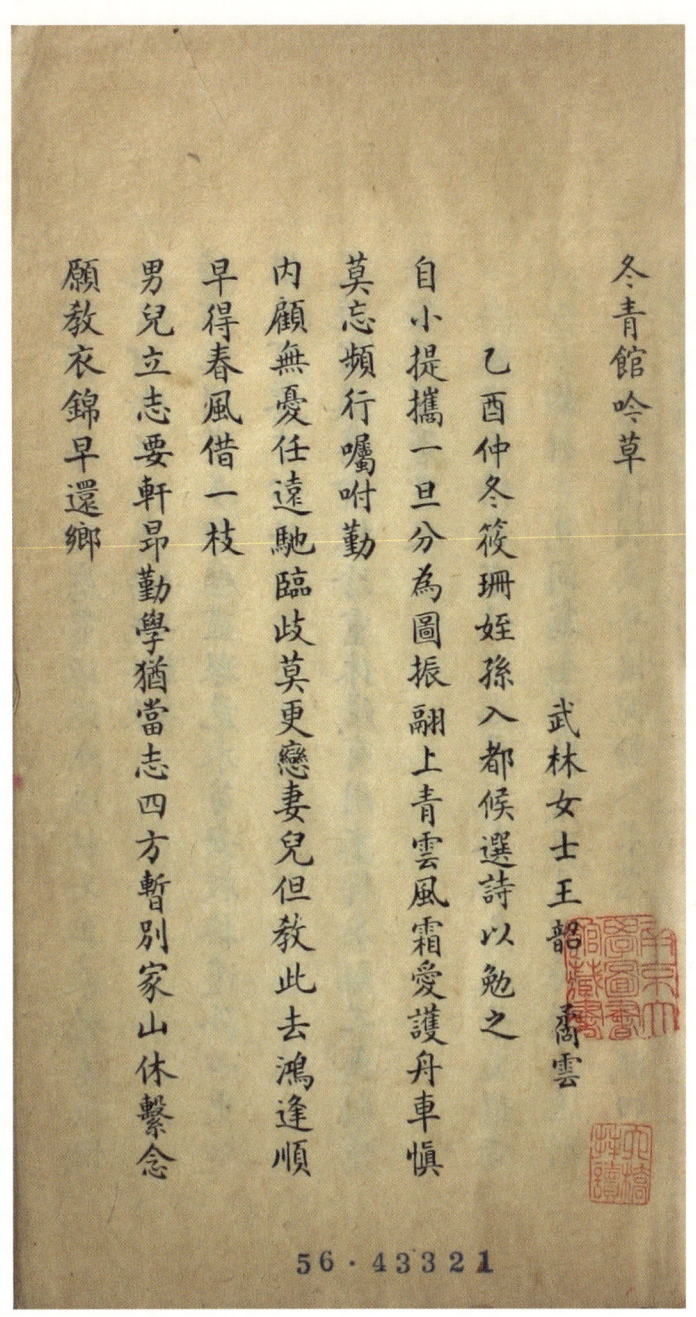

280 冬青館吟草不分卷

[清]王韶撰 稿本 二册

第一册綫裝，無匡。開本高22.6釐米，廣12.3釐米。半葉五行，行二十字，小字雙行同。第二册毛裝，無匡。開本高23.3釐米，廣14.2釐米。半葉九行，行二十一字，小字雙行同。正文前先後有同治三年（1864）查元鼎、光緒十五年（1889）秦鍾瑞、光緒二十年（1894）管念慈、光緒二十一年（1895）俞樾等題辭。有"俞樾私印""曲園叟""六橋艸讀""仁和秦晉笙印"等印。

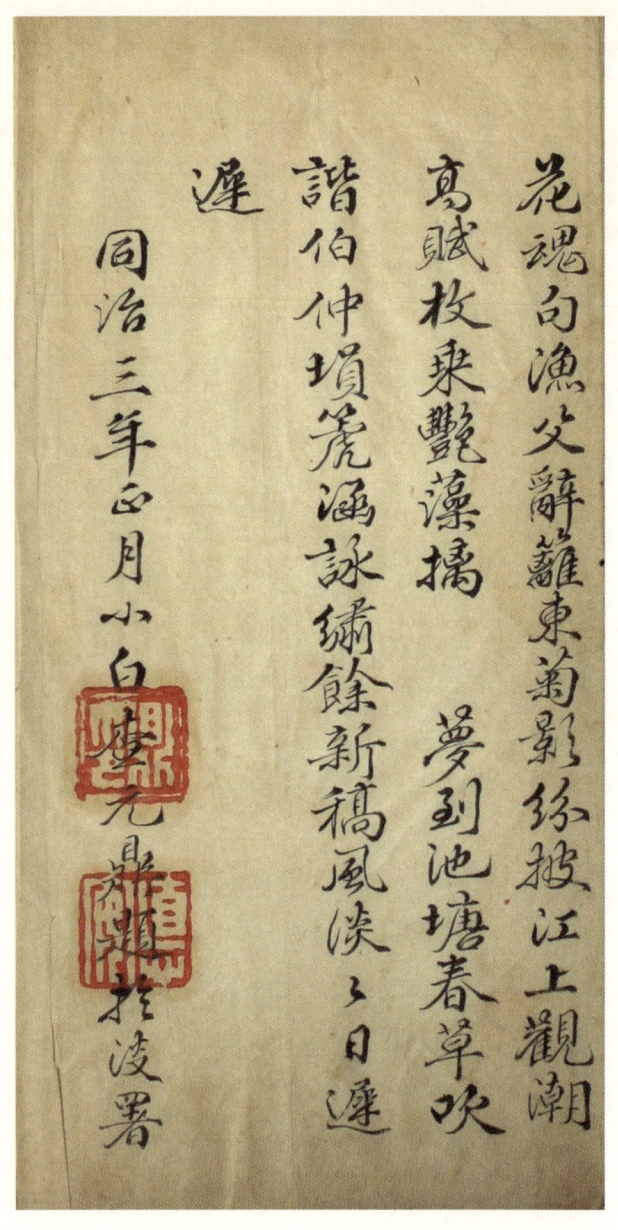 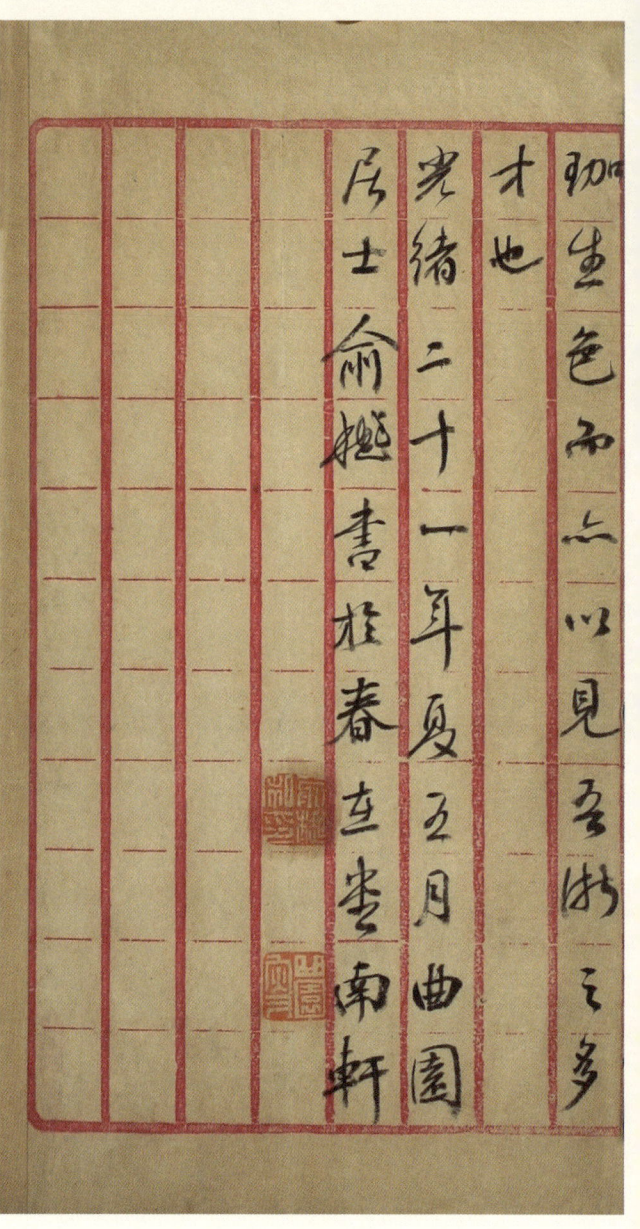

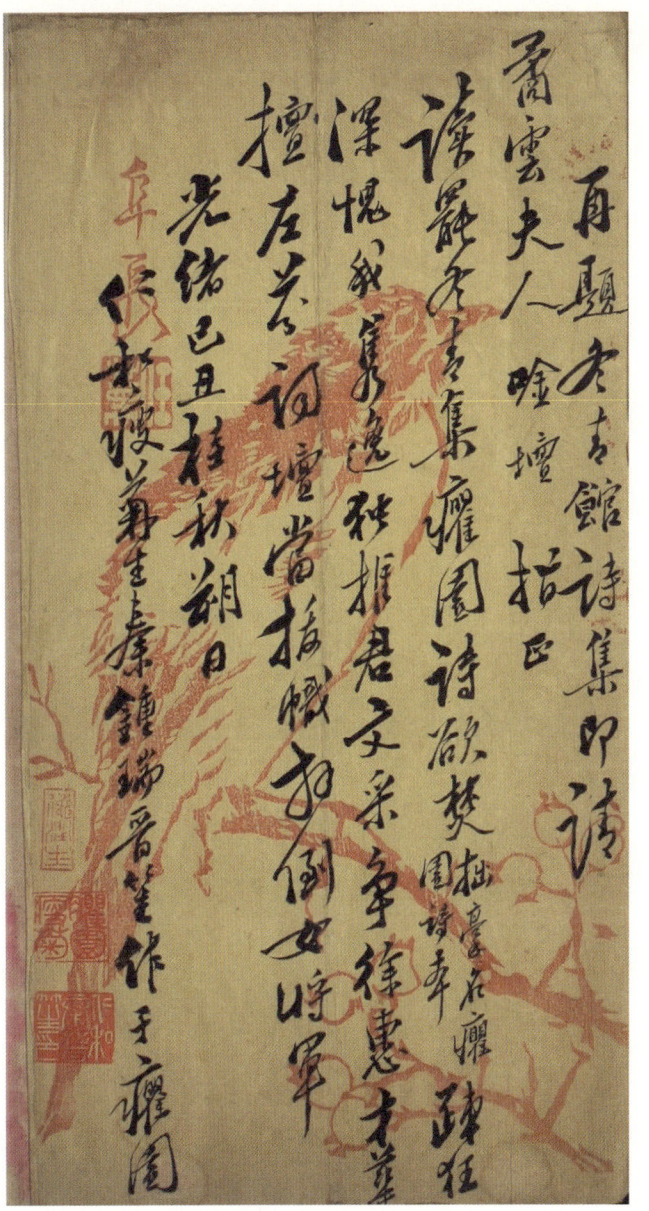

泰山蒐玉集卷之一

　　　　　　　荊人袁　　稔輯
　　　　　　　訓導王化校正
　　　　　　　生員張重光編次

國朝祭告文

巡按山東監察御史雍焯祭嶽文曰於赫
岱宗秩祀有恒神功不施毓物效靈奠此
震極翊此坤寧歷代禮薦酬德報成迨我
皇朝典祀惟明焯等叨事茲土肅將明馨仰

泰山蒐玉　卷一　　　　　　　　一

---

281 泰山蒐玉集二卷

[明]袁稔輯　舊鈔本　四册

無匡。開本高22.8釐米，廣15.0釐米。半葉九行，行十六字。

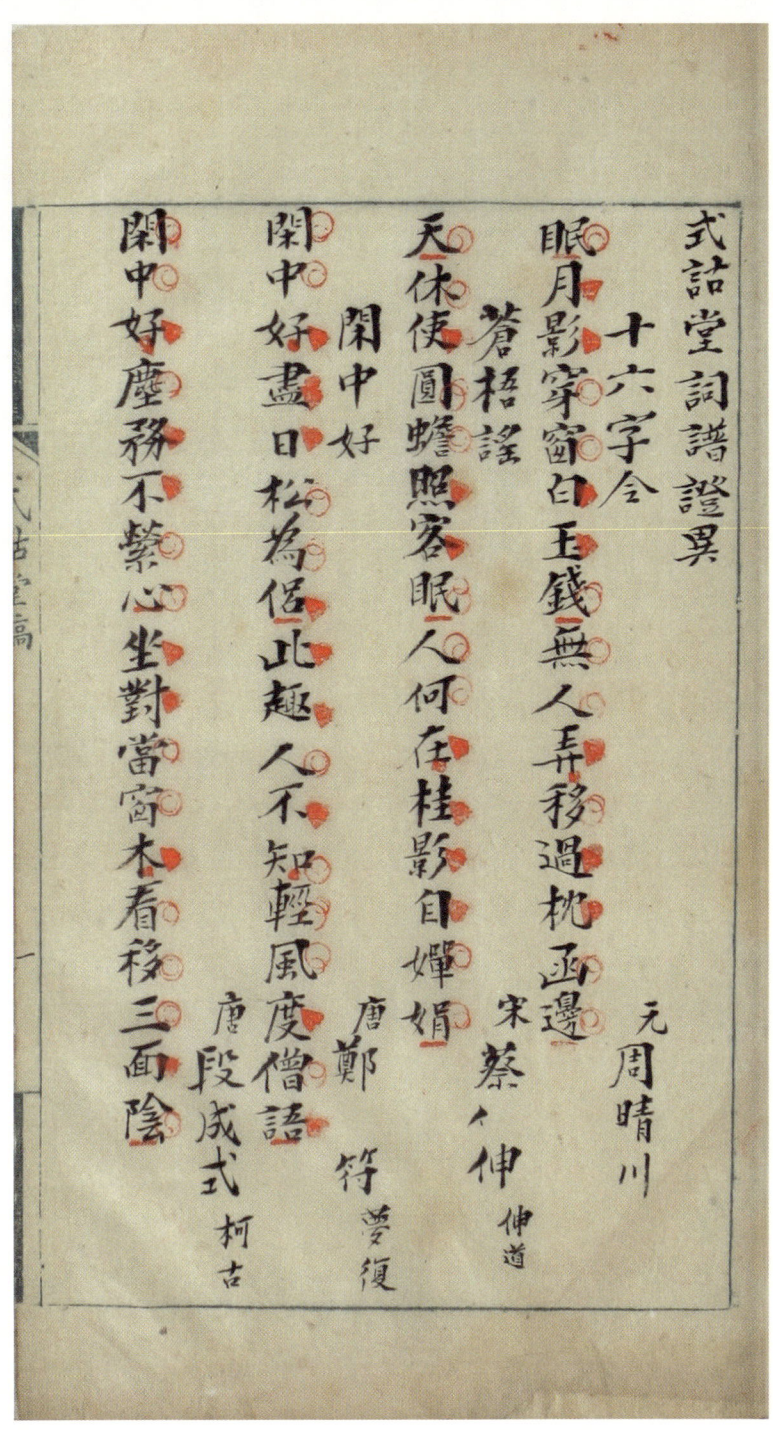

282 式詁堂詞譜證異五卷

[清]錢國祥撰 清光緒稿本 五册

藍匡稿紙。匡高19.3釐米，廣12.8釐米。每葉行數、字數不等，有眉批。黑口，四周單邊，單藍魚尾。版心有"式詁堂稿"四字。

之太簡朱竹垞詞綜采取極博則又冗雜不倫竹垞友人葆紛所輯詞頤辨晰體製以字數多寡為先後計一千調其未經采入者約又百餘惜未雕刻誠倚聲家之闕事今既未見其書姑就詞綜詞譜所有各調仿詞頤之例以字數次序每調錄一二首凡調同而句之長短不同者則長短同而調又不同調同而句之長短不同者則備錄之但各其音之平仄平用。仄用ㄙ句用，韻用丨則仍圖譜之舊即宜平宜仄可平可仄者不復區別閱者當自能辨之因名之曰詞譜證其時光緒己亥孟夏之月南泉錢國祥錄於淞南旅次

圖書在版編目(CIP)數據

南京大學古籍善本圖錄：上、下册 / 南京大學圖書館編. —— 南京：南京大學出版社，2022.5
ISBN 978-7-305-25429-1

Ⅰ.①南… Ⅱ.①南… Ⅲ.①院校圖書館-古籍-善本-圖書館目録-南京 Ⅳ.①Z822.6

中國版本圖書館CIP數據核字(2022)第032518號

出版發行	南京大學出版社
社　　址	南京市漢口路22號　　郵編　210093
出 版 人	金鑫榮
書　　名	南京大學古籍善本圖録（上、下册）
編　　者	南京大學圖書館
主　　編	程章燦　史　梅
責任編輯	李　亭　石　旻
責任校對	劉　丹
裝幀設計	趙　秦
照　　排	南京紫藤製版印務中心
印　　刷	南京愛德印刷有限公司
開　　本	880×1360　1/16　印張 35
版　　次	2022年5月第1版　2022年5月第1次印刷
ISBN 978-7-305-25429-1	
定　　價	1200.00圓（上、下册）
網　　址	http://www.NjupCo.com
官方微博	http://e.weibo.com/njupco
官方微信	njupress
銷售諮詢熱綫	025-83594756

＊ 版權所有，侵權必究
＊ 凡購買南大版圖書，如有印裝質量問題，請與所購圖書銷售部門聯繫調換